Marianne und Ulrich Weissbach

Südsee

Ein praktisches Reisehandbuch
mit Insider-Tips für Tahiti, Tonga, Samoa,
Fidschi, die Cook-Inseln und Niue

W0190740

PACIFICA   Reiseführer zum schönsten Ende der Welt

Über die Autoren:
Marianne Weissbach hat zehn Jahre als Chef vom Dienst in einem Zeit-
schriftenverlag gearbeitet. *Ulrich Weissbach* M.A. hat Kommunikations-
wissenschaft, Geschichte und Politik studiert und arbeitet als freiberuf-
licher Fernsehjournalist für den Bayerischen Rundfunk und die ARD. Als
Autorenteam hat sich das Ehepaar Weissbach seit mehr als zehn Jahren
auf den Pazifikraum spezialisiert. Beide haben mehrere Jahre auf verschiedenen Inselgruppen des Südpazifiks gelebt und publizistisch gearbeitet. Seit 1991 haben sie ihren zweiten Wohnsitz in Neuseeland als Basis
für die fortlaufende Aktualisierung ihrer Reiseführer.

Titelfoto: Ulrich Weissbach
Motiv: Te Ivi Maori Tanzgruppe, Cook-Inseln

1. Auflage 1994/95

© PACIFICA-Verlag, Ulrich Weissbach GbR, München.
Alle Rechte vorbehalten. Veröffentlichungen jeder Art, auch auszugs-
weise, nur mit Genehmigung des Verlages.

Titelgestaltung: Hans Kuh, München.
Satz und Layout: Marja Berghold, München.
Lektorat: Herbert Scheubner, Gräfelfing.
Kartographie: Ronald Fischer, München.
Farblithos: Michael Hirschel GmbH, München.
Druck und Bindung: Kastner & Callwey, 85661 Forstinning.

Vertrieb: Henrike Hagedorn, Am Eschbichl 11, 81929 München,
Tel. 089-955822, Fax 089-9296222.

Printed in Germany

ISBN 3-930913-00-3

Allgemeiner Teil

Inselteil

Zur Handhabung dieses Buches

Ein Reiseführer soll vor allem praktisch und übersichtlich sein.
Er muß nicht unbedingt von vorn nach hinten gelesen werden, sondern
sollte auch quer und ausschnittsweise benutzt schnell die gesuchten Informationen vermitteln. Deshalb die Gliederung in einen allgemeinen, einen
inselspezifischen und in einen reisepraktischen Teil.

Der **Allgemeine Teil** enthält die Informationen , die übergreifend für alle
sechs in diesem Buch beschriebenen Inselstaaten gelten: also Landes-
und Völkerkunde, Geschichte, Kultur, Wirtschaft, Politik und Soziales. Dieser Teil dient dem Überblick, der allgemeinen Orientierung, der Einordnung.

Im **Inselteil** werden die sechs Inselstaaten ausführlich beschrieben: beginnend mit einem landesspezifischen Überblick über Geschichte, Kultur,
Wirtschaft und Gesellschaft; dann die Inseln im einzelnen. Dieser Teil soll
helfen, die Reiseziele nach eigenen Interessenschwerpunkten auszuwählen. Die Reihenfolge der Inselstaaten haben wir dabei der von Europa
aus gängigsten Reiseroute angelehnt, also von Osten nach Westen;
ansonsten hat sie keinerlei Bedeutung.

Der umfangreiche **Service-Teil** enthält gebündelt alle Reiseinformationen,
die Sie zur Organisation Ihres Urlaubs benötigen: zunächst die touristische Infrastruktur der Region, also Anreisewege, regionale Verbindungen,
Art der Unterkünfte und mögliche Aktivitäten. Dann zur jeweiligen Inselgruppe landesspezifische Reisehilfen unter A–Z, Beschreibung von Hotels
Restaurants und Aktivitäten, die jeweiligen Transportmittel und Ausflugsunternehmen; dazu und grundsätzlich nur hier alle Preise, Adressen und
Telefon-Nummern. Dieser naturgemäß kurzlebigste Teil des Buches wird
regelmäßig aktualisiert. Bei Drucklegung im Herbst 1994 war er auf dem
neuesten Stand.

Wichtiger Hinweis !

Alle im Service-Teil genannten Preise entsprechen dem Stand von 1994.
Leider können aber auch die Autoren nicht verhindern, daß sich Preise, aus
welchen Gründen auch immer, ändern. Auch bieten die meisten Hotels den
Reiseveranstaltern und Agenturen Sonderkonditionen, die vom offiziell
veröffentlichten Tarif abweichen. Deshalb können wir Ihnen, liebe Leser,
keine Garantie auf die genannten Preise geben. Sie sollen lediglich als
Kalkulationsgrundlage für Ihre Reise dienen.

Der Traum von der Südsee

„Es geht uns alten Europäern übrigens mehr oder weniger allen herzlich schlecht; unsere Zustände sind viel zu künstlich und kompliziert, unsere Nahrung und Lebensweise ohne die rechte Natur, und unser geselliger Verkehr ohne eigentliche Liebe und Wohlwollen. Man sollte oft wünschen, auf einer der Südseeinseln als sogenannter Wilder geboren zu sein, um nur einmal das menschliche Dasein, ohne falschen Beigeschmack, durchaus rein zu genießen.“

Johann Wolfgang von Goethe

Seit den ersten Entdeckern, die mit phantastischen Berichten vom wiedergefundenen Paradies der Menschheit zurückkehrten, ist der Mythos Südsee lebendig, Legionen von Schriftstellern haben an ihm gestrickt. Inseln mit gastfreundlichen Bewohnern, mit schönen Mädchen und freier Liebe, mit ewiger Sonne, blauen Lagunen, weißen Stränden und Nahrung im Überfluß verhießen ein sorgloses Leben, von dem man in Europa wie Goethe nur träumen konnte und heute noch träumt.

So muß sie einfach sein die Südsee, wenn wir von unseren Schreibtischen durchs Fenster auf regenverhangene Wolken starren. Wenn der Druck, unter dem wir täglich stehen, übermächtig wird. Wenn wir zum wiederholten Male den Ausstiegsgedanken durchspielen.

Wir, die Autoren, sind selbst dieser Droge Südsee verfallen. Seit wir 1983 zum ersten Mal den Pazifik durchquerten, läßt er uns nicht mehr los. Ein halbes Jahr lang reisten wir von Insel zu Insel, folgten den Spuren der Entdecker und verschlangen ihre Berichte. Jahr für Jahr zog es uns dann wieder hinüber auf die andere Seite der Erde; schließlich lebten und arbeiteten wir mehrere Jahre dort. Dabei lernten wir, manchmal schmerzlich, den Traum von der Wirklichkeit zu trennen. Das Ergebnis ist keine Zerstörung des Traumes, sondern eine Ernüchterung.

Das ist gut so. Denn ein Reiseführer soll ja nicht ein Traumbild malen, wie es gern Reiseveranstalter in ihren Hochglanz-Prospekten suggerieren. Er soll mit nüchternem Verstand durch eine fremde Wirklichkeit führen, nützliche Hinweise geben und Mißverständnisse vermeiden helfen. Denn Traumtänzer fallen, auch und gerade in der Südsee, schnell auf den Bauch.

Überblick

Die in diesem Buch enthaltenen Inselstaaten Französisch-Polynesien, Cook-Inseln, Niue, Tonga, Samoa und Fidschi sind natürlich nicht die gesamte Südsee. Aber sie stellen touristisch gesehen ihren „harten Kern" dar. Hawaii liegt im Nordpazifik und gehört strenggenommen nicht zur Südsee. Auch von der Größe her bildet es ein eigenes Reiseziel und wird deshalb auch in einem eigenen Buch dieser Reihe behandelt.

Alle fünf Inselgruppen liegen auf der uns entgegengesetzten Seite der Erdkugel im Südpazifik, in einem tropischen Gürtel unterhalb des Äquators, der bis zum Wendekreis des Steinbocks reicht – etwa auf gleicher Höhe wie Zimbabwe in Afrika oder Bolivien in Südamerika.

Sie sind über eine Meeresfläche verstreut, die dreimal so groß ist wie Europa, haben jedoch zusammen nur die Landfläche Hessens und nur rund eine Million Einwohner (Hessen 6 Millionen). Die Zeitverschiebung zu Mitteleuropa beträgt zwischen neun und zwölf Stunden.

Geologisch wird zwischen zwei grundlegenden Inselarten unterschieden: den Inseln vulkanischen Ursprungs und den niedrigen Koralleninseln. Alle Inseln sind aus dem Meer ragende Bergspitzen eines ehemaligen Kontinents, der sich in prähistorischer Zeit abgesenkt hat. Das Klima ist tropisch, die Temperaturen liegen ganzjährig zwischen 25° C und 30° C, je nach Entfernung vom Äquator. Bergige Inseln mit größeren Landmassen weisen während der Regenzeit (November bis April) eine bis zu 90 % hohe Luftfeuchtigkeit auf. Die beständigen Passatwinde sorgen jedoch das ganze Jahr hindurch für ein angenehmes Klima.

Die meisten Wissenschaftler unterstützen die Theorie, daß die Inseln von Westen, also Südostasien, aus besiedelt worden sind. Diese mehrere tausend Jahre dauernde Wanderung begann rund 5000 v. Chr. und fand etwa 1100 n. Chr. ihren Abschluß. Dabei bildeten sich drei große Kulturkreise heraus: Mikronesien im Nordwest-, Melanesien im West- und Polynesien im Zentral- und Ostpazifik. Von den in diesem Buch behandelten Inselgruppen liegt Fidschi an der Grenze von Melanesien zu Polynesien, die restlichen Gruppen sind rein polynesisch.

Die Kultur der Südseeinseln manifestiert sich mehr in nicht-materiellen Ausdrucksformen wie Tanz und Musik und weniger in Kunsthandwerk und Architektur. Die Sozialstruktur ist geprägt von Großfamilie und Gemeinschaftseigentum; Stammeshäuptlinge üben nach wie vor einen großen Einfluß aus.

Im 16. und 17. Jahrhundert erkundeten europäische Seefahrer die Weiten des Pazifiks; zunächst Spanier und Portugiesen, dann Holländer, Franzosen und Engländer. Ihnen folgten Walfänger, Pflanzer, Missionare und schließlich die Kolonialverwalter aus England, Frankreich, Deutschland und den USA. Nach dem Zweiten Weltkrieg, der den Pazifik zum Schauplatz erbitterter Inselkämpfe zwischen Amerikanern und Japanern machte, wurden die meisten ehemaligen Kolonien unabhängig.

Alle Inselstaaten sind bis heute abhängig von ausländischer Finanzhilfe. Wichtigste Einnahmequellen sind der Export von Kokosprodukten, Zucker (Fidschi) und tropischen Früchten sowie in wachsendem Umfang der Tourismus. Ein Großteil der Bevölkerung lebt aber noch immer von landwirtschaftlichem Eigenerwerb und Fischfang.

Die Anreisewege in den Pazifik führen entweder über Amerika oder Asien und sind in beiden Fällen etwa gleich lang, so daß ein Flug in die Südsee ohne Mehrkosten auch zur Weltumrundung ausgedehnt werden kann. Beste Reisezeit sind die Monate Mai bis Oktober, aber auch in den Monaten November bis April ist die sogenannte Regenzeit nicht wortgetreu zu nehmen und läßt noch mehr als genügend Sonnenschein übrig. Die Südsee ist kein Billigreiseland: Die meisten Hotels haben internationalen Standard und entsprechende Preise.

Natürlich gibt es in der Südsee die Traumstrände, die jeder erwartet. Sie bietet auch reichlich Gelegenheit für alle Formen des Wassersports wie Tauchen, Surfen, Segeln und Fischen. Aber all das gibt es auch an anderen, weniger weit entfernten Gestaden. Was die Südsee als Reiseziel so einmalig macht, sind ihre Menschen und ihre naturverbundene, heitere und vollkommen entspannte Lebensart. Wer sich als Besucher darauf einläßt, auf den wird sich diese Entspanntheit wohltuend übertragen. Und vielleicht kann er ein Stück davon mit nach Hause nehmen.

Die Inseln und ihre Bewohner

Landeskunde

Wo eigentlich liegt die Südsee?

Eine eindeutige geographische Definition für den Begriff Südsee gibt es nicht. Er geht auf den spanischen Eroberer **Vasco Nuñez de Balboa** zurück, der 1513 von einem Berg in Panama als erster Europäer den Pazifik erblickte. Da er von seinem Standort aus das Meer im Süden sah, nannte er es „Mar del Sur", Meer des Südens, und ließ es dabei bewenden.

Als Balboas Landsmann **Magellan** das neuentdeckte Meer wenige Jahre später, von Stürmen unbehelligt, erstmals durchquerte, gab er ihm seinen heutigen Namen, „Mar Pacifico", Stiller Ozean – eine weitere Fehleinschätzung angesichts der Hurrikane, die zu bestimmten Jahreszeiten über ihn hinwegfegen. Geographen unterscheiden heute zwischen Nord- und Südpazifik und nehmen den Äquator als Trennungslinie. Ist die Südsee also identisch mit dem Südpazifik? Hawaii und die Inseln Mikronesiens liegen nördlich des Äquators und werden wie selbstverständlich als Südseeinseln betrachtet.

Eine neuere Bezeichnung für die Inselwelt des Pazifiks ist **„Ozeanien"**. Sie deckt sich geographisch mit dem, was wir unter Südsee verstehen, und ist dennoch neutral – ohne den unterschwelligen romantischen Beigeschmack, der dem Wort Südsee seit den europäischen Entdeckern anhaftet. Deshalb bevorzugen auch die Bewohner der Inseln „Ozeanien" als Bezeichnung ihrer übergeordneten geographischen Heimat.

Aber hätten Sie, lieber Leser, Hand aufs Herz, einen Führer über „Ozeanien" in die Hand genommen? Wohl kaum. Warum ist der Name so unverzichtbar, nicht nur für Texter von Reiseprospekten? Wo bitte liegt, noch einmal, die Südsee? In unseren Köpfen.

Entstehung der Inseln und Inselformen

Die größte Wasserschüssel der Erde

Als Vasco Nuñez de Balboa 1513 erstmals den Pazifik erblickte, hätte er sich wohl nicht träumen lassen, daß er den größten Ozean der Erde vor sich hatte. Erst die späteren Weltumsegler erfaßten seine Dimensionen. Tatsächlich ist der Pazifik, der nahezu ein Drittel der Erdkugel bedeckt, die größte geographische Einheit der Erde überhaupt – eine Tatsache, die von unseren europaorientierten Weltkarten hartnäckig vernachlässigt wird. Er erstreckt sich in seiner größten Ost-West-Ausdehnung über 19.000 Kilometer von Mittelamerika bis nach Indonesien, also fast um die halbe Erdkugel, und über 15.000 Kilometer zwischen der Beringstraße im Norden und dem Südpol. Mit 70 Millionen Quadratkilometern bildet der Pazifik eine Fläche, in die die gesamte übrige Landmasse der Erde passen würde.

Kreuz des Südens

Dieses neben dem Großen Bär und Orion wohl bekannteste Sternbild ist in unseren Breiten nicht zu sehen, sondern nur am nächtlichen Himmel der südlichen Hemisphäre. Das Kreuz des Südens, astronomische Bezeichnung Crux, hat schon vor Tausenden von Jahren die Polynesier in ihren einfachen Segelkanus sicher durch die Weiten des Pazifiks geleitet. Im Zeitalter der Satellitennavigation suchen nur noch nächtliche Strandgänger mit Hang zur Romantik den Südseehimmel nach diesem markanten Wegweiser ab.

Das Kreuz wird gebildet von vier hellen Objekten, die in Wirklichkeit Mehrfachsterne oder gar Sternhaufen sind und nur durch die große Entfernung zu einem einzigen Lichtpunkt verschmelzen. Sie bilden ein drachenförmiges Trapez, dessen fünffach verlängerte Längsachse genau auf den südlichen Himmelspol zeigt. Zu finden ist das Kreuz des Südens in der Milchstraße am unteren südlichen Ster-

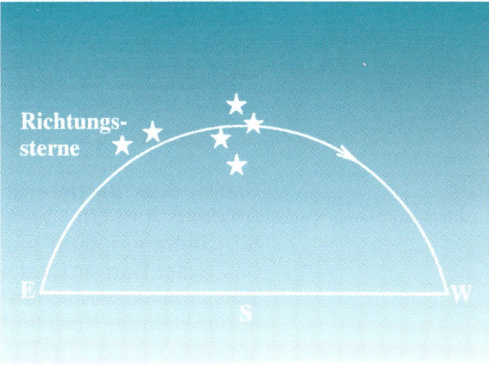

Kreuz des Südens

nenhimmel, wobei seine Position jahreszeitlich von Ost nach West wechselt. Eine weitere Hilfe zur Auffindung sind zwei helle „Richtungssterne", deren verlängerte Verbindungslinie auf den oberen Eckpunkt des Kreuzes deutet.

Spitzen aus dem Meeresgrund

Aus dieser riesigen Wasserschüssel ragen wie Stecknadelköpfe rund **10.000 Inseln** hervor, deren genaue Zahl nie ermittelt werden wird; sie hängt ab von der Definition, ab welcher Größe eine Sandbank oder ein Korallenriff zur Insel ernannt werden kann. Eine Reliefkarte des Meeresbodens zeigt, daß diese ungezählten Inseln nur die Bergspitzen von Landformationen sind, die unter Wasser liegen. Der Untergrund des Pazifiks besteht aus einer riesigen Landplatte, die im Laufe von Millionen Jahren vielfachen tektonischen Bewegungen unterworfen war, sich absenkte und wieder hob und heute noch in Bewegung ist. Inseln entstanden so durch die langsame Anhebung des Meeresbodens, aber auch durch vulkanische Eruptionen.

Korallen

Korallen werden von Milliarden mikroskopisch kleiner Lebewesen erzeugt, den Korallenpolypen, die dem Meerwasser Kalk zum Bau ihrer winzigen Gehäuse entziehen. Gehäuse setzt sich so auf Gehäuse, in Jahrtausende dauerndem Wachstum entstehen Verzweigungen, Äste oder auch runde Strukturen, die zu Korallenblöcken zusammenwachsen und schließlich ganze Riffe bilden. Der Korallenpolyp gedeiht nur in eng begrenzten Lebensbedingungen: Die Wassertemperatur darf im Mittel nicht unter 20° C sinken, das Salzwasser muß klar und reich an Sauerstoff und Plankton sein. Licht ist unverzichtbar, weshalb die meisten Korallenarten nur bis zu einer Wassertiefe von 50 Metern auftreten.

Riffe

Saum- oder Barriereriffe umgeben die Inseln, wobei ihr Abstand zum Ufer wenige Meter bis zu einigen Kilometern betragen kann (das größte Barriereriff der Welt ist das Great Barrier Reef vor der Ostküste Australiens). Die Wassersenke zwischen Riff und Insel bildet die Lagune, in der kleinere Korallenblöcke oder Koralleninseln liegen können. An den Stellen, an denen von der Zentralinsel Bäche oder Flüsse in die Lagune fließen, entstehen oft **Passagen** im Saumriff, da Korallen in nährstoffreichem Süßwasser nicht gedeihen. Solche Passagen dienen als natürliche Einfahrten für Boote und Schiffe in die Lagune und damit oft als einziger Meereszugang zur Insel. Entsprechend ihrer Entstehungsgeschichte wird im Pazifik zwischen zwei grundlegenden Inselarten unterschieden:

die hohen Inseln vulkanischen Ursprungs und die flachen Inseln, die durch das Wachstum von Korallen auf den Spitzen der Unterwassergebirge entstanden sind. Unter besonderen Umständen entwickelten sich Atolle und Mischformen aus Vulkaninsel und Atoll.

Diese Inseln haben gebirgige Landschaften mit teilweise felsigen Küstenlinien. Die sich an den Bergen stauenden Wolken sorgen für reichlich **Niederschläge** im Landesinneren, die in Wasserfällen und Bächen zur Küste strömen. Auf größeren Inseln, wie Viti Levu in Fidschi, können die Bergbäche im Flachland der Küstenzone zu breiten Strömen ausufern. Wegen der Passatwinde aus Südosten sind die Ostseiten der Inseln niederschlagsreicher als die Westseiten. Regenwald und dichte Buschvegetation bedecken die Bergrücken im Landesinneren. Die flacheren Küstenregionen haben meist fruchtbaren Boden und sind mit Plantagen und Siedlungen überzogen.

Hohe Inseln

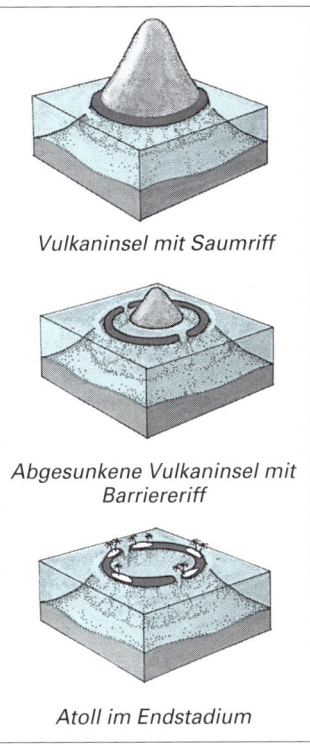

Vulkaninsel mit Saumriff

Abgesunkene Vulkaninsel mit Barriereriff

Atoll im Endstadium

Flache Koralleninseln entstehen aus ehemaligen Korallenriffen, die sich durch tektonische Bewegungen des Meeresbodens über den Meeresspiegel erhoben haben, oder auf die das Meer Korallen- und Muschelkalk geschwemmt hat. Sie ragen nur wenige Meter über den Meeresspiegel, treten innerhalb größerer Lagunen oder eines weit vorgelagerten Barriereriffs auf (zum Beispiel die der Westküste Viti Levus vorgelagerten Koralleninseln). Mit ihren vorwitzig aufragenden Palmwipfeln, umgeben von perlweißen Sandstränden und türkisfarbenem klarem Wasser, erfüllen sie genau das Bild, das sich die meisten Besucher in ihren Träumen von der Südsee machen.

Flache Inseln

Das Atoll

beschrieben von James A. Michener:

Das ist das Wunder eines Atolls, daß man in der Lagune sicher ist, während draußen der Sturm tobt. So wird das Atoll allen zufluchtsuchenden Menschen zum Symbol für die Sicherheit des Heimes, die Wärme der Liebe. Verloren in der Wildnis des Ozeans ist das Atoll ein Asyl, das den Geist fesselt und die Seele zur Ruhe kommen läßt.

Atoll Aitutaki, Cook-Inseln

Mehr als ein Symbol noch ist das Atoll ein Reservoir greifbarer Schönheit. Weiche Wolken hängen darüber, so daß es in der Morgendämmerung eine flammende Krone aus Gold trägt. Mittags scheint es in der backenden Hitze zu träumen, seine Farben sind kompromißlos und leuchtend. Zum Sonnenuntergang reflektieren die Wolken noch einmal eine schimmernde Leuchtkraft. Nachts scheinen die Sterne fast greifbar nah zu schweben, und wenn es einen Mond gibt, dann tanzt er nicht auf dem Wasser. Sein Widerschein liegt dort ruhig wie ein silberner Damm zum gegenüberliegenden Ufer.

Jedes der Motus am Riff – die unabhängigen Inseln mit Bäumen – hat seinen eigenen charakteristischen Charme. Einige haben meilenbreite Strände mit so gleißendem Sand, daß er das ungeschützte Auge blendet. Andere haben Korallengärten, die jede Vorstellungskraft erfreuen. Wieder andere sind die Heimstatt tausender Vögel, die Jagdgründe von Haien, die Hüter der Kavernen, in denen Perlen wachsen. ...

Aus: James A. Michener, **Return to Paradise**; Titel der deutschen Ausgabe: **Das gute Leben oder Rückkehr ins Paradies**, Knaur Verlag, München 1987.

Die Atolle sind schön. Sie gehören zu den schönsten Attraktionen dieser Erde, und es ist kein Wunder, daß sie so viele Menschen angelockt haben. Nicht einmal die wilden Hurrikane, die Einsamkeit, die stechenden Fliegen oder die Bitternis eines vorbeischlüpfenden Lebens können die kristallene Schönheit dieser wundersamen Kreise im Meer um auch nur ein Stück schmälern. "

Atolle entstehen, wenn der zentrale Teil einer Vulkaninsel unter den Meeresspiegel absinkt, so daß nur noch das ringförmige Riff aus dem Wasser ragt. Auf diesem Riff bildet sich dann eine Kette kleiner Sandbänke und bewachsener Inseln, die im Polynesischen **„Motus"** genannt werden. Diese Ringinseln schließen die flache Lagune eines Atolls ein. Klassische Atolle sind die Tuamotus in Französisch-Polynesien oder die nördlichen Cook-Inseln. Eine seltenere, landschaftlich besonders attraktive Form entsteht, wenn der zentrale Vulkanberg noch nicht abgesunken ist, sondern aus der Lagune des Atolls herausragt; Beispiele sind **Bora Bora** in den Gesellschafts- und **Aitutaki** in den Cook-Inseln.

Atolle

Klima und beste Reisezeit

Das Klima der südpazifischen Inseln ist tropisch, und wird vom Meer und den Passatwinden bestimmt. Die Skala reicht von heißtrocken auf flachen Koralleninseln bis feuchtwarm auf bergigen, dichtbewachsenen Inseln. Passatwinde wehen beständig das ganze Jahr aus südöstlicher Richtung über die Inseln und verschaffen so angenehme Kühle. Die Temperaturen schwanken auf den äquatornahen Inseln zwischen **27° C und 33° C**. Nur auf den südlichen Cook- und Tonga-Inseln, die näher zum Südpol liegen, können sie im südpazifischen Winter, also den Monaten Juni und Juli, auf 20° C absinken.

Passatwinde

Die Regenzeit bestimmt das Wetter mehr als Sommer und Winter. Sie dauert normalerweise von Ende November bis April. Hohe Temperaturen gehen dann mit hoher Luftfeuchtigkeit und Niederschlägen einher. Die Wahrscheinlichkeit von **Hurrikanen** ist in dieser Zeit am größten. An dieser Stelle müssen aber gleich zwei Einschränkungen gemacht werden: Erstens bedeutet Regenzeit nicht Dauerregen, sondern meist kurze, aber heftige tropische Schauer, die wiederum von längeren Sonnenperioden abgelöst werden. Lediglich der statistische Durchschnitt an Niederschlägen ist dann höher als in den übrigen Monaten. Zweitens ist kein Verlaß mehr auf das pünktliche Eintreten der Regenzeit, seitdem globale Wetterveränderungen auch das Klima des Südpazifiks beeinflussen. So kann heutzutage die Regenzeit auf manchen Inseln schon im November beginnen und im Februar zu Ende sein, sich um mehrere Monate verspäten oder gar ganz ausfallen. Sicher ist nur, daß auf keine Vorhersage mehr Verlaß ist.

Regenzeit

Beste Reisezeit

Die Frage nach der besten Reisezeit ist damit noch nicht beantwortet. Natürlich wollen die meisten Südseeurlauber dem europäischen Winter entfliehen, was mit der südpazifischen Regenzeit zusammentrifft. Aus den oben genannten Gründen muß dies aber die Entscheidung nicht zu sehr beeinflussen. Wichtiger ist die Tatsache, daß von Weihnachten bis Ende Januar im gesamten Südpazifik Hochsaison ist, in der Australier und Neuseeländer auf den Inseln Urlaub machen. Deshalb ist es ratsam, Hotelbuchungen für diese Periode lange im voraus vorzunehmen. Wollen Sie jedoch anderen Touristen, Hitze, Regen und Hurrikans mit Sicherheit entgehen, dann sind die Monate Mai bis Oktober die beste Reisezeit. Das Klima ist in dieser Jahreszeit am angenehmsten, nicht zu heiß und ohne drückende Schwüle, relativ trocken und garantiert sonnig.

Dezember Januar
November   *Februar*
Oktober   *März*
September   *April*
August   *Mai*
Juli Juni

Pflanzen- und Tierwelt

Jede Insel stellt im Prinzip ihr eigenes Ökosystem dar, mit ihrer ganz speziellen Zusammensetzung von Pflanzen und Tieren. Die meisten Inseln haben darüber hinaus in einer eigenen Evolution sogenannte „endemische" Arten hervorgebracht: Pflanzen- und Tierarten, die sonst nirgendwo vorkommen.

Trotzdem gibt es natürlich eine übergreifende Flora und Fauna, die den meisten Inseln des Südpazifiks gemeinsam ist. Pflanzensamen wurden vom Wind über den Ozean getragen oder, wenn es sich um Kultur- und Nutzpflanzen handelte, von den die Inseln besiedelnden Menschen eingeführt. Die Artenvielfalt nimmt von West nach Ost ab.

Flora

Blumen haben in der Kultur der Südseeinseln schon immer eine herausragende Rolle gespielt. Gäste werden mit Blüten-Girlanden willkommen geheißen und verabschiedet; bei Festen dienen Blumengestecke und Palmwedel der Dekoration; die Menschen tragen, vor allem in Polynesien, Blüten als Schmuck und Duftspender im Haar und um den Hals. Bunter Blumenschmuck ist ganz allgemein ein Ausdruck der Lebensfreude und Gastfreundschaft, und so zum Markenzeichen der Südsee geworden.

Die meisten Blüten für diesen Südseeschmuck wachsen
das ganze Jahr über auf Sträuchern und Bäumen, wie
Gardenia (polynesisch: Tiare), Hibiskus oder Frangipani
(auch: Tipani). Der Flammenbaum (Flamboyant, Flame-
tree), eine unverwechselbare Zierde der Insellandschaft,
blüht nur in den Monaten Dezember bis März.
Daneben gibt es unzählige Orchideenarten.
Viele kommen nur auf einer Insel vor.

Von den Nutzpflanzen ist die **Kokospalme** natürlich
die wichtigste und auf allen Inseln verbreitet. Sie ist
das Rückgrat jeder Inselkultur (siehe Seite 18 f.).
Stärkehaltiges Wurzelgemüse wie Süßkartoffeln, Taro, Yams und Kassava (auch: Tapioka
oder Maniok) wurden aus Asien eingeführt;
ebenso der Brotfruchtbaum und die meisten tropischen Früchte wie Banane, Ananas, Mango,
Papaya, Melonen, Zitrus.

Eine Besonderheit stellt die **Kavapflanze** dar
(auch: Kawa, Ava oder Yaqona), eine Ver-
wandte des Gewürzpfeffers, die den Stoff für
ein im ganzen Südpazifik verbreitetes narko-
tisierendes Getränk liefert. Dazu wird die
getrocknete Kavawurzel in Mörsern zu Pulver
zerstoßen, in großen Holzschalen mit Wasser
gemischt und in halbierten Kokosnußschalen
zum Trunk gereicht. Kava ist mehr als ein
Getränk. Vor allem in Fidschi, Tonga und
Samoa hat es zeremonielle und gesellschaftliche
Bedeutung (siehe unter Fidschi: Kultur). Die botanische
Bezeichnung der Kavapflanze ist *Piper methysticum
Forster.*

*Ausdruck der
Lebensfreude:
Mann mit
Blumenkranz*

Die Berge der hohen Inseln sind mit tropischem **Regenwald**, Farnen und Buschwerk bedeckt. In den Tälern und
Küstenebenen sind Akazien, Bambus, Kasuarina-, Panda-
nus- und Feigenbäume weit verbreitet. In den mit Salzwasser vermengten Flußmündungen entwickelten sich
ausgedehnte **Mangrovensümpfe**.

Die flachen Koralleninseln haben naturgemäß eine spär-
lichere Vegetation, die mit kargem Sandboden und mini-
malen Niederschlägen auskommen muß. Am Strand und
in Ufernähe wachsen verschiedene Buscharten, auf dem
wenige Meter erhöhten Inselplateau Pandanusbäume
und Kokospalmen.

Baum des Lebens

*W*egen ihrer Überlebensfähigkeit, ihrem immensen Nährstoffreichtum und ihrem vielfältigen Nutzen für den Menschen gehört die **Kokospalme** zu den erstaunlichsten Schöpfungen der Natur. Sie ist der Lebensbaum der Südsee schlechthin; ohne sie gäbe es keine Inselkultur in der riesigen Wasserwüste des Pazifiks.

Die Kokospalme wächst auf nahezu sterilen Sandböden, ist in der Fortpflanzung auf keinerlei Befruchtungshilfe durch Insekten angewiesen und kennt keine Jahreszeiten. Alle Wachstumsstadien sind gleichzeitig an einer Palme zu beobachten. Im ständigen spiralförmigen Wachstum produziert jeder neue Palmwedel einen Blütenstamm, aus dem die Nüsse reifen. Die herabgefallene reife Nuß versorgt als Keimzelle ihren eigenen Embryo monatelang mit allen Nährstoffen, bis der grüne Schößling nach außen wächst und Wurzeln schlägt.

Im Meer treibende Kokosnuß

Experimente haben ergeben, daß eine Kokosnuß bis zu 110 Tage im Meerwasser treiben kann, dabei bis zu 3.000 Seemeilen zurücklegt und trotzdem keimfähig ist, sobald sie an einen Strand gespült wird. Damit erklärt sich auch die weite Verbreitung der Kokospalme über den gesamten Tropengürtel der Erde.

Die Kokosnuß als Fett- und Eiweißlieferant ist heute noch neben dem Fisch das wichtigste Nahrungsmittel der Südseeinseln. Der Saft der grünen Nuß wird als erfrischendes Getränk genossen. Das weiche Herz einer am Boden sprießenden Nuß gilt als Delikatesse, die wie weiße Zuckerwatte schmeckt. Das Fleisch der reifen Nuß wird geraspelt und ausgepreßt; als Resultat erhält man Kokosmilch, die als sahneartiger Zusatz zu allen Gerichten verwendet wird. Die Überreste der Pressung werden an Hühner, Schweine und Vieh verfüttert.

Im Prinzip funktioniert die Kokospalme für die Südseeinsulaner wie ein überall und ständig verfügbarer Getränke- und Speiseautomat – nur mit dem Unterschied, daß sie kein Geld einwerfen müssen. Darüber hinaus ist getrocknetes Kokosfleisch, das sogenannte Kopra, nach wie vor einer der wichtigsten Exportartikel aller Südseeinseln. Kopra wird zu Öl, Kochfett (daher der Markenname Palmin), Parfum und Seife verarbeitet (20 Nüsse ergeben z. B. etwa drei Liter Öl). Aus dem Zuckersaft der Blüte macht man Toddy, den Palmwein, der nach der Destillation zum Arrak wird. Rinde und Wurzeln der Palme enthalten Heilsubstanzen.

Noch vielfältiger ist die Verwendung der Palme als Materiallieferant für Bau und Handwerk. Der Stamm dient als tragendes Element für die traditionellen Palmhütten. Die schmalen langen Blätter der Palmwedel

Baum des Lebens – perfektes Recycling-Produkt

werden zu Matten, Körben und Hüten geflochten, die Wedel als Dachabdeckung und Sonnenschirm verwendet. Die Blattrippen dienen als Fleischspieß, werden zu Bürsten und Besen gebunden oder zu Körben und Tierkäfigen geflochten (z. B. Fischreusen und Hummerfallen). Die Fasern in der Basthülle der Nuß sind salzwasserbeständig, und werden deshalb seit jeher zu Schiffstauen (Seemannsgarn), Seilen, Stricken und Matten gesponnen; außerdem dienen sie als Füllmittel für Kissen und Matratzen oder auch nur als ergiebiges Brennmaterial.

Die Schalen der Nüsse werden zu Trink- und Schöpfgefäßen geschnitzt, oder dienen als Brennstoff für Öfen, vor allem in Form von Holzkohle. Selbst der verbrannte Kokosnußbast findet noch als Dünger (Pottasche) Verwendung.

Kurzum: Es gibt absolut nichts an der Palme, das nicht vom Menschen verwertet wird. Ein perfektes Recycling-Produkt der Natur.

Fauna

Landtiere sind auf den pazifischen Inseln relativ spärlich vertreten, die größte Artenvielfalt weisen noch die Vögel auf. Säugetiere gab es ursprünglich überhaupt nicht, sie wurden erst vom Menschen eingeführt: Hühner, Schweine, Kühe, Hunde und Pferde als Nutztiere; Ratten und Mäuse als blinde Passagiere auf den Schiffen. Echsen, Lurche und Frösche gibt es in verschiedenen Variationen; der weitverbreitete Gecko ist sehr nützlich, da er Moskitos und Fliegen frißt. Landschlangen gibt es so gut wie keine, die wenigen Arten sind scheu und nicht giftig. In den Flüssen und Bächen gibt es einige Arten von Süßwasserfischen und Krebsen.

Von den **Insekten** sind die Moskitos die für den Menschen unangenehmste Erscheinung; glücklicherweise sind sie auf den in diesem Buch beschriebenen Inseln noch malariafrei. In einfachen Unterkünften ist daher ein Moskitonetz angebracht, schon um sich auch Krabbeltiere vom Hals zu halten. Skorpione und Tausendfüßler können ebenfalls unangenehm werden. Ihr Biß kann große Schmerzen und Lähmungserscheinungen hervorrufen. Sie halten sich gern nachts im Rasen und auf Büschen auf, weshalb es nicht ratsam ist, zu dieser Zeit im Freien barfuß zu laufen.

Unangenehme und weitverbreitete Hausbewohner sind die Kakerlaken (Cockroaches), die auch aus dem saubersten Hotel nicht ganz zu vertreiben sind. Es ist zu empfehlen, immer eine Dose starkes Insektenspray im Gepäck zu haben, um sie auf Distanz zu halten.

Während die Inseln selbst relativ artenarm sind, ist das Meer um sie herum mit einer unübersehbaren Vielfalt von Tieren und Pflanzen gesegnet. Dank einer noch relativ geringen Wasserverschmutzung tümmelt sich im Pazifik noch so ziemlich alles, was die Unterwasserwelt zu bieten hat. Die von Korallenriffen durchzogenen Gewässer stellen ein abwechslungsreiches Panoptikum dar, das Sie sich auch ohne Tauchschein, nur mit Schnorchel und Taucherbrille, erschließen können.

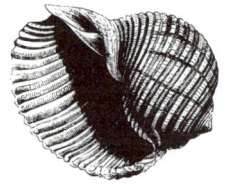  

Es würde den Rahmen dieses Buches sprengen, Ihnen alle Wunder der Unterwasserwelt zu beschreiben. Weiterführende Literatur finden Sie im Anhang. Jedoch möchten wir Sie auf einige Meerestiere aufmerksam machen, auf die Sie mit Sicherheit am Strand oder bei einem Essen mit Einheimischen stoßen werden.

Am Strand werden Ihnen **Einsiedlerkrebse** auffallen, die blitzschnell in ihren Gehäusen und Sandlöchern verschwinden, sobald sich ihnen jemand nähert. Weitverbreitet am Grunde der Lagunen sind **Seegurken**, **Seesterne** und andere Lebewesen, die sich vom Sand ernähren. Sie bewegen sich nur sehr langsam und sind absolut ungefährlich. Bestimmte Seegurken, wie **Bêche-de-mer**, werden als Delikatesse nicht nur von Einheimischen geschätzt.

Eine Spezialität ist auch das Fleisch bestimmter Muschelsorten: Die als **Paua** (polynesisch) oder Clam (englisch) bezeichnete weiße Klammer-Muschel, deren dicke Schalen so groß wie Waschbecken werden können, wächst auf Korallenstöcken. Ihre leeren Schalen werden Sie überall zu sehen bekommen.

Die vielfältige Unterwasserwelt ist eine der Hauptattraktionen der Südsee. Aber sie birgt auch einige Gefahren, die umseitig beschrieben sind. Trotzdem sollten sie den Leser nicht so weit abschrecken, daß er das Wasser gänzlich meidet: Wenn Sie folgende Vorsichtsmaßregeln beachten, wird Ihr Bade- und Urlaubsspaß ohne größere Beeinträchtigung bleiben:

■ Gehen Sie nie ohne Badeschuhe mit fester Sohle ins Wasser, um Ihre Füße vor Stacheln und Korallen zu schützen.

■ Berühren Sie unter Wasser nach Möglichkeit nichts, was Sie nicht sicher kennen. Greifen Sie vor allem nicht in Spalten oder Höhlen zwischen den Korallen.

■ Verwenden Sie beim Schnorcheln und Tauchen Spezial-Handschuhe, damit Sie sich gegebenenfalls an Korallen festhalten können.

■ Jod oder Mercurchrome zur Desinfizierung von Wunden gehört unbedingt in Ihre Reiseapotheke.

■ Selbstgefangene Fische sollten Sie nicht verzehren, ohne vorher fachkundigen Rat eingeholt zu haben.

Tip

Gefahren unter Wasser

Haie ■ *Sicher verdienen sie Respekt, und Sie sollten wissen, daß ihr Revier beginnt, wo das seichte Gewässer der Lagune aufhört: außerhalb des Korallenriffs, das die meisten Inseln schützend umgibt. Solange Sie innerhalb einer Lagune baden oder schnorcheln, sind sie vor Haien so gut wie sicher. Zwar verirren sich manchmal kleinere Exemplare in eine Lagune, aber sie stellen keine Gefahr dar. Auch die meisten Haiarten der tieferen Gewässer sind nicht von vornherein aggressiv. Wer den Tauchsport betreibt, gewöhnt sich an die Allgegenwart der Haie, so wie diese die Taucher als ebenbürtige Meeresbewohner respektieren. Die sicherste Methode, Haie angriffslustig zu machen, ist das Harpunieren von Fischen. Geringste Mengen Blut im Wasser genügen, ganze Rudel anzulocken und in eine Freß-Hysterie zu versetzen, die dann auch dem Menschen gefährlich wird.*

Weitaus gefährlicher als Haie sind die Meeresbewohner, die man nicht sieht oder die man für harmlos hält:

Seeschlangen ■ *Die im Südpazifik weitverbreitete schwarz-weiß gestreifte Seeschlange ist zwar sehr giftig, jedoch in keiner Weise angriffslustig, wenn sie in Ruhe gelassen wird. Sie wird bis zu zwei Meter lang, jagt kleine Fische und kriecht vorwiegend nachts an Land. Vorsicht deshalb bei nächtlichen Strandspaziergängen! Glücklicherweise liegt ihr Giftzahn sehr weit hinten im Rachen, so daß er nur bei einem Biß in den Finger oder kleinen Zeh zum Einsatz kommt. Ihr Gift führt innerhalb weniger Minuten zum Tod.*

Steinfisch ■ *Dieser Skorpionfisch ist ein Meister der Tarnung. Er nimmt die Schattierung von Steinen oder Korallen an, zwischen denen er sich versteckt; manchmal ruht er auch bewegungslos unter dem Sand. Die Gefahr geht von den giftigen Stacheln seiner Rückenflosse aus, die er nach oben reckt. Wer hineintritt, erleidet einen schockartigen Schmerz, der bis zum Koma oder gar Herzstillstand führen kann. Ärztliche Behandlung ist dringend erforderlich.*

Giftige Fische ■ *Einige kleine Fischarten, die sich von Korallen ernähren, nehmen dabei eine für Menschen giftige Substanz auf, die sich über die Nahrungskette auch auf Raubfische überträgt. Die dadurch hervorgerufene Vergiftung heißt Ciguatera, ist schwer heilbar, da sie die Leber angreift und erfordert eine komplexe, langwierige Behandlung.*

Stachelrochen ■ *Diese grundsätzlich friedlichen Fische mit ihren charakteristischen, schwingenartigen Flossen haben leider die Eigenart, sich im Sand einzubuddeln. Wer auf sie tritt, bekommt ihren reflexartig hochschnellenden Stachel zu spüren, der schmerzhafte Wunden schlagen kann.*

Muränen ■ *Sie verbergen sich mit Vorliebe in Löchern und Spalten zwischen den Korallen und stoßen blitzschnell mit ihren messerscharfen Zähnen zu, sobald sich ein Fisch nähert. Menschen greifen sie normalerweise nicht an, nur zur Verteidigung, wenn Sie zum Beispiel in ihr Loch greifen.*

Muscheln ■ *Bestimmte kegelförmige Muschelarten senden an ihrem spitzen Ende einen giftigen Pfeil aus, wenn man sie unvorsichtig in die Hand nimmt. Das starke Nervengift kann Lähmungserscheinungen und Atemstillstand hervorrufen.*

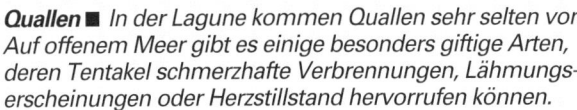

Quallen ■ *In der Lagune kommen Quallen sehr selten vor. Auf offenem Meer gibt es einige besonders giftige Arten, deren Tentakel schmerzhafte Verbrennungen, Lähmungserscheinungen oder Herzstillstand hervorrufen können.*

Korallen ■ *Korallen haben zum Teil sehr scharfkantige Oberflächen. Selbst leichte Schnitte an der Hautoberfläche beginnen schnell zu eitern und heilen nur langsam, da Korallen Bakterien ins Blut übertragen. Eine schnelle Desinfektion mit Jod oder Mercurchrome verhindert das Eitern und beschleunigt die Heilung. Auch einige weiche Korallenarten können bei Berührung leichte Verbrennungen der Haut hervorrufen.*

Seeigel ■ *und andere Stacheltiere halten sich zwischen den Korallen auf, sind jedoch mit Taucherbrille gut sichtbar. Sie können ihnen leicht aus dem Wege gehen.*

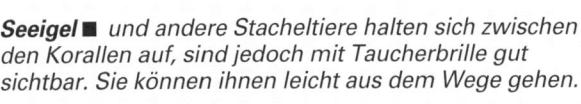

Geschichte und Völkerkunde

Die Besiedelung des Pazifiks

Herkunft

Woher kamen die Südsee-Insulaner? Wie haben sie die Inseln erreicht? Diese Fragen haben schon die ersten europäischen Entdecker beschäftigt. Sie, die mit ihren großen Segelschiffen mühevoll die unermeßlichen Weiten des Pazifiks gemeistert hatten, konnten sich nicht erklären, wie die Insulaner dies mit ihren primitiv aussehenden Kanus geschafft haben sollten.

Bis heute sind beide Fragen nicht restlos geklärt. **Thor Heyerdahl** versuchte mit seiner **Kontiki-Expedition** zu beweisen, daß die Polynesier aus Südamerika kamen. Seemännisch gelang der Beweis. Seine Überfahrt mit einem nach traditionellem Vorbild gebauten, ohne moderne Navigationsmittel ausgestatteten Segelkanu war eine Meisterleistung; für die Südamerika-These hatte sie aber wenig Beweiskraft. Zwar ist nicht auszuschließen, daß Teile Ostpolynesiens auch von Siedlern aus Südamerika erreicht wurden – das Vorhandensein bestimmter Kulturpflanzen und Sprachverwandtheiten legen das sogar nahe. Aber die überwältigende Mehrheit der Wissenschaftler ist heute der Meinung, daß der Pazifik ursprünglich aus der südostasiatischen Region um Malaysia, Indonesien und Australien in einer sogenannten „austronesischen Kolonisation" besiedelt wurde.

Die Besiedelung Polynesiens

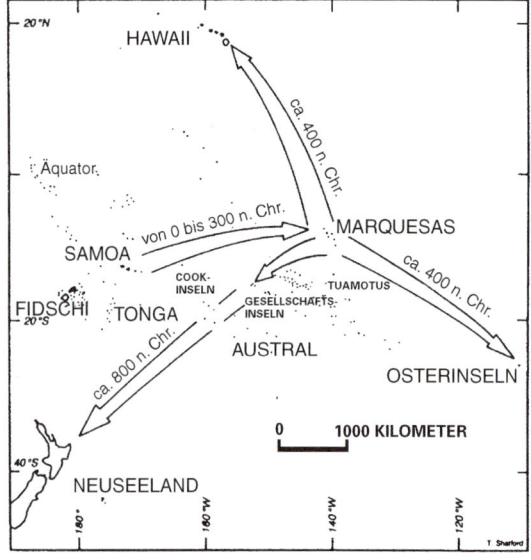

Mangels schriftlicher Überlieferung, die den frühen Südseekulturen fremd war, stützt sich auch diese These nur auf Indizien: Sprachverwandtheiten, Ähnlichkeiten in der Kultur, eingeführte Tiere und Pflanzen, mündliche Überlieferungen und Ausgrabungen. Vor allem die Funde von sogenannten **Lapita-Töpfereien** auf mehreren Inseln des Südpazifiks, von Papua-Neuguinea bis nach Fidschi, Tonga und Samoa, untermauern diese Theorie. Sie lieferten dank radiologischer Messungen erstmals halbwegs genaue Zeitangaben.

Danach begann die erste Welle der Besiedelung etwa 3000 v. Chr., ausgehend von Indonesien über Papua-Neuguinea, die Solomon-Inseln und Vanuatu. Fidschi wurde etwa 1600 v. Chr. erreicht, Tonga und Samoa schließlich 500 v. Chr. Weiter östlich wurde keine Lapita-Töpferei gefunden, was die Vermutung nahelegt, daß die Ausdehnung dieser frühen Kultur hier ihr Ende fand. Möglich wurde die Überwindung weiter Meeresstrecken durch seetüchtige Ausleger-Kanus, wie sie die Bewohner der Inselwelt Indonesiens und der Philippinen entwickelt hatten.

Die größten Seefahrer aller Zeiten

Eine zweite Wanderungsbewegung setzte etwa um Christi Geburt ein. Sie nahm ihren Ausgang von den Inseln Samoas und Tongas, deren Bewohner sich mittlerweile mit anderen Zuwanderern gemischt hatten und die polynesische Kultur begründeten. In einem ersten enormen Sprung überwanden die polynesischen Seefahrer fast 4.000 Seekilometer und landeten auf den Marquesas im heutigen Französisch-Polynesien. Von dort aus wurden etwa 400 n. Chr. die Osterinseln im Süden und Hawaii hoch im Norden des Pazifiks besiedelt – abermals erstaunliche Seereisen von 4.000 bis 5.000 Kilometern in einfachen, hölzernen Segelkanus. 600 n. Chr. wurden die Gesellschaftsinseln erreicht, dann die Cook-Inseln und schließlich 800 n. Chr. zuletzt Neuseeland.

Die Besiedelung des Pazifiks durch die Polynesier und ihre Vorfahren, die mit einfachsten seemännischen Mitteln einen riesigen Meeresraum erschlossen, kann mit Recht zu den größten Leistungen der Menschheitsgeschichte gezählt werden. 1.400 Jahre vor Kolumbus, zu einer Zeit, als europäische Seefahrer sich noch kaum aus der Sichtweite der Küsten herauswagten, navigierten sie über offene Meeresstrecken, die für damalige Begriffe gigantisch waren.

Die Rümpfe polynesischer Segelkanus bestanden aus ausgehöhlten Baumstämmen, oder wurden aus Brettern mit Kokosnußfasern zusammengelascht. Abgedichtet wurden sie mit natürlichen Harzen; die Segel bestanden aus geflochtenen Blättern des Pandanusbaumes. Seetüchtige Kanus für größere Reisen hatten einen Dop-

Schwimmende Haushalte

Die Hokulea auf hoher See

pelrumpf oder einen Rumpf mit Ausleger, über den eine Plattform gebaut war. Auf der Plattform wurden kleine Hütten und Feuerstellen errichtet. Hauptnahrungsmittel während der Wochen bis Monate dauernden Reisen waren Kokosnüsse, getrocknete Fische und frischer Fang auf See. Der Saft der Kokosnüsse und aufgefangenes Regenwasser stillten den Durst. Für die Bepflanzung der neugefundenen Inseln wurden Setzlinge von Kulturpflanzen mitgenommen. Hühner und Schweine wurden zur späteren Aufzucht in Käfigen an Bord gehalten. Solche Reisekanus konnten mehrere Familien mit bis zu hundert Personen aufnehmen, Kriegskanus sogar mehrere hundert Männer.

Navigation nach Sternen und Wellen

Erstaunlicher als der Bootsbau war die Navigationskunst, die nicht allein auf einer genauen Kenntnis des Sternenhimmels und des Verlaufs der Sonne beruhte. Polynesische Seefahrer orientierten sich auch an der Bewegung der Wellen, an Temperatur und Farbe des Wassers und an Meeresströmungen. An bestimmten Wolkenformationen, Meerestieren und Vögeln erkannten sie die Nähe von Land. Sie entwickelten einfache Seekarten in Form eines Gitterwerkes aus Stäben und Muscheln, die vorherrschende Windrichtungen, Meeresströmungen und die Position von Inseln markierten.

Leider ist diese hochentwickelte Seefahrtskunst bei den heutigen Bewohnern des Pazifiks in Vergessenheit geraten. Nur noch ganz wenige Insulaner beherrschen den traditionellen Bootsbau und die alten Navigationstechniken, die einst von Generation zu Generation weitergegeben wurden; Flugzeuge, Fährschiffe und Boote mit Außenbordmotor haben das Segelkanu längst verdrängt. Ein Versuch der Wiederbelebung wurde 1976 unternommen: Die letzten erfahrenen einheimischen Bootsbauer und Segler taten sich in Hawaii zusammen, bauten ein großes Segelkanu im traditionellen Stil und stachen ohne jegliche technische Hilfsmittel in See, um die großen polynesischen Seefahrten nachzuvollziehen. Die **Hokulea** segelte nach Tahiti, von dort nach Neuseeland und wieder zurück nach Hawaii, umriß damit das gesamte polynesische Dreieck, eine Strecke von rund 17.000 Kilometern.

Polynesien, Melanesien, Mikronesien

Die Bewohner des Pazifiks werden in drei große Kulturkreise unterteilt, die entsprechend ihrer unterschiedlichen Besiedlungsgeschichte jeweils eigene ethnologi-
sche Merkmale aufweisen – vergleichbar etwa der
Unterscheidung europäischer Volksgruppen wie Romanen, Anglosachsen oder Germanen. Die Grenzen zwischen ihnen verlaufen natürlich nicht exakt von einer Insel
zur anderen, sondern überlappen sich.

Polynesien wurde als letzter Kulturkreis des Pazifiks **Polynesien**
erschlossen und ist der flächenmäßig größte. Das sogenannte polynesische Dreieck wird gebildet von den Eck-
punkten Hawaii im Norden, den Osterinseln im Südosten
und Neuseeland im Südwesten. Polynesien, aus dem Griechischen abgeleitet, heißt soviel wie „viele Inseln“. Zu Polynesien gehören, außer **Hawaii** und **Neuseeland**, alle Inselgruppen des heutigen **Französisch-Polynesiens**: die **Cook-
Inseln**, **Niue**, **Samoa**, **Tokelau** und **Tuvalu**.

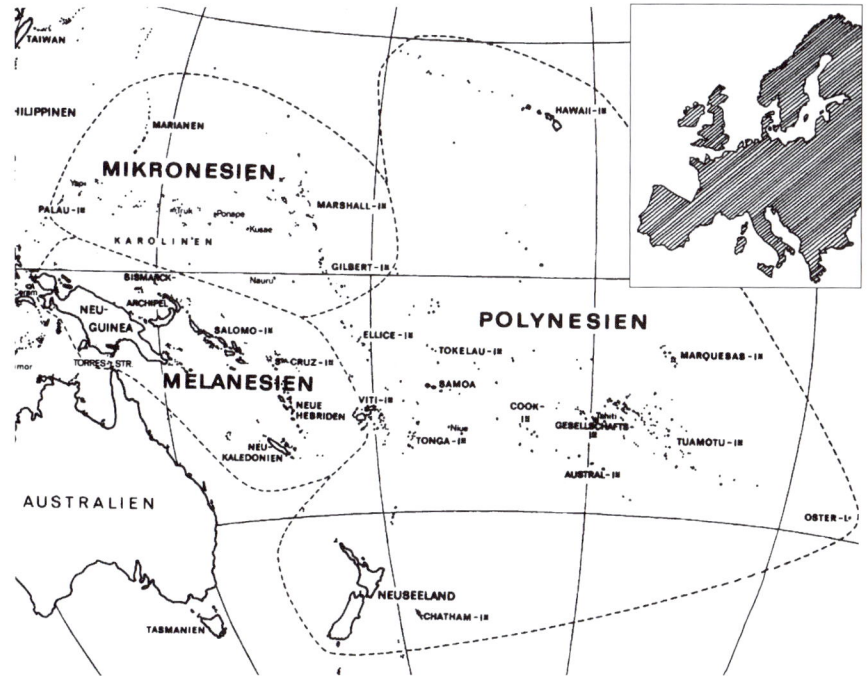

Die drei Kulturkreise des Pazifiks (Im Ausschnitt Europa in gleichem Maßstab)

Berühmte Südsee-Autoren

Seit *Daniel Defoe 1719* sein *„Leben und erstaunliche Abenteuer des Robinson Crusoe"* veröffentlichte, haben Legionen von Schriftstellern den Südsee-Mythos genährt, der bis heute in unseren Köpfen spukt. Die wichtigsten seien hier kurz herausgegriffen, genauere Literaturangaben finden Sie im Anhang.

Melville
1819 – 1891

Herman
Melville

Der Amerikaner **Herman Melville** fuhr selbst jahrelang auf Walfangschiffen im Pazifik und verarbeitete seine Erlebnisse 1851 zu dem Roman *„Moby Dick"*, seither ein Klassiker der Abenteuerliteratur. In *„Omoo"* und *„Typee"*, bei uns weniger bekannte Romane, beschrieb er den lockeren polynesischen Lebensstil so eindringlich und romantisch, daß die Leser seiner Zeit sich in das Paradies der Menschheit zurückversetzt fühlten.

Stevenson
1850 – 1894

Von dem Schotten **Robert Louis Stevenson**, der seine letzten Lebensjahre in Samoa verbrachte, stammt der Südsee-Klassiker *„Die Schatzinsel"*. Aus seiner Sicht war dieses Jugendbuch jedoch nur eine Fingerübung. Eingehender beschäftigte er sich mit der Südsee, den von ihm bewunderten Polynesiern und den gleichermaßen verabscheuten weißen Abenteuergestalten in zahlreichen Kurzgeschichten, die bei uns unter den Titeln *„In der Südsee"* und *„Südsee-Nachtgeschichten"* erschienen sind.

London
1876 – 1916

Der Amerikaner **Jack London** segelte zu Beginn dieses Jahrhunderts mehrmals auf einer Privatyacht durch den Pazifik und hielt sich mehrere Jahre in Hawaii auf. Seine Erlebnisse und Begegnungen verarbeitete er in Kurzgeschichten, die auf deutsch unter den Titeln *„Südsee-Abenteuer"* und *„Südseegeschichten"* erschienen sind.

Jack London

William Somerset Maugham ist nicht nur einer der bekanntesten englischen Schriftsteller, die über die und in der Südsee geschrieben haben. Sein Werk dürfte auch das umfangreichste sein. Er unternahm auf Frachtschiffen ausgedehnte Reisen durch den Pazifik, wobei die meisten Charaktere, die ihm dabei begegneten, zu einer Romangestalt verwoben wurden. Auf deutsch erschienen seine Südseegeschichten unter „**Betörende Südsee**" und „**Kupfermond und Silbermünze**".

Maugham
1874 – 1965

Charles Bernard Nordhoff und **James Norman Hall**, das amerikanische Schriftsteller-Duo, landete mit der „**Meuterei auf der Bounty**" nicht nur einen Bestseller, sondern lieferte auch die Vorlage für mehrere Verfilmungen dieser klassischen Südsee-Saga. Sie beruht auf einer tatsächlich stattgefundenen Begebenheit. James Norman Hall schrieb später noch eine ganze Reihe Südsee-Novellen, die unter Kennern geschätzt werden.

Nordhoff
1887 – 1947

Hall
1887 – 1951

Robert Dean Frisbie ist fast so etwas wie ein Kultautor unter Südseefanatikern. Dieser Amerikaner lebte in den 40er Jahren als freiwilliger Eremit auf einem abgelegenen Atoll der Cook-Inseln und schilderte in mehreren, mittlerweile vergriffenen Büchern seine Erlebnisse mit polynesischen Eingeborenen. Nur „**The Book of Pukapuka**" ist heute als englischsprachiger Nachdruck im Taschenbuchformat erhältlich.

Frisbie
1896 – 1948

James A. Michener kam als Angehöriger der amerikanischen Streitkräfte während des Zweiten Weltkriegs in den Pazifik. Anderthalb Jahre lang reiste er hauptsächlich in Militärflugzeugen als Korrespondent kreuz und quer durch den Pazifik, legte über 200.000 Kilometer zurück und besuchte dabei 49 Inseln. In mehreren Bestsellern hat er eindringlich und humorvoll eigene Erlebnisse sowie Betrachtungen über Geschichte und Kultur der Südseeinseln niedergeschrieben: „**Das gute Leben**", „**Verdammt im Paradies**" und „**Die Südsee**".

James A.
Michener

Michener
*1907

Sprache und Kultur aller polynesischer Inseln sind eng miteinander verwandt. Sie entsprangen derselben Quelle um die Inseln Tonga und Samoa, von der aus das restliche Polynesien besiedelt wurde. Die Polynesier sind hellhäutig und großgewachsen, haben schwarze, meist glatte Haare. Ihr ebenmäßiger Körperbau, ihre feingeschnittenen Gesichtszüge und vor allem die Schönheit der Frauen wurde schon von den europäischen Entdeckern gepriesen. Sie glaubten, den lange gesuchten Typus des „edlen Wilden" gefunden zu haben. Manche sprachen auch von den „Griechen des Pazifiks".

Melanesien

Melanesien, die „schwarzen Inseln", wurde wegen seiner dunkelhäutigen Einwohner so genannt. Ihr Kulturkreis erstreckt sich westlich Polynesiens von **Fidschi** über **Neukaledonien**, **Vanuatu** und die **Solomon-Inseln** bis nach **Papua-Neuguinea**. In Melanesien sind Sprache und Kultur sehr uneinheitlich, können sich von einer Insel zur anderen fundamental unterscheiden. Diese Uneinheitlichkeit rührt vermutlich daher, daß die Melanesier nach der ersten Besiedlung ihrer Inseln vor 5.000 Jahren dort seßhaft geworden sind und nicht wie die seefahrenden Polynesier ständig in Verbindung mit anderen Inseln blieben. So bildeten sich jeweils unterschiedliche Inselkulturen und -sprachen heraus, der übergreifende kulturelle Zusammenhang verwischte sich allmählich. Gemeinsam sind den Melanesiern ihre Herkunft, die im austronesischen Inselbereich liegt, rassische Merkmale wie dunkle Haut, krause Haare und negroide Gesichtszüge sowie bestimmte Gesellschaftsstrukturen, vor allem die ausgeprägten Häuptlingshierarchien. Fidschi, die einzige in diesem Buch behandelte melanesische Inselgruppe, liegt bereits am Übergang zum polynesischen Kulturkreis. Mit den polynesischen Nachbarn in Tonga und Samoa fand ein Austausch kultureller und gesellschaftlicher Eigenheiten statt.

Mikronesien

Der dritte große Kulturkreis des Pazifiks schließt Inselgruppen ein, die im Nordwestpazifik und östlich der Philippinen liegen: die **Karolinen**, die **Marianen**, die **Marshall-**, **Gilbert-** und **Phoenix-Inseln**. Sie sind zum Teil unter amerikanischer Verwaltung und zum Teil unabhängig. Mikronesien heißt „kleine Inseln". Die Mikronesier sind hellhäutig und haben mehr asiatischen Einschlag als die Melanesier; ihr Ursprung wird in der Region um Taiwan vermutet. Vor allem was ihre Seefahrtskünste betrifft, haben Mikronesier mehr Gemeinsamkeiten mit den Polynesiern.

Das Gesellschaftssystem

Das traditionelle Gesellschaftssystem der pazifischen Inseln basierte und basiert zum Teil heute noch auf Häuptlingsaristokratien, die einem Feudalsystem ähnlich sind. So wie es im europäischen Adel verschiedene Stufen vom Baron bis hinauf zum König gab, sind auch in der Südsee die verschiedenen Häuptlingshierarchien und damit verbundenen Privilegien organisiert.

Häuptlings-aristokratie

Die unterste Häuptlingsebene wird von den Familienoberhäuptern gebildet, die Großfamilien, sogenannten Clans, vorstehen. Mächtigere Häuptlinge regieren Distrikte, ganze Inseln oder gar eine Inselgruppe, was sie zu sogenannten Tuis, vergleichbar unseren Königen, macht. Einen solchen König an der Spitze einer Häuptlingshierarchie gibt es heute nur noch in Tonga. Samoa und Fidschi werden ebenfalls noch weitgehend von Häuptlingen regiert (genannt „**Matai**" in Samoa und „**Ratu**" in Fidschi), wenn auch die Regierungsform dort mit Elementen parlamentarischer Demokratie verknüpft wurde. In Ostpolynesien ist die Bedeutung der Häuptlinge im Regierungs- und Gesellschaftssystem geringer.

Rangordnung

Mächtige Häuptlinge hatten ihren eigenen Hofstaat an Sprechern, Beratern, Steuereintreibern, Medizinmännern und Priestern, die ebenfalls im Häuptlingsrang standen. Häuptlinge üben traditionell immer noch Kontrolle über das Land ihres Clans aus, ihnen stehen entweder Tribute zu oder alle Einnahmen aus der Bewirtschaftung des Landes, die sie umgekehrt wieder an die Clanmitglieder verteilen. Der Häuptling nimmt die Aufgabenverteilung innerhalb des Clans vor, er ist oberste Autorität, schlichtet Streit und richtet. Am strengsten ist das Häuptlingsregime noch in Samoa ausgebildet.

Samoanischer Häuptling im 19. Jahrhundert

Vor allem in Kriegszeiten wurden Häuptlinge ursprünglich wegen ihrer Führungsqualitäten gewählt. Jedoch haben sich im Laufe der Zeit Häuptlingsdynastien entwickelt, innerhalb derer die jeweiligen Titel bis heute weitervererbt werden. Auch Frauen können Häuptlingstitel übernehmen. Sie können ebenso ehrenhalber an Mitglieder des gemeinen Standes verliehen werden. Die Macht eines Häuptlings resultierte früher aus seinem Mana, einer ihm zugeschriebenen über-

Mana

natürlichen Kraft – heute würde man Führungsqualität dazu sagen. Mana wurde nicht allein durch Geburt erworben, es mußte durch Taten und Erfolg untermauert werden. Ein Häuptling konnte also auch sein Mana und damit seine Macht verlieren, wenn er sie in den Augen seiner Untertanen schlecht gebrauchte. Ausgeübt wurde Macht indirekt über verschiedene **Tabus**, die der Häuptling erlassen konnte und die das gesellschaftliche und geistige Leben regelten. Ohne direkte physische Macht auszuüben, kontrollierte der Häuptling über Tabus seine Untertanen.

Kannibalen

Im Glauben an das Mana liegt übrigens auch eine der Ursachen an dem in der Südsee früher weitverbreiteten Kannibalismus. Durch Verspeisen des Gegners glaubte der Sieger, sich auch dessen Mana aneignen zu können. Besonders ausgeprägt war der „Brauch" des Menschenfressens auf den melanesischen Inseln. Da Gewalt zur Tagesordnung gehörte, war auch der Kannibalismus selbstverständlicher Bestandteil des täglichen Lebens. Vor allem in Fidschi wurde das Töten und Aufessen von Menschen zu einer Art Kunstform erhoben, die makabre Blüten trug. Aber auch in den polynesischen Kulturen wurde Kannibalismus praktiziert, oft als Bestandteil ritueller Menschenopfer, bei denen bestimmte Körperteile wie Herz oder Hirn verzehrt wurden.

Großfamilien und Patriarche

Weitgehend erhalten geblieben ist bis heute das Leben in Großfamilien, die sich aus mehreren miteinander verwandten Familien zusammensetzen. Die Kinder werden von den erwachsenen Mitgliedern eines Clans gemeinsam aufgezogen, sie wachsen ohne die uns bekannte feste Bindung zu ihren leiblichen Eltern auf. Oft werden Kinder einfach an Tanten, Cousinen oder Schwestern weitergegeben, die selbst keine oder weniger Kinder haben. Uneheliche Kinder stellen keinerlei Problem dar, sind vielmehr erwünscht und unterstreichen die Heiratsfähigkeit einer Frau; sie werden von der Großfamilie problemlos aufgenommen.

Rollenverteilung

Im Dorf ist die Rollenverteilung zwischen Mann und Frau noch stark patriarchalisch geprägt. Männer gehen jagen und fischen, erledigen die schwereren landwirtschaftlichen Arbeiten, bauen Häuser und Boote und treffen die Entscheidungen sowohl innerhalb der Familie als auch in der Dorfpolitik. Den Frauen fällt das Aufziehen der Kinder, die Pflege der Anbauflächen, der Verkauf ihrer

Früchte auf dem Markt, das alltägliche Kochen und das Herstellen von Handarbeiten zu. Es läßt sich feststellen, daß von Fidschi ostwärts nach Polynesien hin die Selbständigkeit der Frau zunimmt.

Geben und Nehmen

Das Land ist vorwiegend noch im Gemeinschaftsbesitz eines Clans, seine landwirtschaftlichen Produkte und aller sonstiger Besitz sind ebenfalls Gemeinschaftseigentum, über dessen Verwendung der Häuptling beziehungsweise der Häuptlingsrat entscheidet. Die Verpflichtung, alles Einkommen mit der Familie zu teilen, ist so tief verwurzelt, daß sie immer wieder zu Konflikten mit westlichen Vorstellungen vom Wirtschaften führt. Versucht sich heute ein Familienmitglied mittels Bankkredit eine selbständige Existenz aufzubauen, etwa in Form eines Fischerbootes, eines Restaurants oder eines anderen kleinen Geschäfts, erwartet jedes Mitglied der Großfamilie wie selbstverständlich einen Anteil am Profit und trägt so zum sicheren und schnellen Bankrott des Unternehmens bei.

Die Verpflichtung des Teilens reicht bis in kleinste Dinge. Einem in dieser Tradition aufgewachsenen Südsee-Insulaner ist es unmöglich, die Bitte nach einem in seinem Besitz befindlichen Gegenstand oder Geld abzuschlagen. Umgekehrt hat er natürlich das gleiche Recht, alles von seinem Gegenüber zu fordern. Formell „borgt" er sich etwas, jedoch mit der vagen Verpflichtung zur Rückgabe. Dieses System gegenseitigen Gebens und Nehmens, in Fidschi „Kerekere" genannt, kommt den Idealvorstellungen menschlichen Zusammenlebens sehr nahe. Es hat in den auf Eigenerwerbsanbau basierenden, in sich geschlossenen Inselgesellschaften vor Einführung des Geldes sicher auch funktioniert.

Soziales Netz

Heute blockiert es die wirtschaftliche Entwicklung der meisten Inselstaaten und sorgt darüber hinaus für eine Vetternwirtschaft in der Politik, die zur Selbstversorgung des jeweils an der Macht befindlichen Familienclans degeneriert ist. Andererseits stellt die Tradition des Gebens und Nehmens in der dörflichen Gemeinschaft ein nicht zu unterschätzendes soziales Netz dar. Jeder Südseeinsulaner, der in wirtschaftliche Schwierigkeiten gerät, kann sich jederzeit in dieses Netz zurückfallen lassen. Die Großfamilie und Dorfgemeinschaft garantiert jedem ihrer Mitglieder die wichtigsten Grundbedürfnisse wie Unterkunft und Verpflegung. Insofern ersetzt sie die bei uns übliche Sozialversicherung.

Liebe in der Südsee

Seit den ersten europäischen Entdeckern ist der Südseemythos untrennbar verbunden mit der Vorstellung von freier Liebe, praktiziert von naturverbundenen Menschen, die keine künstlichen Moralschranken kannten. Die Berichte der Seeleute, die von leichtgeschürzten Südseemädchen handgreiflich aus dem puritanischen Weltbild des 18. Jahrhunderts gerissen wurden, regten natürlich vor allem Männerphantasien an.

200 Jahre später haben sich unsere Moralvorstellungen gewandelt. Wir können etwas ungezwungener die Frage stellen: Was war wirklich dran am Sex in der Südsee? Der schwedische Anthropologe Bengt Danielsson, der seit 40 Jahren in Tahiti lebt, ist ihr nachgegangen. Hier Auszüge seiner Forschungsergebnisse:

Auch die Polynesier waren im Prinzip monogam, suchten sich im Erwachsenenalter einen ständigen Partner. Vor und nach der „Heirat" waren die sexuellen Freiheiten jedoch beträchtlich. Jugendliche wurden von ihren Eltern ermuntert, so viele Sexualpartner als möglich zu suchen. Onkel und Tanten wurden zu „Liebeslehrern" bestimmt, öffentlicher Geschlechtsverkehr als praktisches Lehrstück vollzogen, begleitet von fachkundigen Kommentaren der Umstehenden. Erfahrung in der Kunst der Liebe galt als unerläßliche Voraussetzung für eine spätere Partnerschaft, uneheliche Kinder gingen in der Großfamilie auf, waren Beweis der Fruchtbarkeit und Heiratsfähigkeit eines Mädchens.

Von der prinzipiellen Regel ehelicher Treue gab es einige nicht unerhebliche Ausnahmen:

■ Männliche Angehörige der Adelskaste konnten Affären mit Frauen des gemeinen Standes haben, gleich ob diese verheiratet oder unverheiratet waren. Deren Ehepartner oder Angehörige empfanden das nicht als Schande, sondern große Ehre. Häuptlinge konnten sich auch mehrere ständige Frauen nehmen, was von der Erstfrau begrüßt

Buchtip

Bengt Danielsson: **Love in the South Seas**. Mutual Publishing Paperback. Erhältlich in Buchhandlungen und Souvenirshops im Südpazifik.

wurde, brauchte sie doch Unterstützung, um den umfangreichen gesellschaftlichen Verpflichtungen eines Häuptlingshaushaltes nachzukommen.

■ *Außereheliche Beziehungen waren generell erlaubt zwischen einem Mann und seinen Schwägerinnen und Cousinen, umgekehrt galten die gleichen Rechte für eine verheiratete Frau. Die Frau und die Schwestern eines engen Freundes, sogenannte Namensbrüder, standen auch dem befreundeten Mann zur Verfügung.*

■ *Die Gastfreundschaft verlangte es, männlichen Gästen des Haushalts die eigene Frau oder Tochter anzubieten.*

Besondere Freiheiten genoß die Kaste der „Arioi", deren Mitglieder beiderlei Geschlechts dem Fruchtbarkeitsgott Oro huldigten und ein vollkommen freies Geschlechtsleben genossen. Außerdem waren Transvestiten, sogenannte „Mahus", wie übrigens auch heute noch, weit verbreitet und angesehene Mitglieder der Gesellschaft.

Bleibt die bohrende Frage für den männlichen Reisenden, wieviel von diesen Sitten heute übriggeblieben ist. Die Antwort ist zwiespältig. Einerseits haben Missionare und Kolonisatoren die polynesische Kultur, einschließlich ihres Gesellschaftssystems und ihrer Sexualmoral systematisch ausgelöscht. Die lange Zeit aufgepfropften westlichen Moralvorstellungen dagegen bröckelten ebenfalls mit dem allgemeinen Trend. Je nach Standpunkt ist die Moral in Polynesien heute so liberal oder konservativ wie in den meisten westlichen Ländern. Eines ist Tahiti auf gar keinen Fall: ein Bangkok der Südsee. Da sei der polynesische Gott Oro vor.

Tahitianisches Tanzpaar

Die Südseekultur

**Tänze statt
Tempel**

Wer seinen Weg über Asien in den Südpazifik findet und hier ähnliche Zeugnisse vergangener Hochkulturen sucht, wird zunächst enttäuscht sein. Großartige Königspaläste und Tempel, überlieferte Schriften und ausgefeiltes Kunsthandwerk gibt es nicht. Es scheint beinahe, als hätten es die Bewohner dieser Inseln nie für nötig gehalten, ihrer Nachwelt etwas Bleibendes zu hinterlassen. Ob dies auf das sorglose Leben, frei von jeder materiellen Not und größeren Kriegen, zurückzuführen ist oder aber auf die Isolation dieser weit im Pazifik verstreuten Inseln, bleibt kulturhistorische Spekulation. Die Südsee deshalb als kulturlos zu bezeichnen, wäre jedoch mehr als voreilig. Südseekultur ist weniger materiell greifbar, sie drückt sich mehr in mündlich überlieferten Legenden, Gesängen und Tänzen aus sowie in gesellschaftlichen Traditionen und Zeremonien.

**Götter im
Stammbaum**

Die polynesische Mythologie führt die Erschaffung der Welt und des Menschen auf mehrere Götter zurück. Sie fischten die Inseln aus dem Meer, brachten das Feuer, zeugten Halbgötter, die wiederum Menschen zeugten. Jede Inselkultur hat ihre eigenen Legenden und Ahnenreihen, die immer auf die ursprünglichen Götter zurückführen. Priester waren Spezialisten in der Ahnenforschung, konnten Stammbäume über viele Generationen bis zurück zu den Göttern auswendig rezitieren. Mangels schriftlicher Überlieferung fungierten sie so nicht nur als Bewahrer von Kultur und Religion, sondern auch als eine Art lebendiges Grundbuch, hingen doch Häuptlingstitel und Landrechte eng mit dem Nachweis der Ahnenreihe zusammen.

Marae auf Huahine

Den Göttern wurden Opfer gebracht, Speisen, Tiere und manchmal auch Menschen. Schauplatz solcher kultischen Handlungen waren im polynesischen Kulturkreis steinerne Plattformen, die sogenannten Maraes. **Maraes** hatten aber nicht nur die Funktion von Tempeln, sondern manifestierten auch Landrechte und den Rang von Familien. Heute sind die Überreste solcher Maraes hauptsächlich in Ostpolynesien zu finden; sie sind jedoch meist nicht älter als wenige hundert Jahre. Nur Tonga hat ältere Bauwerke, wie zum Beispiel ein 2.500 Jahre altes Trilithon sowie Reste größerer Grab- und Festungsanlagen.

Kultstätten

Die traditionelle Bauweise von Hütten aus natürlichen Materialien wie Palmstämmen und -blättern hat sich nur noch in Samoa und ansatzweise in Fidschi erhalten. In anderen Inselgruppen wurde sie längst von Wellblech und Fertigholz verdrängt und nur für touristische Einrichtungen wiederbelebt. Das Gleiche gilt auch für viele Formen des Kunsthandwerks wie Schnitzereien, Bast- und Flechtarbeiten, Töpfereien und das Herstellen traditioneller Musikinstrumente, die erst durch den Tourismus wieder eine Renaissance erlebten. Eine der wenigen eigenständigen Formen des Kunsthandwerks in der Südsee sind die **Tapa**-Arbeiten, mit Ornamenten bemalte Bastmatten. Tapa ist in Tonga, Samoa und Fidschi hochentwickelt. Fast in Vergessenheit geriet die in der Südsee hochentwickelte Kunst des Bootsbaus und des Navigierens.

Handwerk

Tonganerin bemalt Tapa-Matte

Heute stellen die nicht-materiellen Ausdrucksformen wie Gesänge und Tänze das Herzstück der Südseekultur dar. In ihnen finden nicht nur die alten, mündlich überlieferten Legenden ihren Ausdruck. Vielmehr werden ständig neue Gesänge und Tänze geschaffen, was sie zu einem Stück lebendiger Kultur macht. Natürlich variieren die Ausdrucksformen von einer Inselgruppe zur anderen, der Stil der Musik, die Bewegungsformen und die traditionellen Kostüme. Allgemein aber läßt sich sagen, daß die Mehrzahl der Tänze in Fidschi, Tonga und Samoa schematisch-statischen Grundmustern folgt, während diese in Ostpolynesien abwechslungs- und bewegungsreicher, vor allem aber temperamentvoller sind. Auch tritt bei den ostpolynesischen Tänzen der ursprüngliche sexuelle Charakter noch offen zutage.

Lieder und Tänze

Abgesehen von gesellschaftlichen Traditionen, die schon im vorhergehenden Kapitel beschrieben wurden, spielen in den Südseekulturen noch bestimmte Riten und Zeremonien eine Rolle. So wird die Einsetzung hoher Häuptlinge in ihr Amt, vor allem in Fidschi, von tagelangen Zeremonien begleitet. In den Männergesellschaften Fidschis, Tongas und Samoas ist das Kavatrinken weitverbreitet und besonders dort zum gesellschaftlichen Ritual mit ausgefeiltem zeremoniellen Protokoll entwickelt worden.

Kava und Erdofen

Die traditionelle Zubereitung des Essens in einem Erdofen wird heute noch in allen Südseekulturen gepflegt. In Französisch-Polynesien heißt der Erdofen **Hima'i**, auf den Cook-Inseln **Umukai**, in Tonga und Samoa **Umu** und in Fidschi **Lovo**. Dabei werden verschiedene Gemüse, Fleischteile und Fische in einer mit Palmblättern abgedeckten Grube über vorher erhitzten Steinen

gegart. Dieser einige Stunden in Anspruch nehmende Garvorgang ist nicht nur sehr schonend und bekömmlich, er war für die Zubereitung großer Essensmengen in den Großfamilien der traditionellen Südseegesellschaft auch äußerst rationell. Daß sich im Erdofen auch ganze Menschen garen ließen, was auf den vom Kannibalismus beherrschten Inseln Melanesiens durchaus üblich war, ist ein makabrer Nebenaspekt.

Ein Erdofen wird geöffnet

Die weißen Entdecker

Vom Beginn der Besiedelung der Südsee 3000 v. Chr.
bis zur Ankunft der ersten europäischen Entdecker
Mitte des 16. Jahrhunderts vergingen rund 4.500
Jahre, in denen die Inselkulturen mehr oder weniger
ohne Einflüsse von außen und ohne große Veränderungen existierten. Erst die Ankunft der Europäer sollte eine entscheidende Wende in ihrer Entwicklung
bringen.

Die Erkundung des Pazifiks durch europäische Seefahrer **Spanier und**
war nicht persönlichem Entdeckerdrang entsprungen, **Portugiesen**
dafür waren diese Expeditionen viel zu kostspielig, sondern vielmehr dem einträglichen Handel mit Gewürzen
aus Asien. Der Landweg dorthin war aber lang und
beschwerlich, überdies durch die Besetzung Konstantinopels durch die Türken blockiert. So finanzierten die
großen seefahrenden Nationen Expeditionen, um die
Gewürzinseln auf dem Seeweg zu finden; allen voran
Spanien und Portugal. Deren Entdeckungen ermunterten dann Holland, später England und Frankreich zu ähnlichen Unternehmungen. Außerdem hielt sich unter den
Gelehrten jener Zeit das Gerücht von einem sagenhaften
Südkontinent, der auf der anderen Seite der Erde liegen
sollte und riesige Reichtümer versprach. Die Spanier
wollten Indien über den Atlantik erreichen und mußten
feststellen, daß dazwischen erst einmal Amerika lag,
auch wenn Kolumbus selbst diese Erkenntnis versagt
blieb. Die Portugiesen drangen von der anderen Seite
her, über ihre Handelsstützpunkte in Indonesien, nach
Westen in den Pazifik ein.

Erst **Ferdinand Magellan**, einem Portugiesen in spanischen Diensten, gelang zwischen 1519 und 1521 die erste
Weltumsegelung und damit auch die erste Durchquerung des Pazifiks. Während der 20.000 Kilometer langen
Reise durch den Pazifik sichtete er nur einmal eine Insel,
das Atoll Pukapuka in den nördlichen Cook-Inseln, ehe er
schließlich in den Marianen im Nordwestpazifik erstmals
an Land ging. Seinem Landsmann **Alvaro de Mendana**
erging es 1567 ebenso. Er segelte durch ganz Polynesien,
ein Gebiet mit Tausenden von Inseln, ohne eine einzige
zu sichten und erreichte schließlich die Solomon Inseln
am Westrand des Pazifiks. Beides war kein Zufall, sondern zeigt die Streuung und Isolation der Südseeinseln in
diesem riesigen Ozean.

Auf seiner zweiten Expedition entdeckte Mendana 1595 die Marquesas; **Quiros**, ein weiterer Spanier, 1606 Vanuatu. Mittlerweile hatten die Seefahrer herausgefunden, daß die Passatwinde auch eine Durchquerung von West nach Ost ermöglichten, was den Spaniern einen wechselseitigen Handelsweg eröffnete: Ihre Galeonen transportierten Gold aus den südamerikanischen Kolonien nach Manila und brachten von dort chinesische Waren zurück. Die „Entdeckung" von Inseln in dieser Zeit erfolgte also mehr oder weniger zufällig, quasi im Vorbeisegeln. Genaue Seekarten des neuentdeckten Meeres und Navigationshilfen gab es noch nicht, so daß keiner dieser Seefahrer wirklich wußte, wo diese Inseln lagen, geschweige denn, wie er sie wiederfinden konnte.

Holländer

Im 17. Jahrhundert löste Holland die Spanische Armada in der Erforschung des Pazifiks ab. Weitere „zufällige" Entdeckungen gelangen 1616 **Jacob LeMaire** und **Willem Schouten** in den Tuamotus und Tonga; **Abel Tasman** 1642 in Fidschi, im nach ihm benannten Tasmanien und in Neuseeland; schließlich **Jacob Roggeveen** in Samoa und auf den Osterinseln. Insel für Insel tauchte auf der immer noch unklaren Pazifikkarte auf. Sie bekamen kurzerhand europäische Namen wie Amsterdam, Middleburg oder Pylstaart, ohne Rücksicht auf ihre einheimischen Bezeichnungen. Sie blieben allerdings nicht von Dauer. Mit ihrer staatlichen Unabhängigkeit erhielten die meisten pazifischen Inseln ihre ursprünglichen Namen zurück.

Engländer und Franzosen

Als nächstes traten die Engländer und Franzosen auf den Plan. **Samuel Wallis** wurden von der britischen Admiralität 1766 zwei Schiffe zugeteilt, um den immer noch nicht entdeckten Südkontinent zu finden. Sie durchsegelten die Tuamotus und nahmen formell ein Atoll nach dem anderen für die britische Krone in Besitz. Erneut wurden Inselnamen vergeben, für die das englische Königshaus, sein gesamter Hochadel und die Admiralität herangezogen wurden. Auch diese Namen blieben nicht von Dauer. Schließlich erreichte Wallis 1767 Tahiti und nannte es King George Island. Neun Monate später, von Wallis vorhergehendem Besuch nicht wissend, erreichte **Louis Antoine de Bougainville** als Leiter der ersten französischen Pazifik-Expedition ebenfalls Tahiti, nahm es nun für Frankreich in Besitz und gab ihm den Namen Nouvelle Cythère nach der griechischen Insel Kythera, Aphrodites Geburtsstätte.

1768 schickte die Royal Society in London James Cook auf seine erste von drei ausgedehnten Pazifik-Expeditionen, die Seefahrtsgeschichte machen sollten und seinen Namen unauslöschbar mit der Erforschung des Pazifiks verbanden. Innerhalb von 11 Jahren durchkreuzte er den Pazifik in allen Richtungen, drang als erster Seefahrer bis zur Antarktis vor, entdeckte Neukaledonien und Hawaii, erforschte einen Großteil der vorher schon entdeckten Inseln näher. Er hatte ein Team von Wissenschaftlern an Bord, die Flora und Fauna der Inseln dokumentierten, astronomische Beobachtungen vornahmen und neue Navigationsmethoden entwickelten. Vor allem aber wurden unter seiner Leitung alle Inseln, einschließlich der Küsten Neuseelands und Australiens, erstmals sorgfältig kartographiert. Daneben legte er in detaillierten Logbüchern seine eigenen Beobachtungen, insbesondere über die Kultur der Inselbewohner, nieder. Als Ergebnis seiner drei Expeditionen hinterließ Cook der Nachwelt nicht nur die erste genaue Karte des Pazifiks, sondern dessen erste umfassende Beschreibung überhaupt. Cooks Karte blieb lange Zeit nach ihm gültig; seine Logbücher bilden heute noch eine der wichtigsten Quellen für die Erforschung der frühen Inselkulturen.

Mit Cook war die rund 200 Jahre dauernde Entdeckungsphase des Pazifiks abgeschlossen, es folgte seine weitere Erforschung und Kolonisierung. Nur wer die Entbehrungen kennt, denen sie ausgesetzt waren, vermag die Leistung dieser ersten Pazifikreisenden richtig zu würdigen. Wenn sie kein Land sahen, ernährten sie sich monatelang von wurmstichigem Zwieback, verdorbenem Pökelfleisch und brackigem Wasser. Wenn die Lebensmittelvorräte ganz ausgingen, mußten Ratten herhalten oder wurden die Ochsenhäute der Takelage gekocht und gegessen. Die Äquatorsonne stach gnadenlos auf die schwitzenden Männer herunter, die sich wochenlang nicht waschen und ihre Kleidung wechseln konnten. Die Mannschaftsquartiere stanken, die hygienischen Bedingungen waren unbeschreiblich. Durch Vitaminmangel wurden die Seeleute skorbutkrank und starben schließlich an Auszehrung. Es war nicht ungewöhnlich, wenn von solchen Expeditionen nur die Hälfte der Besatzung zurückkehrte. Erst James Cook gelang es durch die Verordnung von Sauerkraut als Pflichtdiät für seine Mannschaft, den Skorbut zu besiegen und längere Seereisen ohne größere Verluste durchzustehen.

James Cook – Entdecker und Forscher

James Cook

Buchtip

Captain James Cook, **Entdeckungsfahrten im Pazifik**, Die Logbücher der Reisen von 1768 bis 1779. K. Thienemanns Verlag. Stuttgart 1983

Empfang auf tahitianisch

So beschrieb **Louis Antoine de Bougainville** *1768 den Empfang durch die Polynesier Tahitis, die in Scharen mit ihren Kanus zu den vor Anker liegenden Segelschiffen Boudeuse und Etoile ruderten:*

„Die meisten dieser schönen Weiber waren nackt; denn die Männer und alten Frauen, die sie begleiteten, hatten ihnen die Gewänder ausgezogen, in die sie sich sonst kleiden. Die Blicke, die sie uns aus den Kanus zuwarfen, schienen ungeachtet ihrer unschuldigen Art zu einem gewissen Grad Ängstlichkeit auszudrücken; vielleicht weil die Natur ihr Geschlecht überall mit einer natürlichen Schüchternheit ausschmückt; oder weil sogar in den Ländern, in denen die Ungezwungenheit des Goldenen Zeitalters noch gang und gäbe ist, die Frauen das am wenigsten verlangen, was sie am meisten wünschen. Die Männer, die deutlicher waren, oder eher freier, erklärten uns ihre Bedeutung bald genauer. Sie drängten uns, eine Frau zu wählen und mit ihr an Land zu gehen; und ihre Gesten bedeuteten uns, auf welche Art wir mit ihnen Bekanntschaft schließen sollten.

Es war sehr schwierig, bei solch einem Anblick vierhundert junge französische Seeleute, die für sechs Monate keine Frau mehr gesehen hatten, bei der Arbeit zu halten. Trotz aller Vorkehrungen kam ein junges Mädchen an Deck und plazierte sich auf dem Achterdeck nahe einer der offenen Luken, die den darunter an der Ankerwinde Schuftenden Luft zuführte. Das Mädchen ließ achtlos ein Stück Tuch fallen, das sie bedeckte, und stand in den Augen aller da, wie Venus sich den phrygischen Schafhirten zeigte, hatte sie doch in der Tat die himmlische Form dieser Göttin. Seeleute wie Soldaten bemühten sich, an die Luke zu kommen; und die Ankerwinde ist nie mit größerem Eifer bedient worden als bei dieser Gelegenheit."

Auch beim Landgang der französischen Matrosen zeigten sich die Tahitianer überaus gastfreundlich: „Sie alle grüßten uns mit Zeichen der Freundschaft.

Buchtip

Louis Antoine de Bougainville, **Reise um die Welt**, Rütten & Loening Berlin, 1977.

*Bougainvilles
Ankunft auf Tahiti*

Auf dem Weg traten sie höflich zur Seite, um uns vorbeigehen zu lassen; überall fanden wir Gastfreundschaft, Ruhe, unschuldige Fröhlichkeit, und jeden Anschein von Glück unter ihnen. Es blieb nicht bei der Bewirtung allein, sondern sie boten ihnen auch junge Mädchen an. Die Wohnung füllte sich sogleich mit neugierigen Männern und Weibern, welche einen Kreis um den Gast und das junge Opfer der Gastfreundschaft bildeten. Sie streuten ein Lager von Laub und Blumen, und Musikanten bliesen ein Hymenslied dazu auf der Flöte. Die Göttin der Liebe ist hier zugleich die Göttin der Gastfreundschaft; sie hat hier keine Geheimnisse, und jeder Sinnenrausch ist ein Fest für das ganze Volk. Die Wilden wunderten sich, wenn unsere Leute Bedenken trugen, ihr öffentlich zu opfern, welches den europäischen Sitten so sehr zuwider ist. Dennoch möchte ich mich nicht dafür verbürgen, daß keiner seinen Widerstand aufgegeben und sich nach dem Landesbrauch bequemt hat."...

„Der Häuptling bot mir eine seiner Frauen an, jung und reichlich hübsch, und die ganze Versammlung sang die Vermählungshymne. Was für ein Land! Was für Menschen!"

Mit diesen Bedingungen vor Augen, wird der überwältigende Eindruck um so verständlicher, den die Südseeinseln nach monatelangen Entbehrungen auf die Seeleute machen mußten. Ihr Reichtum an Früchten und ihre bereitwilligen Mädchen ließen sie als das Paradies schlechthin erscheinen. Die Kapitäne hatten alle Hände voll zu tun, Desertieren und Meutereien zu verhindern, deren berühmteste auf der Bounty 1789 stattfand.

Menschen vom anderen Stern

Umgekehrt war für die Insulaner die Ankunft der seltsam gekleideten, weißhäutigen Menschen in ihren fremdartigen, hohen Segelkanus, ausgestattet mit überlegenen, fürchterlichen Waffen, gleichbedeutend einer Invasion vom Mars.

Die ersten Begegnungen waren fast immer von Mißverständnissen und daraus resultierenden Auseinandersetzungen geprägt. Kaum hatten die Schiffe in Sichtweite der Inseln Anker geworfen, paddelten ihnen Hunderte von Insulanern in ihren Kanus entgegen und versuchten, an Bord zu klettern. Was dann folgte, läßt sich den Berichten nach in drei Grundformen der Begegnung einordnen:

■ **Erste Begegnung der kriegerischen Art**
Einen Angriff vermutend, ließen viele Kapitäne vorsichtshalber gleich das Feuer eröffnen, töteten einige Insulaner in ihren Booten, lichteten hastig die Anker und segelten davon. Die Bewohner dieser Insel waren forthin als unfreundlich verschrien. Zur Ehrenrettung mancher Kapitäne muß gesagt werden, daß es vor allem in Melanesien tatsächlich Inselbevölkerungen gab, die fremde Eindringlinge grundsätzlich und ohne Vorwarnung angriffen. Die meisten Bewohner Polynesiens waren jedoch nicht von vornherein aggressiv.

■ **Erste Begegnung der friedlichen Art**
Ließen die Kapitäne die Insulaner gewähren, entwickelte sich bald ein schwunghafter Tauschhandel. Die Eingeborenen luden die Seeleute in ihre Hütten an Land ein, überhäuften sie mit Früchten und anderen Speisen, unterhielten sie mit Tänzen und Gesängen und boten ihnen ihre Frauen und Töchter an. Als Gegenleistung erhielten sie Werkzeuge und andere Schiffsutensilien; begehrt war jegliches Metall, vor allem die eisernen Schiffsnägel, die sich zu Fischhaken und anderen nützlichen Werkzeugen verarbeiten ließen.

■ **Erste Begegnung der gemischten Art**
Je länger die Fremden blieben, desto neugieriger und zudringlicher wurden die Insulaner. Sie kletterten an Bord der Schiffe und nahmen sich, was sie brauchten, zogen vor allem die Nägel aus den Schiffsplanken, wo immer sie ihrer habhaft werden konnten. Dies ging sogar so weit, daß die Kapitäne um den Zusammenhalt ihrer Schiffe fürchten mußten

Captain Wallis' Schiff beschießt angreifende Tahitianer

und Strafmaßnahmen gegen die „Diebe" ergriffen, die selbst nur glaubten, sich nehmen zu können, was ihnen zustand. Solche Strafmaßnahmen lösten Revancheakte und schließlich Gewalt aus, bei denen die Insulaner mit ihren unterlegenen Waffen regelmäßig den kürzeren zogen. Ihre Unterlegenheit erkennend, schlossen sie ebenso schnell wieder Frieden, der Handel konnte von neuem beginnen. Lichteten die Fremden dann ihre Anker, war alles vergesssen und der Abschiedsschmerz groß.

Natürlich ist diese Einteilung sehr vereinfachend. In Wirklichkeit liefen die ersten Kontakte viel komplexer ab, bot der Gegensatz der aufeinanderstoßenden Kulturen Anlaß zu mannigfaltigen, oft komischen Mißverständnissen. Auf jeden Fall sind diese Berichte der Entdecker über ihre ersten Begegnungen mit den Südseeinsulanern überaus spannend zu lesen.

Captain Cook brachte von allen Entdeckern das größte Einfühlungsvermögen für die Eingeborenen auf, und wurde von vielen deshalb abgöttisch verehrt. Es ist eine Ironie des Schicksals, daß er schließlich selbst in Hawaii als Folge eines Mißverständnisses von Insulanern umgebracht wurde.

Kolonialisierung und Unabhängigkeit

Den Entdeckern folgten im 19. Jahrhundert die Walfänger und Abenteurer jeder Art, Menschenhändler, Missionare, Pflanzer, Kaufleute und schließlich Kolonialbeamte. Alle machten sie sich auf ihre Weise die Inseln zunutze und die Bevölkerung untertan. Auf der Strecke blieb weitgehend ihre in Jahrhunderten gewachsene Kultur.

Rauhbeine und Aussteiger

Die **Walfänger**, deren Fanggründe im Nordatlantik schon merklich ausgedünnt waren, kamen als erste in das neue Revier; zunächst Engländer und Franzosen, schließlich Amerikaner. Auf dem Höhepunkt des Walfangs Mitte des 19. Jahrhunderts hatten die Amerikaner allein über 700 Fangschiffe mit rund 20.000 Mann Besatzung im Pazifik. Die Walfänger verbrachten in den Häfen der Südseeinseln die Monate zwischen den Fangzeiten und füllten dort ihren Proviant auf. Die rauhbeinigen Seemänner gingen nicht zimperlich mit den Insulanern um: Mord, Raub und Vergewaltigung waren an der Tagesordnung. Sie brachten den Rum und bisher unbekannte Krankheiten auf die Inseln. Erst als gegen Ende des Jahrhunderts Erdöl das Walöl als Brennstoff ablöste, ging der Walfang im Pazifik zu Ende – nicht ohne die ersten tiefen Narben in den Inselkulturen hinterlassen zu haben. Ein berühmtes literarisches Dokument dieser Ära ist Herman Melvilles Roman „**Moby Dick**".

Sandelholz und Bêche de Mer

Ein anderer begehrter Stoff war das Sandelholz, das auf vielen Inseln wuchs und den Händlern aller Länder riesige Profite brachte. Sandelholz war vor allem in China geschätzt, wo es zu Räucherstäbchen verarbeitet wurde. In wenigen Jahrzehnten wurde ein Großteil der Bestände auf den Inseln abgeholzt. Als nächstes waren die „Bêche de Mer" an der Reihe, Seegurken, die in Asien als Delikatesse geschätzt waren. Daneben entwickelte sich der Handel mit Perlen und dem Schildpatt von Muscheln.

Menschenhändler und Beachcomber

Auch der Mensch blieb nicht verschont. Menschenhändler, die sogenannten „Blackbirder", rekrutierten auf den Inseln billige Arbeitskräfte für den Bergbau in Südamerika und Plantagen in Australien. Ihre Methoden glichen dabei eher einer Entführung als einer Anwerbung. Ein weitverbreiteter Typus dieser gesetzlosen Pionierzeit waren die sogenannten „Beachcomber" (Strandläufer). Das waren auf den Inseln gestrandete Weiße, entweder Deserteure und Meuterer von Schiffen oder einfach

„Aussteiger", wie sie heute genannt würden, die von den Südseeberichten angezogen auf den Inseln ihr Glück suchten. Sie ließen sich meist in der Nähe von Häfen nieder, nahmen einheimische Frauen, dienten als Vermittler und Dolmetscher zwischen weißen Händlern und Inselbewohnern. Manche schwangen sich als Waffenhändler und Kriegsberater von Inselhäuptlingen zu wahren Inseldespoten auf, indem sie Stammesfehden geschickt ausnutzten.

Kaufleute und Kulis

In der Mitte des 19. Jahrhunderts begannen auch die großen europäischen Handelshäuser, Filialen in der Südsee einzurichten und Plantagen aufzubauen. Für großflächigen Anbau boten sich vor allem die großen fruchtbaren Inseln Fidschis und Samoas, aber auch Tahitis an. Die Engländer führten den Zuckerrohranbau in Fidschi ein und deportierten Zehntausende indischer Kulis als Plantagenarbeiter dorthin – ihre Nachkommen stellen heute noch nahezu die Hälfte der Bevölkerung. Das Hamburger Handelshaus **Godeffroy** stieg in großem Stil in das Koprageschäft ein und unterhielt auf dem Höhepunkt seiner Machtentfaltung ausgedehnte Kokosplantagen auf Samoa, Tonga und in Ostpolynesien. In kleinerem Umfang wurden Früchte und Gewürze angebaut und exportiert sowie mit dem Anbau von Baumwolle experimentiert.

Bekehrung mit Stumpf und Stiel

Den größten Einfluß auf die Bewohner und Kultur der Südseeinseln – im Positiven wie im Negativen – übten die Missionare aus. 1795 wurde die **„London Missionary Society"** gegründet, nachdem sich in Kirchenkreisen die Berichte von den heidnischen Sitten der Südseeinsulaner herumgesprochen hatten. Bald wurden die ersten Schiffe mit Missionaren ausgesandt, zunächst nach Tahiti, dann nach Hawaii, Tonga, Samoa und Fidschi. Während in Ostpolynesien die neue Religion schnell auf fruchtbaren Boden fiel, stießen die Missionare, je weiter westlich sie kamen, auf größeren Widerstand; vor allem in Fidschi, wo der Kannibalismus noch weit verbreitet war.

Kirchgang auf Aitutaki, Cook-Inseln

Gedenkstein für John Williams auf den Cook-Inseln

Einer der erfolgreichsten Missionare war der Engländer **John Williams**. Er bediente sich erfolgreich bereits bekehrter Polynesier als Hilfsmissionare, die das Evangelium in der Sprache der Einheimischen weitertrugen. Williams war auch ein guter Organisator und „managte" geschickt und rationell die Missionierung ganzer Inselgruppen.

Eine weitere bewährte Strategie bestand darin, zunächst die Häuptlinge zu bekehren und über deren Einfluß dann den Rest der Inselbevölkerung. Oft mischten sich Missionare auch in Stammeskriege ein, unterstützten ihnen geneigte Häuptlinge sogar mit Waffen, um durch deren Sieg auch widerspenstige Stämme dem Christentum zu unterwerfen. Die Insulaner wiederum führten die Überlegenheit der Weißen und ihrer Waffen auf deren mächtigeren Gott zurück, den sie schließlich bereitwillig anerkannten.

Die Geschichte der Missionierung des Pazifiks füllt unzählige Bücher, so vielschichtig und facettenreich spielte sie sich von Insel zu Insel ab. Hier kann deshalb nur versucht werden, ihre wichtigsten Auswirkungen möglichst wertfrei abzuwägen.

Moral und Intoleranz

Zu den zweifellos positiven Aspekten gehört natürlich die mit dem Christentum verbundene Einführung eines allgemein verbindlichen Moralkodexes, der dem in Melanesien weitverbreiteten Kannibalismus und anderen grausamen Bräuchen wie Kinds- und Witwentötung ein Ende bereitete. Indem sie die Bibel in die jeweiligen einheimischen Sprachen übersetzten, führten Missionare auch die Schrift in die Südseekultur ein, eine für ihre weitere Entwicklung nicht zu unterschätzende Maßnahme. Missionare trugen weiterhin mit ihren niedergeschriebenen Erfahrungen und Beobachtungen maßgeblich zur Erforschung der Inselkulturen bei. Nicht selten waren sie von Handwerkern begleitet oder selbst handwerklich gebildet und trugen so zur praktischen Ausbildung der Insulaner bei. Missionare richteten die ersten Schulen und Krankenhäuser ein und legten so den Grundstein für die Infrastruktur der Inseln.

Negativ zu Buche schlägt vor allem die Intoleranz, mit der Missionare alle Erscheinungen der Südseekultur auszurotten versuchten, die dem puritanisch-engstirnigen

Weltbild ihrer Zeit zuwiderliefen. Das betraf zum einen die hochgeschlossen-züchtige, jedoch angesichts der klimatischen Bedingungen vollkommen unpraktische, ja sogar unhygienische Kleidung, die sie den Eingeborenen aufzwangen. Sie ließen einen Großteil der geschnitzten und steinernen Götzenbilder, Tempel und Kultstätten zerstören – was heute nur als Kulturfrevel bezeichnet werden kann. Traditionelle Tänze und Gesänge wurden als unsittlich verboten, einheimische Musikinstrumente verbannt. Damit geriet ein Herzstück der Südseekultur auf lange Zeit in Vergessenheit, das erst heute mühsam wiederbelebt wird.

Die Zwiespältigkeit christlicher Errungenschaften im Pazifik hat **Adalbert von Chamisso**, Begleiter einer Südsee-Expedition, treffend zusammengefaßt: „Auf Tahiti und Hawaii verhüllen Missionshemden die schönen Leiber, alles Kunstspiel ist verstummt, und das Tabu des Sabbats senkt sich still und traurig über die Kinder der Freude."

Steckten schon die Missionare der verschiedenen Glaubensrichtungen ihre Einflußsphären im Pazifik gegeneinander ab, so taten dies erst recht die Kolonialmächte. Frankreich etablierte sich in Ostpolynesien und Neukaledonien, während England zögerlich die Verwaltung Fidschis, der Cook-Inseln, Samoas und anderer Inselgruppen übernahm.

Polynesisches
Götzenbild

Der Braten
wird geteilt

Spät erst trat Deutschland als Konkurrent auf den Plan, bekam nach Auseinandersetzungen mit England um Tonga schließlich West-Samoa zugesprochen und mußte es nach dem verlorenen Ersten Weltkrieg schon bald wieder abgeben. Amerika etablierte sich, neben Ost-Samoa, hauptsächlich auf den Inselgruppen im Nordpazifik.

Die Annexion der Südseeinseln als Kolonien bildete nur den formellen Abschluß einer Entwicklung, in der Europäer und Amerikaner, Kaufleute und Missionare, schrittweise ihre Einflußsphären auf den Pazifik ausgedehnt hatten. Den Kolonialbeamten blieb nur noch, Ordnung in das zügellose Inselleben der Pionierzeiten zu bringen: Verwaltung, Justiz und Schulwesen wurden nach dem Vorbild der jeweiligen Kolonialmacht eingeführt, die wirtschaftliche Infrastruktur, Verkehrswesen und vor allem die Handelsschiffahrt weiter ausgebaut.

Graf von Luckner – Der Seeteufel

Der kaiserliche Marineoffizier Felix Graf von Luckner machte im Ersten Weltkrieg mit seinem Kaperschiff „Seeadler" den Pazifik unsicher und erwarb mit seiner draufgängerischen und ritterlichen Art der Kriegsführung legendären Ruhm. Die „Seeadler" war als norwegischer Handelssegler getarnt und pflegte erst kurz vor dem Angriff die deutsche Flagge zu hissen. So hatte sie bereits mehrere britische und amerikanische Frachtschiffe versenkt, als sie 1917 vor der kleinen Insel Mopelia bei Tahiti vor Anker ging. Die Insel wurde samt Einwohnern zur deutschen Kolonie erklärt und die Reichskriegsflagge gehißt. Doch nach vier Tagen Aufenthalt warf ein plötzlich aufkommender Sturm die „Seeadler" auf das Riff, sie mußte aufgegeben werden.

Soweit die offizielle Version des Grafen, die nach Darstellung einheimischer Zeugen einige pikante Nebenaspekte ausließ. Die deutsche Mannschaft nämlich genoß zusammen mit ihren amerikanischen und französischen Kriegsgefangenen in vollen Zügen die Gastfreundschaft der polynesischen Inselbewohner, insbesondere der weiblichen. Bei einem rauschenden Fest mit erbeutetem Champagner am Strand wollte natürlich jeder dabei sein, und so ließ der Graf leichtsinnigerweise das Schiff ohne Wachmannschaft vor Anker liegen. Eine Version, der viele, die den lebenslustigen Grafen kannten, eine gewisse Glaubwürdigkeit nicht absprechen.

Wie auch immer. Graf von Luckner stieg nach Abklingen des Sturms mit fünf seiner Gefolgsleute in ein sechs Meter langes Rettungsboot um und segelte Tausende von Seemeilen durch den Pazifik, ganz nach dem Vorbild von Captain Bligh. Auf der Suche nach einem neuen Schiff passierte er die Cook-Inseln und machte Station auf Katafaga bei der Lau-Gruppe Fidschis. Dort fand er eine verlassene Plantage vor, deren Besitzer Gus Hennings gerade verreist war. Nachdem er sich von den Vorräten bedient hatte, hinterließ Luckner einen Brief an den Verwalter Stockwell, in dem er sich für die „Gastfreundschaft" bedankte. Mit diesem Brief aber hatte er sich ver-

Buchtip

Graf von Luckner:
Seeteufel, Heyne-
Verlag, München
1981

raten. *Er unterschrieb zwar mit falschem Namen, aber er hatte das alte deutsche S verwendet. Der Brief ist heute noch im Ovalau Club in Levuka hinter Glas zu bewundern.*

Von Luckner segelte weiter, fand auf der Insel Wakaya östlich von Levuka endlich das passende Schiff, das er zur „Seeadler II" machen wollte. Zu diesem Zeitpunkt aber war die britische Kolonialverwaltung in Levuka schon alarmiert und entsandte ein Boot mit einer Handvoll Polizisten nach Wakaya. Die Legende will es, daß die indischen Polizisten zwar mit Gewehren bewaffnet waren, aber in der Eile die Munition vergessen hatten. Graf von Luckner und seine Leute wurden von der Ankunft des Schiffes beim Baden in der Lagune überrascht und trugen keine Uniform. Einen Kampf ohne Uniform aber konnte Graf von Luckner nicht mit seinem Offizierskodex vereinbaren und so ergab er sich kampflos. Hinterher stellte er fest, daß er und seine Männer, schwerbewaffnet wie sie waren, das Verhaftungs-Kommando leicht hätten überwältigen können.

Graf von Luckner

Luckner wurde zuerst nach Levuka, dann nach Suva und von dort nach Neuseeland gebracht. Dort konnte er aus der Internierung fliehen, segelte mit einem gestohlenen Boot auf die Kermadec-Inseln und wurde dort wieder festgesetzt. Ein geplanter zweiter Ausbruchversuch wurde durch das Ende des Krieges hinfällig.

Graf von Luckners Treiben in Fidschi blieb nicht ohne Folgen. Die britische Kolonialverwaltung sandte alle Deutschen nach Australien und internierte sie dort, obwohl die meisten von ihnen bereits britische Staatsangehörige waren.

1937 reiste Graf von Luckner ein zweites Mal in den Pazifik, diesmal als Privatmann, den Spuren seiner Abenteuer folgend. Die Rundreise geriet zu einer Tournee mit triumphalem Erfolg. Auf den Inseln wurde der zurückgekehrte Seeteufel gefeiert, selbst die ehemaligen Kriegsgegner zollten ihm Respekt. Die Maoris in Neuseeland verliehen ihm einen Häuptlingstitel. 1966 starb Graf von Luckner im Alter von 84 Jahren.

**Der Weg zur
Unabhängigkeit**

Der Zweite Weltkrieg, der den West- und Nordpazifik zum Schauplatz zäher Inselkämpfe zwischen Amerikanern und Japanern machte, berührte die in diesem Buch beschriebenen Inselgruppen nur als Nachschubbasis. Erspart blieben den Südseeinseln auch die Bürgerkriege und Befreiungskämpfe, die andere Kolonien nach dem Zweiten Weltkrieg und vor Erlangung ihrer Unabhängigkeit durchmachen mußten. Die Engländer entließen ihre Kolonien auf dem Verhandlungswege nach und nach in die Unabhängigkeit; zuerst Western Samoa, dann Fidschi und andere Inseln. Tonga war zwar nie offiziell Kolonie, jedoch endete auch hier das britische Protektorat. Die Cook-Inseln verblieben trotz Unabhängigkeit in enger Assoziation mit Neuseeland. Französisch-Polynesien und American Samoa sind heute noch unter der Oberhoheit ihrer ehemaligen Kolonialmächte.

Die Südseestaaten heute

Während der Abnabelungsprozeß der Südseestaaten von ihren ehemaligen Kolonialherren relativ unkompliziert vor sich ging, traten ihre internen wirtschaftlichen und politischen Probleme erst nach der Unabhängigkeit zutage.

**Kokosnüsse zu
verkaufen**

Bis auf Fidschi mit seinen **Zuckerrohrplantagen** und Goldminen, haben die anderen Inseln nur eine eng begrenzte landwirtschaftliche Produktionspalette. **Kopra**, das Produkt der Kokospalmen, war zu Kolonialzeiten wichtigster Exportartikel aller Südseeinseln. Heute sinkt

sein Preis auf dem Weltmarkt ständig und wird nur durch Subventionen auf einem Level gehalten, der die Plantagen gerade noch rentabel macht.

Der Export von **Früchten** hat mit Transportproblemen zu kämpfen. Wegen der langen Seewege kommt für die leichtverderbliche Ware nur Luftfracht infrage, was sie verteuert. Zudem ist der Frachtraum auf den relativ wenigen überregionalen Flügen begrenzt. Beides, Kopra und Früchte, wird von südostasiatischen Plantagen weit kostengünstiger produziert und transportiert.

Den noch bestehenden **Fischreichtum** des Pazifiks können die kleinen Inselstaaten aus mehreren Gründen nicht optimal für sich nutzen, obwohl ihnen mit der 200-Meilen-Wirtschaftszone um die Inselgruppen riesige Wasserflächen zur Verfügung stünden. Ihre eigenen Fischereiboote, meist von Entwicklungshilfegebern finanziert, sind den hochtechnisierten Fangflotten der Japaner, Koreaner und Amerikaner hoffnungslos unterlegen. Die meisten Staaten gingen deshalb dazu über, Fanglizenzen für ihre Wirtschaftszonen an eben diese Länder zu verkaufen. Mangels Patrouillenbooten können sie die Einhaltung der Fangquoten aber nicht kontrollieren, geschweige denn das weitverbreitete Raubfischen unterbinden. Angesichts der Millionen Tonnen Fisch, die vor allem asiatische Fangflotten jährlich vor den Augen der Südseestaaten aus deren Gewässern holen, können deren Lizenzzahlungen nur als Almosen bezeichnet werden. So kommt es zu dem Paradox, daß auf vielen Inseln inmitten des fischreichsten Meeres der Welt nur importierter Dosenfisch erhältlich ist – genau der Fisch, den andere wenige Meter vor dem Riff dieser Inseln, mit oder ohne Lizenz, gefangen haben.

Frisch gefangene Mahimahis

Den geringen Exportchancen steht ein hoher Importbedarf gegenüber. Nahezu alle Konsumartikel, Baumaterialien und Industrieprodukte werden eingeführt – auf langen und deshalb teuren Luft- und Seewegen. Südseeinsulaner leben längst nicht mehr von Früchten allein oder geben sich mit einem Bastrock als Kleidungsstück zufrieden. Die vom westlichen Lebensstil geweckten Bedürfnisse wollen befriedigt sein. Auch wenn es die romantischen Erwartungen von Südseeurlaubern empfindlich stört: Videorecorder und Fernsehapparat stehen heute in den meisten Palmhütten und wer könnte sie ihren Bewohnern ernsthaft verwehren?

Die Handelsbilanz aller Südseestaaten ist deshalb stark negativ mit Export-Import-Diskrepanzen bis zu 1:10. Dem latenten Staatsbankrott entgehen sie nur durch zwei vom Export unabhängige Einnahmequellen: Entwicklungshilfegelder und private Überweisungen ausgewanderter Gastarbeiter.

Alle Südseestaaten erhalten, im Verhältnis zu ihrer kleinen Bevölkerungszahl und angesichts der Abwesenheit direkter materieller Not, überdurchschnittliche Entwicklungshilfezahlungen. Der Grund liegt in ihrer für den Westen strategischen Lage im Pazifik, die es ihnen während des Kalten Krieges erlaubte, die Großmächte

Zeittafel

3000 v.Chr.	*Beginn der Besiedelung des Südpazifiks aus dem indonesischen Inselraum*
1600 v.Chr.	*Besiedelung Fidschis*
500 v.Chr.	*Besiedelung Tongas und Samoas*
200 v.Chr.	*Beginn der Besiedelung Ostpolynesiens (Marquesas, Gesellschaftsinseln, Hawaii)*
800 n.Chr.	*Ende der polynesichen Wanderung mit der Besiedelung Neuseelands*
1520 – 1521	*Magellan durchquert als erster den Pazifik*
1642 – 1643	*Tasman entdeckt Neuseeland, Tasmanien, Tonga und einige Fidschi-Inseln*
1722	*Roggeveen entdeckt die Osterinseln und Samoa*
1767	*Wallis entdeckt Tuamotus und Tahiti*
1768	*Bougainville besucht Tahiti und Samoa*
1769 – 1778	*Auf drei Expeditionen kartographiert und beschreibt James Cook weite Teile des Pazifiks*
1797	*Londoner Missionare errichten erste Stationen in Tahiti und Tonga*
1842	*Frankreich annektiert die Marquesas und Tahiti*
1874 – 1893	*Fidschi unterwirft sich Großbritannien; Cook-Inseln, Solomon Inseln, Gilbert und Ellice Inseln werden britisches Protektorat.*
1884	*Deutschland annektiert Teile Neuguineas; deutsche Siedler und Kaufleute lassen sich in Tonga, Samoa und Fidschi nieder.*
1900 – 1914	*West-Samoa deutsche Kolonie*
1941 – 1945	*Krieg im Pazifik zwischen USA und Japan*
1946	*Ehemalige Kolonien werden UNO-Treuhandgebiete*
1962	*Western Samoa wird unabhängig*
1965	*Cook-Inseln werden selbständig in Assoziation mit Neuseeland*
1970	*Fidschi wird unabhängig*
1987	*Fidschi nach zwei Militärputschen zur Republik erklärt*

geschickt gegeneinander auszuspielen. Stellvertretend für die Amerikaner trugen lange deren Verbündete Australien und Neuseeland die Hauptlast der Finanzhilfen und sicherten sich damit auch ihren wirtschaftlichen Einflußbereich. In letzter Zeit haben sich auch viele europäische Staaten, einschließlich der Bundesrepublik, im Pazifik engagiert. Die EU ist darüber hinaus zu einem der wichtigsten Finanzhelfer im Pazifik aufgestiegen.

Ob Entwicklungshilfe im bisherigen Ausmaß für Länder gerechtfertigt ist, deren größtes gesundheitliches Problem die Überernährung darstellt und ob sie angesichts der Beendigung des Kalten Krieges noch politisch notwendig ist, bleibt dahingestellt.

Entwicklungshilfe und Überernährung

Die zweite wichtige außerstaatliche Einnahmequelle sind die Gelder, die von den nach Neuseeland, Australien oder die USA ausgewanderten Insulanern an ihre Familien daheim überwiesen werden. Diese Rücküberweisungen von Gastarbeitern machen in manchen Ländern so viel aus, wie die gesamten übrigen Staatseinnahmen zusammen, und sind, wie die Entwicklungshilfe, zu einer unverzichtbaren Einnahmequelle geworden. Die anhaltende Auswanderungswelle mildert auch andere interne soziale Probleme wie Arbeitslosigkeit und Bevölkerungszuwachs. Mangels beruflicher Perspektiven auf ihren Inseln sehen viele Insulaner ihre Zukunft nur im Ausland. Fest steht aber, daß trotz aller Wirtschaftsprobleme und statistischer Arbeitslosigkeit in der Südsee auch heute niemand hungern muß. Jeder Insulaner kann, dank der Fruchtbarkeit der Inseln und des Fischreichtums des Meeres, jederzeit mit minimalem Arbeitsaufwand seine Grundbedürfnisse befriedigen.

Die reichen Vettern im Ausland

Eine ständig wachsende Bedeutung als Einnahmequelle bekommt der Tourismus. Am meisten entwickelt in Fidschi und Französisch-Polynesien, greift er in kleinerem Umfang auch auf die Staaten dazwischen über. Im Vergleich zu Hawaii, der Karibik und anderen längst vom Massentourismus erschlossenen Inselregionen bleibt er aber in der Südsee noch in einem Rahmen, der die verbliebene kulturelle Identität ihrer Bewohner weitgehend unangetastet läßt.

Tourismus als Ausweg

Innenpolitisch scheint die nach ihrer Unabhängigkeit lange anhaltende Phase der Stabilität der Südseestaaten nunmehr zu Ende zu gehen. In Fidschi führten Rassen-

**Leichte Beben
im Paradies**

probleme zwischen eingeborenen Fidschianern und ein-
gewanderten Indern 1987 zum ersten, allerdings unblutigen, Militärputsch in der Geschichte der Inselstaaten. In
Französisch-Polynesien eskalierte der Widerstand einheimischer Oppositionsgruppen gegen die französische
Verwaltung der Inseln ebenfalls 1987 zu gewalttätigen
Ausschreitungen. Im Königreich Tonga regt sich Widerstand im Volk gegen den jahrhundertelangen Führungs-
anspruch der Aristokratie. In Western Samoa wird der
Versuch gemacht, die Alleinherrschaft der Häuptlinge
über das Land durch die Einführung des allgemeinen
Wahlrechts größerer demokratischer Kontrolle zu unter-
ziehen. Insgesamt gehen die festgefügten, an altherge-
brachten Häuptlingshierarchien orientierten Machtstruk-
turen der meisten Südsee-Inseln einem unaufhaltsamen
Auflösungsprozeß entgegen – mit ungewissem Ausgang
für ihre langfristige politische Stabilität.

**Regionale
Organisationen**

Regional haben sich die Kleinstaaten des Pazifiks zu mehreren Organisationen zusammengeschlossen, um gemeinsame Entwicklungsprojekte zu fördern und ihren politischen und wirtschaftlichen Interessen gegenüber den Großmächten mehr Gewicht zu verleihen.

In der **South Pacific Commission** (SPC) mit Sitz in Noumea, Neukaledonien, sind alle Inselstaaten des Pazifiks,
die ehemaligen Kolonialstaaten sowie Pazifik-Anrainer wie
Australien, Neuseeland und die USA vertreten. Letztere
tragen auch die Hauptfinanzlast der Organisation. Die SPC
stellt eine Art Dienstleistungs-Agentur für alle Inselstaaten
dar, die Entwicklungshilfeprojekte aller Art finanziert und
koordiniert. Außerdem ist die SPC Träger weiterer regio-
naler Institutionen wie die gemeinsam finanzierte University of the South Pacific mit Sitz in Suva, Fidschi, der South
Pacific Games, einer Art Südsee-Olympiade, und des
South Pacific Arts Festivals.

Das **South Pacific Forum**, kurz Forum genannt, wurde als
politischer und wirtschaftlicher Arm der Südseestaaten
gegründet. Es dient seither als Sprachrohr für gemeinsame Anliegen. Beispielsweise unterzeichneten die
Forumstaaten im Vertrag von Rarotonga ein Abkommen
über eine nuklearfreie Zone im Südpazifik, das allerdings
die Atomtests Frankreichs im Pazifik bisher nicht beenden
konnte. Wichtigster Arm des Forums ist das Forum Secre-
tariat, das sich um die gemeinsamen wirtschaftlichen
Belange der Staaten kümmert.

Französisch-Polynesien

Willkommen in der Südsee

Französisch-Polynesien

Bora Bora Lagoon Resort

Cook's Bay, Moorea

Französisch-Polynesien

Pareos mit Gauguin-Motiven

Tahitianische Tänzerin

Vulkanberge auf Tahiti

Cook-Inseln

Rarotonga

In der Lagune von Rarotonga

Cook-Inseln

![Flammenbaum]

Flammenbaum

Auf einem Motu Aitutakis

Götterbeschwörung

Cook-Inseln

![Traditioneller Trommeltanz]

Traditioneller Trommeltanz

Frangipani-Blüte

The Needle – Wahrzeichen Rarotongas

Tonga

Bootspartie zur Nachbarinsel

Neiafu und Port of Refuge, Vava'u

Tonga

Tapamatte für eine Hochzeit

Gäste-Fale auf Fafa Island

Samoa

Frisch tätowierte Jugendliche

Samoa

Samoanischer Tanz

Sopo'aga-Wasserfall, Upolu

Strand bei Aleipata

Samoa

Küstenstraße auf Upolu

Fidschi

Batiki, Lomaiviti-Gruppe

Trekking im Hochland von Viti Levu

Fidschi

Ein Dorf im Hochland von Viti Levu

Geschirrspüler am Dorfbach

Fidschi

Beachcomber Island Resort

Blue Lagoon Cruise, Yasawas

Fidschi

Fidschianischer Kriegstanz

Grand Pacific Hotel, Suva

Polynesien

Galeonsfigur auf polynesischem Kanu

Französisch-Polynesien

„Die Göttin der Liebe
ist hier zugleich die Göttin der Gastfreundschaft;
sie hat hier keine Geheimnisse,
und jeder Sinnenrausch ist ein Fest für das ganze Volk."
Louis Antoine de Bougainville 1768

Geographen nannten die fünf Inselgruppen im Zentrum des Pazifiks lange Zeit Ost-Polynesien, die offizielle Bezeichnung heute ist Französisch-Polynesien. In aller Welt bekannt ist jedoch Tahiti, die Hauptinsel. Die Tourismusbranche will weder auf den magischen Namen verzichten, noch kann sie die 117 anderen Inseln unter den Tisch kehren. So nahm sie Zuflucht zur Kompromißformel „Tahiti und seine Inseln".

Mit Tahiti sind alle romantischen Träume Europas von der Südsee verbunden. Angefangen von den sagenhaften Berichten der ersten Entdecker bis zur Hollywood-Version der Meuterei auf der Bounty strickten viele am Mythos dieses Paradieses. Dazu gehören grüne Inseln und blaue Lagunen, gastfreundliche sanfte Menschen und natürlich auch die liebreizenden freizügigen Mädchen.

Doch der magische Name Tahiti hatte Ende der achtziger Jahre an Anziehungskraft verloren. Die negativen Aspekte eines sich zu schnell entwickelnden Tourismus – hohe Hotelpreise und nachlassender Service – forderten ihren Tribut. Rückläufige Touristenzahlen erzwangen ein Umdenken in der Branche. Seit einigen Jahren werden nun mit Erfolg der Preisanstieg gedrosselt, der Service verbessert und das Angebot an Aktivitäten erweitert.

Tahiti und seine Inseln bieten noch immer unendlich viel, sobald der Besucher die Hauptstadt Papeete verlassen hat: vulkanische Inseln wie aus dem Bilderbuch mit steilen grünen Bergflanken; flache Korallenatolle mit türkisfarbenen Lagunen, phantastische Tauchgründe und Segelreviere, polynesische Tänze und Gesänge und französisches Ambiente, vor allem was Essen und Trinken betrifft. Diese Mischung unterscheidet Französisch-Polynesien von allen anderen Inselgruppen der Südsee. Lassen Sie sich von uns durch Tahiti und seine Inseln führen und überzeugen, daß das ehemalige Paradies immer noch eine Reise wert ist.

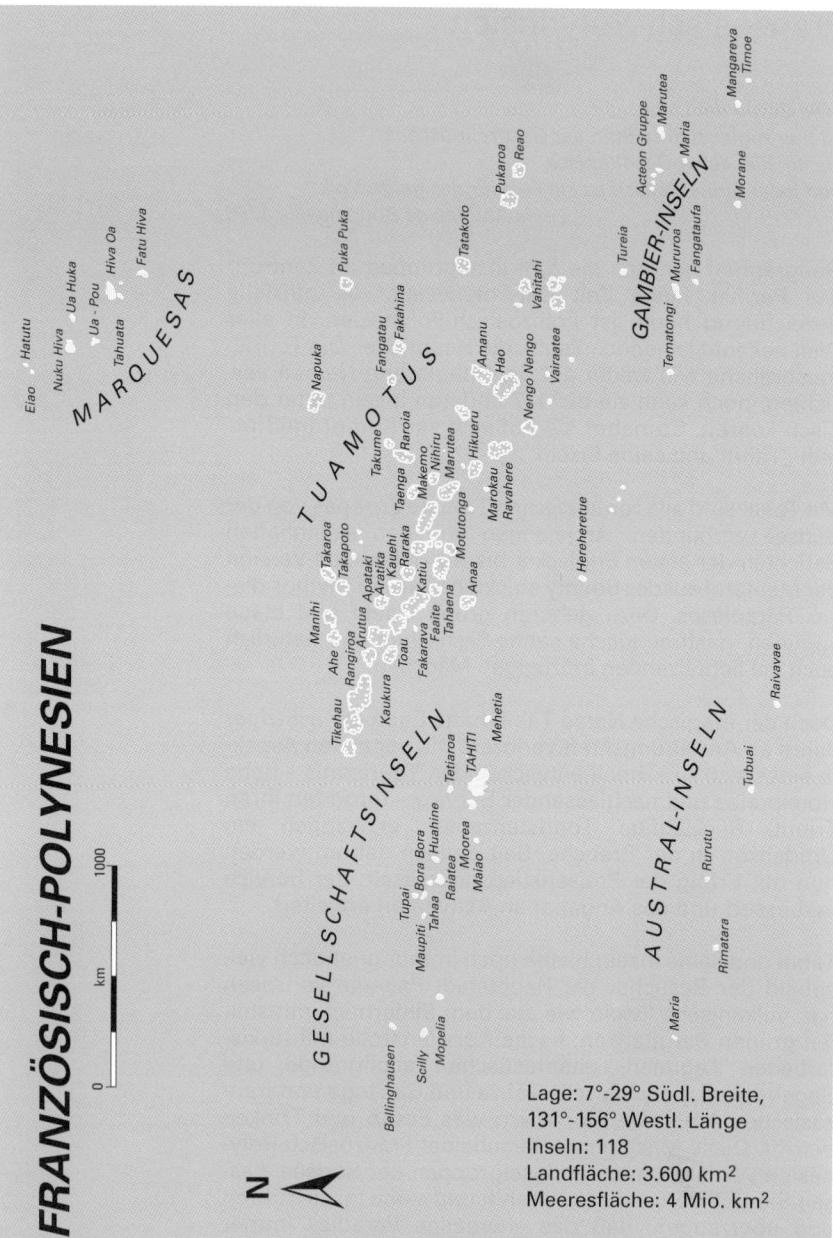

FRANZÖSISCH-POLYNESIEN

MARQUESAS

Eiao
Hatutu
Nuku Hiva
Ua Huka
Ua - Pou
Hiva Oa
Tahuata
Fatu Hiva

Puka Puka

TUAMOTUS

Napuka
Takume
Fangatau
Fakahina
Teenga
Haroia
Makemo
Marutea
Nihiru
Motutonga
Hikueru
Marokau
Ravahere
Amanu
Hao
Nengo Nengo
Vahitahi
Vairaatea
Tatakoto
Pukaroa
Reao

Hereheretue

Manihi
Takaroa
Takapoto
Ahe
Arutua
Apataki
Rangiroa
Aratika
Kauehi
Tikehau
Toau
Kauehi
Raraka
Fakarava
Katiu
Faaite
Kaukura
Tahaena
Anaa

Mehetia

GESELLSCHAFTSINSELN

Tupai
Maupiti
Bora Bora
Tahaa
Huahine
Raiatea
Moorea
Maiao
Tetiaroa
TAHITI

Bellinghausen
Scilly
Mopelia

AUSTRAL-INSELN

Raivavae
Tubuai
Rurutu
Rimatara
Maria

GAMBIER-INSELN

Tureia
Acteon Gruppe
Marutea
Tematangi
Mururoa
Maria
Fangataufa
Morane
Mangareva
Timoe

km
0   1000

N

Lage: 7°-29° Südl. Breite,
131°-156° Westl. Länge
Inseln: 118
Landfläche: 3.600 km²
Meeresfläche: 4 Mio. km²

Geographie

Die Inseln Französisch-Polynesiens liegen im Zentrum des Pazifiks, etwa auf halbem Weg zwischen amerikanischer Westküste und australischer Ostküste, die jeweils etwa 6.000 km entfernt sind. Sie gliedern sich in fünf Inselgruppen: Gesellschafts-Inseln, Tuamotus, Marquesas, Austral-Inseln und Gambier-Inseln. Die insgesamt 118 Inseln haben zusammen nur eine etwas größere Landfläche als das Saarland, sind aber über ein Meeresgebiet verstreut, das so groß ist wie Europa. Bei diesen Dimensionen wird klar, wie isoliert auch heute noch das Leben auf äußeren Inseln, trotz moderner Verkehrsmittel, sein kann. Die Gambier-Inseln zum Beispiel sind 1.700 km von ihrer Hauptstadt Papeete auf Tahiti entfernt.

Während die Tuamotus fast ausschließlich aus flachen Korallenatollen bestehen, herrschen in den übrigen Inselgruppen hohe, bergige Inseln vor. Die Gesellschaftsinseln, auf denen drei Viertel der Bevölkerung leben, ziehen auch einen Großteil der Touristen an. Sie gliedern sich in die windzugewandten oder östlichen Inseln (Iles du Vent), zu denen Tahiti und Moorea gehören, und in die windabgewandten oder westlichen Inseln (Iles sous le Vent) wie Huahine, Raiatea und Bora Bora.

Zentrum des Pazifiks

Inselgruppen Französich-Polynesiens:

Gesellschaftsinseln
Tuamotus
Marquesas
Austral-Inseln
Gambier-Inseln

Geschichte

Von den Inseln des heutigen Französisch-Polynesien wurden die Marquesas als erste besiedelt. Polynesier, die mit ihren Segelkanus aus Tonga und Samoa kamen, erreichten etwa 300 n. Chr. die Inselgruppe. Von hier aus verbreitete sich in den folgenden Jahrhunderten die polynesische Kultur auf die Tuamotus, Gesellschafts-, Gambier- und Austral-Inseln. Erst im 16. Jahrhundert durchsegelten die europäischen Schiffe, vorwiegend Spanier, diese Region des Pazifiks auf der Suche nach neuen Kontinenten und Kolonien. **Magellan** sichtete 1521 auf seiner ersten Weltumsegelung Puka Puka in den Tuamotus, **Mendana** entdeckte 1595 die Marquesas, Quiros 1606 weitere Inseln der Tuamotus. Im weiteren verlauf des 17. Jahrhunderts folgten die Holländer **Schouten, LeMaire** und schließlich 1722 **Roggeveen**. Diese ersten „Entdeckungen" waren jedoch kurze und oberflächliche Besuche, geschahen sozusagen im Vorbeisegeln.

Besiedelung

Wallis: Kanonen als Friedens- stifter

Erst 1767 setzte der englische Captain Samuel Wallis, Kommandant des Expeditionsschiffes Dolphin, seinen Fuß auf Tahiti und nahm es für die englische Krone in Besitz. Der erste Kontakt zwischen Europäern und Insula- nern verlief feindselig. Die Tahitianer hatten die Dolphin in ihren Kriegskanus umzingelt und begannen mit Stein- schleudern zu schießen, worauf Wallis mit seinen Schiffs- kanonen das Feuer eröffnen ließ. Mehrere Kanus wurden zerstört und viele Tahitianer getötet. Nach dieser Macht- demonstration gingen beide Seiten freundlicher mitein- ander um, tauschten Schiffsutensilien gegen Lebensmit- tel, die Mannschaft genoß ausgiebig die Gunst der Tahitianerinnen. Schließlich schieden sie in Frieden und Freundschaft voneinander.

Bougainville: Aphrodites Insel

Ein Jahr später erreichte der Franzose Louis Antoine de Bougainville mit seinen beiden Schiffen Etoile und Boudeuse Tahiti. Ohne zu wissen, daß Wallis ihm bereits zuvorgekom- men war, nahm er Tahiti für Frankreich in Besitz. Bougainville kam mit den Eingebore- nen besser zurecht als Wallis. Beeindruckt vom Charme der Polynesierinnen, nannte der schöngeistige Adlige die Insel Neu Cythera, nach dem Geburtsort der griechischen Göttin Aphrodite. Sein enthusiastischer Reisebericht „Voyage autour du monde" war einer der Auslöser des romanti- schen Traums von der Südsee in Europa.

Cook: Studienobjekt Tahiti

Wiederum ein Jahr später, 1769, erreichte Captain James Cook an Bord der Endeavor auf der ersten seiner drei Pazifikreisen Tahiti. Er sollte hier im Auftrag der London Royal Society astronomische Beobachtungen ausführen. Seine akkuraten Berichte über die Kultur Polynesiens erwiesen sich für die Nachwelt als wesentlich wertvoller.

Cook legte auf seinen drei Fahrten die Grundlagen für die Erforschung des Pazifiks. Die mitreisenden Pflanzen- und Tierforscher katalogisierten erstmals Flora und Fauna der Inseln. Auch Cooks Beziehungen zu den Tahitianern waren zwiespältiger Art. Seine korrekte englische Art kam mit den kleinen Diebereien der Insulaner nicht zurecht, die das Stehlen von Schiffsnägeln eher als Sport betrachteten. Außerdem hatte er alle Hände voll zu tun, seine Männer zusammenzuhalten, die immer wieder von Tahitianerinnen entführt wurden. Er bemühte sich, gegenüber den Eingeborenen gerecht zu bleiben, konnte aber Auseinandersetzungen nicht vermeiden. Alles in allem jedoch waren seine mehrmonatigen Besuche geprägt von einem intensiven und wertvollen Erfahrungsaustausch mit den Einheimischen.

Zwanzig Jahre nach Cooks erstem Besuch legte die Bounty unter dem Kommando von Captain **William Bligh** in Tahiti an. Bligh hatte unter Captain Cook als Schiffsoffizier gedient und sollte auf Tahiti Brotfruchtsetzlinge für die westindischen Kolonien sammeln. Seiner Besatzung gefiel es auf Tahiti so gut, daß sie nach der Abfahrt meuterte und Bligh mit einigen Getreuen in einem Boot aussetzte. Die Meuterei auf seinem Schiff sowie das Schicksal Blighs und der Meuterer auf ihren Irrfahrten durch den Pazifik bildeten den Stoff für zahlreiche Bücher und Verfilmungen, die den Namen Tahitis in die Welt trugen.

Die Meuterei auf der Bounty

Nach den Entdeckern und Händlern kamen 1797 die ersten Missionare nach Tahiti, ausgesandt von der London Missionary Society, dem heidnischen Treiben auf den Inseln ein Ende zu bereiten. Ihre Bemühungen waren jedoch erst von durchschlagendem Erfolg gekrönt, als es ihnen gelang, sich mit der polynesischen Herrscherdynastie der Pomares zu verbünden. Die **Pomare-Familie** wiederum war durch den Umstand an die Macht gelangt, daß sie den nördlichen Küstenabschnitt Tahitis kontrollierte, an dem alle europäischen Schiffe anlegten. Mit der Hilfe weißer Söldner (unter ihnen auch Meuterer der Bounty) und ihrer Waffen gelang es ihnen, die vorher weitaus mächtigeren Häuptlinge der Westküste zu unterwerfen und sich für hundert Jahre zu Königen Tahitis und seiner Inseln aufzuschwingen.

Mit Missionaren und Musketen an die Macht

Während Pomare I. († 1803) noch den polynesischen Göttern huldigte, ließ sich sein Sohn Pomare II. 1812 katholisch taufen, wurde 1815 gekrönt, und warf die letzten Reste heidnischen Widerstands nieder. Zu großem Ansehen gelangte Königin Pomare IV., die fünfzig Jahre lang (1827–1877) regierte. Anfangs noch hin- und hergerissen zwischen leichtlebiger polynesischer Tradition und christlicher Zucht, entschied sie sich im Alter für die endgültige Durchsetzung christlicher Normen, was leider auch das Verbot der polynesischen Tänze bedeutete.

Königin Pomare IV.

Paul Gauguin

*M*it grobem Pinselstrich und kräftigen Farben malte er seine Polynesierinnen, realistisch, unkonventionell und anmutig zugleich. Wie viele Künstler wurde er erst nach seinem Tod berühmt, war Zeit seines Lebens eine tragische Gestalt. In der Südsee suchte er das Paradies auf Erden; es wurde ihm zur Hölle.

Paul Gauguin

1891 kam Paul Gauguin nach Tahiti voll Hoffnung auf ein neues Leben: „Ich möchte all die schlechten Dinge vergessen, die mir widerfuhren, und dort sterben, ohne daß hier jemand davon erfährt. Ich möchte frei sein zu malen, an Ruhm bin ich nicht interessiert."

Papeete und seine Gesellschaft erinnerten ihn bald an Paris. Er zog in ein40 km entferntes Dorf, nahm sich ein 13jähriges Mädchen als Geliebte und Modell und durchlebte eine kurze, fruchtbare Schaffensperiode. Anderthalb Jahre und 66 Bilder später holten ihn finanziellen Sorgen und gesundheitliche Probleme wieder ein; mit geborgtem Geld kehrte er nach Frankreich zurück. Die Ausstellung seiner Werke geriet mangels Verständnis zum Skandal. Eine kleine Erbschaft ermöglichte ihm 1895 die Rückkehr nach Tahiti. Vom Syphilis gezeichnet malte er wie besessen. Begleitet von Depressionen und einem Selbstmordversuch vollendete er sein berühmtes Tryptichon „Woher kommen wir? Wer sind wir? Wohin gehen wir?"

Als ein Pariser Kunsthändler ihm Geld für jedes gelieferte Bild bot, erfüllte Gauguin sich einen alten Wunsch: Er zog sich auf die abgelegenen Marquesas-Inseln zurück. Auf Hiva Oa richtete er sein Studio ein, nahm sich wieder ein 14jähriges Mädchen, feierte wilde Feste, lag in ständigem Streit mit dem weißen Establishment, Seine Gesundheit verschlechterte sich zusehends; nur mit Morphinen konnte er sich für die Arbeit aufrechthalten. 1903 schließlich starb er einsam und verbittert. Ein Bischof schrieb das lapidare Nachwort: „Tod eines elenden Gesellen, ein berühmter Künstler, ein Feind Gottes und der Moral."

Die Regierungszeit Königin Pomares IV. war geprägt vom Gegensatz englischer und französischer Interessen in Tahiti, der sich auch in der Rivalität zwischen protestantischer und katholischer Kirche ausdrückte. 1836 waren die ersten katholischen Missionare aus Frankreich eingetroffen, gefolgt von französischen Kriegsschiffen. Königin Pomare IV. suchte Schutz unter der englischen Krone. England einigte sich jedoch mit Frankreich und anerkannte 1847 dessen Vorherrschaft über Tahiti. Diese war gerade erst in einem langwierigen Guerillakrieg gegen polynesische Widerstandskämpfer durchgesetzt worden. Königin Pomare fügte sich und regierte forthin unter der Schutzmacht Frankreich. Ihr Sohn Pomare V. dankte schließlich 1880 zugunsten einer Pension von 5.000 Franc/Monat ab und trank sich zu Tode. Tahiti war endgültig französische Kolonie.

Der Bau des Panama-Kanals machte den vormals verschlafenen Hafen von Papeete zum wichtigen Ankerplatz für Frachtschiffe, die zwischen Europa, Amerika und Australien verkehrten.

Am 22. September 1914, kurz nach Ausbruch des Ersten Weltkriegs, kreuzten die beiden deutschen Schlachtschiffe **Scharnhorst** und **Gneisenau** vor der Küste Tahitis auf. Sie wollten im Hafen von Papeete Kohle bunkern, doch der französische Kommandant der kleinen Garnison ließ mit seinen weit unterlegenen Geschützen das Feuer eröffnen. Die Antwort war eine gezielte Salve der damals hochmodernen Schlachtschiffe, die exakt einen Häuserblock neben der Kathedrale einebnete. Ein Chinese und ein Pferd kamen ums Leben. Nach dieser Machtdemonstration dampften die beiden Kriegsschiffe ab.

Deutsche Kriegsschiffe vor Tahiti

Graf von Luckner, der legendäre deutsche Freibeuter des Ersten Weltkrieges, tauchte ebenfalls in Tahiti auf. Das Geschütz seines Kaperschiffes Seeadler liegt heute vor dem Postgebäude von Papeete. Es ist, vom Meer aus gesehen, das linke der beiden Geschützrohre, erkennbar am eingravierten Krupp-Emblem der drei Ringe (siehe Kasten zu Graf von Luckner in Geschichte; Allgemeiner Teil).

Während des Zweiten Weltkriegs wurden deutsche Siedler im Fort Taravao an der Landenge zwischen Tahiti Nui und Tahiti Iti interniert. Trotz der französischen Kapitulation hatte sich die Kolonie Polynesien 1940 per Referendum der Exilregierung General **de Gaulles** angeschlossen. Dies öffnete den Amerikanern die Möglichkeit, Bora Bora zu einem Militärstützpunkt für ihren Pazifikkrieg gegen die Japaner auszubauen.

Pouvanaa: Polynesischer Freiheits- kämpfer

In den fünfziger Jahren erlangte ein Polynesier namens **Pouvanaa** große Popularität. Er setzte sich für die Unabhängigkeit der Kolonie von Frankreich ein und führte die Opposition gegen die französischen Atomversuche an. Pouvanaa gründete eine Partei und brachte es zum Vizepräsidenten der lokalen Regierung. 1971 wurde der Politiker als Vertreter Französisch-Polynesiens in den französischen Senat gewählt.

In einem von de Gaulle angebotenen Referendum stimmten 1958 jedoch nur 36 Prozent für die Unabhängigkeit. Pouvanaa wurde wegen mehrerer Anschuldigungen verhaftet, verurteilt und später begnadigt. Seitdem ist sein Name Symbol der tahitianischen Unabhängigkeitsbewegung. 1984 erlangte das französische Übersee-Territorium volle interne Autonomie.

Tahitis Trauma: Von der Bounty zur Bombe

Tiefgreifende soziale Veränderungen verursachten drei Ereignisse der 60er Jahre: der Bau des internationalen Flughafens, die Produktion des Hollywood-Filmes **„Meuterei auf der Bounty"** und die Verlagerung der französischen Atomversuche von Algerien nach Französisch-Polynesien. Den ersten enormen Preisschub lösten die amerikanischen Filmproduzenten mit ihrem 27-Millionen-Dollar-Budget aus, bis dahin das höchste der Filmgeschichte. 1.500 Einheimische wurden als Statisten und Arbeiter zum Vierfachen des ortsüblichen Lohnes beschäftigt.

Dem Südsee-Traumbild des Filmes folgten Touristen in Großraumflugzeugen, die dank des neuen Flughafens in Papeete landen konnten. Vor allem amerikanische Touristen trieben mit ihrem starken Dollar die Preise hoch.

Für die 1966 beginnenden Atomversuche wurden schließlich Tausende französischer Techniker und Soldaten auf Tahiti und Mururoa stationiert. Alle drei Entscheidungen, obwohl unabhängig voneinander getroffen, setzten eine inflationäre Entwicklung in Gang, an deren Ende das gegenwärtig hohe Preisgefüge Tahitis steht.

Atombomben im Paradies

Paßt dieses Thema in einen Reiseführer, der Appetit machen soll auf einen Südseeurlaub? Leider gehört es eben auch zur Realität Französisch-Polynesiens, daß 1.250 km Luftlinie von den Touristenstränden entfernt Atombomben explodieren. Diese Kehrseite des Südseeparadieses zu verschweigen, wäre Heuchelei.

Seit 1966 führt Frankreich auf den Tuamotu-Atollen Moruroa und Fangataufa Atomtests durch. Bis 1975 wurden die Bomben in der Atmosphäre über den Atollen gezündet, nach internationalen Protesten „nur" noch unterirdisch. Unter der Bevölkerung umliegender Inseln soll auffallend häufig Krebs und Ciguatera aufgetreten sein, eine Fischvergiftung, die man auf die radioaktive Verseuchung von Korallenbänken zurückführt. Unabhängige Messungen der Radioaktivität und eine Veröffentlichung der Krankheitsstatistiken sind aber bisher von Frankreich abgelehnt worden.

1992 wurden die Tests im Rahmen eines internationalen Moratoriums vorläufig gestoppt, jedoch nur so lange auch die anderen Atommächte wie die USA und Rußland ihre Versuche einstellen. Doch während die USA ihre unterirdischen Tests im Granituntergrund von Nevada durchführen, bombt Frankreich Löcher in den porösen Kalk. Geologen befürchten ein Auseinanderbrechen der Atolle, was riesige Mengen radioaktiven Plutoniums in den Pazifik freisetzen würde – eine unvorstellbare ökologische Katastrophe.

Das Angebot der Amerikaner an Frankreich, seine Bomben ebenfalls in den USA zu testen, wurde höflich abgelehnt. Wiederholte Proteste der Nachbarstaaten im Pazifik, einschließlich Australien und Neuseeland, wurden ebenso ignoriert wie ein 1985 von den Mitgliedstaaten des Südpazifischen Forums unterzeichneter Vertrag über einen nuklearfreien Pazifik (Treaty of Rarotonga). Im gleichen Jahr wurde das Greenpeace-Schiff Rainbow Warrior, das mehrmals zur Verhinderung von Tests im Versuchsgebiet kreuzte, von französischen Geheimagenten im Hafen von Auckland versenkt. Ein Fotograf der Umweltorganisation kam dabei ums Leben.

Buchtip

Bengt Danielsson
Marie-Thérèse
Danielsson:
**Moruroa, mon
amour.**
Penguin Books.
1986

Politik, Wirtschaft, Soziales

Überblick

Französisch-Polynesien (Polynésie Française)

Einwohner:	*200.000, davon 67 % Polynesier, 11,7% Europäer, 4,5% Asiaten; 14,2% gemischt*
Bevölkerungsdichte:	*55 Einwohner / km2*
Sprache:	*Französisch und Tahitianisch; Englisch nur im touristischen*
Bereich Religion:	*50% Protestanten, 33% Katholiken, Rest: Mormonen, Adventisten, Zegen Jehovas etc.*
Hauptstadt:	*Papeete (Tahiti), 24.000 Einwohner*
Flagge:	*Französische Trikolore Blau-- Weiß-Rot;, die rotweiße tahitia- nische Flagge ist das territoriale Emblem und wird neben der Tri- kolore gehißt.*
Staats- und Regierungsform:	*Französisches Territorium mit innerer Autonomie. Die Territori- al-Versammlung wählt den Präsi- denten. Der französische Hoch- kommissar repräsentiert Frank- reich.*
Währung:	*CFP = Cour de Franc Pacifique*
Wirtschaft:	*Tourismus, Perlen, Kopra, Land- wirtschaft*
Handelspartner:	*Frankreich, EU, Vereinigte Staa- ten Amerikas*

Französisches Übersee- Territorium

Offizieller Status Französisch-Polynesiens ist der eines französischen Übersee-Territoriums. Die Inselgruppe ist somit Bestandteil der französischen Republik. Frank- reich ist zuständig für die Schlüsselbereiche Außenpoli- tik, Verteidigung, Polizei, Justiz und Erziehungswesen. Innenpolitisch jedoch ist das Territorium autonom, wählt seine eigene parlamentarische Versammlung, die wiederum die Regierung Französisch-Polynesiens und den Präsidenten wählt. Ein französischer Hochkommis- sar repräsentiert die übergreifende Souveränität Frank- reichs.

Baguette aus dem Brotkasten –
ein Stück französische Lebensart

Die Abhängigkeit von Finanzhilfen des französischen Staates prägt die Wirtschaft Französisch Polynesiens. Selbst die Preise für Kopra, eines der wenigen Ausfuhrprodukte und Haupteinnahmequelle der äußeren Inseln, werden subventioniert. Die Perlenindustrie bringt mittlerweile zehnmal so viel Geld wie Kopra und steht damit an der Spitze der Exportliste. Sie wird jedoch von Experten kontrolliert und schafft nur wenige Arbeitsplätze. Die Landwirtschaft erschöpft sich Obst- und Gemüseanbau und deckt gerade so den Eigenbedarf.

Es gibt in Französisch-Polynesien erst seit 1993 eine Einkommenssteuer, jedoch nur für Unternehmen. 80 Prozent der Staatseinnahmen werden aus Verbrauchssteuern und Einfuhrzöllen geschöpft, den Rest gleicht Frankreich aus. Die zwischen 20 und 200 Prozent liegenden Verbrauchsteuern tragen so zum hohen Preisniveau bei.

Unter diesen Preisen leidet die einheimische Bevölkerung, die keinen Arbeitsplatz in der Armee, in der Verwaltung oder im Tourismus findet, und zunehmend auch der Tourismus selbst, dessen Klientel sich preisgünstigeren Zielen zuwendet.

Es bleibt fraglich, ob die Diskrepanz zwischen einer künstlich aufgeblähten Konsumwirtschaft und mangelnder eigener Produktion gelöst werden kann. Allein der

**Wirtschaft:
Am Tropf
Frankreichs**

**Preisbeispiele
für Tahiti:**

Kleines Bier oder Cola im Restaurant: ab 5 DM.
Einfache Mahlzeit im Restaurant: ab 20 DM.
Benzin: 1,70 DM pro Liter.
Mittelklassewagen: ab 40.000 DM.
Monatsmiete für ein einfaches Holzhaus in Tahiti: ab 1.000 DM.

Tourismus bietet eine Chance, vom Tropf Frankreichs allmählich loszukommen. Rund 100 Millionen Mark monatlich fließen allein durch die Präsenz der französischen Atomexperten ins Land.

Deshalb ist es nicht verwunderlich, daß trotz ständiger Proteste seitens der Nachbarstaaten und Umweltorganisationen (vor allem **Greenpeace**) die Frage der Fortsetzung der Atomversuche innenpolitisch kaum eine Rolle spielt. Zu groß ist die wirtschaftliche Abhängigkeit von den beiden Organisationen CEP **(Centre d'Expérimentation du Pacifique)** und CEA **(Commission d'Energie Atomique)** unter den einflußreichen und gut verdienenden Bevölkerungsgruppen der Franzosen, Chinesen und polynesischen Mischlinge. Mururoa ist schließlich weit entfernt, 1.250 km südöstlich von Papeete.

Landflucht und hohes Bewölkerungswachstum

Von den 200.000 Einwohnern Französisch Polynesiens leben zwei Drittel auf **Tahiti** – Ergebnis der Landflucht von den äußeren Inseln zu der Arbeit und Geld verheißenden Metropole. Der staatlich garantierte Mindestlohn beträgt rund 1.400 DM im Monat. Der Bevölkerungszuwachs von etwa 4.000 pro Jahr ist relativ hoch mit einem Verhältnis von fünf Geburten zu einem Todesfall. Eine Ursache ist das vom französischen Staat gezahlte Kindergeld, das für viele polynesische Familien zu einem wesentlichen Einkommensfaktor geworden ist. Fünf Kinder sind die Norm, die Hälfte der Bevölkerung ist unter 20, schätzungsweise ein Drittel der jugendlichen Tahitianer arbeitslos.

Zunehmende sozialen Probleme und Proteste gipfelten 1987 erstmals in Straßenunruhen. Frankreich versucht der wachsenden Unzufriedenheit mit einem weiteren Ausbau des Erziehungswesens zu begegnen, das ohnehin zu den besten der Inselstaaten des Südpazifiks gehört. Die staatlichen Schulen sind kostenlos, Schulpflicht besteht bis 14 Jahre. Eine eigene Universität hat den Lehrbetrieb aufgenommen.

Das **Gesundheitswesen** ist, gemessen an den Nachbarstaaten, vorbildlich. Alle größeren Inseln betreiben mindestens ein staatliches Hospital. Für Notfälle auf kleineren Inseln werden Militär- und Privatflugzeuge eingesetzt, die Patienten kostenlos binnen Stunden ins Krankenhaus nach Tahiti bringen.

Kultur

Die polynesische Kultur wird im Allgemeinen Teil dieses
Buches ausführlich behandelt. Deshalb sind hier nur einige Aspekte erwähnt, die Französisch-Polynesien von
anderen polynesischen Inselgruppen wie Tonga, Samoa
und den Cook-Inseln unterscheidet.

Anders als in Samoa mit seinem streng hierarchischen
Häuptlingssystem oder in Tonga mit seiner herrschen-
den Königsfamilie gibt es in Französisch-Polynesien keinen angestammten Adel mehr. Andere polynesische
Traditionen haben sich erhalten, so zum Beispiel die
Künste des **Bootsbaus** und **Navigierens** oder die alten
Riten, Tänze und Gesänge. Nirgendwo sonst im Pazifik
sind so viele **Maraes,** die steinernen Zeugnisse der
untergegangenen polynesischen Kultur, erhalten geblieben. Sie werden in den Kapiteln zu den einzelnen Inseln
beschrieben.

Charakteristisch für die Polynesier Tahitis
ist die ethnische Mischung, vor allem
mit dem chinesischen und französischen Bevölkerungsteil. Sie drückt
sich in feingliedrigem Körperbau
und ebenmäßigen Gesichtszügen
aus, die dem Ideal der griechischen Ästhetik oft sehr nahekom-
men. Ethnische Merkmale bestimmen auch den sozialen Rang.
Während die Chinesen die wirtschaftliche Macht in Händen halten, bestimmen die **„Demis",** die
europäisch gemischten Halbblute,
die Politik. Auf der untersten Stufe
der sozialen Leiter stehen die rein-
rassigen Polynesier, die auf den
äußeren Inseln immer noch die
Mehrheit der Bevölkerung stellen.

Französisch ist erste Landessprache, Englisch wird nur im touristischen Bereich
gesprochen. Die polynesische Sprache der
Ureinwohner, lange Zeit von den französischen Behörden unterdrückt und vor allem
in den Schulen nicht geduldet, ist jetzt wieder anerkannte zweite Landessprache. Sie

wird an den Schulen und an der Universität gelehrt, die Regierungssender strahlen Nachrichten auch in Polynesisch aus.

Sprache

Die polynesische Sprache kennt nur 13 Buchstaben. Oft werden mehrere Vokale aneinandergereiht, die getrennt gesprochen werden. Beispiel: der Flughafen Faaa, wird Fa-a-a gesprochen, Moorea eigentlich Mo-ore-a. Ansonsten entspricht die Aussprache der Schreibweise.

Einige polynesische Ausdrücke:

Hallo, guten Tag	Ia Orana
Auf Wiedersehen	Nana, Parahi Oe
Willkommen	Maewa
Kein Problem	Aita peapea
Danke	Mauruuru
Ja	E, Oia
Nein	Aita
Frau	Vahine
Mann	Tane
Weißer, Europäer	Popaa
Gut, okay	Maitai
Guten Appetit	Ta Maa Maitai
Tahitianisches Fest	Tamaaraa
Musik, Tanz	Upa upa
Erdofen	Hima'a
Tahitianischer Erdofen	Ahimaa
Essen	Maa
Prost	Manuia
Haus	Fare
Groß	Nui
Klein	Iti
Doktor	Taote
Verboten	Tapu
Faul	Hupehupe
Tahitianische Nationalblume	Tiare
Geld	Moni
Sonne	Mahana
Berg	Moua
Meer	Moana
Wasser	Pape
Fisch	Ia
Kanu	Pahi
Krankenhaus	Fare Mai
Polizei	Polizei

Buchtip

Das kleine Büchlein „Say it in Tahitian" enthält nützliche Redewendungen und Vokabeln. Sie erhalten es in den Buchhandlungen in Papeete.

Heiva Festival

*D*ie Tahitianer feiern alljährlich von Ende Juni bis
zum 14. Juli, dem Französischen National-
feiertag, ihr Heiva Festival, das größte polynesische
Fest. Heiva bedeutet soviel wie Fete, Spiele, lustiges
Zusammensein. Bereits im Mai beginnen die ersten
Vorausscheidungen in den traditionellen polynesi-
schen Sportarten und Handwerkskünsten wie Kanu-
wettrudern, Kanubauen, Steineheben, Kokosnüsse
schälen, Fruchtkörbe tragen, Speerwerfen und
Wildschweinjagd. Die Endausscheidungen finden
Anfang Juli statt und führen hin zum Höhepunkt des
Festivals, dem 14. Juli mit Blumenparaden in den
Straßen Papeetes und der Wahl der Miß Tahiti.
Besonders farbenprächtig ist die Aufführung alter
polynesischer Riten, Tänze und Gesänge auf dem
Marae Arahurahu an der Westküste Tahitis.

Das Heiva Festival ist die polynesische Version des
Karnevals von Rio und die beste Gelegenheit,
ursprüngliche polynesische Kultur kennenzulernen,
wenngleich natürlich auch viele französische Elemente
dazugekommen sind.

Kleinere Festivals finden auch auf den anderen Inseln
statt, so zum Beispiel das Heiva No Te Pahu Nui O
Tahaa, das alljährliche Stone Fishing Festival auf der
Insel Tahaa (siehe dort).

*Heiva Festival am
Marae Arahurahu*

Die Gesellschaftsinseln

Tahiti

Tahiti ist mit rund 1.000 Quadratkilometern die größte Insel Französisch Polynesiens und entstand aus zwei längst erloschenen Vulkanen. Daher rührt die heutige Form zweier Inseln, die eine Acht bilden. Die größere, **Tahiti Nui**, ist mit der kleineren, **Tahiti Iti**, durch eine schmale Landenge verbunden, den Isthmus von Taravao.

Beide Inseln sind von einem Korallenriff umgeben, das an mehreren Stellen durch Passagen unterbrochen ist, deren wichtigste heute die am Hafen von Papeete ist. Das unbewohnte Landesinnere ist beherrscht von malerisch gefalteten, dicht bewachsenen grünen Bergrücken, die am Kraterrand des **Mt. Orohena** bis zu 2.241 Meter Höhe reichen. Aus dem regenreichen Zentralmassiv stürzt und strömt rund um die Insel das Wasser zu Tal und bildet so zahlreiche Wasserfälle und Flußtäler. Von den 120.000 Einwohner Tahitis wohnen rund 40.000 in 20 Dörfern entlang der Küste, wobei der Norden und Westen Tahiti Nuis am dichtesten besiedelt sind.

Papeete

Papeete erlangte als Hafen und Stadt erst Anfang des 19. Jahrhunderts zentrale Bedeutung, als die Missionare hier ihren Stützpunkt aufschlugen und die polynesische **Königin Pomare IV**. es zur Residenz erkor. Bald legten auch die Walfänger und Frachtschiffe in dem natürlichen Hafen an. Er war besser geschützt als der Ankerplatz der ersten Entdecker in der weiter nördlich gelegenen Matavai Bucht. Das französische Militär und die Kolonialverwaltung folgten nach. Eine Volkszählung 1847 ergab 1.444 Einwohner, 1.045 Hühner, 834 Schweine und 102 Pferde. Es war bei 20 Franc Strafe verboten, entlang der Uferpromenade zu galoppieren.

Heute hat der zentrale Distrikt von Papeete allein 25.000 Einwohner, doch ist er längst mit den Nachbarkommunen Faaa und Pirea zu einem Siedlungsgürtel von 80.000 Einwohnern zusammengewachsen. Tagtäglich schiebt sich ein endloser Strom von Autos durch die Stadt und macht sie zur einzigen der Südsee, in der man eine Stunde im Stau zubringen kann. Papeete ist

Sitz der Territorial-Verwaltung und des französischen Hochkommissars. Im Vorort Faaa wurde zu Beginn der 60er Jahre der internationale Flughafen gebaut, in Pirea liegen die streng abgeschirmten Gebäude der französischen Atomtestbehörde CEP.

Die angenehmste Zeit für einen Stadtbummel ist der frühe Vormittag, wenn die Luft noch nicht aufgeheizt ist. Der **Boulevard Pomare** entlang der

Papeete

Hafenbucht ist die Hauptpromenade mit vielen kleinen Straßencafés und Snackbars, die Papeete ein mediterranes Ambiente verleihen. Zentraler Treffpunkt ist der verschachtelte Bau des Vaima Centers mit Cafés, Bars, Restaurants, Schmuck- und Souvenirgeschäften, Boutiquen, einer Buchhandlung und den Büros der meisten Fluglinien und Reisebüros. Im Kiosk vor dem Vaima Center gibt es internationale Zeitungen und Magazine, zweimal in der Woche auch aus Deutschland. Das Bistro Retro im Erdgeschoß des Vaima Centers ist der geeignete Ort, um das bunte Treiben am Boulevard Pomare zu beobachten.

Le Marché, der Markt, liegt zwischen Rue Cardella und Rue du 22 Septembre, wo auch alle alle öffentlichen Busse, die Trucks, ankommen und abfahren. Das zweigeschossige Marktgebäude entspricht zwar nicht ganz der Vorstellung von einem Südsee-Markt, aber es erfüllt sehr gut seinen Zweck. Es ist luftig, hell und sauber. Am Haupteingang sitzen Polynesierinnen, die duftende Sträuße und bunte Blumenkränze (Leis) verkaufen, im Erdgeschoß haben die chinesischen Gemüsehändler ihre Stände. Im hinteren Teil sind die Stände der Fischer, die früh am Morgen und spätnachmittags ihren Fang verkaufen. Im ersten Stock gibt es Kunstgewerbe und Muschelschmuck, Pareos und geflochtene Körbe, Matten, Hüte und Taschen. Empfehlenswert ist auch die tahitianische Caféteria. Der Markt ist täglich von 5 Uhr morgens bis 18 Uhr geöffnet, sonntags bis 12°°. Hochbetrieb herrscht jeden Sonntagsmorgen zwischen 6 Uhr und 7 Uhr, wenn die Einheimischen vor dem Kirchgang die Zutaten ihres Mahles einkaufen.

Das **Hôtel de Ville**, das Rathaus der Stadt an der Rue Paul Gauguin, ist ein Nachbau des Palastes von Königin Pomare IV. und wurde 1990 zur 100-Jahr-Feier Papeetes eröffnet. Zwischen der Avenue Bruat und der Rue de General de Gaulle sind die meisten Regierungsgebäude, das Territorialparlament und der Sitz des Hochkommissars. Ein Denkmal vor dem Parlament erinnert an den tahitianischen Volkshelden **Pouvanaa** a Oopa, der als Politiker für die Selbständigkeit der Inseln focht, dafür zwölf Jahre im Gefängnis verbringen mußte und ins Exil ging. Er starb 1972.

Hôtel de Ville

Wo der Bougainville Park an den Boulevard Pomare grenzt, stehen neben der Post zwei Kanonen aus dem Ersten Weltkrieg. Die linke, vom Meer aus gesehen, stammt von Graf Luckners **Seeadler**, die rechte von der **Zelée**, einem französischen Patrouillenboot, das 1914 von deutschen Kriegsschiffen versenkt wurde (siehe „Geschichte"). Am südlichen Ende des Boulevard Pomare befindet sich neben der protestantischen Kirche das sogenannte **Pearl Museum**. Es ist eigentlich ein Schmuckgeschäft, in dem aber sehr anschaulich und ohne Kaufzwang Geschichte, Zucht und Qualitätsmerkmale der schwarzen Perle erklärt werden. Wer nicht die Gelegenheit hat, eine Perlenzuchtfarm auf den Tuamotus zu besichtigen, kann sich hier anhand von Schaukästen und einer Video-Show gut informieren.

Hinter der Kathedrale liegt der **Mission District**, der auf den katholischen Bischof Etienne Jaussen zurückgeht. Er kaufte Mitte des vergangenen Jahrhunderts das Mission Tal, um Zuckerrohr und Kokospalmen anzupflanzen. Den Garten seiner Diözese verwandelte er in einen botanischen Park. Über ein halbes Jahrhundert war er als Architekt, Lehrer und Sprachforscher hier tätig. 1856 wurde die Kathedrale gebaut, Jaussens Grab liegt auf dem Mission Friedhof. Zwischen Rue Ch. Vienot und Rue Dumont-

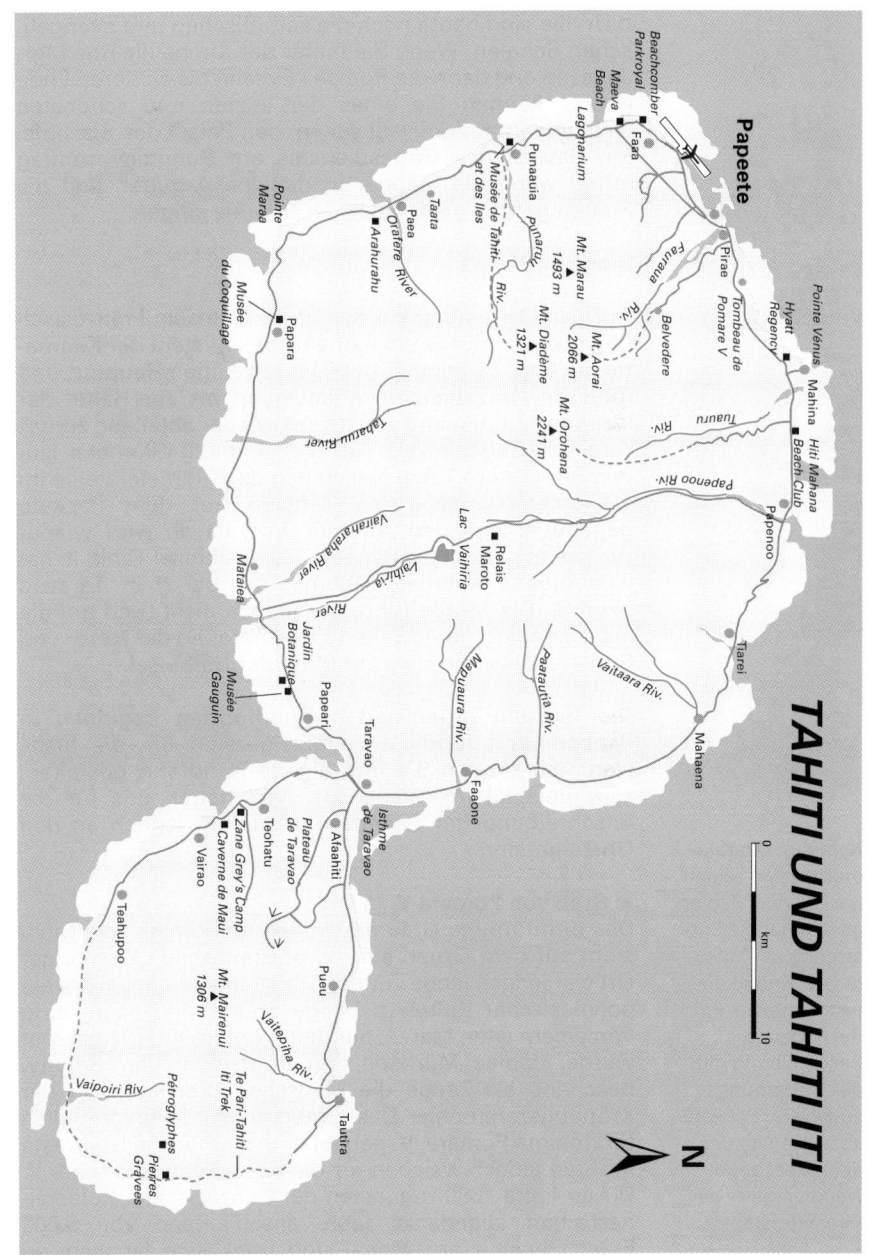

TAHITI UND TAHITI ITI

d´Urville sind heute noch die katholischen und evangelischen Schulen. Wenn Sie hinter der Kirche die Rue Mgr. Jaussen und dann die Rue de l'Eveche bis an deren Ende gehen, können Sie eines der letzten und schönsten Gebäude im Kolonialstil sehen, den Palast des Bischofs. Ein Besuch des Gottesdienstes am Sonntagvormittag lohnt, wenn die Männer in dunklen Anzügen und die Frauen ganz in weiß gekleidet Choräle singen.

Inselrundfahrt

Tahiti Nui

Auf Tahiti wie auch auf den anderen Inseln Französisch Polynesiens gibt es ein einheitliches System der **Kilometerzählung**. Es beginnt bei 0 im jeweiligen Hauptort und führt im Uhrzeigersinn aufsteigend bis zur Hälfte der Inselumrundung und von da aus wieder abfallend zurück zum Ausgangspunkt 0. Auf der rund 120 Kilometer langen Strecke um Tahiti Nui stehen die Kilometersteine im 1-Kilometer-Abstand bis Taravao auf dem Papeete gegenüberliegenden Isthmus. Von da ab wird wieder rückwärts gezählt bis Papeete. Die Halbinsel Tahiti Iti hat eine eigene Kilometerzählung, die bei 0 in Taravao beginnt. Die Straße führt hier jedoch nicht rund um die Insel, sondern nur jeweils 18 Kilometer an der Nord- und Südwestküste bis etwa zur Mitte der Halbinsel.

Die meisten organisierten Rundfahrten beginnen in Papeete und führen im Uhrzeigersinn um die Insel. Natürlich können Sie Ihre eigene Rundfahrt gestalten, zum Beispiel im Mietwagen. Wir halten uns für die Beschreibung der Sehenswürdigkeiten jedoch an den Uhrzeigersinn.

Achtung: Die Kilometersteine zeigen jeweils zwei Zahlen an, einmal die Entfernung ab Papeete und einmal die nach Taravao. Für die folgende Beschreibung gilt die Entfernungsangabe ab Papeete, abzulesen an der dem Meer zugewandten Seite der Kilometersteine.

★ Grab von Pomare V. (5 km)

Das turmförmige Grabmal des letzten Königs von Tahiti steht auf dem Grund einer protestantischen Kirche, der Ort war jedoch lange vor der Christianisierung bereits ein polynesischer Kultplatz. Einige Steine sind noch übrig von einem alten Marae, auf dem Pomare II. 1791 gekrönt wurde. James Morrison, ein Bootsmann der Bounty, beschrieb als Zeuge die Menschenopfer während der Krönungszeremonie. Das Grabmal wurde ursprünglich für Königin Pomare IV. gebaut. Ihre sterblichen Überreste mußten jedoch weichen für die ihres Sohnes Pomare V. Dieser hatte 1880 zugunsten der französischen Kolonialherrschaft abgedankt, lebte anschließend von 5.000 Franc Pension pro Monat und trank sich langsam zu

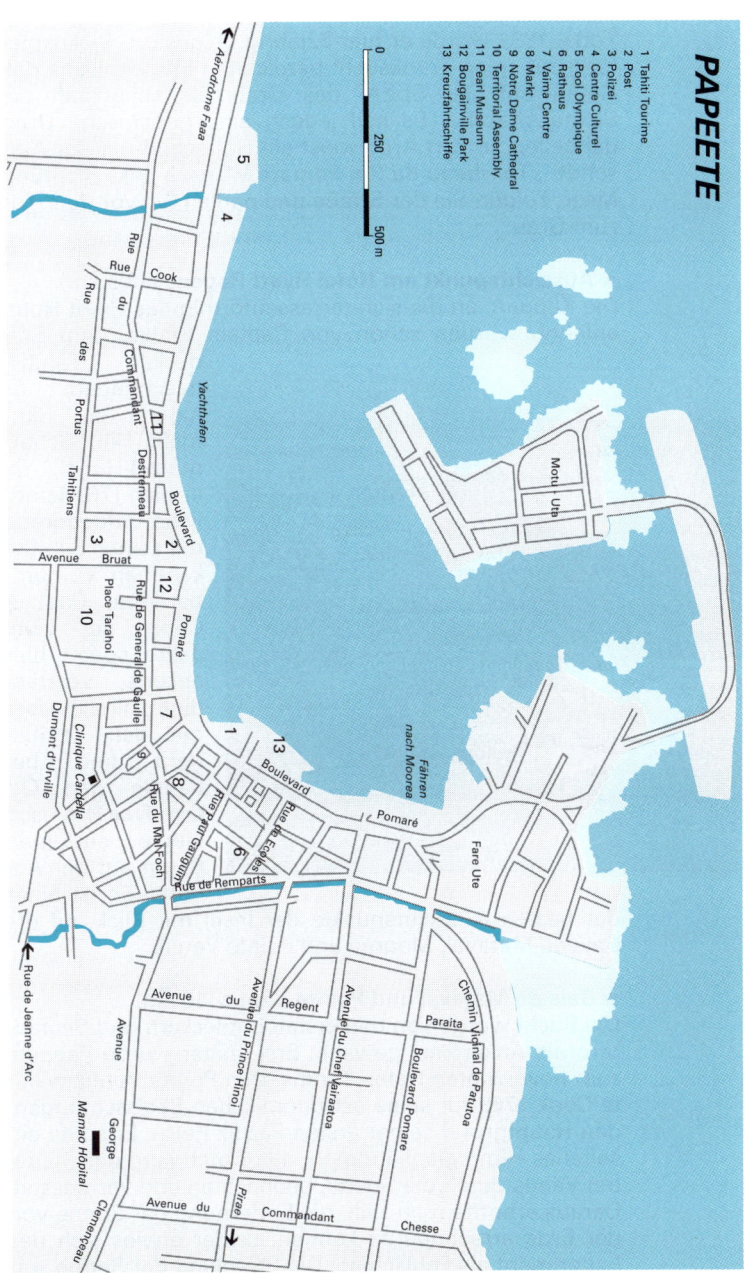

PAPEETE

1 Tahiti Tourime
2 Post
3 Polizei
4 Centre Culturel
5 Pool Olympique
6 Rathaus
7 Vaima Centre
8 Markt
9 Notre Dame Cathedral
10 Territorial Assembly
11 Pearl Museum
12 Bougainville Park
13 Kreuzfahrtschiffe

0   250   500 m

Tode. 1891 wurde er hier 52jährig beigesetzt. In Anspielung auf seine Trunksucht bezeichnen Einheimische das Gefäß auf der Spitze des Grabmals scherzhaft als Schnapsflasche. Es soll jedoch eine griechische Urne darstellen. Im Ort Arue weist ein Holzschild mit der Aufschrift **„Tombeau du Roi Pomare V"** nach links Richtung Meer. Folgen Sie der Straße und parken Sie vor dem Tor zum Grab.

★ Aussichtspunkt am Hotel Hyatt Regency (8,5 km)
Die Klippen, an die sich terrassenförmig das Hyatt Hotel anlehnt, wurden schon von Captain Wallis, dem Entdecker Tahitis, beschrieben. Er nannte sie Skirmish Hill, Scharmützel-Hügel, da er hier 1767 feindliche Eingeborene mit seinen Schiffskanonen bombardierte. Captain Cook, der zwei Jahre später hier ankerte, verständigte sich besser mit den Tahitianern und benannte den Ort **One Tree Hill**, nach einem einzelnen Baum auf der Anhöhe. Es ist einer

Hotel Hyatt Regency

der besten Aussichtspunkte der Insel mit Blick auf die Baie de Matavai, Moorea und Pointe Venus.

★ Baie de Matavai und Pointe Venus (10 km)
Die Bucht wurde von den ersten Entdeckern und Seefahrern als Ankerplatz gewählt. Erst später wurde Papeete zum bevorzugten Hafen Tahitis. Den Pointe Venus wählte Cook 1769 für seine astronomischen Beobachtungen, den Hauptgrund seiner ersten Pazifik-Reise. Er sollte ein seltenes Himmelsphänomen, den Durchgang des Planeten Venus durch die Sonne, beobachten und vermessen. Daraus erhoffte man sich, die Entfernung der Sonne von der Erde errechnen zu können. Leider erwies sich das Experiment als Fehlschlag: Die Strahlung der Sonne war

zu stark, um mit den damaligen optischen Geräten den Durchgang beobachten zu können. Für die Nachwelt als weitaus wertvoller erwies sich seine präzise Beschreibung der Inselkulturen des Pazifiks.

Heute wird die Landzunge des Pointe Venus von einem 25 Meter hohen Leuchtturm beherrscht, der jedoch erst rund hundert Jahre später errichtet wurde (1868 und nicht 1867, wie die Inschrift besagt). Zur Erinnerung an die Venus-Beobachtung Cook's wurde eine kleine Säule mit einer steinernen Kugel errichtet. Hier verkündet die Inschrift einen weit größeren Irrtum. Das kuriose Denkmal wurde nicht von Cook selbst, sondern erst 1901 vom örtlichen Bauamt errichtet.

Ein weiteres obeliskförmiges Denkmal erinnert an die Landung der ersten Missionare der **London Missionary Society** 1797 am Pointe Venus. In einem kleinen Museum sind Wachsfiguren von Wallis und Cook sowie einige Schiffsutensilien der ersten Entdecker ausgestellt. Sie erreichen den Pointe Venus, wenn Sie in Mahina an einem Wegweiser links von der Hauptstraße abbiegen. An der Westseite der Landzunge ist ein schwarzer öffentlicher Sandstrand, der am Wochenende sehr belebt ist.

Vom Pointe Venus aus können Sie eine kleine Fußwanderung in das **Tuauru Tal** machen. Sie biegen in Mahina gegenüber von Point Venus rechts von der Hauptstraße ab, fahren 3,5 Kilometer den Fluß Tuauru entlang bis zum Ende der Straße. Von hier können Sie 2 Kilometer flußaufwärts wandern, teilweise müssen Sie das Ufer wechseln oder durch das klare Wasser des Flüßchens waten. Entlang des Ufers finden Sie alte steinerne Mauern, befestigte Wege und Obstbäume der früheren Bewohner des Tales. Weiter oben verengt sich das Tal zu einem Canyon. Der Weg endet an den Wasserfällen.

★ **Hiti Mahana Beach Club** (11 km) Diese einfache Freizeitanlage an einem schwarzen Sandstrand ist der Treffpunkt für Windsurfer aus aller Welt. Ein beständiger Wind und leichte Brandung bieten ideale Voraussetzungen für diesen Sport. Die einfachen und

Surfer am Hiti Mahana Beach Club

*Fa'arumai
Wasserfall*

preiswerten Unterkünfte ziehen aber Nichtsurfer und
jugendliche Rucksacktouristen an (siehe Unterkünfte
Tahiti).

★ Papenoo – Dorf und Tal (17 km)
Das Dorf Papenoo hat noch sehr ursprünglichen Charakter mit Holzhäusern im Kolonialstil zwischen Brotfrucht-
und Mangobäumen.
Landeinwärts führt das Papenoo-Tal hinauf zu einer
weiten Öffnung im Kraterkegel des Mt. Orohena. Entlang des Papenoo-Flusses führt ein Bergwanderweg bis
in den Kraterkegel hinein und über die gegenüberliegende Kante hinab zur Südküste Tahitis. Die mehrere
Tage dauernde Bergwanderung sollten Sie nur mit örtli-
chem Führer unternehmen (siehe Aktivitäten im Service-Teil). Seit dem Bau eines Wasserkraftwerkes in den
Bergen führt auch eine Schotterstraße in die Berge hinauf, die jedoch nur mit Jeep und ortskundigem Chauf-
feur befahren werden sollte.

★ Fa'arumai Wasserfälle/Cascades de Tefa'arumai (22 km)
Nach einer engen Rechtskurve an der Felsküste sehen
Sie links einen Parkplatz. Hier können Sie bei entsprechendem Seegang Wasserfontänen aus den Löchern
im Felsen neben der Straße schießen sehen, die sogenannten „Blowholes". Um zu den Wasserfällen zu
gelangen, biegen Sie in der folgenden Linkskurve an
einem Wegweiser rechts ab hinauf in das kleine Tal
und fahren bis zu einem Parkplatz am Ende der Straße.
Von dort überqueren Sie eine Fußgängerbrücke und
folgen rechts einem markierten Pfad zu dem nur Minuten entfernten Vaimahuta-Fall. Es ist der am leichtesten
zugängliche Wasserfall der Insel und den kleinen
Abstecher wert, schon wegen der dichten tropischen
Vegetation, durch die der Pfad führt. Wenn Sie nach
der Fußgängerbrücke links abbiegen, erreichen Sie
nach etwa einer halben Stunde Fußmarsch zwei weitere Wasserfälle.

★ Mahaena – Schlachtfeld (32 km)
Auf einem flachen Landstück gegenüber der Brücke
von Mahaena fand 1844 die einzige Schlacht zwischen
französischen Besatzungstruppen und tahitianischen
Widerstandskämpfern statt. Nachdem Tahiti 1842 von
Frankreich annektiert und zum Protektorat erklärt worden war, hatte sich schon bald der Widerstand unter

den Eingeborenen formiert. Beraten von englischen
Seeleuten und desertierten französischen Soldaten,
gruben sich die Tahitianer am Strand ein und erwarteten den Angriff der Franzosen, die 441 Soldaten an
Land brachten. Die Tahitianer waren zwar in der Überzahl, den Schiffskanonen und besser bewaffneten Soldaten jedoch bald unterlegen. Die Überlebenden zogen
sich in die Berge zurück und führten noch zwei Jahre
lang einen Guerilla-Krieg, ehe ihr Widerstand durch
Einnahme der Hauptfestung endgültig gebrochen
wurde.

★ Hitiaa – Bougainvilles Ankerplatz (37 km)
In der Lagune vor dem Ort Hitiaa ankerte im April 1768
der französische Seefahrer Louis-Antoine de Bougainville mit seinen beiden Schiffen Boudeuse und Etoile. Ein
schlecht gewählter Anlegeplatz, denn er kostete ihn
sechs Anker innerhalb von zehn Tagen, beinahe auch
seine beiden Schiffe und den Spott von Generationen
von Seefahrern. Zur Ehrenrettung Bougainvilles kann
aber auch eingeräumt werden, daß er keine Zeit mehr
hatte, den sicheren Ankerplatz in der Matavai Bay anzulaufen, da die gesamte Mannschaft unter Skorbut litt und
schnellstens zur besseren Verpflegung an Land mußte.
Jedenfalls ließ er an dieser Stelle eine schriftliche
Erklärung der Aneignung Tahitis durch Frankreich in
einer Flasche an Land vergraben. Trotz genauer
Beschreibung – 108 Schritte vom Fluß und 13 Schritte
vom Strand entfernt – wurde sie jedoch bis heute nicht
gefunden. Versuchen Sie Ihr Glück!

★ Das Fort von Taravao (53 km)
An diesem strategischen Punkt der Landenge zwischen
Tahiti Nui und Tahiti Iti bauten 1844 französische Soldaten ein Fort, um ein Vordringen tahitianischer Widerstandskämpfer nach Papeete zu verhindern. Später
wurde es als Gendarmerie und im Zweiten Weltkrieg als
Internierungscamp für die wenigen Deutschen auf Tahiti genutzt. Seit 1963 ist das Fort ein Trainingslager der
französischen Territorialtruppen. Sie finden es auf einer
Anhöhe im Ort rechts neben der Straße, direkt gegenüber der Kirche. Für ein Foto aus der Nähe müssen Sie
allerdings den Wachtposten überreden.

In Taravao beginnt die Kilometerzählung bei 60 und
von da ab rückwärts bis zum Ausgangspunkt 0 in
Papeete.

Gauguin Museum

★ **Botanischer Garten und Gauguin Museum/Jardin Botanique et Musée Gauguin** (51 km)

Hier im Distrikt Papeari fand der amerikanische Botaniker **Harrison W. Smith** den idealen Boden für sein Lebenswerk, einen Botanischen Garten mit aus Amerika, Asien und Afrika importierten Pflanzen. Inmitten der offenen Gartenanlage finden Sie das Gauguin Museum. Anhand von Fotos, Schautafeln und Reproduktionen wird hier sehr anschaulich das Leben und künstlerische Schaffen des Malers dokumentiert. Einen Original-Gauguin werden Sie jedoch in ganz Tahiti nicht finden. Schon bald nach seinem Tod brachte seine Familie alle seine Werke nach Frankreich. Heute sind sie auf die großen Gemäldesammlungen der Welt verteilt. Erwähnenswert ist noch eine zwei Meter hohe Steinstatue außerhalb des Museums, ein polynesischer Tiki, der von einem Kultplatz auf der Insel Raivavae in der Austral-Gruppe stammt. Die archaische Form paßt sehr gut zur Kunstauffassung und zum Malstil Gauguins. Zu Museum und Garten biegen Sie an einem Wegweiser nach einer kleinen Brücke über den Vaite Fluß links ab.
Öffnungszeiten des Museums 9 Uhr – 17 Uhr.

★ **Mataiea – Wohnort Gauguins** (46 km)
Auf der Suche nach dem einfachen, paradiesischen Leben der Polynesier, das er in Papeete nicht gefunden hatte, ließ sich Gauguin von Oktober 1891 bis Mai 1893 in diesem Dorf nieder. Zusammen mit seiner polynesischen Frau Teha'amana, die ihm Modell stand für viele Bilder, verbrachte er hier die glücklichste Zeit seines sonst tragischen und unerfüllten Lebens. In einer Bambushütte, von der heute nichts mehr übrig ist, entstanden einige seiner berühmtesten Werke.

★ **Ehemalige Baumwollplantage und Golfplatz** (41 km)
In der Ebene des Distriktes Papara entstanden großflächige Baumwollplantagen, als im amerikanischen Unabhängigkeitskrieg die Baumwollproduktion der Südstaaten brachlag. Im Gegensatz zu den schwarzen Sklaven Ame-

rikas ließen sich die Tahitianer aber nicht zur Fronarbeit in den Plantagen zwingen. So mußten die Großgrundbesitzer schließlich 1.000 chinesische Kulis ins Land holen. Die ausschließlich männlichen Chinesen arbeiteten nicht nur emsig, sondern sorgten, neben den Franzosen, für die apartesten Mischungen mit polynesischem Halbblut. Nach Ende des Unabhängigkeitskrieges in Amerika lohnte sich die Baumwollproduktion in Tahiti nicht mehr. Die Chinesen aber blieben und stellen heute noch den harten Kern der Geschäftswelt Französisch-Polynesiens. Der einzige Golfplatz Französisch-Polynesiens hat heute die ehemaligen Baumwollplantagen verdrängt.

Golfplatz von Papara

★ **Marae Mahaiatea** (39 km)
Von diesem einst größten Marae Tahitis sind leider nur einzelne Steintrümmer übriggeblieben. Da es nicht restauriert wurde, führt auch kein Wegweiser dorthin. Kurz nach dem Chez Mahaiatea und dem Magasin Frédéric müssen Sie an einer kleinen Bauhütte und dem Schild „Vente Agregats" links abbiegen und bis zum Meer fahren, Sie stoßen dann auf einen überwucherten Steinhaufen. Nach Cooks Beschreibung war die rechteckige Kultstätte an der Basis 89 Meter lang und 29 Meter breit und führte in mehreren Terrassen pyramidenförmig zu einer Plattform in der Höhe von 15 Metern. Auf ihr wurden den polynesischen Göttern Tier- und Menschenopfer dargebracht. Leider bediente sich ein schottischer Baumwollbaron an den Steinquadern des Maraes zum Bau seiner Residenz. Flutwellen vom Meer taten ihr übriges, das einst imposante Bauwerk einzuebnen. **J.C. Beaglehole,** der große englische Historiker und Biograph Cooks, schrieb: „Natur und menschliche Dummheit haben sich wie üblich verbündet, die Zeichen menschlicher Größe auszuwischen."

★ **Paroa Höhle** (28 km)
Auf Höhe des Ortes Mara'a liegt rechts am Felshang, gleich neben der Straße, die weite Öffnung einer Tropfsteinhöhle mit einem kleinen Süßwassersee.

★ **Westküste** (ab 27 km)
Mehrere Gründe sind ausschlaggebend, daß die Distrikte Paea und Punaauia an der Westküste die bevorzugte Wohngegend der meisten Europäer und wohlhabenden Polynesier wurden. An dieser windabgewandten Seite der Insel fällt nur ein Drittel der Regenmenge der Ostküste; ein durchgehendes Barriere-Riff schützt die Lagune; die einzigen längeren Sandstrände auf Tahiti sind hier zu finden. Unter anderen hat hier auch die polynesische Familie **Marlon Brandos** ihre Latifundien.

★ **Marae im Arahurahu Tal** (22 km)
An einem Chinesen-Laden biegen Sie rechts ab ins Tal, wo Sie nach etwa 400 Metern an einen Parkplatz gelangen. Im Gegensatz zu dem in Mataiea ist dieses Marae in seiner ursprünglichen Form restauriert worden und liegt in einer schönen Tallandschaft umgeben von steilen Bergrücken. Jedes Jahr werden hier während des Heiva-Festivals polynesische Riten aufgeführt.

★ **Kunsthandwerkstätte Irihonu/Centre Artisanal Irihonu** (20 km)
In einigen Pavillons an der Mündung des Orofero Flusses können Sie polynesisches Kunsthandwerk kaufen, das auf jeden Fall authentischer ist als die billigen Nachbildungen der Souvenirläden in Papeete. Außerdem können Sie den Männern und Frauen dieser kommunalen Initiative beim Schnitzen und Mattenflechten zusehen.

★ **Musée de Tahiti et des Iles** (15 km)
Das Museum von Tahiti und seinen Inseln finden Sie, wenn Sie am Ortseingang von Punaauia zwischen einem Supermarkt und einer Tankstelle links Richtung Meer abbiegen. In mehreren Abteilungen werden die Natur, Kultur und Geschichte Polynesiens gezeigt. Viele wertvolle Ausstellungsstücke mußten erst aus europäischen Museen zurückgeholt werden, ehe diese ausgezeichnete Sammlung 1978 eröffnet werden konnte. Hinter dem Museum ist ein langer öffentlicher Sandstrand, mit Blick auf Moorea.
Öffnungszeiten des Museums: 9.30 Uhr – 17.30 Uhr Montag geschlossen.

In Punaauia lebte Paul Gauguin von 1897 bis 1901, und malte dort seine größten Werke, ehe er für immer zu den Marquesas übersiedelte.

Buchtip

Die Hintergrundgeschichten zu dieser lehrreichen Inselrundfahrt wurden dem ausgezeichneten Taschenbuch „Tahiti–Circle Island Tour Guide" von Bengt Danielsson entnommen, das in Französisch und Englisch in jedem Souvenirladen erhältlich ist. Bengt Danielsson ist ein schwedischer Anthropologe, der mit der Thor-Heyerdahl-Expedition Kontiki in Tahiti landete und blieb. Er ist ein hervorragender Kenner polynesischer Kultur und Geschichte. Das erwähnte Buch enthält eine Fülle solch amüsanter und interessanter Anekdoten rund um die Insel.

★ Plateau de Taravao (0,6 km)
Der Weg zu diesem bei klarem Wetter sehr zu empfeh-
lenden Aussichtspunkt ist leider schlecht beschildert. In
Taravao biegen Sie an der Westpac-Bank links ab, nach
etwa 400 Metern an einem kleinen Supermarkt (Magasin)
mit Telefonzelle wieder rechts und nach abermals 300
Metern an einem Wegweiser zum Plateau links. Nun
brauchen Sie nur noch etwa 7 Kilometer durch Viehweiden bergauf zu fahren, an einer Gabelung rechts abbiegen, bis Sie zu der überdachten Aussichtsplattform kommen. Von hier haben Sie einen Panoramablick auf den
Isthmus und Tahiti Nui.

★ Baie de Vaitepiha und Tautira (18 km)
Am Ende der Teerstraße liegt der Ort Tautira an der
Baie de Vaitepiha. Auch dieser Ort hat mehrfache historische Bedeutung. In der Lagune östlich von Tautira
ankerte 1772 die spanische Fregatte **Aguila**, deren
Kapitän Boenechea im Auftrag der spanischen Krone
Besitz von Tahiti nehmen sollte. Am Hofe von Madrid
neidete man Engländern wie Franzosen die polynesischen Inseln. Aber auch diese formelle Annexion blieb
ohne historische Wirkung. Ein Jahr später ankerte Captain Cook auf seiner zweiten Pazifikreise in der Baie de
Vaitepiha. Sein Schiff **Resolution** trieb auf ein Riff und
verlor mehrere Anker, ehe es mit viel Glück wieder frei-
kam. Einer der Anker wurde 1978 von Tauchern gefunden und ist heute im Museum von Tahiti ausgestellt.
Hundert Jahre später ankerte **Robert Louis Stevenson**,

*Blick vom Plateau
de Taravao*

der amerikanische Autor der „Schatzinsel", mit seinem Segelboot Casco in derselben Bucht. Er war auf Schriftstellerreise durch den Pazifik und von Tahiti so begeistert, daß er es den „Garten Edens" nannte.

★ Zane Greys Fischer-Camp (7 km)

Der bekannte amerikanische Western-Autor hatte hier auf einer kleinen Landzunge in den zwanziger Jahren ein Refugium für seine große Leidenschaft, das Hochseefischen. 1930 hatte er seinen Traumfisch an der Angel: einen über vier Meter langen Marlin, der weit über 500 Kilo gewogen hätte, wenn nicht Haie während des fünf Stunden langen Ringens zwischen Angler und Fisch einige Brocken Fleisch herausgerissen hätten.

★ Mauis Fußabdruck (8,5 km)

Nach einer alten Legende soll hier der Held Maui die Sonne angehalten haben, um den säumigen Tahitianern Gelegenheit zu geben, ihr Abendessen vor Einbrechen der Dunkelheit fertigzukochen. Dazu schlang er mehrere Lassos um die Strahlen der Sonne, die alle, bis auf das aus dem Schamhaar seiner Schwester Hina geflochtene, zerrissen war. Eine typisch polynesische Geschichte.

Halbinsel Tahiti Iti – Südwestküste

★ Relais Maroto

Dieses einfache Hotel liegt auf einer Hochebene inmitten der malerischen Bergspitzen Tahitis und ist bei Touristen kaum bekannt. Seitdem die Bauarbeiten für ein Wasserkraftwerk im Inselinneren begonnen haben, führt eine gut ausgebaute Straße von Mataiea an der Südküste aus in die Berge hinein. Trotzdem wird empfohlen, diese Strecke nur mit einem Geländewagen zu befahren und wenn möglich mit einem ortskundigen Fahrer. Die Straße führt über den Lac Vaihiria zur Unterkunft der Bauarbeiter, dem Relais Maroto, das auch einfache Unterkünfte und ein Restaurant anbietet. Von hier aus können Sie schöne Wanderungen durch das Tal machen. Beim Bau des Kraftwerkes wurden die archäologisch wertvollen Überreste einer alten polynesischen Siedlung in den Bergen gefunden. Die **Ausgrabungen** dauern noch an und können besichtigt werden. In einem Wettlauf mit der Zeit sollen die wichtigsten Funde gesichert werden, ehe der Stausee die Fundstelle überflutet. Bei schönem Wetter ist der Flug mit dem Hubschrauber ins Inselinnere und nach Maroto ein besonderes Erlebnis.

★ Mount Marau

Mount Marau überragt mit seinen 1493 Metern Papeete. **Ausflüge in die Berge**
Eine 10 Kilometer lange Schotterstraße führt von Faaa aus
bis zum Fernsehsender auf 1441 Meter Höhe. Sie biegen in
Faaa in Richtung Saint Hilaire ab. Die Straße führt Sie durch
Plantagen, Gärten und schließlich in den Busch. Ab 700
Meter Höhe kommen Sie in den Regenwald. Die Straße
(nur mit gutem Jeep befahrbar) ist kurvenreich und bietet
unterwegs nicht viel Aussicht, aber oben angekommen ist
der Blick atemberaubend. Sie haben einen Rundum-Blick
auf alle Berge Tahitis, im Süden den Tetufera mit 1799
Meter, den Mahutaa mit 1501 Metern und Iviroa mit 1636
Metern im Westen, im Osten den majestätischen Mont
Orohena mit 2241 Metern. Auch in Tahiti ist es auf dieser
Höhe kühl. nehemn Sie also ensprechende Bekleidung mit.

Tetiaroa

Das Atoll Tetiaroa liegt 42 Kilometer nördlich von Tahiti. Es
besteht aus 13 Ringinseln, den sogenannten Motus, deren
größte 3,2 Kilometer lang ist. Tetiaroa war früher ein Refugium der königlichen Familie Pomare; auf dem Motu
Rimatuu markiert noch heute ein gigantischer Tuu-Baum
den königlichen Picknick-Platz. Der Baum spendet über
eine Fläche von einem Hektar Schatten. Weibliche Mitglieder der hohen Familie wurden vor der Hochzeit nach Tetiaroa gebracht und nach polynesischer Sitte zu rundlicher
Fülle gemästet. Captain Bligh von der Bounty besuchte im
Januar 1789 das Atoll auf der Suche nach drei Meuterern.

1904 schenkte die Pomare-Familie Tetiaroa ihrem Leib-
Zahnarzt Dr. Williams, der später Britischer Konsul wurde
und 1937 auf Tetiaroa starb. Seine Stieftochter verkaufte
die Insel dann 1966 an **Marlon Brando**, der bei den Dreharbeiten zu „Meuterei auf der Bounty" Tarita Teriipaia ken-
nenlernte und heiratete. Für sie und ihre Familie ließ er eine
einfache Bungalowanlage für Besucher errichten. Beim
Bau durften keine Chemikalien und Insektenschutzmittel
verwendet werden, auch duldete er keine Engriffe in die
Natur. Alles wächst so, wie es ist. Das kleine Resort wird
auch heute noch von der Familie betrieben. Die Strände
des Atolls sind makellos weiß, die Lagune kristallklar. 10
der 13 Inseln sind Vogelschutzgebiet. Nur wenige davon
dürfen betreten werden. Heute ist Tetiaroa beliebtes Ausflugsziel nicht nur für Touristen, sondern auch für Tahitianer (siehe unter Unterkünfte und Aktivitäten bei Tahiti).

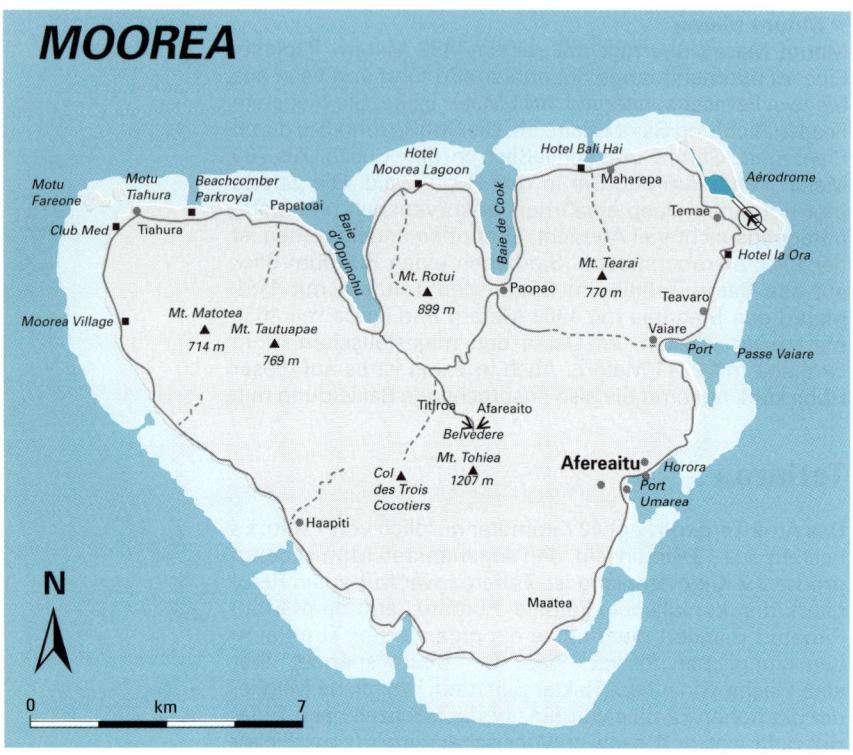

Moorea

Moorea gehört mit seinen markanten vulkanischen Berg-konturen sicher zu den landschaftlich schönsten Inseln der Südsee. Auch wenn sie touristisch rundum erschlossen ist – ein Drittel aller Hotelbetten in Französisch Polynesien sind hier – ist Moorea immer noch einen Ausflug wert. Der Hüp-fer mit dem Shuttle-Flugzeug zu der nur 17 Kilometer west-lich von Tahiti gelegenen Insel dauert sieben Minuten, mit der modernen Katamaran-Fähre ist es eine halbe Stunde.

Moorea spricht man eigentlich Mo'ore'a aus, da im Polyne-sischen alle Vokale getrennt gesprochen werden. Es heißt soviel wie „gelber Drache" nach einer alten Häuptlingsdyna-stie, die einst die Insel regierte. Seit etwa vierhundert Jahren ist die Insel besiedelt, **Captain Cook** besuchte sie 1774 (er nannte sie Eimeo oder Aimeo), die ersten Missionare kamen 1805. Während der Kolonialzeit wurde hier vor allem Vanille und Kaffee angebaut, heute sind die Ananasplantagen nach dem Tourismus die Haupteinnahmequelle der 9.000 Einwohner. Im Kontrast zum geschäftigen Papeete, das noch in Sichtweite liegt, hüllt den Besucher auf Moorea gleich die langsamere und beschauliche Gangart der Insel ein.

Inselrundfahrt

Da der öffentliche Bus auf Moorea nur zu den Ankunfts- und Abfahrtszeiten der Fähre verkehrt, bleiben dem Besucher zur Erkundung der Insel nur Mietfahrzeuge oder organisierte Touren. Fahrräder, Motorroller und Autos kann man in den meisten Hotels mieten oder dort eine geführte Inseltour buchen. Die 60 Kilometer lange Straße rund um die Insel ist asphaltiert und ohne große Steigungen, so daß der sportliche Besucher mit dem Fahrrad gut die Insel an einem Tag erkunden kann. Allerdings sollten die Stunden der größten Mittagshitze mit einem Imbiß in einem der vielen Restaurants und Snackbars entlang der Insel oder einer Siesta am Strand überbrückt werden. Wer sich für den Motorroller entscheidet, muß auf die Fahrt zum Belvedére verzichten oder schieben, da die Steigung zu groß ist.

Zur Orientierung dienen die als Inselumriß geformten Kilometerschilder entlang der Straße. Punkt 0 ist am Airport, von dort aus geht die Zählung in beiden Richtungen aufwärts bis zum Punkt 35 nahe Haapiti an der Westküste, der gegen den Uhrzeigersinn 35 Kilometer vom Flughafen entfernt ist, im Uhrzeigersinn 25 Kilometer. Unsere Beschreibung beginnt am Punkt 0 und geht gegen den Uhrzeigersinn um die Insel:

Kilometerstein auf Moorea

★ Bali Hai Hotel und Maison Blanc (3,5 km)

Kurz nach Maharepa liegt rechts die Anlage des Bali Hai Hotels, das 1961 von Amerikanern gebaut wurde und den Tourismus auf Moorea einleitete. Gegenüber dem Bali Hai steht vor grüner Bergkulisse das Maison Blanc. Dieses gut erhaltene weiße Kolonialhaus läßt ahnen, wie man vor hundert Jahren als Plantagenbesitzer auf Moorea lebte. Heute ist es ein Souvenirgeschäft.

Maison Blanc

Baie de Cook

★ **Baie de Cook**
(ab 7 km)
Die malerische Küste am Eingang der Baie de Cook diente als Kulisse für den bekannten Film „**Return of the Bounty**". Hier liegt auch das etwas verschlafene Cooks Bay Hotel, ein Nachbau im Kolonialstil, der nicht mehr so ganz in die heutige Zeit zu passen scheint. Dennoch lohnt sich ein Abstecher in die verspielte Architektur des Innenhofs mit Pool und Garten. Die Küstenstraße entlang der Baie de Cook bietet immer wieder Postkarten-Ausblicke auf tiefblaue Bucht und grüne Berge.

★ **Belvedère Aussichtspunkt** (9 km)
In Pao Pao am südlichen Ende der Bucht zweigt links eine Straße ab, die durch Plantagen hindurch in die Berge zum Aussichtspunkt Belvedère führt und von dort aus im Halbkreis zurück in die zweite große Bucht Mooreas, die Baie d'Opunohu. Entlang dieser Inlandsstraße sind eine Reihe alter polynesischer Tempel und Maraes markiert und durch Informationstafeln beschrieben. Die Rundfahrt zum Belvedère ist der klassische Ausflug auf Moorea und Bestandteil der meisten organisierten Touren.

★ **Kirche von Papetoai** (22 km)
Am nördlichen Ausgang der Opunohu Bay liegt der Ort Papetoai, in dem der polynesische König Pomare I. zum Christentum bekehrt wurde. Zum Zeichen ihres Triumphes über das Heidentum baute die **London Missionary Society** hier 1811 eine achteckige Kirche über die Grundrisse eines alten Maraes. Nur ein kleiner Obelisk außerhalb des Kirchgrundes erinnert noch an das polynesische Heiligtum.

Entlang der Nordwestküste Mooreas stehen die meisten Hotels und Restaurants und bilden so den touristischen Schwerpunkt Mooreas neben der Baie de Cook. Hier ist auch das Tiki Village, eine Art Freilichtmuseum der polynesischen Kultur, in dem regelmäßig Tanzvorführungen und tahitianische Festessen stattfinden.

Ab dem Dorf Varari (28 km) beginnt die dem Tourismus abgewandte Seite Mooreas mit kleinen verschlafenen Siedlungen und Kopra-Plantagen. Selbst die Kilometerzählung reißt hier vorübergehend ab und setzt sich erst wieder ab Haapiti (24 km) in absteigender Folge fort. Die gesamte Südküste bis Afareaitu (10 km) ist so verschlafen, wie ganz Polynesien vor dem Tourismusboom der sechziger Jahre ausgesehen haben muß. Der Ort Afareaitu (10 km) hat einen kleinen Hafen und ist das Verwaltungszentrum der Insel.

★ **Baie de Vaiare** (5 km)
In dieser Bucht legen die aus Papeete kommenden Fähren an. Hier ist auch Start- und Zielpunkt der Trucks, die um die Insel fahren. Kurz vor dem Flughafen, dem Ausgangspunkt dieser Rundfahrt, passiert man das Hotel la Ora am Teavaro Beach.

Bora Bora

Bora Bora liegt 240 Kilometer nordwestlich von Tahiti. Ihre einmalige landschaftliche Formation hat diese Insel berühmt gemacht. Das von der Natur perfekt gestaltete Ensemble wirkt am besten aus der Vogelperspektive: steil aufragende Basaltkegel im Inneren, eine buchtenreiche Küste, umgeben von einer Lagune, die in allen Blautönen schillert und umsäumt ist von einem Kranz flacher kleiner Motus. Ein Anflug auf Bora Bora bei klarem Wetter ist einfach atemberaubend.

Mit diesem Postkartenblick hat die Insel ihre beste Seite gezeigt. Leider ist Bora Bora heute touristisch derart ausgereizt, daß die Insel für einen längeren Aufenthalt nicht mehr zu empfehlen ist. Alles ist hier noch um einiges teurer als auf den anderen Inseln Französisch-Polynesiens. Die sicher einmal vorhanden gewesene Gastfreundschaft der Einheimischen ist sichtlich abgenutzt. Für die 4.500 Einwohner Bora Boras hat der Tourismus alle anderen traditionellen Erwerbsformen ersetzt. Polynesische Lebensart ist zum Show-Element in den Hotels verkommen.

*Anflug auf
Bora Bora*

Am Anfang dieser Entwicklung standen die Amerikaner, die Bora Bora während des Zweiten Weltkriegs zu einem militärischen Stützpunkt gegen die Japaner ausbauten. 4.400 Marinepioniere legten auf der bis dahin noch unerschlossenen Insel einen kleinen Hafen, ein Treibstoffdepot und den ersten Flugplatz Französisch-Polynesiens an. Für die Einheimischen war der lautstarke Aufmarsch der Bulldozer, Lastwagen und Flugzeuge eine willkommene Abwechslung. Kaugummi und Coca Cola eroberten die Insel. Die GIs waren angesichts der freundlichen hübschen Mädchen überzeugt, mit ihrer Stationierung das große Los im Pazifikkrieg gezogen zu haben. Tatsächlich mußten die zur Verteidigung der Insel errichteten Geschütze nie auf einen Feind abgefeuert werden, der Krieg tobte Tausende Kilometer weiter westlich. Nach Abzug der Amerikaner blieben verrostete Kanonen und eine Reihe hellhäutiger Mischlingskinder zurück. Die Heimkehrer legten den ersten Grundstock für den später einsetzenden Tourismus, indem sie den Ruf Bora Boras als Paradies im Pazifik begründeten.

Eine große Filmproduktion.versetzte der Insel 1977 den zweiten Zivilisationsschock. Dino de Laurentis drehte auf Bora Bora den Katastrophenfilm **„Hurricane"**. Aus der Sicht der Einwohner fielen erneut exotische Menschen über die Insel her, diesmal eine Filmtruppe aus der italienischen Traumfabrik Cinecitta. Mit immensem technischen Gerät verwandelten sie die Insel in ein einziges großes Freilichtstudio. Trotz seiner eindrucksvollen Darstellung eines tropischen Wirbelsturms wurde der Film kein großer Kinoerfolg. Zurück blieben die Bungalows der Filmleute, die anschließend in ein Hotel umgewandelt wurden (Sofitel Marara), und die Kulisse eines Kolonialhauses etwas außerhalb des Ortes Vaitape.

Foto-Tip

Wenn Sie Bora Bora beim Anflug fotografieren wollen, setzen Sie sich am besten links ans Fenster. Bei normalen Windverhältnissen wird die Insel von Papeete aus im Südosten angeflogen und liegt dann direkt vor Ihnen. Wenn Sie ganz sicher gehen wollen, fragen Sie aber noch einmal beim Einchecken nach.

Inselrundfahrt

Die Küstenstraße um Bora Bora ist 32 Kilometer lang und
hat nur einmal eine leichte Steigung, so daß auch mit dem
Fahrrad eine Umrundung leicht zu bewältigen ist. Auf der
Karte liegt der Kilometerpunkt 0 im Hauptort **Vaitape,** die
Zählung geht aufsteigend im Uhrzeigersinn um die Insel.

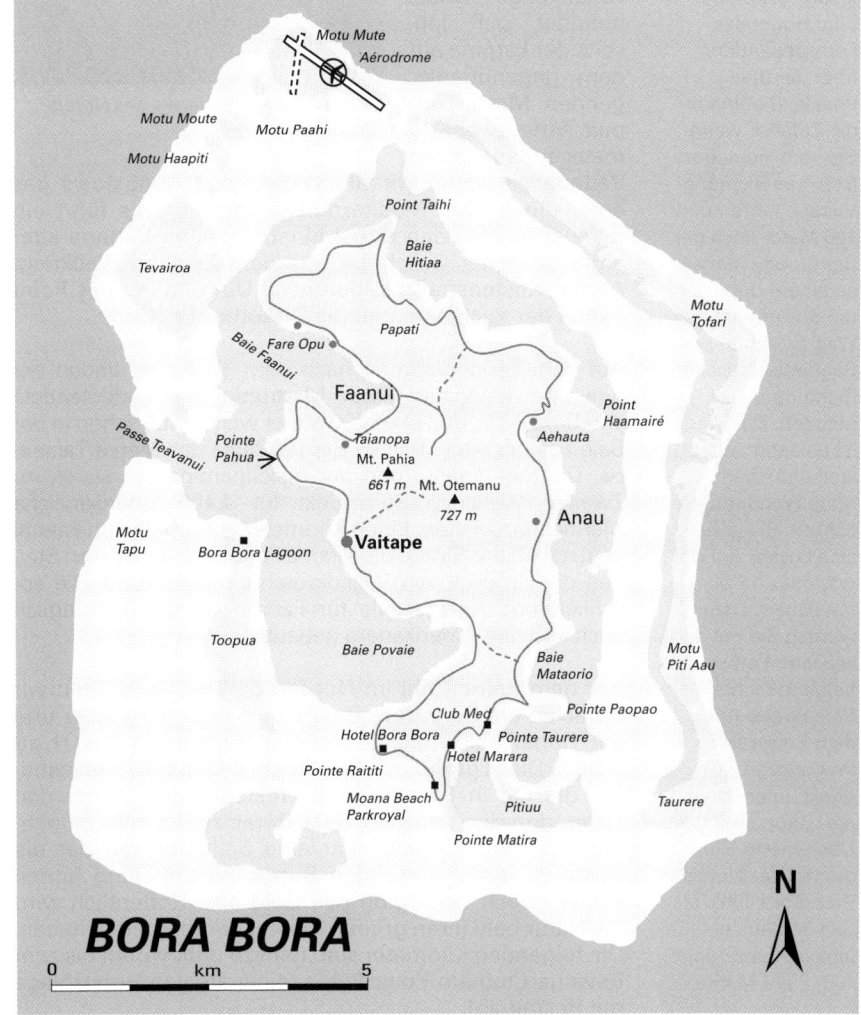

Foto-Tip

Die besten Panorama-Fotos auf der Insel machen Sie vom Hügel des Fernsehsenders über der Baie Povaie. Sie finden die Zufahrt, wenn Sie vom Hotel Bora Bora aus Richtung Vaitape fahren und 100 Meter nach der Bar Bloody Mary's an einem doppelten Strommast den Weg zwischen zwei Baguette-Häuschen Richtung Hügel nehmen. Der Weg ist befestigt, aber steil und oben ohne Wendemöglichkeit. Sie gehen also besser zu Fuß, was etwa 15 Minuten dauert. Dafür werden Sie mit drei schönen Fotos belohnt: rechts die Baie Povaie mit dem Bergmassiv im Hintergrund; direkt unter Ihnen die Lagune mit den Überwasser-Bungalows des Hotels Bora Bora; links die Sandstrände entlang der Landzunge zum Point Matira.

Am nördlichen Ortsende von Vaitape sehen Sie links das Empfangsgebäude und die Bootsanlegestelle des neuen Luxushotels Bora Bora Lagoon. Die Hotelanlage selbst befindet sich jenseits der Lagune auf dem gegenüberliegenden **Motu Toopua**. Etwa zwei Kilometer außerhalb von

Überwasser-Bungalows des Hotels Bora Bora

Vaitape passieren wir die verlassenen Bungalows des ehemaligen Club Méditerranée. Von hier aus führt ein markierter Weg den Hügel hinauf zu einer Batterie alter amerikanischer Geschütze aus dem Zweiten Weltkrieg. An der Küstenstraße folgen nach Umrundung des Point Pahua der Yachtclub und die Diskothek Le Recife.

Auf dem Landvorsprung nach dem Yachtclub finden wir direkt am Meer das **Marae Marotetini,** das bedeutendste von Bora Bora, und etwa 800 Meter weiter, nun schon in der Baie Faanui, am Fuße des Berges Pahia das **Marae Taianapa.** Die Baie Faanui und der gleichnamige Ort waren im Zweiten Weltkrieg Stützpunkt für 4.400 amerikanische Marineinfanteristen. Einen Kilometer außerhalb von Faanui liegt neben der Straße das Marae Fare-Opu, auf dessen Steinen die Umrisse von Schildkröten eingeritzt sind. Die anschließende Anlegestelle für Fähren wurde ursprünglich auch von den Amerikanern gebaut.

Vor dem **Point Taihi** im Norden der Insel passieren wir zunächst die Bora Bora Bungalows über dem Meer und am Hügel, dann die verrotteten Bungalows des Hyatt Hotels. Diese grandiose 10-Millionen-Dollar-Fehlinvestition, die nie in Betrieb ging, entstellt noch immer den Hang, den der Besucher Bora Boras zuerst vom Flughafen aus sieht. Geplant war eine Seilbahn, mit der die Gäste zu ihrem jeweiligen Bungalow am Hang fahren sollten. Doch dann ging das Geld aus. Hoffentlich wird die Natur bald ihren grünen Mantel darübergelegt haben. Die folgenden Kilometer sind nahezu unbewohnt bis zum Revatua Club am Point Puhia, einer kleinen Hotelanlage mit Restaurant.

Auf der folgenden kleinen Landzunge, dem **Point Haa-maire**, stehen wieder einige alte Geschütze, in der an-schließenden Bucht zwei Maraes. Das Dorf Anau ist die einzige Ansiedlung auf dieser Seite der Insel. Vor dem **Point Paopao,** am Ende der Baie Mataorio beginnt dann wieder der Tourismus mit dem neuen Club Méditer-ranée, hinter dem **Point Taurere** folgen das Hotel Sofitel Marara und der Beach Club Bora Bora und schließlich das Moana Beach Hotel auf dem Landvorsprung des **Point Matira**. Hier sind auch die schönsten Strände der Insel. Oberhalb des Hotel Matira sind im Buschwerk des Hügels weitere alte amerikanische Geschütze versteckt. Auf dem nächsten Landvorsprung **Point Raititi** liegt das Hotel Bora Bora, fast schon eine Institution der Insel. Die-ses älteste Luxushotel Bora Boras ist sehr großzügig in der Anlage seiner Bungalows.

Blick auf Pointe Matira, Bora Bora

Nach dem Hotel kommen wir an Bloody Mary's vorbei, einer Bar mit Restaurant, die ihr Renom-mée den Stars entlehnt, die hier einkehrten. Die illustren Namen sind auf einem Holzbrett am Ein-gang zu lesen.

Nach der **Baie Povaie** kehren wir nach Vaitape zurück. Am Ortsein-gang fällt rechts, etwas abseits der Straße, die Fassade eines alten Hauses im Kolonialstil auf. Leider ist das hübsche Haus nur eine Attrappe für den Film „Hurri-cane", der hier gedreht wurde. Vaitape selbst weist keine beson-deren Sehenswürdigkeiten auf, ist aber Sitz der Verwaltung der Insel mit allen wichtigen Institutionen wie Banken, Post und Polizei.

Der **Mont Pahia** (661m) kann von Vaitape aus bestiegen werden. Der Aufstieg dauert circa 3 Stunden und sollte nur mit Führer gemacht werden. Während des ganzen Weges haben Sie einen einzigarti-gen Blick auf die Lagune, die Mo-tus und Bora Boras Nachbarinseln.

*Lagune von
Maupiti*

Maupiti

44 Kilometer westlich Bora
Boras liegt Maupiti, eine kleine Vulkaninsel mit einer Lagune, die von mehreren Motus
gesäumt wird. Mit 14 Quadratkilometern ist Maupiti die
kleinste der Gesellschaftsinseln, eine Art Miniaturausgabe von Bora Bora. Die flache
Lagune wird vom 380 Meter
hohen **Mont Nuupure** überragt. Viele archäologische
Funde weisen darauf hin, daß Maupiti schon sehr früh
besiedelt wurde, etwa um 850 n. Chr. Zwischen dem
nördlichen Point Pohiva und Point Puoroo im Westen liegen circa **60 Maraes** an der Küste. Die rund 1.000 Bewohner leben in den Dörfern **Vaiea, Farauru** und **Pauma**,
wobei Vaiea der Haupt- und Verwaltungsort ist. Hier
kommen auch die Fähren von den anderen Inseln an. Die
Straße rund um Maupiti ist 9,6 Kilometer lang und zu Fuß
in drei Stunden mit Badepausen zu schaffen. Maupiti ist
eine sehr ruhige Insel mit wenig Tourismus.

Huahine

Huahine liegt 175 Kilometer nordwestlich von Tahiti.
Eigentlich sind es zwei etwa gleichgroße Inseln, **Huahine
Nui** und **Huahine Iti,** die durch eine schmale Landenge
miteinander verbunden sind. Die bergige Landmasse ist
durch mehrere malerische Buchten zergliedert; innerhalb
des Barriere-Riffs umgeben die Insel im Norden und
Osten einige flache langgestreckte Inseln, sogenannte
Motus. Auf den Motus werden Wasser- und Zuckermelo-
nen für den Export angebaut, auf der Hauptinsel Vanille
und Kaffee. Um die beiden Inseln herum windet sich eine
32 Kilometer lange Straße, die etwa zur Hälfte geteert ist.
In den kleinen Dörfern an der Küste leben etwa 4.500 Einwohner.

Die Insel Huahine ist von Malern und Schriftstellern
gerühmt worden wegen ihres besonderen Lichtes, das
aus den verschiedenen Blautönen der Lagune, dem Grün
der Berghänge, dem teilweise rotbraunen Lehmboden
und den weißen Stränden wunderbare Farbkompositio-

nen zaubert. Die Brandung ist an mehreren Stellen des Riffs so stark, daß Huahine auch bei Surfern einen Namen hat. Hauptattraktion für Kulturreisende sind die reichen archäologischen Fundstätten, die Huahine zu einem Open-Air-Museum der polynesischen Kultur machen. Aus der großen Anzahl von Tempeln und Maraes schließen die Wissenschaftler, daß Huahine einst neben Raiatea ein **polynesisches Machtzentrum** gewesen sein muß, von dem aus die umliegenden Inseln einschließlich Tahiti regiert wurden.

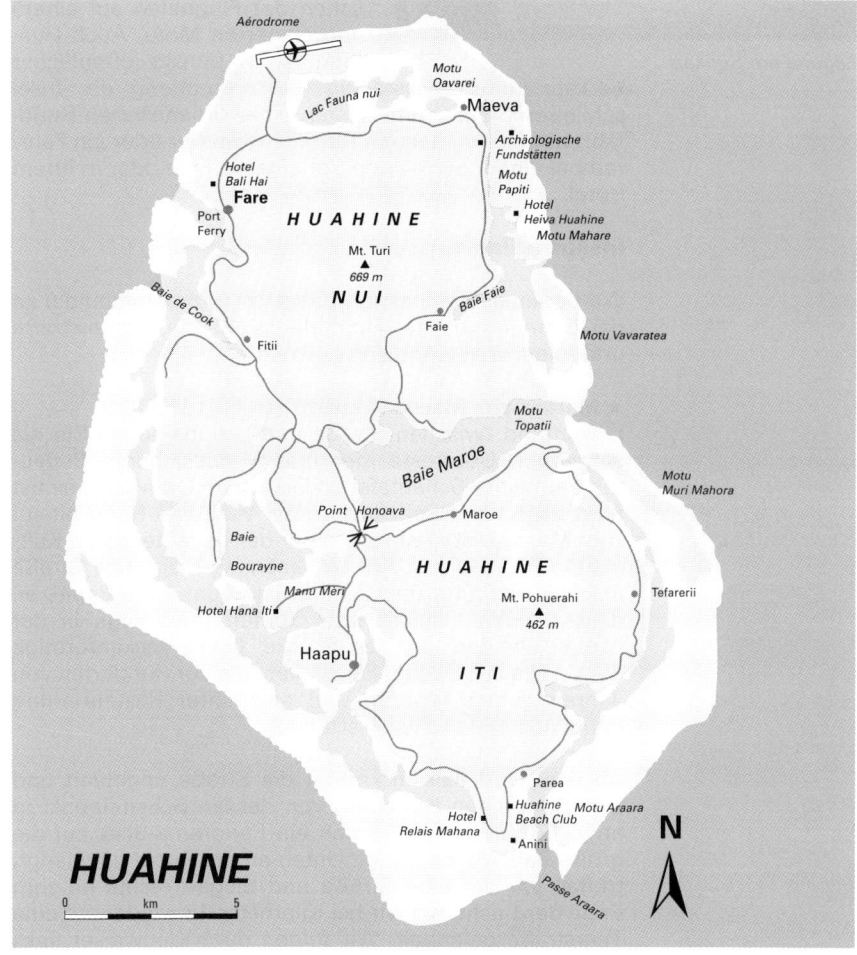

HUAHINE

0   km   5

Lagune am Südkap

Huahine ist Polynesien pur, die ganze Insel wirkt verträumt, keine Spur von Hektik, kein Lärm stört die Idylle. Im Nordwesten liegt an einer kleinen Bucht der Hauptort Fare mit der Anlegestelle für die Fähre, Banken, Post, Gendarmerie und Hospital. Maeva mit den meisten archäologischen Fundstätten liegt gegenüber im Nordosten, dazwischen der Flughafen auf einem vorgelagerten Motu. Auch Huahine ist in punkto öffentlicher Verkehrsmittel rückständig. Zur Erkundung der Insel schließen Sie sich am besten einer organisierten Rundfahrt an oder mieten ein Auto, Motorroller oder ein Fahrrad bei einem der beiden Verleiher in Fare oder in ihrem Hotel.

Inselrundfahrt

Wir beginnen die Inselrundfahrt mit Kilometerstand 0 an der Einmündung der Flughafenstraße zur Küstenstraße und folgen dieser im Uhrzeigersinn.

★ Maraes von Maeva (4 km)
Linkerhand zwischen Straße und Lagune sehen Sie die steinernen Überreste mehrerer Maraes, deren Bedeutung auf einer Schautafel erklärt ist. Im Ort Maeva selbst führt zwischen zwei Häusern ein Weg den Hang hinauf zum **Marae Matairea-rahi**, einer der bedeutendsten Kultstätten Polynesiens. Am Ortsausgang biegt eine Straße links ab und führt über eine Brücke zum Motu Papiti, an dessen Südende das Hotel Sofitel Heiva liegt. In der Lagune beiderseits der Brücke fallen zackenförmige Steinwälle auf. Es sind **Fischfallen**, die vor Hunderten von Jahren gebaut wurden und nach ihrer Restaurierung heute noch ihren Zweck erfüllen.

Ab dem Dorf **Faie** (8 km) ist die Straße ungeteert und steigt auf einen Hügel an, von dessen Scheitelpunkt in etwa 120 Metern Höhe sich ein Panorama-Blick auf die große **Baie Maroe** öffnet. Unten an der Bucht angelangt, treffen wir auf eine Straße und biegen rechts ab zum Ende der Bucht, wo wir bei Kilometer 13 wieder auf eine Teerstraße gelangen. Wir folgen dem Wegweiser links nach Parea und erreichen eine Brücke (15 km), die Huahine Nui und Huahine Iti miteinander verbindet. Nach der Überquerung folgen wir der Küstenstraße links der Maroe Bucht bis zu deren Mündung und dann an der Ostküste von Huahine Iti weiter nach Süden.

Nach dem Ort **Tefarerii** (23 km) steigt die Straße wieder auf eine Anhöhe mit Blick auf die Lagune der Südküste. Das dunkle Blau des tiefen Wassers kontrastiert hier eindrucksvoll mit dem hellen Türkis des flachen Teiles am Riff. Dieser Abschnitt gehört mit seiner Farbenpracht zu den landschaftlich schönsten der ganzen Insel.

★ Südkap
Nachdem wir den Ort **Parea** (30 km) durch-fahren haben, nähern wir uns dem Südkap Huahines mit dem vorgelagerten Motu Araara. Hier sind die schönsten weißen Sandstrände der Insel und deshalb auch zwei Hotelanlagen mit Bungalows im Palmhüttenstil. Von Parea aus und vom Huahine Beach Hotel können Sie mit dem Boot zum Motu Araara hinüberfahren. Dort gibt es einen sehr schönen Strand und bei geeignetem Wind die richtigen Wellen für Surfer. Das Hotel Relais Maha-na an der Westseite des Kaps in der Baie Avea bietet den Blick auf die Insel Raiatea. Das klare und tiefe Wasser an beiden Hotelstränden ist eine willkommene Abkühlung nach der heißen und teilweise staubigen Fahrt. Erwähnenswert ist hier noch das **Marae Anini**, zu dem auf der Straße zwischen dem Huahine Beach Club und dem Relais Mahana ein Wegweiser in Richtung Meer führt.

Ausleger-Kanus auf dem Trockendock

Nach dem Relais Mahana führt die Straße wieder in Richtung Norden zum Isthmus und nach Huahine Nui zurück. Hinter der Brücke fahren wir die Teerstraße rechts entlang und erreichen bei Kilometer 41 dann wie-der die Weggabelung, der wir diesmal geradeaus in Richtung **Fare** folgen. Kurz vorher ist auf der linken Seite die Abzweigung zum Hotel Hana Iti. Wir passieren das Hotel Bellevue (43 km), das rechts auf einer Anhöhe mit Blick auf die Baie Maroe liegt. Gleich nach dem

Foto-Tip

Einen schönen
Rundblick haben
Sie vom Tapioi
Hill aus, auf dem
der Fernsehsender
steht. Der Aufstieg
beginnt neben
dem Polizeigebäu-
de und dauert
nicht länger als 30
Minuten.

Hotel führt links ein Abstecher in die Baie de Bourayne,
an deren Mündung zum Meer ein kleines verträumtes
Dorf liegt.

Auf der Hauptstraße fahren wir ein Stück durch das Inselinnere und stoßen bei dem Ort **Fitii** (47 km) auf die **Baie
de Cook**, an deren Nordrand wir weiterfahren, bis wir in
die angrenzende Bucht von Fare einbiegen. Beide Buchten haben jeweils eine Passage im Riff, die sie zu natürlichen Häfen für Schiffe und Segelyachten machen.

★ **Fare** (52 km)
Auch wenn Sie es nicht gleich merken sollten: Dies ist der
Hauptort der Insel. Am Hafenkai sind einige Geschäfte,
Pensionen und Snackbars, die erst dann aus ihrem Dorn-
röschenschlaf erwachen, wenn eine Fähre angelegt hat.
Am Ortsausgang in Richtung Flughafen biegt links die
Einfahrt ab zum Hotel Bali Hai, dessen romantische Bun-
galow-Anlage an einem von Seerosen bewachsenen klei-
nen Binnensee sich vom Stil der meisten Südseehotels
abhebt.

Raiatea und Tahaa

Raiatea, die zweitgrößte Insel Französisch-Polynesiens,
liegt 220 Kilometer nordwestlich von Tahiti. Raiatea und

Tahaa, die kleinere Nach-
barinsel im Norden, gehören
der selben Landmasse an
und sind von einem gemeinsamen Riff umgeben. Von der
Nordspitze Raiateas ist es nur
ein kurzer Bootstrip innerhalb
der Lagune nach Tahaa.

Raiatea ist das Verwaltungszentrum der östlichen Gesellschaftsinseln und hat etwa
8.500 Einwohner, Tahaa
4.000. Beide Inseln sind bergig mit tief eingeschnittenen

Straße auf Raiatea

Tälern und Buchten, um die
sich Küstenstraßen winden. Rund um das Riff reihen sich
zahlreiche kleine Motus. Die Lagune hat einen reichen
Fischbestand. Beide Inseln sind sehr fruchtbar, Tahaa ist
bekannt für seine Vanilleplantagen.

Raiatea, in der polynesischen Mythologie **Havai'i** genannt, war einst Sitz eines Königreichs und Zentrum der Religion und Kultur Polynesiens. Das **Marae Taputapuatea**, vom Grundriß her der größte bekannte Tempel in Französisch-Polynesien, unterstreicht diese Bedeutung. Archäologische Funde gleichen denen in Hawaii und unterstützen die These, daß Raiatea eines der Zentren für die weitere Besiedelung Polynesiens war.

Raiatea und Tahaa sind touristisch noch relativ wenig entwickelt und bieten auf den ersten Blick auch nicht die Attraktionen Mooreas oder Bora Boras. Von den Motus abgesehen gibt es keine nennenswerten Strände. Genauer besehen aber bieten beide Inseln dem entdeckungsfreudigen Besucher eine Fülle von Aktivitäten und relativ unverfälschtes polynesisches Leben. Raiatea ist der Stützpunkt von drei großen **Yachtcharter-Unternehmen**, die von hier aus ganz Französisch-Polynesien bedienen.

Eine 67 Kilometer lange Straße führt um Tahaa herum, die Verbindung quer über die Insel zwischen Haamene und Patio im Norden ist neu. Da es keine Leihwagen gibt, können Sie die Insel nur zu Fuß, mit einem Fahrrad oder einem Boot umrunden. Alljährlich findet in der letzten Oktoberwoche das große **Stone Fishing Festival** statt, auf Polynesisch Heiva No Te Pahu Nui O Tahaa. Eine Woche lang werden rund um die Insel Wettkämpfe im Tanzen, Kanufahren, Speerwerfen, Fischen und anderen polynesischen Volkskünsten abgehalten. Höhepunkt ist das traditionelle Steinfischen, bei dem Fischer in ihren Auslegerkanus einen großen Kreis in der Lagune bilden und mit Steinen, die sie jeweils gleichzeitig an einem Seil ins Wasser klatschen lassen, die Fische zusammentreiben. Besucher können in den Kanus mitfahren und an allen anderen Festivitäten teilnehmen – eine einmalige Gelegenheit, polynesische Folklore an ihren Ursprüngen kennenzulernen.

Hauptort und Verwaltungszentrum der westlichen Gesellschaftsinseln ist **Uturoa** im Norden von Raiatea, im übrigen der zweitgrößte Ort Französisch-Polynesiens nach Papeete. Uturoa ist jedoch nicht besonders attraktiv, sondern ziemlich baufällig und nach Geschäftsschluß eher trist. Wegen der vielen Beamten und der Yachtcharter-Unternehmen sind die Geschäfte aber erstaunlich gut bestückt mit Lebensmitteln und anderen Versorgungs-

Tip

Der Aktivurlauber mit Interessenschwerpunkten wie Segeln, Tauchen, Fischen und Wandern ist gut beraten, Raiatea zu seinem Stützpunkt zu machen. Hier findet er alles, was er braucht, und kann trotzdem noch Stippvisiten nach Bora Bora und Moorea unternehmen, ohne sich dort in teuren Strandhotels langweilen zu müssen.

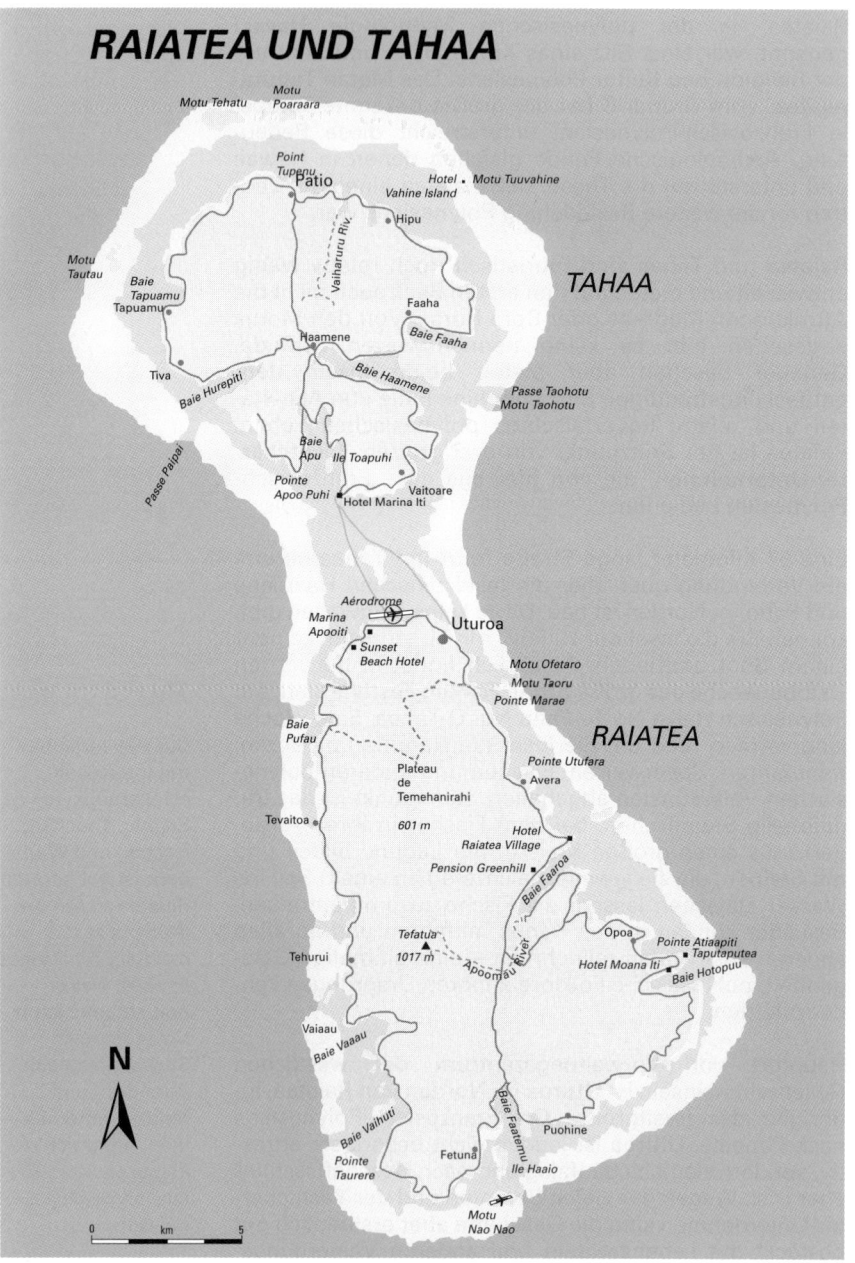

RAIATEA UND TAHAA

Motu Tehatu   Motu
                Poaraara

                Point
                Tupenu
                      Patio   Hotel Motu Tuuvahine
                              Vahine Island
                                  Hipu

Motu   TAHAA
Tautau
      Baie
      Tapuamu   Faaha
Tapuamu
                        Haamene   Baie Faaha

      Tiva   Baie Haamene
              Baie Hurepiti   Passe Taohotu
                                                 Motu Taohotu

                        Baie
                        Apu   Ile Toapuhi
                Pointe
                Apoo Puhi   Vaitoare
                        Hotel Marina Iti

Passe Paipai

                        Aérodrome
                Marina
                Apooiti   Uturoa
                        Sunset
                        Beach Hotel
                                        Motu Ofetaro
                                        Motu Taoru
                                        Pointe Marae

        Baie   RAIATEA
        Pufau
                                        Pointe Utufara
                        Plateau
                        de   Avera
                        Temehanirahi
Tevaitoa   Hotel
                        601 m   Raiatea Village
                                        Pension Greenhill
                                                      Baie Faaroa
                        Tefatua   Opoa
                                                          Pointe Atiaapiti
Tehurui   1017 m   Taputaputea
                              Apoomau River   Hotel Moana Iti
                                                      Baie Hotopuu
                Vaiaau
                        Baie Vaaau
N
                                          Baie Faatemu   Puohine
                Baie Vaihuti
        Pointe   Fetuna   Ile Haaio
        Taurere
                        Motu
                        Nao Nao
0   km   5

gütern. Uturoa hat ein eigenes Kraftwerk, Krankenhaus, Gendarmerie, Post, Banken, Restaurants, Hotels und Pensionen sowie einen Frischmarkt, der am Mittwoch-, Freitag- und Sonntagnachmittag geöffnet ist.

Inselrundfahrt Raiatea

Auf Raiatea ist die Küstenstraße nur im nördlichen Teil der Insel asphaltiert, jedoch bekommen Sie mit dem normalen Mietwagen keine Probleme. Für die rund 100 Kilometer lange Inselumrundung sollten mindestens fünf Stunden einkalkuliert werden. Da die Mietwagen hier mit leerem Tank angeboten werden, müssen Sie also mindestens für diese Strecke tanken, da es außer in Uturoa auf der ganzen Insel keine Tankstelle mehr gibt.

Yachthafen auf Raiatea

Die Kilometerzählung der Karte beginnt mit 0 am Flughafen und setzt sich aufsteigend in beiden Richtungen fort bis zum Kilometerpunkt 50 in der **Baie Faatemu** im Süden Raiateas. Entlang der gesamten Strecke, jedoch besonders im buchtenreichen südlichen Teil der Insel, ergeben sich immer wieder neue Fotoperspektiven. Die Inselrundfahrt sei deshalb vor allem denjenigen empfohlen, die Bilder von Berglandschaften, Buchten und verschlafenen polynesischen Dörfern mit nach Hause nehmen wollen. In der **Baie Faaroa** im Osten der Insel liegen die Yachten der A.T.M.-Chartergesellschaft. Tahiti Yacht Charter und The Moorings haben ihren Stützpunkt in einem eigenen Hafen an der Baie Apooiti im Norden.

★ **Marae Taputapuatea**
Das Marae Taputapuatea, das größte in ganz Polynesien, liegt hinter dem Dorf Opoa im Südosten der Insel. Wenn Sie an der Kirche vorbeigefahren sind, finden

Tip

Wer mehr über das Marae Taputapuatea und seine Rolle in der polynesischen Mythologie wissen will, fragt nach **Nelson Brotherson**, einem Adventistenprediger, Teilzeitfremdenführer und ortsbekannter Autorität von Raiatea.

Sie den beschilderten Zugang etwa hundert Meter
nach dem Ortsende, links in Richtung Meer, aber noch
auf dem asphaltierten Teil der Dorfstraße. Gleich
daneben liegt die kleine Bungalowanlage des Hotels
Te Moana Iti. Eine verkürzte Route biegt in der Baie
Faaroa rechts ab und führt über die Berge zur **Baie Faatemu**. Sie eröffnet schöne Ausblicke vom Bergsattel
auf beide Buchten, läßt dafür aber das Marae Taputapuatea aus.

★ Temahani Rani Plateau
Die polynesische Legende erzählt, daß der Fruchtbarkeitsgott Oro auf diesem Plateau geboren wurde. Hier
wächst auch eine der seltensten Blumen Tahitis, die **Tiare
Apetahi**. Die weiße Blüte gibt es nur hier. Alle Versuche,
sie andernorts zu kultivieren, schlugen fehl. Die Legende
sagt, daß die Blüte die fünf Finger eines polynesischen
Mädchens darstellt. Sie war in den Sohn des höchsten
Chiefs verliebt, durfte ihn aber aus Stammesgründen
nicht heiraten. Heutige Besucher der Insel können
geführte Touren auf das Plateau unternehmen.

**★ Musée des Co-
quillages/Na Te
Ara Museum**
Eine sehr große
Sammlung von
Muscheln und
Schalentieren al-
ler Art hat das
kleine Museum
von Patrick Fes-
tou an der
Marina Apooiti.
Nach Besichti-
gung können
Sie im Sou-
venirladen des
Museums eini-
ge Exemplare
erstehen. Täg-
lich geöffnet,
außer Sonntag-
vormittag, von
9 Uhr bis 12 Uhr
und 14 Uhr bis

Motu vor Raiatea   17.30 Uhr.

Die Tuamotus

Ein Atoll ist für viele der Inbegriff der Südsee und keine Inselgruppe der Südsee hat so viele Atolle wie die Tuamotus. 77 dieser flachen, ringförmigen Koralleninseln sind über eine Meeresfläche verstreut, die so groß ist wie Mitteleuropa. Seefahrer, die in früheren Zeiten ohne Echolot und Radar navigieren mußten, machten wegen ihrer gefährlichen Korallenriffe einen großen Bogen um die Tuamotus, auch **„Dangerous Islands"** genannt. Wer sich mit dem Boot einem Atoll nähert, sieht erst aus wenigen Kilometern Entfernung die Palmwipfel der langgestreckten, flachen Motus wie Grasspitzen aus dem Meer wachsen.

Rangiroa

Rangiroa liegt 322 Kilometer nordöstlich von Papeete und ist mit einer Lagune von über 1.000 Quadratkilometern Ausdehnung das größte Atoll der Tuamotus. Es hat eine ovale Form mit einer Längsachse von 68 Kilometer und einer größten Breite von 23 Kilometer. Die der Lagune jeweils gegenüberliegenden Motus sind also so

Das Geheimnis der schwarzen Perlen

Schwarze Naturperlen schmückten schon die Hälse
polynesischer Mädchen, als noch kein Weißer den
Fuß auf diese Inseln gesetzt hatte. Die Bewohner der
Atolle in den Tuamotus tauchten bis zu 30 Meter tief
auf den Grund der Lagune nach der schwarzlippigen
Austernmuschel. Fanden sie in ihrem Inneren eine
Perle, entstanden durch einen zufällig in die Muschel
gelangten Fremdkörper, war dies ein Geschenk der
Götter.

Heute werden schwarze Perlen auf sogenannten Perlenzuchtfarmen in den Tuamotus und den Gambier-
Inseln sowie in den nördlichen Atollen der Cook-
Inseln gezüchtet. Drei Jahre müssen die Austern
zunächst heranwachsen, ehe sie zur Perlproduktion
präpariert werden können. Während dieser Zeit hängen sie an Schnüren im Wasser, durch Maschendraht
vor Raubfischen geschützt. Ihr Laich wird zur Neu-
zucht aufgefangen, kranke Muscheln werden ständig
aussortiert. Nachdem sie eine bestimmte
Größe erreicht haben, wird ihnen in einer
kleinen Operation ein Fremdkörper einge-
pflanzt, um den die Muschel Schicht um
Schicht ihr schwarzes Perlmutt formt, bis
nach etwa zwei Jahren eine Perle entstanden ist. Insgesamt dauert es also fünf
Jahre, ehe der Perlzüchter das Ergebnis
seiner Bemühungen sehen kann.

Im Schnitt entwickeln nur 30 von hundert
behandelten Austern auch eine Perle. Der
überwiegende Rest der Muscheln stößt
den Fremdkörper ab oder stirbt an der
Operation. Von den verbleibenden 30 Prozent Perlen sind nur fünf von einwandfrei-
er Qualität, etwa ein bis zwei erreichen die
höchste Qualitätsstufe. Von der Präzision
des chirurgischen Eingriffs hängt deshalb
entscheidend die spätere Erfolgsquote ab.
Die Operation wird von japanischen Spezialisten durchgeführt, die für mehrere
Monate im Jahr eingeflogen werden und
bis zu 12.000 US-Dollar im Monat verdie

*Perlaustern in
der Zucht*

nen.Zimmervorbestellungen sind aufgrund der begrenzten Zahl unbedingt notwendig. Der Transport ist nur mit dem Boot möglich.

Der Operateur öffnet die Muschel einen Spalt, ohne jedoch den Schließmuskel zu zerstören, und führt ein kleines Kügelchen ein, das aus dem Schildpatt der Mississippi-Auster herge- stellt wird. Um diesen Nukleus wickelt er zuvor ein flaches Stück Muskel- fleisch der Perlauster, das den Prozeß der Ummante- lung mit Perlmutt auslösen soll. Durch verschiedene Techniken der Implantati- on kann der Operateur die spätere Form und Größe der Perle beeinflussen.

Musterperlen
von Manihi

Ganz Polynesien produziert im Jahr 600 bis 700 Kilo schwarze Perlen, nicht viel im Vergleich zur japanischen Perlindustrie, die pro Jahr über 100 Tonnen weiße Perlen auf den Weltmarkt bringt. Schwarze Perlen gelten jedoch seit jeher als etwas Besonderes.

Qualitätsrichtlinien für schwarze Perlen:

Die Form: Am gefragtesten sind perfekt runde oder halbkugelförmige Perlen. Danach kommen birnen- oder tropfenförmige Exemplar oder solche mit bewußt herbeigeführten Ringen.
Die Größe: Je größer, desto teurer, wobei der Durch- messer bis zu 18 mm reichen kann.
Die Farbe: Grünschillerndes Schwarz steht an erster Stelle (genannt „Fly's Wing"); dann regenbogenfar- big schillernd („Peacock"); malvenfarbig oder schwarz; alle Grautöne; schließlich die golden oder silbrig schimmernden helleren Töne.
Der Glanz: Je perfekter die Oberfläche, desto besser die Reflexion des Lichtes und der Glanz einer Perle.

weit entfernt, daß sie am Horizont verschwinden und der Lagune den Eindruck eines Binnenmeeres geben. An den Öffnungen der Lagune zum Meer sammeln sich Haie, Mantas, Barracudas und Napoleonfische, weshalb Rangiroa zu den besten Tauchzielen Französisch-Polynesiens zählt. Die beiden Dörfer Rangiroas, **Avatoru** und **Tiputa,** liegen auf zwei benachbarten Motus, die durch eine Meer-Passage getrennt sind. Auf jedem der beiden Motus sind eine Reihe kleiner Pensionen, die von Leuten bevorzugt werden, die hier einen längeren Tauchurlaub verbringen. Avatoru wird von Touristen mehr bevorzugt als Tiputa.

Tikehau

Tikehau ist ein fast kreisrundes Atoll westlich von Rangiroa und 300 Kilometer nördlich von Tahiti. Die Lagune mißt 26 Kilometer Durchmesser. Die 312 Bewohner leben alle auf dem **Motu Tuhera-hera,** wo sich auch der Flugplatz befindet. **Jacques Cousteau** erklärte die Lagune zur fisch- und arten-reichsten der Erde. Bisher gab es hier so gut wie keinen Tourismus, was sich bald ändern wird nach der Eröffnung des Eden Beach Parkroyal, einer Hotelan-lage mit über 40 Bungalows der Luxusklasse.

Motu-Ring des Atolls Rangiroa

Manihi

Das Atoll Manihi liegt 520 Kilometer nordöstlich von Tahiti. Von Rangiroa ist es etwa 200 Kilometer oder 40 Flugminuten entfernt. Alle Flüge nach Manihi führen über Rangiroa, so daß Sie beide Atolle besuchen können, ohne zwischendurch nach Papeete zurück zu müssen.

Auch die Lagune von Manihi ist oval, aber mit 34 Kilome-ter Länge und 6 Kilometer Breite weit kleiner als die von Rangiroa. Die meisten der 400 Einwohner wohnen in **Turipaoa,** einem Dorf an einer tiefen Meerespassage zur Lagune. An den Satellitenantennen im Vorgarten der Häuser läßt sich der gehobene Lebensstandard der Insu-laner erkennen. Die meisten leben von der **Perlenzucht,** für die Manihi bekannt ist. Auf mehreren teils privaten, teils genossenschaftlichen Perlenzuchtfarmen in der Lagune werden schwarze Perlen gezüchtet. Diese Far-men sind an reusenartigen, aus dem Wasser ragenden Gestellen erkennbar.

Die Marquesas

Diese Inselgruppe 1.200 Kilometer nordöstlich von Tahiti wurde als erste in Französich Polynesien 300 v. Chr. von Polynesiern aus Samoa und Tonga besiedelt. Ihr europäischer Entdecker war der Spanier **Alvaro de Mendana**, der sie 1595 nach dem Marques de Mendoza, dem damaligen Vizekönig von Peru, benannte. **Captain Cook** erreichte die Inseln erst 200 Jahre später, ihm folgten Walfänger und Sklavenhändler. Dabei eingeschleppte Krankheiten reduzierten die Bevölkerung von 50.000 auf 1.000. Der französische Maler **Gauguin** ließ sich um die Jahrhundertwende hier nieder.

Heute leben etwa 7.000 Einwohner auf den vulkanischen Inseln, deren größte **Hiva Oa, Nuku Hiva, Ua Pou, Ua Uka, Tahuata** und **Fatu Hiva** sind. Ihre Küsten sind felsig, teilweise unzugänglich und ohne umgebendes Riff. Das Landesinnere ist bergig und fruchtbar.

Die Marquesas sind ein beliebter Ankerplatz für Segler auf dem Weg von der amerikanischen Westküste nach Tahiti. Touristisch sind sie noch wenig erschlossen. Das kombinierte Fracht- und Kreuzfahrtschiff Aranui läuft die Inseln regelmäßig an und einige Yachtcharter-Unternehmen haben Rundtrips in ihr Programm aufgenommen (mehr darüber unter Reisen im Lande). Kleine Hotels und Pensionen gibt es auf fast allen Inseln.

Die Gambier-Inseln

Die Gruppe, auch nach ihrer größten Insel **Mangareva-Inseln** genannt, schließt sich südöstlich an die Tuamotus an. Auch hier reduzierte sich die Bevölkerung durch Krankheiten und Auswanderung drastisch von einst 5.000 auf heute 620, die ausschließlich auf Mangareva leben. Wegen der Nähe zu den Atomtestgebieten benötigen Besucher Mangarevas eine Sondergenehmigung.

Die Austral-Inseln

Die fünf hohen Inseln und zwei Atolle der Gruppe liegen 600 Kilometer südlich von Tahiti, etwa auf gleicher Höhe mit den Gambier-Inseln, und haben ein deutlich kühleres Klima. **Tubuai** ist die Hauptinsel mit etwa 1.850 Einwohnern. Auf **Rurutu** gibt es ein Hotel mit 7 Bungalows, das zu den abgelegensten der Südsee gehört.

Die Cook-Inseln

„Diese kleinen Teile gehören gar nicht zur Erde,
sie sind davon losgelöst."

James Cook 1777 beim Anblick der Cook-Inseln

„Losgelöst von der Erde" – wie Captain Cook diese Inseln sah, sind auch heute noch ihre Bewohner. Heiter und gelassen ruhen sie in sich selbst; nirgendwo auf Erden gibt es ein lebenslustigeres Völkchen als hier auf diesen 15 kleinen Inseln, verloren in den Weiten des Stillen Ozeans.

Schon bei der Ankunft kann der Besucher diese Gelöstheit fühlen, wenn er die Gangway herabsteigt in den Blütenduft der Insel, empfangen mit einem Blumenkranz. Hier hat sich der leichtlebige polynesische Lebensstil noch am besten erhalten: der angeborene Charme und die Gastfreundschaft der Polynesier, ihr Sinn für Humor und Unterhaltung, ihre angeborene Musikalität und vor allem ihre ungebremste Lebenslust ausdrückende Tänze.

Die Cook-Inseln sind Polynesien in Miniatur. Rarotonga, die Hauptinsel mit ihren vulkanisch-schroffen Bergspitzen, ist eine verkleinerte Version Tahitis; Aitutaki, eine Mischung aus Atoll und Vulkaninsel, das Pendant der Cook-Inseln zu Bora Bora. Die flachen Atolle der Nordgruppe gleichen denen der Tuamotus – nur sind es deren acht statt 78 des größeren Nachbars.

Auch als Staat sind die Cook-Inseln eine Miniaturausgabe. Mit 18.000 Einwohnern ist die Zahl der Staatsbürger gerade so groß wie eine deutsche Kleinstadt. Sie wählen jedoch ein eigenes Parlament, eine Regierung und Opposition und besitzen eine eigene Währung, zwei Radiosender, eine Fernsehstation, eine Brauerei, eine Schnapsbrennerei, eine Fluglinie und einen internationalen Flughafen, auf dem Jumbo-Jets landen. Die 15 Inseln mit einer gesamten Landfläche von der Größe Frankfurts am Main verstecken sich in einem Meeresgebiet so groß wie Westeuropa.

Kia Orana – Willkommen im Westentaschen-Paradies der Cook-Inseln.

DIE COOK-INSELN

PENRHYN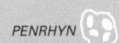

RAKAHANGA
MANIHIKI

 PUKAPUKA

NORDGRUPPE

NASSAU

SUWARROW

N

 PALMERSTON

Geographische
Lage: 8°-23°
Südl. Breite
156°-167°
Westl. Länge
Inseln: 15
Landfläche: 240 km²
Meeresfläche:
2,2 Mio. km²

AITUTAKI   MANUAE
MITIARO

TAKUTEA
SÜDGRUPPE   ATIU
MAUKE

RAROTONGA

MANGAIA

0   km   200

Geographie

Die 15 Cook-Inseln liegen etwa auf halbem Weg zwischen Tahiti und den beiden Inselgruppen Tonga und Samoa. Sie werden unterteilt in eine **Nordgruppe** (Penrhyn, Manihiki, Pukapuka, Rakahanga, Nassau und Suwarrow) und in eine **Südgruppe** (Rarotonga, Mangaia, Atiu, Mitiaro, Mauke, Aitutaki, Palmerston, Manuae, Takutea). Zwischen der nördlichsten Insel Penrhyn und der südlichsten Insel Mangaia liegen 1.400 Kilometer, von der Hauptinsel Rarotonga ist Penrhyn 1.300 Kilometer entfernt. Wie in Französisch-Polynesien bringt diese großflächige Verteilung der Inseln enorme administrative und verkehrstechnische Probleme mit sich. Deshalb bildeten die nördlichen Cook-Inseln lange Zeit eine Einheit, ehe sie der Gruppe der Cook-Inseln zugeschlagen wurden. Auch heute noch sind sie verkehrstechnisch relativ isoliert von der Südgruppe.

Auch geologisch unterscheiden sich die nördlichen von den südlichen Inseln. Während die Nordgruppe ausschließlich aus flachen Atollen besteht, herrschen in der Südgruppe erhabene Inseln vor. Rarotonga hat wie Moorea oder Tahiti hohe Berge vulkanischen Ursprungs. Eine geologische Besonderheit stellen Atiu, Mitiaro, Mauke und Mangaia dar; sie sind ehemalige Atolle, die durch Hebung des Meeresbodens nun bis zu 70 Meter über der Meeresfläche liegen. Der alte Riffgürtel bildet so einen Wall, der rings um ein erhabenes Plateau in der Inselmitte verläuft. Palmerston, Manuae und Takutea sind niedrige Atolle. Aitutaki ist eine Mischung aus einer Vulkaninsel, die von einem Korallenatoll mit großer Lagune umgeben ist. Alle Inseln der Südgruppe liegen auf demselben Landsockel wie die benachbarten Austral-Inseln in Französisch-Polynesien und sind durch 1.000 Kilometer Ozean von der Nordgruppe getrennt, die an Samoa grenzt.

Die Inseln der Südgruppe sind dichter besiedelt und verkehrsmäßig besser erschlossen als die im Norden. Durch ihre Berge ziehen sie mehr Regen auf sich, haben fruchtbaren Boden und viele Plantagen.
90 Prozent der Bevölkerung leben auf den südlichen Inseln, die auch 90 Prozent der gesamten Landmasse darstellen.

Geschichte

Bis zur Annexion durch Neuseeland 1901 existierten die Cook-Inseln nicht als eine Einheit, weshalb die frühe Geschichte von Insel zu Insel verschieden zu behandeln ist. Die südlichen Inseln wurden von Polynesiern besiedelt, die von den Inseln des heutigen Französisch-Polynesien kamen. Nach den neuesten Erkenntnissen in der pazifischen Besiedelungsgeschichte muß dies etwa 500 n. Chr. stattgefunden haben. Pukapuka und Penrhyn im Norden können möglicherweise schon früher von Samoa und Tonga aus besiedelt worden sein, was ethnische Gemeinsamkeiten nahelegen. Archäologische Beweise dafür gibt es aber nicht.

Zwischen-station der polynesischen Wanderung

Die **Are Metua,** die alte Straße rund um Rarotonga, wird jedenfalls auf 1.000 Jahre geschätzt. Um ein solch großes Bauunternehmen fertigzustellen, muß nach Expertenmeinung die Bevölkerung seit den ersten Ankömmlingen bereits auf einige Tausend angewachsen gewesen sein. Man setzt für diese Entwicklung 500 Jahre an. Die ersten Siedler könnten also vor 1.500 Jahren auf Rarotonga angekommen sein, was sich in etwa mit der Besiedelungsgeschichte des Pazifiks deckt. In Legenden lassen sich die Vorfahren der heutigen Cook-Insulaner etwa 600 Jahre zurückverfolgen. Es gibt allerdings archäologische Fundstücke, die älter sind.

Rarotonga scheint schon immer die wichtigste Insel gewesen zu sein, von der alle anderen aus besiedelt wurden. Nach der festen Überzeugung der Bewohner ist ihre Insel identisch mit dem legendären **Hawaiiki**, von dem aus die Polynesier in seetüchtigen Kanus zur Besiedelung Neuseelands aufbrachen. Festzustehen scheint, daß die Cook-Inseln Zwischenstation waren in der Ausbreitung der polynesischen Kultur von Tonga und Samoa über Ost-Polynesien (heute Französisch-Polynesien) bis nach Neuseeland. Dies wird auch durch die Sprache und Kultur der Maori bestärkt, die auf Hawaii, Französisch-Polynesien, den Cook-Inseln und Neuseeland große Ähnlichkeiten aufweisen.

Vor Ankunft der Europäer wurden die Inseln von Häuptlingen regiert, den sogenannten **Ariki,** die an der Spitze einer Art Häuptlings-Hierarchie standen. Auf Rarotonga gab es drei Ariki, die jeweils drei Bezirken, den sogenannten Tapere, vorstanden (mehr dazu unter „Kultur").

Cook und andere Entdecker

Die ersten Europäer, die in den Cook-Inseln auftauchten, waren die Spanier **Mendaña** und **Quirós**. Mendaña segelte 1595 durch die nördliche Inselgruppe und legte bei Pukapuka an, 1606 landete Quirós auf Rakahanga.

Captain Cook, der Namensgeber der Inselgruppe, entdeckte und kartographierte während seiner Pazifikreisen 1773 und 1777 die südlichen Inseln Manuae, Palmerston, Mangaia, Atiu und Takutea, segelte aber erstaunlicherweise an der größten, Rarotonga, vorbei. Die Bounty unter **Captain Bligh** ankerte 1789 vor Aitutaki, auf ihrer Weiterfahrt nach Tonga brach dann die berühmt gewordene Meuterei aus. Den Namen Cook Islands verlieh jedoch nicht James Cook selbst – er nannte sie **Hervey Islands** nach dem Ersten Lord der britischen Admiralität, sondern erst 1824 der russische Kartograph John von Krusenstein.

Das Regime der Missionare

Die Missionierung der Cook-Inseln begann 1821, als **Reverend John Williams** von der **London Missionary** Society zwei bekehrte Polynesier von den Gesellschafts-Inseln auf Aitutaki absetzte. Der Einsatz eingeborener Missionare bewährte sich. Binnen weniger Jahre waren alle Cook-Inseln zum Christentum übergetreten, und zwar so gründlich, daß von der polynesischen Kultur kaum etwas übriggeblieben war. Tempel und Götzenbilder wurden zerstört, die Polygamie abgeschafft, aufreizende Tänze, das Schmücken mit Blumen und sogar das Einreiben des Körpers mit Kokosnußöl verboten.

Mit Hilfe immer weiter reichender Verbote, Regeln und Gesetze, den sogenannten **„Blue Laws"**, errichteten die Missionare auf dem Höhepunkt ihrer Macht eine Art christlichen Polizeistaat. Die in Geld oder Naturalien zu zahlenden Strafen für Verstöße gegen die christliche Ordnung wurden unter den bekehrten Ariki, den Richtern und den Polizisten aufgeteilt. Denunziation und Willkür hatten freien Lauf; um 1850 war jeder dritte erwachsene Mann auf Rarotonga ein Polizist.

Altes Missionshaus, Rarotonga

Erst gegen Ende des 19. Jahrhunderts nahm der Einfluß der Missionare zugunsten weniger christlicher Weißer ab. Rauhbeinige **Walfänger** aus Amerika legten zur Überwinterung in den Häfen Rarotongas und Aitutakis an, immer mehr englische und neuseeländische **Pflanzer und Händler** ließen sich auf den Inseln nieder. Von ihnen eingeschleppte Krankheiten dezimierten die einheimische Bevölkerung rasch. Allein auf Rarotonga starben mehr als 5.000 Menschen an Keuchhusten, Mumps, Grippe, Masern, Typhus und Ruhr. Schließlich tauchten auch noch **Sklavenhändler** aus Peru auf den Außeninseln auf, um deren Bewohner nach Südamerika zu verschleppen. Die Cook Insulaner hatten mit ihren ersten intensiven Kontakten zur Außenwelt nicht gerade das größte Glück.

Abenteurer und Seuchen

Gegen Ende des vergangenen Jahrhunderts dehnten die Franzosen ihren Einfluß vom benachbarten Tahiti weiter nach Westen aus. Da die vorwiegend englischen und neuseeländischen Siedler der Cook-Inseln eine Übernahme befürchteten, wurden die Inseln 1888 zum **britischen Protektorat** erklärt und 1901 förmlich von Neuseeland annektiert. In einer Petition an die britische Krone hatten auch die einheimischen Stammesführer um diese Annexion ersucht. Im gleichen Zeitraum wurde die innere Selbstverwaltung der Inseln mit eigenen Gesetzen vorangetrieben, wobei die neuseeländische Gesetzgebung übergreifend übernommen wurde.

Annexion durch Neuseeland

Auch wenn die Selbstverwaltung ständig erweitert wurde, blieben die Cook-Inseln bis in die 60er Jahre dieses Jahrhunderts rein technisch eine Kolonie Neuseelands. Erst 1965 wurden sie mit einer Verfassung und Wahlen zu einem eigenen Parlament in die Selbständigkeit entlassen, verblieben jedoch in freier Assoziation mit Neuseeland. Diese Doppelrolle besteht bis heute. Sie bedeutet, daß Neuseeland weiterhin für die äußere Sicherheit zuständig ist, während der Staat sich nach innen selbst regiert. Neuseeland verpflichtet sich zu finanzieller Unterstützung, die neuseeländische Währung bleibt auf den Inseln gültig. Jeder Cook-Insulaner hat das Recht auf einen neuseeländischen Paß, uneingeschränkte Einreise nach Neuseeland und den Genuß der dortigen Sozialleistungen.

Assoziation mit Neuseeland nach außen, unabhängig nach innen

Als erster Premierminister der Cook-Inseln wurde **Albert R. Henry**, der Führer der Cook Islands Party (CIP) gewählt. Von der englischen Königin 1974 zum Sir geadelt, blieb

Trickreiche Inselpolitik

*Büste Albert
Henrys*

er bis 1978 ununterbrochen im Amt. Die oppositionelle Democratic Party unter dem Arzt **Thomas Davis** kam erst durch die denkwürdigen Wahlen des Jahres 1978 an die Regierung, die heute noch Gesprächsstoff der politischen Stammtische des Landes sind. Sir Albert Henry, der seine Wählerschaft schwinden sah, hatte zu den Wahlen 1978 ausgewanderte Cook-Insulaner auf Staatskosten aus Neuseeland einfliegen lassen, um sich seinen Sieg zu sichern. Als die Democratic Party (die zwar auch Anhänger einfliegen ließ, jedoch auf eigene Kosten) den Schwindel aufdeckte, wurde die Wahl vom obersten Richter annulliert. Die darauffolgenden Wahlen gewann Thomas Davis, Albert Henry wurde der Sir-Titel wieder abgesprochen. Seitdem wechselte die Macht mehrmals zwischen Cook Islands Party und Democratic Party. Tom Davies wurde 1987 durch ein Mißtrauensvotum gestürzt. 1989 gewann die CIP die Wahlen. **Geoffrey Henry**, ein Cousin des ersten Premiers, wurde Premierminister und 1994 mit großer Mehrheit für eine weitere Amtsperiode von fünf Jahren wiedergewählt.

Politik, Wirtschaft, Soziales

Überblick

Cook-Inseln

Einwohner:	*17.800, davon 90% Polynesier,*
Bevölkerungsdichte:	*73 Einwohner pro km²*
Sprache:	*Englisch und Cook Island Maori*
Religion:	*70% Protestanten, 15% Katholiken, Rest: Mormonen, Adventisten, etc.*
Hauptstadt:	*Avarua*
Flagge:	*Kreis von 15 Sternen auf blauem Grund (= 15 Inseln), Union Jack links oben*
Staats- und Regierungsform:	*Selbständiger Staat in freier Assoziation mit Neuseeland. Parlamentarische Demokratie*
Währung:	*NZ$ = Neuseeland Dollar sowie gleichwertig Cook Island Dollar*
Wirtschaft:	*Tourismus, Perlenzucht, Landwirtschaft, Textilien*
Handelspartner:	*Neuseeland (80% aller Exporte), Australien*

Die Cook-Inseln sind eine parlamentarische Demokratie nach britischem Vorbild. Das gesetzgebende Parlament oder Unterhaus hat 24 Sitze, es tagt in einem unscheinbaren Holzgebäude, das während des Flughafenbaus als Unterkunft für Bauarbeiter diente. Das **House of Ariki**, in dem sich nach polynesischer Tradition die Stammesfürsten versammeln, fungiert formell als eine Art Senat oder Oberhaus mit beratender Funktion, spielt jedoch politisch kaum mehr eine Rolle. Neuseeland ist durch einen High Commissioner vertreten, die englische Königin durch den **Queen's Representative**, der formell nach wie vor Staatsoberhaupt ist und von der Regierung der Cook-Inseln ernannt wird.

Ein Parlament für 18.000 Bürger

Die wichtigsten Exportartikel der Cook-Inseln sind die auf den Südinseln angebauten Zitrusfrüchte, Ananas, Bananen und Papayas sowie in kleinem Umfang Kopra von den nördlichen Inseln. Seit dem Bau des internationalen Flughafens auf Rarotonga im Jahre 1973 hat der Tourismus ständig an Bedeutung gewonnen und ist heute die wichtigste Einnahmequelle. 1993 brachten 50.000 Touristen rund 50 Millionen Dollar ins Land, fast soviel wie das gesamte Staatsbudget. In den vergangenen Jahren wurde die Perlenzucht auf einigen nördlichen Atollen beträchtlich vorangetrieben und wird wohl bald zur zweitwichtigsten Einnahmequelle aufsteigen.

Devisenbringer: Touristen und Früchte

Trotzdem ist die Bilanz der Cook-Inseln alles andere als ausgeglichen. 1994 standen die Auslandsschulden bei 245 Millionen Neuseeland-Dollar, rund 13.000 Dollar pro Kopf der Bevölkerung. Das Rekorddefizit entstand durch ambitionierte Bauprojekte der Regierung wie dem Sheraton Hotel, einem aufwendigen Kulturzentrum und dem Ausbau des Telefonnetzes. Das Volumen der Importe ist 16 mal so hoch wie das der Exporte.

Kleiner Staat mit großen Schulden

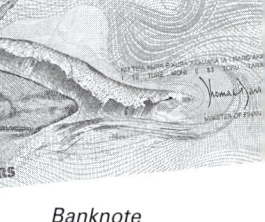

Seit Ende der achtziger Jahre versuchen sich die Cook-Inseln auch als internationale Steueroase zu etablieren. Ausländischen Anlegern werden spezielle Abschreibungen angeboten.

Banknote der Cook-Inseln

Nach wie vor greift der große Bruder Neuseeland dem Kleinstaat mit Finanzhilfen unter die Arme, die 1994 noch ein Achtel des Staatshaushaltes ausmachten, jedoch bis zum Jahr 2008 auf Null zurückgefahren werden sollen. Nach

Neuseeland ausgewanderte Cook-Insulaner tragen mit regelmäßigen Überweisungen an ihre Verwandten auf den Inseln zu deren Einkommen bei. Mittlerweile leben mehr Cook-Insulaner in Neuseeland (24.000) als auf den Cook-Inseln selbst (18.000). Erst in jüngster Zeit hat der Auswanderungstrend nachgelassen, begünstigt durch das vermehrte Arbeitsplatzangebot in der Tourismusbranche.

Alle wesentlichen Konsumgüter müssen importiert werden, da der kleine Markt eigene Produktion kaum rentabel macht. Das führt zu hohen Lebenshaltungskosten, die über denen von Neuseeland liegen. Landbesitz ist auf den Cook-Inseln nur Eingeborenen vorbehalten und wird meist innerhalb der Familie weitervererbt, was zu vielfältiger **Parzellierung** geführt hat. Ein Verkauf von Land an Ausländer ist verboten; es darf nur bis zu 60 Jahre verpachtet werden, was von einem öffentlichen Komitee und dem obersten Gericht genehmigt werden muß.

Das Schulsystem entspricht englischem Vorbild. Schulpflicht besteht zwischen sechs und fünfzehn Jahren. Die Volks- und Oberschulen (Primary Schools und Colleges) werden vom Staat und von den Kirchen betrieben. Die medizinische Versorgung ist für alle Bürger frei. Es gibt auf Rarotonga ein staatliches Krankenhaus sowie kleinere medizinische Stationen auf den Außeninseln. Insgesamt kommt auf den Cook-Inseln ein Arzt auf 1.000 Einwohner.

Assoziation mit Neuseeland

Wirtschafts- und sozialpolitisch gesehen hat der Zwitterstatus der Cook-Inseln als selbständiger Staat in Assoziation mit Neuseeland Vor- und Nachteile. Zu den Vorteilen zählt sicher die Finanzhilfe des großen Bruders, sowie die Tatsache, daß jeder Einwohner auch einen neuseeländischen Paß erhält, nach Neuseeland ausreisen und dortige Sozialleistungen in Anspruch nehmen kann. Nachteilig wirkt sich die Assoziation mit Neuseeland dadurch aus, daß die Cook-Inseln nur beschränkten Zugang zu Entwicklungshilfegeldern haben, da sie vom Ausland als Teil Neuseelands betrachtet werden. Auch haben sie keinen Sitz in der UNO und anderen internationalen Organisationen, die über den Pazifik hinausgehen.

Blumenkind

Kultur

Im Vergleich zu Samoa mit seinen traditionellen Hütten ist der Baustil auf den Cook-Inseln längst westlichen Vorbildern gewichen. Daher fällt auf den ersten Blick nicht ins Auge, wie sehr die Bewohner immer noch mit ihrer polynesischen Kultur verwachsen sind. Tatsächlich aber sind zum Beispiel die musischen Traditionen des **Tanzens, Singens und Musizierens** hier ursprünglicher erhalten geblieben als etwa in Hawaii oder Tahiti, die einmal dem gleichen Kulturkreis angehörten.

Die Cook-Insulaner gelten mit Recht als die besten Tänzer des Pazifiks, die polynesischen Volkstänze werden schon in den Schulen gelehrt. Tanzen ist noch nicht zur bloßen Touristenattraktion verkommen, sondern der Volkssport schlechthin. Alljährlich gibt es nationale Wettkämpfe, in denen die besten Einzeltänzer und Gruppen, Kostüme, Gestik und Choreographie prämiert werden. Wenigstens einmal sollte deshalb jeder Besucher der Cook-Inseln eine solch temperamentgeladene und sinnlich knisternde Tanzshow gesehen haben – er wird sie nicht vergessen (siehe auch „Polynesische Tänze" im Allgemeinen Teil).

Auftritt beim Tanzwettbewerb

Blumenkinder

Jedem Besucher wird sofort auffallen, wie selbstverständlich die Bewohner selbst im Alltag noch den Blumenschmuck tragen, sei es als Blütenkrone im Haar, als Blumenkette um den Hals oder nur als einzelne Blüte frech hinter dem Ohr. Die Blüte fungiert dabei als Schmuck und Parfüm zugleich, man trägt sie je nach Laune abends in der Disco oder schon tagsüber im Büro. Man überreicht sie als Ankunfts- und Abschiedsgeschenk für Gäste, was die Flughafenhalle oft in ein Blumenmeer mit intensivem Blütengeruch verwandelt.

Unkeusche Götter

Sinnbild für die kulturellen Traditionen der Cook-Inseln sind die alten Maori-Götter, vor allem **Tangaroa,** der Gott der Schöpfung und der Fruchtbarkeit, und **Te Rongo**, der Kriegsgott. Von den Missionaren vernichtet und verboten, sind die Götzenbilder mit ihren eindeutigen Geschlechtsmerkmalen wieder auferstanden und zieren als eine Art Nationalsymbol Münzen, Geldscheine, Briefmarken und andere offizielle Dokumente. Als kunstvoll geschnitzte Holzfigur jeder Größe ist der Tangaroa auch ein beliebtes Souvenir. Andere kunsthandwerkliche

Polynesische Tänze

*M*ehr als alles andere ist der Tanz Ausdruck
polynesischer Lebensart und -freude. Während
unten Hüften und Beine wirbeln, erzählen oben
Hände und Mimik ganze Geschichten. Es sind
Variationen der immer gleichen Themen: Götter und
Legenden, Tane und Vahine, also Mann und Frau,
Liebe, Trennung, Sehnsucht; Blumen und Vögel;
Seereisen im Kanu, Fischfang und Abenteuer; Sterne,
Wind und Wellen.

Getanzt wird in Gruppen, Männer und Frauen
gemischt oder jeweils abwechselnd auftretend. Die
Tänzer bilden Phalanxen oder sind in Reihen geordnet; jeder tanzt für sich, aber alle Bewegungen der
Frauen und die der Männer sind jeweils synchron auf-
einander abgestimmt. Die grundlegende Bewegung
der Frauen besteht im rhythmischen Hin- und Her-
schwingen der Hüften, die der Männer in einem sche-
renförmigen Öffnen und Schließen der Knie. Der
Oberkörper bewegt sich dabei kaum, Arme und
Hände vollführen gestenartige Bewegungen. Es gibt
langsame und schnelle Tänze, wobei das Tempo vom
pulsierenden Rhythmus der Trommeln bestimmt
wird.

Der eindeutige sexuelle Charakter vieler Tänze veran-
laßte die Missionare, diese Art der Volksbelustigung
auf lange Zeit ganz aus dem polynesischen Leben zu
verbannen. Erst seit einigen Jahrzehnten erfahren sie,
auch dank des Tourismus, eine Wiederbelebung.

Es gibt unzählige Arten von Tänzen und ständig werden neue kreiert. Hier nur die wichtigsten Grundformen: Der 'Ote'a ist ein weitverbreiteter Tanz, meist
inspiriert von Legenden; die abstrakten Bewegungen
werden aufgeführt in einer festen, in Reihen geglieder-
ten Formation. Der Aparima erzählt Geschichten aus
dem Alltag. Der Hivinau ist ein Tanz für alle Gelegenheiten und Altersgruppen, Männer und Frauen bewegen sich in konzentrischen Kreisen, oft wird dieser
Tanz am Ende eines Festes oder einer Aufführung
getanzt. Beim Pa'o'a treten ein oder zwei Vortänzer in
einem Kreis auf, der von den restlichen Tänzern gebil-

det wird; im Wechselgesang zwischen Vortänzer und Chor werden Szenen des täglichen Lebens, der Handarbeit, des Fischens und Jagens vorgetragen. Die Ursprünge des berühmten Tamure sind unbestimmt, der Name tauchte erst vor einigen Jahrzehnten auf; er wird von einem Duo getanzt, wobei die erotische Ausstrahlung im Vordergrund steht. Der Mann „betanzt" das Mädchen, von ihren Hüftschwüngen angefeuert tanzt er mit rhythmischen Beinbewegungen um sie herum.

Die Tanzkunst wird, vor allem auf den Cook Inseln und in Französisch-Polynesien, sehr ernst genommen und ist weit mehr als bloße Touristenattraktion. Beinahe jedes Dorf hat seine eigene Gruppe, die mehrmals in der Woche trainiert; Kinder werden schon in der Schule mit Grundfiguren des Tanzes vertraut gemacht. In nationalen Wettbewerben werden die besten Gruppen und Einzeltänzer ermittelt. Auf den Cook Inseln finden sie jeweils im April statt, in Tahiti zum Heiva-Festival im Juli.

Die Instrumente der Begleitmusiker sind Trommeln aus hohlen Holzzylindern, fellbespannte Trommeln, Gitarren und sogenannte Ukulele, banjoartige Saiteninstrumente, deren Resonanzkörper oft aus einer halben Kokosnuß besteht. Die farbenprächtigen Kostüme werden ausschließlich aus natürlichen Materialien handgefertigt: der Bastrock aus Fasern von Baumrinde, der BH aus Kokosnußschalen, Gürtel und Kopfschmuck werden mit Muschelteilen dekoriert, um den Hals und im Haar Blüten jeder Art getragen.

Noch ein Hinweis für Besucher einer polynesischen Tanzaufführung: Unweigerlich werden Sie am Ende derselben zum Mitmachen oder einem kurzen Wettbewerb aufgefordert. Diese Geste ist kein Tourismus-Schnickschnack, sondern sie entspricht alter polynesischer Tradition, nach der Gäste mit einem gemeinsamen Tanz geehrt wurden. Auch wenn Sie natürlich nicht mit der Grazie und Beweglichkeit der Einheimischen mithalten können, sollten Sie sich nicht zieren. Ein Korb kommt einer Beleidigung gleich.

Tänzerinnen der Cook-Inseln

Gegenstände sind zeremonielle Beile, Speere und andere Waffen, hölzerne Trommeln, geflochtene Matten und Körbe.

Arikis und Maraes

Neben polynesischen Göttern und Legenden ist das altpolynesische Gesellschaftssystem mit seinen Stammesfürsten, den sogenannten Ariki, noch in Ansätzen erhalten geblieben. Durch den Einfluß der Missionare wurden auch weibliche Ariki anerkannt. Titel wurden nicht immer vererbt, sondern konnten auch für Verdienste verliehen werden. Heute haben die drei Ariki auf Rarotonga nur noch beratende Funktion in einer Art Ältestenrat oder Senat. Sie werden jedoch noch immer nach überlieferten Zeremonien auf den alten Maraes inthronisiert.

Sprache

Die offizielle Staatssprache ist Englisch, sie wird an allen Schulen unterrichtet. Umgangssprache ist die örtliche Version der polynesischen Sprache. Die ersten Missionare fanden **15 Dialekte** vor, jede Insel hatte ihren eigenen. Die Sprache der südlichen Cook-Insulaner ist, entsprechend der Wanderungsbewegungen der frühen Polynesier, eng mit der der Marquesas-Bewohner, Tahitianer, Hawaiianer und der Maori in Neuseeland verwandt. Tatsächlich nennen die Cook-Insulaner ihre Sprache auch Cook Island Maori. Auf Pukapuka in der Nordgruppe entwickelte sich eine Sprache, die dem Samoanischen verwandt ist und von den Bewohnern der anderen Inseln nicht verstanden wird. Auf Palmerston wird nur Englisch gesprochen, da alle Bewohner Nachfahren von William Marsters sind. Der Engländer ließ sich hier 1862 mit drei polynesischen Frauen nieder.

Das Alphabet besteht aus 13 Buchstaben: 5 Vokale und 8 Konsonanten: a, e, i, o, u, k, m, n, ng, p, r, t, v.

Einige wichtige Ausdrücke:

Guten Tag	Kia orana
Auf Wiedersehen	Aere ra
Danke, gut	Meitaki
Ja	Ae
Nein	Kare
Frau	Vaine
Mann	Tane
Erdofen	Umukai
Haus	Are
Prost, viel Glück	Kia manuia
Fremder, Europäer	Papa'a

Die Südgruppe

Rarotonga

Wie Tahiti für die Inseln Französisch-Polynesiens, wird auch die Hauptinsel Rarotonga oft stellvertretend als Synonym für die restlichen 14 Cook-Inseln genommen. Wie Tahiti ist auch Rarotonga eine bergige Insel vulkanischen Ursprungs, wenngleich bedeutend kleiner. Die landschaftliche Schönheit Rarotongas besticht schon beim Anflug durch seine ovale Form und die blaue Lagune mit schützendem Riff. Klares Wetter und einen gutgelaunten Piloten vorausgesetzt, kommen Sie vielleicht in den Genuß einer Ehrenrunde um die 30 Kilometer Umfang messende Insel.

Die steilen Bergflanken des Inselinneren sind mit dichtem Regenwald überwachsen und gehen zur Küste hin über in einen flachen, fruchtbaren Landsaum, der mit kleinen Siedlungen und Plantagen bedeckt ist. Im Süden ist das Riff weiter von der Küste entfernt und gibt Raum für eine große Lagune mit vier Motus und lange weißen Sandstränden. An der Nordküste liegen das Verwaltungszentrum Avarua, der kleine Hafen von Avatiu und der internationale Flughafen.

Rund 9.000 Einwohner, mehr als die Hälfte der Bevölkerung aller 15 Cook-Inseln, leben auf Rarotonga. Dank der engen Beziehung zu Neuseeland ist die Infrastruktur sehr gut entwickelt, so daß Rarotonga oft als „die Schweiz des Pazifiks" bezeichnet wird. Das Gefühl, in einem Entwicklungsland zu sein, stellt sich hier keinesfalls ein. Kräftige Verbesserungen der Wirtschaft und der Infrastruktur brachte der Insel 1992 das **Pacific Arts Festival**, ein überregionales Kultur- und Folklorefestival, das alle vier Jahre Tausende von Teilnehmern aus allen Pazifikinselstaaten an einem Ort zusammenführt. Für das Festival wurden eine Reihe neuer Veranstaltungsgebäude errichtet. Das Medieninteresse aus aller Welt brachte Rarotonga viel Publizität.

Durch das Pacific Arts Festival hat auch Rarotongas Tourismus einen großen Sprung getan, die Zahl der Besucher ist von jährlich 30.000 auf rund 50.000 (1993) angestiegen. Pro Kopf der Bevölkerung gerechnet dürfte Rarotonga damit gegenwärtig die meisten Touristen der Südsee haben. An einer relativ kleinen Insel wie Raroton-

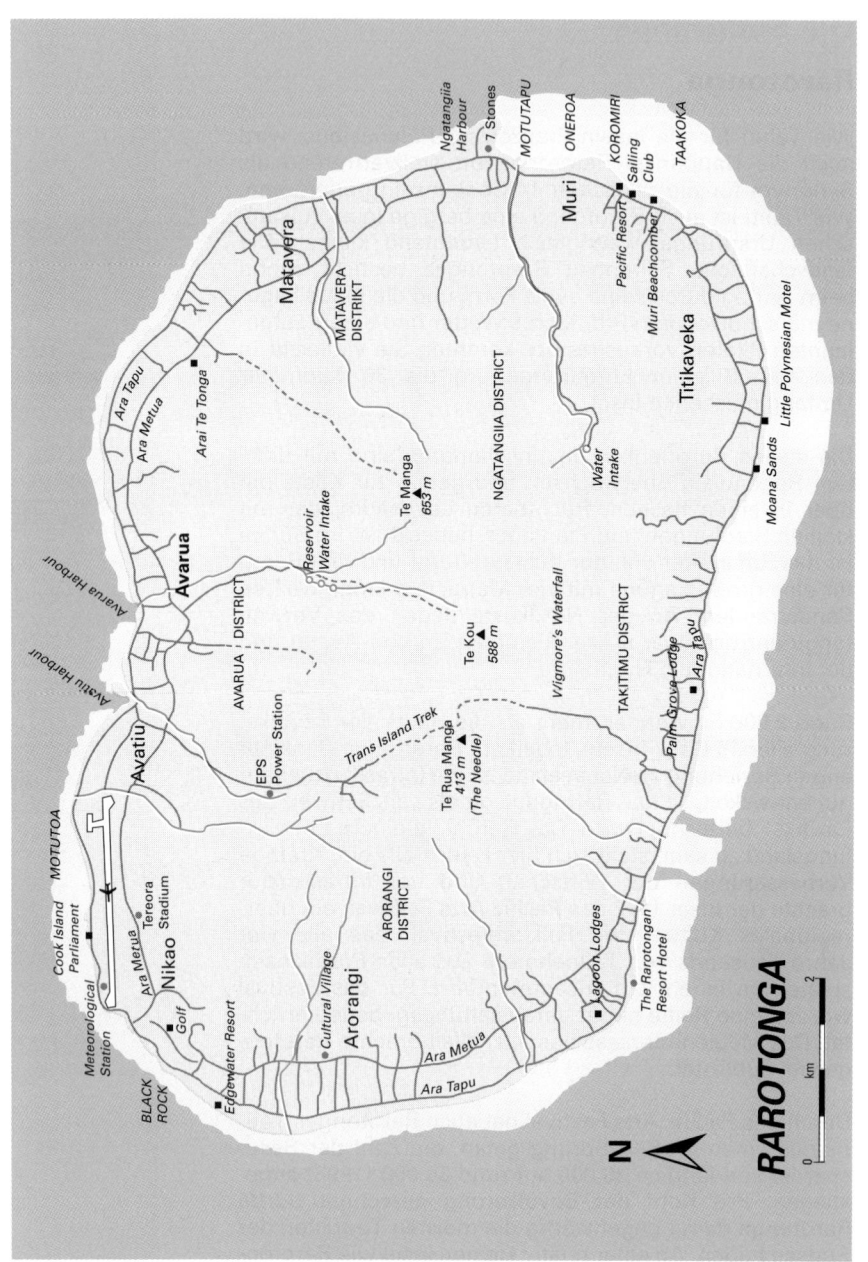

ga kann ein solcher Boom natürlich nicht folgenlos vorübergehen. Rund um die Insel entstehen neue Hotelanlagen, der Autoverkehr hat beträchtlich zugenommen, die einstige Beschaulichkeit ist emsiger Betriebsamkeit gewichen. Bleibt zu hoffen, daß die Tourismusstrategen den Bogen nicht überziehen und die Insel zu einem Mallorca der Südsee machen. Dann wäre der Charme der Insel leider für immer dahin.

Avarua

Avarua ist mehr oder weniger eine Verdichtung des Siedlungsgürtels rund um Rarotonga. Von einer Hauptstadt zu sprechen, wäre wirklich etwas übertrieben. Nüchterne Zweckgebäude bestimmen das Bild, vom Kolonialstil ist wenig übriggeblieben und auch sonst gibt es nur wenige historische Sehenswürdig-

keiten. Die Orientierung fällt nicht schwer, die meisten Geschäfte, Büros und kleinen Marktstände finden Sie an der Hauptstraße entlang des Meeres. Samstag vormittag strömt die Bevölkerung der Insel zum Einkaufen in die „Stadt". Alles was Räder hat, drängt sich dann auf dem kurzen Abschnitt der Hauptstraße. Nach Ladenschluß gleicht Avarua dann wieder einer toten Westernstadt.

Traditionelle Kanus beim Pacific Arts Festival

Avarua hat sich nur deshalb zum Verwaltungszentrum entwickelt, da zwei Passagen im Riff den Ausbau zweier kleiner Hafenbecken erlaubten. **Avatiu Harbour** im Westen mit seiner größeren Wassertiefe bleibt Frachtschiffen, größeren Booten und Yachten vorbehalten, während im Avarua Harbour nur kleine Fischerboote anlegen. Das sporadische An- oder Ablegen kleiner Frachtschiffe, die zu den Außeninseln fahren, ist immer ein Ereignis, das es zu beobachten lohnt. Der sonst leblose Avatiu Harbour erwacht dann kurzfristig zu hektischer Betriebsamkeit und blumenreichen Willkommens- oder Abschiedsszenen unter den Einheimischen. An der Passage des Avarua Harbours ragt der verrostete Dampfkessel eines Schiffswracks aus dem Meer. Das Frachtschiff **Maitai** (3.000 t) lief hier 1916 auf das Riff. Am östlichen Ortsende liegen am Ufer die letzten rostigen Überreste der amerikanischen Yacht **Yankee** (117 t), die 1964 während eines Sturmes von den Leinen gerissen ebenfalls auf das Riff geworfen wurde.

Takuvaine-Fluß in Avarua

Die historischen Sehenswürdigkeiten konzentrieren sich am östlichen Ende der Stadt, jenseits der Brücke über den **Takuvaine-Fluß**. Nach dem Kino und einigen Geschäften steht in einer Grünfläche rechts der Straße **Queen Makeas** Palace (auf Maori: Para O Tane), die Residenz der um die Jahrhundertwende lebenden Königin von Rarotonga. Der Palast wurde 1942 durch einen Hurrikan zerstört und ist seit 1993 wieder renoviert. Das Gebäude ist von rotblühenden Flammenbäumen umgeben. Vor dem Hintergrund der grünen Berge stellt es ein gutes Fotomotiv dar. Die Besitzer und Nachfahren der Königin dulden jedoch keine Touristen mit Fotoapparaten auf ihrem Grund.

50 Meter weiter führt eine Straße landeinwärts zur protestantischen Kirche von Avarua. Wie alle anderen Kirchen der vorherrschenden Cook Islands Christian Church (CICC) bestehen ihre trutzigen Mauern aus Korallenblöcken, deren ehemals weißer Außenanstrich von grauem Schimmel überzogen ist und ihr so den Anblick eines Geisterschlosses verleiht. Sie wurde 1835 unter dem englischen Missionar **Aaron Buzacott** erbaut. Links neben dem Altar ist eine Bank reserviert für die oberste Ariki, die Maori-Königin der Insel, rechts für den amtierenden Premierminister. Wenn Sie den Sonntagsgottesdienst um 10 Uhr besuchen, haben Sie eine gute Chance, beide zu sehen. Auf dem Friedhof finden Sie die Gräber einiger legendärer Südseegestalten wie das von **Robert Dean Frisbie**. Nicht zu übersehen ist das Grab mit der Büste des ersten Premierministers **Albert Henry** schräg vor dem Kircheneingang. Die Brille, die er zu Lebzeiten trug, liegt vom letzten Hurrikan etwas mitgenommen auf der Nase; Anhänger schmücken die Büste mit frischen Blumenkränzen.

1 Queen Makea's Palace
2 Government Buildings
3 Post
4 Polizei

5 Visitor Bureau
6 Bank
7 Library & Museum
8 Kino

9 Takamoa Mission
10 Cook's Corner
11 Supermarkt
12 Brewery

13 Banana Court Bar
14 Wreck of the Yankee
15 Liquor Store

AVARUA

50 Meter weiter landeinwärts sind in einem flachen Gebäude rechts der Straße eine Bibliothek (**Cook Island Library**) und ein kleines **Museum** untergebracht. Die Bibliothek hat eine kleine, aber gut sortierte Abteilung mit Fachliteratur über den Pazifik (Pacific Collection). Durch Hinterlegung einer kleinen Kaution können Sie Mitglied werden und Bücher ausleihen. Das Museum besitzt eine kleine, aber erlesene Sammlung von Maori-Kunsthandwerk, Gebrauchsgegenständen und Waffen, sowie ein Ausleger-Kanu von der Insel Pukapuka in Originalgröße. Besonders wertvoll, weil größtenteils von den Missionaren vernichtet, sind die holzgeschnitzten Statuen der Maori-Götter Tangaroa und Te Rongo. In dem eisernen Kessel am Eingang wurden übrigens keine Menschen gekocht; er diente den Walfängern zum Auskochen von Walöl. Der Eintritt für Bibliothek und Museum ist kostenlos.

Öffnungszeiten
Mo –- Do
12 Uhr – 16.30 Uhr,
Freitag
9 Uhr– 16.30 Uhr

Am Ende der Straße stoßen Sie auf ein älteres Gebäude im Kolonialstil, das 1842 gebaute **Takamoa Mission House**. Hier wurden die ersten einheimischen Missionare geschult, und auch heute dient das Gebäude noch als Hauptquartier der Cook Islands Church, in dem die Priester für alle Inseln ausgebildet werden.

Marktfrauen
in Avarua

Etwas weiter außerhalb führt von der Hauptstraße die Victoria Road landeinwärts zum **National Culture Center**, einem übergroßen modernen Gebäudekomplex, der anläßlich des Pacific Arts Festivals 1992 eingeweiht wurde. In den Gebäuden vor dem großen Veranstaltungssaal befindet sich links eine Bibliothek, die allerdings schlecht bestückt ist. Im Museum rechts davon finden Sie Nachbauten traditioneller Kanus verschiedener Pazifikinseln, die anläßlich des Pacific Arts Festivals nach

Geöffnet täglich
von 9 Uhr – 15 Uhr

Rarotonga segelten; außerdem Gastgeschenke der verschiedenen Teilnehmerstaaten.

Am westlichen Ortsausgang Avaruas, kurz vor dem Hafen, stehen die Stände und Imbißwagen der Marktleute. Hier können Sie bei den „Mamas" täglich frisches Obst und Gemüse kaufen, sich nach dem Einkaufen erfrischen und polynesische Küche ausprobieren. Die unvermeidlichen Hamburger sowie Fish und Chips gibt es natürlich auch.

Inselrundfahrt

Die sogenannte **Ara Tapu**, eine 31 Kilometer lange asphaltierte Küstenstraße, umgibt Rarotonga. Eine Fahrt um die Insel ist wegen der wechselnden Ausblicke auf Meer und Berge und wegen des regen Lebens entlang der Straße immer lohnenswert. Wenn Sie in einem Motel an der Südküste wohnen und für die täglichen Besorgungen nach Avarua im Norden fahren, werden Sie bei jeder Fahrt neue Entdeckungen machen. Mit dem Moped oder Fahrrad entdecken Sie die Umgebung am besten, Steigungen gibt es keine. Allerdings müssen Sie damit rechnen, daß an irgendeiner Stelle der Insel immer eine Regenwolke hängt und Sie diese örtlich eng begrenzten Schauer durchfahren müssen. Bei längeren Regenperioden ist natürlich der Leihwagen sinnvoller. Mit dem Leihmoped dagegen haben Sie schon den ersten Schritt getan vom Touristen zum Einheimischen, deren Mehrzahl immer noch dieses luftige und billige Fortbewegungsmittel bevorzugt.

Papaya-Plantage

★ Ara Metua – Die alte Straße
Über weite Strecken verläuft im Landesinneren parallel zur Küstenstraße die Ara Metua, die 1.000 Jahre alte Landstraße Rarotongas. Sie führt durch **Plantagen**, auf denen Taro, Papaya und Citrusfrüchte angebaut werden, und vermittelt einen Eindruck vom ländlichen Leben auf Rarotonga zu einer Zeit, als die Bewohner noch mit Pferdewagen um die Insel fuhren. Die Ara Metua ist nicht durchgehend erhalten. Folgen Sie einfach einer der vielen Abzweigungen hinein in das Landesinnere, bis Sie auf die alte Straße stoßen. Sie ist jetzt weitgehend geteert und stellt für eine Inselumrundung mit dem Fahrrad kein Problem mehr dar.

★ Arai-te-Tonga der königliche Hof

An der Ara Metua zwischen den Orten Tupapa und Matavera finden Sie, von Gras überwuchert, die steinerne Plattform des wichtigsten polynesischen Kultplatzes von Rarotonga, des Koutu Arai-te-Tonga. Dieser königliche Hof wurde von **Tangiia**, einem der beiden Eroberer der Insel, vor rund 800 Jahren errichtet. Der zwei Meter hohe aufrechte Basaltstein wird als Krönungssäule bezeichnet; noch heute werden an diesem heiligen Ort die Ariki, die höchsten Maori-Häuptlinge der Insel, feierlich in ihr Amt eingeführt.

★ Ngatangiia – Hafen der ersten Maori

Die Riffpassage von Ngatangiia und der vom Motu Tapu geschützte kleine Naturhafen ist ein Schlüsselort in den Maori-Legenden von der Besiedelung des Pazifiks. Hier sollen etwa 800 n. Chr. die ersten Siedler aus Ostpolynesien, dem heutigen Französisch-Polynesien, gelandet sein. Etwa 1200 n. Chr. kam an der gleichen Stelle der polynesische Eroberer Tangiia mit 400 Kriegern aus Raiatea auf den Gesellschaftsinseln an, daher der Name des Ortes: Ngatangiia. Sein Segelkanu trug den Namen **Takitumu**, nach dem noch heute der Distrikt benannt ist. 1350 n. Chr. sollen dann von hier aus 14 Kanus aufgebrochen sein, von denen nur sieben nach 3.000 km Seereise Neuseeland erreichten. Die Cook-Island-Maori dieser sieben Boote sollen dann die beiden neuseeländischen Inseln als letzte im polynesischen Kulturkreis besiedelt haben. Sieben kreisförmig angeordnete Steine in einem Pinienhain am Ngatangiia-Hafen erinnern an die sieben Kanus. Die Zeitangaben dieser Legenden decken sich in etwa mit wissenschaftlichen Erkenntnissen von den polynesischen Siedlungsbewegungen im Pazifik.

★ Muri Beach und Titikaveka

Die von mehreren Motus geschützte Lagune und der gepflegte Strand von Muri sind das Freizeitrevier der Insel, weshalb sich hier auch der **Segelclub** und zwei sehr schöne Hotelanlagen (Muri Beachcomber und Pacific Resort) angesiedelt haben. Jeden Samstag finden hier Segelregatten statt. Die Lagune eignet sich auch sehr gut zum Windsurfen. Von hier bis Titikaveka weiter im Süden finden Sie die besten Strände der Insel. Die Lagune bei Titikaveka mit ihren Korallenstöcken ist das beste Schnorchelrevier der Insel. Das Dorf Titikaveka entlang der Straße ist eines der gepflegtesten

Rarotongas, mit einer Allee von Flamboyant-Bäumen (Blütezeit ab Ende November) und einer malerischen Kirche. Hier lohnt sich auch ein Ausflug zur Ara Metua im Hinterland.

Segelclub am
Muri Beach

★ Arorangi
Auch der Distrikt Arorangi besticht durch seine Flamboyant-Bäume entlang der Straße und die gepflegten Häuser und Schulen. Im Friedhof der Kirche von Arorangi ist Papeiha, der erste polynesische Missionar der Inseln, begraben. Der Tinomana Palace neben der Kirche ist die restaurierte Residenz des Ariki von Arorangi.

★ Black Rock – Sprungbrett ins Totenreich
Kurz bevor die Straße die Landebahn des Flughafens umrundet, liegt am Strand ein großer schwarzer Felsen, der von Geologen auf ein Alter von 2,5 Millionen Jahren datiert wurde. Wichtiger ist die Bedeutung des Black Rock in den Legenden der Maoris, in denen er Tu Oro Ki Aitu genannt wird (übersetzt: sprich zu Gott). Von diesem Ort aus sollen die Seelen der Toten ihre Reise beginnen, die sie westwärts über das Meer zum Ursprungsort aller Maori, dem legendären **Avaiiki**, zurückbringt.

Erwähnenswert ist auch das schmucklose Grab Tom Neals neben dem Gebäude des RSA-Clubs (Returned Soldier Association), das gegenüber dem Flughafen liegt und durch ein altes Flak-Geschütz markiert wird. Tom Neales Buch „Die Trauminsel" mit der Schilderung seines Robinsonlebens auf dem unbewohnten Cook-Atoll Suwarrow dürfte vielen deutschen Südseefans ein Begriff und deshalb die Wallfahrt wert sein.

Aitutaki

Aitutaki liegt 225 Kilometer nördlich von Rarotonga, gehört aber noch zur Südgruppe der Cook-Inseln. Seine Landfläche beträgt 18 km², mit 2.400 Bewohnern hat die Insel

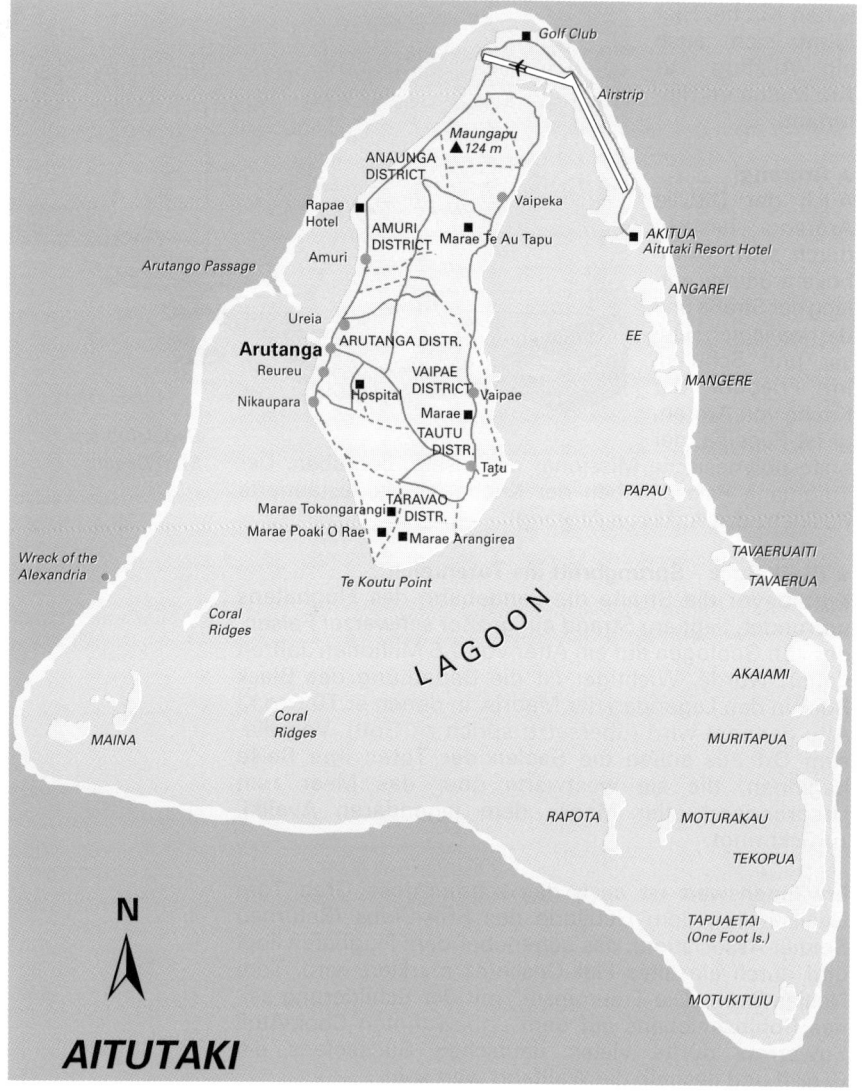

den zweitgrößten Bevölke-
rungsanteil nach Rarotonga.
Geologisch gesehen ist
Aitutaki eine Kombination aus
einer erhabenen Vulkaninsel
mit einem flachen Korallen-
Atoll, ähnlich Bora Bora in
Französisch-Polynesien. Die
Hauptinsel mit einer höchsten
Erhebung von 124 Meter (Mt.
Maungapu) hat die Form
eines Angelhakens, dessen
spitzes Ende im Nordwesten
in eine Kette von kleinen Ringinseln (**Motus**) entlang des

Anflug auf Aitutaki

Außenriffs übergeht. Das Riff hat die Form eines Dreiecks
mit Seitenlängen zwischen 12 und 15 Kilometer und
umgibt eine blaue Lagune, die zu den schönsten der Südsee zählt. Die **Lagune** von Aitutaki mit ihren palmbewach-
senen kleinen Motus und deren weißen Bilderbuchsträn-
den ist eine der wichtigsten touristischen Attraktionen der
Cook-Inseln. Da es auf Aitutaki auch weit weniger regnet
als auf Rarotonga, ist es eine beliebte Zuflucht bei anhal-
tenden Regenperioden auf der Hauptinsel.

Aitutaki wurde der Legende nach von Polynesiern besie-
delt, die mit ihren Segelkanus von den Inseln des heutigen
Französisch Polynesiens hierher kamen und von einem
Mann namens Ru angeführt wurden. Der erste Europäer,
der Aitutaki sichtete, war **Captain William Bligh** von der
Bounty, der hier im April 1789 auf dem Weg von Tahiti nach
Tonga kreuzte. Nur wenige Tage später brach auf seinem
Schiff die berühmte und mehrmals verfilmte Meuterei aus.

Der englische Missionar **John Williams** brachte 1821
zwei polynesische Laienprediger aus Raiatea (Gesellschafts-Inseln) nach Aitutaki, was als Beginn des Chri-
stentums auf den Cook-Inseln anzusehen ist. Auch **Charles Darwin** setzte während seiner Forschungsreise durch
den Pazifik 1835 seinen Fuß auf Aitutaki. Der kleine Hafen
war im 19. und zu Beginn des 20. Jahrhunderts ein
beliebter Anlaufpunkt für **Walfänger**. Während des Zweiten Weltkriegs bauten die Amerikaner zwei Landebahnen
für Flugzeuge, die bis in die 70er Jahre länger waren als
die in Rarotonga. Nach dem Krieg diente die Lagune von
Aitutaki als Landepunkt der TEAL-Flugboote auf ihrer
legendären Coral Route durch den Pazifik.

Tip

Am Sonntag mor-
gen kurz vor 10 Uhr
können Sie die
Frauen der Insel in
weißen Kleidern
und Strohhüten,
die Männer in ihrer
besten Ausgehho-
se zum Kirchen-
portal schreiten
sehen. Auch der
Gottesdienst selbst
ist immer ein
Erlebnis mit den
inbrünstig gesun-
genen, mehrstim-
migen polynesi-
schen Hymnen, die
durch die gute
Akustik dieser Kir-
che besonders ein-
drucksvoll sind.

Die Einwohner Aitutakis leben vom Fischfang, dem Export von Bananen und Kopra sowie in zunehmendem Maß vom Tourismus. Sie sind als ausgezeichnete Tänzer bekannt und haben in Wettbewerben auch schon Tanzgruppen aus Tahiti geschlagen. Das Leben auf Aitutaki ist geruhsamer als das auf Rarotonga, die Bewohner sind Gästen gegenüber ausgesprochen freundlich, offen und hilfsbereit.

Inselrundfahrt

Hauptattraktion Aitutakis sind die Bootsausflüge in die Lagune, weshalb Sie sich bei einem kurzen Aufenthalt darauf konzentrieren sollten. Sonntags allerdings ruhen alle Aktivitäten und damit auch die Bootsausflüge. Gelegenheit zu einer Inselrundfahrt. Die etwa 7 Kilometer lange Hauptinsel ist mit dem Fahrrad oder Mofa leicht zu umrunden, wobei Sie mit dem Fahrrad die Mittagshitze meiden sollten. Die Siedlungsschwerpunkte sind an der schöneren Westküste mit dem Hauptort Arutanga, der Schiffsanlegestelle, verschiedenen Kirchen, Banken, Post, mehreren kleinen Pensionen und dem Rapae Hotel sowie an der Ostküste, wo auch die Aitutaki Lodges liegen.

★ Arutanga

Erwarten Sie sich nicht zuviel von Arutanga. Ehe Sie sich versehen, sind Sie schon durchgefahren. Erwähnenswert sind die beiden mächtigen Bäume an der Hauptkreuzung, ein Flamboyant und ein Frangipani, unter deren Blütenpracht die Bewohner tagsüber Schatten suchen. Die große weiße Kirche am südlichen Dorfausgang liegt sehr malerisch mit einem Palmenhain und der blauen Lagune im Hintergrund.

Der flache südliche Teil der Insel mit seinen vielen Plantagen ist straßenmäßig nicht so gut erschlossen, weshalb Sie die Insel am besten auf der Höhe des Ortes Arutanga durchqueren. Ziehen Sie gemächlich durch die Dörfer, genießen Sie das geruhsame Leben ihrer Bewohner und lassen Sie sich von ihnen mit einem lässigen Wink grüßen.

Auf einem Motu von Aitutaki

Fototip

An der Nordwestküste der Insel, gegenüber dem Paradise Cove, führt ein zweispuriger Weg hinauf zum **Mt. Maungapu**, der höchsten Erhebung der Insel. Wenn Sie die 124 Meter Höhenunterschied am späteren Nachmittag erklimmen, haben Sie die Sonne für ein Postkartenbild von der Lagune im Rücken

Atiu

Atiu, die drittgrößte Cook Insel, liegt 187 Kilometer nordöstlich von Rarotonga. Die fünf Dörfer mit zusammen
rund 1.000 Einwohnern liegen im Gegensatz zu den übrigen Inseln alle im hügeligen Inselinneren. Geologisch
stellt die Insel eine Besonderheit dar: ein aus dem Meer
aufgestiegenes Atoll, dessen ehemaliges Riff und Lagune
nun als Wall und anschließende Bodensenke das erhabene Inselinnere umfassen und ihr so das Profil eines Hutes
geben. Der Wall um die Insel wird **Makatea** genannt, in

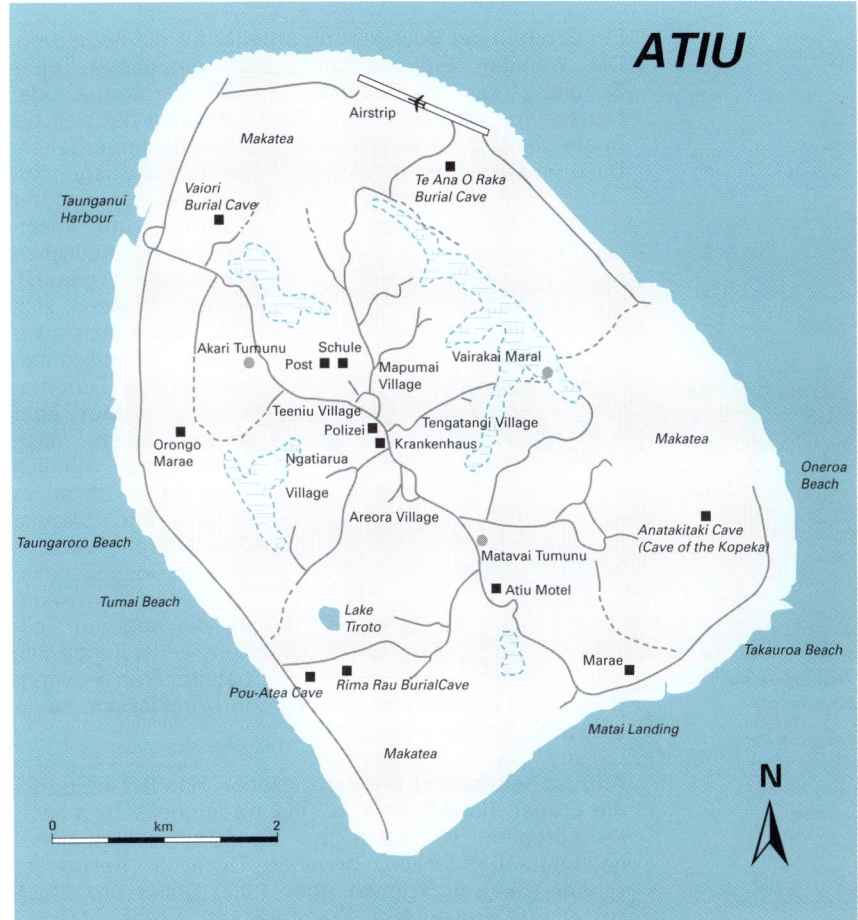

seinem Korallengestein sind viele zugängliche Kalksteinhöhlen, eine der Sehenswürdigkeiten der Insel. Das Makatea ist mit Regenwald überwachsen, was diesem Teil der
Insel einen besonderen landschaftlichen Reiz gibt. Eine
ähnliche Gelogie weisen Mauke, Mitiaro und Mangaia auf.

Atiu war in alten Zeiten wegen seiner Krieger gefürchtet,
die immer wieder die Nachbarinseln Mauke und Mitiaro
überfielen und unterwarfen. Diesen Umstand machten
sich die Missionare zunutze. Indem sie zunächst den
obersten Häuptling von Atiu bekehrten, fielen ihnen auch
die Nebeninseln schnell in den Schoß.

Ein Großteil der Bevölkerung arbeitet für die Regierung.
Die wenigen Einkommensquellen veranlassen viele
Schulabgänger auszuwandern, nach Rarotonga oder
Neuseeland. Von den alten Inseltraditionen hat sich bis
heute das Brauen von **Buschbier** aus Früchten erhalten.
Dazu wurde früher der Stumpf einer Palme ausgehöhlt
und als sogenannter
Tumunu zum Anset-
zen des alkoholischen
Getränkes genutzt.
Heute bedienen sich
die Buschbiertrinker
eines Plastikcontai-
ners. Eine Tumunu-
Sitzung verläuft aber
immer noch nach
altem Ritual, ähnlich
dem Kava-Trinken in
Fidschi und Samoa.
Das Getränk wird in
einer Kokosnußschale
von einem Mann reihum
an die anderen Teil-
nehmer der Runde aus-

Traditionelles
Segelkanu

geteilt. Früher waren
traditionell nur Männer zum Tumunu zugelassen, heute
sind auch Frauen willkommen.

Atiu ist bekannt für die auserlesenen Handarbeiten, die
die Frauen herstellen. Das sind traditionelle Bast- und
Korb-arbeiten, vor allem aber die farbenfrohen, hand-
genähten Bettdecken, genannt Tivaivais. Besonders
schöne Tivaivais können über 1.000 Dollar pro Stück
kosten und sind auch als Wanddekoration sehr gefragt.

Mauke, Mitiaro, Mangaia

Die drei Inseln der Südgruppe werden ebenfalls regelmäßig von Rarotonga aus angeflogen und haben begrenzte Unterkünfte für Touristen, die jeweils im voraus gebucht werden müssen. Seien Sie aber versichert, daß Sie gastfreundlich aufgenommen und kaum einen ruhigeren Aufenthaltsort finden werden.

Mauke

Die östlichste Insel der Gruppe hat rund 700 Einwohner, die von Kopra-Export und Viehzucht leben. Sie hat einige sehr schöne einsame Strände mit überdachten Picknickplätzen. Sehenswürdigkeiten sind die Kalksteinhöhlen, die durch ähnliche geologische Gegebenheiten

Maori-Götzen

wie auf Atiu entstanden sind, sowie einige Maraes. Es gibt zwei pensionsähnliche Unterkünfte.

Mitiaro

Nur knapp 300 Einwohner leben auf dieser Insel vom Bananen-Anbau und Fischfang. Es gibt einige Strände, Kalksteinhöhlen und Maraes zu besuchen. In einem kleinen Inlandsee leben Aale, eine nicht nur von Cook-Islandern geschätzte Delikatesse. Eine kleine Pension hat Platz für vier Personen.

Mangaia

Die südlichste der Cook-Inseln hat etwa 1.200 Einwohner. Ananas ist das wichtigste Anbauprodukt. Aus ihrem Saft wird der Mangaia Ara hergestellt, ein wohlschmeckender Obstschnaps. Auch auf Mangaia gibt es einige große Kalksteinhöhlen zu besichtigen. Ein großes Haus mit drei Schlafräumen wird als Unterkunft vermietet.

Tip

Weitergehende Informationen über diese Inseln finden Sie in der Literaturliste im Anhang. Einige Bücher sind auch auf Rarotonga erhältlich.

Die Nordgruppe

Die nördlichen Cook-Inseln sind ausschließlich niedrige Atolle, ähnlich denen der Tuamotus in Französisch-Polynesien. Sie liegen allerdings nicht so dicht beieinander, sondern sind durch Hunderte von Kilometern offenen Meeres isolierte kleine Landflecken.

Lange Zeit waren Sie nur mit kleinen, renovierungsbedürftigen Frachtern erreichbar – eine unbequeme Fahrt mit unsicherer Rückkehr, da diese nur alle sechs bis acht Wochen die Nordinseln besuchten. Auch heute besteht nur nach Manihiki regelmäßiger Flugverkehr. Pukapuka und Palmerston werden per Charter angeflogen. Abgesehen von gelegentlichen Yachtbesuchen und speziellen Kreuzfahrten kommen kaum Touristen auf diese Inseln. Wenn Sie es trotzdem versuchen wollen, müssen Sie sich mit viel Zeit und Geduld wappnen. Der Aufwand wird aber mit Sicherheit durch Erlebnisse belohnt, die niemand so schnell nachvollziehen kann.

Wegen ihrer literarischen beziehungsweise ökonomischen Bedeutung seien hier nur drei Atolle beschrieben. Informationen zu den restlichen finden Sie in der Literaturliste im Anhang.

Pukapuka

Hier lebte in den 20er und 30er Jahren der Amerikaner Robert Dean Frisbie als einziger Weißer unter einigen Hundert Eingeborenen. Für ein amerikanisches Magazin beschrieb er seine Erlebnisse, die dem Traum von der paradiesischen Südsee sehr nahe kamen. Die Bewohner von Pukapuka zeigten ihm ein Leben voller unschuldiger Naturverbundenheit, freier Liebe und ohne Existenzsorgen. Die im „Book of Pukapuka" zusammengefaßten Geschichten sind in Neuauflage als Taschenbuch erschienen. Frisbies Grab liegt im Friedhof der CICC-Kirche von Avarua auf Rarotonga.

Suwarrow

Hier überlebte Robert Dean Frisbie 1942 zusammen mit seinen drei kleinen Töchtern einen verheerenden Hurrikan. Um nicht durch die meterhohen Flutwellen von der flachen Insel gespült zu werden, band er sich und seine Kinder in der Krone eines Baumes fest. Angelockt durch Frisbies Bericht im Buch „Island of Desire" ließ sich 1952 der Neuseeländer **Tom Neale** auf Suwarrow aussetzen und verbrachte mehrere Jahre dort als Einsiedler. Auch er bekam seinen Hurrikan und schrieb ein Buch: „An Island to Oneself". Es wurde in Deutschland unter dem Titel „Meine Trauminsel" veröffentlicht und ist zum Kultbuch von Aussteigern und Südseeträumern aufgestiegen, auch wenn es keine großen literarischen Qualitäten aufweist. Tom Neales schmuckloses Grab finden Sie neben dem RSA-Club gegenüber des Flughafens in Rarotonga. Der Russe Mikhail Lazarev entdeckte das unbewohnte Atoll 1814 und benannte es nach seinem Schiff Suvarov.

Manihiki

Dieses Atoll hat zwar keine literarischen Paten aufzuweisen, dafür aber ein nicht zu unterschätzendes ökonomisches Potential. In der Lagune von Manihiki wachsen nämlich die seltenen schwarzen Perlaustern, aus deren Schalen die Eingeborenen schon immer Schmuck herstellten. Seit einigen Jahren werden sie zur kommerziellen Produktion **schwarzer Perlen** gezüchtet. Es bleibt abzuwarten, ob der von Lokalpolitikern und Geschäftsleuten versprochene Reichtum aber tatsächlich alle 500 Einwohner des Atolls erreichen wird. Schon sind die ersten innenpolitischen Streitigkeiten über seine Verteilung in vollem Gange.

Perlfarm in der Lagune

Niue

Geographische
Lage:
19° südl. Breite
169° westl. Länge
Inseln: 1
Landfläche: 258 km²
Meeresfläche:
270.000 km²

Niue heißt in der polynesischen Sprache soviel wie
„Schaut mal – Kokosnüsse!" So mancher frühe polynesische Seefahrer mag die Insel mit diesem Ausruf begrüßt
haben. Er war gewiß erstaunt darüber, daß auf einem so
unwirtlichen Stück Felsen mitten im Meer überhaupt
Kokospalmen wachsen. Noch viel größer muß die Über-
raschung gewesen sein, Menschen auf diesem einsamen
Eiland zu finden. Lange Zeit hieß Niue deshalb auch „die
allein stehende" oder „vergessene Insel".

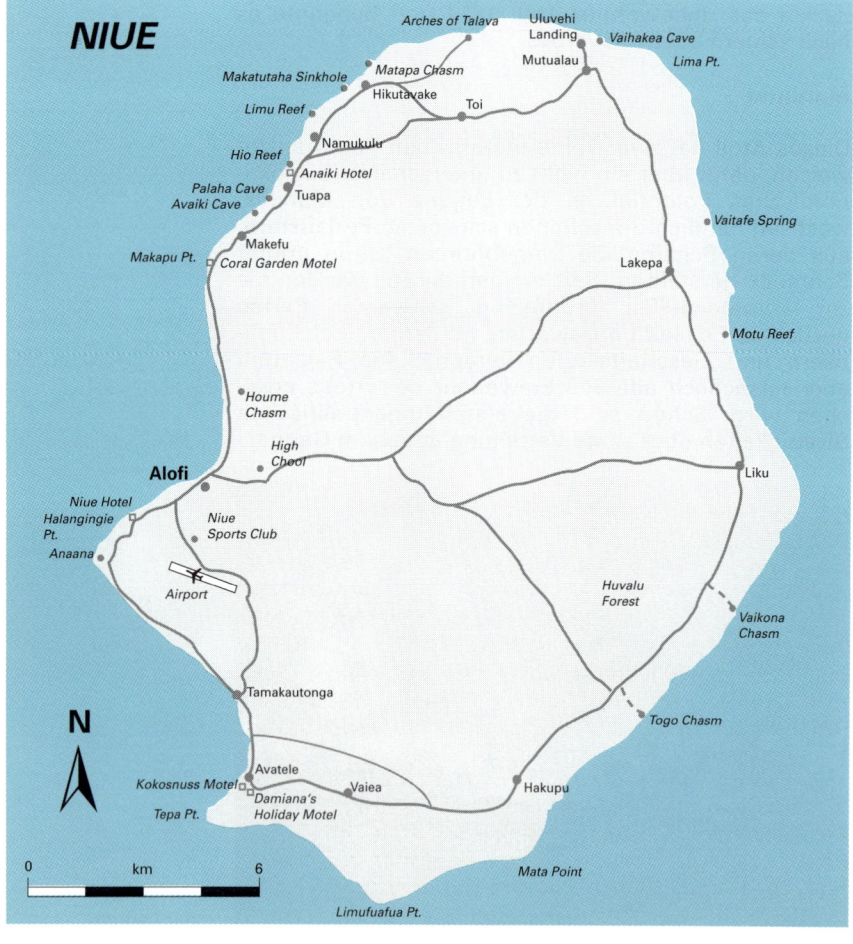

In punkto Tourismus trifft diese Bezeichnung heute noch zu. Niue liegt abseits der großen Reiserouten durch den Pazifik, oft vergessen oder übergangen von den Managern der Südsee-Reisen. Auf den ersten Blick hat Niue auch nicht viel zu bieten: schroffe Felsen, kaum Strände, keine großen Hotels. Aber gerade der Mangel an Attraktionen hat diesen Ort zu einer Art Geheimtip gemacht für diejenigen, die dem Tourismus in der Südsee so weit wie möglich ausweichen wollen. Wenn Sie also viel Einsamkeit und Ruhe und das einfache Leben einer kleinen Inselgemeinschaft suchen, ist Niue genau richtig.

Geographie

Niue liegt als einzelne Insel etwa in der Mitte des Dreiecks, das von den Inselgruppen Tonga, Samoa und den Cook-Inseln gebildet wird. Die 258 Quadratkilometer große Insel besteht aus einem ehemaligen Korallenatoll, das sich durch tektonische Bewegungen aus dem Meer erhoben hat. Es ist das größte dieser Art auf der Welt. Diese geologische Besonderheit verleiht der Insel ihr charakteristisches Aussehen mit steilen Felsklippen, Höhlen und Spalten an der Küste und einem aus alten Korallenfelsen bestehenden Landesinneren. Die 2.000 Bewohner Niues bezeichnen ihre Insel liebevoll als **„The Rock"**, den Felsen im Meer, an den sie sich klammern und von dessen kargem Boden sie leben.

Geschichte

Niue wurde zwischen 700 und 900 n. Chr. besiedelt und seit Beginn des 16. Jahrhunderts mehrmals von Tonganern erobert. Die Sprache der Bewohner ist deshalb mit der beider Volksgruppen verwandt. Captain Cook unternahm 1774 drei Landungsversuche, wurde jedoch von den Einwohnern feindlich empfangen und nannte die Insel deshalb „Savage Island", Insel der Wilden. Auch der Südsee-Missionar John Williams stieß 1830 auf Ablehnung. Erst einem konvertierten Niue-Insulaner namens **Peniamina** gelang es, einige seiner Landsleute zu bekehren. Dieses Ereignis wird heute noch im Oktober als Peniamina Day gefeiert. Im Jahre 1900 wurde Niue auf Ersuchen des damaligen Inselkönigs dem englischen Protektorat unterstellt und später neuseeländische Kolonie. 1974 erlangte Niue die Selbstverwaltung, blieb jedoch bis heute in freier Assoziation mit Neuseeland.

Politik, Wirtschaft, Soziales

Überblick

Niue

Einwohner:	*2.000, davon 95% Polynesier,*
Bevölkerungsdichte:	*9,7 Einwohner pro km²*
Sprache:	*Niue-Maori und Englisch*
Religion:	*75% Protestanten*
Hauptstadt:	*Alofi*
Staats- und Regierungsform:	*Selbstverwaltung in freier Assoziation mit Neuseeland. Parlamentarische Demokratie nach britischem Modell*
Währung:	*NZ$ = Neuseeland Dollar*
Wirtschaft:	*Tourismus, Landwirtschaft*
Handelspartner:	*Neuseeland*

Der politische Status Niues entspricht dem der Cook-Inseln: freie Assoziation mit Neuseeland. Die Bürger Niues sind gleichzeitig neuseeländische Staatsbürger, der Neuseeland-Dollar gilt als Landeswährung. Der Haushalt des Ministaates wird zu zwei Drittel von Neuseeland finanziert.

Feste Arbeitsplätze gibt es nur in der kleinen Verwaltung des Landes. Die Handelsbilanz ist mit einem Verhältnis der Importe zu den Exporten von 5:1 stark negativ. Mangels wirtschaftlicher Möglichkeiten ist ein Großteil der ehemaligen Bevölkerung nach Neuseeland ausgewandert, 12.000 leben dort, nur noch 2.000 im eigenen Lande. Viele Dörfer sind verlassen, leerstehende Häuser zeugen vom ungebrochenen Auswanderungstrend.

Die Zurückgebliebenen bauen Gemüse und Obst an. Da die Pflanzen in der dünnen Bodenschicht keinen richtigen Halt finden, führen Wirbelstürme und Trockenzeiten immer wieder zu Rückschlägen. Die wenigen Touristen, die sich nach Niue verirren, sorgen für ein kleines Nebeneinkommen durch die Vermietung von Unterkünften und die Organisation von Ausflügen. Da Neuseeland seine finanzielle Hilfe kontinuierlich kürzt, wird die kleine Inselbevölkerung bald auf eigenen wirtschaftlichen Beinen stehen müssen - mit dem Tourismus als einziger Perspektive.

Kultur

In Niue hat sich kein so ausgeprägtes Feudalsystem mit Clans und Häuptlingen entwickelt wie in Samoa oder Tonga. Ein Grund dafür mag die Isolation der Insel sein, ein anderer die Tatsache, daß es nie große Reichtümer zu verteilen gab. Das gesamte Land gehört den verschiedenen Familien, deren Zusammenhalt als größte Tugend gilt. Kunsthandwerk, Tänze und Gesänge ähneln denen anderer polynesischer Inseln, von einigen lokalen Eigenheiten abgesehen. Als Zeichen der Mannbarkeit wird den heranwachsenden Knaben der traditionelle Pferdeschwanz abgeschnitten. Die Entsprechung bei heranwachsenden Mädchen ist das zeremonielle Durchbohren der Ohrläppchen für Schmuck. Beide Zeremonien werden im Kreis der Familie und vieler Freunde gefeiert, ähnlich unserer Kommunion oder Konfirmation.

Inselrundfahrt

Eine Rundfahrt um die Insel ist etwa 70 Kilometer lang und dauert ohne längere Zwischenaufenthalte rund drei Stunden. Die meisten Unterkünfte bieten organisierte Fahrten und Ausflüge zu den Sehenswürdigkeiten an. Vor allem die vielen **Kalksteinhöhlen** sind nicht immer leicht zu finden, weshalb ein Führer immer zu empfehlen ist. Auch als Tauchrevier genießen die Gewässer um die Insel einen sehr guten Ruf. Die Klarheit

Schroffe Felsküste

des Wassers (über 30 Meter Sichtweite) und die reichhaltige Flora und Fauna sind ein Erlebnis.

★ Alofi

Der Hauptort der Insel erstreckt sich entlang der Straße an der Westküste, hat einen kleinen Hafen und einen Flugplatz im Landesinneren. Die meisten Unterkünfte und Geschäfte sind hier, ebenso ein kleines Museum und ein Cultural Center.

★ Avaiki Sea Cave und Palaha Cave,
Diese eindrucksvolle Kalksteinhöhle liegt 10 Kilometer nördlich von Alofi und bietet einen Wasserpool zum Schwimmen und Schnorcheln.

★ Hio Reef und Limu Reef
Weiter nördlich, kurz vor einer Straßengabelung, liegt am Hio Reef ein kleiner, von Felsen abgeschirmter Sandstrand. Hinter dem Dorf Namukulu führt ein kleiner Pfad zum Limu Reef, einem guten Schnorchelrevier mit vielen farbenprächtigen Korallenfischen.

★ Matapa Chasm und Arches of Talava
Diese beiden naturgeformten Sehenswürdigkeiten sind über eine Sackstraße zu erreichen, die im Norden der Insel von der Hauptstraße zur Küste hin abbiegt. Mapata Chasm ist eine tiefe Felsenschlucht mit einem Wasserpool, in dem früher die Königsfamilie von Niue badete. Ein Fußpfad führt zu den Felsbögen von Talava und einer ganzen Reihe von Tropfsteinhöhlen mit bizarr geformten roten und grünen Stalagmiten und Stalagtiten.

★ Vaikona Chasm
Die kathedralenartigen Höhlen von Vaikona an der Ostküste zählen zu den schönsten im ganzen Pazifik. Leider sind sie schwer zugänglich. Ihre Erkundung ist deshalb nur mit Führer zu empfehlen.

★ Togo Chasm
Etwas weiter südlich, nahe dem Dorf Hakupu, führt ein 20minütiger Fußmarsch ins Landesinnere, wo sich inmitten nackter Korallenfelsen eine große Spalte auftut. Auf dem sandigem Grund wachsen Kokospalmen und natürliche Wasserbassins laden zum Schwimmen.

Labyrinth aus
Höhlen und Pools

★ Huvalu Forest
Ein organisierter Ausflug bringt sie in den Regenwald an der Ostküste, der als Naturpark geschützt ist. Hier stehen viele Mahagoni-, Ebenholz- und Banyanbäume sowie pazifische Kastanien. Bei den Einheimischen gilt der Huvalu Forest übrigens als verwunschener Wald, aus dem schon mehrmals Wanderer nicht wiedergekehrt sind. Vermutlich haben sie sich aber nur verlaufen, denn er ist in weiten Teilen noch nicht erforscht, geschweige denn erschlossen.

Tonga

„Diese Inselgruppe habe ich die Freundlichen Inseln genannt,
besteht doch eine anhaltende Freundschaft
unter ihren Bewohnern,
und ihre Höflichkeit gegenüber Fremden
berechtigt sie zu diesem Namen."

James Cook 1773

Wer bei uns an Tonga denkt, erinnert sich sicher noch an den Deutschlandbesuch von **Taufa'ahau Tupou IV.**, dem gewichtigen König dieses kleinen Inselreiches in der Südsee. Seine 1979 ausgesprochene Einladung an alle Deutschen wurde von vielen Südseeträumern als Eintrittskarte ins Paradies mißverstanden. Die meisten, die damals Hals über Kopf nach Tonga auswanderten, sind ernüchtert zurückgekehrt. Ohne klare Vorstellung vom Verdienen des Lebensunterhalts geht eben auch im vermeintlichen Paradies das Geld schnell aus.

Die Tonganer können natürlich nichts für dieses Mißverständnis, das mehr die Naivität der Eingeladenen entlarvt. Im Gegenteil: Der von James Cook verliehene Name **„Friendly Islands"** trifft auf die Inseln und ihre Bewohner immer noch zu. Die Tonganer sind ein gastfreundliches, höfliches und zurückhaltendes Volk. Stolz beharren sie auf ihren Traditionen und lassen sich in ihrer geruhsamen Lebensweise von niemandem beeinflussen – vom Tourismus schon gar nicht, der freilich noch in den Kinderschuhen steckt. Nirgendwo sonst verstreicht die Zeit langsamer als in diesem verschlafenen Königreich am anderen Ende der Welt.

Auf den ersten Blick macht Tonga nicht den Eindruck eines Südseeparadieses. Die flache Hauptinsel **Tongatapu** hat weder spektakuläre Landschaften noch Traumstrände. Die Hauptstadt Nuku'alofa gleicht eher einer Westernsiedlung als der Residenzstadt einer Monarchie. Aber Tonga besteht ja nicht aus Tongatapu allein, sondern aus 150 anderen, über eine weite Meeresfläche verstreuten Inseln. Einige kleinere Inseln sind schon eine halbe Stunde Bootsfahrt vom Hafen entfernt. Deren Strände lassen keine Südseeträume offen.

Die Juwelen Tongas aber liegen im Norden: Die **Vava'u-Gruppe** ist eine eigene Inselwelt, die zu den schönsten der Südsee gehört und von Seglern bereits weltweit geschätzt wird. Unter Flugtouristen ist Vava'u jedoch noch weithin unbekannt, obgleich es verdient, Hauptziel eines Tonga-Aufenthaltes zu sein.

Die Insel **Eua** im Osten Tongatapus ist touristisch noch kaum erschlossen. Sie bietet ein ideales Trekking-Revier für Liebhaber unberührter Landschaften. Gleiches gilt für die Inseln der Ha'apai-Gruppe, auf halbem Wege zwischen Tongatapu und Vava'u, deren vielfältige Korallenriffe ein Geheimtip für Taucher sind.

Wer nicht auf der Hauptinsel Tongatapu hängenbleibt, sondern sich mit Boot oder Flugzeug zu anderen Ufern aufmacht, wird in Tonga auf seine Kosten kommen. Vertrauen Sie sich unseren Ratschlägen an.

Geographie

Die Inseln des Königreichs Tonga grenzen im Norden an Samoa und im Westen an die zu Fidschi gehörende Lau-Gruppe. Obwohl sie klar östlich des 180. Längengrads liegen, macht die internationale Datumsgrenze hier einen Knick und schlägt die Tonga-Inseln dem neuen Tag zu, während das benachbarte Samoa einen Tag zurückliegt (Näheres zur Datumsgrenze unter Geographie im Allgemeinen Teil).

Die rund 150 Inseln Tongas erstrecken sich in vier Gruppen von Süden nach Norden: **Tongatapu, Ha'apai, Vava'u** und **Niua**. Tongatapu heißt auch die größte Insel nicht nur der Südgruppe, sondern ganz Tongas, die zugleich Sitz der Hauptstadt und Regierung ist. Tongatapu und die Nachbarinsel Eua im Osten haben zusammen soviel Landmasse wie alle übrigen Inseln zusammen. Die Ha'apai-Gruppe liegt etwa 100 Kilometer weiter nördlich und besteht aus 36 kleinen, verstreuten Inseln und zahllosen Riffen. Die 34 Inseln von Vava'u gehören alle derselben Landmasse an und gruppieren sich dicht um die gleichnamige, buchtenreiche Hauptinsel. Die drei kleinen Inseln der Niua-Gruppe liegen isoliert fast 400 Kilometer nördlich von Vava'u an der Grenze der Hoheitsgewässer von Tonga und Samoa.

Geologisch gliedert sich Tonga in drei langgezogene Formationen, die in nordsüdlicher Richtung durch die Gruppe verlaufen. Im Osten liegt der bis zu 10.000 Meter tiefe

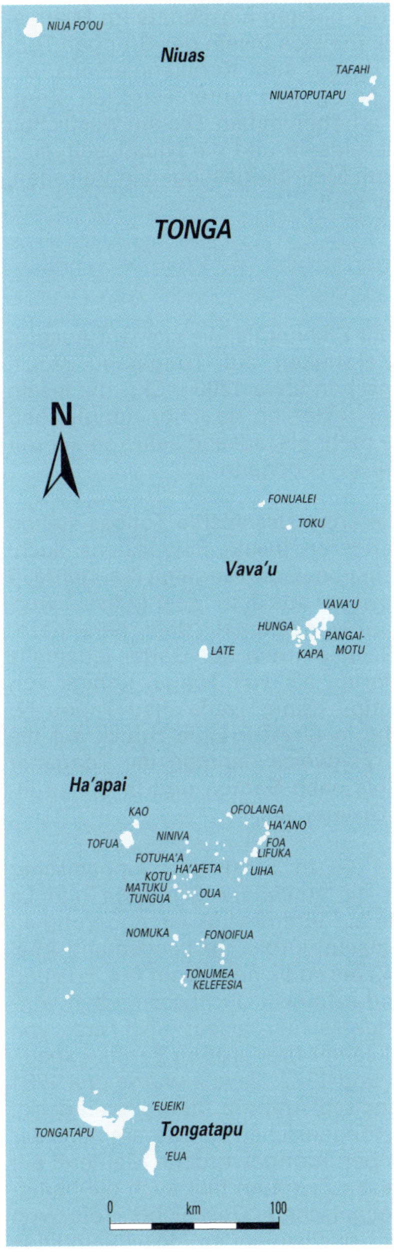

NIUA FO'OU

Niuas

TAFAHI

NIUATOPUTAPU

TONGA

N

FONUALEI

TOKU

Vava'u

VAVA'U

HUNGA

PANGAI-

LATE

KAPA MOTU

Ha'apai

KAO OFOLANGA

HA'ANO

NINIVA FOA

TOFUA LIFUKA

FOTUHA'A

KOTU HA'AFETA UIHA

MATUKU OUA

TUNGUA

NOMUKA FONOIFUA

TONUMEA

KELEFESIA

'EUEIKI

TONGATAPU **Tongatapu**

'EUA

0 km 100

Geographische
Lage: 15°-23°
südl. Breite
173°-177°
westl. Länge
Inseln: 150
Landfläche:
697 km^2
Meeresfläche:
362.000 km^2

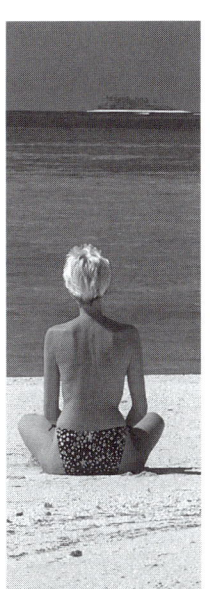

*Südseetraum
in Tonga*

Tonga-Graben, einer der tiefsten Einschnitte im Meeres-
boden des Pazifiks. Die meisten Inseln der Gruppen Tongatapu, Ha'apai und Vava'u sind Korallenplateaus, die
sich auf einem langgezogenen unterseeischen Bergrücken aus dem Meer erhoben haben. Die am westlichen
Rand Tongas liegenden Inseln und die Niua-Inseln sind
die Spitzen von aus dem Meer aufgestiegenen Vulkanen,
die zum Teil noch aktiv sind.

Geschichte

Nach wissenschaftlicher Erkenntnis, die sich auf Ausgrabungen der **Lapita-Keramiken** auf Tongatapu stützt,
haben die ersten Menschen etwa 1300 v.Chr. die Inseln
besiedelt. Allerdings ist unklar, ob sie schon der gleichen
Kultur angehörten, die mehr als tausend Jahre später mit
der Besiedelung Polynesiens begann.

Nachkommen der Götter

Am Anfang der überlieferten Geschichte Tongas stehen
Legenden, wie auf anderen Inseln Polynesiens auch.
Danach sollen die Inseln vom Gott Tangaloa (Tangaroa in
anderen Teilen Polynesiens) aus dem Meer gefischt worden sein - der Gott Maui wird ebenfalls dafür herangezogen. Die weltlichen Nachkommen der Götter jedenfalls
regierten die Inseln fortan als **Tu'i Tonga**, Könige von
Tonga. Auch der heutige König Taufa'ahau Tupou IV.
führt seine Ahnenreihe in direkter Linie zurück auf die
göttlichen Vorfahren. Zeitweise dehnten die Tonganer
ihren Einflußbereich bis nach Samoa und in die zu Fidschi gehörende Lau-Gruppe aus.

Europäische Entdecker

Die ersten Europäer, die in Sichtweite tonganischer
Inseln kamen, waren die Holländer **Schouten** und **Le
Maire**; 1616 fuhren sie auf ihrer Pazifikdurchquerung an
den nördlichen Niua-Inseln vorbei. Ihr Landsmann **Abel
Tasman** entdeckte 1643 die südlichen Inseln Ata, Eua und
Tongatapu. Umfassend erforscht und beschrieben wur-
den die meisten tonganischen Inseln aber erst von
James Cook während seiner drei großen Pazifik-Expedi-
tionen zwischen 1773 und 1777. Vava'u wurde erst 1781
von dem Spanier **Francisco Antonio Mourelle** entdeckt.
Im April 1789 brach in tonganischen Gewässern nahe der
Vulkaninsel Tofua die berühmt gewordene Meuterei auf
der Bounty aus. In diesem Zeitraum fällt auch die blutig-
ste Epoche der tonganischen Geschichte, die von
Stammeskriegen der rivalisierenden Inselhäuptlinge

beherrscht war. Als besonders blutrünstiger Eroberer tat sich der Häuptling der Ha'apai-Gruppe, **Finau Ulukalala II.**, hervor, der die Vava'u-Inseln im Norden und Tongatapu im Süden überfiel und zeitweise unter seine Kontrolle brachte. 1806 leitete er den Überfall von 300 Tonganern auf das englische Segelschiff **„Port au Prince"**, dessen gesamte Besatzung bis auf einen Überlebenden niedergemacht wurde. Verschont wurde der 15jährige **William Mariner**, der fortan Finaus weißer Berater wurde. Mit Mariners Hilfe und den erbeuteten Kanonen der Port au Prince beschoß und schleifte Finau die Befestigung des Häuptlings von Tongatapu.

Stammeskriege

Die ersten Missionare, 10 Mitglieder der **London Missionary Society**, gingen 1797 in Tongatapu an Land. Sie stießen auf blutrünstige Eingeborene, die in endlose Stammeskriege und Kannibalismus verstrickt waren. Drei der Missionare wurden getötet, sechs konnten mit vorbeifahrenden Schiffen nach Australien flüchten, einer lief zum Heidentum über. Die zweite Welle der Missionierung begann 1822. Noch immer ließen sich nur wenige Tonganer bekehren. Der Durchbruch gelang erst 1831 mit der Bekehrung des obersten Häuptlings der Ha'apai-Inseln, eines Mannes namens Taufa'ahau. Die Insulaner Ha'apais folgten seinem Beispiel und bald auch die der Vava'u-Gruppe, nachdem sich Taufa'ahau zu ihrem Oberhaupt aufgeschwungen hatte.

Ein Häuptling wird bekehrt

Die Häuptlinge von Tongatapu aber blieben widerspenstig und konnten nur in jahrelangem Kleinkrieg niedergerungen werden – einem „Kreuzzug mit Keule und Bibel", wie ihn ein Zeitgenosse beschrieb. An seinem Ende stand Taufa'ahau schließlich als unbestrittener Herrscher des unter dem Christentum vereinigten Tonga da. Er wurde Tu'i Tonga und nahm fortan, in Anlehnung an den damals regierenden englischen König George III., den Namen George Tupou I. an. Er regierte von 1845 bis 1893.

Kreuzzug mit Keule und Bibel

Straßenprediger in Nuku'alofa

**Feudale
Verfassung**

1862 erließ **George Tupou I.** eine Reihe von Gesetzen, die Häuptlinge und Untertanen rechtlich gleichstellten, die Untertanen von Fronarbeit und Zwangsabgaben freistellten und ihnen Land verfügbar machten. Ein Parlament wurde eingerichtet mit Vertretern der adligen und der unteren Klasse. Diese erste Gesetzgebung, die heute noch als „**Emancipation Day**" landesweit gefeiert wird, wurde 1875 zu einer Verfassung erweitert. Sie erklärte Tonga zur konstitutionellen Monarchie und verankerte ein Landrecht, das auf dem feudalen Lehenssystem basierte.

**Ein Missionar
geht in die
Politik**

Die Missionare, die den langen Kampf George Tupous I. um die Macht unterstützt hatten, genossen nun seine Früchte. **Reverend Shirley Baker**, ein langjähriger enger Berater des Königs, wurde 1880 Premierminister, nachdem er von seinem Kirchenamt zurückgetreten war. Er gewann immer mehr Einfluß über den alternden König und verfolgte mit puritanischer Härte alle Kirchensprengel, die sich nicht seiner Free Wesleyan Church of Tonga anschließen wollten. Schließlich griff der für den Westpazifik zuständige britische Hochkommissar ein und ließ Baker von Tonga deportieren.

**Deutsche
Siedler**

In der zweiten Hälfte des 19. Jahrhunderts ließen sich Siedler aus Europa und den USA in Tonga nieder, vor allem jedoch aus England und Deutschland. Die meisten deutschen Händler und Pflanzer gingen nach Vava'u und heirateten tonganische Frauen; ihre Nachkommen tragen noch heute deutsche Namen wie Hettig, Riechelmann und Sanft. Ein Nachkomme der Familie Sanft ist heute deutscher Honorarkonsul in Tonga. Das deutsche **Handelshaus Godeffroy & Sohn** eröffnete 1867 eine Filiale und führte eine neue Methode der Kopraproduktion ein. Godeffroy entwickelte sich bald zum größten Kopraexporteur Tongas, mit 24 Filialen auf verschiedenen Inseln. Eduard Becker, der erste Direktor der Godeffroy-Filiale

*Deutscher Friedhof,
Vava'u*

in Tonga, heiratete die tonganische Prinzessin Amelia Tupou und zeugte elf Kinder mit ihr. Er wurde später der deutsche Südsee-Generalkonsul mit Sitz in Samoa.

Tonga unterzeichnete zwischen 1876 und 1886 Freund-
schaftsverträge mit Deutschland, England und den USA,
um seine Unabhängigkeit zu bewahren und eine Koloni-
alisierung zu verhindern. Lange Zeit hielten sich deutscher und englischer Einfluß die Waage, wenngleich
König George Tupou II. (1893-1918) ein glühender Vereh-
rer des deutschen Kaiserreichs war. 1900 grenzten
Deutschland, England und die USA ihre pazifischen Ein-
flußgebiete ab, Deutschland bekam West-Samoa, Ost-
Samoa wurde American Samoa und Tonga britisches
Protektorat. Gegen Ende des Ersten Weltkrieges 1918
wurden auf Anweisung des britischen Konsuls die deutschen Unternehmen in Tonga geschlossen und der
Deutsch-Tonganische Freundschaftsvertrag annulliert –
sehr zum Leidwesen von George Tupou II., der im selben
Jahr starb.

**Deutsch oder
Englisch?**

Mit 18 Jahren trat seine Tochter Salote
Tupou III. die Nachfolge an. **Königin Salote**
war von imposanter Gestalt, fast 1,90
Meter groß und vielseitig gebildet. Sie
schrieb Gedichte und komponierte Lieder
in tonganischer Sprache, kümmerte sich
um die Erhaltung der tonganischen Tradition und gründete eine Frauenkooperative
zur Herstellung und zum Verkauf von Handarbeiten. Ihr königlicher Ehemann Prinz
Tungi führte als Premierminister die politischen
Geschäfte. Königin Salote regierte unumstritten 47 Jahre
bis zu ihrem Tod 1965; sie wurde von ihrem Volk inbrünstig geliebt und wird bis heute verehrt.

**Eine Königin
für das Volk**

Ihr Sohn Taufa'ahau Tupou IV., der heute noch herr-
schende Monarch, wurde 1965 mit 47 Jahren zum
König gekrönt. Er war bereits seit 1942 Premierminister und einer der ersten Tonganer seiner Zeit mit
Hochschulabschluß; er studierte Kunst und Jura. Unter
seiner Führung erlangte Tonga 1970 durch Beendigung des britischen Protektorates endgültig die Unabhängigkeit und Mitgliedschaft im Commonwealth.
Taufa'ahau Tupou IV. entwickelte seitdem eine Außen-
politik, die zwischen den Großmächten laviert und
gute Beziehungen zu allen Staaten und potentiellen
Investoren sucht. Innenpolitisch jedoch gerät die Monarchie zunehmend unter den Druck einer breiten
Oppositionsbewegung, die mehr demokratische Rechte und mehr Volksvertreter im Parlament fordert.

**Taufa'ahau
Tupou IV.**

Politik, Wirtschaft, Soziales

Überblick

Tonga

Einwohner:	*95.000, davon 99% Polynesier,*
Bevölkerungsdichte:	*136 Einwohner pro km²*
Sprache:	*Englisch und Tonganisch*
Religion:	*65% Methodisten, 15% Katholi ken, 12% Mormonen, Rest: Adventisten, Zeugen Jehovas etc.*
Hauptstadt:	*Nuku'alofa*
Flagge:	*Rot mit rotem Kreuz auf weißem Grund links oben.*
Staats- und Regierungsform:	*Konstitutionelle Monarchie*
Währung:	*T$ = Pa'anga*
Wirtschaft:	*Tourismus, Landwirtschaft, Kleinindustrie*
Handelspartner:	*Neuseeland, Australien, USA, Fidschi*

Der letzte Südseekönig

Buchtip

„Pathways to the Tongan Present" von Kurt Düring. Diese Broschüre enthält viele interessante historische Fotos, u.a. von deutschen Siedlern in Tonga. Erhältlich im Family Christian Bookshop und im Friendly Islander Bookshop.

Das Königreich Tonga ist das letzte Königreich im Südpazifik und war als einziger Inselstaat niemals eine Kolonie. Nirgendwo sonst identifiziert sich das Volk noch so sehr mit seinem Staatsoberhaupt. Obwohl Tonga theoretisch eine **konstitutionelle Monarchie** nach englischem Vorbild ist, üben der König und seine Familie im Vergleich zum englischen Königshaus nahezu absolute Macht aus. Alle Kabinettsmitglieder werden vom König ernannt und bleiben bis zu ihrer Pensionierung im Amt. Diese und andere hohe

Das königliche Wappen

Regierungsposten werden zum Großteil mit Mitgliedern der königlichen Familie und des Adels besetzt. In allen wichtigen Entscheidungen hat der König ein Vetorecht.

Premierminister ist der Bruder des Königs, Außen- und Verteidigungsminister sein Sohn, Kronprinz Tupoutoa. Die 13 Minister und der König bilden zusammen den

Staatsrat. Das gesetzgebende Parlament setzt sich zusammen aus den Kabinettsmitgliedern sowie sieben Vertretern des Adels und neun Volksvertretern, was dem Adel eine beruhigende Mehrheit sichert. Die Vertreter des Adels und des Volkes werden alle drei Jahre gewählt. Parteien gibt es nicht.

Das lange Zeit stabile Machtgeflecht aus Königshaus, Adel und der staatstragenden methodistischen Kirche wird jedoch immer mehr herausgefordert. Eine wachsende Opposition unter Führung des Volksvertreters **Akilisi Pohiva** kämpft für eine bessere parlamentarische Repräsentation des gemeinen Volkes und demokratische Kontrolle der Staatsorgane. Dabei richtet sich die Kritik nicht so sehr gegen den König und die Monarchie selbst, sondern gegen Korruption und Vetternwirtschaft innerhalb der Adelsklasse und der Königsfamilie.

Das Volk rumort

Die Wirtschaft Tongas ist noch weithin von landwirtschaftlicher Selbstversorgung geprägt, exportiert werden lediglich in kleinem Umfang Kürbisse, Bananen und Vanille; die Kopraproduktion liegt darnieder. Die Versuche zum Aufbau einer Kleinindustrie stecken noch in den Kinderschuhen. Größter Hoffnungsträger ist der Tourismus, der immerhin schon so viel Geld ins Land bringt wie alle Exporte zusammen. Dennoch ist die Handelsbilanz besorgniserregend negativ.

Wirtschaft in Kinderschuhen

Die größte Einnahmequelle bilden Geldüberweisungen von ausgewanderten Tonganern an ihre zurückgebliebenen Familienangehörigen. Die rund 30.000 zum größten Teil in Neuseeland lebenden Tonganer schicken soviel Geld an ihre Verwandten in Tonga wie der gesamte Staatshaushalt ausmacht. Entwicklungshilfe zur Finanzierung größerer Projekte wird – auch hier ist Tonga kein Einzelfall - von allen Geberländern dankend angenommen.

In seiner Art einmalig und nach wie vor entscheidend für das soziale Gefüge ist das tonganische Landrecht. Alles Land gehört per Verfassung dem König, weite Teile davon wurden als Erblehen an die 33 Adelsfamilien vergeben, die es ihrerseits den gemeinen Tonganern zur Bewirtschaftung verpachten. Jeder Tonganer über 16 hat das Anrecht auf 3,4 Hektar Land, für das er eine minimale Pacht zu zahlen hat. Außerdem muß er nach dem Buchstaben des über hundert Jahre alten Gesetzes innerhalb von zwölf Monaten 200 Kokospalmen darauf pflan-

Jedem Tonganer ein Stück Land

*Tonganische
Briefmarke*

zen und bewirtschaften. Natürlich reicht das Land längst nicht mehr aus, um alle Ansprüche zu befriedigen. Nur die hohe Auswanderungsquote und eine Regelung, nach der Land wieder an die Krone zurückfällt, wenn der Pächter stirbt, seine Pacht nicht zahlt oder das Land nicht bewirtschaftet, lindern die Situation etwas. Eine Beschneidung dieses alten tonganischen Landrechtes scheint unausweichlich.

Schulpflicht besteht in Tonga zwischen sechs und 14 Jahren, die Grundschule ist kostenlos. Es gibt eine Außenstelle der University of the South Pacific sowie eine weit über Tonga hinaus geschätzte Privathochschule, das **Atenisi Institute**. Von deutscher Entwicklungshilfe wird eine Marineschule finanziert, in der Tonganer einen handwerklichen Beruf erlernen und zu Matrosen für die Handelsschiffahrt ausgebildet werden.

**Bevölkerungs-
zuwachs**

Zu den größten sozialen Problemen gehört der schnelle Bevölkerungszuwachs. Unter König Taufa'ahau VI. wurde zwar Familienplanung mit kostenlosen Verhütungsmitteln eingeführt, aber die großzügige Empfehlung einer Beschränkung auf vier Kinder pro Familie hat das Problem bisher nicht lösen können.

Kultur

Die Tonganer gehören zum polynesischen Kulturkreis, weshalb viele Sitten und Bräuche denen anderer polynesischer Inseln ähneln (siehe Kultur im Allgemeinen Teil). Vor allem besteht eine enge kulturelle Verwandtschaft zum nördlichen Nachbarn Samoa, aber auch vom melanesischen Fidschi, das im Nordwesten angrenzt, wurden einige Bräuche angenommen.

Faka Tonga

Die tonganische Lebensweise wird unter dem Begriff „Faka Tonga" zusammengefaßt. Faka Tonga beinhaltet fundamentale Wertbegriffe wie Loyalität, Respekt und Pflichten, die alle Beziehungen zwischen Königsfamilie, Adel und Volk regeln. Ranghöheren wird mit tiefer Ehrerbietung begegnet, in Anwesenheit von Mitgliedern der Königsfamilie bewegt sich der Tonganer nur in gebückter Haltung.

Eine tonganische Eigenheit ist die Landestracht. Männer wie Frauen tragen über dem Wickelrock beziehungsweise dem Kleid eine um die Hüfte gewickelte Matte, die sogenannte **Ta'ovala**, die aus Pandanusblättern geflochten ist. Machart und Größe variieren je nach Status des Trägers und auch nach der Festlichkeit des Anlasses vom kurzen Überröckchen bis zu monströsen sackförmigen Gebilden, die bei jeder Bewegung geräuschvoll knistern und rascheln. Über den Komfort eines solchen Kleidungsstückes läßt sich streiten, aber

Tonganischer Geschäftsmann

**Eine Bast-
matte als
Statussymbol**

Tradition ist eben Tradition. Wie eine bayerische Lederhose, die ja auch mit zunehmendem Alter an Wert gewinnt, wird so manche Ta'ovala von Generation zu Generation weitervererbt, bis sie nur noch aus Fragmenten besteht. Die jüngere Generation begnügt sich heute aus Bequemlichkeit oft mit einem eher symbolischen leichten Flechtwerk.

Auffallend viele Tonganer tragen schwarze Kleidung unter der Ta'ovala, was angesichts des Klimas auch nicht gerade praktisch erscheint. Das liegt an der langen Trauerzeit, die je nach Verwandtschaftsgrad des Verstorbenen bis zu sechs Monate dauern kann. Da auch das tonganische Gesellschaftssystem noch weitgehend aus Großfamilien mit mehreren hundert Mitgliedern besteht, tritt der Trauerfall entsprechend oft ein. Ins Auge fallen auch die tonganischen Gräber, deren Sandhügel mit bunten Tüchern und Girlanden dekoriert sind.

**Schwarze
Kleider, bunte
Gräber**

Ausdruck der tiefen Religiosität in Tonga verwurzelt ist auch die absolute Sonntagsruhe. Keinerlei öffentlicher Verkehr, Geschäftstätigkeit oder Sport ist am Sonntag zugelassen, Ausnahmen gelten nur für den touristischen Bereich. Ein Besuch in einer tonganischen Kirche lohnt sich allemal wegen der ergreifenden Gesänge der Einheimischen.

Begräbnis in Nuku'alofa

**100.000
Schweine**

Nach dem Sonntagsgottesdienst bereiten die tonganischen Familien ein großes Festmahl im Erdofen zu, dem sogenannten **Umu** (siehe dazu Kultur im Allgemeinen Teil). Schätzungsweise 2.000 bis 3.000 Ferkel werden dafür jede Woche in Tonga geschlachtet. Wie in Samoa werden auch in Tonga Schweine als Fleischlieferant hochgeschätzt. Rund 100.000 gibt es davon im Lande, ebenso viele wie Einwohner. Die munteren Ferkel, die überall im Dorf frei herumlaufen, sind typisch für den tonganischen Lebensstil. Schweinefleisch und Kassava, die bevorzugte Wurzelfrucht, sind Hauptbestandteile des tonganischen Speisezettels, dessen kalorienreiche Einseitigkeit mitverantwortlich für die weitverbreitete Überernährung ist.

Weiblicher Solotanz

Wie in Fidschi und Samoa wird auch in Tonga **Kava** getrunken, der hellbraune, leicht narkotisierende, aus der Pfefferwurzel gepreßte Saft (mehr darüber unter Fidschi Kultur). Trinksitzungen um die holzgeschnitzte Kava-Schüssel, bei denen der Trank von Frauen zubereitet und den Männern in Kokosnußschalen gereicht wird, dienen oft als Sammelaktionen für wohltätige Zwecke oder füllen den Kirchensäckel.

Die tonganischen **Tänze** ähneln denen Samoas. Sie sind weniger temperamentvoll und sinnlich als die auf den Cook-Inseln und Tahiti beliebten Trommeltänze. Typisch dafür sind zum Beispiel Sitztänze, bei denen die Frauen im Schneidersitz nur Hände und Oberkörper bewegen. Bei anderen Tänzen treten Männer und Frauen in Reihen geordnet auf und bewegen sich simultan im langsamen Rhythmus der Lieder. Schneller und aggressiver sind die von Männern aufgeführten Kriegstänze, bei denen spatenförmige Holzkeulen geschwungen werden. Die traditionellen Kostüme sind meist aus Pandanusblättern geflochten und mit Muscheln und Blumen geschmückt. Bei besonderen Anlässen kommt ein weiblicher Solotanz zur Aufführung, für den die Tänzerin ihre Haut mit Kokosnußöl einreibt. Es ist Sitte, ihr während des Tanzes als Zeichen der Anerkennung Geldscheine auf die öligen Schultern, Arme und Beine zu kleben. Wo und wann Tänze für Touristen aufgeführt werden, können Sie im Serviceteil nachlesen.

Nicht selten werden weibliche Solotänze auch von Transvestiten und Homosexuellen aufgeführt. Es gibt auffallend viele von diesen **Fakaleiti**, wie man sie in Tonga nennt. Sie werden von der Allgemeinheit als nahezu selbstverständlich akzeptiert. Eine Erklärung für ihre Häufigkeit liegt in der Art der familiären Erziehung. Männliche Kinder werden oft wie Mädchen erzogen, um mehr Helfer im Haushalt zu haben, da diese Arbeit nur Frauen vorbehalten ist.

Das dritte Geschlecht

Das tonganische Kunsthandwerk ist vor allem bekannt für seine kunstvollen Tapa-Arbeiten, die zu einer Art Nationalsymbol geworden sind. Obwohl Tapa auch in Fidschi und anderen Inseln des Südpazifik hergestellt wird, haben die Tonganerinnen darin die höchste Kunstfertigkeit entwickelt. Tapa wird aus der **Rinde des Maulbeerbaumes** hergestellt, deren untere weiche Schicht breitgeklopft und zu filzähnlichen Stoffen verbunden wird. Auf diese Stoffe werden schwarze, braune und rote Muster aufgemalt. Die Größe solcher dekorativer Tapa-Stoffe reicht von der einer Tischdecke bis zu Bahnen von mehreren hundert Metern Länge, wie sie vor allem für große Feierlichkeiten und als Geschenke an hochgestellte Persönlichkeiten hergestellt werden.

Tapa

Als Souvenir zu empfehlen sind auch die Schmuckarbeiten aus schwarzer Koralle, die hier in Tonga weit verbreitet sind. Vorsicht ist allerdings geboten wegen billiger Imitationen aus geschwärztem Holz. Das übrige Kunsthandwerk, wie zum Beispiel Flechtarbeiten sind hier wesentlich feiner und vielfältiger als auf den meisten anderen Inseln.

Schwarze Koralle

Tonganisch gehört zu einer Sprachfamilie, die Austronesisch oder Malayisch-Polynesisch genannt wird. Diese Bezeichnung schließt Sprachen ein, die auf Madagaskar und östlich von den Osterinseln vorkommen. Früher waren sie sich ähnlicher, aber einige Wörter haben sich bis heute nicht geändert, so daß Fidschianer, Tonganer und Malayen sich trotz verschiedener Sprachen verstehen können.

Sprache

Die tonganische Sprache wurde Anfang des 19. Jahrhunderts von Missionaren der Wesley-Kirche niedergeschrieben. Das damals entwickelte Alphabet ist heute noch gültig. Englisch wird zwar in den Schulen unterrichtet, jedoch ist der Wortschatz der meisten Tonganer sehr begrenzt.

Außer den fünf Vokalen hat das tonganische Alphabet nur noch elf weitere Buchstaben. Ähnlich wie in Fidschi und Samoa gibt es den Buchstaben g nur in Verbindung mit n, und im Gegensatz zu Fidschi, wo n nur gesprochen, aber nicht geschrieben wird, ist in Tonga ng ein Buchstabe.

f	*f*
ng	*wie in singen*
h	*h*
k	*k, manchmal g*
l	*l, auch statt r*
m	*m*
n	*n*
p	*p, manchmal b*
s	*s, manchmal sch*
t	*t, manchmal d*
v	*v*

Statt r wird l und statt des englischen th – f verwendet.

Einige Wörter und Redewendungen:

Guten Tag	*Malo e lelei*
Auf Wiedersehen	*'Alu a (zu einer Person)*
Wie geht es Ihnen	*Fefe hake?*
Danke, gut	*Sai pe, malo*
Danke	*Malo*
Vielen Dank	*Malo 'aupito*
Ja	*'Io*
Nein	*'Ikai*
Frau	*Fefine*
Mann	*Tangata*
Freund	*Kaume'a*
Prost	*'Ofa atu*
Haus	*Fale*
Hotel	*Fale tali-fononga*
Restaurant	*Fale kai*
Erdofen	*Umu*
Marinierter Fisch	*Ota ika*

Buchtip

„**Some useful Tongan words and phrases**" ist eine kostenlose Broschüre, die einen kleinen Einblick in die tonganische Sprache gibt. Sie ist im Visitor Bureau erhältlich.

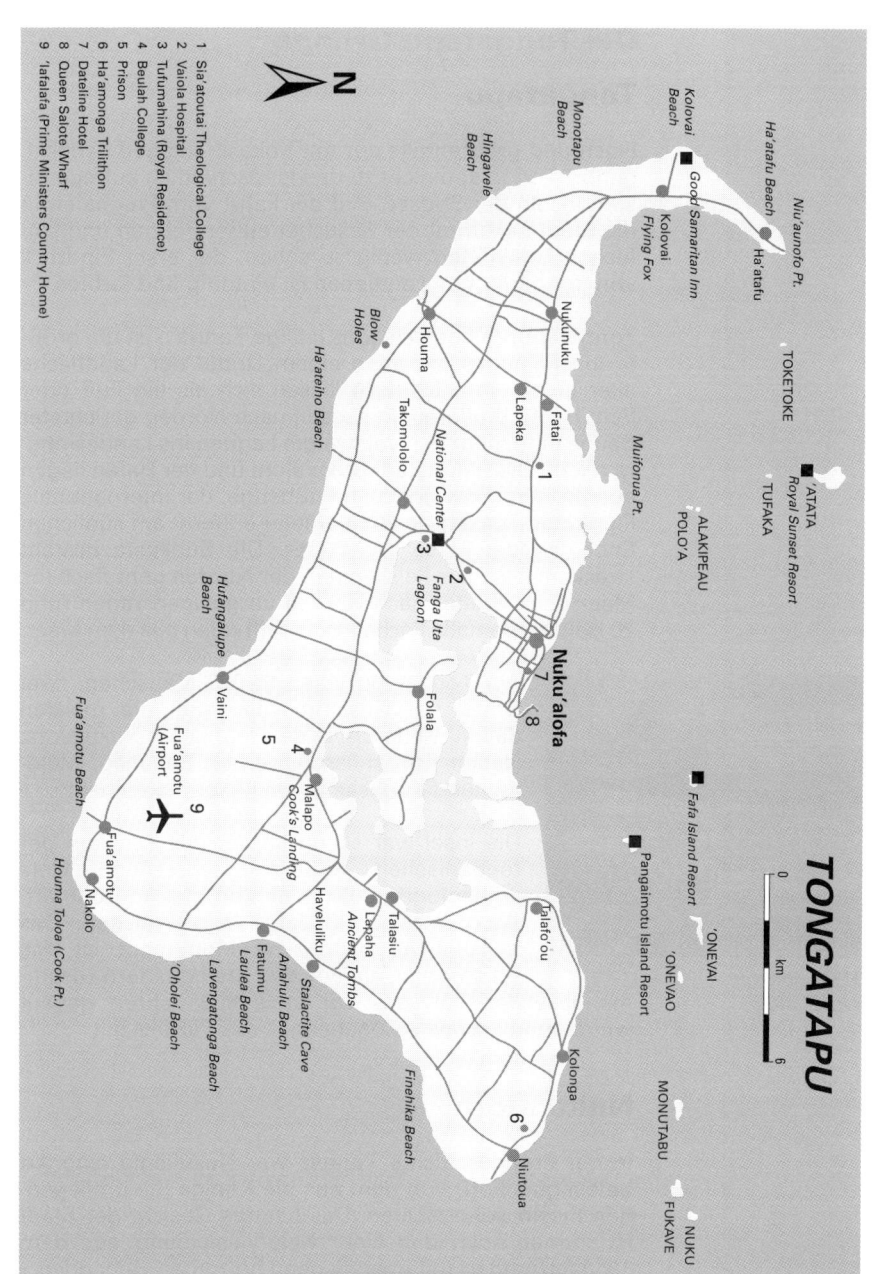

TONGATAPU

1 Sia'atoutai Theological College
2 Vaiola Hospital
3 Tufumahina (Royal Residence)
4 Beulah College
5 Prison
6 Ha'amonga Trilithon
7 Dateline Hotel
8 Queen Salote Wharf
9 'Iafaiafa (Prime Ministers Country Home)

N

0   km   6

Die Tongatapu-Gruppe

Tongatapu

Flach und größtenteils nur mit Kokosplantagen bedeckt, gehört Tongatapu nicht zu den landschaftlich aufregendsten Inseln der Südsee. Auf der Fahrt vom Flughafen in die Stadt bekommt der Besucher außer Palmen und einfachen Holzhütten wenig zu sehen, der erste Eindruck vom tonganischen Landleben ist eintönig und farblos.

Tongatapu, zu deutsch „das heilige Tonga", ist die größte Insel Tongas mit etwa einem Drittel der Landfläche aller Inseln. Ihre Umrisse lassen sich als ein Fuß oder Schuh interpretieren, in dessen nach Norden gerichteter Beuge eine mehrfach verzweigte Lagune ins Landesinnere reicht. Die Hauptstadt Nuku'alofa und der Hafen liegen ebenfalls in der nördlichen Fußbeuge, der internationale Flughafen Fua'amotu 20 Kilometer entfernt am südlichen Ende, an der Ferse des Fußes. Die Südküste besteht streckenweise aus Felsklippen, der Norden geht flach ins Meer über. Weiter nach Norden vorgelagert ragen rund 20 kleine, ebenfalls flache Inseln Riffbögen aus dem Meer.

*Wegweiser in
Nuku' alofa*

Auf Tongatapu leben 65.000 Menschen, zwei Drittel der Gesamtbevölkerung, die meisten davon wiederum in der Hauptstadt Nuku'alofa. Neben Kokosnüssen werden Bananen, Melonen und Kürbisse für den Export angebaut.

Die Insel war schon immer das Zentrum der tonganischen Kultur. Entsprechend viele archäologische Stätten sind hier konzentriert, die bis zu 2.500 Jahre zurückreichen. Das bekannteste historische Monument ist das Ha'amonga, ein aus drei Steinquadern zusammengesetztes Tor, das vor etwa 800 Jahren gebaut wurde, und als das „Stonehenge" des Pazifiks gilt.

Nuku'alofa

In der Frühgeschichte Tongas war Nuku'alofa eine Art befestigtes Fort, von dem aus die Könige die umliegenden Inseln beherrschten. Das heutige Gesicht der Stadt ist immer noch das einer Kolonialsiedlung aus dem 19. Jahrhundert mit überwiegend hölzernen Gebäuden.

Wahrzeichen der Stadt ist der **Königspalast**, der 1867 aus in Neuseeland vorgefertigten Holzteilen errichtet wurde. Das Grundstück ist für die Öffentlichkeit nicht zugänglich und wurde kürzlich mit einem hohen Maschenzaun umgeben, um neugierige Touristen fernzuhalten. Böse Zungen behaupten jedoch, Hauptzweck des Zaunes sei der Schutz vor möglichen Demonstrationen gegen die in letzter Zeit an Popularität verlierende Königsfamilie.

Königspalast, Nuku'alofa

Vor dem Königspalast geht die **Vuna Wharf** ins Meer hinaus, jedoch wurde diese alte Schiffsanlegestelle durch neuere Kaianlagen weiter östlich abgelöst. Die gesamte Uferbefestigung vom Königspalast entlang der Vuna Road bis zur **Queen Salote Wharf** wurde von deutscher Entwicklungshilfe finanziert, die lange Reihe von Straßenlampen an dieser nachts wenig befahrenen Straße scheint jedoch etwas deplaziert. An der **Faua Jetty** legen kleinere Fischerboote an sowie die Boote, die zu den vorgelagerten Inselresorts wie Fafa oder Royal Sunset fahren. Hier ist auch ein **Fischmarkt**, an dem Sie in den frühen Morgenstunden frischen Fang kaufen können. Mehr Glück werden Sie allerdings an der Vuna Wharf haben. Die Queen Salote Wharf ist für Frachtschiffe, Kreuzfahrer und Fähren reserviert. Das rotweiße Fährschiff M. V. Olovaha wurde mit deutschen Geldern gebaut.

An der Vuna Road finden Sie unter anderem das **Tonga Visitors Bureau**, das International Dateline Hotel und einige kleine Pensionen. Das Visitors Bureau in einem traditionellen tonganischen Fale hält Informationen über Ausflüge und Veranstaltungen bereit, hier bekommen Sie auch eine Unterkunftsliste mit aktuellen Preisen.

An der Ecke der Vuna Road zur stadteinwärts führenden Taufa'ahau Road, einer der Hauptstraßen Nuku'alofas, ist der alte Steinbau des Schatzamtes mit der Aufschrift „Treasury".

Weiter stadteinwärts an der Taufa'ahau Road steht wiederum ein altes Steingebäude, das Prime Minister's Office mit einem modernen Anbau, in dem das Außen- und Verteidigungsministerium untergebracht sind. Hier können Sie immer eine der 24 Mercedes-Limousinen stehen

Fototip

Obwohl der Zaun jetzt den besten Blick auf den Königspalast versperrt, kommen Sie an der Westseite nahe genug heran, um durch das rote Eisentor ein gutes Foto zu schießen.

sehen, die der König für sich und hohe Regierungsvertre-
ter, die gleichzeitig Mitglieder der Königsfamilie sind,
geordert hat. Alle werden von einem ausgewanderten
deutschen Automechaniker gewartet, dessen Mercedes-
Werkstatt fast ausschließlich von den königlichen Aufträ-
gen lebt. Allerdings werden alle diese Staatskarossen bar
bezahlt und nicht durch Entwicklungshilfe finanziert.

Der König selbst wird allerdings, von offiziellen Anlässen
abgesehen, meist in einem großräumigen Kastenwagen
chauffiert, der ihm ein bequemeres Ein- und Aussteigen
erlaubt. Wenn Sie eine Polizei-Eskorte mit Sirene durch
Nuku'alofa fahren sehen, können Sie sicher sein, daß der
König oder sein Kronprinz unterwegs sind. Dank regelmäßiger sportlicher Betätigung, wie Radfahren und
Rudern, ist das königliche Leibgewicht in den letzten Jahren erheblich geschrumpft.

Gegenüber dem Prime Minister's Office sind die Gebäude der Bank of Tonga und der Post. Weiter Richtung Zentrum entlang der Taufa'ahau Road sowie an der sie kreu-
zenden Salote Road sind die wichtigsten Geschäfte,
Reiseagenturen und die Büros der Fluglinien. Der **Talamahu Markt** mit frischem Obst und Gemüse sowie der
Supermarkt Morris Hedstrom liegen ebenfalls dicht beieinander an der Salote Road.

Erwähnenswert sind die **Royal Tombs**, die königlichen
Gräber, etwas außerhalb des Stadtkerns. Die Anlage
darf zwar nicht betreten werden, doch lassen sich die
hohen Monumente, die die Gräber der tonganischen
Könige seit 1893 markieren, gut von der Straße aus fotografieren. An der Vuna Road westlich des Königspalastes
ist die Residenz des britischen High Commissioners, ein
sehr schönes, gepflegtes Kolonialgebäude. Die vier alten

Königliche Gräber

NUKU'ALOFA

1 Royal Palace
2 Bank of Tonga
3 Post
4 Parliament House
5 Polizei
6 Markt & Busterminal
7 Visitor Bureau

8 Dateline Hotel
9 Cable & Wireless
10 Inter Island Ferries
11 German Consulate
12 Royal Tombs
13 Basilica of St. Anthony of Padua
14 National Centre & Handicraft

Kanonen im Vordergrund stammen von dem britischen Schiff Port au Prince, das im vergangenen Jahrhundert von Tonganern in Ha'apai überfallen wurde.

Unübersehbar in Nuku'alofas Architektur sind die bombastischen Steinbauten der Kirchen unterschiedlicher Religionen. Vor allem die grauen Betonburgen der verschiedenen methodistischen Zweigkirchen sollen wohl mehr die Unerschütterlichkeit der jeweiligen Glaubensrichtung unterstreichen als durch architektonische Feinheiten auffallen. Spötter bezeichnen diese spezielle tonganische Stilrichtung auch als polynesische Gotik. Ein Unikum ist auch der Rundbau der katholischen **Basilika** mitten in der Stadt, die eine öffentliche Bibliothek, Büroräume und ein Restaurant beherbergt.

Inselrundfahrt

Tongatapu weist eine Reihe historischer Stätten und Naturphänomene auf. Die organisierten Inselrundfahrten unterscheiden zwischen einer jeweils halbtägigen Tour für den Ost- und für den Westteil der Insel. Eine Auswahl der wichtigsten Sehenswürdigkeiten läßt sich aber auch an einem Tag machen, sei es nun organisiert oder selbständig mit dem Mietwagen. Die Beschilderung ist relativ gut, allerdings sind die Straßen, abgesehen von der großen Ost-West-Tangente und zum Flughafen, nicht asphaltiert und in schlechtem Zustand.

Ostteil

★ Fanga Uta Lagoon
Am Rande der großen Binnenlagune siedelten die ersten Bewohner Tongas, die zur Lapita-Kultur gehörten und von deren charakteristischen Töpfereiarbeiten hier Reste gefunden wurden. Die Lapita-Siedler kamen um das 12. und 13. Jahrhundert aus Fidschi und sind die direkten Vorfahren der heutigen Tonganer und Samoaner.

Handarbeiten im Tonga National Center

★ Tonga National Center
Noch in den Außenbezirken der Stadt Nuku'alofa kommen Sie links von der Hauptstraße an einer Reihe großer Holzbauten mit gewölbtem Schindeldach vorbei – dem Tonga National Center, einer Art Museum tonganischer Kultur. Hier gibt es täglich ab

Mittag ein Programm mit Führungen und Tanzshows, das Sie beim Visitor Bureau erfahren können. Die ständigen Ausstellungen und Kunsthandwerksläden können Sie jedoch auch unabhängig davon zwischen 9.00 und 12.30 Uhr besuchen.

★ Cooks Landeplatz

Wenn Sie auf der Höhe des Dorfes Malapo am zweiten Meerbusen dem Wegweiser links zum Ha'amango folgen, kommen Sie in den historischen Teil der Insel. Zunächst sehen Sie an der linken Straßenseite eine Gedenktafel, die an Captain Cooks erste Landung in Tonga 1777 erinnert. Der große Banyan-Baum, unter dem er Rast machte, steht allerdings nicht mehr.

★ Terrassengräber von Lapaha

Terrassengrab

Bei den Dörfern Mua und Lapaha sind einige archäologische Stätten und Bauwerke aus der klassischen Zeit der tonganischen Könige zwischen 1200 und 1800 n. Chr., die hier ihre Residenz hatten. Von der ehemaligen Festungsanlage sind nur noch einige Grundmauern im Busch übrig. Leichter zu finden sind die terrassenförmigen Grabanlagen der damaligen Herrscher, genannt 'Otu Langi oder Langi Stone Terraced Tombs. Zum Paepae-'o-Tele'a, der eindrucksvollsten Grabanlage des Königs Tele'a aus dem 16. Jahrhundert, führt ein Wegweiser links von der Hauptstraße weg. Die massiven Korallenblöcke dieser mehrstufigen Steinpyramiden wurden offenbar von vorgelagerten Koralleninseln möglicherweise auf Seilen hierher geschafft, die zwischen Kanus gespannt waren. Auf jeden Fall muß ihr Bau große Anstrengungen und Hunderte von Menschen erfordert haben.

★ Ha'amonga

Das erstaunlichste Bauwerk Tongas aber ist das Ha'amonga, ein steinernes **Trilithon** am nordöstlichen Ende Tongatapus. Es besteht aus zwei aufrechten, quaderförmigen Korallenblöcken, über denen ein dritter

Das Ha'amonga

waagerecht liegt und dem Monument die Form eines rechteckigen Tores gibt. Das Gesamtgewicht der bis zu sechs Meter langen Blöcke wird auf 35 Tonnen geschätzt. Die Hypothese, daß das Ha'amonga eine Art **„Stonehenge der Südsee"** darstellt und astronomischen Berechnungen diente, wird durch ein Experiment gestützt, das König Taufa'ahau Tupou IV. durchführen ließ. In der Richtung winkelförmiger Markierungen auf der Oberseite des querliegenden Quaders ließ er 1967 Schneisen in den Busch schlagen. Tatsächlich markierten diese Sonnenauf- und -untergang zum Zeitpunkt der Sonnenwende im Sommer und Winter. In einer dieser Schneisen stößt man nach etwa hundert Metern auf einen aufrechten Felsblock. Er soll dem König Tu'itatui, der das Ha'amonga um 1200 n. Chr. bauen ließ, bei der Überwachung der Bauarbeiten als Rückenstütze gedient haben.

★ Felsenhöhlen von 'Anahulu
An der Ostküste Tongatapus, nahe dem Dorf Haveluliku, liegen die Felsenhöhlen von 'Anahulu. Fragen Sie im Dorf nach dem Mann mit dem Schlüssel, der Ihnen den Zugang öffnet und das Licht in der Höhle anmacht. Dafür ist auch ein Eintritt von einigen Dollar pro Person erforderlich. In dem verzweigten Höhlensystem finden Sie Stalaktiten und kleine Süßwasserbecken. Entlang der Ostküste sind auch längere Abschnitte von Sandstränden; der bekannteste ist die Oholei Beach.

Süd- und Westteil

★ Hüfangelupe
Wenn Sie vom Dorf Vaini am östlichen Meerbusen die Straße zur Südküste nehmen, stoßen Sie am Ende der Straße auf ein natürliches Felsentor in den Klippen, durch das die Meeresbrandung in eine enge Bucht hineinschlägt. Es heißt Hüfangelupe, was **'Tor der Taube'** bedeutet. Vom Felsbogen aus haben Sie einen guten Blick auf die Klippen der Südküste.

★ Blowholes
Weiter westlich bei dem Dorf Houma beginnt der Küstenabschnitt mit den meisten Blowholes. Das sind

Löcher in den Felsklippen, durch die die Meeresbrandung hohe Fontänen aufschießen läßt.

★ Fledermäuse von Kolovai

Im Dorf Kolovai an der westlichen Landenge Tongatapus können Sie Hunderte von Fledermäusen (Flying Foxes) in den Kasuarinabäumen hängen sehen. In Tonga gelten diese Nachtgeschöpfe als tabu. Auf anderen Südseeinseln werden sie gern gegessen. Nur Mitglieder der königlichen Familie dürfen sie verzehren.

Blowholes an der Südküste

★ Ha'atafu Beach

Hurrikan Kina hat aus diesem früher felsigen Strand einen schönen weißen Sandstrand gezaubert. Die Brandungswellen am Riff werden von neuseeländischen und australischen Surfern geschätzt, die hier in einem kleinen Resort campen. Aber auch zum Schnorcheln und Tauchen eignet sich dieser Strandabschnitt besonders gut. Hier können Sie ebenfalls eine Badepause einlegen.

Zu einigen Nuku'alofa vorgelagerten Inseln gibt es regelmäßigen Bootstransfer für Besucher. Auf Atata (Royal Sunset Resort), Fafa Island, Makaha'a (Sun Island Resort) und Pangaimotu sind Hotels bzw. einfache Übernachtungsmöglichkeiten (Näheres siehe unter Unterkünfte).

Eua

Obwohl zur Tongatapu-Gruppe noch einige kleinere Inseln im Süden gehören, kommt wegen der ungünstigen Verkehrsbedingungen und mangelnden Unterkünfte nur das größere Eua im Südwesten noch als weiteres Ausflugsziel in Betracht. Im Gegensatz zu Tongatapu ist Eua eine hohe Insel. Eua hat keine nennenswerten Strände, aber eine interessante Savannenlandschaft, die sich für Buschwanderungen besonders gut eignet. Außerdem gibt es hier ausgedehnte Regenwälder, die einzigen ganz Tongas sowie einige Flüsse. Eua wird von der lokalen Fluglinie angeflogen, außerdem gibt es eine Fähre von Tongatapu aus. Zwei kleine Pensionen sind die einzigen Unterkünfte.

Buchtip

Eine gute englischsprachige Erklärung der historischen Stätten und Sehenswürdigkeiten gibt die Broschüre „**Tongatapu Island Tour Guide**", die im Friendly Island Bookshop und anderen Souvenirläden erhältlich ist.

Die Vava'u-Gruppe

Wer Tonga verläßt, ohne Vava'u gesehen zu haben, verpaßt die schönsten Inseln, die das Königreich aufzuweisen hat. Das ging schon James Cook vor zweihundert Jahren so. Dreimal kreuzte er in tonganischen Gewässern und kam bis Lifuka in der Ha'apai-Gruppe. Der dortige Häuptling Finau 'Ulukalala erzählte ihm von den Schönheiten Vava'us im Norden, doch als Cook den Wunsch äußerte, dorthin zu segeln, riet er ihm ab. Dort gäbe es keine guten Ankerplätze.

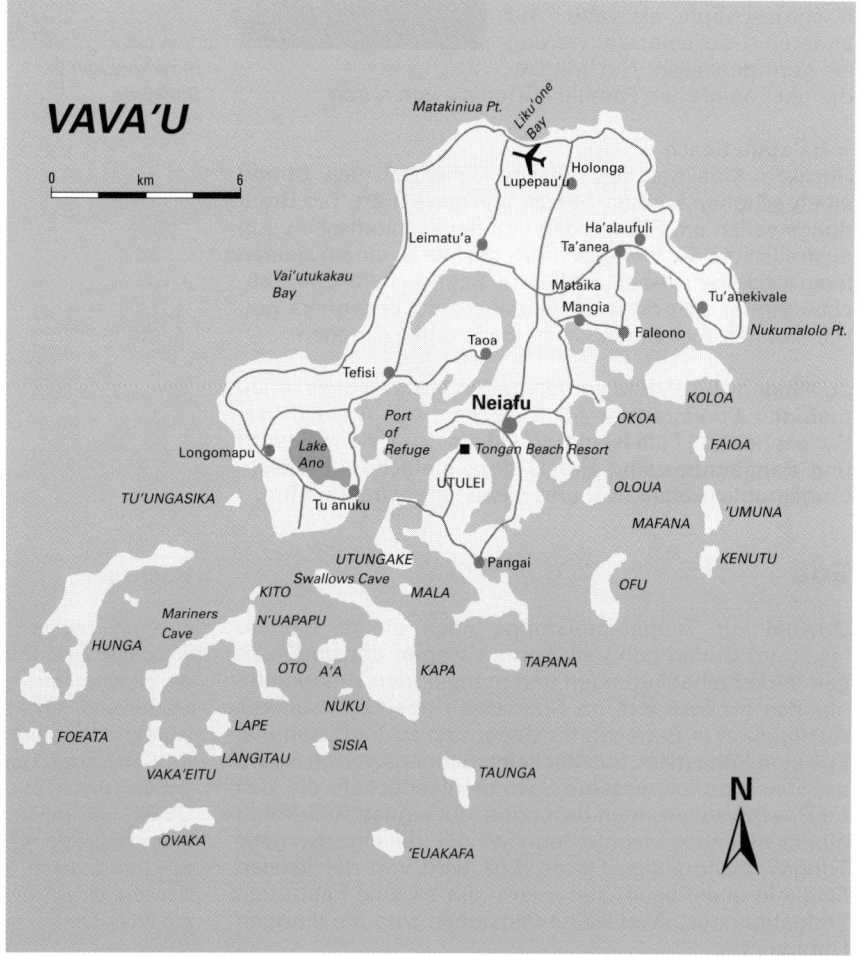

Einen größeren Irrtum kann man sich nicht vorstellen – oder war es absichtliche Irreführung? Fest steht jedenfalls, daß Vava'u einen der besten natürlichen Häfen des Pazifiks hat, mit unzähligen Buchten und geschützten Ankerplätzen was die Inselgruppe längst zum **Treffpunkt von Seglern** aus aller Welt gemacht hat. Zudem scheinen die Tonganer der Hauptinsel im Süden noch immer das Kleinod im Norden eifersüchtig vor neugierigen Touristen verstecken

Port of Refuge, Vava'u

zu wollen. Anders läßt es sich nicht erklären, warum Vava'u, das alle Zutaten eines Südseeparadieses besitzt, touristisch so wenig gefördert wird. Jedenfalls gelangt nur ein Bruchteil der Touristen, die auf der Hauptinsel Tongatapu landen, auch nach Vava'u. Dabei ist es von Tongatapu nur ein Flug von etwas mehr als einer Stunde zu der 275 Kilometer nördlich gelegenen Inselgruppe. Er ist für sich allein schon ein Erlebnis, da er über die vielen verstreuten Inseln der Ha'apai-Gruppe führt und beim Landeanflug auf Vava'u die schönsten Ausblicke auf die eng beieinanderliegenden Inseln gewährt.

Vava'u wird oft verglichen mit den Bahamas oder den Virgin Islands in der Karibik, aber auch mit Palau im Nordpazifik. Es hat von allem etwas und ist doch einmalig: kleine, dichtbewachsene Inselchen, die wie Mooskugeln auf tiefblauem Meer sitzen; unzählige Buchten mit weißen Sandstränden und türkisblauen Lagunen; steile, von Brandung umbrauste Felsklippen; fischumschwärmte Korallenriffe und ein Licht, das Maler und Fotografen hinreißt.

Alle Inseln der Gruppe gehören der gleichen Landmasse an mit der größten Insel Vava'u im Norden, deren Ausläufer weiter südlich in ein flaches Meeresbecken übergehen, aus dem rund 40 kleinere Inseln herausragen. Gut 13.000 Menschen leben in Vava'u, die meisten auf den drei Inseln **Vava'u, Pangaimotu** und **Utungake**, die durch Brücken miteinander verbunden sind. Die Hauptstadt **Neiafu** liegt auf einem Landrücken, von dessen westlicher Seite man auf die malerische Bucht des Port of Refuge blickt, auf der östlichen Seite liegen die flacheren Gewässer des alten Hafens.

Fototip

Beim Anflug auf Vava'u haben Sie beiderseits einen ausgezeichneten Blick auf die Inseln, rechts jedoch bekommen Sie Neiafu und den Port of Refuge besser zu sehen.

Die verschlungenen Wasserwege Vava'us, die an unzähligen Buchten und Inseln vorbeiführen, sind ideal für jede Art von Wassersport: Segeln, Surfen, Wasserskifahren, Schnorcheln, Tauchen oder einfach nur Sonnenbaden am Strand einer unbewohnten Insel. Zumindest aber eine Bootstour sollten Sie durch diese malerische Inselwelt machen (siehe Aktivitäten).

Neiafu

Nicht viele Städte der Südsee liegen so idyllisch wie Neiafu. Von fast allen Teilen des kleinen Ortes, der sich über die Hügel rund um den **Port of Refuge** verteilt, ergeben sich wunderschöne Ausblicke auf das tiefblaue Wasser der Bucht und die vorgelagerten Inseln. Im Ortskern sind noch viele Holzbauten im Kolonialstil erhalten geblieben, hier scheint die Zeit seit der Jahrhundertwende stehengeblieben zu sein. Der umgebende Rest ist mehr oder weniger ein Konglomerat an Dörfern mit insgesamt rund 5.000 Einwohnern, was Neiafu zur „Hauptstadt" Vava'us und zweitgrößten Ansiedlung Tongas macht.

Im Ortskern finden Sie alle wichtigen Gebäude dicht beieinander: Post, Telegrafenstation, Bank of Tonga, Supermärkte, das Büro von Royal Tongan Airlines und das Visitor Bureau, dem Sie auf jeden Fall einen Besuch abstatten sollten. Dort bekommen Sie aktuelle Informa-

Port of Refuge

tionen über Veranstaltungen und Ausflüge. Der Markt ist vor allem am Samstag vormittag sehenswert, wenn alle Einwohner ihre Lebensmittel für das Wochenende einkaufen. Daneben liegt ein Kava-Club, in dem man auch Besuchern gern eine Schale dieses traditionellen Trankes reicht.

Wahrzeichen von Neiafu ist die **katholische Kirche**, die von französischen Missionaren Mitte des 19. Jahrhunderts auf dem Palesi Hill (Palesi = Paris) gebaut wurde. Wenn Sie vom Zentrum Neiafus der Straße auf der Landzunge südwärts folgen, passieren Sie rechts den Yachthafen der Charter-Gesellschaft The Moorings, die Anlegestelle von Vava'u Water Sports, das Paradise Hotel und Vava'u Guest House und schließlich das Dorf Toula an der Südspitze Vava'us. Von hier führt eine Brücke zur angrenzenden Insel Pangaimotu.

In der entgegengesetzten Richtung führt die Hauptstraße um die Hafenbucht herum am **Vava'u Club** vorbei, einer Bar in einem alten Holzgebäude, die vor allem von Einheimischen frequentiert wird. Trotzdem sind Sie als Tourist hier jederzeit willkommen und können bei einem Drink die Aussicht auf den Hafen und das der Bucht gegenüberliegende Dorf Utulei genießen. In Utulei lebt Vava'us berühmteste Ausländerin, Patricia Mathieson, die unter dem Namen **Patricia Ledyard** mehrere Bücher über Tonga geschrieben hat.

Weiter westlich kommen Sie an einem kleinen Friedhof vorbei, in dem die frühen europäischen Siedler Vava'us begraben sind. Hier finden Sie auch Grabsteine mit deutschen Namen wie Wolfgram und Guttenbeil. Fragen Sie nach dem **„European Cemetry"**, denn der Friedhof ist so zugewachsen, daß er leicht übersehen wird.

Östlich vom Ortskern Neiafus führen mehrere Straßen hinunter zur Bucht des alten Hafens, genannt Neiafu Tahi. Bis zur Ankunft größerer europäischer Schiffe, für die der Port of Refuge ausgebaut wurde, dienten die flachen Gewässer dieser Bucht als Haupthafen Vava'us. An der Bucht liegt die Eisfabrik des deutschen Einwanderers Heinz Köster, dessen Speiseeis überall in Vava'u verkauft wird.

Die Bucht von **Neiafu Tahi** war auch Schauplatz einiger Greueltaten des tonganischen Eroberers Finau Ulukalala II. zu Anfang des 19. Jahrhunderts. So ließ er zum Beispiel gegnerische Häuptlinge auf verrottete Kanus binden und von der Bucht aufs offene Meer treiben, wo sie ertranken. Ein Weg, der von der Bucht den Hügel hinaufführt, heißt Hala Tafengatoto, die 'Straße des fließenden Blutes'. Es stammte von Tonganern, die von den Kriegern Finau Ulukalalas erschlagen wurden.

Inselrundfahrt Vava'u

Obwohl sich die Inselwelt Vava'us am besten per Boot erschließen läßt, gibt es auch zu Land auf der Hauptinsel Vava'u und den über Brücken erreichbaren Inseln Pangaimotu und Utungake einige Sehenswürdigkeiten, die Sie mit einem Mietwagen abfahren können. Allerdings sind die Straßen außer der zum Flughafen in schlechtem Zustand und die Beschilderung ist dürftig. Deshalb empfiehlt es sich, über das Visitor Bureau

Buchtip

Patricia Ledyard: **Utulei – My Tongan Home**. Eine gute Beschreibung des ländlichen Lebens in Tonga. Erhältlich in allen tonganischen Buchhandlungen.

Fototip

Wenn Sie die Bucht von Neiafu Tahi umrunden, kommen Sie an den Fuß des 131 Meter hohen Mt. Talau, von dessen Plateau sie einen der besten Ausblicke über den Port of Refuge genießen können. Fragen Sie im Dorf nach dem Pfad, der nach kurzem Anstieg auf das Plateau führt. Diese einfache Bergwanderung unternehmen Sie am besten am späteren Nachmittag, weil Sie dann die Sonne im Rücken haben für ihr Foto.

einen ortskundigen Führer anzuheuern oder ein Taxi auf Tagesbasis zu chartern. Kalkulieren Sie die Zeit für Ihren Landausflug großzügig, denn schneller als 30 km/h werden Sie nicht vorankommen. „Tangan Time" ist in Vava'u noch etwas langsamer. Die wenigen Taxifahrer agieren auch als Führer.

★ **Der Westen**
Um in den westlichen Teil der Insel zu gelangen, müssen Sie den Vaipua-Meeresarm umfahren, solange die Brücke von Neiafu nach Taoa noch nicht fertiggestellt ist. Von Taoa aus führt ein Weg zum 128 Meter hohen **Sia Ko Kafoa** hinauf, von dem Sie einen ausgezeichneten Rundblick über Vava'u und die vorgelagerte Inselwelt haben. Auch hierfür ist ein ortskundiger Führer anzuraten. Wenn Sie nur diese Bergtour machen wollen, können Sie auch von Neiafu aus per Boot über den Meeresarm übersetzen und im Dorf auf der gegenüberliegenden Seite nach dem Weg fragen. In den Hügeln am südwestlichen Ende der Insel liegt der Binnensee Ano, den Sie vom Dorf Longomapu über einen steilen und oft rutschigen Pfad erreichen können. Fragen Sie dort nach dem Weg.

★ **Der Norden**
Die bis zu 100 Meter hohen Felsklippen im Norden der Insel erreichen Sie am besten über die Straße, die von Neiafu geradewegs nach Norden durch die Dörfer Mataika und Holonga führt. Am Ende der Straße zweigen zwei Pfade ab: rechts geht es zu einer alten Grabstätte, geradeaus teilt sich der Pfad nach 50 Meter nochmals. Von hier aus geht es rechts steil den Hang hinunter zu einem kleinen, einsamen Strand. Wenn Sie geradeaus weitergehen, kommen Sie zum **'Utula'aina Point**, von dem Sie einen spektakulären Ausblick auf die Felsküste haben. Im Dorf Feletoa an der Straße zum Flughafen zwischen Mataika und Leimatu'a sind die steinernen Überreste einer alten tonganischen Befestigung, die einmal der Regierungssitz der Inselgruppe war. Hier ist auch das Grab des blutrünstigen **Finau 'Ulukalala II**.

★ **Der Osten**
Die Straße entlang der Ostküste Vava'us führt durch mehrere Dörfer und an einer Reihe von Buchten und Stränden vorbei, die allerdings nicht so schön sind, wie die auf den vorgelagerten Inseln. Landschaftlich allerdings ist auch diese Seite der Insel sehr reizvoll.

★ Pangaimotu und 'Utungake

Die ehemals vorgelagerten Inseln Pangaimotu und 'Utungake im Süden Vava'us sind nun über Brücken mit der Hauptinsel verbunden. Von Neiafu aus fahren Sie am Paradise Hotel vorbei zum Ort Toula an der Südspitze der Landzunge und von dort über die Brücke nach Pangaimotu. Pangai heißt „königlich" und Motu „Insel", was darauf hinweist, daß diese Insel einst nur Mitgliedern der königlichen Familie vorbehalten war. An der Südspitze sind die beiden Strände von **Lisa** und **Ano**, an denen jeweils Samstag abends tonganische Feste stattfinden. An der Nordspitze liegt das Dorf 'Utulei, das in einem Buch Patricia Ledyards beschrieben wird; die Autorin lebt heute noch hier.

Vorgelagerte Inseln

Die rund 40 vorgelagerten Inseln unterschiedlicher Größe bilden ein ideales Ausflugsgebiet, das Sie Tag für Tag per Boot erkunden können und das für sich einen ganzen Urlaub auszufüllen vermag. Die wichtigsten Haltepunkte, die auch von den organisierten Bootstouren angelaufen werden, seien hier kurz beschrieben:

Mariner's Cave

Nuapapu ist bekannt wegen Mariner's Cave an der Nordküste der Insel. Mariner's Cave ist eine Höhle im Inselinneren, die nur durch einen unter Wasser verborgenen, drei Meter langen Kanal zugänglich ist, dessen Zugang knapp unter der Wasseroberfläche liegt. Um durch den Wasserkanal in die luftgefüllte Höhle zu tauchen, genügt einfache Schnorchelausrüstung, eine Unterwasserlampe und etwas Courage – der Führer Ihrer Bootstour weist Ihnen den Weg. Die Höhle selbst ist etwa 15 Meter hoch und breit, das durch die Brandung hereingepreßte und wieder abfließende Wasser sorgt für ständig wechselnden Luftdruck in ihrem Inneren. Dies

Typische Vava'u Insel

resultiert auch in einem ständigen Wechsel von Nebel-
schwaden und klarer Sicht. Der Name dieses Naturphä-
nomens stammt von **William Mariner**, dem ersten Europäer, der die Höhle zu Gesicht bekam. Mit ihr ist auch
eine Legende verbunden, nach der ein junger Tonganer
hier seine Braut vor Verfolgung in Sicherheit brachte.
Lord Byron hat die Geschichte für sein Gedicht „The
Island" verwendet.

Die Coral Gardens zwischen Nuapapu und Vaka'eitu
waren einst ein beliebter Ausflugsort zum Schnorcheln,
jedoch wurden die farbenprächtigen Korallen durch
einen Sturm zerstört.

Vaka'eitu
Die Bucht und der Strand von Vaka'eitu bilden das malerische Motiv für die meisten Prospekte und Reisebro-
schüren über Vava'u. Die Bucht ist auch ein beliebter
Ankerplatz für Yachten, der Strand ist bei näherem Hin-
sehen allerdings nicht so makellos, wie er auf der Luft-
aufnahme aussieht. Die Kokosplantage auf der unbewohnten Insel gehört der deutschstämmigen Familie
Wolfgramm.

Bewohner Vava'us

Hunga, Kalau, Fofoa
Die Inseln Hunga, Kalau und
Fofoa gruppieren sich um eine
runde Lagune, in die eine seichte
Wasserstraße hineinführt. Die
Lagune ist ein sicherer Ankerplatz
für Yachten. An der der Lagune
zugewandten Seite von Hunga ist
ein schöner Strand mit einem
Picknickplatz, auf den Hügeln
liegt ein kleines Dorf. Die Gewässer um Hunga sind außerdem ein
sehr gutes Schnorchelrevier.

Foeata und Foelifuka
Weiter südlich liegen sich die Inseln Foeata und Foelifuka
gegenüber. An der Meeresenge zwischen ihnen ist ein
sehr schöner einsamer weißer Sandstrand, ebenso an
der gegenüberliegenden Seite von Foelifuka. Die beiden
kleinen Inseln Mo'unu und 'Ovalau sind ebenfalls unbewohnt mit makellosem Sandstrand ringsherum. Auf
allen Inseln können Sie sich für einen Badetag aussetzen
lassen.

Nuku

Die meistbesuchte Ausflugsinsel ist das kleine Nuku an der Südküste der größeren Insel Kapa. Der Strand hier ist makellos, das Wasser hellblau und kristallklar. Das gleiche gilt für die weniger besuchten Inseln Taunga und Ngau südöstlich von Kapa.

Kapa

Auf der Insel Kapa sind einige kleine Fischerdörfer und strandumsäumte Buchten. An der felsigen Nordspitze öffnet sich zum Meer hin eine weitere Höhle, **Swallow's Cave**, die allerdings über Wasser liegt und in die man mit einem kleinen Boot hineinfahren kann. In der Höhle nisten kleine Vögel, die hier Pekapeka genannt werden. Das Wasser in der Höhle ist 80 Meter tief und unglaublich klar bis zum Grund. Deshalb sollten Sie zumindest hier einen Blick durch die Schnorchelbrille werfen.

Einfahrt zum Swallow's Cave

Tapana

Tapana südlich von Pangaimotu ist ebenfalls eine beliebte Ausflugsinsel mit einigen schönen Stränden und einer einfachen Palmhütte zum Übernachten. Es gibt ein Restaurant und eine Bar.

Die Ha'apai-Gruppe

Die Gruppe der Ha'apai-Inseln liegt 144 Kilometer nördlich von Tongatapu, etwa auf halbem Weg nach Vava'u. Sie besteht aus rund 40 Inseln, von denen 17 bewohnt sind, sowie unzähligen Korallenriffen und Sandbänken. Abgesehen von den Vulkanen Tofua und Kao im Westen sind die übrigen Inseln flach und teilweise von Stränden umgeben.

Ein Großteil der 12.000 Einwohner lebt auf einer langgezogenen Kette größerer Inseln im Nordosten der Gruppe, das Verwaltungszentrum Pangai liegt auf Lifuka in der Mitte der Kette. Obwohl Ha'apai das geografische Zen-

Buchtip

Eine ausführliche Beschreibung Neiafus und seiner näheren Umgebung finden Sie in der Broschüre **„A Walking Tour of Neiafu"**, die im Visitor Bureau und den Souvenirgeschäften erhältlich ist.

Schulklasse
in Vava'u

trum Tongas bildet, ist es von der Infrastruktur her weniger erschlossen als Tongatapu und Vava'u. Die Einwohner leben von der Landwirtschaft und vom Fischfang. Viele zieht es in die Hauptstadt Nuku'alofa oder gleich nach Neuseeland. Ha'apai hat noch keinen nennenswerten Tourismus. Abgesehen von einigen Pensionen auf der Hauptinsel Lifuka gibt es keine Unterkünfte. Die wenigen Touristen, die sich hierher verirren, können größter Aufmerksamkeit durch die Dorfbevölkerung sicher sein. Ha'apai wird täglich von der lokalen Fluglinie auf dem Weg nach Vava'u angeflogen. Der erste Europäer, der Ha'apai besuchte, war der Holländer **Abel Tasman**, der 1643 auf der Insel Nomuka frisches Wasser aufnahm. **James Cook** legte 1777 ebenfalls hier an und entging nur durch Zufall einem vom gastgebenden Inselhäupling geplanten Attentat auf ihn und seine Mannschaft. 1789 fand nahe der Vulkaninsel Tofua die Meuterei auf der Bounty statt. Einer der ausgesetzten Gefolgsleute von **Captain Bligh** wurde auf Tofua von Insulanern ermordet. 1806 wurde die Mannschaft des englischen Segelschiffes Port au Prince, das vor Lifuka ankerte, von 300 Tonganern angegriffen und bis auf einen Überlebenden, **William Mariner**, niedergemacht. Alles in allem machten die Einwohner Ha'apais zu dieser Zeit dem von James Cook gut gemeinten Namen „Friendly Islands" keine Ehre.

Die Niuas

Die drei Inseln **Niuafo'ou**, **Niuatoputapu** und **Tafahi** im äußersten Norden Tongas liegen näher an Samoa als an Tongatapu, von dem sie über 500 Kilometer entfernt sind. Alle drei Inseln bestehen aus mittlerweile nicht mehr aktiven Vulkanen. Die 3.000 Einwohner leben hauptsächlich von ihren Kokosplantagen. Niuatoputapu wird regelmäßig von Nuku'alofa aus angeflogen, außerdem gibt es eine unregelmäßige Fährverbindung nach Vava'u. Auf Niuatoputapu gibt es eine kleine Pension.

Samoa

„Ich liebe das Land.
Ich habe es erwählt als meine Heimat zu Lebzeiten
und als Grabstätte nach meinem Tod.
Und ich liebe die Menschen,
und ich habe sie erwählt als mein Volk,
mit dem ich leben und sterben will."

Robert Louis Stevenson, 1894

Kein anderer Weißer hat je eine so innige Beziehung entwickelt zu diesem Land und seinen Menschen wie Stevenson, der Autor der „Schatzinsel". Und wie es sein letzter Wille verlangte, wurde er auf einem Berg hoch über
dem Hafen von Apia auf der Insel Upolu begraben.

Aber auch für alle, die sich nach ihm intensiv mit der
Südsee beschäftigten, hat der Name Samoa einen
besonderen Klang. Nach Überzeugung seiner Bewohner
liegt hier die Wiege Polynesiens, hier hat sich zweifellos
polynesische Lebensweise in Reinkultur erhalten. Fa'a
Samoa nennen die Samoaner ihren Lebensstil, den sie
allen westlichen Einflüssen zum Trotz aufrechterhalten
und der alle romantischen Erwartungen an die Südsee zu
erfüllen scheint.

Ein samoanisches Dorf mit seinen nach allen Seiten offenen Hütten, seinen sorgsam gepflegten Rasenflächen
und Vorgärten, seinen geruhsam dahinschlendernden
oder auf Matten dösenden Einwohnern bietet ein Bild der
Harmonie und des Friedens, das jeden Besucher nachhaltig beeindruckt. Den Hintergrund bildet eine Landschaft mit hohen, grün bewachsenen Vulkanbergen, tropischen Regenwäldern und zahllosen Wasserfällen.

Obwohl Samoa auch paradiesische, touristisch noch
kaum erschlossene Strände besitzt, wird es mehr von
Kulturreisenden und Fotografen geschätzt als von Bade-
und Wassersportanhängern.

Samoa besitzt eine deutsche Vergangenheit, was nicht nur
ein Blick ins Telefonbuch mit seinen vielen deutschstämmigen Namen beweist. Vierzehn Jahre lang, von der Jahrhundertwende bis zum Ausbruch des Ersten Weltkrieges,
war das heutige Western Samoa deutsche Kolonie.

Geographische
Lage: 13°-15°
Südl. Breite /
168°-173°
Westl. Länge
Inseln: 11
Landfläche:
3.097 km²
Meeresfläche:
600.000 km²

Die Teilung der Inselgruppe ist ein Resultat der Kolonialära. Samoa besteht aus zwei Staaten, dem selbständigen **Western Samoa** und dem unter amerikanischer Verwaltung stehenden **American Samoa** im Osten. Kulturell bilden die Inseln aber nach wie vor eine Einheit, und werden deshalb hier gemeinsam behandelt. Wenngleich Western Samoa weit mehr Touristen anzieht als sein amerikanischer Nachbarstaat, ist ein Abstecher dorthin lohnenswert und erfordert nur einen halbstündigen Flug.

Geographie

Sowohl geographisch als auch kulturell bilden die Inseln eine Einheit, erst zur Jahrhundertwende wurden sie politisch aufgeteilt in Western und American Samoa, wobei der 171. Längengrad die Trennungslinie bildet. Die Inseln beider Staaten erstrecken sich etwa 500 Kilometer in west-östlicher Richtung, wobei die westlichste Landspitze von Savai'i (Western Samoa) gerade an die Datumsgrenze stößt, während Rose Island (American Samoa) die östlichste Insel des Archipels bildet. Die nächsten Nachbarn Samoas im Westen sind die Nordgruppe der Cook-Inseln, im Süden die nördlichen Ausläufer Tongas, im Südwesten Fidschi und im Norden Tokelau.

Die meisten Inseln sind vulkanischen Ursprungs mit bis zu 1.850 Meter hohen, teilweise noch aktiven Vulkanen. Die Größe der Inseln nimmt von West nach Ost ab, wobei

Savai'i (1.700 km²) und Upolo (1.115 km²) in Western Samoa die größten Landmassen darstellen, gefolgt vom bedeutend kleineren Tutuila in American Samoa (145 km2) und den Manua-Inseln als Ausläufern im Osten.

Western Samoa besteht zum größten Teil aus den beiden großen Inseln **Savai'i** und **Upolo** mit jeweils rund 70 Kilometern Länge und 35 beziehungsweise 25 Kilometern Breite. Sie sind durch eine 18 Kilometer breite Meeresstraße getrennt, in der zwei kleine bewohnte Inseln, Manono und Apolima, liegen; der Ostspitze Upolos vorgelagert sind einige weitere kleine, unbewohnte Inseln. Upolo ist mit 120.000 Einwohnern weitaus dichter besiedelt als Savai'i, wobei in der Hauptstadt Apia allein ca. 40.000 Menschen wohnen; Savai'i hat ca. 45.000 Einwohner.

American Samoa besteht aus sieben Inseln, von deren gesamter Landmasse die Hauptinsel **Tutuila** allein drei Viertel ausmacht. Tutuila ist ein 30 Kilometer langer, mehrfach geschlungener Bergrücken, dessen Flanken meist schroff aus dem Meer ragen, zahllose Buchten bilden und nur im Südwesten zu einer größeren Ebene auslaufen. Die größte Bucht und zugleich natürlicher Hafen ist die Pago Pago Bay, benannt nach einem Dorf, das heute Verwaltungszentrum und Hauptstadt ist. Von den insgesamt 47.000 Einwohnern American Samoas leben 90 Prozent auf Tutuila und davon wiederum die meisten rund um die Bucht von Pago Pago.

Geschichte

Bis zur Teilung Samoas 1899 läßt sich die Geschichte der Inselgruppe einheitlich nachvollziehen. Die ältesten Funde von **Lapita-Keramik** in Western Samoa datieren auf etwa 800 v. Chr. Nach der vorherrschenden Theorie kamen die ersten Siedler von Fidschi über Tonga nach Samoa. Ob sie schon mit der heutigen polynesischen Rasse identisch waren, ist fraglich. Fest steht, daß mehrere hundert Jahre später von Samoa aus die große polynesische Wanderung ihren Anfang nahm, die zur Besiedelung Ostpolynesiens, Hawaiis und schließlich Neuseelands führte und damit den Kulturkreis Polynesiens begründete. Insofern kann sich Samoa mit einigem Recht die Wiege Polynesiens (Cradle of Polynesia) nennen, ein Schlagwort, das in vielen Reiseprospekten zu finden ist.

Die Wiege Polynesiens

In der Mythologie geht der Ursprung Samoas und seiner Bewohner auf den Gott **Tangaloa** (vgl. Tangaroa in Ostpolynesien) zurück, der zuerst Land, Meer und Himmel, dann das erste menschliche Paar erschuf, schließlich Tag und Nacht und die Gestirne – eine Schöpfungsgeschichte, die der christlichen sehr ähnelt. Die westlichste Insel Savai'i wird von Samoanern mit dem legendären **Hawaiki** gleichgesetzt, dem Ursprung aller Polynesier.

Tonganische Eindringlinge

Mangels schriftlicher Überlieferung gibt es keine genauen Daten über die Zeit zwischen der ersten Besiedelung Samoas und der Ankunft der Europäer. Lange Zeit residierte der mächtigste Häuptling Samoas, der **Tu'i Manua**, auf den kleinen Manua-Inseln im Osten. Erst als die westlichen Inseln um das Jahr 1000 n. Chr. für mehrere Jahrhunderte unter tonganischen Einfluß gerieten, verschob sich das Machtzentrum auf die größeren Inseln im Westen. Zwischen 1400 und 1500 n. Chr. konnten die Samoaner dann die tonganische Herrschaft abschütteln, einer der Befreier begründete das Herrschergeschlecht der **Malietoa**. Insgesamt sind es vier hohe Familien, die seit dieser Zeit um die Macht in Samoa kämpften und heute noch die Politik bestimmen. Erstmals gelang es der um 1500 lebenden **Queen Salamasina**, alle vier Titel auf sich zu vereinigen und damit zur Königin von ganz Samoa aufzusteigen.

Feindselige erste Kontakte

Der erste Europäer, der samoanische Inseln betrat, war der Holländer **Jakob Roggeveen** im Jahre 1722. Er tauschte auf den Manua-Inseln Lebensmittel von den Eingeborenen ein. Der französische Entdecker Louis de Bougainville sichtete Samoa 1768, segelte an den Inseln jedoch vorbei. Sein Landsmann **La Pérouse** ankerte 1787 vor der Insel Tutuila. Es kam zu den bei ersten Kontakten zwischen Europäern und Insulanern üblichen Mißverständnissen und Feindseligkeiten, in deren Verlauf schließlich mehrere französische Besatzungsmitglieder und Samoaner getötet wurden. La Pérouse ließ hastig die Anker lichten und segelte davon. Ähnlich erging es den Seeleuten des britischen Schiffes **Pandora**, das 1791 auf der Suche nach den Meuterern der Bounty ebenfalls vor Tutuila ankerte. Der kriegerische Ruf der Samoaner schreckte noch 1824 **Otto von Kotzebue** davon ab, Tutuila zu betreten. Der deutsche Entdecker war als Expeditionsleiter an Bord eines russischen Schiffes nach Samoa gekommen.

1830 besuchte der britische Missionar **John Williams** mehrere Inseln Samoas, gefolgt von weiteren Missionaren der London Missionary Society. Durch den Einsatz bekehrter Einwohner von anderen polynesischen Inseln verbreitete sich das Christentum sehr rasch. 1835 wurde mit der Übersetzung der Bibel in die samoanische Sprache begonnen, diese damit erstmals schriftlich niedergelegt und so die Grundlage für eine samoanische Grammatik geschaffen. Später folgten katholische Missionare, Methodisten und andere Glaubensrichtungen.

Einheimische Missionare

Seit etwa 1800 hatten sich die ersten Europäer auf den Inseln niedergelassen, zunächst Walfänger, desertierte Seeleute und aus den Strafkolonien Australiens entflohene Häftlinge, später Pflanzer und Kaufleute. 1847 wurde der erste britische Konsul auf Upolo ernannt, das Hamburger Handelshaus **Godeffroy** eröffnete 1856 in Apia eine Filiale, die Amerikaner schlossen 1872 mit den Samoanern auf Tutuila einen Vertrag zur Nutzung des natürlichen Hafens Pago Pago. Damit war die Ausgangslage für die folgenden Auseinandersetzungen zwischen England, Amerika und Deutschland um die koloniale Vorherrschaft in Samoa geschaffen.

Hamburger Kaufleute

1861 wurde **Theodor Weber**, ein Repräsentant des Handelshauses Godeffroy, erster deutscher Konsul mit Sitz in Apia. Er erwarb 30.000 Hektar besten Landes auf Upolo und legte die seinerzeit größten zusammenhängenden und bis heute sichtbar wohlgeordneten Kokosplantagen des Pazifiks an. Von Samoa aus dehnte sich die Firma Godeffroy mit 45 Filialen auf andere Inselgruppen aus und stieg schließlich zum größten Handelshaus des gesamten Pazifiks auf.

Druckerei der Samoanischen Zeitung 1907

Nach dem Bankrott Godeffroys durch eine Fehlspekulation an der Börse übernahm 1879 die **Deutsche Handels- und Plantagengesellschaft der Südseeinseln** zu Hamburg, die **DH & PG** genannt, die Niederlassungen im Pazifik.

Die Rivalitäten der drei Großmächte nahmen gegen Ende des 19. Jahrhunderts ständig zu. Parallel dazu zog sich ein langjähriger Kampf um die Vorherrschaft unter den großen Häuptlingsfamilien Samoas hin, in dessen Verlauf wech-

Kolonialstreit und Häuptlings-kämpfe

Deutsche Kolonialherren in Samoa (1900–1914)

Dr. Wilhelm Solf, geboren in Berlin-Schöneberg, war
von 1900 bis 1910 der erste Gouverneur der deutschen Kolonie West Samoa und Repräsentant des
Deutschen Kaisers. In der Cyclopedia of Samoa, die
1907 unter seiner Schirmherrschaft und der des britischen Konsuls gedruckt wurde, ist zu lesen: „Dr. Solf
tut eine ganze Menge, um das alte Vorurteil zu zerstören, die Deutschen seien keine guten Kolonisatoren. Die Deutschen haben unter seiner weisen
Führung bewundernswerten Erfolg in der Kolonisation von Samoa. In vieler Hinsicht ist dies eine Modell-
Kolonie." Während der kurzen Blütezeit der Kolonie
lebten in Samoa mehrere Hundert Deutsche, deren
samoanische Nachkommen zum Teil noch heute ihre
Namen tragen.

Dr. Erich Schultz, ebenfalls aus Berlin, war Oberster
Richter für Samoa und Stellvertreter des Gouverneurs. Er beschäftigte sich intensiv mit samoanischer
Kultur und Sprache und galt bald als einer der
weißen Experten darin. **Dr. Franz Linke** aus Braun-
schweig stand der meteorologischen Station auf der
Halbinsel Mulinuu vor. **Dr. Richard Franke** aus Bur-
kersdorf war der oberste Regierungsarzt und Chirurg.
Dr. Julius Schwesenger aus Würzburg, der oberste
Gesundheitsbeamte, stand auch dem Apia Hospital
vor, das drei Abteilungen hatte: für Europäer, Samoaner und Chinesen. Herr **Albert Schaafhausen** aus
Essen bekleidete den Posten als oberster Baumeister
der Kolonie. Herr **Otto Damm** aus Monheim am Rhein
stand der Staatlichen Schule von Apia vor. Der Unter-
richt fand in deutscher und englischer Sprache statt.
Herr **R. P. Berking** war oberster Zollbeamter, assistiert
von Herrn **C. Pullack**, Kapitän **F. Kruse** und Kapitän
D. Pundt; letzterer laut Cyclopedia ein „großer
Geschichtenerzähler".

Die Deutsche Handels- und Plantagen-Gesellschaft
der Südsee-Inseln, kurz D.H. & P.G., Nachfolger des
Hamburger Handelshauses **Godeffroy**, war die größte
Handelsfirma ihrer Zeit im Südpazifik. Von ihrem
Hauptsitz in Apia kontrollierte „die Firma" Plantagen
und Niederlassungen auf mehreren Inselgruppen.

*Ihr Grundkapital betrug zur Kolonialzeit 2,75 Millionen Mark, die guten Profite erlaubten eine Dividende von 12 Prozent an die Teilhaber. Größter Besitz der D.H. & P.G. in Samoa waren 2.000 Hektar Kokosplantagen bei Mulifanua an der Westspitze Upolos. Generaldirektor der D.H. & P.G. war ab 1906 Herr **K. Hanssen**, geboren in Lübeck, laut Cyclopedia ein „vollkommener Gentleman und ein vollkommener Geschäftsmann".*

*Der Apia Sports Club hatte rund hundert überwiegend deutsche Mitglieder, die sich mit der Pferdezucht und der Organisation von Pferderennen beschäftigten. Alljährlich fand zu Kaisers Geburtstag ein festliches Pferderennen im Apia Park statt. Eine freiwillige Feuerwehr wurde aus Mitgliedern des Apia Social and Athletic Club und des Fortbildungs-Vereins gebildet. Wöchentlich erschien die Samoanische Zeitung in deutscher und englischer Sprache; ihr Besitzer und Chefredakteur war Herr **E. Luebke**. Einmal monatlich erschien eine Zeitung in samoanischer Sprache unter dem Titel „O le Savali", die kostenlos unter der Bevölkerung verteilt wurde.*

*Weitere deutsche Honoratioren in Apia waren: Reverend **Ernst Heider** aus Geisweid, einer der wenigen deutschen Pastoren, die unter der Ägide der London Missionary Society nach Samoa gekommen waren; **Dr. Bernhard Funk** aus Neubrandenburg, langjähriger Firmenarzt des Hauses Godeffroy; Herr **Fritz Marquardt** aus Berlin, ein angesehener Pensionär, hatte vor der Kolonialzeit samoanischen Hilfstruppen militärischen Drill beigebracht; **G.W. Partsch** aus Hamburg, ein angesehener Auktionär und Handelsagent; **E.A. Grevsmühl** aus Hamburg, Geschäftsmann und Plantagenbesitzer; **H. Gebauer** aus Königsberg, Handelsagent; **Emil Haaben** aus dem Rheinland betrieb ein Kühlhaus und eine Eisfabrik; **Walter Schaefer** aus Bremen, Pflanzer und Händler; **Paul Höflich** stellte Mineralwasser her; **Charles Netzler** aus Schleswig gründete 1871 eine Baumwollplantage; **Leutnant von Bülow** aus Pommern veröffentlichte mehrere völkerkundliche Studien über Samoa; Dr. Wilhelm Grevel aus Essen, Kakaopflanzer; **Dr. D.S. Vaupel** aus München, Botaniker, erforschte die Pflanzenwelt Samoas.*

Buchtip

Diese Aufzählung mag überflüssig erscheinen, aber vielleicht entdecken Sie einen eigenen Vorfahren darunter. Weitere Einzelheiten finden Sie in der mit vielen historischen Fotos illustrierten „**Cyclopedia of Samoa**", die als Nachdruck in den Buchhandlungen und Souvenirgeschäften Apias erhältlich ist.

selnde und intrigenreiche Koalitionen zwischen den jeweiligen Häuptlingen und den angehenden Kolonialmächten geschlossen wurden.

Alle drei Mächte hatten Kriegsschiffe im Hafen von Apia liegen und 1889 stand eine Konfrontation zwischen Engländern und Amerikanern auf der einen und den Deutschen auf der anderen Seite kurz bevor. Doch ein verheerender Hurrikan ließ sechs der sieben Schiffe kentern, drei deutsche und drei amerikanische. Nur das einzige britische Schiff konnte sich rechtzeitig auf die offene See retten.

Die gestrandete
„S.M.S. Adler"

92 deutsche und 54 amerikanische Seeleute kamen dabei ums Leben.

Die Teilung

Nach dieser Katastrophe rangen sich die drei Mächte zu Verhandlungen durch. Noch im gleichen Jahr unterzeichneten England, Amerika und Deutschland den **Vertrag von Berlin**, der eine unabhängige samoanische Regierung unter König Maleitoa und eine von den drei Konsuln kontrollierte Stadtverwaltung für Apia vorsah. Als samoanische Stammeskämpfe eine erneute Konfrontation der drei Mächte heraufbeschworen, einigten sie sich zehn Jahre später (1899) auf die Teilung Samoas: Der Osten mit Tutuila und den Manua-Inseln kam unter amerikanische Marineverwaltung und hieß fortan American Samoa. Der Westen mit Upolo und Savai'i wurde die deutsche Kolonie West-Samoa. England verzichtete ganz auf Samoa, im Gegenzug verzichtete Deutschland zugunsten der Engländer unter anderem auf seine Interessen im Königreich Tonga.

14 Jahre
deutsche
Kolonie

Im Jahr nach der Teilung (1900) wurde **Dr. Wilhelm Solf** zum Gouverneur der deutschen Kolonie West-Samoa ernannt, der deutsche Kaiser wurde damit formelles Staatsoberhaupt. Dem damaligen kolonialen Selbstverständnis entsprechend, galt das Hauptaugenmerk der deutschen Verwaltung natürlich dem Schutz wirtschaftlicher Interessen, insbesondere dem Handelsmonopol der **D.H. & P.G.**, allenthalben **„die Firma"** genannt. Dennoch scheint sich Gouverneur Solf bemüht zu haben, die samoanische Kultur und Strukturen kommunaler Selbstverwaltung weitgehend intakt zu halten. Jedenfalls wird seine Regierungszeit, wie überhaupt die nur 14 Jahre dauernde deutsche Kolonialherrschaft, rückblickend und im Vergleich mit der anschließenden Kolonialherrschaft

Neuseelands, von vielen Samoanern positiv bewertet. Samoa erlebte als deutsche Kolonie eine Periode wirtschaftlichen Aufstiegs und geordneter Entwicklung des Landes, die bis heute in guter Erinnerung bleibt.

Zeugen deutscher Vergangenheit sind nicht nur die vielen deutschen Namen im Telefonbuch von Western Samoa. Auch die in Reih und Glied stehenden Kokospalmen der großen Plantagen im Westen Upolos, die einst der D.H. & P.G. gehörten, heben sich deutlich von späteren Pflanzungen ab. Auch einige Denkmäler in Apia erinnern an die deutsche Kolonialzeit. Interessant ist weiter, daß in allen alten Grundbüchern noch die altdeutsche Schrift verwendet wurde. Bei jeglichem Landverkauf benötigt man deshalb einen deutschen Übersetzer.

Der deutsche Gouverneur Dr. Wilhelm Solf

Mit Beginn des Ersten Weltkriegs 1914 übernahm neuseeländisches Militär kampflos West-Samoa und beendete damit die deutsche Kolonialherrschaft. Bis zum Ende des Zweiten Weltkriegs blieb Western Samoa, wie es nun hieß, neuseeländisches Mandat. Allerdings hatten die neuen Kolonialherren keine besonders glückliche Hand in der Verwaltung des Landes. Ohne Einfühlung in die komplexe samoanische Lebensart und althergebrachte Hierarchien versuchten sie ihre Vorstellungen von Ordnung und Effektivität durchzusetzen. Die fortwährende Mißachtung der von Samoanern hochgehaltenen Traditionen und Werte ließ eine einheimische Oppositionsgruppe, die sich schon während der deutschen Kolonialzeit unter dem Namen **Mau** gebildet hatte, immer stärker anwachsen. Es kam zu Demonstrationen, Straßenkämpfen und schließlich landesweiten Boykotten gegen die neuseeländische Verwaltung.

West-Samoa kommt zu Neuseeland

Nach Ende des Zweiten Weltkriegs, als amerikanische Truppen auch in Western Samoa stationiert waren, blieben die Inseln als **UNO-Treuhandgebiet** unter neuseeländischer Verwaltung, doch der Weg zur Unabhängigkeit war bereits vorgezeichnet. Nach langen Verhandlungen wurde Western Samoa schließlich 1962 als erstem Inselstaat des Pazifiks die **Selbständigkeit** gewährt. Die östlichen Inseln wurden nach der Teilung 1899 der amerikanischen Marine unterstellt. Bis auf den Häuptling der Manua-Inseln unterzeichneten die meisten einflußreichen Matais Tutuilas die Abtretungsurkunde an die Vereinigten Staaten. Von Anfang an hatten die Amerikaner weniger wirtschaftliche als vielmehr strategische Interes-

Getrennte Wege

Persönlichkeiten aus der Geschichte Samoas

Robert Louis Stevenson,
der 1850 in Schottland geborene Autor der „Schatzinsel", verbrachte seine vier letzten Lebensjahre in Samoa. Nach ausgedehnten Reisen durch die Südsee ließ sich der von Jugend an lungenkranke Schriftsteller 1889 in Apia nieder, dessen Klima ihm Linderung verschaffte.

Von seinem Krankenbett aus diktierte er in einem Wettlauf mit dem Tode seine letzten Werke. Als „Tusitala", Geschichtenerzähler, von den Samoanern hochverehrt, setzte er sich für deren Rechte und Freiheitsbestrebungen gegen die Kolonialmächte ein. Die Straße, die Samoaner zu seinem Haus Vailima auf den Hügeln über Apia bauten, nannten sie in Dankbarkeit „Straße der liebenden Herzen". Als R.L. Stevenson 1894 starb, trugen samoanische Häuptlinge in langer Prozession seinen Sarg zu der von ihm ausgesuchten Grabstelle auf dem Gipfel des Mt. Vaea hinauf. Auch die Grabinschrift hatte er schon vorher verfaßt:

Robert Louis
Stevenson

Under the wide and starry sky,
Dig the grave and let me lie.
Glad did I live and gladly die,
And I laid me down with a will.

This be the verse you grave for me:
Here he lies where he longed to be;
Home is the sailor, home from the sea,
And the hunter home from the hill.

Margaret Mead,
eine amerikanische Anthropologin, kam in den 20er Jahren auf die Manua-Inseln (American Samoa), um dort das Leben der Samoaner zu studieren. In ihrem berühmten Werk „Coming of Age in Samoa" (Erwachsenwerden in Samoa) beschrieb sie, wie samoanische Kinder ohne Zwänge und Generationskonflikte aufwuchsen und freie Liebe von Jugend an praktiziert wurde. Damit propagierte sie die samoa-

nische Lebensweise insgesamt als Modell einer frei-
en, unverdorbenen Gesellschaft und gab dem
Mythos der paradiesischen Südseeinseln einen wissenschaftlichen Hintergrund. Ihr allzu idealistisches
Bild der samoanischen Gesellschaft wurde erst
Anfang der 80er Jahre durch neuere Forschungen
erschüttert, die ihre Erkenntnisse mehr auf Wunschvorstellungen als auf tatsächlich erlebte Realität
zurückführten.

Aggie Grey,
eine Pioniergestalt des Touris-
mus in der Südsee, wurde schon
zeit ihres Lebens zur Legende.
1897 als Tochter eines Neu-
seeländers und einer Samoane-
rin geboren, war sie nach dem
Tod ihres ersten und dem Bank-
rott ihres zweiten Mannes mit
sechs Kindern ganz auf sich
gestellt. Aggie kaufte mit gelie-
henen 180 Dollar ein altes Haus
am Hafen von Apia und begann

Die legendäre
Aggie Gray

einen kleinen Hotelbetrieb. Der Zweite Weltkrieg und
die in Samoa stationierten amerikanischen GIs verhal-
fen dem später als Aggie Grey's Hotel berühmt
gewordenen Etablissement zum Durchbruch. Was
Aggie aber zur Legende machte, war ihre charismati-
sche Persönlichkeit: Durch bittere Erfahrung zur har-
ten und gerissenen Geschäftsfrau gereift, war sie den-
noch als charmante und humorvolle Gastgeberin weit
über Samoa hinaus beliebt. Während des Krieges ver-

sorgte sie die GIs mit Hamburgern,
Bier und Mädchen und auch danach
fanden die rauschenden Feste in
Aggie Grey's Hotel kein Ende.
Selbst kein Kind von Traurigkeit,
tanzte Aggie bis hoch in die 90 für
ihre Gäste den Siva, den traditionel-
len samoanischen Tanz. Aggie Grey
starb 1988, das Hotel wird seitdem
von ihrem Sohn und ihrer Schwie-
gertochter geführt, und ist nach wie
Die junge Miss *vor das erste Haus in Western*
Aggie Gray *Samoa.*

sen am natürlichen Hafen von **Pago Pago** als Nachschubbasis für ihre Marine. Deshalb mischten sie sich auch
kaum in die inneren Angelegenheiten der Insel und über-
ließen diese weitgehend den Samoanern.

Während des Zweiten Weltkriegs diente Tutuila als Basis
für die amerikanischen Kriegsoperationen gegen die
Japaner. Durch die Stationierung von Truppen verdop-
pelte sich zeitweise die Bevölkerung. Viele Samoaner traten in amerikanische Dienste, und der Dollar begann die
traditionelle samoanische Lebensweise drastisch zu ver-
ändern. Als die Gelder nach Kriegsende nicht mehr so
reichlich flossen, begann eine Auswanderungswelle in
die USA. Erst die Ansiedlung einer **Fischindustrie** in Pago
Pago schuf wieder neue Arbeitsplätze. Dennoch blieb
American Samoa bis heute abhängig von amerikanischen Hilfszahlungen, was den Willen zur staatlichen
Unabhängigkeit bisher behinderte.

Politik, Wirtschaft, Soziales

Western Samoa

Überblick

Einwohner:	162.000, davon 95% Polynesier, Rest Europäer, Asiaten
Bevölkerungs-dichte:	55 Einwohner pro km^2
Sprache:	Englisch und Samoanisch
Religion:	50% Protestanten, 20% Katholiken, 15% Methodisten, 8% Mormonen, Rest: Adventisten, Zeugen Jehovas
Hauptstadt:	Apia
Flagge:	Rot mit fünf Sternen auf blauem Grund links oben
Staats- und Regierungsform:	Parlamentarische Demokratie mit zugrundeliegender Häuptlingsari-stokratie
Währung:	WS $ = Western Samoa Tala
Wirtschaft:	Landwirtschaft, Tourismus, Klein-industrie
Handelspartner:	Neuseeland, Australien, American Samoa, Deutschland.

Western Samoas Regierungsform war bis 1990 eine Kombination aus traditioneller Häuptlingsaristokratie mit Elementen parlamentarischer Demokratie. Das aktive und passive Wahlrecht stand nur den rund 18.000 **Matais** des Landes zu, die aus ihren Reihen 45 Abgeordnete in die gesetzgebende Versammlung, das sogenannte **Fono**, wählten. Dieses Parlament wiederum wählte den Premierminister, der die Minister seines Kabinetts ernannte. Als Staatsoberhaupt fungierten seit der Unabhängigkeit die zwei ranghöchsten Matais des Landes gemeinsam und auf Lebenszeit. Seit dem Tod Tupua Tamaseses 1963 regiert **Malietoa Tanumafili II.** allein. Seine Stellung entspricht der eines Königs in einer konstitutionellen Monarchie nach englischem Vorbild. Seit Anfang der 80er Jahre sind Bestrebungen zur Einführung des allgemeinen Wahlrechts für alle Samoaner in Gange. In einem Referendum 1990 wurde das aktive Wahlrecht für alle Samoaner beschlossen und fand erstmals in den Parlamentswahlen 1991 Anwendung. Das passive Wahlrecht ist jedoch immer noch auf die Matais begrenzt, nur sie dürfen ins Parlament gewählt werden.

Wahlrecht nur für Häuptlinge

Die Wirtschaft Western Samoas ist noch weitgehend von kolonialen landwirtschaftlichen Strukturen geprägt; Hauptexportartikel sind nach wie vor Kokosprodukte. Die staatliche **Western Samoa Trust and Estate Corporation (WSTEC)** bewirtschaftet im wesentlichen die umfangreichen Kokosplantagen, die während der deutschen Kolonialzeit von der D.H. & P.G. angelegt worden waren. An zweiter Stelle der Exportrangliste folgt Taro, das einheimische Wurzelgemüse, das vornehmlich an die Nachbarn in American Samoa geliefert wird. Wichtigste Handelspartner sind Neuseeland, Australien, American Samoa und seit einigen Jahren verstärkt auch wieder Deutschland, das vor allem Kokosprodukte abnimmt.

Kokosplantagen und Stütze von außen

Dennoch ist die Handelsbilanz Western Samoas, wie die der meisten Inselstaaten, stark negativ. Wertmäßig wird zehnmal mehr importiert als exportiert. Aufgefangen wird dieses Ungleichgewicht nur durch Entwicklungshilfegelder und die Überweisungen von im Ausland lebenden Samoanern. Auch wenn es angesichts der wohlgenährten Bevölkerung paradox erscheint, zählt Western Samoa nach UNO-Maßstäben zur Kategorie der am wenigsten entwickelten Länder und erhält die im internationalen Vergleich höchsten Entwicklungshilfezahlungen pro Kopf der Bevölkerung. Die von Exil-Samoanern an ihre Familien überwiesenen Gelder machen mehr als die Hälfte der gesamten Staatseinnahmen aus. Die desolate wirtschaftliche Lage spiegelt sich auch in einer hohen Inflationsrate und fortschreitender Entwertung der samoanischen Währung wider.

Samoanischer Frust

Hohe **Jugendarbeitslosigkeit** und **Auswanderung** mangels beruflicher Perspektiven sind die sozialen Folgen der wirtschaftlichen Misere. Rund 100.000 Samoaner leben bereits im Ausland, hauptsächlich in Neuseeland, den USA und Australien – das entspricht einem Drittel der gesamten Bevölkerung Gesamt-Samoas. Auch das nach wie vor strenge Matai-System, in dem das Familienoberhaupt allein alle Lebensfragen seiner Angehörigen regelt, trägt zur latenten Frustration der Jugend bei, die sich in einer außergewöhnlich **hohen Selbstmordrate** ausdrückt.

American Samoa

Überblick

Einwohner:	46.773, davon 95% Polynesier, Rest Asiaten, Amerikaner, Europäer
Bevölkerungsdichte:	183 Einwohner pro km^2
Sprache:	Englisch und Samoanisch
Religion:	50% Protestanten, 25% Katholiken, 10% Methodisten; Rest: Mormonen, Adventisten, Zeugen Jehovas etc.
Hauptstadt:	Pago Pago
Flagge:	Amerikanische Flagge und Territoriale Flagge (blau mit rotumrandetem weißem Dreieck und Adler)
Staats- und Regierungsform:	Parlamentarische Demokratie; Territorium der USA
Währung:	US $
Wirtschaft:	Fischerei und Fischverarbeitung, Tourismus, Landwirtschaft
Handelspartner:	USA, Südpazifikstaaten

Buchtip

Die sozialen Probleme Samoas hat der deutschstämmige Schriftsteller Albert Wendt in einigen Romanen beschrieben, von denen auch manche ins Deutsche übersetzt wurden: **Leaves of the Banyan Tree; Sons for the Return Home; Flying Fox in a Freedom Tree.**

Ähnliche soziale Bedingungen wie in Western Samoa herrschen auch auf American Samoa. Die beiden großen Fabriken zur Verarbeitung von Thunfisch in Dosen sind die einzig nennenswerte Industrie und stellen mehr als ein Drittel aller Arbeitsplätze. 40 Prozent aller Berufstätigen arbeiten in der Verwaltung. Auch hier ist die Auswanderungsrate mangels beruflicher Perspektiven

Fischereihafen von Pago Pago

sehr hoch. Wie in Western Samoa besteht auch in American Samoa der gleiche Gegensatz zwischen den Lohnarbeitern der Hauptstadt und den vor allem von landwirtschaftlichem Eigenanbau lebenden Dorfbewohnern. Exportiert werden so gut wie keine landwirtschaftlichen Produkte.

American Samoa ist kein amerikanischer Bundesstaat, sondern ein selbstverwaltetes **Territorium der USA**, das dem amerikanischen Innenministerium untersteht. Die auswärtigen Angelegenheiten werden vom amerikanischen Außenministerium wahrgenommen, der amerikanische Präsident ist Staatsoberhaupt. Intern verwaltet sich das Territorium selbst und wählt sein eigenes Parlament und einen Gouverneur als Regierungschef. Daneben gibt es einen Senat, in den die Matais des Landes ihre Vertreter entsenden. Bestrebungen zu einer größeren Autonomie in Form einer freien Assoziation mit den USA sind seit einigen Jahren im Gange.

Stiefkind der USA

Kultur

Fa'a Samoa nennen die Samoaner ihren Lebensstil, der von festgefügten gesellschaftlichen Strukturen, bindenden familiären Verpflichtungen und überlieferten Sitten geprägt ist. Von Grund auf konservativ eingestellt, halten sie trotz äußerer Einflüsse hartnäckig an dieser Lebensweise fest und haben so Samoa als eines der letzten Reservate unverfälschter polynesischer Kultur im Pazifik erhalten.

Fa'a Samoa

**Die Aiga und
der Matai**

Was ist Fa'a Samoa? Zunächst einmal bedeutet es den
Zusammenhalt in einer Großfamilie, der sogenannten
Aiga, die streng hierarchisch aufgebaut ist. An der Spitze
dieses Familienclans, der sich aus mehreren Familien
nach unserem Muster zusammensetzt, steht der **Matai**,
den man als eine Art Häuptling bezeichnen kann. Der
Matai übt stellvertretend für die Aiga das **Landrecht** aus
und besitzt innerhalb des Clans absolute Autorität. Er
bestimmt die Nutzung des Landes, teilt den Familienmit-
gliedern die täglichen Arbeiten zu und verteilt, was das
Land abwirft. Der Matai regelt die Ausbildung der Kinder,
gibt seine Zustimmung zur Heirat und sucht noch häufig
die Ehepartner aus. Bei Streitigkeiten innerhalb der Familie ist er der Richter und verhängt Strafen.

Eine strenge **Etikette** regelt den Umgang untereinander.
So müssen Matais zum Beispiel mit ihrem jeweiligen
Titel angesprochen werden. Den älteren Familienmitglie-
dern wird mit äußerstem Respekt begegnet. Von Kind an
hat jeder Samoaner bestimmte Pflichten und Arbeiten
innerhalb der Familie zu erfüllen.

Die Matais eines Dorfes bilden das **Fono**, den Dorfrat, der
in einem eigenen Versammlungshaus zusammentritt.
Dies ist, wie alle traditionellen Häuser Samoas, ein offe-
nes Fale, in dem jedem Matai der Runde ein eigener Pfosten zugewiesen ist, an den gelehnt er sich zur Beratung
niedersetzt. Das Fono regelt alle Angelegenheiten des
Dorfes, die über die Familie hinausgehen und fungiert
bei Streitigkeiten und Verstößen gegen die Dorfregeln
als Gericht. Strafen können verhängt werden in Form von
Zahlung in Naturalien oder Geld und reichen bis zur Ver-
bannung aus einem Dorf. Die Kunst der Rede wird in
Samoa hochgeschätzt und von den Matais in endlosen
Palavern ausgelebt, frei nach dem Motto: Warum ein
Wort, wenn es zehn auch tun.

Matai-Titel werden nach dem Tod eines Häuptlings einem
Nachfolger verliehen, der von einem Häuptlingsrat
bestimmt wird. In der Regel bleibt der Titel in der Familie, er
kann aber auch aufgrund besonderer Dienste an Außenste-
hende vergeben und gleichermaßen bei Mißbrauch aber-
kannt werden. Es gibt verschiedene Arten und Abstufungen
von Titeln; auch Frauen können Matai werden, jedoch ist
das bisher die Ausnahme geblieben. Alle rund 15.000 Matai-
Titel des Landes sind bei Gericht registriert, der neueste
Stand wird in Form einer Liste regelmäßig veröffentlicht.

Das Leben in einem samoanischen Dorf verläuft nach festen Spielregeln, die vom Fono, dem Rat der Matais, aufgestellt werden und von Dorf zu Dorf verschieden sein können. So kann es zum Beispiel den Frauen des Dorfes verboten sein, Jeans oder Miniröcke zu tragen; den Männern kann eine kurze Haartracht auferlegt werden; auch ist es durchaus üblich, ein Ausgehverbot für die Nachtstunden zu verhängen. Die Frauen eines Dorfes sind in einem eigenen Komitee organisiert, das sich der Organisation von Haus- und Handarbeiten widmet. Im Dorf und zuhause tragen Samoaner den traditionellen **Lavalava**, ein bunt bedrucktes Tuch, das Männer rockartig um die Hüfte wickeln und Frauen als Kleid drapieren. Die Mehrzahl der Männer läßt sich noch immer im Jünglingsalter nach hergebrachter Sitte **tätowieren**. Die traditionellen Ornamente schmücken die Oberschenkel von den Knien aufwärts bis über die Hüfte. Sie werden in einer Tage dauernden, schmerzvollen Prozedur mit feinen, in Farbstoff getauchten Klingen in die Haut geritzt.

Leben im Dorf

Das äußere Bild der Dörfer wird vom charakteristischen Baustil des offenen samoanischen Fales bestimmt. Es besteht aus einer ovalen oder rechteckigen Plattform, umrahmt von hölzernen Pfosten, die ein gewölbtes Dach tragen, das entweder herkömmlich mit geflochtenen Palmwedeln oder mit Wellblech gedeckt ist. Frappierend ist das Fehlen jeglicher Außenwände, das ungehinderten Einblick in das Familienleben erlaubt. Viel gibt es allerdings nicht zu sehen. Die Möblierung besteht im wesentlichen aus einigen Truhen zur Aufbewahrung des Hausrates und Kleidung sowie Matten und Kissen zum Schlafen auf dem Boden. Die offene Bauweise der meist in Meeresnähe gebauten Fales läßt jede Brise hindurchstreichen, ein unschätzbarer Vorteil im feuchtheißen samoanischen Klima. Bei Regen oder Sturm werden zwischen den Pfosten Matten wie Jalousien heruntergelassen. Zu beinahe jedem bewohnten Fale gehört ein leeres Gäste-Fale, das für Besuche und Versammlungen genutzt wird.

Das Fale

Kava und Siva   Jede Versammlung und Bewirtung von Gästen wird mit einer Kava-Zeremonie eingeleitet, während der eine Kokosnußschale mit dem Extrakt der Kavastrauchwurzel die Runde macht. Die zu festlichen Anlässen dargebotenen samoanischen Tänze haben ihren eigenen Charakter innerhalb des polynesischen Kulturkreises. Sie werden meist in großen Männer- und Frauengruppen zum Rhythmus einer hölzernen Trommel dargeboten und von Gesängen begleitet. Der populäre Siva ist ein betont langsamer Tanz, der von einer oder zwei Frauen aufgeführt wird. Alle Tänze erzählen Legenden und Geschichten, wobei eine humorvolle Darbietung vom Publikum besonders geschätzt und mit spontanen Geldspenden gewürdigt wird.

Umu und Fiafia   Jedes Dorf hat außer dem Versammlungshaus der Matais (**Fale Tele**) einen Dorfplatz (**Malae**), auf dem Veranstaltungen stattfinden und der beliebteste Sport, das samoanische Kricket, oder Volleyball gespielt wird. Sonntags bereiten die jungen Männer des Dorfes den Umu, den Erdofen, in dem das gemeinsame Festmahl gegart wird. Oft werden Feste, sogenannte Fiafias, mit Sammlungen für einen öffentlichen Zweck oder für die Kirche verbunden. Hochzeiten und Beerdigungen können ganze Dörfer für Tage lahmlegen und die zur Bewirtung verpflichteten Familien an den Rand des Ruins bringen. Regelmäßig finden Wettbewerbe zur Ermittlung des am besten gepflegten Dorfes oder der am besten aufspielenden Dorfkapelle statt.

Auf Gott   Zentrum und Stolz eines jeden Dorfes aber ist die **Kirche**,
gegründet   die in aufopferungsvoller gemeinsamer Arbeit aller Dorfbewohner errichtet wird. Samoas Kirchen wirken wie

Dorfkirche
auf Savai'i

Festungen im Vergleich zu den luftigen Fales und demonstrieren unübersehbar den in der Verfassung verankerten Wahlspruch: Samoa ist auf Gott gegründet. Die Dorfpfarrer genießen mindestens das gleiche Ansehen wie ein hoher Matai und üben vergleichbare Macht aus. Alle Dorfbewohner sind zur materiellen Unterstützung der Pfarrer verpflichtet, deren Einkommen zu den höchsten im Lande gehört.

Die Fesseln des Systems

Das Fa'a Samoa, das hier nur in seinen Grundzügen umrissen wurde, hat noch viele Facetten, die den Stoff für Anthropologen und Ethnologen nicht ausgehen lassen. So sehr es Kulturreisende fasziniert und zum einmaligen Reiz des Landes beiträgt, hat es aber auch seine unübersehbaren negativen Aspekte. Das Fa'a Samoa, das schon die Kolonialverwalter zur Verzweiflung brachte, behindert noch heute jede wirtschaftliche Vorwärtsentwicklung. Die Verpflichtung, alles Einkommen mit der Familie zu teilen, läßt die meisten Versuche scheitern, sich eine eigene wirtschaftliche Existenz zu schaffen. Die fast alttestamentarisch strenge gesellschaftliche Ordnung treibt die Jugend des Landes, die natürlich auch gern die Annehmlichkeiten westlicher Zivilisation genießt, zur Emigration, Frustration und sogar zum Selbstmord. Im wirtschaftlichen Sinne wirkt sich das Fa'a Samoa eher kontraproduktiv und demotivierend aus, sozialpsychologisch ist es gegen jegliche Entwicklung einer eigenen Persönlichkeit gerichtet. Allzu oft muß Fa'a Samoa auch als Entschuldigung herhalten für Inkompetenz und mangelnde Motivation, für Vergeßlichkeit und Verspätung, für ungerechte Behandlung und übertriebenen Neid.

Fa'afafine

Fa'afafine heißen in Samoa die allgegenwärtigen Transvestiten und männlichen Homosexuellen. Hier wie in Tonga ist ihre Häufigkeit ein Produkt der Erziehung in der samoanischen Familie, die dazu tendiert, Jungen als Mädchen aufzuziehen, um im Haushalt mehr helfende Hände zu haben. Fa'afafine werden in Samoa nicht diskriminiert, sind vielmehr selbstverständliche Mitglieder der Gesellschaft. In American Samoa findet sogar alljährlich im Oktober ein Schönheitswettbewerb unter den Fa'afafine statt mit Straßenumzügen, Musik und Tänzen.

Village-Etikette

Es ist nicht schwer, in einem samoanischen Dorf zum Bleiben eingeladen zu werden. Und wenn Sie selbst nach Unterkunft fragen, werden Sie in den seltensten Fällen

abgewiesen. Das gehört zur traditionellen Gastfreundschaft, die im Herzen Polynesiens besonders hochgehal-
ten wird. Allerdings sollten zwei Dinge selbstverständlich
sein: Einmal sollte die Gastfreundschaft nicht über
Gebühr ausgenutzt werden und Ihnen von Anfang an klar
sein, wie lang Sie zu bleiben gedenken. Zweitens sollten
Sie wissen, daß diese noble Geste auch immer mit der
stillschweigenden Erwartung einer Gegenleistung verbunden ist, in Form von Geschenken oder Geld.

Da die Samoaner sehr stolz sind, fordert das Geschäft der
Kompensation sehr viel Taktgefühl von Ihnen. Drücken
Sie also nicht dem Familienoberhaupt einfach ein paar
Scheine in die Hand, die er wahrscheinlich entrüstet
abweisen wird. Machen Sie beim Abschied, der immer
mit einer ausgedehnten Familiensitzung und Palaver verbunden ist, ein Geschenk in Form von Kleidung, Zigaretten oder anderen Naturalien. Große Freude können Sie
mit einer großen Dose Corned Beef (Pisupo) machen.
Wenn Sie Geld geben, betonen Sie, daß die genossene
Gastfreundschaft selbstverständlich nicht in Geld aufge-
wogen werden kann, aber vielleicht die Kinder etwas
gebrauchen könnten. So verliert keine Seite ihr Gesicht,
was ungeheuer wichtig ist im Umgang mit einem so stol-
zen Volk.

Betreten Sie nie uneingeladen ein Fale, und ziehen Sie
auf jeden Fall vorher Ihre Schuhe aus. Im Fale dürfen Sie
nicht aufrecht stehen; sollte Ihr Gastgeber bereits sitzen,
lassen Sie sich auch gleich im Schneidersitz nieder.
Strecken Sie Ihre Beine nicht aus. Sollten Sie es doch tun,
weil Sie müde sind, bedecken Sie sie mit einer Matte
oder einem Tuch. Wenn Sie fotografieren wollen, ganz
gleich, ob Personen oder Dinge, fragen Sie vorher. Die
Genehmigung dazu wird Ihnen meist gern erteilt; das
Gleiche gilt, wenn Sie eine Blüte oder Blume im Dorf
pflücken wollen. Wenn Sie ein Fale passieren, in denen
Matais beim Palaver sitzen, sollten Sie sich ruhig verhal-
ten und das Tempo Ihres Autos zügeln.

Wenn Sie Gast einer Familie sind, akzeptieren Sie niemals in deren Gegenwart eine Einladung anderer Samoaner. Das würde Ihre Gastgeber sehr beschämen und
Neid erregen, da zwischen Familien und Dörfern oft
größte Rivalität herrscht. Erzählen Sie deshalb auch
nichts, was Ihnen in anderen Dörfern oder Gegenden
besser gefallen hat.

Der Papalagi

Dieses Kult-Buch ist in großer Auflage erschienen und schildert in mehrere Sprachen übersetzt die Zivilisation des weißen Mannes aus der Sicht eines samoanischen Häuptlings. Als Papalagi (sprich: Papalangi) bezeichnen die Samoaner alle Fremden. Der Autor Erich Scheurmann war 1914 nach Samoa gekommen und dort nach eigenen Angaben auf einen samoanischen Häuptling gestoßen, der die Erfahrungen einer Europareise in Ansprachen an sein Volk weitergab. Die naive Weisheit, mit der Häuptling Tiuavii die Absurditäten westlicher Zivilisation beschreibt, ist bestechend. Hier einige Auszüge:

„Der Papalagi wohnt wie die Seemuschel in einem festen Gehäuse. ... Seine Hütte gleicht einer aufrechten Truhe aus Stein. Einer Truhe, die viele Fächer hat und durchlöchert ist.... Zwischen diesen Truhen verbringt nun der Papalagi sein Leben."
„Es gibt Papalagi, die behaupten, sie hätten nie Zeit. Sie laufen kopflos umher, wie vom Teufel Besessene, und wohin sie kommen, machen sie Unheil und Schrecken, weil sie ihre Zeit verloren haben."
„Es ist Dir aber auch in den Ländern des Weißen nicht möglich... ohne Geld zu sein... Du mußt zahlen, das heißt Geld hingeben, für den Boden, auf dem Du wandelst, für den Platz, auf dem deine Hütte steht, für deine Matte zur Nacht, für das Licht, das deine Hütte erhellt."

Leider aber sind diese angeblichen Einsichten eines naturverbundenen edlen Wilden als literarische Fälschung entlarvt worden. Einen Häuptling namens Tuiavii hat es zwar gegeben, seine Reden wurden jedoch nie aufgeschrieben. Erich Scheurmann hat sie offensichtlich selbst erfunden, um seine Zivilisationskritik zu verbreiten. Dennoch ist das 1920 zum ersten Mal erschienene Buch bis heute ein Bestseller geblieben, vor allem in Alternativen- und Aussteigerkreisen. Selbst renommierte Literaturkritiker sind darauf hereingefallen, ein Zeichen, wie gut Erich Scheurmann, alias Häuptling Tuiavii, trotz allem unsere tiefverwurzelten Wunschvorstellungen von einem unkomplizierten, paradiesischen Südseeleben getroffen hat.

Sprache

Samoa gehört wie Tonga und Französisch-Polynesien zum austronesischen oder malayisch-polynesischen Sprachgebiet. Die Hauptsprache ist Samoanisch, zweite Sprache Englisch. Während jedoch in American Samoa nahezu jedermann fließend Englisch spricht, sind in der ländlichen Bevölkerung Western Samoa die Englischkenntnisse eher spärlich.

Das samoanische Alphabet hat nur 14 Buchstaben, abgesehen von den fünf Vokalen die Konsonanten f, g, l, m, n, p, s, t, v. Wie in Tonga und Fidschi wird g niemals ohne n davor gesprochen, statt r wird l und statt dem englischen th oft f gesprochen.

Hier einige Wörter und Redewendungen auf samoanisch:

Guten Tag, willkommen	*Talofa*
Auf Wiedersehen, gute Nacht	*Tofa (Soifua)*
Ja	*Ioe*
Nein	*Leai*
Bitte	*Fa'amolemole*
Danke	*Fa'afetai*
Gut	*lelei*
Sehr gut	*lelei tele*
Viel Glück, Prost	*Manuia*
Frau	*Fafine*
Mann	*Tamaloa*
Mädchen	*Teine*
Junge	*Tama*
Haus	*Fale*
Familie, Verwandtschaft	*Aiga*
Europäer, Fremder	*Palagi (Papalagi)*
Erdofen	*Umu*
Fest, Tanzveranstaltung	*Fiafia*
Lied, Gesang	*Pese*
Familienoberhaupt	*Matai*
Chef des Dorfes	*Ali'i*
Wie heißt Du?	*O ai lo'u igoa*
Mein Name ist ...	*O lo'u igoa*
Wie bitte?	*O lea?*
Wie geht es Dir?	*O a mai oe?*
Ich habe nichts verstanden	*O te le malamalama*
Es tut mir leid	*Malie Iou loto*
Wo ist die Toilette?	*O fea le fale uila?*
Was kostet das?	*E fia le tau?*

Western Samoa

Upolu

Die Straße vom Flughafen Faleolo im Westen Upolos zur Hauptstadt Apia gehört zu den schönsten Strecken der Südsee und bietet einen ausgezeichneten Eindruck samoanischer Lebensweise. Sie führt 35 Kilometer entlang der Nordküste durch eine ununterbrochene Kette von wunderschönen samoani-

*An der Küsten-
straße von Upolu*

schen Dörfern mit gepflegten Rasenflächen, blühenden Sträuchern, klaren Süßwasserpools und buntbemalten, offenen Fales. Die Dorfbewohner scheinen hier besondere Sorgfalt auf die Pflege ihrer Häuser und Gärten zu legen. Der Besucher hat fast ein schlechtes Gewissen, den Frieden des Dorflebens zu stören.

Upolu ist zwar etwas kleiner als seine westliche Nachbarinsel Savai'i, beherbergt aber mit 120.000 Einwohnern mehr als zwei Drittel der Gesamtbevölkerung, die Hauptstadt Apia und den internationalen Flughafen Faleolo. Von den 40.000 Bürgern Apias abgesehen, wohnt der Großteil der Bevölkerung Upolos in kleinen Dörfern, die sich wie Perlen einer Kette rund um die Küste ziehen. Der flache, teilweise mehrere Kilometer breite Küstenstreifen ist mit Kokosplantagen bepflanzt, die ausgedehntesten liegen im Westen der Insel. In den mit dichtem Regenwald bewachsenen Bergen gibt es kaum fahrbare Wege und nur vereinzelt Einsiedler und Farmen. Höchste Erhebung ist mit 1.100 Metern der Mt. Fito. An dem von Westen nach Osten ausgerichteten Hauptkamm der Berge stauen sich Passatwinde und Wolken. Sie sorgen das ganze Jahr über für reichlich Niederschläge, vor allem an der Südküste. Das Wasser stürzt in Wasserfällen zu Tal, und wird von den Dorfbewohnern der Küste in Süßwasserbecken aufgefangen, die eine beliebte Bade- und Waschgelegenheit darstellen.

Apia

Apia liegt etwa in der Mitte der Nordküste Upolus. Die Hauptstadt Western Samoas setzt sich aus mehreren ehemaligen Dörfern zusammen. Sie zählt mit allen Außenbezirken über 40.000 Einwohner. Das Geschäftsleben konzentriert sich auf die entlang der Hafenbucht ver-

Tip

Versuchen Sie, mit einem Flug bei Tag in Western Samoa anzukommen, um diesen ersten, idyllischen Eindruck nicht zu versäumen.

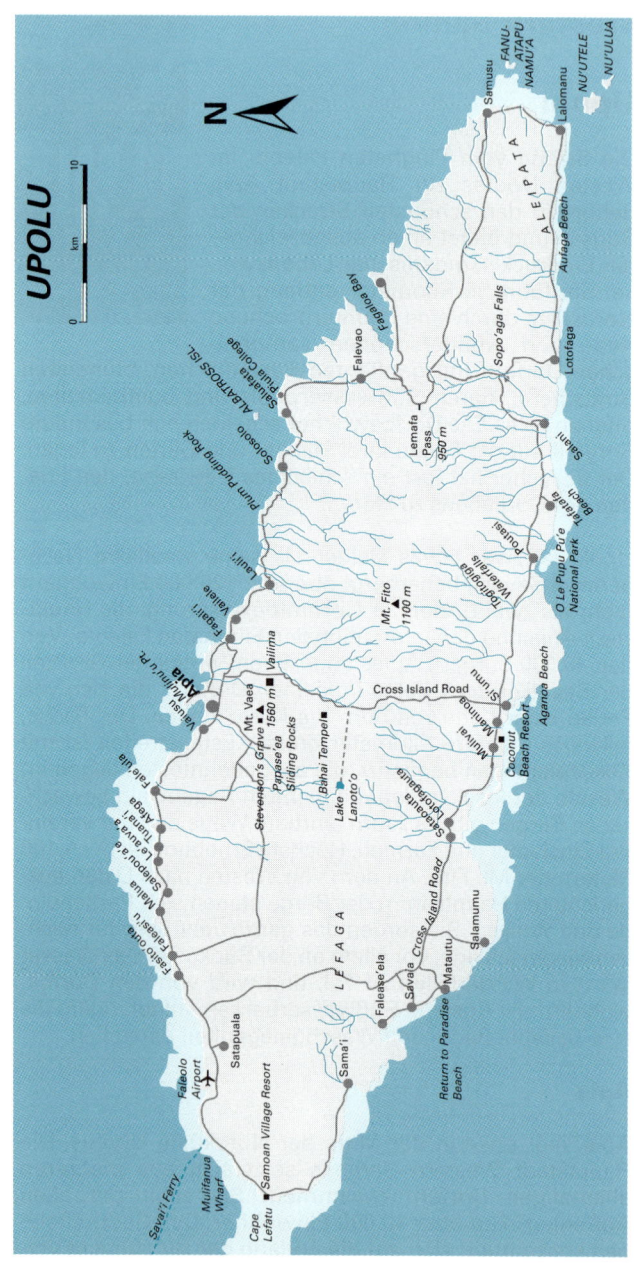

laufende **Beach Road** und die angrenzenden Strassen. Am nordöstlichen Ende der Beach Road befinden sich die Hafenanlagen, im Westen geht sie in die schmale Halbinsel **Mulinu'u** über. Beiderseits des Bergrückens des **Mt**. **Vaea** liegen die ausgedehnten Wohngebiete.

Leider gibt es in Apia nur wenige lesbare Straßenschilder, was die Orientierung mittels Straßennamen erschwert. Die Stadt ist etwas verwahrlost und nur noch ein Abglanz dessen, was sie in Kolonialzeiten einmal dargestellt haben muß. Die hölzernen Verwaltungs- und Geschäftsgebäude, zum Teil noch aus der Kolonialzeit, lehnen windschief aneinander. Die wenigen modernen Gebäude wirken mit ihrer protzigen Betonarchitektur deplaziert. Vor allem das neue Regierungsgebäude und die Central Bank haben das Stadtbild nachhaltig verändert und die weiße katholische Kathedrale, die über

Clock Tower, Apia

hundert Jahre lang das Wahrzeichen Apias war, an den Rand gedrängt. Die Hafenpromenade der **Beach Road**, die durch die beiden Hurrikane Ofa (1990) und Val (1991) zerstört worden war, ist mittlerweile wiederhergestellt.

Die Ursache des Dilemmas liegt zum Teil darin, daß die Regierung die Stadtverwaltung bestimmt und sich mangels Bürgervertretung niemand für das äußere Bild der Stadt interessiert; ganz im Gegensatz zu den von ihren Bewohnern liebevoll gepflegten Dörfern Samoas.

Die meisten Sehenswürdigkeiten, Souvenirshops, Geschäfte, Hotels und Lokale liegen entlang der Beach Road. Gleich nach dem Hafen kommt zunächst unübersehbar die nachgebaute Kolonialfassade von **Aggie Grey's Hotel**. Die Abzweigung der Straße, die über die Berge zur Südküste der Insel führt (Falealili Street oder auch Cross Island Road genannt), wird von einem obeliskförmigen Denkmal markiert, das an den Missionar John Williams erinnert. Das sechsstöckige moderne Gebäude gegenüber beherbergt das amerikanische Konsulat. In seinem Schatten auf der anderen Straßenseite duckt sich bescheiden mit weißen Mauern und grünem Dach die Congregational Christian Church.

An der nächsten Straßenabzweigung Richtung Landesinnerem steht das wackelige Holzgebäude des aus deutscher Kolonialzeit stammenden Gerichtsgebäudes, vor

Flaggenparade vor dem alten Regierungsgebäude

dem bis vor kurzem noch jeden Morgen Punkt acht Uhr die samoanische Flagge aufgezogen wurde. Dieses und die angrenzenden Holzgebäude beherbergten das Gros der Regierung von Western Samoa bis zu deren Umzug in den neuen Regierungskomplex. Nach der Brücke über den Mulivai-Fluß ragt die imposante Fassade der **Katholischen Kathedrale** auf. In den angrenzenden Verwaltungsgebäuden residiert der für den gesamten Südpazifik zuständige Kardinal Piu, der erste eingeborene Südsee-Insulaner, der dieses hohe Kirchenamt erhielt. Schräg gegenüber, an der Meeresseite der Beach Road, ist in einem traditionellen samoanischen Fale-Bau das **Visitor Bureau** von Western Samoa untergebracht, in dem Sie Auskünfte über Hotels, Touren und vor allem aktuelle Fahrpläne der Fähren bekommen.

Gleich neben dem Visitor Bureau stehen der klotzige neue Regierungskomplex und die Central Bank of Western Samoa; beide Gebäude wurden auf im Hafenbecken aufgeschüttetem Gelände errichtet. In der Nähe der Central Bank liegt unter dem aufgeschütteten Land auch das Wrack des deutschen Kriegsschiffes Adler, das hier 1888 während eines Hurrikans kenterte.

Linker Hand folgen nach der Post und der Bank of Western Samoa das alte Steingebäude der Handelsgesellschaft Burns Philp, dann ein Kreisverkehr, in dessen Mitte der Clock Tower steht, ein Mahnmal der im Ersten Weltkrieg gefallenen Samoaner. Vom **Clock Tower** führt die Vaea Street mit weiteren Geschäften zu beiden Seiten, unter anderem dem Büro von Samoa Air, geradewegs zu den Bergrücken des Mt. Vaea. Im Erdgeschoß des mehrstöckigen Betongebäudes auf der Straßenseite gegenüber von Burns Philp finden Sie das Büro von Polynesian Airlines und Air Pacific. Im ersten Stock ist das deutsche Konsulat. In der anschließenden Geschäftszeile ist nach dem Supermarkt Morris Hedstrom (Malesi) das Büro von Air New Zealand.

Auf der Höhe der nächsten Straßenabzweigung liegt am Meer der überdachte Frischmarkt von Apia, der **New Market**. Hier gibt es eine reiche Auswahl an tropischen

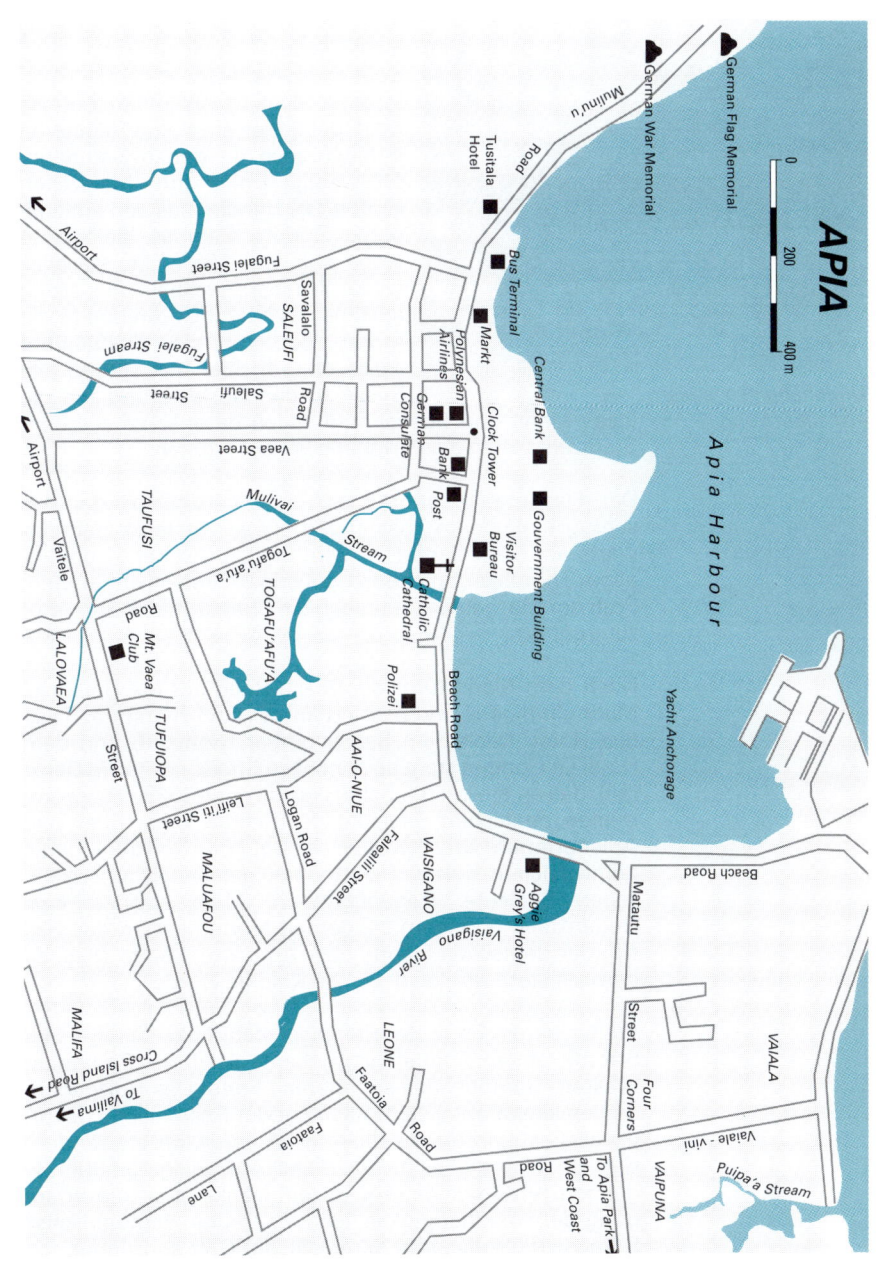

APIA

0 200 400 m

German Flag Memorial

German War Memorial

Mulinu'u Road

Tusitala Hotel

Bus Terminal

Central Bank

Markt

Polynesian Airlines

German Consulate

Clock Tower

Bank

Post

Government Building

Visitor Bureau

Catholic Cathedral

Mulivai

Togafu'afu'a

Stream

Vaea Street

Saleufi Street

Fugalei Stream

Savalalo SALEUFI

Fugalei Street

Airport

Airport

Vaitele

TAUFUSI

LALOVAEA

TOGAFU'AFU'A

Mt. Vaea Club

TUFUIOPA

MALUAFOU

Lefii'iti Street

Logan Road

AAI-O-NIULE

Falealili Street

Polizei

Beach Road

Apia Harbour

Yacht Anchorage

VAISIGANO

Vaisigano River

Aggie Grey's Hotel

Matautu

Beach Road

Four Corners

VAIALA

VAIPUNA

Vaiale - Vini

Puipa'a Stream

LEONE

Faatoia Road

MALIFA

Cross Island Road

To Vailima

Faatoia Lane

To Apia Park and West Coast Road

*Unabhängigkeitsfeier
vor altem Fono*

Früchten und Gemüsen, daneben auch etwas Kunsthandwerk und Souvenirs. Handeln ist nicht üblich. Im dem Meer zugewandten Teil des Marktgebäudes sind eine Reihe von Imbißständen, in denen Samoaner für wenige Dollar ihre Mahlzeiten kaufen. Die Händler aus den entlegeneren Dörfern Samoas bleiben so lange auf dem Markt, bis sie alles verkauft haben, weshalb der Markt auch nachts belebt ist. An den Markt grenzt der zentrale **Busbahnhof** Apias an; von hier aus starten alle Busse zu den Dörfern rund um die Insel. Markt und Busbahnhof sollen demnächst aus dem Stadtzentrum in die Peripherie verlegt werden.

Der Fischmarkt befindet sich in einem Gebäude, das schräg hinter dem Frischmarkt etwas versteckt stadteinwärts am Meer liegt. Hier wird täglich frischer Fisch, vor allem Thunfisch, zu äußerst günstigen Preisen angeboten. Früh am Morgen besteht auch die Chance, einen Hummer zu ergattern.

Nach dem Markt führt die Beach Road auf die Halbinsel **Mulinu'u** hinaus und passiert linker Hand zuerst das Tusitala Hotel. Nach dem Beachcomber Nightclub und dem Hotel Le Godinet steht an der linken Straßenseite ein Denkmal, das an die bei der Schiffskatastrophe 1888 umgekommenen deutschen Seeleute der Schiffe Olga, Eber und Adler erinnern soll. Etwas weiter steht das Denkmal für die dem gleichen Hurrikan zum Opfer gefallenen amerikanischen Seeleute. Gegenüber am Meer erinnert eine Gedenktafel an einem steinernen Monument an das Hissen der deutschen Flagge über Apia am 1. März 1890, an dem Western Samoa deutsche Kolonie wurde.

Weiter gegen Ende der Halbinsel steht links das im Fale-Stil mit einem Kuppeldach gebaute moderne Parlament Western Samoas, das sogenannte **Fono**. Das Holzgebäude des alten Fonos steht noch auf der Rasenfläche davor, die als Festplatz für die alljährlich Anfang Juni stattfindenden Unabhängigkeitsfeiern dient. Auf der gegenüberliegenden Straßenseite erinnert ein Denkmal an die Erlangung der Unabhängigkeit 1962. Es trägt in samoanischer Sprache die Aufschrift: Samoa ist auf Gott gegründet.

Auf dem Gelände vor dem Fono steht das steinerne Mau-
soleum des obersten Häuptlings Josefa Mata'afa, der zur
deutschen Kolonialzeit regierte. Weiter am Ende der Halbinsel Mulinu'u finden sich noch weitere Grabmäler hoher
Häuptlinge der Vergangenheit.

Vailima

Robert Louis Stevenson baute Vailima. Das Haus liegt
etwa 200 Meter über dem Meer am Fuße des Mt. Vaea.
Von der Cross Island Road führt rechts eine lange Allee
zu dem weißen Holzgebäude, das nach dem Tode Stevensons 1894 von dem deutschen Geschäftsmann
Gustav Kunst gekauft wurde. Später war es Sitz der deutschen und neuseeländischen Kolonialregierung. Heute
dient es als Residenz des samoanischen Staatsoberhaup-
tes. Am Tor der Auffahrt steht gewöhnlich ein Polizist in
blauer Uniform. Vailima wurde für die Feierlichkeiten zu
Stevensons 100. Todestag 1994 renoviert und soll künftig
der Öffentlichkeit als Museum zugänglich sein.

**Außerhalb
Apias**

Stevensons Grab

Der Weg zu Stevensons Grab am Mt. Vaea beginnt unterhalb der Auffahrt zu Vailima und führt zunächst am Zaun
des Grundstücks entlang. Nachdem eine schmale Holzbrücke den Mulivai-Bach überquert hat, biegt der Pfad
links ab, führt an einem kleinen
Wasserfall mit dem Badepool Stevensons vorbei und gabelt sich
schließlich. Der flachere, längere
Weg geht links in zwei langen Serpentinen den Berg hinauf und dauert laut Wegweiser 55 Minuten; der
kürzere, steile Pfad dagegen nur
30. Beide Zeitangaben entsprechen samoanischer Gangart, berg-
gewohnte Wanderer können sie
um gute zehn Minuten verkürzen.
Da der längere Weg seit den letzten Hurrikans durch umgestürzte
Bäume mehrfach blockiert ist,

Stevensons Grab

stellt der kürzere augenblicklich auch den bequemeren
Weg zum Gipfel dar, und ist deshalb zu empfehlen. Am
schlichten Grabmal in 1.350 Metern Höhe angelangt, läßt
sich Stevensons letzter Wunsch gut verstehen, der in
Versform das Grab ziert: Hier oben, mit einem ausgezeichneten Panoramablick auf Apia und Upolo, läßt es
sich gut ruhen.

Sliding Rocks

Die Papase'a Sliding Rocks sind eine natürliche Wasser-Rutschbahn, die von einem kleinen Wasserfall gebildet wird. Er stürzt kaskadenförmig über glatte Felsen in einen Pool. Die Sliding Rocks liegen weit hinten in einem Tal auf der westlichen Seite des Mt. Vaea. Sie erreichen sie über die Straße, die beim Mormonentempel ins Landesinnere abbiegt. Auch hier ist eine kleine Gebühr fällig, wenn Sie die feuchtfröhliche Rutschpartie unternehmen wollen – ein großer Spaß vor allem für Kinder.

Inselrundfahrt

Die Straße, die rund um Upolo führt, ist leider streckenweise in schlechtem Zustand, so daß eine Inselumrundung in einem Tag kaum möglich ist. Wenn Sie die Insel im Mietwagen erkunden wollen, empfehlen wir deshalb die Aufteilung in je eine Tagestour für den Ost- und Westteil der Insel.

Das gibt Ihnen genügend Zeit, um sich zwischendurch in einem Süßwasserpool oder an einem der schönen Strände der Insel zu erfrischen. Nehmen Sie Badesachen und Fotoapparat mit. Erfrischungen können Sie überall in den kleinen Geschäften der Dörfer kaufen. Für einige Straßenabschnitte, vor allem an der östlichen Südküste und für manche Abzweigung zum Strand, ist ein Geländewagen von Vorteil. Hinweise zu organisierten Ausflügen zu bestimmten Punkten der Insel finden Sie im Service-Teil.

Cross Island Road

Viele Abzweigungen und Sehenswürdigkeiten sind nicht oder schlecht markiert, weshalb wir sie nur in ungefährer Entfernung von Apia aus angeben können. Stellen Sie also vor dem Start ihren Tageskilometerzähler auf Null.

Upolu-West

Die Rundfahrt zum westlichen Teil der Insel beginnen Sie am besten von Apia aus über die **Cross Island Road** nach Süden. Auf dem Nordhang der Berge über Apia passieren Sie eine Reihe stattlicher Häuser; dies ist die von Diplomaten und Geschäftsleuten bevorzugte Wohngegend der Stadt. Auf einem Plateau rechterhand sehen Sie den beherrschenden Kuppelbau des Bahai-Tempels. Es handelt sich um das Bahai-Zentrum für den gesamten Pazifik. Der Scheitelpunkt der Inseldurchquerung ist bei etwa 700 Metern Höhe erreicht.

Am südlichen Abhang ergeben sich gute Ausblicke auf die Südküste und das Meer. Sie fahren an tropischen Baumriesen vorbei, die von Viehweiden umgeben sind. Nach 22 Kilometern Fahrt stoßen Sie bei dem Dorf **Siumu** auf die südliche Küstenstraße, an der Sie rechts nach Westen abbiegen. Nach etwas mehr als einem Kilometer weist beim Dorf **Maninoa** ein Schild zum **Coconut Beach Resort** (siehe Unterkünfte im Service-Teil). Von Apia aus ist dies der nächstgelegene Strand und der einzige mit Bewirtung. Hier können Sie auch Wassersport-Ausrüstung ausleihen und duschen.

★ Salamumu Beach

Ein sehr schöner und absolut einsamer Strand ist bei dem Dorf Salamumu, das über einen fünf Kilometer langen Abzweiger von der Küstenstraße erreichbar ist. Den Wegweiser finden Sie nach etwa 39 Kilometern (von Apia aus gerechnet). Wenn Sie das Dorf Salamumu an der Küste erreicht haben, fahren Sie die Straße noch ein Stück weiter bis zu den kleinen Sandbuchten, die von schwarzen Lavafelsen flankiert sind. Hier gibt es auch einfache Fales zum Picknicken.

★ Paradise Beach

Der nächste Wegweiser zwei Kilometer weiter auf der Küstenstraße (41 Kilometer) markiert die Abzweigung zum Dorf **Matautu** und zum „**Return To Paradise Beach**" im Bezirk Lefaga. Der Strand bekam seinen Namen von dem Film „Return To Paradise", der hier 1952 mit Gary Cooper und Roberta Hayes in den Hauptrollen gedreht wurde. Auch hier greifen Lavastreifen wie schwarze Finger ins Meer hinaus – zusammen mit dem Strand, den überhängenden Palmen und den Fales im Hintergrund ein sehr malerisches Bild. Zum Baden besser geeignet ist der Strand, den Sie etwas weiter hinter dem Dorf in östlicher Richtung finden. Dazu biegen Sie einfach am Paradise-Beach links ab und folgen der Straße bis zu ihrem Ende. Dort ist das Wasser tiefer, glasklar und türkisgrün; außerdem liegt der Strand außerhalb des Dorfes. Während der Woche haben Sie ihn meist für sich allein, nur

Tip

Nehmen Sie genügend Kleingeld für die „Gebühren" mit, die an Stränden und Sehenswürdigkeiten von den Dorfbewohnern kassiert werden (siehe dazu „Reisen im Lande").

Return to Paradise Beach

sonntags ist er das Ausflugsziel vieler Einwohner Apias.
Von hier aus führt ein sehr schöner Fußweg am Strand
entlang bis nach Salamumu.

Wenn Sie die Küstenstraße vom Paradise Beach aus
noch einige Kilometer weiter nach Nordwesten fahren,
kommen Sie an einer Reihe malerischer Stranddörfer
vorbei. Kinder spielen im glasklaren Wasser, Kanus kreu-
zen auf Fischfang in der Lagune und in den Fales rekeln
sich Samoaner bei einem Nickerchen in der Mittagshitze.
Bei Falease'ela jedoch ist die ausgebaute Straße zu Ende.
Um die westliche Inselumrundung fortzusetzen, müssen
Sie zurück in Richtung Paradise Beach, können aber
schon vorher bei Savai links abbiegen, um auf die gut
ausgebaute westliche Cross Island Road zu stoßen. Dieser folgen Sie in Richtung Norden, bis Sie in der Nähe
des Flughafens wieder auf die nördliche Küstenstraße
stoßen.

Nun ist es eine Frage der verbliebenen Zeit, ob Sie rechts
gleich zurück nach Apia fahren oder noch eine Schleife
links um die Westküste drehen. Dieser Abstecher ist 22
Kilometer lang und dauert etwa eine Stunde. Er führt am
Flughafen vorbei zur Anlegestelle der Fähre nach Savai'i
an der **Mulifanua Wharf.** Von dort aus geht die Straße
wieder direkt am Meer entlang durch eine Kette von weit-
läufig angelegten Dörfern. An der westlichsten Spitze
Upolos beim Cape Lefatu liegt das Samoan Village
Resort (siehe Unterkünfte). Bei dem Dorf **Samai** ist die
Straße wiederum zu Ende und Sie kehren den gleichen
Weg zurück zur nördlichen Küstenstraße.

Der schon eingangs beschriebene Abschnitt der Straße
zwischen Flughafen und Apia führt durch „die gute
Stube" Upolos, eine Aneinanderreihung sauberer,
malerischer Dörfer mit auffallend vielen Kirchen. Sie
können sich den Spaß machen, im Vorbeifahren alle
Kirchen zu zählen. Niemand hat bisher die exakte Zahl
erfaßt, die zwischen 60 und 80 liegt. Für einen Straßen-
abschnitt von 35 Kilometern dürfte dies jedenfalls Welt-
rekord sein.

Kurz vor Apia kommen Sie an der **Vailima Brauerei** vorbei. sie wurde in Zusammenarbeit mit einer deutschen
Brauerei aufgebaut und hat gegenwärtig auch einen
deutschen Braumeister. Vailima braut nicht nur nach
Ansicht der Autoren das beste Bier der Südsee.

Upolu-Ost

Gleich nach Aggie Grey's Hotel biegt rechts die asphaltierte breite Straße nach Osten ab. Nach etwa einem Kilometer liegt rechts der Apia-Park mit dem einzigen großen Sportstadion Western Samoas, gebaut für die South Pacific Games 1983. Zu deutscher Kolonialzeit wurden hier Pferderennen veranstaltet, das erste fand am 22. Oktober 1910 zu Kaiser Wilhelms II. Geburtstag statt.

Straße an der Ostküste

Die Straße stößt etwas später auf die Küste und führt dann rund 20 Kilometer am Meer entlang. Auch hier folgt ein Dorf dem anderen. Bei **Lauli'i** rollt eine leichte Brandung an den schwarzen Sandstrand. In der Lagune gehen Samoaner mit Netzen und Harpunen auf Fischfang.

Nach etwa 14 Kilometern taucht der **Plum Pudding Rock** auf, ein grün-bewachsener Felsen, der als Halbinsel in das Meer ragt. Zwei Kilometer weiter folgt der schwarze Sandstrand von **Solosolo**. Die nächste Bucht, Saluafata Harbour, umsäumt zur Abwechslung ein weißer Strand, dem die kleine Insel **Albatros Island** vorgelagert ist. Man nennt den Ort auch Ariadne Point. Wenig weiter folgt der Satuafata Beach. Alle Strände an diesem Abschnitt der Nordküste sehen zwar sehr malerisch aus, sind wegen teilweise tückischer Strömungen aber weniger zum Baden geeignet.

Neben dem Piula Methodist Theological College, auf das nach 26 Kilometern (nach Apia) ein Schild hinweist, ist dicht am Meer der **Piula Cave Pool**. Dieses natürliche Süßwasserbecken geht in eine Höhle über, die über einen unterirdischen Wasserkanal mit einer zweiten Höhle verbunden ist. Hier können Sie baden und Picknick machen.

Nach dem Piula College biegt die Straße nach rechts ab; einem Fluß folgend und die Falefa-Fälle passierend führt sie bergauf ins Landesinnere zum **Lemafa-Paß**. Bei Kilometer 33 zweigt eine Straße links ab über eine Bergkuppe zur **Fagaloa Bay**, die Sie nur mit geländegängigem Wagen befahren sollten, solange sie nicht geteert ist. Von der Spitzkehre auf der Bergkuppe, die Sie zu Fuß in etwa 20 Minuten erreichen, haben Sie einen hervorragenden Ausblick auf die Fagaloa Bay.

Zurück auf dem Lemafa-Paß führt die hier gut ausgebaute Straße an einem Staudamm und einem Stausee vorbei, die erst kürzlich angelegt wurden und langfristig die Stromversorgung der Insel sichern sollen. Nach dem Staudamm führt die Richardson Road zum Ostkap hinunter und damit zu dem Abschnitt mit den schönsten Stränden Western Samoas. Bei Kilometer 57 erreichen Sie Samusu und biegen rechts ab Richtung Süden.

★ Aleipata

Dieser abgelegene Küstenabschnitt im Osten wird von Touristen wenig befahren, zählt aber zu den landschaftlich schönsten auf Upolu. Verschlafene Fale-Dörfer, weiße Sandstrände sowie malerische Ausblicke auf die türkisgrüne Lagune und die kleinen, vorgelagerten Inseln **Fanuatapu**, **Namu'a**, **Nu'utele** und **Nu'ulua** machen den Reiz dieser Gegend aus. Vor und nach dem **Cape Tapaga** stehen eine ganze Reihe einfacher Beach-Fales an traumhaften Stränden. Der Sand ist weiß und makellos, das Wasser klar und ohne störende Korallen, die erst weiter draußen beginnen. Die kleinen, offenen Fales wurden von den Bewohnern der angrenzenden Dörfer gebaut, die für deren Benutzung eine Gebühr verlangen. Zu diesen Stränden gibt es auch vom Aggie Grey's Hotel organisierte Ausflüge. Am Cape Tapaga, gegenüber Nu'utele

Beach-Fales bei Aleipata

Island, biegt die Straße nach Westen ab und folgt jetzt der Südküste. Bei dem Dorf **Aufaga** wurden an zwei kleinen, sandigen Buchten, die jeweils am Fuße eines Steilabfalls liegen, einfache Touristen-Unterkünfte gebaut – ideal für einen kurzen Robinsonurlaub (siehe Serviceteil).

Ab Lotofaga biegt die Straße rechts ab ins Landesinnere, zurück zum Lemafa-Paß. Fünf Kilometer hinter Lotofaga (Kilometer 83 insgesamt) stoßen Sie an der linken Straßenseite auf einen beschilderten Aussichtspunkt, von dem Sie den **Sopo'aga-Wasserfall** fotografieren können. Gleich nach dem Wasserfall gabelt sich die Straße: Rechts geht es über den Lemafa-Paß zurück nach Apia, links zur südlichen Küstenstraße nach Salani. Da der Rückweg nach Apia über die Südküste nicht viel weiter ist als über den Lemafa-Paß, können Sie auch an der South Coast Road weiterfahren.

Bei **Salani** (Kilometer 89) treffen Sie wieder auf die südliche Küstenstraße, die ab hier auch wieder geteert ist. Nach etwa fünf Kilometern weist ein Schild auf der linken Straßenseite zum Tafatafa Beach. An einem schönen weißen Sandstrand stehen einige Beach-Fales, die Sie gegen eine geringe Gebühr an die Dorfbewohner benutzen können.

Togitogiga Wasserfall

Der **Tafatafa Beach** wird am Wochenende auch von Bewohnern Apias besucht, die hier ihren Grill aufbauen und den Tag am Meer verbringen.

Einige Kilometer nach Poutasi (Kilometer 100 insgesamt) weist ein Schild zum O Le Pupu Pu'e Nationalpark. Von hier aus können Sie den **Togitogiga Wasserfall** erreichen, eine Bergtour zum **Mt. Fito** (1.100 Meter) machen oder die **Peapea-Höhle** besichtigen. Das auf einem Wegweiser angekündigte Visitor Center werden Sie allerdings vergeblich suchen, es wurde vom Hurrikan zerstört. Der Wasserfall ist nur hundert Meter Fußweg vom Parkplatz entfernt und bietet eine willkommene Erfrischung nach der langen staubigen Fahrt. Auf der anderen Seite der Straße beginnt Richtung Meer der **O Le Pupu Trail**, eine Art Lehrpfad mit Erläuterungen zur Tier- und Pflanzenwelt Samoas.

Bei Kilometer 108 schließlich zweigt die Cross Island Road bei Siumu rechts ab ins Landesinnere, zurück nach Apia.

Savai'i

Die größte und westlichste Insel der Samoa-Gruppe ist mit 45.000 Einwohnern weitaus dünner besiedelt als Upolo. Das geruhsame Fa'a Samoa geht hier noch etwas langsamer vonstatten - falls dies überhaupt mög-

lich ist. Malerische Dörfer reihen sich entlang der rund um die Insel führenden Küstenstraße. Das Landesinnere ist unzugänglich, und wird beherrscht von einer Kette hoher vulkanischer Berge mit Kratern, die teilweise noch aktiv sind. Der höchste Berg ist der Mt. Silisili (1.850 Meter), zugleich die höchste Erhebung der gesamten Inselgruppe. Dichte tropische Regenwälder bilden den natürlichen Reichtum der Insel, der bisher der Ausbeutung durch die Holzindustrie entgangen ist.

Bus auf Savai'i

Prähistorische Funde belegen eine frühe Besiedelung lange vor den polynesischen Wanderbewegungen. Der Legende nach ist Savai'i identisch mit Hawaiki'i, dem Ursprungsort aller Polynesier. Überhaupt steckt die ganze Insel voller Legenden, deren Schauplätze Sie bei einer Inselrundfahrt passieren. Ausgedehnte Lavafelder, die bis zur Küste reichen, zeugen von teilweise verheerenden Vulkanausbrüchen in der Vergangenheit.

Inselrundfahrt

Wenn Ihnen die Dörfer und die Küstenlandschaft Upolos gefallen haben, werden Sie von Savai'i erst recht begeistert sein. Eine Inselrundfahrt ist hier einfach ein Muß. Sie läßt sich mit dem Leihwagen in zwei bis drei Tagestouren unternehmen. Obwohl die Karte eine Straße rund um die Insel zeigt, ist der Abschnitt an der Nordküste zwischen Asau und Sasina, der durch ein großes Lavafeld im Landesinneren verläuft, nur schwer zu befahren. Eine Inselumrundung ist daher nicht zu empfehlen, sondern eine Aufteilung in zwei in sich abgeschlossene Ausflüge: einmal entlang der Ost- und Nordküste bis Sasina (etwa 60 Kilometer), die zweite entlang der Südküste über das Westkap bis Asau (200 Kilometer). Da auf der zweiten

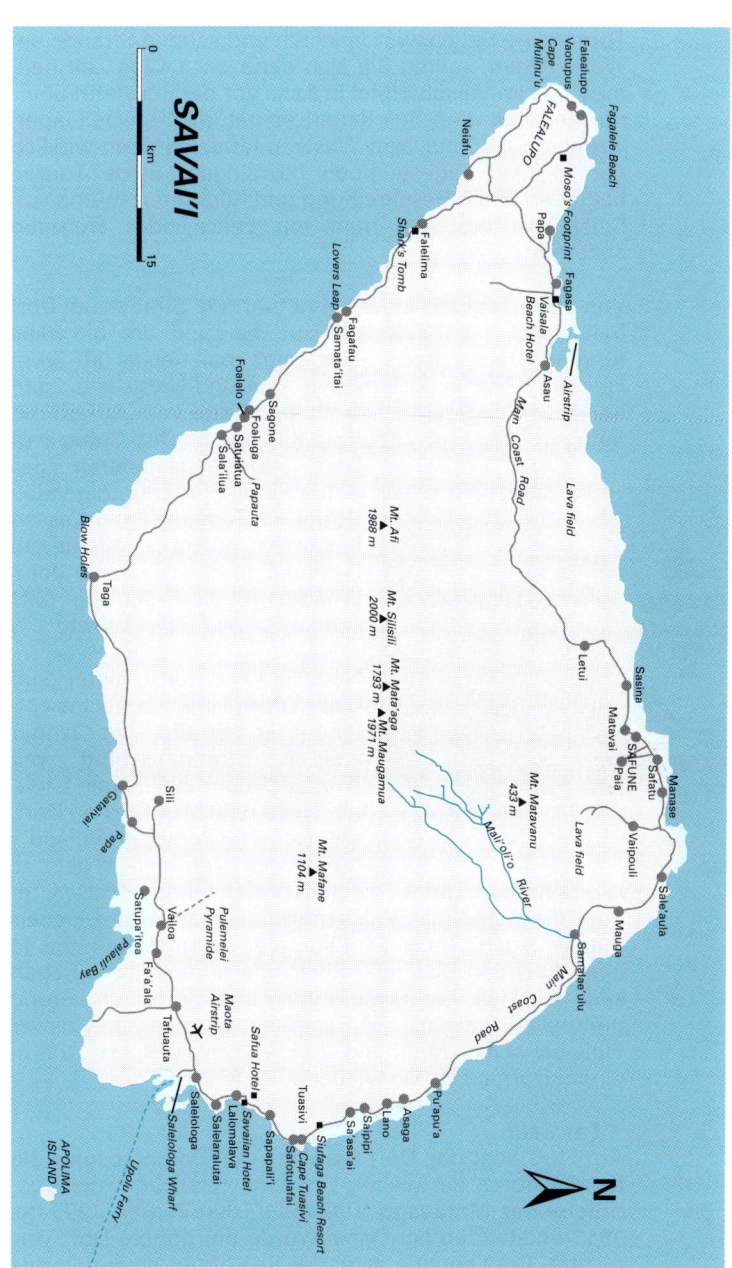

SAVAI'I

0 km 15

N

Faleālupo
Vaotupua
Cape
Mulinu'u
Falealupo Beach
Moso's Footprint
FALEĀLUPO
Papa
Fagasā
Neiafu
Vaisala
Beach Hotel
Asau
Airstrip
Lava field
Falelima
Shark's Tomb
Fagafau
Samata'itai
Lovers Leap
Main Coast Road
Foailalo
Sagone
Foaluga
Sapulūtua
Sala'ilua
Papauta
Mt. Afi
1988 m
Mt. Silisili
2000 m
Mt. Mata'aga
1793 m
Mt. Maugamua
1971 m
Letui
Sasina
Matāvai
SAFUNE
Safotu
Paia
Mt. Matavanu
433 m
Manase
Vaipouli
Lava field
Mauga
Blow Holes
Taga
Maliolio River
Samalae'ulu
Mt. Mafane
1104 m
Sili
Gataivai
Palauli Bay
Palauli
Satupa'itea
Vailoa
Fa'a'ala
Tafua'uta
Pulemelei
Pyramide
Maota
Airstrip
Main Coast Road
Saleaula
Pu'apu'a
Satoa Hotel
Asaga
Lano
Saipipi
Sa'asa'ai
Tuasivi
Savaian Hotel
Latomaleva
Saleiaulai
Sapapali'i
Safotulafai
Sataua
Saleologa
Sālelologa Wharf
Siufaga Beach Resort
Cape Tuasivi
APOLIMA
ISLAND
Upolu Ferry

Tour einige Sehenswürdigkeiten und schöne Strände am Wege liegen, sollten Sie sich dafür zwei Tage Zeit nehmen und im Vaisala Hotel in Asau vor der Rückfahrt übernachten. Mit dem Bus dauert es natürlich etwas länger, vor allem die Tour zum Westkap läßt sich dann wirklich nur in zwei Tagesetappen bewältigen. Beide Touren beginnen in der Beschreibung und Kilometerzählung von Salelologa aus, wo man mit Fähre oder Flugzeug ankommt.

Ost- und Nordküste

Von der Anlegestelle der Fähre führt die Straße zum Dorf **Salelologa** und stößt dort auf die rund um die Insel führende Hauptstraße. Hier biegt man rechts ab (vom Flughafen Maota aus links) zur Ost- und Nordküste. Zehn Kilometer lang geht es durch eine Kette von Dörfern mit farbigen Fales und stattlichen Kirchen. Im Dorf **Safua** liegt

links im Landesinneren das Safua Hotel. Eines der folgenden Dörfer ist **Sapapali'i**, bei dessen besonders prächtiger Kirche ein Denkmal an den Missionar **John Williams** erinnert, der hier 1831 seinen Fuß auf Savai'i setzte.

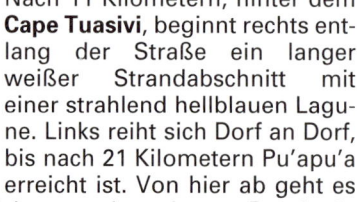

Nach 11 Kilometern, hinter dem **Cape Tuasivi**, beginnt rechts entlang der Straße ein langer weißer Strandabschnitt mit einer strahlend hellblauen Lagune. Links reiht sich Dorf an Dorf, bis nach 21 Kilometern Pu'apu'a

An der Ostküste Savai'is

erreicht ist. Von hier ab geht es kilometerlang durch dichten, unbewohnten Busch, in dem die Samoaner Wildschweine, Tauben und Fledermäuse jagen. Nach 24 Kilometern überqueren Sie in einer Furt den Mali'oli'o River. Bei anhaltendem Regen kann der Fluß stark anschwellen und eine Überquerung unmöglich machen. Die Samoaner glauben, daß dieser Fluß bei seiner Mündung unterirdisch versickert und in einem Dorf auf Upolo wieder auftaucht.

★ Lavafeld

Am Fluß liegt das Dorf **Samalae'ulu**. Dahinter führt die Straße durch ein weites Lavafeld, das durch die Ausbrüche des **Matavanu Vulkans** in den Jahren 1905 bis 1911 entstanden ist. Dabei wurde ein ganzes Dorf vernichtet. Die Legende sagt, die Bewohner dieses Dorfes hätten sonntags gearbeitet, und deshalb habe ihnen Gott zur Strafe den Vulkanausbruch geschickt. Nur die Kirche und das Grab einer Jungfrau (**Virgins Grave**) wurden von den Lavamassen verschont. Das Grab der Jungfrau (etwa bei Kilometer 43) ist heute noch zu besichtigen, tatsächlich scheint die Lava vor dem Grab gestoppt zu haben und darum herumgeflossen zu sein. Der Fußweg ist allerdings beschwerlich, er führt über schroffes Lavagestein. Noch vor dem Virgins Grave, bei Kilometer 40, geht ein Abzweiger ins Dorf **Mauga**, dessen Fales um einen kleinen, erloschenen Krater herumgebaut sind. Inmitten der grünen Senke haben die Dorfbewohner ihren Cricketplatz angelegt, die Fales am Rand blicken wie Logen herab. Leider ist auch hier Eintritt fällig.

Nach dem Dorf Sale'aula endet das Lavafeld, die Straße kehrt wieder an die Küste zurück. Bei dem Dorf **Manase** (Kilometer 49) lädt ein felsen- und korallenfreies Stück Strand zum Baden, auch ist das Wasser hier tiefer als sonst an dieser Küste. Bei **Safune** steigt die Straße etwas an und gibt von einem Sattel aus den Blick frei auf den Strand und die Bucht dieses malerischen Ortes.

Wir starten wieder bei Kilometerstand 0 in Salelologa und fahren die gut asphaltierte Straße in Richtung Westen. Die Strecke führt zunächst durch das Landesinnere, vorbei an ausgedehnten Kokospalmen-Plantagen und Aufforstungen mit Eukalyptusbäumen.

Süd- und Westküste

★ Pulemelei-Steinpyramide
Nach etwa acht Kilometern taucht das Meer wieder auf, wir sind an der **Palauli Bay**. Kurz hinter dem Ort **Vailoa**, bei der Letolo Plantation, steht im Busch eines der größten vorgeschichtlichen polynesischen Bauwerke, die Pulemelei-Steinpyramide. Der Weg zweigt rechts von der Hauptstraße in Höhe der Plantage ab. Fragen Sie nach der „ancient pyramid" und gleichzeitig um Erlaubnis, sie zu besichtigen, denn Sie befinden sich auf Privatgrund der Plantagenbesitzer. Die neun Meter hohe steinerne Plattform steht etwa drei Kilometer von der Hauptstraße entfernt an einem Abhang, umgeben von steinernen Sitzen. Wozu sie gedient hat, kann keiner der Einheimischen sagen. Auch die anderen im dichten Busch dieser Gegend versteckten Steinplattformen sind noch nicht erforscht. In der Nähe der Pulemelei-Pyramide finden Sie am Rande einer Schlucht auch

Tanzendes Mädchen am Strand

einen Wasserfall mit Süßwasserpool, der nach der schweißtreibenden Pyramidenbesichtigung ein erfrischendes Bad garantiert.

★ Palolo
Bei dem Ort Papa, nach circa 20 Kilometern, erstreckt sich eine der Buchten auf Savai'i, in denen einmal im Jahr ein für Samoa spezielles Naturereignis stattfindet: Zu einer bestimmten Mondphase im November tauchen hier im Morgengrauen Millionen kleiner Würmer aus dem Riff an die Wasseroberfläche auf, die sogenannten Palolo-Würmer. Sie gelten als Delikatesse und werden von den Einheimischen mit kleinen Handnetzen gefangen. Warum diese 10 bis 20 Zentimeter langen, grün und braun gefärbten Würmer exakt zur gleichen Zeit einmal im Jahr auftauchen, ist bisher wissenschaftlich noch nicht geklärt.

Tip

Bei allen mit diesen Legenden verbundenen Plätzen ist wieder eine Gebühr (siehe „Reisen im Lande") fällig, was sich bei dieser Rundfahrt summieren kann. Versuchen Sie Ihren Ärger hinunterzuschlucken. Die Dorfbewohner werden Sie doch nicht verstehen und mit stoischer Ruhe an ihr gutes Recht glauben. Genießen Sie lieber die wunderschönen Strände und friedlichen Dörfer an diesem abgelegensten Ende Samoas.

In der Nähe des Ortes **Gataivai**, bei etwa 32 Kilometern, biegt links ein kleiner Weg ab zu einem sehr schönen einsamen schwarzen Sandstrand. Bei Kilometer 37 erreichen Sie den Ort Taga. Hier biegt die Straße rechts ab ins Landesinnere, links führt ein Weg an die Küste zu den **Blowholes**. Dies sind Löcher in der porösen Felsküste, durch die der Druck der Brandung hohe Wasserfontänen aufschießen läßt. Auf samoanisch heißen diese „Blaslöcher" Pupu.

★ Fagafau
Nach einem längeren Abschnitt durch das Landesinnere kehrt die Straße bei **Sala'ilua** an die Küste zurück und steigt auf etwa 100 Meter Höhe an. Hier fällt die Küste steil ab, von der Straße und den Dörfern eröffnen sich immer wieder weite Ausblicke auf das Meer hinaus. Diese Strecke zählt zu den landschaftlich schönsten auf Savai'i.

Bei Fagafau passieren Sie eine Stelle, die **Lovers' Leap** genannt wird. Hier soll sich ein von ihrem Geliebten im Stich gelassenes Mädchen zusammen mit ihrem neugeborenen Kind die Klippen hinunter ins Meer gestürzt haben. Seitdem kehren sie angeblich jedes Jahr, von den Dorfbewohnern durch ein bestimmtes Lied gerufen, als Schildkröten verwandelt und von einem Hai beschützt zurück. (Wenn Sie halten und die Klippen näher inspizieren wollen, müssen Sie den Dorfbewohnern einen Obulus leisten.

★ Falelima

Falelima (Kilometer 75) ist der Schauplatz der nächsten Legende. Ein Fischer fand einen wie tot im Meer treibenden Hai und nahm ihn mit an Land. Der Hai sprach zu ihm und bat, im Dorf begraben zu werden; er werde es dann fortan beschützen. So geschah es; eine kleine gemauerte weiße Kuppel am Straßenrand markiert noch heute das seltsame Grab. Bei Versammlungen bringen die Matais auch einen Essenskorb für den Hai mit, der unsichtbar an ihren Beratungen teilnimmt. Wer sich dem Dorf feindlich nähert, Lärm oder sonstigen Ärger verursacht, wird, so der feste Glaube der Bewohner, von einer schweren Krankheit heimgesucht.

Hai-Grab in Falelima

★ Falealupo

Bei Kilometer 80, kurz nachdem die Straße die Küste Richtung Norden verlassen hat, zweigt links ein Feldweg ab, der zum Westkap (Cape Mulinu'u) im Bezirk Falealupo führt und in einer etwa 20 Kilometer langen Schleife entlang der Küste zur Hauptstraße zurückkehrt. Für diesen landschaftlich sehenswerten Abstecher sollten Sie sich mindestens zwei Stunden Zeit nehmen. Ist es bereits spät am Tag, empfiehlt es sich also, diesen Ausflug auf der Rückfahrt nach der Übernachtung in Asau zu machen. In jedem Fall ist es besser, die Rundfahrt von der südlichen Zufahrt aus zu beginnen, auch wenn Sie von Asau kommen, da hier im Unterschied zur nördlichen Zufahrt keine Straßengebühr verlangt wird. Das Cape Mulinu'u ist die westlichste Spitze Samoas. Zwei Öffnungen im Felsen sind der Legende nach der Eingang ins Totenreich Pulotu. In Falealupouta, nördlich vom Cape Mulinu'u, gibt es eine Höhle zu besichtigen mit dem steinernen Thron eines großen Matais, der hier geherrscht haben soll.

★ Fagalele Beach

Nachdem der Weg wieder Richtung Hauptstraße ins Landesinnere führt, weist links ein Abzweiger zum Fagalele

Beach, einem der schönsten Strände Savai'is. Hier ist kein dorf in der Nähe und absolute Einsamkeit garantiert. Sie können ohne Gebühr solange baden und schnorcheln (gute Korallenbänke), wie Sie Lust haben.

★ Moso's Footprint
Auf dem weiteren Rückweg wäre noch Moso's Footprint zu erwähnen, eine von Steinen umfaßte, etwa zwei Meter lange fußförmige Vertiefung. Der „Fußabdruck" soll vom Kriegsgott Moso stammen, der hier zum Sprung von Samoa nach Fidschi angesetzt haben soll.

Danach führt der Weg durch ein Naturschutzgebiet, das der Erhaltung des Regenwaldes und der in ihm lebenden Fledermäuse (Flying Foxes) gewidmet ist.

★ Papa
An die Hauptstraße zurückgekehrt biegen wir links nach Nordosten ab und erreichen auf der Höhe von Papa die Nordküste. Auf einer Anhöhe, ehe die Straße zur Nordküste abfällt, zweigt links ein Weg ab zum Dorf Papa und dessen Strand (etwa Kilometer 86 der Hauptstraße ohne Zählung des Abstechers nach Falealupo). Auch wenn hier wieder Eintritt fällig ist, lohnt sich der Abstecher zu diesem wirklich malerischen Dorf und Strand.

★ Asau
Nachdem Sie zur Nordküste heruntergefahren sind, beginnen sich links und rechts der Straße die Fales von Asau aneinanderzureihen. Die kleine Siedlung erstreckt sich über einige Kilometer bis zur Asau Bay. Asau war einst der wichtigste Hafen Savai'is und ganz Western Samoas. Heute hat Asau vor allem Bedeutung wegen seines Sägewerkes.

Noch vor der Asau Bay, etwa bei Kilometer 93, liegt links der Strasse das Vaisala Hotel (siehe „Unterkünfte"). Die geschützte Bucht ist ein beliebter Anker-platz für Segelyachten auf ihrem Weg durch den Pazifik.

Obstverkauf am Straßenrand

American Samoa

Tutuila

Tutuila ist die größte und
Hauptinsel von American
Samoa, hat jedoch nur
weniger als ein Zehntel
der Fläche Savai'is in
Western Samoa. Der
größte Teil der 46.700 Einwohner lebt auf Tutuila.
Die Bergzüge sind schrof-
fer als auf den beiden
Inseln Western Samoas,
ragen an der Nordküste

*Der Hafen von
Pago Pago*

steil aus dem Meer empor und geben auch im Süden nur
einen schmalen Landsaum zur Besiedelung frei.

Obwohl die samoanische Lebensweise (Fa'a Samoa) sich
auch hier weitgehend erhalten hat, ist sie äußerlich doch
mehr vom American Way of Life eingefärbt. Das gibt der
Insel einen Hauch von Hawaii, der auch von den landschaftlichen Formationen unterstützt wird. Die Landschaft, vor allem die grandiose Hafenbucht von Pago
Pago, bildet das größte touristische Potential der Insel.

Pago Pago

„Der Regen fiel mit grausamer Hartnäckigkeit. Man dach-
te, der Himmel müsse endlich vom Wasser geleert sein,
und doch strömte es weiter herunter aufs blecherne
Dach, senkrecht und schwer, in entnervender Wiederho-
lung ...Wenn es doch nur einen einzigen Tag aufhörte zu
regnen ..."

Dieses Zitat aus der Kurzgeschichte „Rain" von **Somerset Maugham** beschreibt plastisch das Klima, das in
Pago Pago vorherrscht. Die hohen Berge, die die Bucht
von drei Seiten umschließen, fangen wie ein Trichter alle
Wolken auf, die von den Passatwinden an die Insel her-
angetragen werden. Am Mt. Pioa, treffend **Rainmaker**
genannt, entlädt sich dann die regenschwere Last. Bis zu
7.000 mm Regen jährlich sind das Ergebnis. Das sollte
Sie aber von einem Besuch American Samoas nicht
abschrecken, denn diese düstere Beschreibung trifft

Foto-Tip

Eine Fahrt mit der
Cable Car, die sich
noch immer die
längste freischwe-
bende Seilbahn
der südlichen
Hemisphäre nennt
(Länge 1.800
Meter), lohnt sich
auf jeden Fall
wegen des phanta-
stischen Blicks.
Von der Aussichts-
plattform auf dem
490 Meter hohen
Mount Alava kön-
nen Sie bei klarem
Wetter Postkarten-
fotos vom unter
ihnen liegenden
Pago Pago Har-
bour und seiner
Umgebung
schießen.

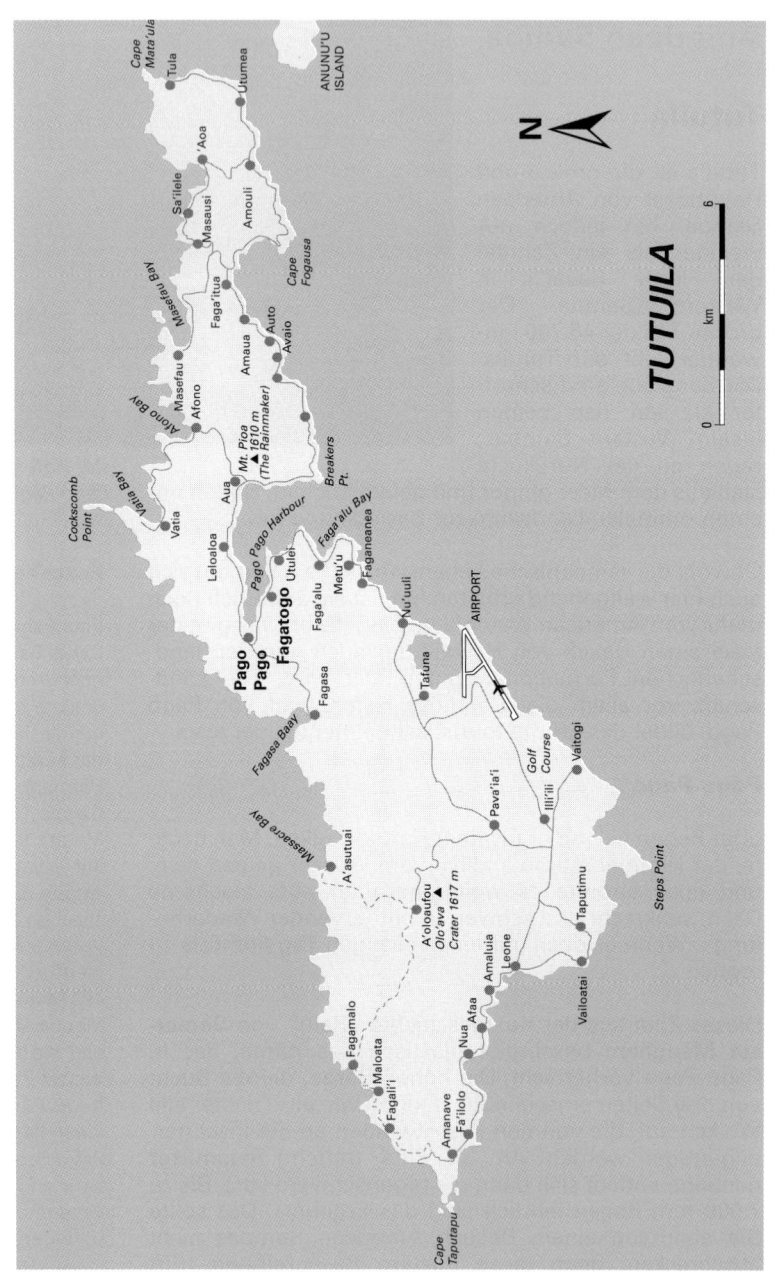

TUTUILA

wirklich nur auf die Bucht von Pago Pago selbst zu. Der Rest von Tutuila und die übrigen Inseln haben so viele Sonnentage wie alle Südseeinseln.

Obwohl Pago Pago (gesprochen: Pängo Pängo) streng genommen nur der Name des kleinen Dorfes am spitzen Ende der Bucht ist, wird er heute auf den Siedlungsgürtel um die gesamte Bucht und den Hafen angewandt. Am südöstlichen Hafeneingang liegt **Utulei** mit den Regierungs- und Verwaltungsgebäuden, der Fernsehstation, einem Stadion, dem Yachtclub und dem Rainmaker Hotel. Weiter hafeneinwärts folgt das Büro des Gouverneurs, der Container-Hafen und der zentrale Ort Fagatogo.

In Fagatogo finden Sie das **Maota Fono** (Parlamentsgebäude), die Hauptpost, das Telegrafenamt, Banken und das Polizeihauptquartier sowie das Handicraft Center, das Jean P. Hayden Museum, den Markt und den Yachthafen. Direkt am Markt ist der Bus Terminal, von dem die Busse in alle Richtungen der Insel starten.

An der westlichen Spitze der Hafenbucht liegt das eigentliche Dorf Pago Pago. Auf einer wiedergewonnenen Landfläche in der Bucht, dem **Pago Pago Park**, sind Sportanlagen, weitere Handicraft Shops und ein kleines Shopping Center. Auf der gegenüberliegenden Seite der Bucht liegt das Dorf **Si'ufaga**, heute die China Town von Pago Pago, in der vor allem Koreaner wohnen. Nach dem Kraftwerk von Satala folgen weitere Hafenanlagen, in Anua und Atu'u am nordöstlichen Ausgang der Bucht schließlich die beiden großen Fischfabriken.

Polizeistation in Fagatogo

Das **Jean P. Hayden Museum**, gegenüber dem Post Office in Fagatogo, stellt viele kunsthandwerkliche und kulturhistorische Gegenstände aus. Das **Government House** liegt auf dem Hügel zwischen **Utulei** und Fagatogo, der unter Samoanern Mauga o Alii, Berg der Häuptlinge, genannt wird. Das schöne weiße zweistöckige Kolonialgebäude wurde 1903 gebaut und ist seitdem Amtssitz der jewei-

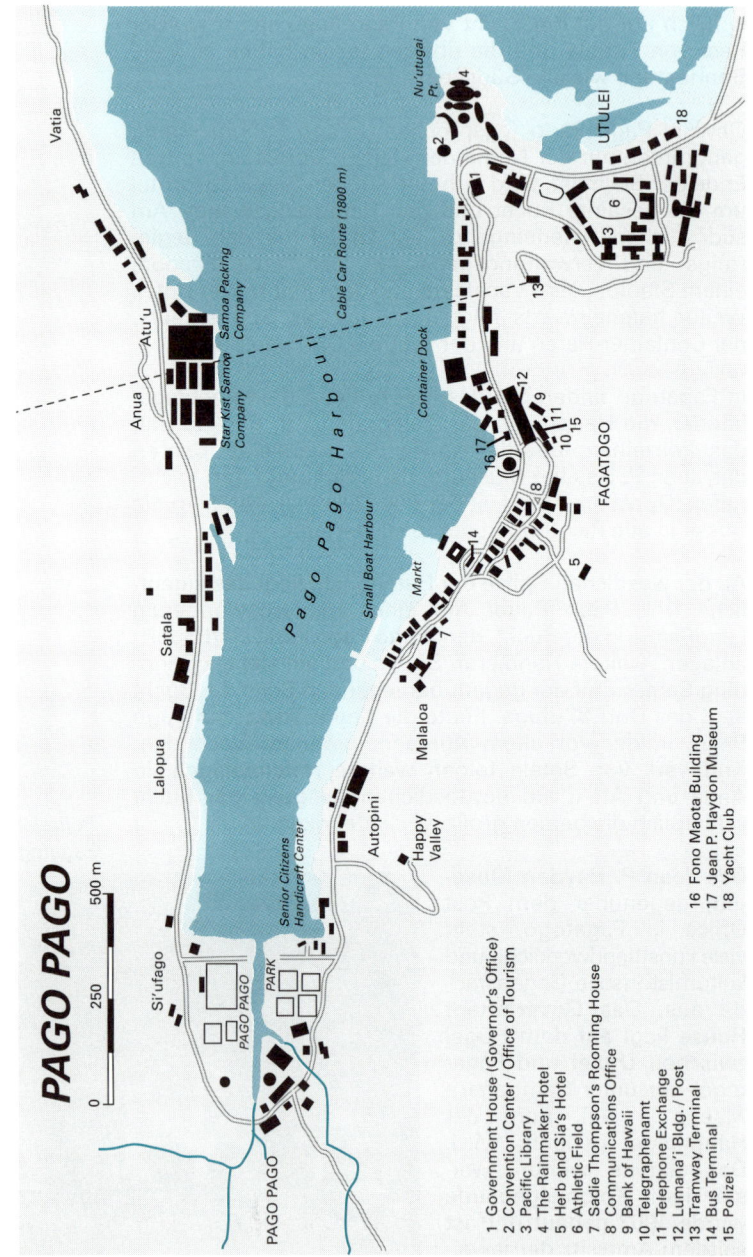

PAGO PAGO

0   250   500 m

PAGO PAGO

Si'ufago

PARK

PAGO PAGO

Senior Citizens
Handicraft Center

Lalopua

Satala

Pago Pago Harbour

Autopini

Happy
Valley

Malaloa

Markt

Small Boat Harbour

Container Dock

Vatia

Atu'u

Anua

Star Kist Samoa
Company

Samoa Packing
Company

Cable Car Route (1800 m)

Nu'utugai
Pt.

UTULEI

FAGATOGO

1 Government House (Governor's Office)
2 Convention Center / Office of Tourism
3 Pacific Library
4 The Rainmaker Hotel
5 Herb and Sia's Hotel
6 Athletic Field
7 Sadie Thompson's Rooming House
8 Communications Office
9 Bank of Hawaii
10 Telegraphenamt
11 Telephone Exchange
12 Lumana'i Bldg. / Post
13 Tramway Terminal
14 Bus Terminal
15 Polizei

16 Fono Maota Building
17 Jean P. Haydon Museum
18 Yacht Club

ligen Gouverneure von American Samoa. Wer ein Auge
dafür hat, wird unter manch baufälliger Fassade noch
weitere schöne alte Kolonialgebäude entdecken, so zum
Beispiel die Polizeistation in Fagatogo mit ihrer langgestreckten Veranda.

Inselrundfahrt

Für einen Kurzaufenthalt von zwei bis drei Tagen bieten
sich vor allem zwei Standardtouren an, die Sie mit dem
Leihwagen auf den Küstenstraßen der Hauptinsel Tutuila
jeweils zum Ost- und zum Westkap unternehmen können. Jede der beiden Touren können Sie in etwa einem
halben Tag, beide notfalls also auch an einem, absolvie-
ren. Wenn Sie zwei volle Tage oder mehr Zeit haben,
können Sie auch längere Zwischenstops zum Baden,
Schnorcheln und Picknickmachen einlegen oder gar an
einem der Strände campen.

Tutuila - Ost

★ Fagasa Bay
Noch im Dorf Pago Pago zweigt eine Straße links ab ins
malerische Pago Pago Valley, führt den **Mafa-Paß** hinauf
und auf der anderen Seite hinunter an die Fagasa Bay.
Diesen kleinen Ausflug können Sie von Pago Pago aus
jederzeit auch unabhängig von der Inselrundfahrt unternehmen.

★ Fischfabriken
Nachdem Sie den Pago Pago Harbour umrundet haben,
kommen Sie am östlichen Ausgang an den beiden
großen Fischfabriken American Samoas vorbei. Starkist
und Samoa Packing beschäftigen zusammen rund 6.000
Arbeiter, vor allem aus Western Samoa, Fidschi und
Tonga. Hier wird der von den im Hafen liegenden Fangbooten eingebrachte Thunfisch verarbeitet und in Dosen
abgefüllt. 50 Millionen Dosen im Wert von 250 Millionen
US $ verlassen jährlich beide Fabriken. Samoa Packing
kann auf Wunsch besichtigt werden. Nicht verschwiegen
werden darf, daß die Fischfabriken mit ihren riesigen
Abfällen die größten Umweltverschmutzer American
Samoas sind.

★ Leololoa
Leololoa, das anschließende Dorf, ist die „**Chinatown**"
von Pago Pago. Hier leben viele Asiaten, hauptsächlich
Koreaner, die von den Fangbooten hängenblieben und
Geschäfte und Restaurants aufmachten.

*Der Cockscomb
(Hahnenkamm)*

★ Vatia Bay und Cockscomb

Bei dem Dorf Aua weiter an der Küste entlang führt eine steile Straße in Serpentinen hinauf zu dem 870 Meter hohen Paß am Fuße des Rainmakers. Von dort haben Sie einen sehr schönen Blick auf die Hafenbucht. Auf der anderen Seite geht es hinunter zur Nordküste mit weiteren malerischen Ausblicken. Unten kommen Sie bei dem Dorf Afono an der **Afono Bay** heraus. Links fahren Sie die Straße weiter an der fjordartig gespaltenen steilen Nordküste entlang, bis sie an der **Vatia Bay** endet. Hier erstreckt sich ein gezackter Bergkamm nach Norden ins Meer hinein: der viel fotografierte **Cockscomb** (Hahnenkamm). An der Nordwest-Küste der Vatia Bay, kurz hinter Vatia, können Sie am Strand campen und fischen.

★ 2-Dollar-Beach

Nachdem Sie die gleiche Strecke zurück bis Aua gefahren sind, biegen Sie links ab. Die Straße schlängelt sich zwischen Meer und Bergrücken an der malerischen Küste entlang, vorbei an friedlichen, gut gepflegten Dörfern. Zwischen Avaio und Auto erstreckt sich die 2-Dollar-Beach, ein beliebter Ausflugsort der Einheimischen mit Einrichtungen zum Picknick und Grillen.

★ Masefau Bay

Nach Faga'itua zweigt eine weitere Paßstraße zur Nordküste ab, auch dieser Abstecher lohnt sich. An der Nordküste gabelt sich die Straße: Links geht es zur malerischen Masefau Bay, rechts nach Sa'ilele mit dem schönsten Sandstrand der ganzen Insel.

★ Aoa Bay

Nach Umrundung des Cape Fogausa rückt die vorgelagerte Insel Aunu'u ins Blickfeld. Bei dem Ort Amouli, an einer kleinen Bucht gelegen, biegt wiederum eine Paß-

straße ab zur Nordküste. Sie trifft auf die Aoa Bay an der
Nordküste, ein guter Platz zum Baden, Campen und
Schnorcheln. Über das Tourism Office in Pago Pago kön-
nen Sie eines der Camping Fales (kleine Hütten am
Strand) mieten.

★ Aunu'u Island

Diese kleine Insel am Ostkap Tutuilas wurde von einem
erloschenen Krater gebildet, in dessen Mitte heute ein
kleiner See ist. Sie ist bewohnt, jedoch ohne Straßen und
Autos. Nach Aunu'u gibt es auch organisierte Ausflüge.

An die Südküste zurückgekehrt fahren Sie links weiter bis
zum **Cape Mata'ula**, dem östlichsten Punkt Tutuilas.
Diese letzten Kilometer sind die landschaftlich schönsten
der Strecke. Weiße Sandstrände zur Rechten, kleine Dörfer mit bunt bemalten Fales und blütenvollen Hecken zur
Linken wechseln einander ab. Im Dorf **Tula** schließlich ist
die Straße zu Ende.

Vom Rainmaker Hotel aus führt die Straße zunächst entlang der Mündung des Pago Pago Harbours und biegt
am Tulutulu Point rechts in die **Faga'alu Bay** ein. Diese
Bucht eignet sich besonders zum Schnorcheln, da das
Außenriff hier einen Knick landeinwärts macht und
dadurch gut zugänglich ist. Über mehrere Kilometer hin-
weg folgt die Straße entlang der Berghänge den Windungen der Küste, bis sie bei Nu'uuli ins flachere Landesinnere abbiegt. In den Buchten von **Matu'u,**
Faganeanea und **Nu'uuli** steigt einmal im Jahr zum Voll-
mond der Palolowurm aus den Korallen auf, eine Delikatesse für Einheimische, die die etwa zehn Zentimeter langen Fadenwürmer in Handkäschern fangen. Durch
Tafuna, ein ausgedehntes Industriegebiet, geht die Grenze zwischen dem östlichen und westlichen Distrikt von
Tutuila. Hinter Tafuna biegt die Straße links zum Pago
Pago International Airport im Süden ab.

Tutuila - West

★ Olova'a Hochebene und Massacre Bay

Geradeaus weiter geht es durch eine fruchtbare Ebene
mit Bananen-, Taro- und Brotfruchtplantagen. Bei
Pava'ia'i können Sie einen Abstecher in die Hochebene
am Fuße des Olova'a Kraters machen. Von dem Dorf
A'oloaufou führt ein Fußweg hinunter zur Nordküste an
die Massacre Bay, wo 1787 zwölf Besatzungsmitglieder
zweier französischer Schiffe von Eingeborenen ermordet
wurden. Bei feuchtem Wetter ist dieser Pfad allerdings

sehr rutschig. Bei dem kleinen Dorf A'asutuai an der Massacre Bay ist ein sehr schöner Strand zur Erholung von der Wanderung.

Kirche von Leone

★ Leone

Zurück an der Hauptstraße fahren Sie rechts weiter zur Westküste, die bei Leone erreicht wird. Im Zentrum der alten Hauptstadt von Ost-Samoa fällt die stattliche Kirche auf, die zum Gedenken des ersten Missionars von Samoa, **Reverend John Williams**, 1870 gebaut wurde. Sie ist das älteste Bauwerk in American Samoa. John Williams betrat 1830 erstmals auf Savai'i samoanischen Boden, kam 1832 nach Tutuila und starb dort 1839. Vor der Weiterfahrt zum Westkap, besser noch auf der Rückfahrt, lohnt es sich, die Straße neben der Kirche durch die Siedlungen von Leone, Valiotai und Taputimu zu fahren. Die Häuser und Gärten sind hier besonders gut gepflegt. Die rund drei Kilometer lange Straße macht einen weiten Bogen entlang der Südküste und kehrt dann östlich von Leone wieder auf die Hauptstraße zurück.

★ Westkap

Auf der Fahrt zum Westkap beginnt hinter Leone ein buchtenreicher Küstenabschnitt, der wegen seiner hohen Wellen auch von Surfern bevorzugt wird. Die Küste und die an ihr liegenden Dörfer sind von der Gischt der anrollenden Brecher nahezu ständig eingenebelt. Kurz vor dem Westkap, an den Buchten von **Fa'ilolo** und **Amanave**, erstrecken sich weiße Sandstrände, Gelegenheit zum Baden und Rasten. In beiden Orten finden Sie auch kleine Shops mit Lebensmitteln und Getränken. Hinter Amanave wird die Straße unwegsam und steil, ohne Vierradantrieb sollten Sie lieber hier schon umkehren oder zu Fuß auf den Bergrücken laufen, wo Sie einen schönen Ausblick auf das **Cape Taputapu** genießen.

Die Manua Inseln

Die drei kleinen Inseln dieser Gruppe liegen 100 Kilometer östlich von Tutuila. **Ofu** und **Olesaga** liegen dicht beieinander und sind mit einer Brücke verbunden. Beide haben ausgezeichnete unberührte Naturstrände an ihrer

Südküste. **Ta'u** besteht aus einem halben Kraterkegel, dessen südliche Hälfte im Meer versunken ist, was der steilen Südküste einen imposanten Anblick gibt. Diese drei unentdeckten Juwelen Samoas wurden 1988 völlig verdient zum National Park erklärt.

Die Manu'as wurden nach samoanischer Legende als erste vom Gott Tangaloa aus dem Meer gefischt. Tatsächlich waren sie bis zur Ankunft der Europäer Sitz der mächtigsten Häuptlinge und das Machtzentrum Samoas. Später als alle anderen Inseln unterwarfen sie sich der Kolonialverwaltung. Wegen ihrer Abgeschiedenheit waren die Manu'as bis weit ins 20. Jahrhundert hinein von westlichen Einflüssen unberührt. Deshalb betrieb hier **Margaret Mead** ihre bekannten sozialwissenschaftlichen Studien. Auch heute noch liegen die Manua Inseln abseits, auch was den Tourismus betrifft. Zwar gibt es einen regelmäßigen Fähr- und Flugservice, aber Touristen verirren sich kaum hierher. 1987 wurden die Dörfer der Inseln von einem verheerenden Hurrikan verwüstet, wovon heute noch viele Ruinen zeugen.

Auf allen drei Inseln gibt es jeweils eine Unterkunft. Dort können Sie auch ein Fahrzeug für eine Rundfahrt mieten oder sich von ihren Gastgebern zu den Sehenswürdigkeiten fahren lassen. Jedoch sind die Inseln klein genug, um sie auch bequem zu Fuß zu durchwandern.

Ofu und Olesaga

Auf Ofu ist der Anlegeplatz der Fähre und die Landepiste für Flugzeuge. Ungeteerte Straßen verlaufen entlang der Nord- und Südküste beider Inseln. Auf beiden Inseln gibt es auch jeweils eine Unterkunft. Das Schmuckstück von Ofu ist der vier Kilometer lange weiße Strand an der Südküste bei **To'aga**, der zu den schönsten der Südsee gehört. Die teilweise spektakuläre Küstenlandschaft mit bis zu 90 Meter hohen Klippen und die bis 600 Meter hohen Vulkanberge sind ein ideales Wandergebiet.

Ta'u

Ta'u wird von dem knapp tausend Meter aus dem Meer aufragenden halben Kraterkegel des **Mt. Lata** beherrscht. Die Strände sind hier weniger schön als auf Ofu und Olesaga. Aber eine Fahrt mit dem Jeep rund um die Insel lohnt sich, vor allem an der Südküste.

Fidschi

„Im Krieg sind sie furchtlos und grausam bis zum Äußersten,
aber im Frieden ist ihr Wesen mild und großherzig gegenüber
Freunden,
und die Zuneigung, die sie ihren Verwandten entgegenbringen,
ist selten zu finden unter Weißen."

William Lockerby, Sandelholzhändler in Fidschi, 1810

„Bula!" tönt es aus breit grinsendem Gesicht mit perl-
weißen Zähnen, umrahmt von einer schwarzkrausen
Mähne. Ihr Gruß ist das Markenzeichen der Fidschianer,
Ausdruck ihres offenen, gastfreundlichen Wesens.
„Bula!" donnert der Portier dem Gast im Hotel entgegen.
„Bula!" dröhnt es von der Brücke des Fährschiffs herun-
ter. „Bula!" kräht das Zimmermädchen an der Tür.

Fidschianer sind perfekte Gastgeber und Unterhalter,
Eigenschaften, die sie wie geschaffen machen für den
Tourismus. Wenn es sich irgendwie einrichten ließe,
bestünde das Leben für sie nur aus endlosen Festen,
Geselligkeit, Sport und Spiel. Fidschianer sind in starkem
Maße traditionsverbunden, achten streng auf die Erhal-
tung ihrer Kultur und verstehen sich auch politisch als
Botschafter eines „Pacific Way of Life", der sich von
westlichen Werten und Vorstellungen unterscheidet.

Einen Kontrast dazu bilden die fidschianischen Inder,
deren große Zahl den Besucher erst einmal überrascht.
Sie wurden als Plantagenarbeiter vor mehr als hundert
Jahren von den britischen Kolonialherren ins Land
geholt. Heute sind sie die zweitgrößte Bevölkerungs-
gruppe, halten die Wirtschaft des Landes in Schwung
und stellen die meisten technischen und administrativen
Fachkräfte. Daß Fidschi heute noch in punkto Infrastruktur, Kommunikationswesen und Versorgung seinen
Südseenachbarn (von Tahiti einmal abgesehen) weit
voraus ist, verdankt es weitgehend seiner indischen
Bevölkerung.

Das kommt auch dem Tourismus zugute, der sich vor
allem im sonnigen Westen der Hauptinsel auf vorgelagerten Inselresorts abspielt. Das Angebot an Hotels der
gehobenen und Spitzenklasse hält internationalen Maß-

stäben stand. Die Inselresorts brauchen mit ihren Stränden und Tauchgründen einen Vergleich mit der Karibik,
den Malediven oder den Seychellen nicht zu scheuen.

Was Fidschi noch von anderen Südseeinseln unterscheidet, ist seine landschaftliche Vielfalt. Wer außer Strand,
Sonne und Meer auch das Landesinnere der größeren
Inseln kennenlernen möchte, dem eröffnen sich ungeahnte Möglichkeiten: Trekkingtouren, Bergsteigen, Reiten, Schlauchboot- und Kanufahrten im Wildwasser,
Bootstouren auf Flüssen und Höhlenerkundungen.

„Fiji – the big smile." Das breite fidschianische Lächeln
ist noch immer das Markenzeichen des Landes, auch
wenn es kurzzeitig von Rassenkonflikten und Militärput-
schen überschattet wurde. Heute ist Fidschi wieder zu
demokratischen Verhältnissen und politischer Stabilität
zurückgekehrt. Der Tourismus floriert mehr denn je, ohne
das Land in seinem Charakter wesentlich verändert zu
haben. Freuen Sie sich auf fidschianische Gastfreundschaft und paradiesische Inseln: „Bula!"

Geographie

Die Fidschi-Inseln liegen im südwestlichen Pazifik, knapp
westlich der internationalen Datumsgrenze; rund 3.000
Kilometer von Australien und 2.000 Kilometer von Neuseeland entfernt. Der nächste Nachbar im Osten ist
Tonga und im Westen Vanuatu, früher Neue Hebriden
genannt. Von den 320 Inseln sind 150 bewohnt. Der
Archipel bildet die östliche Grenze einer Kette von vulkanischen Inseln, die über Vanuatu, die Salomon-Inseln bis
nach Papua Neu Guinea reicht. Deshalb herrschen hohe,
bergige Inseln vor.

Die größte Insel, **Viti Levu,** auf der 70 Prozent der Bevölkerung leben und die mit 10.390 Quadratkilometern halb
so groß wie Hessen ist, bildet den Mittelpunkt des
ganzen Archipels. An der Ostküste Viti Levus liegt **Suva,**
die Hauptstadt und der wichtigste Hafen. **Nadi,** mit dem
internationalen Flughafen, und **Lautoka,** die zweitgrößte
Stadt und Hafen des Landes, liegen an der Westküste.
Zwischen Ost- und Westküste sind es etwa 150 Kilometer
Luftlinie. **Vanua Levu,** nordöstlich von Viti Levu, ist die
zweitgrößte Insel und hat mit einer Fläche von 5.540 Quadratkilometern die halbe Größe von Viti Levu. Sie ist

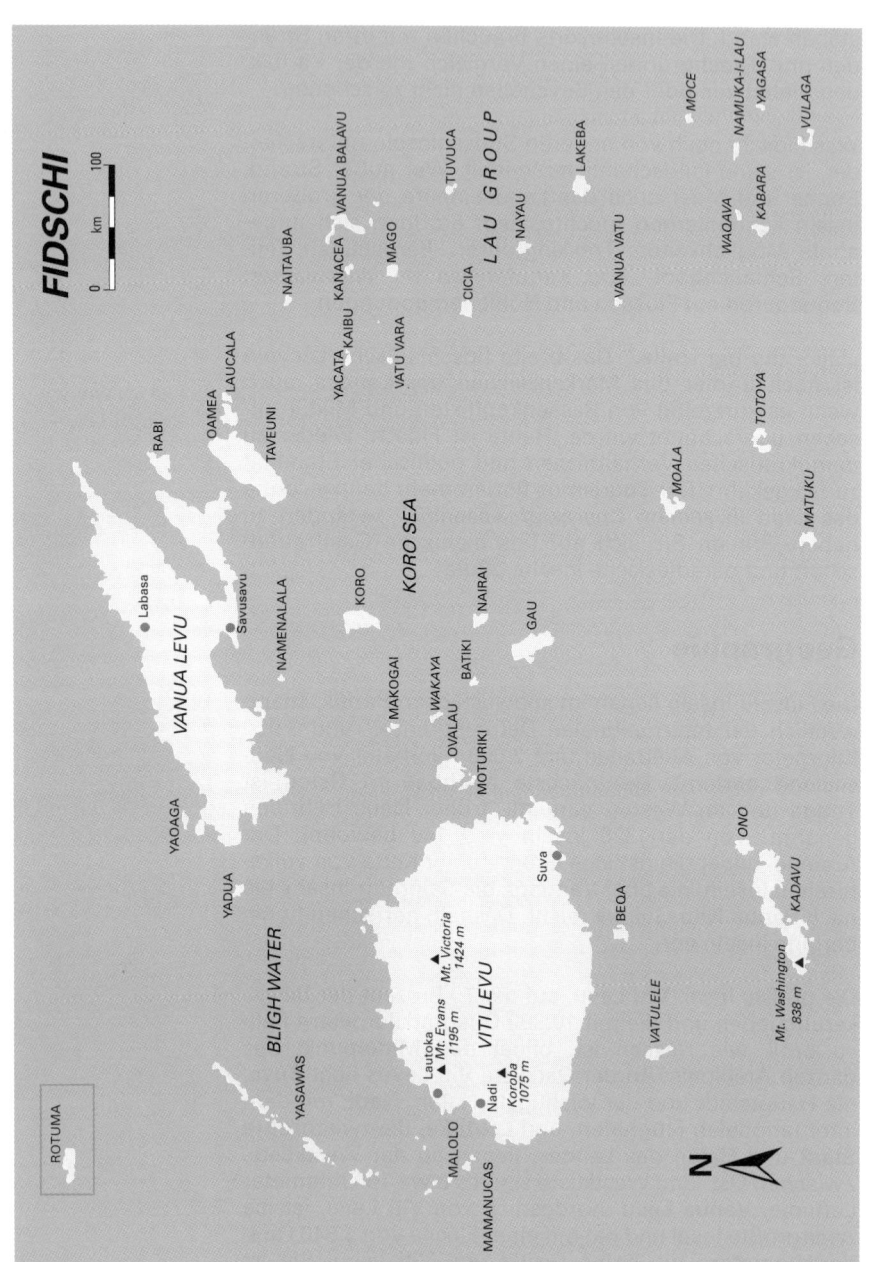

spärlicher besiedelt als Viti Levu und hat große Zucker-
rohr- und Kokosplantagen.

Die kleinen, strandumsäumten Koralleninseln der
Mamanuca-Gruppe, die der Westküste Viti Levus vorge-
lagert sind, bilden einen Schwerpunkt des Tourismus auf
Fidschi. Die **Yasawa-Gruppe**, eine Kette von Inseln nord-
westlich der Hauptinsel Viti Levu, ist beliebtes Ziel von
Segelyachten und Kreuzfahrten.

Taveuni, östlich von Vanua Levu, ist mit 470 Quadratkilometern schon sehr viel kleiner. Wegen ihrer immergrü-
nen Vegetation und ihres Reichtums an landwirtschaftlichen Produkten wird Taveuni auch Garden Island
genannt. Fast ebenso groß wie Taveuni ist **Kadavu** (410
Quadratkilometer), südlich von Viti Levu. Kadavu ist das
Zentrum traditioneller fidschianischer Kultur.

Die restlichen Inseln sind wesentlich kleiner und werden
in zwei Gruppen unterteilt: **Lomaiviti** und **Lau**. Lomaiviti
bildet die geographische Mitte von Fidschi. Es setzt sich
aus sieben Inseln zusammen. Gau, Koro und Ovalau sind
große Inseln, jede mit über 100 Qudratkilometern; Nairai,
Batiki, Makogai und Wakaya sind wesentlich kleiner.

Lau im Osten Fidschis setzt sich aus
zahlreichen Inseln zusammen, die aus
Kalk- oder Vulkangestein bestehen, alle
sind von Riffen umgeben. Es wird zwischen der nördlichen Lau-Gruppe, Zen-
tral-Lau und der südlichen Lau-Gruppe
unterschieden, die zusammen eine
Kette von 342 Kilometern in Nord-Süd-
Richtung bilden, sowie der Moala-
Gruppe, die südlich von Lomaiviti liegt.
Die südlichsten Inseln der Lau-Gruppe
liegen näher an Tonga als an der Hauptinsel Viti Levu.

Rotuma liegt 386 Kilometer am nordöstlichen Rand der Fidschi-Gruppe
und gehört ethnologisch und geographisch schon mehr zu Polynesien. Weitere Inseln, die keiner Gruppe
angehören, sind Beqa und Vatulele
südlich von Viti Levu sowie Rabi vor
der Küste Taveunis.

Geographische
Lage: 15°-22°
Südl. Breite
177°-175°
Östl. Länge
Inseln: 320
Landfläche:
18.400 km²
Meeresfläche:
710.000 km²

*Strand auf Mana
Island, Mamanucas*

Geschichte

Nach der gängigen Besiedelungstheorie kamen die
ersten Einwanderer Fidschis um 1600 v. Chr. von Westen
aus dem melanesischen Inselraum. Dies wird vor allem
durch Funde der sogenannten **Lapita-Keramik** untermauert, die auf den melanesischen Inseln Vanuatus und
Papua-Neuguineas weit verbreitet war. Mehrere Wellen
von Siedlern aus dem gleichen Raum sorgten für die weitere Ausbreitung dieser Kultur auf den Fidschi-Inseln.
Von ihnen stammt auch das negroide Äußere der Fidschianer: dunkle Haut und krauses Haar.

Ab 900 n. Chr. drang zunehmend polynesischer Einfluß
von Tonga aus in den östlichen Teil Fidschis ein. Sprache,
Kultur und Gesellschaftssystem nahmen polynesische Elemente auf; aus der Mischung von Melanesiern mit Polynesiern entstand ein hellhäutigerer, fidschianischer Typ auf
den östlichen Inseln, der vor allem die Lau-Gruppe nahe
Tonga dominiert. Lange Zeit wurde Fidschi beinahe ausschließlich von hohen Häuptlingen aus dem Osten regiert.

Die ersten Kontakte mit europäischen Entdeckern blieben
nahezu folgenlos. Der Holländer **Abel Tasman** sichtete
die Inseln bereits 1643, ging aber nicht an Land. Der
nächste, der sich in die von Riffen übersäten fidschianischen Gewässer wagte, war **James Cook**. Auf seiner
zweiten Reise sichtete er 1774, von Tonga aus kommend,
eine niedrige, bewaldete Insel, das heutige Vatoa in der
Lau-Gruppe. Er ging kurz an Land, hinterließ den Eingeborenen einige Nägel und Werkzeug und segelte weiter.

Die erste genauere Beschreibung der Inseln stammt von
Captain Bligh. Er war 1789, nach der Meuterei auf seinem
Schiff Bounty, in tonganischen Gewässern mit 18 getreuen
Seeleuten von den Meuterern ausgesetzt worden. In einer
seemännischen Meisterleistung durchsegelte Bligh in
einem einfachen Beiboot westwärts die gesamte Inselgrup-
pe, fertigte die erste Seekarte des riffübersäten Gewässers
an und landete schließlich in Timor in Indonesien. Auf dem
Weg dahin hatte er in den Yasawas erstmals feindseligen
Kontakt mit fidschianischen Kannibalen, die sein Boot in
Ausleger-Kanus verfolgten. Mit viel Glück entkam er ihnen.

Waren diese ersten Entdeckungen noch zufällig, machte
sich 1840 erstmals eine richtige Expedition unter dem
amerikanischen Kapitän **Charles Wilkes** auf, die „Canni-

bal Islands" zu erkunden. Wilkes hatte hoch-karätige Wissenschaftler an Bord, die Geologie, Zoologie und Botanik der Inseln erforschten. Die Seekarte, die während der dreimonatigen Expedition angefertigt wurde, blieb lange Zeit die Standardkarte des Archipels. Unter der Überschrift „Customs of the Feejee Group" berichtete Wilkes einer erschreckten Leserschaft aber auch von den grausamen Bräuchen der Fidschianer (siehe Kasten „Die Kannibalen-Inseln").

In dieser Zeit waren die Fidschianer eines der blutrünstigsten Völker des Pazifiks, berüchtigt und gefürchtet nicht nur von ihren Nachbarn, sondern auch von den weißen Seefahrern, die nach Möglichkeit die Inseln mieden. Diese waren Schauplatz ständiger blutiger Stammesfehden, die sich die Häuptlinge der einzelnen Inseln lieferten. Kriegszüge und Gewalt gehörten zum täglichen Leben, **Kannibalismus** war ein selbstverständlicher Brauch, der seit Jahrhunderten gepflegt wurde. Durch das Verzehren des erschlagenen Gegners verleibte sich der Sieger nicht nur dessen Stärke ein, sondern fügte ihm und seinem Clan auch größte Schande zu. Dies führte unweigerlich zum nächsten Rachefeldzug und in einen endlosen Kreislauf der Gewalt.

Fidschianischer Krieger um die Jahrhundertwende

Ungeachtet ihres Rufes als Kannibalen-Inseln, wurde Fidschi schon bald von Abenteurern angezogen, die ihr Glück mit den Reichtümern des Landes machen wollten. Schiffbrüchige hatten bereits 1804 große Sandelholzwälder auf den Inseln entdeckt. Bald kamen die ersten Handelsschiffe, die den Fidschianern das Holz im Tausch gegen Werkzeuge abhandelten und mit großem Gewinn in China und Japan verkauften. Binnen kurzem war der kostbare Sandelholzbestand Fidschis nahezu ausgebeutet.

Abenteurer und Missionare

Mit den Sandelholzhändlern kamen andere Abenteurer, von denen ein Schwede, den man später **Charlie Savage** nannte, wohl den negativsten Einfluß hatte. Er führte die Feuerwaffe in Fidschi ein. Die stets in irgendwelche Kleinkriege verwickelten Fidschianer erkannten schnell den Wert dieser neuen Waffe. Charlie Savage machte eine beispiellose Karriere als Waffenlieferant und Kriegsberater der Häuptlinge. Wo die hölzerne Keule dem Gemetzel noch gewisse physische Grenzen setzte,

Die Kannibalen-Inseln

*Also schrieb Kommandant Charles Wilkes, Leiter einer
amerikanischen Südpazifik-Expedition, im Jahre 1840
über die Praxis des Menschenfressens in Fidschi:*

*"Wenn Menschen geopfert werden, müssen sie sich
mit gekreuzten Beinen auf den Boden setzen, die
Arme dicht am Körper. In dieser Haltung werden sie
festgebunden, damit sie nicht ein Glied bewegen können. Sie werden dann in den üblichen Erdofen auf
heiße Steine gesetzt, mit Blättern und Erde bedeckt
und bei lebendigem Leib geröstet. Wenn der Körper
gar ist..., wird er zur Bure getragen, wo er den Göttern
dargeboten wird; anschließend wird er zerschnitten
und verteilt und von den Leuten gegessen."*

*Die grausamen Sitten ihrer Vorfahren, die uns von
Wilkes und anderen frühen Besuchern der Fidschi-
Inseln überliefert wurden, haben die Fidschianer nach
der Missionierung der Inseln abgelegt. Doch manchmal erzählen sie den sacht erschauernden Touristen
noch von alten Zeiten, voller Belustigung über den
schwarzen Humor ihrer Väter, die ihre blutigen Bräuche mit poetischen Namen verbrämten:*

*"Segelvögel" nannten sie die Souvenirs, die in den
Segeln heimkehrender Kriegskanus hingen und mit
den Bewegungen des Bootes im Wind hin und her
schwangen: es waren erschlagene Kinder, an den Beinen am Hauptsegel aufgehangen.*

*"Unterbau des Pfostens" hießen die Männer, die bei
der Errichtung eines neuen Häuptling-Bures oder
Götzentempels an jeder der vier Ecken, da wo die Pfosten zu stehen kamen, lebendig und aufrecht stehend
eingegraben wurden. Die Männer hingegen, die beim
Richtfest eines neuen Hauses aufgegessen wurden,
bekamen den Namen "Dachsparren".*

*Nicht gerade von Achtung vor dem weiblichen
Geschlecht zeugt der Brauch, beim Tod eines Häuptlings dessen oft bis zu zehn Frauen zu erwürgen und
mit zu begraben. Sie waren das "Gras" in seinem
Grab.*

Junge Männer und Frauen bekamen den Beinamen „Rundhölzer", wenn über ihre Körper ein neues Kriegskanu zu Wasser gelassen wurde. „Blutfärber" hießen die, mit deren Blut das Deck eines neuen Kanus getüncht wurde.

Den Titel „Koroi" bekam ein Mann, sobald er seinen ersten Gegner mit dem hölzernen Kriegsknüppel erschlagen hatte. Die Söhne von Häuptlingen durften sich schon früh darin üben. Sie bekamen extra kleine Holzknüppel geschnitzt, mit denen sie nur mal so zur Übung untergebene Kinder des eigenen Stammes oder erbeutete eines feindlichen Clans erschlagen durften.

Was ihre Kriegswerkzeuge anbelangt, hatten die Fidschianer eine erstaunliche Vielseitigkeit entwickelt. Im Fiji Museum in Suva sind die verschiedensten Kriegskeulen zu besichtigen: solche zum Spalten oder Zertrümmern der Schädel; aber auch solche, mit denen nur ein fingerdickes Loch in die Schädeldecke getrieben wurde. Dies galt als die ausgefeilteste Kunst des Tötens. Daneben gibt es die verschiedensten Formen hölzerner Gabeln und anderer Eßwerkzeuge, die speziell zum Verzehr von Menschenfleisch entwickelt wurden.

Mit dem Verzehr des Gegners verleibte sich der Krieger dessen Stärke und Wissen mit ein. Oft erlaubte er sich grausame Scherze, indem er Gefangenen bei lebendigem Leib die Zunge oder

Fidschianische Kriegskeule

andere Teile aus dem Fleisch schnitt und zum Kosten anbot. Nach Eroberung eines Dorfes wurden alle Bewohner, ohne Ansehen des Alters oder Geschlechts, hingeschlachtet und gegessen.

Buchtip

Charles Wilkes: **Narrative of the United States Exploring Expedition, 1845**. Diese hochinteressante Beschreibung Fidschis zur Zeit der Kannibalen ist als Neudruck in den Buchhandlungen und Souvenirgeschäften Fidschis erhältlich.

ermöglichte die Muskete nun den Massenmord. Das lange blutige Kapitel in der fidschianischen Geschichte erreichte seinen Höhepunkt.

Ein König verschenkt sein Reich

Einer der mächtigsten Häuptlinge dieser Zeit war **Ratu Seru Cakobau** von der kleinen Insel Bau an der Ostküste Viti Levus. Er strebte nach der Alleinherrschaft. Dabei war ihm jedes Mittel recht. Um sich in seinen Stammeskriegen die Unterstützung der tonganischen Nachbarn zu sichern, trat er auf Anraten des tonganischen Königs, dessen Volk schon bekehrt war, zum christlichen Glauben über.

Auf der Höhe seiner Macht nannte sich Cakobau „Tui Viti", König von Fidschi. Tatsächlich gebührt ihm der Ruhm, erstmals die Inseln politisch geeinigt und die Stammeskriege beendet zu haben. Allerdings geschah dies nicht so uneigennützig, wie es die Legende vom kriegsmüden Häuptling will, der seine Inseln freiwillig England als Kolonie anbietet, um die Selbstzerfleischung seines Volkes zu stoppen.

Die **„Deed of Cession"**, die Abtretung Fidschis unter englische Kolonialverwaltung, half Cakobau vielmehr aus einer finanziellen Notlage. Amerika nämlich forderte Schadensersatz für die Ausraubung von Händlern und drohte mit dem Einsatz von Kriegsschiffen. In seiner Not bot Cakobau 1858 seine Inseln England als Kolonie an, wenn man die Schadensersatzsumme von mittlerweile 45.000 Dollar bezahlt. Doch Queen Victoria lehnte das zweischneidige Angebot ab. Fidschi hatte nicht gerade den Ruf einer friedlichen, nutzbringenden Kolonie. Kriege und Naturkatastrophen brachten Cakobau zusätzliche Schwierigkeiten. Er erneuerte sein Angebot. Schließlich willigte Queen Victoria ein, schon um Fidschi nicht in die Hände anderer aufstrebender Kolonialmächte fallen zu lassen. 1874 wurde auf Levuka die Unterwerfung Fidschis unter die englische Krone besiegelt. Seitdem trug der jeweilige britische Monarch auch den Titel Tui Viti, König von Fidschi.

Ratu Seru Cakobau

Die Beendigung des Kannibalismus ist den Missionaren zu verdanken, die in Fidschi gründliche Arbeit leisteten. Die ersten kamen schon 1830 von der **London Missionary Society**, später folgten weitere, größtenteils Methodisten, deren Glauben heute die große Mehrheit der Fidschianer angehört.

Was die Missionare begonnen hatten, setzten die routinierten englischen Kolonialherren fort. Fidschi bekam eine Verwaltung, ein einheitliches Schulsystem und Verkehrswege. Gleich der erste Gouverneur, **Sir Arthur Gordon**, erließ ein bis heute gültiges Gesetz, nach dem alles nicht bereits an Siedler und an die britische Krone verkaufte Land künftig in den Händen der Fidschianer bleiben sollte.

Natürlich wurde die Wirtschaft, vornehmlich die Ausbeutung der Kolonie, angekurbelt. Zunächst setzten die Engländer als Haupteinnahmequellen auf Baumwolle und Kopra, das Produkt der Kokospalmen. Erst später erwies sich der Zuckerrohranbau als profitabelster Wirtschaftszweig. Nur ein Problem war noch nicht gelöst: Die Fidschianer waren weder willens noch geeignet, für wenige Schillinge Lohn auf den Plantagen zu arbeiten, schließlich bescherte sie die Natur überreichlich mit Früchten des Bodens und des Meeres.

Die Inder kommen

Die Engländer besannen sich auf die fleißigen Inder, die ihre bereits erschlossenen Kolonien zur wirtschaftlichen Blüte geführt hatten. 1879 kam das erste Schiff mit Einwanderern aus Kalkutta an. Bis 1916 waren bereits 60.000 indische Kulis im Land, die meisten aus armen, ländlichen Kasten Indiens, für die Fidschi so etwas wie ein Paradies gewesen sein muß. Der Standardvertrag sah fünf Jahre Plantagenarbeit vor. Nach einer Wartezeit von abermals fünf Jahren konnten die Inder entweder nach Hause zurückkehren oder sich frei in Fidschi niederlassen. Die meisten blieben, pachteten Land von den Fidschianern oder Europäern und bewirtschafteten es.

Als 1920 offiziell die Zwangs-Rekrutierung von Arbeitern in Indien endete, hatten die Inder fest in Fidschi Fuß gefaßt. Nicht nur in der Landwirtschaft, auch in allen anderen Bereichen der Wirtschaft und Verwaltung erkämpften sie sich zunehmenden Einfluß. Einher damit ging ihre sprunghafte Vermehrung.

Von der Kolonie zur Unabhängigkeit

Aus der Nachkriegsgeschichte Fidschis ragen zwei Staatsmänner heraus, die das Land in die Unabhängigkeit führten und seine Rolle als Führungsmacht der pazifischen Inselstaaten begründeten: **Ratu Lala Sukuna** und **Ratu Kamisese Mara**. Beide wurden von der englischen Königin mit dem Titel „Sir" geadelt.

Lesetip

Fiji Times – A
History of Fiji von
Kim Gravelle ist
eine sehr unter-
haltsame Samm-
lung von Ereignis-
sen der neueren
Geschichte
Fidschis.

Ratu Sukuna hatte in Oxford studiert und wurde nach dem
Krieg bald zu einem der einflußreichsten Politiker und Mit-
telsmänner zwischen den Fidschianern und der britischen
Kolonialverwaltung. Er organisierte von Grund auf das fidschianische Landrecht, das Grundbesitz nur eingeborenen
Fidschianern erlaubt und schuf die rechtlichen Grundlagen
für die heutige Regierung Fidschis. 1958 starb Ratu Sukuna als Volksheld und Begründer des modernen Fidschis.

Ratu Kamisese Mara begann seinen politischen Aufstieg
als Vorsitzender der Allianzpartei. 1967 wurde Ratu Mara
Chef-Minister des Gesetzgebenden Rates, der die Unabhängigkeit vorbereitete. 1970 wurde Fidschi, nach 96
Jahren Kolonialzeit, in die Unabhängigkeit entlassen,
Ratu Sir Kamisese Mara sein erster Premierminister.
Seitdem blieb er bis 1987 ununterbrochen im Amt und
formte Fidschi zum wirtschaftlich und politisch führenden Inselstaat im Südpazifik.

Nach den Wahlen im April 1987 mußte Maras Allianzpartei zum ersten Mal nach der Unabhängigkeit die Regie-
rungsmacht an eine Koalition aus der von Indern domi-
nierten National Federation Party und der Labour Party
abgeben. Premierminister in einem mehrheitlich indisch
besetzten Kabinett wurde der fidschianische Arzt Dr.
Timoci Bavadra. Damit hatten die Inder, die eine leichte
Bevölkerungsmehrheit stellten und die Wirtschaft
beherrschten, nun auch die langersehnte Teilhabe an der
politischen Macht im Lande. Die oft vorhergesagte und
immer wieder verdrängte Konfliktsituation war da: Viele
national gesinnte Fidschianer sahen ihr Land in Gefahr,
ganz von den Indern übernommen zu werden.

**Der Militär-
putsch von
1987**

Ob diese Gefahr tatsächlich bestand, muß dahingestellt
bleiben. Jedenfalls übernahm am 14. Mai 1987, vier
Wochen nach Amtsantritt der Koalitionsregierung, Lieu-
tenant Colonel **Sitiveni Rabuka**, dritthöchster Offizier in
der fidschianischen Armee, in einem unblutigen Militärputsch die Macht. Es war der bis dato erste gewaltsame
Sturz einer Regierung in der neueren Geschichte der
Südpazifikstaaten. Am 7. Oktober 1987 wurde Fidschi
Republik, die Folge war die Ausstoßung Fidschis aus
dem Verband der Commonwealth-Staaten.

Rabuka installierte eine Interimsregierung unter dem alten
Premier Ratu Mara, die bis 1992 regierte und eine neue
Verfassung als Voraussetzung zur Rückkehr zu demokrati-

schen Verhältnissen ausarbeitete. Kernstück dieser Verfas-   **Rückkehr zur**
sung ist ein Wahlsystem, das den Fidschianern im Parla-   **Demokratie**
ment fortan eine sichere Mehrheit garantiert. Die Posten
des Präsidenten, Premierministers und weitere Schlüssel-
positionen bleiben Fidschianern vorbehalten.

Im Mai 1992 fanden dann unter der neuen Verfassung die
ersten Wahlen in Fidschi seit dem Militärputsch 1987
statt. Der mittlerweile in die Politik gegangene Putschist
Rabuka gewann an der Spitze einer neu geformten kon-
servativen Fidschianer-Partei die Mehrheit und wurde
neuer Premierminister. Schon bald jedoch brachen Rivalitäten unter den fidschianischen Politikern aus, die
schließlich in einem Mißtrauensvotum gegen die Regierung mündeten. Rabuka mußte Ende 1993 Neuwahlen
ausrufen, die er Anfang 1994 abermals gewann. Der
frühere langjährige Premierminister Ratu Sir Kamisese
Mara wurde Staatspräsident.

Politik, Wirtschaft, Soziales

Überblick

Fidschi

Einwohner:	*736.000, davon 49% Fidschianer, 46% Inder, 5% Europäer u. Asiaten*
Bevölkerungs-dichte	*40 Einwohner / km²*
Sprache:	*Englisch, Fidschianisch und Hindi*
Religion:	*52% Christen, 39% Hindus, 8% Moslems, Von den Christen sind 38% Methodisten, Rest: Mormonen, Adventisten, etc.*
Hauptstadt:	*Suva (70.000 Einwohner).*
Flagge:	*Hellblau mit Union Jack und fidschianischem Wappenschild.*
Staats- und Regierungsform:	*Parlamentarische Demokratie mit verfassungsmäßig garantierter Mehrheit der Fidschianer*
Währung:	*F $ = Fidschi Dollar*
Wirtschaft:	*Tourismus, Landwirtschaft, Berg-bau, Kleinindustrie*
Handelspartner:	*Australien, Neuseeland, EU, USA*

Fidschi nach dem Coup

Die Aufgabe, nach dem Militär-Putsch von 1987 einen für alle Volksgruppen akzeptablen Kompromiß zu finden, war ungeheuer schwer. Die große Mehrheit der Fidschianer befürwortet nach wie vor den Putsch und unterstützt die vorgeschlagene neue Verfassung, Rabuka ist für sie ein Volksheld. Das gleiche gilt für den **Great Council of Chiefs**, die Versammlung der obersten Häuptlinge des Landes. Diese Art Ältestenrat hatte schon vor dem Putsch eine maßgebliche innenpolitische Rolle neben dem parlamentarischen System und unterstützt heute die Partei Rabukas.

Die entmachtete indische Opposition fordert dagegen eine Volksabstimmung über die Verfassung, die sie als rassistisch bezeichnet und mit dem Apartheid-System in Südafrika vergleicht. Die Mehrheit der Inder scheint sich jedoch mit dem Status Quo abgefunden zu haben und auf eine politische Gleichstellung zugunsten ungestörter Geschäfte verzichten zu wollen.

Wirtschaftliche Folgen

Rabuka hat eine Revision der Verfassung in Aussicht gestellt und die indische Opposition zu einer Koalitionsregierung der nationalen Einheit aufgerufen. Mit diesen Zugeständnissen hat sich der einstige Putschist quasi vom Saulus zum Paulus gewandelt und ist in den Augen vieler zur ausgleichenden Kraft in einem unlösbar scheinenden Rassenkonflikt geworden.

Fidschi erlebte als Folge der Putsche eine schwere Wirtschaftskrise. Auslandshilfe wurde gestrichen, Touristen blieben aus Furcht vor Ausschreitungen fern. Nach der Stabilisierung der politischen Lage hat sich die Wirtschaft aber wieder erholt, Tourismus und Zuckerindustrie sind wieder auf dem Stand vor dem Coup. Australien und Neuseeland stellen wieder Finanzmittel bereit, neue Entwicklungshilfegeber wie Frankreich und Japan sind hinzugekommen.

Die **Auswanderung** indischer Fachkräfte wirkt sich nach wie vor negativ auf Wirtschaft und Infrastruktur aus. Seit dem ersten Putsch haben rund 20.000 Inder das Land verlassen, meist die besser ausgebil-

Zuckerrohrernte

deten, die Schlüsselstellungen im technischen, wirtschaftlichen und administrativen Bereich besetzten. Für sie
Ersatz zu finden fällt schwer, eine Förderung der Ausbildung von Fidschianern wird erst langfristig Früchte tragen.

Traditionell ruht die fidschianische Wirtschaft auf drei
Säulen: Tourismus, Landwirtschaft und Bodenschätze.
Seit dem Bau der ersten größeren Hotels in den sechziger Jahren hat die Bedeutung des Tourismus als Devi-
senquelle ständig zugenommen. Nach wie vor kommt
das Gros der rund 280.000 Besucher jährlich aus Australien und Neuseeland, für die Fidschi so etwas wie Mallorca für die Deutschen ist: ein Inselrefugium fast vor der
Haustür mit Sonne und Strand für die kalte Jahreszeit
daheim. Danach folgen Amerikaner, Kanadier, Japaner
und schließlich, in wachsender Zahl, auch die Europäer.

**Tourismus,
Zucker und
Gold**

Das wichtigste landwirtschaftliche Produkt und Hauptexportartikel ist der Zucker. Das Zuckerrohr wird überwiegend von indischen Farmern angebaut, die das Land
gepachtet haben. Auf kleinen Schienenwagen befördern
sie ihre Ernte in eine der vier großen staatlichen Zucker-
mühlen des Landes. Nach dem Zuckerrohr folgen mit
großem Abstand die Kopragewinnung aus Kokosnüssen,
die meist von Fidschianern betrieben wird, sowie Holz,
Ingwer und Fischfang.

Wenig beachtet und unauffällig hat sich in den letzten
Jahren der Goldbergbau an die dritte Stelle der Außen-
handelsstatistik geschoben. Bei **Vatukoula** an der Nordküste Viti Levus betreibt eine australische Gesellschaft
eine Mine mit beträchtlichem Potential.

In den letzten Jahren hat die fidschianische Regierung
versucht, durch großzügige Steuer- und Zollvorteile aus-
ländische Investoren ins Land zu holen. Nach asiatischem Vorbild entstand so eine kleine Textilindustrie, die
wegen ihrer Billiglöhne aber von den Gewerkschaften
vehement bekämpft wird.

Wachsende Bedeutung wird in Zukunft auch die Holzwirt-
schaft gewinnen, wenn die in den siebziger Jahren auf-
geforsteten 60.000 Hektar Kiefernwälder Erträge abwer-
fen. Die **Forstwirtschaft** wird von deutscher Entwicklungshilfe gefördert. Tropische Hölzer aller Art werden schon lange exportiert, in kleinem Umfang auch
noch das einst so begehrte Sandelholz.

Kultur

Der dreibeinige Stuhl

Der große fidschianische Staatsmann Ratu Sukuna hat Fidschi einen „dreibeinigen Stuhl" genannt, der sich auf die Fidschianer, Inder und andere Rassen stützt. Die eingeborenen Fidschianer sind Melanesier mit einem guten Schuß polynesischem Blut, wobei das Mischungsverhältnis stark nach Osten in Richtung der polynesischen Nachbarn zunimmt.

Obwohl die Inder Fidschis gemeinhin in einen Topf geworfen werden, entstammen sie verschiedenen Regionen Indiens, unterschiedlichen Kasten und Religionen. 80 Prozent der Inder hängen der Hindu-Religion an, 20 Prozent sind Moslems. Den Rest bilden europäische und asiatische Einwanderer. Eine ethnische Minderheit bilden die Bewohner der Insel Rotuma, die reine Polynesier sind.

Häuptlings-system

Die fidschianische Gesellschaft ist eine traditionelle Männergesellschaft. Der älteste Mann ist zugleich Oberhaupt des Haushalts. Die weitere Rangfolge richtet sich nach der Grundregel: männlich vor weiblich, Alter vor Jugend. Nach dieser Rangfolge sind Rechte und Pflichten innerhalb einer Familie verteilt.

Die kleinste gesellschaftliche Gruppe ist der **Mataqali**, eine Art Familienclan. Jeder Mataqali hat einen eigenen Namen und bewohnt im Dorf seinen eigenen Bereich. Die Mitglieder eines Mataqalis unterstützen einander beim Hausbau und Gemüseanbau. Bei zeremoniellen und gesellschaftlichen Anlässen treten sie gemeinsam auf. Jedem Mataqali ist auch ein bestimmtes Stück Land zugeordnet, das gemeinsam genutzt wird. Das Oberhaupt des Mataqali ist der „Turaga-ni-Mataqali", zugleich die unterste Stufe eines Häuptlings.

Die nächsthöhere Gruppe ist die **Yavusa**, der mehrere Clans angehören. Das Oberhaupt einer Yavusa ist der „Turaga-ni-Yasuva", ein mittlerer Häuptling.

Mehrere verwandtschaftlich ineinandergreifende Yavusas bilden eine **Vanua**. Vanua heißt wörtlich „Land" oder „Territorium", ist also auch eine gebietsmäßig abgegrenzte Körperschaft, eine Art Staat im Staate. Die Angehörigen einer Vanua sind Untertanen eines obersten Häuptlings, der sich **Tui**, **Ratu** oder **Vunivalu** nennt.

Schließlich gibt es noch in ganz Fidschi drei **Matanitus**, das sind Zusammenschlüsse mehrerer unabhängiger Vanuas. Jeder Fidschianer gehört einer dieser drei Föderationen an:

■ Kubuna (Bau und assoziierte Vanuas)
■ Burebasaga (Rewa und assoziierte Vanuas)
■ Tovata (Vanuas der Provinzen Lau, Cakaudrove, Bua und Macuata).

Das Häuptlingssystem ist nach wie vor tief verwurzelt in der fidschianischen Gesellschaft und überlagert alle anderen Beziehungen. Der Status eines Ratus, gleich auf welcher Ebene, wird durch Geburt erworben und in der männlichen Linie weitervererbt. Nur in wenigen Ausnahmefällen, wenn keine männlichen Stammhalter geboren werden, kann auch eine Frau zum Häuptling werden.

Der Ratu hat die oberste Autorität über alle Angehörigen seines Mataqalis, Yavusas oder Vanuas. Innerhalb seines Machtbereichs, also zum Beispiel innerhalb eines Dorfes, stehen ihm folgende Privilegien zu: Bei Zusammenkünften sitzt er am obersten Ende und bekommt die erste Schale Yaqona gereicht. Ihm stehen beim Essen bestimmte Fleischstücke zu. Untergebene nähern sich dem Ratu in gebückter Haltung. Er verteilt die Arbeit im Dorf und die Einkünfte aus dieser Arbeit. Er schlichtet Streitigkeiten und ist oberster Richter.

Die fidschianische Familie ist patriarchalisch. Die Kinder gehören zur Familie des Vaters, bei der Hochzeit zieht die Frau zur Familie ihres Mannes. Eigentum und Rang wird nur in männlicher Linie vererbt. Autorität über die Familienmitglieder hat nur der Vater. Das Familienleben ist hierarchisch geordnet. Der entsprechende Rang ergibt sich aus der Geburt. Diese Rangordnung durchdringt jeden Teil des Familienlebens, wie zum Beispiel die Sitz- und Schlafordnung im Haus oder die Art, wie bestimmte Familienmitglieder angesprochen und behandelt werden. Die Kinder sind ihren Eltern untergeordnet, haben aber untereinander wieder verschie-

Die Familie

„Fiji – The big smile"

dene Rangordnungen. Das erste Kind einer Familie bekommt einen speziellen Titel und Status, das älteste männliche Kind ist der Erbe des Vaters.

Bure – das fidschianische Haus

Das normale fidschianische Haus, Bure genannt, ist rechteckig, oder – durch tonganischen Einfluß in der Lau-Gruppe – oval. Es hat einen Raum mit vier Eingängen, einen an jeder Seite. Die Vordertür ist der Eingang für

alle, die Seiteneingänge sind reserviert für den Besitzer oder von ihm ausgesuchte Personen, wie Gäste oder Häuptlinge. Die hintere Tür wird ausschließlich von Haushaltsmitgliedern benutzt.

Generell hat ein Bure zwei Bereiche: einen für gesellschaftlich höhergestellte Personen am oberen Ende und den unteren Teil für die „Niederen". Das Oberhaupt des Clans schläft am oberen Ende, der Rest mit abnehmendem Status an den Seiten unter ihm bis zur Vordertür.

Für die Mahlzeiten wird eine lange Matte im unteren Teil des Raumes ausgebreitet. Das Familienoberhaupt sitzt am Kopfende der Matte, nächst ihm seine Söhne in der Rangordnung ihrer Geburt. Die Frauen und Mädchen bedienen die Männer der Rangfolge nach und sitzen gewöhnlich am untersten Ende der Matte. Normalerweise nehmen die Frauen und Töchter ihre Mahlzeiten nach den Männern ein. Die Männer sitzen im Schneidersitz, während die Frauen die Beine seitlich unterschlagen.

Village-Etikette

Ein fidschianisches Dorf können Sie nicht so ohne weiteres besuchen. Dazu ist die Genehmigung oder Einladung des Dorfoberhauptes nötig, die über persönliche Kontakte erlangt werden kann. Möglich ist auch, bei Annäherung an ein Dorf den ersten Bewohner, der einem begegnet, anzusprechen und zu bitten, den Besuchswunsch dem Dorfhäuptling zu übermitteln. Bedenken Sie aber auch, daß die fidschianische Kultur verlangt, jeden Fremden in sein Haus einzuladen, egal ob die Familie es sich leisten kann oder nicht, und ihn so lange zu bewirten, bis er von selbst geht.

Es sind zahlreiche Fälle bekannt von sogenannten Alter-
nativ-Reisenden, die wochenlang die Gastfreundschaft
einer Dorfgemeinschaft ausgenutzt haben. Wenn Sie
also länger bleiben, ist eine Gegenleistung in Form von
Geld, Konserven oder Zigaretten durchaus angebracht.
Auf jeden Fall müssen Sie als **Gastgeschenk** ein Bündel
Yaqona (sprich: Janggona) dabeihaben, das sind
getrocknete Wurzeln eines Pfefferstrauches, aus denen
die Fidschianer ihr Kava brauen, ein leicht narkotisieren-
des Getränk (siehe „Kava-Zeremonie").

Kaufen Sie also vor einem Dorfbesuch ein oder zwei
Pfund Yaqona-Wurzeln, die es auf allen Märkten gibt.
Ihre Gastgeber werden diese Geste als Anerkennung
ihrer Tradition schätzen und eine Willkommens-Zeremo-
nie, das sogenannte **Sevusevu** organisieren. Das Sevusevu signalisiert, daß Sie allen Bewohnern des Dorfes
willkommen sind.

Nun noch einige Verhaltensregeln, die Sie beachten sollten:
■ Wenn Sie einen Hut oder Rucksack tragen, so nehmen
sie beides beim Betreten des Dorfes ab. Kurze Shorts
sind weder bei Mann noch Frau angebracht, die Knie soll-
ten wenigstens bedeckt sein.
■ Behandeln Sie den Häuptling des Dorfes mit dem glei-
chen Respekt, den man auch Ihnen entgegenbringt.
Wenn Sie zum „Sevusevu" gebeten werden, setzen Sie
sich mit den Männern des Dorfes um die Tanoa herum.
Strecken Sie nie ihre Beine in Richtung **Tanoa,** die Kava-
Schüssel oder anderer Teilnehmer der Zeremonie aus.
Lassen Sie sich als Mann im Schneidersitz nieder, als
Frau winkeln Sie beide Beine seitwärts ab.
■ Im Laufe des „Sevusevu" wird Ihnen Kava in einer
Kokosnußhälfte gereicht (Bilo). Klatschen Sie einmal
hohl in beide Hände, ehe Sie die Schale annehmen, dreimal, nachdem Sie sie zurückgegeben haben. Trinken Sie
die Schale in einem Zug aus, auch wenn das beim ersten
Mal schwerfällt. Kava sieht aus wie Abspülwasser und
schmeckt auch ähnlich. Sie gewöhnen sich daran, und
unverträglich für den Magen ist es auf keinen Fall.
■ Erheben Sie sich bitte nicht während der Zeremonie,
wenn doch, stehen Sie nicht aufrecht, sondern in gebückter Haltung.
■ Nach der Einführungszeremonie werden Sie gebeten,
mit den anderen um die Tanoa zu sitzen und sich zu
unterhalten. Wenn Sie Fotos machen wollen, fragen Sie

Kava-Zeremonie

Kava oder Yaqona reflektiert vielleicht am besten die fidschianische Verehrung für Tradition. In jedem Dorf, in jedem fidschianischen Heim, ja sogar in den Büros stehen Tanoas, die holzgeschnitzten Kava-Schalen mit einer Spülwasser-ähnlichen trübbraunen Flüssigkeit. Sollte Ihnen eine Kokosnußhälfte voll Kava angeboten werden, dürfen Sie die erste nicht ausschlagen. Klatschen Sie einmal in die hohlen Hände (siehe auch: Cobo) und trinken Sie die Schale in einem Zug aus. Sie werden einen leicht pelzigen Geschmack im Mund verspüren, der aber bald vergeht. Auf jeden Fall werden Sie es überleben und nach wiederholtem Genuß auch den Geschmack nicht mehr so unangenehm empfinden. Nach dem Trinken klatschen Sie abermals zum Dank (dreimal) in die hohlen Hände.

Kava ist ein nichtalkoholisches Getränk, und wird aus der getrockneten und zu Pulver zerstoßenen Wurzel der Pfefferpflanze gewonnen. Das Pulver wird in der Tanoa mit Wasser vermischt, wobei der Wasseranteil die Stärke des Gebräus bestimmt. Früher wurden die Kava-Wurzeln von den Jungfrauen des Dorfes zerkaut und der mit Speichel gemischte Brei angesetzt. Kava oder Yaqona hat eine leicht narkotisierende Wirkung, weshalb es sich hervorragend als Schlafmittel eignet. Sonst hat es, in Maßen genossen, keinerlei negative Wirkung und gilt sogar als vielfältiges Heilmittel.

Das Kava-Trinken ist nicht nur Ausdruck der fidschianischen Lust zur Geselligkeit, sondern zentraler Bestandteil des gesellschaftlichen Lebens überhaupt. Um die Tanoa sitzen die Ältesten des Dorfes und diskutieren Neuigkeiten und öffentliche Belange. Mit Kava werden Gäste begrüßt, Streitigkeiten geschlichtet, Verträge geschlossen, Hochzeiten und Beerdigungen begangen. Kein gesellschaftliches Ereignis kann ohne Kava-Zeremonie stattfinden, sie gibt dem Ereignis erst seinen offiziellen Charakter und besiegelt es förmlich. Kava-Zirkel sind in der Regel Männersache, fidschianische Frauen genießen das Getränk für sich im Hintergrund. Als weiblicher Besucher oder Ehrengast wird Ihnen aber immer eine Schale offeriert.

Eine offizielle Kava-Zeremonie folgt einem strengen Protokoll, in dem zunächst der Spender und das von ihm überbrachte Bündel Yaqona-Wurzeln in langatmigen Reden gewürdigt wird. Dann folgt das Ritual der Zubereitung, begleitet von mehrmaligen Cobos, dem Klatschen der hohlen Hände. Schließlich wird die erste Schale Yaqona dem höchsten anwesenden Häuptling oder dem Ehrengast zum Trunk gereicht. Es folgen die anderen Anwesenden in der Reihenfolge ihres Ranges.

Kava wird in Fidschi in großen Mengen konsumiert, der Anbau der Kava-Pflanze ist ein eigener, beträchtlicher Wirtschaftszweig. Ein Kilo bester Qualität kann auf dem Markt bis zu 20 Dollar kosten. Diese Menge ist ausreichend, um mehrere große Tanoas anzusetzen, von denen etwa 10 bis 20 Fidschianer trinken, bis die Müdigkeit sie hinrafft. Obwohl Kava ein nicht wegzudenkender Bestandteil fidschianischer Lebensart ist, weisen Kritiker heute auf die zweifellos negativen Auswirkungen hin, die übermäßiges Kava-Trinken auf die wirtschaftliche Produktivität des Landes hat.

Fidschianer beim Kavatrinken

bitte vorher. Es wird Ihnen aber auf jeden Fall genehmigt werden.

■ Betreten Sie nicht uneingeladen eine Hütte (Bure), und ziehen Sie beim Betreten ihre Schuhe aus. Stehen Sie in gebückter Haltung im Bure oder setzen Sie sich gleich. Sprechen Sie leise.

■ Der Kopf und die Haare sind jedem Fidschianer heilig. Deshalb ist jeder Fidschianer zutiefst beleidigt, wenn Sie seinen Kopf oder seine Haare berühren. Dies gilt auch für Kinder.

Cobo – Klatschen mit der hohlen Hand

Das Klatschen mit der hohlen Hand ist eine typisch fidschianische Geste, die vor allem bei der Kava-Zeremonie, aber auch im alltäglichen Verkehr untereinander angewandt wird. Dieses dumpfe Klatschen, das jedem Fidschi-Besucher im Ohr bleiben wird, ist die höchste Form des Dankes und des Respektes für eine Person oder Sache.

Tabua – ein Walzahn als Orden und Siegel

Der Tabua – ein Zahn des Walfisches – ist die höchste Auszeichnung, die ein Mensch in Fidschi erhalten kann. Während das Kava-Trinken auch in anderen Südpazifik-Regionen, wie zum Beispiel Tonga und Samoa, prakti-

ziert wird, ist das Schenken des Tabuas ein rein fidschianisches Ritual. Der Tabua wird zum Beispiel einem hohen Gast überreicht oder jemandem, der sich hohe Verdienste erworben hat. Er kann aber auch bei Familienfesten wie Geburten, Verlobungen, Hochzeiten und Beerdigungen oder bei Vertragsabschlüssen ausgetauscht werden. Vor allem aber dient er als Versöhnungsgeschenk nach beigelegten Streitigkeiten. Der Tabua spielt eine wesentliche Rolle im sozialen und wirtschaftlichen Leben in Fidschi. Der Wert des Walzahnes hängt von seiner Dicke und Länge ab. Es ist streng verboten, ihn ohne Genehmigung auszuführen.

Lovo – der fidschianische Erdofen

Lovo ist ursprünglich die Bezeichnung für einen Erdofen, in dem die Fidschianer früher ihre Menschenopfer gebraten haben. Der von Witzzeichnungen bekannte Wasserkessel ist also eine Legende. Vielmehr war die Gartechnik des Lovos die einzig praktikable Art, ein so großes Stück Fleisch, wie es der Mensch darstellte, im Ganzen zu garen. Heute sind es nur noch Schweine, Hühner und Fische, die zusammen mit Wurzelgemüsen in den Lovo kommen. Dazu werden die Zutaten in Bananenblätter gewickelt und im Erdofen auf glühenden Steinen gegart. Oftmals ist ein Lovo mit anschließendem Tanz und Gesängen, einem sogenannten Meke, verbunden.

Das traditionelle fidschianische Tanz- und Singfest heißt Meke. Es gibt dabei Tänze, die nur von Frauen oder nur von Männern vorgeführt werden; weiterhin Tänze im Sitzen für beide Geschlechter sowie die Kriegstänze der Männer mit ihren Holzkeulen.

Meke – Tanzen und Singen

Isa Lei

Die heimliche Nationalhymne Fidschis war ursprünglich ein Abschiedslied zweier Liebender. Heute wird Isa Lei von den Fidschianern bei vielen Gelegenheiten und mit aller Inbrunst gesungen: zum Abschluß eines Festes, einer Versammlung, einer Konferenz und überhaupt zum Abschied. Die gemütvolle, getragene Melodie ist ein richtiger Ohrwurm, dem sich auch Besucher kaum entziehen können.

Isa, Isa Vulagi Lasa Dina
Nomu Lak, Au Na Rarawa Kina
Cava Beka, Ko A Mai Cakava
Nomu Lako, Au Na Sega Ni Lasa

Chor:
Isa Lei, Na Noqu Rarawa
Ni Ko Sa Na Vodo E Na Mataka
Bau Nanuma, Na Nodatou Lasa
Mai Nanuya Manuma Tikoga

Vanua Rogo, Na Nomuni Vanua
Kena Ca, Ni Levu Tu Na Ua
Lomaqu Voli, Mei Bau Butuka
Tovolea, Ke Balavu Na Bula

Domoni Dina, Na Nomu Yanuyanu
Kena Kau, Wale Na Salusalu
Moce Lolo, Bua, Na Kakuwalu
Laakali, Baba na Rosidamu

Heutzutage schließt sich jedem Meke ein sogenanntes Taralala an, die fidschianische Version modernen Volkstanzes. Mann und Frau haken sich dabei parallel gegenseitig unter und tanzen in einfachen Schritten vor und zurück. Die Fidschianer haben eine bemerkenswerte Ausdauer darin, und es gilt als ausgesprochen unhöflich, einen Tanz abzulehnen.

Lovo und Meke sind Bestandteil des Unterhaltungsprogramms in den meisten Hotels.

Fidschianisches Feuerlaufen

Die Gabe des Feuerlaufens besitzen nur Angehörige des Sawau-Stammes von der Insel Beqa. Aus jedem der vier Dörfer dieses Stammes werden Männer ausgewählt, die dann zwei Wochen lang keine Kokosnüsse essen dürfen und jeglichen Kontakt zu Frauen meiden müssen. Sollten Sie diese Tabus brechen, verfliegt die magische Kraft, die das Verbrennen der Füße verhindert.

Für das Feuerlaufen werden in einem Loch von circa einem Meter Tiefe vulkanische Steine erhitzt. Obenauf liegen brennende Holzstämme, die später von Männern wieder entfernt werden. Das Ganze wird von Ritualen und Gesängen begleitet. Der Hohepriester springt dann auf die Steine und macht einige Schritte, um die Festigkeit zu prüfen. Dann werden Blätter und Grasbündel um die Steine plaziert. Schließlich schreiten die Feuerläufer einzeln über die heißen Steine. Keiner verletzt oder verbrennt sich dabei.

Das Rätsel ist bislang nicht gelöst, möglicherweise werden die Männer durch das Ritual in eine Art Trance versetzt, die den Schmerz ausschaltet. Warum aber die Haut unverletzt bleibt, läßt sich physikalisch nicht erklären. Das Feuergehen wird heute fast nur noch als Touristenattraktion in allen größeren Hotels in Fidschi aufgeführt.

Indisches Feuergehen

Diese Art des Feuergehens brachten die Südinder aus ihrer Heimat mit. Es wird in den Monaten Mai bis August in den Tempeln aufgeführt. Während der 10tägigen Vorbereitungszeit müssen die Feuergeher auf dem harten Boden des Tempels schlafen, bekommen wenig zu essen, müssen zweimal täglich in kaltem Wasser baden und sich des Sex', Alkohols und Tabaks enthalten.

Am zehnten Tag wird ein rituelles Bad in einem Fluß veranstaltet, begleitet von Gesängen und Trommeln. Die Teilnehmer fallen in einen Trance-ähnlichen Zustand und stechen sich Nadeln in Zunge, Wange und Haut, ohne sich dabei zu verletzen. Anschließend führt der Hohepriester die Feuerläufer über das Feuer.

Das Traditionsbewußtsein der Fidschianer drückt sich auch in der Kleidung aus. Die Männer tragen buntbedruckte Tücher, sogenannte **Sulus**, um die Hüften gewickelt, mit T-Shirts darüber. In den Städten gibt es die elegantere Version, die sogenannten „Pocketsulus", aus feinen Tuchstoffen. Dazu trägt der fidschianische Mann ein kurzärmeliges Hemd und offene Sandalen ohne Socken. Die Frauen tragen eine Kombination aus einem schmalen, knöchellangen, einfarbigen Rock mit einem buntbedruckten Kleid darüber, das bis über das Knie geht.

Kleidung der Fidschianer und Inder

Die indischen Frauen tragen auf dem Land oder in der Stadt stets bunte **Saris**, die aus vier bis fünf Metern Stoff bestehen und kunstvoll um den Körper gewickelt werden.

Das fidschianische Holzschnitzer-Handwerk ist eine leider vom Aussterben bedrohte Kunst. Neben Haushaltsgegenständen wie hölzerne Schalen und Schüsseln aus Holz wurden früher hauptsächlich Waffen aus Holz geschnitzt. Die Kriegskeule zum Beispiel war ein elementarer Teil der fidschianischen Kultur. Sie war nicht nur die wichtigste Waffe für den Krieger, sondern auch Symbol der Autorität bei Zeremonien und Tänzen. Ebenso spielt die **Tanoa**, die geschnitzte Kava-Schale, und die Trommel, Lali, eine wichtige Rolle in Fidschi. In den meisten Städten und Dörfern ruft die **Lali** noch heute zur Versammlung oder zum Gebet.

Das aus Tonga bekannte Tapa, ein mit Ornamenten bedruckter Stoff aus der Rinde des Papiermaulbeerbaumes, wird in Fidschi Masi genannt. Vor allem die Häuptlinge kleideten sich früher in **Masi**, höhere Ränge hatten oft 30 bis 40 Meter dieses steifen Stoffes um den Körper gewickelt, so daß sie sich kaum noch bewegen konnten. Heute wird Masi hauptsächlich verwendet als Wanddekoration, zeremonielle Bekleidung, für Tischtücher und Handtaschen. Je dicker das Material, um so besser die Qualität.

Kunsthandwerk

Matten und Körbe flechten lernt immer noch jedes Mädchen im Dorf. Dafür werden die Blätter der Kokospalme oder des Pandanusbaumes verwendet. Zu jedem

Hausrat gehören geflochtene Matten, die als Teppich oder Schlafunterlage genutzt werden; sie sind sozusagen die „Aussteuer" einer Fidschianerin. Solche Matten sind auch traditionelle Geschenke zu Hochzeiten, Beerdigungen und anderen festlichen Anlässen.

Töpfereien sind in Fidschi von sehr einfacher Art und werden im Sigatoka Valley auf Viti Levu, sowie im Westen von Vanua Levu und auf den Inseln Kadavu und Malolo ge-

Lali, die
Dorftrommel

fertigt. Jede Region hat ihren eigenen Stil. Es werden nur Gebrauchsgefäße hergestellt wie Wasserbehälter und Krüge.

Sprache

Die fidschianische Sprache gehört wie die polynesische zur großen Sprachfamilie Austronesisch, die von den Osterinseln bis nach Malaysia reicht. In Fidschi werden mehrere hundert Dialekte gesprochen. Um 1840 legten die Missionare die Sprache der kleinen Insel Bau, im Osten Viti Levus, als Hauptsprache fest. **Bau** ist auch heute noch Sitz des höchsten Stammes. Englisch wird in der Grundschule ab der 2. Klasse unterrichtet, so daß alle Fidschianer, die eine Schule besuchten, auch einigermaßen Englisch sprechen. Sie müssen also nicht Fidschianisch sprechen können, wenn Sie mit Fidschianern in Kontakt kommen wollen. Wenn Sie dennoch einige Wörter und Redewendungen anbringen, werden Sie ein breites Lächeln auf die Gesichter zaubern.

Im Fidschianischen werden manche Mitlaute mitgesprochen, die in der Schreibweise eines Wortes nicht auftauchen. So wird zum Beispiel Nadi, die Stadt mit dem internationalen Flughafen, „Nandi" ausgesprochen, weil grundsätzlich jedes d als nd gesprochen wird. Genau so ist es mit:

b = mb wie in September
d = nd wie in Kinder
q = ngg
g = ng wie in Menge
c = wie das englische th

Ansonsten wird alles ausgesprochen wie geschrieben.

Einige Redewendungen:

Hallo, guten Tag	*Ni sa Bula (sprich: Ni sambula oder Bula)*
Auf Wiedersehen	*Ni sa moce (sprich: Ni samoße oder Moße)*
Guten Morgen	*Ni sa Yadra (sprich: jandra)*
Danke	*Vinaka*
Vielen Dank	*Vinaka vakalevu*
Ja	*Io*
Nein	*Sega (sprich: senga)*
Herr	*Turaga (sprich: Turanga)*
Mann	*Tagane*
Frau	*Marama*
Fremder	*Vulagi*
Mein Name ist...	*na yacaqu*
Das habe ich nicht verstanden	*au sega ni kila*
Entschuldigung	*vosoti au*
Fidschianisches Haus	*Bure (sprich: Buray) oder Vale*
Verboten	*Tabu (sprich Tambu)*
Erdofen	*Lovo*
Fidschianisches Fest mit Tänzen	*Meke*
Kavaschüssel	*Tanoa*
Kavaschale	*Bilo*
Groß	*Levu*
Klein	*Lailai*
Dorf	*Koro*
Gefallen tun	*Kerekere*

Buchtip

Wenn Sie mehr über die fidschianische Sprache wissen wollen, kaufen Sie sich das Buch **„Say it in Fijian"** von A. J. Schütz (Pacific Publications, Sidney), Sie erhalten es in den meisten Buch- und Souvenirläden in Fidschi.

In Fidschi ist es auch üblich, bei der Begrüßung statt des überall gebräuchlichen „Wie geht es Ihnen – How do you do" zu fragen: „Wo gehen Sie hin – where are you going", in Fidschianisch „O sa lako ki vei"? Es gilt als Gruß und Frage gleichermaßen.

Viti Levu
und vorgelagerte Inseln

Viti Levu heißt so viel wie „großes Fidschi". Die größte Insel des Archipels ist 150 Kilometer lang, 106 Kilometer breit und mit 10.000 Quadratkilometern auch eine der größten Inseln im Südpazifik. Mit rund 500.000 Einwohnern beherbergt Viti Levu zwei Drittel der Gesamtbevölkerung Fidschis.

Der Größe der Insel entspricht auch ihre wirtschaftliche Bedeutung. Ausgedehnte Zuckerrohrfelder liegen an der West- und Nordküste. Goldminen, Landwirtschaft, Kleinindustrie und vor allem der Tourismus bilden die Haupteinnahmequellen. Außerdem ist Viti Levu der Verkehrsknotenpunkt für Luft- und Seefahrt der südpazifischen Inseln.

Das Klima wird von dem aus Osten kommenden Passat bestimmt. Er bringt anhaltende Regenfälle über die windzugewandten Hänge im Ostteil der Insel, während das Land im Westen meist sonnig und trocken bleibt. Aus der Luft ist der Übergang von der feuchten zur trockenen Zone am besten zu erkennen.

Dorf im Hochland von Viti Levu

Viti Levus höchster Berg ist mit 1.424 Metern der **Mount Victoria**, daneben ragen noch mehrere Berge über 1.000 Meter auf. Geprägt wird die Landschaft auch von fünf großen Flüssen: Rewa River im Südosten, Navua River im Süden, Sigatoka River im Südwesten, Nadi River im Westen und Ba River im Nordwesten. Die Flußtäler sind fruchtbare Anbaugebiete für Reis, Gemüse und tropische Früchte.

Am dichtesten besiedelt ist Viti Levu entlang der Küste. Im Inneren des Landes, im Hochland oder in den Flußtälern, gibt es kleine Dörfer, deren Hütten meist noch im traditionellen Stil der sogenannten Bures gebaut sind. In den Dörfern entlang der Küstenstraße dagegen herrscht die profane Konstruktion aus Holz und Wellblech vor.

Rund um Viti Levu läuft die Hauptverkehrsader der Insel. Sie wurde während der Kolonialzeit gebaut, an der Südküste **Queens Road** und an

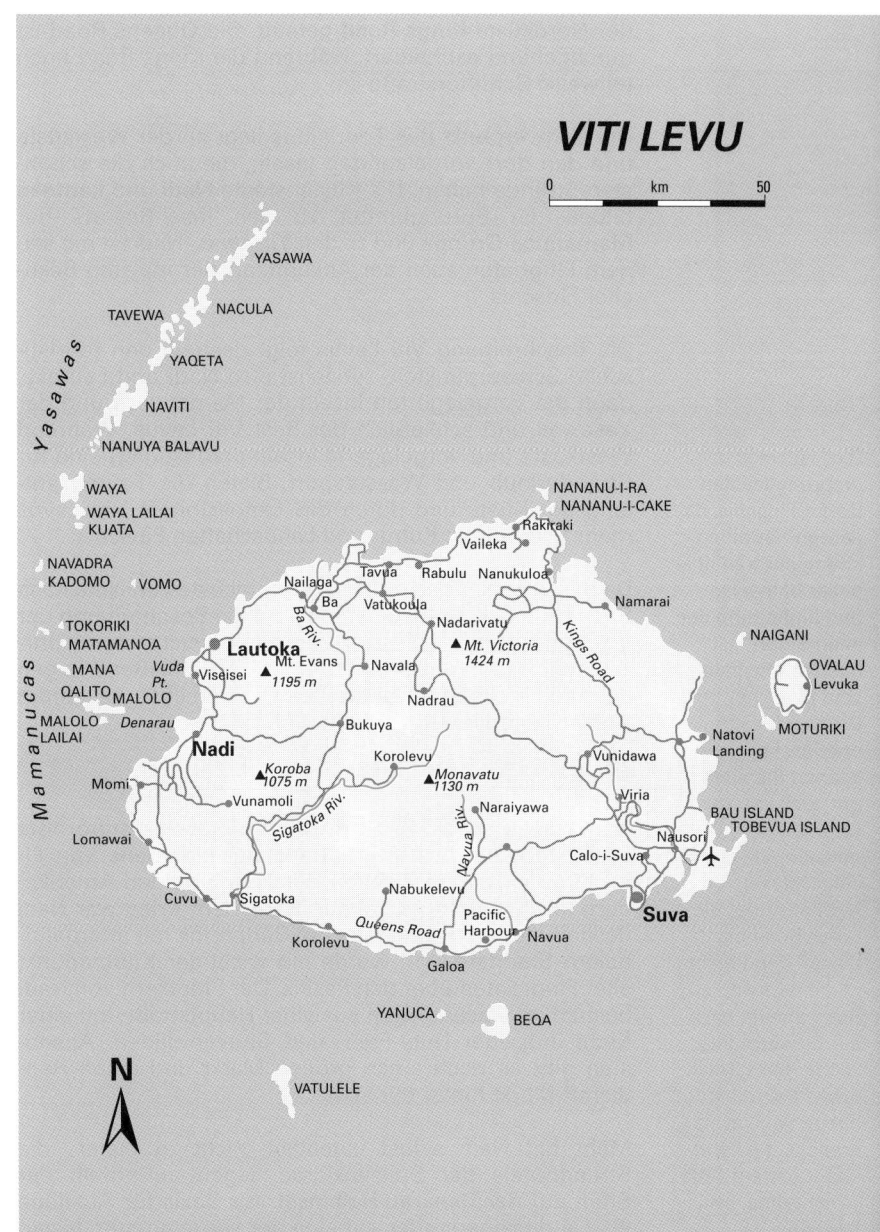

VITI LEVU

0   km   50

YASAWA

TAVEWA   NACULA

Yasawas

YAQETA

NAVITI

NANUYA BALAVU

WAYA
WAYA LAILAI
KUATA

NAVADRA
KADOMO   VOMO

Nailaga   Tavua   Rabulu   Nanukuloa
Ba   Vatukoula

TOKORIKI
MATAMANOA
Ba Riv.

MANA   *Vuda*   Viseisei
QALITO   *Pt.*
MALOLO

Mamanucas

MALOLO
LAILAI   *Denarau*

Lautoka   ▲ Mt. Evans   Navala
1195 m

Nadrau

Bukuya

NANANU-I-RA
NANANU-I-CAKE
Vaileka   Rakiraki

Namarai

Nadarivatu   ▲ Mt. Victoria
1424 m

Kings Road

NAIGANI

OVALAU
Levuka

MOTURIKI

Natovi
Landing

Nadi   Korolevu   Vunidawa

Momi   ▲ Koroba   ▲ Monavatu   Naraiyawa   Viria
1075 m   *1130 m*

Vunamoli

Lomawai   *Sigatoka Riv.*   *Navua Riv.*

BAU ISLAND
TOBEVUA ISLAND

Nausori

Calo-i-Suva

Cuvu   Sigatoka   Nabukelevu

Korolevu   *Queens Road*   Pacific
Harbour   Navua

Galoa

Suva

YANUCA   BEQA

VATULELE

N

der Nordküste **Kings Road** getauft. Die Queens Road ist durchgehend asphaltiert, während die Kings Road noch teilweise Schotterstraße ist.

Der Schwerpunkt des Tourismus liegt an der Westküste und den dort vorgelagerten Inseln, die auch die schönsten Strände haben. Die Küstenstädte **Nadi** und **Lautoka** bilden die Sprungbretter zu den Insel-Resorts der **Mamanuca-Gruppe** und zu den **Yasawas**. Nadi ist mit seinem Flughafen auch der Ankunftsort der meisten Besucher Fidschis.

Die Beschreibung Viti Levus folgt deshalb den touristischen Schwerpunkten, zunächst also Nadi und Lautoka, dann die vorgelagerten Inseln der Mamanucas und der Yasawas und schließlich der Rest Viti Levus. Während Westküste und vorgelagerte Inseln prädestiniert sind für Strandurlaub und Wassersport, bieten die Touren entlang der Küste und durch das Landesinnere Viti Levus mehr Einblicke in Kultur und Landschaften Fidschis.

Da die Queens Road entlang der Südküste von Nadi nach Suva besser ausgebaut ist, beginnt die Beschreibung der Inselrundfahrt mit dieser Strecke und setzt sich im Uhrzeigersinn um Viti Levu herum fort. Abschließend folgen Fahrten ins Landesinnere. Doch zunächst zu Ihrem Ankunftsort an der Westküste:

Nadi

Nadi ist mit rund 8.000 Einwohnern Fidschis drittgrößte Stadt und Sitz des **internationalen Flughafens** von Fidschi. Er wurde im Zweiten Weltkrieg von den Amerikanern für ihre Bomber gebaut. Nach dem Krieg war Nadi deshalb der erste Flughafen im Südpazifik mit internationalem Standard und wurde ein wichtiger Knotenpunkt aller Flugrouten über den Pazifik. Der Stadtkern von Nadi besteht im wesentlichen aus einer Hauptstraße mit einer Kette indischer Duty-Free- und Souvenirläden. Ansonsten gibt es noch einen grünen Markt und einen Handicraft-Markt hinter der Post.

Mehr hat Nadi selbst eigentlich nicht zu bieten, die Strandhotels der Spitzenklasse liegen außerhalb der Stadt auf der **Denarau-Halbinsel**. Als Basis für Ausflüge ins Landesinnere oder auf eine der vorgelagerten Inseln liegt es aber ideal. Deshalb haben sich entlang der Straße

Navala

Dies ist eines der ursprünglichsten Dörfer Fidschis, da dessen Häuptling streng auf traditioneller Bauweise und Einhaltung der alten Sitten besteht. Deshalb sind Besucher im Dorf auch nicht erwünscht, Fotos können Sie aber gut auch von der Straße aus machen. Sie erreichen Navala von Nadi aus über die Kings Road bis Ba, biegen dann rechts in die Rarawai Road ab und nach der Zuckermühle wieder links. Nach etwa 26 Kilometern haben Sie Navala erreicht, die Fahrtdauer beträgt circa eine Stunde von Nadi aus.

zwischen Stadt und Flughafen eine Reihe von Hotels und
Pensionen aller Preisklassen
angesiedelt. Sie sind für die
meisten Besucher die erste
Zwischenstation vor weiteren
Ausflügen zu den vorgelagerten Inseln der Mamanucas
und der Yasawas, nach Suva
oder ins Landesinnere.

Nadi und Umgebung

★ Garden of the Sleeping Giant

Dieser botanische Garten
wurde 1977 von dem ameri-
kanischen Schauspieler Ray-
mund Burr gegründet, um
seine Orchideen-Sammlung
auszustellen. Inzwischen wurde die ganze Anlage zu einem
Park ausgebaut. Mehrmals
täglich gibt es Führungen, Sie
können aber auch allein
durch die Anlage laufen. Sie
liegt an der Queens Road
circa 6,5 Kilometer hinter dem
Flughafen in Richtung Lauto-

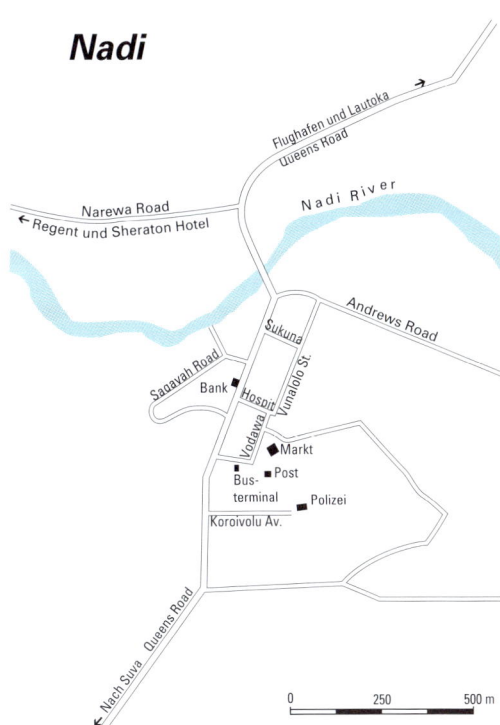

ka, die Abzweigung ist beschildert. Moskitoschutz sollten
Sie unbedingt mitnehmen. Geöffnet täglich außer Sonntag von 9.00 bis 17.00 Uhr.

★ Viseisei Village und Vuda Point Museum

Bure in Viseisei

Das Dorf Viseisei zwi-
schen Nadi und Lauto-
ka hat eines der größ-
ten und eindrucksvoll-
sten Bures in Fidschi.
Es gehört der Witwe
des ehemaligen Oppo-
sitionsführers und kurz-
zeitigen Premiermini-
sters Timoci Bavadra,
der 1987 durch den
Militärputsch abgesetzt
wurde. Am Vuda Point

sollen vor Tausenden von Jahren die ersten Fidschianer an Land gegangen sein. Ein kleines Museum berichtet darüber.

★ Nausori Highlands

Nur eine halbe Autostunde von Nadi entfernt, auf der ersten größeren Erhebung der Nausori Highlands, haben Sie einen großartigen Blick auf die Zuckerrohrregion der Nadi Bay und die Inseln der Mamanuca-Gruppe. Die andere Seite bietet einen weiten Blick ins Hochland Viti Levus. Die Straße zweigt an der Tankstelle am südlichen Ortseingang von Nadi ins Landesinnere ab. Folgen Sie dem Hinweisschild „Nadi Backroad" und biegen Sie dann nach circa zwei bis drei Kilometern in Richtung Bukuya oder Nausori Highlands ab. Die Straße führt weiter ins Hochland, vorbei an abgelegenen Dörfern und einsamen Farmhütten, durch meterhohes Para-Gras (auch Missionars-Gras genannt) und Pinien-Aufforstungen.

Lautoka

Lautoka ist die zweitgrößte Stadt Fidschis und das Zentrum der Zuckerindustrie, deshalb auch Sugar City genannt. Die Zuckerfabrik von Lautoka ist die größte der südlichen Hemisphäre, über den Hafen der Stadt wird der gesamte Zucker Fidschis verschifft. Von den rund 30.000 Einwohnern sind zwei Drittel indischer Abstammung. Lautoka ist auch Hauptstadt des westlichen Teils Viti Levus, der allein 50 % der Bevölkerung Fidschis ausmacht. Die Stadt macht einen ausgesprochen sauberen und ruhigen Eindruck mit vielen Parks und alten Alleen.

Lautoka

Zwischen der Hauptstraße **Vitogo Parade** und dem Meer liegt der Frischmarkt mit einer Abteilung für Kunstgewerbe und Souvenirs. Mitten durch die Stadt führen die Geleise der kleinen Zuckerrohr-Bahn, die während der Erntezeit ununterbrochen Waggons mit Zuckerrohr von den Anbaugebieten in die Fabrik bringt. Im Hafen von Lautoka ist auch die Anlegestelle für die Boote zu den Inselresorts Beachcomber und Treasure Island und die Kreuzer von Blue Lagoon Cruises zu den Yasawas.

Die Mamanucas

Ein Dutzend kleinere Inseln in 10 bis 40 Kilometer Abstand von der Westküste bilden die Gruppe der Mamanucas (das c wird gesprochen wie „th" im Englischen). Alle Inseln haben zumindest ein Resorthotel und sind von Nadi oder Lautoka aus in nicht mehr als zwei Stunden Bootsfahrt zu erreichen. Mit ihren makellosen weißen Sandstränden und türkisfarbenen Lagunen erfüllen die Mamanucas alle Erwartungen an einen erholsamen Badeurlaub. Die Resorts sind natürlich auch auf alle Arten von Wassersport eingestellt, vom Segeln, Surfen bis zum Tauchen. Sonnenschein ist nahezu garantiert, da die meist niedrigen Koralleninseln auf der windabgewandten Seite Viti Levus liegen und die jährliche Menge an Niederschlag sehr gering ist.

Der Transport zu Wasser und in der Luft ist gut organisiert, eine Reihe von Fährschiffen läuft alle Inseln mehrmals täglich an, für Eilige stehen in Nadi Hubschrauber und Kleinflugzeuge sowie schnelle Wassertaxis bereit. Die meisten Inselresorts sind in der mittleren und oberen Preisklasse angesiedelt, Näheres dazu finden Sie im Service-Teil.

Die Yasawas

Die Inselkette der Yasawas schließt sich nördlich an die Mamanucas an und zeigt wie ein gebogener Skelettfinger nach Nordosten in Richtung der großen Insel Vanua Levu. Die Kette besteht aus circa 20 vulkanischen Inseln, von denen einige besiedelt sind. Berühmt sind die Yasawas vor allem wegen ihrer unberührten Natur, der Bilderbuch-Dörfer und der weißen **Traumstrände** an kristallklaren, türkisfarbenen Lagunen. Wie die Mamanucas gehören auch die Yasawas zu den regenärmsten Inseln Fidschis.

Captain Bligh war der erste Europäer, der die Yasawas erblickte. Nach der Meuterei auf der Bounty 1789 segelte er mit einer Handvoll anderer ausgesetzter Mannschaftsmitglieder in einem Beiboot durch die Inselgruppe. Er ging jedoch nirgends an Land, da er vor einem fidschianischen Kriegskanu fliehen mußte, das ihn verfolgte. Die Gewässer zwischen Vanua Levu und den Yasawas tragen heute seinen Namen. Richtig erforscht wurden die Yasawas erst durch Captain **Charles Wilkes** und seine amerikanische Exploring Expedition 1840.

Abgesehen von Nanuya Levu (Turtle Island), Tavewa, Yasawa und Waya sind die übrigen Yasawa Inseln für Touristen tabu. Ohne Genehmigung des District Officers in Lautoka dürfen Sie die Inseln nicht besuchen. Ansonsten besteht nur die Möglichkeit, mit dem berühmten **Blue Lagoon Cruise**, anderen Ausflugsbooten oder auf einer Yacht die Yasawas kennenzulernen. Jedoch benötigen auch Yachten eine Sondergenehmigung.

Waya

Die südlichste Insel der Yasawas ist Waya mit den kleineren Nachbarn Waya Lailai und Kuata. Für seine nur 22 Quadratkilometer Fläche hat Waya erstaunlich hohe Berge (bis zu 571 Meter). Die fünf Dörfer auf den drei Inseln haben zusammen ungefähr 800 Einwohner. Das größte ist Yalobi im Süden, bei dem auch das kleine Resort Waya angesiedelt ist.   Die Bewohner Wayas waren Mitte des 19. Jahrhunderts indirekt verantwortlich für die Abtretung Fidschis an Königin Victoria. Sie überfielen nämlich ein amerikanisches Schiff, das vor Waya geankert hatte, und ermordeten seinen Besitzer. Die Regierung der Vereinigten Staaten forderte Schadenersatz in Höhe von 45.000 Dollar und drohte mit dem Einsatz von Kriegsschiffen. Da der damalige oberste Häuptling Ratu Cakobau die Summe nicht aufbringen konnte, bat er schließlich England um Hilfe (siehe auch Geschichte).

Nanuya Levu – Turtle Island

Diese Insel ist in Privatbesitz und heißt heute Turtle Island. Der Amerikaner Richard Evanson hat hier eines der exklusivsten Resorts Fidschis errichtet. Berühmt

Dorf in den Yasawas

wurde Turtle Island durch beide Versionen des Filmes „Blue Lagoon", die nach dem Zweiten Weltkrieg und Ende der siebziger Jahre dort gedreht wurden.

Sawa-I-Lau

Diese kleine Insel wird von vielen Yachten, Kreuzfahrtschiffen und auch dem Blue Lagoon Cruise angelaufen. Sie hat zwei Kalksteinhöhlen mit Süßwasserpools, deren Eingang vom Boot aus zugänglich ist. Eine Holztreppe am Felsen führt in die erste Höhle, von dort ein Unterwassertunnel in die zweite. Mit etwas Mut und Luftanhalten können geübte Schwimmer durch den etwa fünf Meter langen Tunnel in die zweite Höhle tauchen und dort wieder Luft schnappen für die Rückkehr.

Yasawa

Die Insel, die der ganzen Gruppe den Namen gab, ist mit 22 Kilometern Länge auch die größte. Ihr höchster Punkt ist mit 234 Metern der Tauake im Norden. Die Bewohner der Insel leben vom Fischfang und verkaufen Matten und Muscheln an die Passagiere des Blue Lagoon Cruise. Die einzige Unterkunft für Touristen auf dieser Insel ist die Yasawa Island Lodge.

Tavewa

Auf der zwei Kilometer langen und einen Kilometer breiten Insel gibt es nur ein Dorf mit 50 Einwohnern, keine Geschäfte, Telefone oder Elektrizität. Die Insel ist leicht hügelig, mit hohem Gras und Palmen am Meer und einigen sehr schönen weißen Sandstränden. Die Dorfbewohner vermieten einzelne Bures an Touristen.

Die Queens Road - von Nadi nach Suva

Wenn Sie Suva sehen wollen und auf dem Weg dorthin auch etwas mehr von der Hauptinsel Viti Levu, ist eine Fahrt auf der Queens Road entlang der Coral Coast genau das Richtige. Die Straße ist bis Suva durchgehend asphaltiert. Nehmen Sie sich einen Mietwagen, Sie können sich so gut wie nicht verfahren. Sie können die Tour aber auch bequem mit dem Taxi, Express-Bus oder dem Queens Coach Bus machen. Mit dem Auto schaffen Sie die 197 Kilometer ab Nadi Airport bequem in 3 1/2 Stunden. Mit dem Bus, der an den größeren Hotels entlang

Aufführung im Pacific Harbour Cultural Center

der Coral Coast hält, dauert es etwas länger. Sie können aber auch gleich etwas mehr Zeit einkalkulieren, unterwegs einige interessante Abstecher ins Landesinnere machen und in einem der Hotels entlang der Strecke übernachten.

Sie werden auf der Strecke mehrere, sehr unterschiedliche Landschaften kennenlernen und oft das Gefühl verlieren, auf einer Insel zu sein. Die ersten 20 Kilometer ab Nadi führen durch das fruchtbare Anbaugebiet der Nadi Bay, vorbei an Farmen, Zuckerrohr- und Gemüsefeldern. Dann geht es landeinwärts durch einen Gürtel von Pinienaufforstungen, bis Sie auf der Höhe des **Fijian Hotels,** etwa 60 Kilometer von Nadi entfernt, wieder auf die südliche Küste stoßen. In **Sigatoka**, einer größeren Stadt am Sigatoka River, fahren Sie an der Ampel vor der Brücke rechts ab und überqueren den Fluß. Geradeaus kommen Sie ins Sigatoka Valley, das einen Abstecher wert ist (siehe „Touren ins Landesinnere"). Hinter Sigatoka führt die Straße dann für etwa 40 Kilometer direkt an der Küste entlang, mit malerischen Ausblicken auf das Meer. Etwa auf halber Strecke wird es hügelig, die Straße windet sich in vielen Kurven durch dichten Regenwald, bis sie vor **Deuba** wieder auf die Küste stößt. Wenn Sie das **Pacific Harbour Cultural Center** passiert haben, das einen Besuch lohnt, haben Sie noch rund 50 Kilometer Strecke bis Suva, die teils durch weite Ebenen, teils durch hügeligen Regenwald führt.

Entlang der ganzen Strecke werden Sie an vereinzelten Obst- und Gemüseständen vorbeikommen, an denen Sie Bananen, Papayas und Trink-Kokosnüsse kaufen können.

Im folgenden nun einige Anregungen und Sehenswürdigkeiten entlang der Strecke Nadi – Suva:

★ Momi Guns
Ungefähr 16 Kilometer hinter Nadi zweigt eine Schotterstraße rechts ab, sie ist beschildert nach Momi Guns und

Sea Shell Cove Resort. Nach circa fünf Kilometern biegen Sie bei einer Schule rechts ab und fahren nochmals vier Kilometer durch hügeliges Gelände, bis Sie die Hintereingänge der Bunker vor sich sehen. 1941 bauten die Neuseeländer diesen Artillerie-Stützpunkt hoch über der Momi Bay, um eine eventuelle Landung japanischer Truppen abzuwehren, die jedoch nicht erfolgte. Das Seashell Cove Resort ist ein Low-Budget-Hotel an der Küste nahe der Momi Guns.

★ Natadola Beach
Noch stört kein Hotel die Idylle dieses makellosen, kilometerlangen weißen Sandstrandes. Leider haben aber in den letzten Jahren Überfälle und Diebstähle am Natadola Beach überhand genommen. Achten Sie also auf Ihre Wertgegenstände, am besten, Sie nehmen gar keine mit. Wer auf Nummer Sicher gehen will, nimmt die organisierte Tour mit der Coral Coast Railway ab Fijian-Hotel, gegenüber dem Kailevu Cultural Center. Für Selbstfahrer ist der Strand nicht ganz einfach zu finden: Sie biegen von der Queens Road circa 35 Kilometer südlich von Nadi rechts in die Maro Road ein, nach einer kleinen Holzbrücke gleich wieder rechts ab, nach circa 8 Kilometern an einer Kreuzung wieder links.

★ Fijian Resort Hotel
Das Fijian war einmal das beste Resort an der Coral Coast, wurde aber durch die neuen Hotels in Nadi etwas in den Hintergrund gedrängt. Es ist auf jeden Fall eine Kaffeepause wert, vielleicht lädt Sie der schöne Strand aber auch zum Bleiben ein. Einen besseren werden Sie bis Pacific Harbour nicht finden.

★ Sanddünen von Sigatoka
Kurz vor Sigatoka erheben sich riesige Sanddünen, die durch den Grasbewuchs nicht gleich als solche zu erkennen sind. Hinter den Dünen erstreckt sich ein langer einsamer Sandstrand, der wegen starker Strömungen und der Haie, die mangels Riff hier nahe ans Land kommen, zum Schwimmen nicht geeignet ist. Sie erreichen die Dünen, wenn Sie gleich nach der Bahnunterführung rechts von der Hauptstraße an dem Hinweisschild Kulukulu Road abbiegen. Bei der Kulukulu Public School können Sie parken. Hinter der Schule führt ein schmaler Pfad die Dünen hinauf. Nach Durchqueren einer weiteren Senke erblicken Sie dann vom nächsten Dünenkamm aus das Meer.

Fototip

Der Ausblick über die Dünen aufs Meer ist die 15 Minuten Fußmarsch unbedingt wert.

★ Sigatoka

Die kleine Stadt mit ihren 2.000 Einwohnern liegt am zweitlängsten Fluß Fidschis, dem Sigatoka River. Von der Brücke aus führt eine Straße geradeaus in das malerische Sigatoka Valley hinein, das wegen seiner Fruchtbarkeit die „Salatschüssel" Fidschis genannt wird. Es genügt aber schon, einige Kilometer ins Tal hineinzufahren, um einen Eindruck von der Landschaft zu bekommen (Beschreibung unter „Fahrten ins Landesinnere").

★ Kula Bird Park

Gegenüber dem Reef Hotel, einige Kilometer hinter Sigatoka, ist neben dem Golfplatz der Eingang zum Kula Bird Park, dem einzigen Vogel-Gehege dieser Art in Fidschi. Kadavu-Papageien und viele seltene Vogelarten des südpazifischen Raumes können hier inmitten eines tropischen Regenwaldes besichtigt werden.

★ Vatulele

32 Kilometer vor der Küste von Korolevu liegt die Insel Vatulele, an deren mehrere hundert Meter langem Traumstrand sich ein gleichnamiges Luxus-Resort etabliert hat. Berühmt ist Vatulele aber auch wegen der roten Garnelen, die während der Flut zwischen den Felsen der Küste zu sehen sind. Den Bewohnern von Vatulele wird nachgesagt, daß sie in der Lage sind, die Garnelen durch Rufen an die Wasseroberfläche zu locken.

★ Serua Island

Die Yarawa Bay mit der kleinen Insel Serua nahe an der Küste bilden die östliche Grenze der Coral Coast. Serua Island ist der Sitz eines der höchsten Häuptlinge von Fidschi. Das kleine Dorf hat ungefähr 100 Einwohner, das Bure des Häuptlings thront auf der Spitze eines Hügels. Die Zufahrt von der Queens Road ist markiert.

★ Navua

liegt am Delta des Navua Rivers, den die Queens Road auf einer weitgespannten Brücke überquert. Der Fluß, hier an der Mündung breit und träge, wird schon ein paar Kilometer flußaufwärts klar und munter wie ein Gebirgsfluß, mit tiefen Schluchten und hohen Felswänden. Für die Dörfer weiter oben ist er der einzige Transportweg nach Navua. Auf dem Navua River werden für Touristen Floßfahrten auf Bambusflößen, den sogenannten „Bilibilis" durchgeführt. Auch gibt es flußaufwärts ein Zeltlager zum Campen in der Wildnis (siehe Aktivitäten im Service-Teil).

★ Beqa und Yanuca Island

Vor der Küste zwischen Navua und Pacific Harbour liegen die Inseln Beqa und Yanuca. Beqa wird auch die Insel der Feuergeher genannt. Nur die Angehörigen des Sawau-Stammes aus Rukua haben die spirituelle Gabe, über glühende Steine zu gehen, ohne sich dabei zu verletzen. Insgesamt gibt es auf Beqa neun Dörfer mit ungefähr 1.300 Einwohnern. Beqa ist mit dem Boot ab Navua zu erreichen. Elf Kilometer von Beqa entfernt liegt die kleine Insel Yanuca, zu der vom Pacific Harbour International Resort Bootsausflüge veranstaltet werden.

★ Pacific Harbour Cultural Center

Dieses Freilichtmuseum ist eine Art Disneyland der Fidschi-Kultur. Sie werden von einem Fidschianer in traditioneller Tracht auf einem Boot durch ein künstlich angelegtes Kanalsystem gerudert, eine Art fidschianisches Venedig. Dabei kommen Sie an fidschianischen Bures vorbei, in denen die Herstellung einheimischen Kunsthandwerks vorgeführt wird. Nachmittags führt das Fijian Dance Theatre Szenen aus der kriegerischen Vergangenheit Fidschis und traditionelle Tänze auf. Ebenso finden Vorführungen der Feuergeher statt. Informieren Sie sich über die Vorführungszeiten und planen Sie einen Aufenthalt ein.

★ Namosi Valley

Einen guten Eindruck vom Landesinneren bekommen Sie bei diesem Abstecher zum Namosi Village, der etwa drei Stunden reine Fahrzeit dauert und keinen Geländewagen erfordert. Auf der Queens Road zwischen Navua und Suva biegt vor dem Sägewerk (Namosi Timber) links (von Suva aus nach dem Sägewerk links) die „Namosi Road" ab, die in eine schöne, wilde Kraterlandschaft längst erloschener Vulkane führt. Die hohen scharfen Bergspitzen werden „Dragon's Teeth", Drachenzähne, genannt. Gleich am Anfang der Straße können Sie einen Wasserfall mit Pool erreichen, wenn Sie bei der dritten Abzweigung rechts bis zum Fluß fahren und zu Fuß dem Flußlauf rechts circa zehn Minuten folgen.

Weiter im Landesinneren stoßen Sie auf eine Straße, die links zu dem Dorf Namosi führt. Rechts geht es zurück Richtung Suva, vorbei an schönen Dörfern, Plantagen, Flüssen und Wasserfällen. Wenn Sie genügend Zeit einplanen, können Sie diesen Abstecher auch auf dem Weg nach Suva machen.

★ Orchid Island

Dieses Freilichtmuseum im fidschianischen Stil hat einen botanischen Garten und einen kleinen Zoo. Es ist das älteste dieser Art in Fidschi und liegt auf einer Mangroven-Insel, circa 10 Kilometer von Suva entfernt an der Queens Road. Ein nachgebildetes fidschianisches Dorf zeigt, wie Fidschianer früher gelebt und gewohnt haben. Das Mini-Museum gibt einen schnellen Überblick über die Geschichte des Landes. Im Park wachsen tropische Pflanzen und in dem kleinen Zoo können Sie neben Mungos, Schildkröten und Papageien auch den Kamm-Leguan sehen, den es nur in Fidschi gibt. Die größeren Hotels in Suva bieten einen Busausflug nach Orchid Island an.

Suva

Suva ist die größte Stadt im Südpazifik, abgesehen von den Großstädten Neuseelands und Australiens. Sie liegt auf einer 15 Quadratkilometer großen Halbinsel mit einem der besten natürlich geschützten Häfen der Südsee. Suva hat circa 75.000 Einwohner, im größeren Einzugsbereich etwa 140.000 Einwohner.

Suvas Bevölkerung ist ein buntes Gemisch verschiedenster Rassen und Religionen. Außer Fidschianern und Indern haben sich Chinesen, Tonganer, Samoaner und Bewohner anderer Pazifik-Inseln hier niedergelassen und untereinander vermischt. Nicht zu vergessen die große Gruppe der „Expatriates" oder kurz **Expats**, wie man hier die vor allem aus Neuseeland und Australien stammenden weißen Geschäftsleute und Verwaltungsfachleute nennt.

Stadtkern und Hafen von Suva

Bevor Suva 1882 Hauptstadt wurde, war Levuka im Osten Ovalaus Regierungssitz lange Zeit auch das wirtschaftliche Zentrum des Pazifiks. Aber Levukas Hafen war schwer zugänglich, weshalb die großen Handelsgesellschaften eine Alternative suchten. Suva mit seinem großen, natürlich geschützten Hafen bot sich an, und trotz des Sumpfgebietes entschied sich die Kolonial-Ver-

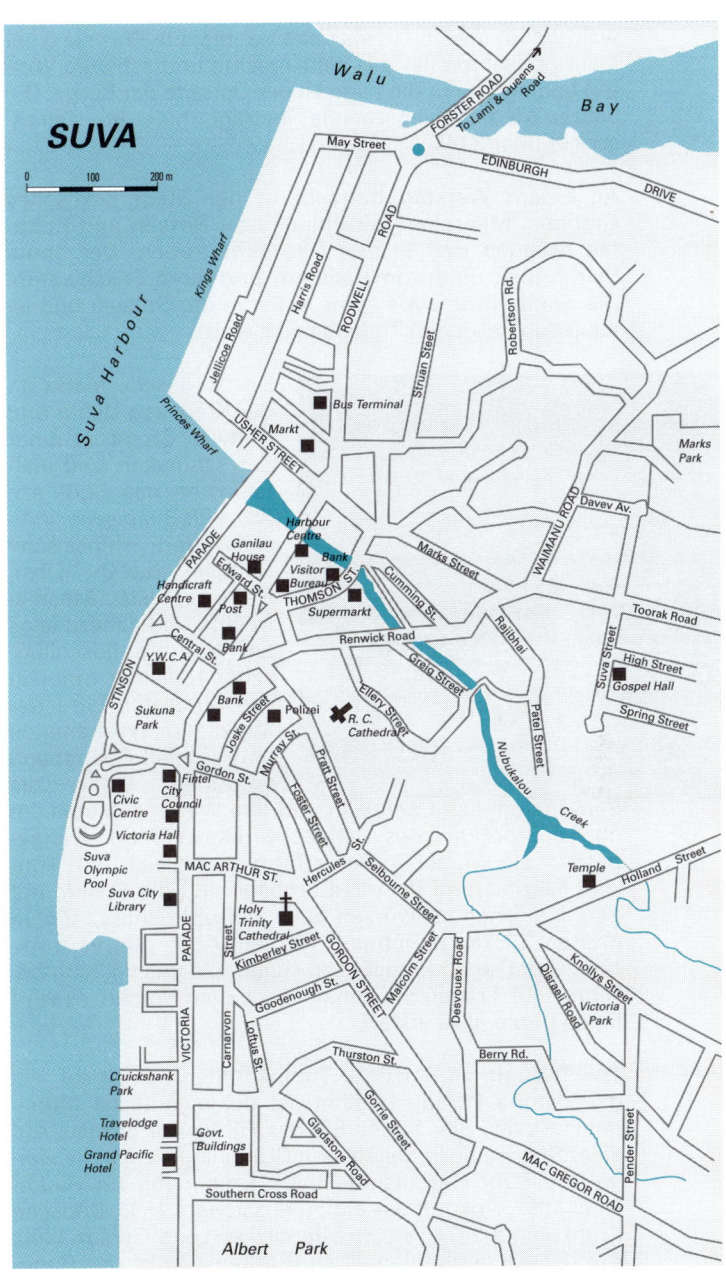

SUVA

0   100   200 m

Walu

FORSTER ROAD

To Lami & Queens Road

Bay

May Street

EDINBURGH   DRIVE

Kings Wharf

Harris Road

RODWELL   ROAD

Struan Street

Robertson Rd.

Suva Harbour

Jellicoe Road

Princes Wharf

USHER STREET

Markt

Bus Terminal

Marks Park

WAIMANU ROAD

Davev Av.

PARADE

Harbour Centre

Ganilau House

Edward St.

Bank

Visitor Bureau

THOMSON ST.

Marks Street

Cumming St.

Handicraft Centre

Post

Supermarkt

Renwick Road

Greig Street

Railshei

Toorak Road

Central St.

Y.W.C.A

Bank

Patel Street

Suva Street

High Street

Gospel Hall

Spring Street

STINSON

Sukuna Park

Bank

Croake Street

Polizei

R. C. Cathedral

Ellery Street

Nubukalou

Creek

Murray St.

Gordon St.

Fintel

Pratt Street

Foster Street

Civic Centre

City Council

Victoria Hall

MAC ARTHUR ST.

Hercules

St.

Selbourne Street

Temple

Holland   Street

Suva Olympic Pool

Suva City Library

PARADE

Street

Holy Trinity Cathedral

Kimberley Street

GORDON STREET

Malcolm Street

Desvouex Road

Knollys Street

Disraeli Road

VICTORIA

Lotus St.

Carnarvon

Goodenough St.

Victoria Park

Cruickshank Park

Thurston St.

Berry Rd.

Pender Street

Travelodge Hotel

Grand Pacific Hotel

Govt. Buildings

Gladstone Road

Gorrie Street

MAC GREGOR ROAD

Southern Cross Road

Albert   Park

waltung für diesen Ort als neue Hauptstadt. Was sie wohl nicht bedachten, ist das sehr feuchte und schwüle Wetter, bedingt durch die Lage an der Ostseite der Berge. Die Jahres-Niederschlagsmenge beträgt hier im Durchschnitt über 3.000 Millimeter.

An einem Werktag herrscht in der Stadt hektisches Getriebe. Menschen verschiedenster Rassen und Kulturen drängen sich in den Geschäftsstraßen. Der bunte Markt quillt über von Händlern und ihren Frischwaren. Die Stadt vibriert wie keine sonst in der Südsee und ist auf jeden Fall einen Tagesbesuch wert.

Marktfrau in Suva

Der städtische **Markt** an der Kreuzung Usher und Rodwell Street ist einer der schönsten und vielfältigsten des Süd-Pazifiks. Fidschianische, indische und chinesische Händler bieten Obst, Gemüse, Fisch, Meeresfrüchte und nahezu alles an, was ein fidschianischer Haushalt braucht. Am buntesten wird der Markt zum Wochenende und speziell Sonnabend vormittag, wenn die Bauern vom Land anreisen und ihre Waren anbieten. Im oberen Stockwerk des Marktes wird Kava (Yaqona) angeboten – als Wurzel, in Pulverform oder gleich zum Trinken. Faszinierend für uns Europäer sind die Stände mit den indischen Gewürzen und Hülsenfrüchten, die in großen Säcken angeboten werden. Auch gibt es tropische Gemüse und Früchte zu sehen, die uns völlig unbekannt sind. Fragen Sie einfach nach dem Namen, es wird Ihnen gerne alles erklärt.

The Triangle an der Ecke Thomson/Renwick Street, wo die Victoria Parade beginnt, ist der eigentliche Mittelpunkt Suvas. Hier finden Sie das **Fiji Visitor Bureau**. Auf einer Steinsäule in der kleinen Grünanlage lesen Sie einige Daten zur Geschichte Suvas: Ernennung zur Hauptstadt 1882, Ankunft der ersten Missionare 1835, Britische Kronkolonie 1874, erster öffentlicher Landverkauf 1880. Auf der gegenüberliegenden Straßenseite ist das General Post Office, dahinter das **Handicraft Center** und Curio Market, ein Markt mit fidschianischem Kunsthandwerk. Wenn Sie in die Thomson Street einbiegen, kommen Sie an der ANZ-Bank und Morris Hedstrom vorbei, dem größten Kaufhaus in Suva. Die enge Cumming Street beginnt hinter einer kleinen Brücke und führt in ein Ladenviertel mit vielen Duty-Free-Shops, Souvenirläden sowie indischen und chinesischen Restaurants. Hier wie in dem umgebenden Netz enger Straßen fühlt man sich fast wie in einem orientalischen Basar.

Victoria Parade, die Hauptstraße Suvas, beginnt am Triangle und verläuft in nord-südlicher Richtung entlang des Hafenkais. Hier finden Sie weitere Geschäfte und Restaurants, Cafés, das Telegrafenamt (Fintel), die Regierungsgebäude, die Büros der Fluglinien, Reisebüros, Banken, die städtische Bibliothek, Nightclubs, Diskotheken und die beiden großen Hotels, das koloniale Grand Pacific Hotel und das moderne Travelodge.

An der Victoria Parade sind nur noch einige wenige Bauten aus der Kolonialzeit stehengeblieben, wie zum Beispiel das cremefarbene Gebäude von Fintel, dem Telegrafenamt, oder die **Old Town Hall** im viktorianischen Stil. Die Town Hall war früher Mittelpunkt des gesellschaftlichen Lebens, hier traf sich die Crème von Suva zu Tanzveranstaltungen, Theaterabenden, Kunstausstellungen und Konzerten. Heute wird ihre Front von einem chinesischen Restaurant beherrscht.

Das geschichtsträchtige **Grand Pacific Hotel** (von Einheimischen kurz GPH genannt) steht am südlichen Ende der Victoria Parade, gleich hinter dem Travelodge Hotel. Es wurde 1914 von der Union Steam Ship Company als Zwischenstop auf der Route Neuseeland - Kanada erbaut und war lange Zeit „das" Hotel des Südpazifiks, für immer verewigt von W. Somerset Maugham in seinen Südsee-Erzählungen. Flair und Glanz vergangener Tage können beim Betreten der Lobby erahnt werden. Bei Redaktionsschluß dieser Auflage war das Hotel wegen Renovierung geschlossen, wann es wieder eröffnet wird, war noch unklar.

Gegenüber dem Travelodge Hotel an der Victoria Parade stehen wie eine düster-graue Festung die **Regierungsgebäude**, die in den Jahren 1937 - 1939 noch von den englischen Kolonialherren erbaut wurden. Von der Turmuhr ertönt deshalb noch heute jede Viertelstunde der Glockenschlag des Londoner Big Ben. Vor dem Gebäude erinnern Statuen an Ratu Cakobau, der Fidschi den Engländern als Kolonie übergab, und an Ratu Sir Lala Sukuna, den Staatsgründer des modernen Fidschi.

Neben der Regierung liegt der **Albert Park**, ein Sportplatz für Cricket und Rugby. Die Tribüne ist nach **Charles Kingsford- Smith** benannt, der 1928 als Erster mit einem Flugzeug den Pazifik überquerte und auf diesem Rasen zwischenlandete. Der Flugpionier begann seine Reise in Kalifornien, tankte auf Hawaii auf, bevor er nach Suva weiterflog. Allerdings hatte er sich nur ungenügend über den vorgeschlagenen Landeplatz informiert, der von einer Palmenallee durchzogen war. Erst kurz vor seiner Ankunft wurde hastig damit begonnen, sie zu fällen, aber die Zeit reichte nicht mehr für alle. Kingsford-Smith landete trotzdem unbeschadet und wurde von Hunderten von Fidschianern gefeiert.

Die **Thurston Gardens** sind nach ihrem Gründer Sir John Bates Thurston benannt. Ursprünglich waren sie der botanische Garten Suvas. Die Gartenanlage ist gut gepflegt, und Sie können dort viele tropische Blumen und Pflanzen betrachten.

Das **Fiji Museum** am Ende der Thurston Gardens hat eine große Sammlung von Gegenständen aus der fidschianischen Geschichte: ganze Kollektionen von Kriegskeulen, Kannibalengabeln, Speere, Schüsseln, Elfenbeinketten und Töpferwaren. Den Mittelpunkt bildet eine Drua, ein 1913 nachgebautes fidschianisches Kanu mit Doppelrumpf. Je eine Abteilung ist der Bêche-de-Mer-, der Walfang- und der Sandelholz-Zeit gewidmet, eine andere der Zeit des Sklavenhandels mit Mikronesiern und Melanesiern. Auch gibt es einige Utensilien der legendären Bounty zu besichtigen. Das Ganze ist liebevoll zusammengestellt, und gibt einen hochinteressanten Überblick über Fidschis bewegte Vergangenheit.

Wachposten vor dem Gouvernment House

Das weiße **Government House,** in dem traditionell das Staatsoberhaupt Fidschis wohnt, steht auf einem Hügel am Queen Elizabeth Drive, der Fortsetzung der Victoria Parade. Vor dem Tor hält ein fidschianischer Soldat in weißem Sulu und roter Uniformjacke Wache. Das schöne Gebäude im Kolonialstil wurde 1928 erbaut. Vor einigen Jahren noch konnte es besichtigt werden, heute leider nicht mehr. An jedem ersten Donnerstag im Monat jedoch können Sie morgens den imposanten Wachwechsel der Garde vor dem Tor beobachten.

Die **Domain,** ein Stadtviertel mit gewundenen, schattigen Straßen und großen Gärten, wurde ursprünglich für höhergestellte Kolonial-Beamte angelegt. Für einen Spaziergang in die Domain gehen Sie die Cakobau Road hoch, von wo sie einen großartigen Blick auf das Grand Pacific Hotel, das Meer und die Berge Viti Levus haben und biegen dann in die zweite Straße rechts ein, die Domain Road.

Der **Colo-i-Suva Forestry Park** liegt 11 Kilometer von Suva entfernt und ist zu erreichen über die Princess Road stadtauswärts. Der kleine Regenwald liegt 120 bis 200 Meter über dem Meer und ist deshalb angenehm kühl. Die Wege sind gut markiert, können aber schlüpfrig sein. Nehmen Sie festes Schuhwerk, Moskitoschutz und Badesachen mit für die Pools bei den Wasserfällen. Beim Visitor Centre am Eingang des Parkes können Sie sich über den Zustand und Länge der Wege informieren. Der Park wird kontrolliert und gepflegt vom Forstministerium.
Auch hier gilt: keine Wertsachen im Auto liegen lassen oder sichtbar am Körper tragen.

Die Kings Road – von Suva nach Nadi

Die Kings Road ist das Pendant der Queens Road im Norden der Insel. Sie ist rund 100 Kilometer länger (insgesamt 289 Kilometer), was auch an den vielen Windungen der zur Hälfte durch das Landesinnere führenden Straße liegt. Hinzu kommt, daß die Kings Road nur zwischen Suva und Korovou und Navolau im Norden und Nadi im Westen asphaltiert ist. Der Rest ist Schotterstraße, die zur Regenzeit oft unüberwindliche Hindernisse in Form von Überflutungen oder Erdrutschen aufweisen kann. Auf jeden Fall sollten Sie sich für die Strecke Suva – Nadi über die Kings Road mindestens einen Tag Zeit nehmen oder gleich auf halber Strecke in Rakiraki übernachten.

Sie können die Strecke mit einem normalen Pkw fahren, müssen aber darauf gefaßt sein, ziemlich durchgerüttelt zu werden und eine Menge Staub zu schlucken. Mit den täglich verkehrenden Expreß-Bussen zwischen Suva und Lautoka können Sie die Strecke zwar nicht bequemer bewältigen, aber wesentlich billiger.

Panoramablick auf der Kings Road

Wer die Kings Road gefahren ist, kann jedenfalls guten Gewissens behaupten, das ländliche Fidschi in allen seinen Schattierungen gesehen zu haben: Dörfer, Flüsse, Berge, Regenwälder, Zuckerrohrfelder und Küstenabschnitte wechseln einander ab. Eine Landpartie für das Auge, die dem Fotografen jede Menge Motive bietet. Die erste Hälfte von Suva nach Rakiraki läßt sich in drei landschaftliche Abschnitte unterteilen: zunächst das Weideland hinter Nausori, dann die kilometerlange Fahrt am Wainimbuka River entlang und schließlich der malerische erste Küstenabschnitt im Norden.

Fototip

Bei Nanukuloa, wo die Kings Road auf die Küste trifft, zeigt links ein Wegweiser zur **Navunibitu Catholic Mission School**. Abgesehen vom schönen Blick, den Sie von oben auf die Bay und das Land haben, ist die Kirche berühmt wegen ihrer Wandmalereien. Sie stellen eine Madonna und einen schwarzen Christus dar und wurden 1962 von Jean Charlot angefertigt.

★ Nausori und Bau

19 Kilometer hinter Suva passieren Sie zuerst die Kleinstadt Nausori am Rewa River, die noch zum Einzugsbereich Suvas zählt und Standort für Suvas internationalen Flughafen ist. Die Kings Road biegt gleich nach der stählernen Rewa-Brücke links ab, geradeaus weiter geht es zum Nausori Airport. Hinter dem Flughafen sind zwei Anlegestellen, von denen aus Boote zu den vorgelagerten Inseln Toberua und Bau ablegen. Bau liegt nur wenige hundert Meter vor Viti Levu und war früher Sitz des Königs von Fidschi, Tui Viti, Ratu Cakobau. Auch heute noch lebt der jeweils höchste fidschianische Häuptling dort; von Bau abzustammen, ist das höchste Statussymbol Fidschis. Die 265 Bewohner der winzigen Insel gehören fast ausschließlich der Cakobau-Familie an. Ohne Einladung eines dort Ansässigen und eine Genehmigung des Ministeriums für Fijian Affairs können selbst Fidschianer Bau nicht besuchen.

★ Korovou

Der Kings Road folgend fahren Sie hinter Nausori zunächst am breiten Rewa River entlang, bis es ins hügelige und kurvige Landesinnere geht. Korovou, eine richtige Westernstadt, ist der letzte Ort bis Rakiraki, in dem Sie nochmals auftanken und Verpflegung kaufen können.

★ Natovi Landing/Ovalau

Hinter Korovou teilt sich die Straße. Ab jetzt ist sie auch nicht mehr asphaltiert. Rechts geht es zur Natovi-Anlegestelle, von wo die Fähre nach Ovalau und das Boot nach Naigani ablegen. Links geht die Kings Road weiter durch fruchtbares Weideland und stößt dann später auf den **Wainimbuka River**, dessen Lauf sie in den nächsten Stunden fast bis zur Viti Levu Bay an der Nordküste folgt. Circa 15 km hinter Korovou kommen Sie an einen hübschen Picknickplatz an einem Wasserfall mit Pool. Den Wasserfall können Sie allerdings nur sehen, wenn Sie aus dem Auto aussteigen, denn er ist genau unterhalb der Brücke über die Sie fahren.

★ Ellington Wharf/Nananu-I-Ra

Die Kreuzung zur Ellington Wharf liegt ungefähr fünf Kilometer vor Rakiraki und ist beschildert. Hier legen die Fähren zwischen Lautoka und Vanua Levu an und ab hier gehen die Boote zu den Resorts auf der vorgelagerten Insel Nananu-I-Ra.

★ Rakiraki

Ungefähr auf halber Strecke zwischen Suva und Nadi liegt Rakiraki. Der eigentliche Ortskern von Rakiraki oder Vaileka, wie es eigentlich heißt, liegt einen Kilometer landeinwärts. Die Stadt hat Supermärkte, einen Frischmarkt, ein Kino, einen Golfkurs und eine Zuckerfabrik, **Penang Mill**, die in der Erntezeit von Mai bis Dezember kostenlos zu besichtigen ist. Im Rakiraki Hotel können Sie gut Mittag essen oder auch übernachten. Kurz nach der Abzweigung zur Ortsmitte liegt auf der linken Seite der Kings Road ein Grabstein mit der Aufschrift „Udre, Udre". So hieß der letzte

Rinder-Farm Yaqara

Kannibalen-Häuptling Fidschis, der um die Jahrhundertwende hier beerdigt wurde. Die circa 800 Steine um das Grab repräsentieren angeblich die Zahl der von ihm verspeisten Menschen.

★ Yaqara Cattle Farm

Weiter entlang der Küste führt die Straße durch ausgedehntes Weideland. Wundern Sie sich nicht, wenn Ihnen

*Western-Stadt
Tavua*

plötzlich fidschianische Cowboys hoch zu Roß begegnen:
Hier liegt Yaqara, die größte Rinderfarm Fidschis. 5.500
Rinder und 200 Pferde grasen auf rund 7000 Hektar Wei-
deflächen, die von 80 Kilometer Zaun umgeben sind. Die
Farm wird von einem Australier aus Queensland geführt.

★ Tavua und Vatukoula
Wie eine Western-Stadt wirkt Tavua mit seinen Holzge-
bäuden aus der Kolonialzeit entlang der einzigen Straße.
Von Tavua aus geht eine Straße landeinwärts nach Vatukoula, zu deutsch: goldener Felsen. Hier wird seit 1934
über und unter Tage Gold abgebaut. Die **Goldmine** ist
sehr ertragreich und bildet nach Tourismus und Zuckerrohr die drittgrößte Einnahmequelle des Landes. Sie
beschäftigt hier rund 1.600 Mitarbeiter. Die Goldgräber-
stadt Vatukoula, eine reine Bergarbeitersiedlung, liegt
neun Kilometer landeinwärts am Fuße eines halboffenen
Vulkankegels.

★ Ba
Nach Tavua ist Ba die nächstgrößere Stadt vor Lautoka.
Sie liegt inmitten reinsten Zuckerrohr- und Pinienlandes.
Die rund 6.500 Einwohner Bas sind hauptsächlich indische Zuckerrohr-Farmer, was unschwer an den rein indischen Geschäften und Snackbars zu erkennen ist. Über
den Ba River führt eine lange schmale Brücke. Ba ist
auch der nördliche Zugang zum Sigatoka Valley.

Nach einer weiteren halben Stunde Fahrt durch Zuckerrohrfelder und Bauernland kommen sie nach Sugar City
Lautoka und in einer weiteren halben Stunde nach Nadi
(beide Städte sind am Anfang des Kapitels beschrieben).

Fahrten ins Landesinnere

Von Sigatoka nach Ba: Sigatoka Valley Road

Eine der landschaftlich schönsten Straßen führt durch das Tal des **Sigatoka Rivers**, des zweitlängsten Flusses Fidschis. Sie verbindet die Queens Road im Süden mit der Kings Road im Norden. Entlang des Sigatoka Rivers wächst so ziemlich alles, was Fidschi an Obst und Gemüse zu bieten hat, weshalb das Tal die **„Salad Bowl"** Fidschis genannt wird. Hier gibt es noch viele Dörfer im traditionellen Baustil, also palmgedeckte Bures statt Wellblech und Beton. Die Straße schlängelt sich über Bergrücken und durch Täler und gibt immer wieder den Blick auf den Fluß und das Hochland frei. Sie begegnen Ochsengespannen mit handgezimmerten Pflügen und Frauen in farbenprächtigen Saris bei der Arbeit auf dem Feld. Auf dem Fluß treiben Bambusflöße (Bilibilis), beladen mit Gemüse auf dem Weg zum Markt nach Sigatoka.

Die reine Fahrzeit durch das Tal von Sigatoka bis Ba beträgt circa 3 – 4 Stunden; Sie sollten sich aber auf jeden Fall einen ganzen Tag Zeit dafür nehmen. Wenn Sie kein vierradgetriebenes Auto haben und das Wetter feucht ist, kann die Strecke ab Bukuya bis Ba sehr schwierig werden. In diesem Fall empfehlen wir, in Bukuya über Nausori Highlands nach Nadi zurückzukehren. Natürlich können Sie auch umgekehrt von Nadi über die Nausori Highlands in das Sigatoka Valley hinein fahren, jedoch müssen Sie sich dann für jeweils eine Hälfte der Inseldurchquerung entscheiden – nach Norden bis Ba oder nach Süden bis Sigatoka.

Bequemer und schneller jedenfalls ist die asphaltierte Küstenstraße von Nadi nach Sigatoka. Dort geht die Straße an der Ampel vor der Brücke gleich geradeaus ins Tal hinein. Die Schotterstraße ist relativ gut ausgebaut und kann mit einem normalen Pkw leicht befahren werden. Sie führt durch das Landesinnere bis auf die andere Seite Viti Levus, nach Ba. Nach circa zehn Kilometern kommen Sie nach **Nakabuta**, auch **Pottery Village** genannt. Hier können Sie fidschianische Töpfereien besichtigen und kaufen.

Fototip

Etwa eine halbe Stunde nach **Nakabuta** kommen Sie auf eine kleine Anhöhe, von der Sie einen grandiosen Blick über den Fluß, die Plantagen und Dörfer haben.

Im Sigatoka Valley

★ **Von Tuvu nach Korolevu**

In Tuvu teilt sich die Straße. Wenn Sie geradeaus dem Sigatoka River folgen, kommen Sie nach **Natuatuacoko**. Die Höhlen in der Nähe dieses Dorfes haben im Colo-Krieg 1876, als Stämme des Hügellandes sich mit den Armeen der Regierung geschlagen haben, eine große Bedeutung gespielt. Die Höhlen sind gut erhalten und in einer Stunde Fußmarsch zu erreichen. Fragen Sie im Dorf nach einem Führer und vergessen Sie nicht, sich dafür mit einem kleinen Geschenk, Konserven oder Zigaretten, zu bedanken. Nach etwa einer Stunde Fahrt ist die Straße in Korolevu zu Ende. Korolevu wird übrigens auch **Ten-Dollar-Village** genannt, da es auf der fidschianischen Zehn-Dollar-Note abgebildet ist. Von hier führt eine schöne einstündige Wanderung in das Dorf **Namoli**, weiter flußaufwärts. Hinter Korolevu überqueren Sie den Fluß und folgen dem Weg durch das ausgetrocknete Flußbett bis nach Namoli.

Dorfleben in Fidschi

★ **Von Tuvu nach Ba**

Von hier aus bis Ba können Sie sicher sein, in den nächsten Stunden kaum einem Fahrzeug zu begegnen, geschweige denn einer Tankstelle oder Autowerkstatt. Die Gegend ist sehr dünn besiedelt, und wird nach Norden hin immer einsamer. **Bukuya** liegt umgeben von Pinienwäldern 66 Kilometer von Sigatoka entfernt im Hochland. Hier zweigt die Straße links ab nach Nadi. Die Straße nach Ba sieht zwar anfangs nicht besonders schwierig aus, wird aber sehr bald schlechter, ab Navala teilweise sehr steil und mit loser Schotterdecke. Die Strecke lohnt sich wegen der wirklich schönen Landschaft von Navala nach Ba.

Die Monasavu-Road von Tavua nach Suva:

Diese Strecke quer durch die Insel, eine der schönsten Viti Levus, ist abschnittsweise sehr schwierig, weshalb ein Allradwagen erforderlich ist. Machen Sie sich auf 137 Kilometer Staub und Schotter gefaßt. Bis zum Staudamm können Sie allerdings mit einem normalen Auto fahren, dies ist auch der landschaftlich schönste Abschnitt. Wenn Sie Zeit und Sinn für Romantik haben, können Sie die Exkursion mit einer Übernachtung im Forsthaus von Nadarivatu krönen.

Von der Kings Road biegt die Straße ungefähr zwei bis drei Kilometer hinter Tavua (von Ba kommend) rechts ab an einem Wegweiser mit der Aufschrift „Monasavu" und „Hydro" (womit der Hydro-Lake, also Stausee, gemeint ist). Die Straße führt zuerst durch Zuckerrohrland; kurz vor Wai-Kubukubu ist an einem schönen Wasserfall ein Platz zum Rasten. Nach dem Dorf wird die Strecke steil, mit scharfen Haarnadelkurven. Unterwegs haben Sie atemberaubende Ausblicke auf die Tavua Bay. Nach einer Dreiviertelstunde kommen Sie auf das 850 Meter hoch gelegene **Plateau von Nadarivatu** mit der Wetterstation Koro-O und einigen Gebäuden der Forststation. An dieser Wasserscheide entspringen zwei der größten Flüsse Fidschis: der Ba River, der im Nordwesten in den Pazifik fließt, und der Sigatoka River, der im Süden ins Meer mündet.

★ Forsthaus Nadarivatu

Auf einem Hügel rechts der Straße, am Ende des Ortes Nadarivatu, steht das Forsthaus. Das alte Holzhaus im Kolonialstil hat drei Schlafräume mit insgesamt sieben Betten, eine Toilette und eine Dusche. Verpflegen müssen Sie sich selbst, die Küche ist aber mit allem Nötigen ausgestattet. Auch ein Kamin ist vorhanden, in dieser Höhe kann es schon mal recht feucht-kalt werden. Vergessen Sie nicht Streichhölzer und Kerzen. Eine vorherige Anmeldung bei der Distriktverwaltung ist erforderlich (Näheres im Service-Teil). Das Haus wird gepflegt und verwaltet von einer fidschianischen Familie in Nadarivatu, die auch den Schlüssel hat. Das Forsthaus ist nicht nur ein idealer Stop für einen Trip durch das Landesinnere, sondern auch die Basis für Ausflüge auf den **Mount Victoria**. Ein kürzerer Wanderweg führt zu einem schönen Picknickplatz mit Ausblick und Badegelegenheit. Fragen Sie im Dorf nach dem Fire Lookout oder Pool. Der Weg ist circa drei Kilometer lang.

★ Mount Victoria

Gleich nach Nadarivatu kommt eine Weggabelung, an der Sie links abbiegen. Nach circa 30 Minuten kommen Sie nach **Nadala** und kurz darauf nach **Navai**. Beide Dörfer liegen am Fuße des Mount Victoria (1.424 m), dem höchsten Berg Fidschis (Mount Tomanivi auf fidschianisch). Hier entspringt auch der Rewa River, der längste Fluß des Landes. Der Mount Victoria liegt an der Scheide zwischen der feuchten und trocken Seite Viti Levus, was Sie an der unterschiedlichen Vegetation auf beiden Seiten sehen können. Wenn Sie den Berg besteigen wollen, fragen Sie in dem Dorf Navai nach einem Führer, der den Weg zum Gipfel kennt. Das Wetter sollte möglichst trocken sein, da der Aufstieg steil und nicht befestigt ist. Bei feuchtem Wetter kann die Kraxelei auf dem schmalen, lehmigen Pfad äußerst beschwerlich werden. Gutes Schuhwerk ist unbedingte Voraussetzung, ebenso ein Pullover und Regenzeug. Für den Aufstieg müssen Sie etwa zweieinhalb Stunden rechnen. Wenn Sie auf dem Gipfel stehen, können Sie mit Stolz daran denken, daß auch Sir Edmund Hillary, der neuseeländische Erstbesteiger des Mount Everest, schon auf dem Mount Victoria war.

★ Monasavu Damm
Von Navai bis zum Staudamm führt die Straße durch unbewohnte Waldlandschaft, so daß fast der Eindruck entsteht, irgendwo in Kanada zu sein. Zwischendurch eröffnen sich immer wieder schöne Ausblicke auf das Gebirge. An einem Gedenkstein für die Todesopfer der Bauarbeiten geht es geradeaus nach Suva weiter, rechts biegt der Abzweiger zum Staudamm ab. Das Kraftwerk wurde 1983 nach fünfjähriger Bauzeit in Betrieb genommen und war mit 230 Millionen Dollar Gesamtkosten das größte Bauvorhaben, das bis dahin in Fidschi unternommen wurde. Der See ist 17 Kilometer lang und liegt 1.000 Meter über dem Meeresspiegel, das Kraftwerk selbst liegt 625 Meter darunter, am Wailoa River. Es versorgt ganz Viti Levu mit Strom.

Ab dem Stausee wird die Straße nun wirklich rauh, übersät mit Schlaglöchern und groben Schottersteinen. Ungefähr eine Stunde lang geht es in steilen Kurven abwärts bis Sie zu dem größeren Ort Vunindawa kommen. In der Flußebene des **Rewa Rivers** führt die Straße dann südostwärts Richtung Suva. Halten Sie sich an allen größeren Abzweigungen rechts, bis Sie zum **Waimanu River** kommen, den Sie überqueren. Nach der Brücke fahren Sie links und dann gleich wieder rechts den Berg hinauf in Richtung Suva. Über den Colo-I-Suva-Forestry-Park kehren Sie dann zurück nach Suva.

Vanua Levu

Vanua Levu, zu deutsch „großes Land",
ist mit 5.500 Quadratkilometern die
zweitgrößte Insel Fidschis. Sie ist mit
rund 125.000 Bewohnern, überwiegend
Indern, nur dünn besiedelt, trägt aber mit
ihren **Zuckerrohrfeldern** und großen
Kokosplantagen erheblich zum landwirtschaftlichen Ertrag Fidschis bei. Die
Landschaften Vanua Levus sind vielfältig. Im Nordosten reichen die Hügel und
Berge bis zur Küste; im Landesinneren
erstrecken sich weite Ebenen; im Südwesten und in den östlichen Ausläufern der
Insel erheben sich hohe Berge.

Im Gegensatz zu Viti Levu ist Vanua Levu
eine sehr ruhige Insel, die vom Tourismus
und industrieller Entwicklung nur wenig
berührt wird. In den letzten fünfzig Jahren
hat sich hier nicht viel verändert, und so
wird es wohl auch die nächsten fünfzig
Jahre bleiben. Wer das Fidschi der Kolonialzeit sucht, ist ihm hier wohl am nächsten. Die wenigen Hotels sind im Süden
der Insel, in Savusavu und Umgebung.

Hafenbucht
von Savusavu

Labasa

Labasa ist die Hauptstadt von Vanua Levu, mit 4.900 Einwohnern auch die größte Ansiedlung und eines der Zentren der **Zuckerindustrie** in Fidschi. Der Stadtkern gruppiert sich um eine Durchgangsstraße, durch die während
der Erntesaison ununterbrochen Lastwagen beladen mit
Zuckerrohr zur Mühle fahren. Tourismus gibt es in Labasa keinen.

Savusavu

Savusavu liegt an einer kleinen natürlichen Hafenbucht,
die von den Häusern auf einem Hügel über dem Ortskern
gut überblickt werden kann. Die Bucht bildet einen idealen sicheren Ankerplatz, besonders in der Hurrikanzeit,
weshalb immer einige Yachten dort liegen. Mit rund
2.000 Einwohnern, überwiegend Fidschianern, ist Savusavu noch ein bißchen verschlafener als Labasa. Ein

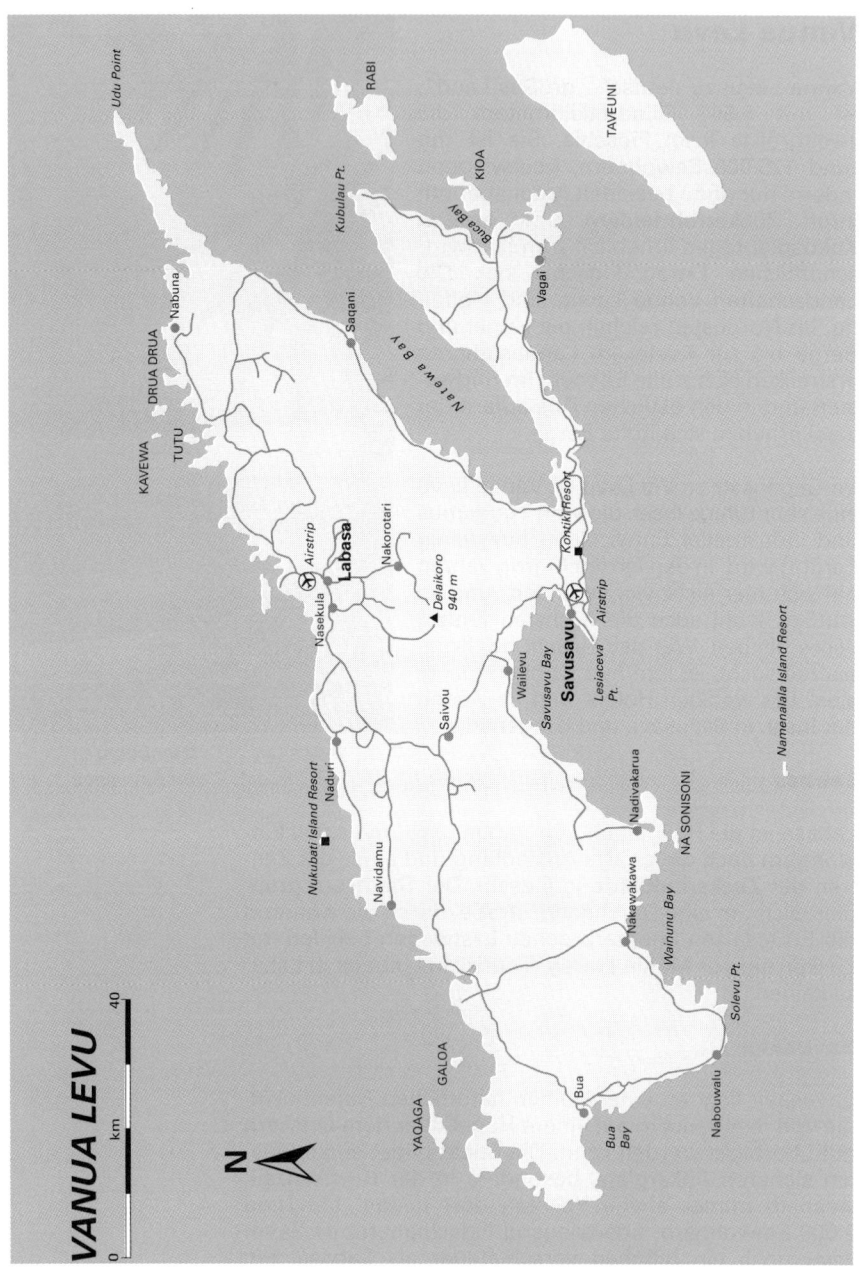

VANUA LEVU

Supermarkt, einige kleinere Geschäfte, ein Frischmarkt, eine Bootsanlegestelle und die Zweigstellen von zwei Banken bilden den Ortskern.

★ **Copra Shed Marina** war einmal eine schäbige Lagerhalle am Wasser, die noch aus dem vorigen Jahrhundert stammte. Geoff Taylor, ein engangierter Geologe, hat sie mit viel Mühe von Grund auf renoviert und einen Gebäudekomplex daraus gemacht, der jetzt der Mittelpunkt Savusavus ist. Er beherbergt den **Savusavu Yacht Club,** einige Appartements, ein Cafe, Bäckerei, Tauchgeschäft und das Büro von Air Fiji.

★ **Hot Springs**
Heiße Quellen gibt es an über 20 verschiedenen Stellen der Insel. Die bekannteste ist neben dem Hot Springs Hotel in Savusavu. Bei Ebbe ist das Ufer rund um die Savusavu Bay oft von heißen Dampfschwaden überzogen, die auf beachtliche unterirdische Aktivitäten schließen lassen. Die Einheimischen benutzen diese Quellen zum Kochen, was sich leider auch in entsprechenden Abfällen und leeren Konservendosen niederschlägt.

Ausflüge

★ **Savarekareka Mission**
Diese alte Kapelle aus dem Jahr 1870 liegt 10 km nördlich von Savusavu. Die Anlage ist sehr gepflegt und hat einen phantastischen Ausblick.

★ **Hibiscus Highway**
„Highway" ist leicht übertrieben für diese rüttelige 77-km-Schotterstraße, die von Savusavu bis ans Ende der Halbinsel **Natewa** nach **Darigala** führt. Sie müssen jedoch nicht unbedingt bis zum äußersten Ende fahren, um einen Eindruck von Vanua Levu zu gewinnen; bis **Buca Bay**, von wo aus Sie Taveuni und Rabi sehen können, genügt vollkommen. Die Straße führt durch endlose Kokosplantagen, vorbei an kleinen Ansiedlungen mit rauchenden Kopraöfen und mit schönen Ausblicken auf Inseln und Buchten. Bei Flut und Sonnenschein empfiehlt es sich, Badesachen für einen Aufenthalt an einem der Naturstrände entlang der Strecke mitzunehmen. Es gibt auch einen öffentlichen Bus auf dieser Strecke, der morgens in Savusavu abfährt und in Buca Bay wieder umkehrt, was jedoch einen vollen Tag dauert. Dieser

Kopra-Ofen auf Vanua Levu

Ausflug wird auch von den Hotels und Resorts als Bade- und Picknick-trip organisiert. Mit dem Auto dauert die Fahrt bis ans Ende der Halbinseln circa 3 Stunden.

★ **Kopra-Mühle**
Fünf Kilometer östlich von Savusa-vu wurde eine neue Kopra-Mühle errichtet, die besichtigt werden kann. Hier können Sie sehen, wie aus dem weißen Kokosnußfleisch Öl und andere Produkte gewonnen werden. Jedes Hotel arrangiert solche Besichtigungen.

★ **Labasa**
Eine kurvenreiche, etwa 75 Kilometer lange Schotterstraße, verbindet Savusavu mit Labasa. Die abwechslungsreiche Berg-und-Tal-Fahrt durch die Hügel des Inselinneren endet in den weiten Zuckerrohrfeldern rund um Labasa. Sie dauert mit Taxi oder Mietwagen etwa zwei, mit dem Bus mindestens drei Stunden. Wer die Strecke nur einmal fahren will, fliegt von Suva oder Nadi aus zuerst nach Labasa und fährt von dort zu seinem Hotel nach Savusavu.

Taveuni mit Qamea, Matagi und Laucala

Taveuni hat wegen seiner üppigen Vegetation den Beinamen **„Garden Island"**. Schon beim Anflug oder von der Fähre aus beeindrucken die dichten Regenwälder auf den bis zu 1.000 Meter hohen Bergrücken und die grünen Plantagen an den sanften Abhängen zum Meer. Taveuni ist etwa 42 Kilometer lang, bis zu zwölf Kilometer breit und liegt nur sieben Kilometer östlich der großen Nordinsel Vanua Levu.

Mitten durch die Insel hindurch führt der 180. Meridian, die internationale **Datumsgrenze**. Natürlich ist sie mit einem Gedenkstein markiert und der Tourist kann sie auf T-Shirts nach Hause tragen. Um den Bewohnern Taveunis und der Inseln östlich davon das Leben mit unterschiedlichem Datum zu ersparen, macht die effektive Datumsgrenze jedoch einen Bogen um Fidschi herum. Der fruchtbare rote Lehmboden Taveunis ist ideal für Landwirtschaft und Viehzucht, seit einiger Zeit wird auch

ein aromatischer Kaffee angebaut. Seit jeher aber bilden
die umfangreichen Kokosnußplantagen das wirtschaftliche Rückgrat Taveunis. In jedem Dorf qualmen Kopra-
Öfen, in denen das Fruchtfleisch der Kokosnüsse getrock-
net wird.

Taveuni verdankt seine Fruchtbarkeit den vielen Niederschlägen und der Vulkanerde. Die bis zu 1.000 Meter
hohen Bergrücken sind meist von Wolken bedeckt und
empfangen im Jahr rund 1.000 cm (!) Regen. Das entspricht einer Wassersäule von zehn Metern und ist damit
die höchste Niederschlagsmenge in ganz Fidschi.

Die Regenmenge sollte jedoch nicht von einem Besuch
dieser in vieler Beziehung außerordentlichen Insel
abschrecken. Taveuni und vor allem seine Bevölkerung
haben sich einen eigenen Charme bewahrt, der noch
kaum vom Tourismus verdorben ist. Entlang der Straße
und in den Dörfern wird der Besucher allseits mit einem
freundlichen Winken und einem kräftigen „Bula"
gegrüßt. Fidschianer und Inder scheinen hier noch har-
monisch und ohne Konkurrenzneid zusammenzuleben.

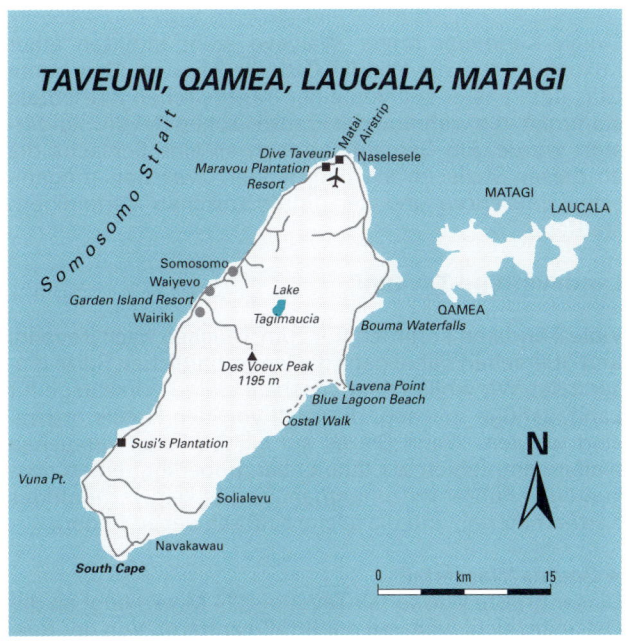

Jeder Gast wird mit ausgesuchter Liebenswürdigkeit behandelt und bewirtet. Wer ursprüngliches fidschianisches Landleben sucht und freundschaftliche Kontakte zu Einheimischen, der ist auf Taveuni bestens aufgehoben.

Die besten Riffe der Welt

Die Gewässer um Taveuni gehören zu den besten Tauchgründen der Welt, weshalb sich die Hotels hier und auf den Nachbarinseln vor allem auf den **Tauchtourismus** spezialisiert haben (Näheres hierzu unter Aktivitäten Fidschi allgemein). Die Strände und Riffe um Taveuni sind wegen ihres Reichtums an Schalentieren unter Muschelsammlern bekannt.

Waiyevo ist das Verwaltungszentrum mit Schulen, einem Krankenhaus, der Anlegestelle für die Fähren, Post, Polizei und Geschäften. Der größte Ort der Insel ist allerdings Somosomo, in dem der Häuptling der Provinz Cakaudrove residiert. In dem großen Gebäude an der Hauptstraße tritt die Häuptlingsversammlung Fidschis zusammen, der Great Council of Chiefs. Der ehemalige Präsident **Ganilau** ist hier beerdigt, ebenso der Missionar **William Cross**, der als erster die fidschianische Sprache in Schriftfrom gebracht hat.

Einige Kilometer hinter Waiyevo steht inmitten einer Kokosplantage die **Wairiki Catholic Mission**. Das bunte Glas der Fenster soll von einer französischen Kathedrale stammen, die während der Französischen Revolution zerstört wurde. Ein Gemälde erinnert an eine Schlacht, die an dieser Stelle im 19. Jahrhundert zwischen tonganischen Invasoren und den fidschianischen Verteidigern stattfand.

Landausflüge Taveuni

Viele Touristen kommen nur zum Tauchen nach Taveuni und übersehen dabei ganz die landschaftlichen Reize dieser Insel. Wir wollen Ihnen deshalb einige Vorschläge für Landausflüge machen, die auch von den Hotels organisiert werden. Wenn Sie es auf eigene Faust versuchen wollen, empfehlen wir Ihnen aber, unbedingt einen ortskundigen Führer mitzunehmen. Es gibt kein vernünftiges Kartenmaterial, und die Wege sind schwer zu finden.

★ Bouma Wasserfall
Dieser größte Wasserfall Taveunis (24 Meter) liegt an der Ostküste, nicht weit von der Straße entfernt. Von der Bus-

haltestelle in Bouma aus überqueren Sie zwei Brücken auf der Straße in Richtung Süden. Nach etwa 200 Metern, gleich hinter der zweiten Brücke, führt ein Pfad etwa zehn Minuten in den Busch, aufwärts zum Wasserfall. Dort gibt es einen Picknickplatz und Umkleideräume, falls Sie im Pool schwimmen wollen. Der öffentliche Bus Richtung Norden hält um 9 Uhr am Garden Island Resort.

★ Lavena Costal Walk
Vom Dorf Lavena an der Ostküste führt ein abwechslungsreicher Naturlehrpfad fünf Kilometer an der Küste entlang bis zur Mündung des Wainisairi-Baches. Dabei passiert der Wanderer weiße und schwarze Sandstrände, unberührten Regenwald und Wasserfälle mit natürlichen Schwimmbecken. An einigen Abschnitten dieses Weges wurden auch Szenen für den Hollywoodfilm **„Rückkehr zur blauen Lagune"** gedreht. Der gut markierte und mit vielen Erklärungen versehene Lavena Coastal Walk ist Teil eines Projektes zur Förderung des Öko-Tourismus in Fidschi, das von der neuseeländischen Regierung finanziert wird. Der Eintritt kostet 5 F$ ohne Führung, 7 F$ mit Führung und 20 F$ mit Verköstigung und Unterhaltung in einem Dorf.

★ Soqulu
Von Soqulu, etwa in der Mitte der Westküste, führt ein Pfad in den Busch, entlang dessen Sie interessanten Vogel- und Pflanzenarten beobachten können. Die Wanderung dauert etwa 1/2 Tag. Bei Soqulu liegen auch die **Taveuni Estates**, die einmal als exklusive Wohn- und Freizeitanlage von einem Amerikaner geplant und teilweise auch gebaut wurde. Davon sind heute nur einige wenige Wohnhäuser übrig, die zum Verkauf anstehen, ein wunderschön gelegener verwaister 9-Loch-Golfplatz, angelegt von Robert Trent Jones senior, vier ebenso schöne Rasen-Tennisplätze, acht Rasen-Bowling-Bahnen und die einzige asphaltierte Straße der Insel. Golfplatz und Tennisplätze können über jedes Hotel in Taveuni gebucht werden.

Der einsamste Golfplatz der Welt

★ Wainibau River Trek
Für diese Ganztagstour brauchen Sie etwas Beweglichkeit und Ausdauer. Sie fahren nach Lavena Point an der Ostküste und marschieren zunächst am Strand entlang südwärts und dann, dem Flußlauf des Wainibau Rivers ins Landesinnere folgend, bis zu einem Wasserfall. Dabei überqueren Sie mehrmals den Flußlauf auf schlüpfrigen

**Tee und
Kuchen im Dorf**

Steinen, ohne nasse Füße wird es also nicht abgehen. Nach einem erfrischenden Bad im natürlichen Pool des Wasserfalls gibt es ein Picknick, dann geht es denselben Weg zurück. Nach Lavena wird noch einmal kurze Rast gemacht im **Naba Village**, wo die Dorfbewohner Tee und Kuchen servieren. Diese Tour kann nur durch Maravu Plantation gebucht werden, Ortsunkundige werden diesen Weg kaum finden.

Fototip

Der Blick von Des Voeux Peak ist fantastisch. Die Tagestour lohnt sich aber nur bei beständig schönem Wetter.

★ Des Voeux Peak

Die kombinierte Auto-Wander-Tour auf den zweithöchsten Berg Taveunis dauert einen vollen Tag und wird ebenfalls von Maravu Plantation organisiert. Sie fahren zunächst zur Wairiki Catholic Mission an der Westküste und von dort mit dem Geländewagen hinauf zum Gipfel des 1.200 Meter hohen Des Voeux Peak. Von hier haben Sie bei klarer Sicht einen ausgezeichneten Rundumblick über Taveuni. Danach steigen Sie drei Stunden zu Fuß ab durch dichten Regenwald entlang des Tavuki Creek, der in kleinen Kaskaden zum Meer abfällt. Auf etwa 700 Meter Höhe werden Sie wieder vom Geländewagen abgeholt.

★ Lake Tagimaucia

ist bekannt wegen einer äußerst seltenen Blume, die nur an diesem Bergsee wächst. Die Tagimaucia klettert an Bäumen hoch, ist jedoch kein Parasit. Mit ihr ist eine Legende um eine unglückliche Liebe verknüpft: Die Tränen des Mädchens wurden zu Blüten. Tagimaucia heißt „im Schlafen weinen". Der Aufstieg zu dem Bergsee in 1.000 Metern Höhe dauert drei Stunden, mit Anfahrt und Abstieg ist dies eine Tagestour von sieben Stunden.

★ Waterslides von Waitalava

Diese natürliche Wasserrutsche, die ein Bach in den Felsen gefressen hat, liegt an der Westküste. Über einen Buschpfad erreichen Sie in etwa 20 Minuten die Stelle, von der Sie auf dem Hosenboden rund 300 Meter abwärts gleiten können. Zwischendurch erweitert sich die Wasserrinne mehrmals zu kleinen Swimming-Pools. Der Ausflug, der vor allem Kindern sehr viel Spaß bereitet, dauert einen halben Tag.

★ Blowholes

Im Süden der Insel bei der Naboudrau Bay sind Blowholes und gute Schnorchelplätze. Blowholes sind Löcher in der Felsenküste, durch die die Brandung Fontänen aufsteigen läßt.

Qamea

liegt fünf Kilometer östlich von Taveuni und ist in etwa einer halben Stunde Bootsfahrt zu erreichen. Obwohl die Insel nur zehn Kilometer lang ist, gibt es hier sechs Dörfer mit insgesamt 500 Einwohnern. Der Qamea Beach Club, ein Resort der oberen Preisklasse, liegt an der Westseite an einem feinen weißen Sandstrand und ist ein guter Ausgangspunkt für Tauchausflüge zu den Riffen östlich von Taveuni.

Matagi

liegt wenige Kilometer östlich, hinter Qamea, und ist wesentlich kleiner. Die Insel gehört seit Generationen der Familie Douglas, die hier eine Kopra-Plantage haben. Außer dem Matagi Resort gibt es keinerlei Unterkünfte und Bewohner auf dieser Insel. Matagi ist auf Taucher spezialisiert. Noel Douglas, der Besitzer, ist selbst ein erfahrener Taucher.

Gäste-Bure auf Matagi

Laucala

Östlich von Qamea liegt Laucala Island. Die Insel gehörte dem verstorbenen und hier beigesetzten amerikanischen Multimillionär **Malcolm Forbes**, der sie 1972 für eine Million US-Dollar erwarb. Sie wird deshalb auch „Fiji Forbes" genannt. Die Bewohner dieser Insel arbeiten alle in Forbes' Kopra-Plantagen oder auf seinen Rinder- und Ziegenfarmen. Forbes sorgte für neue Häuser, eine Schule, Elektrizität, eine Landebahn und baute für sich und seine Gäste mehere komfortabel ausgestattete Bungalows. Die Anlage wurde zu einem Luxus-Resort umfunktioniert.

Die Lomaiviti-Gruppe

Lomaiviti heißt so viel wie „die Mitte Fidschis". Die Inselgruppe östlich von Viti Levu besteht aus einigen kleinen und sieben großen Inseln: Ovalau, Makogai, Wakaya, Batiki, Gau, Koro und Nairai. Das Klima auf diesen Inseln ist äußerst angenehm, nicht so feucht wie an der Ostküste, aber auch nicht so trocken wie im Westen Viti Levus. Die Temperaturen sind mild, der Regen hält sich in Grenzen und die Sonne scheint oft.

Ovalau

Die wichtigste Insel der Lomaiviti-Gruppe ist Ovalau. **Levuka**, der größte Ort der Insel, war einst Hauptstadt von Fidschi, bis 1882 die Regierung nach Suva umzog. Die Insel ist vulkanischen Ursprungs, mit hohen, sehr steilen Bergspitzen und engen Felsschluchten. Die dichte Vegetation hinter den Berghügeln von Levuka war lange Zeit das Versteck wilder Bergstämme, die immer wieder Levuka mit Raubzügen heimsuchten. Erst als ein Kahlschlag sie ihrer Deckung beraubte, unterwarfen sie sich 1871. Bis auf eine Ausnahme ist die Insel heute nur am Küstenstreifen besiedelt.

In puncto Strand und Wassersport bietet Ovalau nicht viel; dafür eignen sich die drei im Süden der Insel vorgelagerten kleinen Inseln besser. Wer sich jedoch für **koloniale Vergangenheit** interessiert, für den ist die alte Hauptstadt Levuka eine wahre Fundgrube historischer Reminiszenzen.

*Die alte Haupt-
stadt Levuka*

Levuka

Levuka liegt auf der Ostseite Ovalaus. Wegen seines natürlichen Hafens und seiner zentralen Lage siedelten sich im vergangenen Jahrhundert viele Europäer hier an, auch der amerikanische Schriftsteller **Rudyard Kipling** hat hier einige Zeit verbracht. Levuka war lange Zeit ein gewalttätiger und gesetzloser Ort. Stammesfehden unter Fidschianern, Scharmützel zwischen europäischen Siedlern und Fidschianern und Schlägereien unter Seeleuten der hier vor Anker liegenden Handelsschiffe waren an der Tagesordnung. Erst der große Häuptling **Ratu Cakobau** schuf Ordnung, indem er am 10. Oktober 1874 Fidschi an Königin Victoria von England abtrat. Wegen dieser „Deed of Cession", die hier unterzeichnet wurde, gilt Levuka auch als Wiege des modernen Fidschi.

Die erste und auch heute noch erscheinende Zeitung, die Fiji Times, wurde 1869 von dem Engländer George Littleton Griffiths in Levuka gegründet. Als erste Bank Fidschis öffnete hier die Bank of New Zealand 1876 ihre Schalter. Das Royal Hotel wurde 1850 als erstes Hotel Fidschis in Levuka gebaut. Und schließlich gründeten in Levuka Percy Morris und Maynard Hedstrom ihre Handelsgesellschaft Morris Hedstrom, die noch heute im ganzen Pazifik Filialen hat.

Die zwischen Meer und Hügeln eingezwängte Stadt konnte sich nicht vergrößern, auch der Hafen wurde bald zu klein. So entschied sich die britische Kolonialregierung schließlich, die Hauptstadt nach Suva zu verlegen. Nach einem katastrophalen Hurrikan im Jahre 1886 wurden viele Geschäftshäuser nicht mehr aufgebaut, sondern gleich nach Suva verlegt.

Schnapsflasche als Wegweiser

Heute ist schwer vorstellbar, daß das verschlafene Levuka mit seinen 1.100 Einwohnern einst Hauptstadt von Fidschi gewesen sein soll. Die einzige Hauptstraße der Stadt, die **Beach Street**, führt die Küste entlang. Die hölzernen Fassaden strahlen einen morbiden kolonialen Charme aus. In den besten Zeiten soll es hier über 50 Bars und „Etablissements" gegeben haben, in denen es Tag und Nacht „rundging". Unter Seeleuten kursierte der Witz, daß die enge Einfahrt in den Hafen von Levuka am besten zu finden sei, wenn man den im Meer treibenden leeren Schnapsflaschen folge.

Der Bau des Flugplatzes in den 60er Jahren stellte die direkte Verbindung zur Hauptinsel her und half, Levuka für den Tourismus attraktiver zu machen. Eine Fischfabrik (Pacific Fishing Company = PAFCO), die Thunfisch in Dosen weltweit exportiert, sorgt für Arbeitsplätze. Japaner und Fidschianer sind Partner bei diesem Projekt.

Um Levuka bzw. Ovalau kennenzulernen, reicht auch ein Tagesausflug von Suva. Levuka selbst ist in weniger als einer Stunde besichtigt.

Sehenswürdigkeiten

★ **Community Center und Museum**
In einer alten ehemaligen Lagerhalle des Morris Hedstrom Handelshauses von 1878 ist unter anderem das Museum, eine Bücherei und ein Kunsthandwerksgeschäft untergebracht. Hier können Sie auch einen Führer für eine historische Tour durch Levuka oder nach Lovoni Valley anheuern.

★ **Sacred Heart Church**
Diese Kirche aus steinernen Quaderblöcken wurde 1858 von französischen Marist-Brüdern errichtet. Das neongrüne Kreuz auf der Kirche zeigt den Seeleuten die Passage im Riff.

★ **Levuka Public School**
Diese älteste Schule Fidschis wurde 1879 eröffnet. Viele fidschianische Häuptlinge und Politiker gingen hier zur Schule. Sie liegt an der Bath Road am Totoga Creek.

★ **Royal Hotel**
Das älteste Hotel des Südpazifiks, um 1850 erbaut, hat Hurrikane und Feuersbrünste überstanden und seinen Reiz bis heute behalten. Seit drei Generationen wird es von der Familie Ashlay geführt und gepflegt.

★ **Mission Hill**
Eines der schönsten
alten Gebäude Levukas
ist die Missionsstation
der Methodisten und die
danebenliegende Dela-
na Methodist School.
199 Stufen führen auf
den Mission Hill, der
Blick von oben ist den
Schweiß wert.

★ **Methodisten-Friedhof**
Am Levuka Creek, kurz
vor Levuka Village, liegt
der alte Methodisten-
Friedhof, auf dem viele
der ersten europäischen
Siedler begraben sind.

*Der Ovalau-Club
in Levuka*

★ **Gun Rock**
Der Felsen oberhalb von Levuka Village wurde 1849 als
Ziel für eine Schießübung des amerikanischen Kriegs-
schiffs HMS Havannah benutzt, um Ratu Cakobau einzu-
schüchtern,der hier ein Verteidigungsstellung aufgebaut
hatte. Die Einschläge der Kanonenkugeln können Sie
heute noch sehen. Von oben haben Sie einen großartigen Blick auf Levuka und die Inseln der Lomaiviti-Gruppe. Der steile Aufstieg dauert nur fünf Minuten, Kinder
aus dem Dorf zeigen gerne den Weg.

★ **Cession Stones**
Einen Kilometer vor der Stadt (vom Flughafen kommend)
bei Nasova liegen auf der rechten Seite, von einem
weißen Zaun umgeben, die Cession Stones. An dieser
Stelle wurde am 10. Oktober 1874 von Ratu Cakobau die
Abtretungsurkunde (Deed of Cession) an England unter-
schrieben.

★ **Lovoni Village**
Dieses Dorf liegt in einem Vulkankrater mitten auf der
Insel. Die Bewohner waren früher gefürchtete Krieger
und haben Levuka mehrmals niedergebrannt. Ratu
Cakobau, der große fidschianische Häuptlinge, überli-
stete sie jedoch, ließ sie entwaffnen und verteilte sie
über mehrere Inseln, damit sie kein Unheil mehr stiften
konnten.

Wakaya

Die Insel Wakaya östlich von Ovalau spielte eine bedeutende Rolle in den Geschichten um **Graf Felix von Luckner**, der 1917 als Freibeuter unter deutscher Flagge den Pazifik unsicher machte (mehr dazu im Kapitel „Geschichte"). Anfang des Jahrhunderts wurden Rotwild und Wildschweine auf der Insel ausgesetzt. Heute gehört die Insel einem amerikanischen Milliardär, der dort ein Luxus-Resort mit Ferien-Villen gebaut hat (Näheres siehe unter Unterkünfte im Service-Teil).

Naigani

Diese kleine hügelige Insel liegt circa 11 km östlich von Viti Levu, hat ein kleines Dorf, einige Strände und ein Resort an der Südküste. Außer einigen Pfaden gibt es keine Straßen auf der Insel. Zu erreichen ist sie mit dem Boot über Ovalau oder ab Natovi Landing auf Viti Levu.

Kadavu

Umschlaghafen zwischen San Francisco und Sydney

Kadavu, die viertgrößte Insel Fidschis, liegt 80 Kilometer südlich von Viti Levu. Die Insel ist durch zwei Landengen in drei natürliche Halbinseln geteilt, die sich im Halbkreis um die Bucht **Galoa Harbour** legen. Früher legten die Postdampfer der Linie San Francisco – Sydney in Galoa an, um die Fracht für Neuseeland umzuladen. Während dieser Zeit herrschte geschäftiges Treiben auf Kadavu, mit Geschäften, kleinen Gästehäusern und Kava-Bures. Als aber dann Suva Hauptstadt wurde und die großen Schiffe nicht mehr hier anlegten, verfiel Kadavu wieder in den bis heute andauernden tiefen Schlaf.

Die rund 9.000 Einwohner sind fast durchweg Fidschianer. Sie pflanzen Bananen an und produzieren Kopra. Im Süden und Südosten wächst ausgezeichnetes tropisches Holz. Die Insel ist auch bekannt für die Töpfereien aus dem Dorf Naloto im Südwesten. Matten, Früchte und Töpfereierzeugnisse werden in Suva verkauft. **Vunisea** ist der größte Ort Kadavus mit Schule, Post, mehreren kleinen Geschäften und dem Markt.

Mangels vernünftiger Straßen wurde der Busverkehr auf Kadavu gänzlich eingestellt. Wegen des begrenzten Straßennetzes sind ohnehin keine großen Landausflüge

möglich. Der Hauptverkehr zwischen den einzelnen Insel-
teilen wird auf Booten abgewickelt. Um zu einem der
Resorts zu kommen, können Sie sich aber auch ein Wassertaxi mieten.

Für Touristen interessant ist Kadavu vor allem wegen seiner guten Tauchgründe. Das große **Astrolabe Riff** im
Osten bildet einen fast 50 Kilometer langen Ring um die
Insel und fällt an einigen Stellen senkrecht Hunderte von
Metern ab (siehe auch unter Fidschi Aktivitäten). Der
französische Kapitän **Dumont d'Urville** lief 1827 mit seinem Segelschiff Astrolabe beinahe auf dieses Riff und
gab ihm seinen Namen.

50 Kilometer Riff

Die Lau-Gruppe

Die vielen kleinen Inseln der Lau-Gruppe im Südosten
Viti Levus sind über 114.000 Quadratkilometer Seefläche
verstreut und grenzen im Süden an Tonga, weshalb der
tonganische Einfluß in der Vergangenheit eine große
Rolle gespielt hat.

1855 ließ sich **Ma'afu**, ein tonganischer Häuptling, in
Lomaloma auf Vanua Balavu nieder und ermutigte
Europäer, sich auch auf den nördlichen Inseln anzusie-
deln. Er ernannte sich selbst zum **Tui Lau**, zum König von
Lau, und führte von hier aus erbitterte Kämpfe mit den
Bewohnern der anderen Fidschi-Inseln. Als Ratu Seru
Cakobau 1874 Fidschi an die englische Königin abtrat,
mußte er sein Ziel aufgeben, Fidschi ganz zu erobern.
Den tonganischen Einfluß sieht man aber heute noch an
der Kleidung und dem Kunsthandwerk der Bewohner.

Tonganische Eroberer

Die Lau-Inseln bestehen aus drei Gruppen:
Nördliche Lau-Gruppe mit den größeren Inseln Vanua
Balavu, Mago, Cicia, Tuvuca, Yacata, Kaimbu, Kanacea
und Naitauba.
Zentrale Lau-Gruppe mit Lakeba, Nayau, Vanua Vatu und
Oneata.
Südliche Lau-Gruppe mit Moce, Waqava, Nanuka-I-Lau,
Kabara, Vulaga, Ogea Levu.

Westlich der Lau-Gruppe liegen die Inseln Moala, Totoya
und Matuku, die geographisch eigentlich nicht zur Lau-
Gruppe gehören, verwaltungstechnisch aber dazugezählt
werden.

Die gesamte Lau-Gruppe hat ungefähr 13.000 Bewohner, fast ausnahmslos Fidschianer. Tourismus gibt es hier so gut wie keinen, jedoch einige Unterkünfte in Lakeba, Vanua Balavu, Kaimbu und Moala.

Lakeba

Mit 54 Quadratkilometern und einer Einwohnerzahl von etwa 2.500, verteilt auf acht Dörfer, ist Lakeba die größte Insel der Lau-Gruppe und auch die politisch bedeutendste. Sie ist Geburtsstätte und Sitz eines der höchsten Häuptlinge Fidschis, des Tui Nayau, der unter dem Namen **Ratu Sir Kamisese Mara** lange Zeit Premierminister und heute Präsident des Landes ist.

Die Insel war früher wichtiger Umschlagplatz zwischen Fidschianern und Tonganern. So wird zum Beispiel bei offziellen Anlässen heute noch tonganische Kleidung getragen: eine um die Hüfte gewickelte Bastmatte. Auch hat das fidschianische Meke hier stark tonganische Färbung, es heißt hier Lakalaka. Die sonst rechteckigen fidschianischen Bures sind oval wie in Tonga.

Vanua Balavu

Vanua Balavu hat die Form eines Bumerangs und ist die größte Insel der nördlichen Lau-Gruppe. Einsame Stände, phantastische Hügellandschaften und Kalkstein-Küsten prägen die Landschaft. Der Hauptort **Lomaloma** war einmal die Residenz des tonganischen Herrschern Ma'afu, ein Denkmal erinnert an diese Zeit. Der schönste Punkt der Insel ist die **Bay of Islands** an der Westküste mit

vielgestaltigen Inseln, einige wie gigantische Pilze, andere wie Pyramiden geformt. Die Bucht gehört zu den eindrucksvollsten Landschaften Fidschis.

Kaimbu

Kaimbu ist nur vier Kilometer lang und einen Kilometer
breit. Die Insel ist in Privatbesitz des amerikanischen Mil-
lionärs **Jay Johnson** und bis auf ein kleines Luxus-Resort
unbewohnt. Sie liegt 56 km westlich von Vanua Balavu,
hat unberührte Strände und viel Natur.

Moala

Moala gehört mit 67 Quadratkilometern zu den größeren
Inseln Fidschis. In den acht Dörfern leben ungefähr 1.900
Einwohner. Das größte Dorf ist **Naroi** mit 500 Einwohnern.
Moalas höchster Berg ist ein Vulkan mit zwei Kraterseen.

Rotuma

Die kleine Inselgruppe Rotuma liegt 386 Kilometer nordwestlich von Viti Levu. Geographisch und ethnisch
gehört sie eher zu Samoa als zu Fidschi. Die rund 3.000
Einwohner gehören zur polynesischen Minorität in Fidschi. Die 13 Kilometer lange Hauptinsel hat fruchtbaren
Vulkanboden, auf dem so gut wie alle tropischen Früchte
wachsen. Die Strände und Fischgründe sind Rotumas
Hauptattraktionen. Allerdings haben sich die Bewohner
mit großer Mehrheit gegen den Tourismus entschieden.
Deshalb gibt es auch keine offizielle Unterkunft. Besucher
benötigen eine Einladung.

SERVICE-TEIL

Die Südsee als Reiseziel

Pacific Way of Life

Irgendwann auf Ihrer Südseereise werden Sie sich unweigerlich ärgern: über Verspätungen, nicht eingehaltene Verabredungen, Dinge, die einfach nicht so funktionieren, wie Sie es sich vorstellen. Wir empfehlen deshalb, kurz zu bedenken, was Sie von der Südsee erwartet haben: eine durchorganisierte hektische Gesellschaft wie unsere? Oder war da nicht auch der stille Traum von einer anderen, geruhsameren Lebensform?

Südseemenschen sind dank einer gütigen Natur an ein Leben ohne Zwang zur Arbeit gewohnt, schätzen dafür Geselligkeit und Unterhaltung über alles. Wenn es sich einrichten ließe, bestünde das Leben für sie nur aus endlosen Festen, Sport und Spiel. Arbeit, Genauigkeit und Pünktlichkeit sind lästige Zwänge einer anderen Welt. Probleme werden solange aufgeschoben, bis die Zeit eine „pazifische" Lösung geboren hat. Diese ist meistens anders als erwartet.

Wer versucht, eigene Maßstäbe anzusetzen, gar erzieherisch zu wirken, erreicht gar nichts und verdirbt sich nur selbst den Südseeurlaub. Gehen Sie besser ein auf den gelassenen Lebensstil der Südseebewohner. Gewöhnen Sie sich an ein Zeitempfinden, das überaus dehnbar ist und „Fiji Time", „Samoa Time" oder „Tonga Time" genannt wird – je nachdem, wo Sie sich gerade befinden.

Der gecharterte Bus mag zu spät kommen, manchmal auch gar nicht – vielleicht hätte es ja ohnehin geregnet. Das Bier mag länger dauern als in der Kneipe daheim, aber es kommt und das Lächeln ist breiter, mit dem es serviert wird. Der fest gebuchte Tauchgang mag ausfallen, dafür erweist sich der improvisierte Angeltrip als voller Erfolg. „Don't worry!" heißt die Devise. Alles wird sich schon richten. Aber eben auf dem „Pacific Way."

Anreise

Der Südpazifik liegt auf der anderen Seite der Erde, von uns aus gesehen, rund 20 000 Kilometer entfernt. Selbst bei einem Direktflug sitzen Sie mindestens 20 Stunden im Flugzeug. Mit Zwischenaufenthalten dauern Hin- und Rückreise jeweils zwei Tage; das heißt, Sie müssen vier Tage Reisezeit von ihrem Südseeurlaub abziehen. Bis Sie nach Ankunft die Zeitumstellung, je nach Inselgruppe bis zu 12 Stunden, überwunden haben und den Urlaub richtig genießen können, vergehen auch noch einige Tage. Deshalb, und auch wegen der verhältnismäßig hohen Flugkosten, ist eine Reisedauer unter drei Wochen guten Gewissens nicht zu empfehlen.

Die geographische Lage hat aber auch Vorteile: Der Anreiseweg ist fast gleich lang, ob Sie die Ost-West-Route über Amerika um den Erdball nehmen oder Ihren Südseeflug ohne große Mehrkosten gleich zur Weltumrundung machen. Auf jeden Fall können Sie in Ihr Ticket auf der kürzeren **Ost-West-Route** Zwischenaufenthalte in Kalifornien oder Kanada einbauen sowie auf der Weltumrundung in Südostasien, Australien und Neuseeland. So lassen sich Reisestreß und Zeitumstellung verringern.

Diese Route ist der schnellste Weg in die Südsee; außerdem fliegen Sie so immer Richtung Westen mit dem Lauf der Sonne um die Erde, was die Zeitumstellung etwas erleichtert. Dabei bieten sich Stopovers an der amerikanischen Westküste an, Los Angeles, San Francisco in Kalifornien und Vancouver in Kanada. Von L. A. aus führen drei Routen in die Südsee. Die erste geht über Hawaii nach Fidschi, das als Knotenpunkt zu anderen Südseeinseln dient; die zweite über Hawaii nach Samoa und Tonga; die dritte über Tahiti und die Cook-Inseln nach Fidschi. Während Sie eine große Auswahl an Fluglinien zu den Städten der amerikanischen Westküste haben (einschließlich Lufthansa), beschränkt sich die Auswahl für den Weiterflug in den Pazifik auf wenige.

Direktflug über USA/Kanada

Air New Zealand-Jumbo in Rarotonga

Das heißt, was Sie mit einem Billigflug an die Westküste gespart haben, müssen Sie für den anschließenden Linienflug mit einer anderen Fluggesellschaft wieder hinzurechnen. Ein durch gehender Linienflug zu einem sogenannten Apex-Tarif ab Deutschland ist also billiger. Air New Zealand fliegt als einzige Linie direkt ab Frankfurt in den Südpazifik, wo sie das am besten ausgebaute Flugnetz besitzt.

Tankstop am Südseestrand – die legendäre Coral Route

Es war die extravaganteste Flugreise, die man in den 50er Jahren unternehmen konnte: Inselhüpfen durch die Südsee in einem Wasserflugzeug der Tasman Empire Airways Limited (TEAL). Die als Coral Route legendär gewordene Strecke führte von Auckland in Neuseeland über Fidschi, Samoa und die Cook-Inseln nach Tahiti. In den Pioniertagen des Pazifik-Flugverkehrs ersetzte noch der Hafen oder die Lagune einer Südseeinsel die nichtvorhandene Landepiste. Passagiere wurden während der Tankstops von Bord gebracht und genossen ein Picknick unter Palmen am Strand. Zur Unterhaltung gab es statt Videofilm eine Hula-Live-Show blumenbekränzter Südseemädchen.

Der Jungfernflug der Coral Route startete am 15. Dezember 1951 im Hafen von Auckland. TEAL, der Vorläufer von Air New Zealand, hatte schon zehn Jahre Erfahrung gesammelt mit dem Einsatz von Wasserflugzeugen über die Tasman Sea nach Australien. Nun wagte man sich mit dem Passagierverkehr weiter hinaus in den Pazifik. Die viermotorigen Maschinen vom Typ Solent hatten 45 Sitzplätze und flogen mit 300 km/h in etwa 2500 m Höhe über die Inselwelt der Südsee. Auf der 5.760 Kilometer langen Strecke nach Tahiti mußten sie alle 1.000 Kilometer einen Tankstop einlegen. So ergab sich notwendigerweise eine Route entlang der Inselgruppen Fidschi, Samoa, Cook-Inseln nach Tahiti – die Coral Route, so genannt, weil sie durch die Inseln des tropischen Korallengürtels führte. Heute noch fliegt Air New Zealand diese Inseln an, allerdings in einem Bruchteil der damaligen Reisezeit von 50 Stunden.

Man nahm sich einfach mehr Zeit und der Komfort an Bord der Solents konnte sich durchaus mit dem heutiger Jumbos messen. Es gab eine Bar, eine richtige Küche mit Ofen und Grill und einen Speiseaufzug zwischen den beiden Decks. Drei Stewarts kümmerten sich um die 45 Passagiere, das Essen wurde selbstverständlich auf Bestellung frisch zubereitet. Außer den beiden Piloten gehörten noch ein Funker, ein Navigator und ein Ingenieur zur Besatzung. Der Navi-

gator kletterte in eine Glaskuppel im Dach des Flug-
zeugs, den sogenannten Astrodome, und peilte dort
mit einem Sextanten die Gestirne an zur Bestimmung
von Position und Kurs.

Bei einer Nachtlandung im Hafen oder in der Lagune
einer Insel war die Landebahn mit im Wasser verankerten Leuchtbojen markiert. Die bei Passagieren
beliebteste Zwischenlandung war in der glasklaren,
türkisfarbenen Lagune des Atolls Aitutaki in den
Cook-Inseln. Dort wurden die Passagiere für die zweieinhalb Stunden Tankstop-Aufenthalt zu einem
Traumstrand auf einer der unbewohnten kleinen Atoll-
inseln gebracht. TEAL empfahl seinen Passagieren,
Badekleidung im Handgepäck mitzunehmen und stat-
tete sie mit Sandschuhen aus. Auf der Insel wurde
ihnen frischer Fisch zubereitet und die Bewohner des
Atolls führten polynesiche Tänze vor. Einmal wurde
der Aufenthalt auf der Insel durch einen Motorscha-
den unfreiwillig auf eine Woche verlängert – für die
ausgesetzten Passagiere ein Südsee-Abenteuer, von
dem sie noch lange zu erzählen hatten.

*Das legendäre
TEAL-Flugboot*

Zu den prominenten Passagieren auf der Coral Route
gehörten Queen Elizabeth und der Duke of Edinburgh, die französische Schauspielerin Martine Carol
und Horst Buchholz. Zehn Jahre lang flogen die
TEAL-Wasserflugzeuge auf dieser Strecke, bis der
Bau größerer Flugplätze auf den Südseeinseln die
Wasserflugzeuge überflüssig machte. Im September
1960 landete das letzte Solent Flying Boat im Hafen
von Papeete, begrüßt von Polynesierinnen mit Blumenkränzen und Gesängen. Die romantische Ära des
Fliegens im Pazifik ging zu Ende.

Air New Zealand bietet auf der Atlantikstrecke aber auch ein Joint-venture mit Lufthansa an, was Ihnen eine größere Auswahl an Flügen und Abflugorten ermöglicht.

Ein **Rund-um-die-Welt-Ticket** verbindet Ihren Südseeurlaub mit den Stopover-Möglichkeiten in Australien, Neuseeland und Südostasien (Sydney, Auckland, Singapur, Bangkok, Hongkong, Djakarta, etc.). Solche Tickets werden von Air New Zealand und Qantas in Kombination mit anderen Fluglinien angeboten, wobei Sie mit Air New Zealand alle in diesem Buch vorgestellten Inselgruppen anfliegen können, bis auf Niue. Qantas bedient nur Fidschi und Tahiti. Bei einem Rund-um-die-Welt-Ticket ist es natürlich egal, ob Sie von Ost nach West oder umgekehrt fliegen. Allerdings gilt auch hier: Mit der Sonne Richtung Westen verkraftet der Körper die Zeitumstellungen besser.

Direktflüge von Deutschland

■ Air New Zealand

Diese Airline hat das umfassendste Flugnetz im Pazifik. Nicht nur deshalb wollen wir diese Fluglinie besonders empfehlen. Die Autoren haben seit zehn Jahren alle ihre Südseereisen mit Air New Zealand durchgeführt und sind bisher kein einziges Mal enttäuscht worden. Der Service war immer großzügig und herzlich, die Flugabwicklung reibungslos und effizient. Nicht umsonst ist Air New Zealand wiederholt mit einem Preis als beste Pazifik-Fluglinie ausgezeichnet worden.

air new zealand
the pride of the pacific

Von Frankfurt aus fliegt Air New Zealand nonstop in 11 Stunden nach Los Angeles. Von dort haben Sie die Wahl zwischen **vier Routen in den Pazifik**: über Honolulu nach Fidschi, über Honolulu zu den Cook-Inseln, über Honolulu nach Samoa und Tonga oder über Französisch-Polynesien (Tahiti) und die Cook-Inseln nach Fidschi. Auf allen vier Routen können Sie als Endpunkt auch noch Auckland in Neuseeland anfliegen. Ob Sie eine der Inseln als Wendepunkt nehmen oder Neuseeland, spielt preismäßig keine Rolle. Ein Neuseeland-Stop ist also gratis immer mit enthalten. Mit einem Flug von Air New Zealand sind drei Stops in der Südsee frei, jeder weitere Stop kostet einen Aufschlag. Die angegebenen Preise sind offizielle IT-Tarife, die auf dem Graumarkt aber oft billiger angeboten werden.

Zentrale Reservierung:

Deutschland:
Tel. 0130-817778
Schweiz:
Tel. 155-7778
Österreich:
Tel. 0032-3-2021288

Auf der Asienroute bzw. mit dem Rund-um-die-Welt-Ticket, das Air New Zealand zusammen mit Lufthansa und anderen Fluglinien anbietet, können Sie in Südostasien Denpasar (Indonesien), Hongkong, Bangkok, Singapur, Taipeh und Seoul anfliegen.

Ein besonderer Service auf allen Flügen Air New Zealands in den Pazifik ist die großzügige Gepäckgrenze von 64 kg pro Person, beschränkt allerdings auf zwei Gepäckstücke. Dies erlaubt ohne Aufpreis die Mitnahme eines Surfboards oder eines Fahrrades, das jeweils als ein Gepäckstück gerechnet wird.

■ **Air New Zealand** (Direktflug)
Frankfurt-Los Angeles-Honolulu-Nadi-Auckland (=Wendepunkt)-Rarotonga-Papeete-Los Angeles-Frankfurt:
DM 2.650 bis 3.850 je nach Saison.

Preisbeispiele

■ **Lufthansa** mit **Air New Zealand** (Round-the-world)
Frankfurt – Denpasar/Hongkong/Bangkok/Kuala Lumpur/Singapur/ Taipeh/Tokio – Sydney/Auckland – Rarotonga/Papeete/Nadi/Honolulu/Tonga/Samoa – Los Angeles – Frankfurt:
DM 2.650 bis 3.850 je nach Saison.

■ **Canadian Airlines** (Canadian Pacific Airpass)
Frankfurt – Vancouver – Honolulu – Nadi – Auckland oder München – Toronto – Honolulu – Nadi – Auckland:
jeweils DM 2.790.

■ Die samoanische Fluglinie **Polynesian Airlines** erschließt mit dem Polypass ab Los Angeles das gesamte Flugnetz dieser regionalen Airline. Er ist 30 Tage gültig, innerhalb dieses Zeitraums können alle unten angegebenen Ziele im Südpazifik angeflogen werden:
Los Angeles – Rarotonga – Apia – Pago Pago – Tonga – Nadi – Auckland – Sydney – Niue – Los Angeles:
US$ 1.300
Der **Polypass** kann zusammen mit deutschen Anschlußflügen nach Los Angeles gebucht werden bei Eest-Reisen in Augsburg:
Tel. 0821-151066, Fax 0821-30207.

■ Auch die fidschianische Fluglinie **Air Pacific** fliegt seit Juli 1994 ab Los Angeles nach Nadi (Fidschi) und von dort zu anderen Zielen im Südpazifik.
Los Angeles – Nadi – Brisbane/Sydney/Melbourne /Auck-

land/Christchurch –- Los Angeles: US $ 890. Zusätzliche Abstecher nach Tonga oder Samoa kosten US$ 75.
Diese Flüge können gebucht werden über die Frankfurter Agentur von Air Fiji: Tel. 069-729092, Fax 069-729314.

Datumsgrenze

Sie verläuft als unsichtbare Linie nord-südwärts mitten durch den Pazifik und hat schon vielen Reisenden Kopfzerbrechen bereitet, wenn nicht ganze Reisepläne durcheinandergebracht. Da die Sonne auf ihrem gleichmäßigem Lauf um die Erde immer irgendwo gerade aufgeht, muß eine gedachte Grenze auch irgendwo den Beginn des neuen Datums markieren. Um die dadurch entstehende Konfusion möglichst gering zu halten, zogen die Geographen die Datumsgrenze deshalb durch den dünnbesiedelten Pazifik, entlang des 180. Längengrades. Das hat zur Folge, daß Sie beispielsweise bei einem Flug von Fidschi nach Samoa, der die Datumsgrenze von West nach Ost überschreitet, zwar drei Stunden später in der Tageszeit ankommen – datumsmäßig jedoch einen Tag früher. Umgekehrt gilt, daß Sie einen Kalendertag später ankommen, wenn Sie die Datumsgrenze von Ost nach West überfliegen.

Diesen Umstand machen sich viele ausgewanderte Insulaner zunutze, indem sie zum Beispiel das Weihnachtsfest zuerst in ihrer neuen Heimat Neuseeland oder Australien feiern, dann zu ihren Heimatinseln jenseits der Datumsgrenze fliegen und dort, einen Tag früher ankommend, noch einmal mit ihren dortigen Verwandten das gleiche Fest begehen können.

Ein wohlgemeinter Rat zum Schluß

Nehmen Sie sich Zeit für die Südsee und versuchen Sie nicht allzuviel in Ihre Reise hineinzupacken. Wenn Sie wirklich nur drei Wochen Zeit haben und die Reise auch erholsam sein soll, dann sollten Sie sich auf eine oder zwei Inselgruppen beschränken, statt soviel wie möglich „abzuhaken". Sonst kommen Sie vor lauter Kofferpacken nicht an den Strand. Außerdem ist die Südsee kein Reiseland, das man im Vorübergehen mitnehmen kann. Der spezielle Reiz einer Insel erschließt sich oft nicht gleich am ersten Tag; schon gar nicht lassen sich die kulturellen Eigenheiten verschiedener Inselgruppen im Drei-Tage-Takt konsumieren. Und wenn Ihnen gar die kombinierte „Südsee-Weltreise" mit möglichst vielen Stopovers rund um die Erde als 21-Tage-Paket angeboten wird, dann können Sie gleich den Erholungsurlaub hinterher buchen – so gestreßt werden Sie zurückkommen.

Verbindungen zwischen den Inselstaaten

■ Von Fidschi aus fliegt **Air Pacific** folgende internationale Ziele an:
Tonga, Western Samoa, Vanuatu, Solomon Inseln, Auckland, Christchurch, Sydney, Brisbane, Melbourne, Los Angeles, Osaka und Tokio.
★ Tonga ab F$ 455
★ Western-Samoa ab F$ 545
★ Vanuatu ab F$ 560
(alle Preise mit Rückflug).

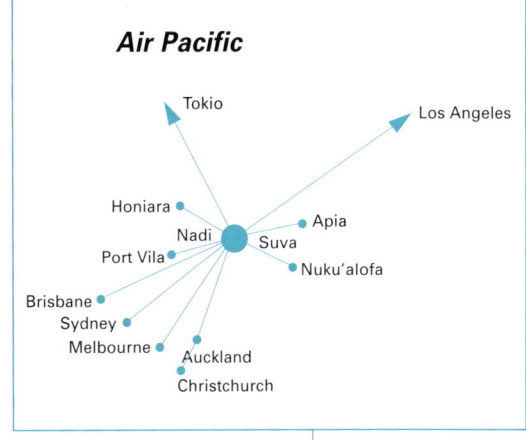

■ Von Western Samoa fliegt **Polynesian Airlines** folgende Ziele an: American Samoa, Fidschi, Tonga, Cook-Inseln, Niue, Neukaledonien Auckland, Sydney und Brisbane.
★ American Samoa WS$ 153
★ Fidschi WS$ 643
★ Tonga WS$ 552 (alle Preise mit Rückflug).

■ Von American Samoa aus fliegt **Samoa Air** nach Tonga und Western Samoa .
★ Tonga US$ 410
★ Western Samoa US$ 96
(alle Preise mit Rückflug).

■ Von Hawaii bzw. Los Angeles fliegt **Hawaiian Airlines** nach: Französisch-Polynesien, Cook-Inseln und American Samoa,

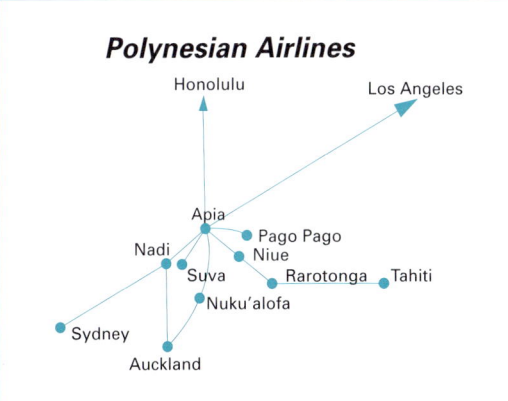

■ Von Neukaledonien fliegt **Air Caledonie** nach Fidschi und Französisch-Polynesien.

■ **Air Nauru** fliegt von Nauru, einer kleinen Insel am Äquator, mehrere Inselgruppen des Südpazifiks an. Lange Zeit war der Flugbetrieb jedoch eingestellt und nach Wiederaufnahme ist der Flugplan noch sehr unregelmäßig.

■ Mit dem **Pacific Triangle Ticket** können Sie einmal im Dreieck die Inselstaaten Fidschi, Tonga und Western Samoa abfliegen, wobei der Startpunkt beliebig ist. Es wird von den drei an diesen Strecken beteiligten Fluglinien Air New Zealand, Air Pacific und Polynesian Airlines zum gleichen Preis angeboten und kann auch schon von Deutschland aus gebucht werden. Das Pacific Triangle bietet sich vor allem dann an, wenn Ihr Flug Sie nur nach Fidschi führt und Sie von dort aus Abstecher zu den beiden benachbarten Inselgruppen machen möchten.
Fidschi – Western Samoa – Tonga – Fidschi mit Air Pacific, Air Zealand und Polynesian Airlines US$ 448.

■ Mit dem **Pacific Air Pass** können Sie von Fidschi nach Vanuatu, Tonga, Western Samoa und wieder nach Fidschi fliegen. Er kostet US$ 499, gilt 30 Tage, und wird von Air Pacific angeboten.

■ Neu ist das **Triangle Ticket** von Air Pacific: Fidschi – Vanuatu – Solomon Inseln – Fidschi für US$ 599.

■ **Polypass** heißt ein Rundflugticket von Polynesian Airlines, das für alle von dieser Fluglinie angeflogenen Ziele (siehe oben) gilt und 30 Tage gültig ist. Es kostet US$ 999, einschließlich Los Angeles US$ 1.300.

Unterkünfte

Daß die Südsee kein Billigreiseland ist, werden Sie feststellen, sobald Sie sich näher mit den Hotelpreisen beschäftigen. Das mag einerseits bedauerlich sein. Es hat die Inseln aber bisher vor den negativen Auswirkungen eines Massentourismus ebenso bewahrt wie vor sogenannten Alternativreisenden, die Gastfreundschaft als Einladung zum Schnorren mißverstehen.

Stellen Sie sich also in allen Hotel-Kategorien, auf ein internationales Preisniveau ein, keinesfalls darunter, oft jedoch darüber. Das soll nicht heißen, daß es in der Südsee nicht auch preiswerte Unterkünfte im Pensionsstil gibt. Aber sie sind eben nicht so breit gestreut wie in anderen Reiseländern. Das Gros der Hotels mit internationalem Standard ist komfortabel bis luxuriös ausgestattet, meist mit eigenen Tennisanlagen und Golfplätzen. Oft ist die Benutzung von Wassersportgeräten wie Surfboard oder Schnorchelausrüstung im Preis inbegriffen.

In der Südsee häufig vertreten ist der Typ des sogenannten **Insel-Resorts**, das exklusiv eine Insel für sich beansprucht. Sie sind meist im Stil von Bungalow-Anlagen gebaut, statt großer Hotelflügel ist jedes Doppelzimmer in einem separaten Bungalow untergebracht. Bungalows im traditionellen Baustil nennt man in **Fidschi Bure** und in **Polynesien Fale** oder **Fare**. In der mittleren bis oberen Preisklasse haben sie einen Kühlschrank mit einer Kanne Eiswasser sowie eine Elektrokanne und Kaffee und Tee zum Selbermachen. Natürlich können Sie auch Obst und Getränke mitnehmen und im Kühlschrank lagern, wenn Sie Geld sparen möchten. Manche Mittelklasse-Hotels, vor allem auf den Cook-Inseln, bieten auch sogenannte **self-contained units** an, also Bungalows mit voll ausgestatteter Küche oder Kochnische, was Restaurantkosten einsparen hilft.

Low Budget oder Budget Accommodations sind preiswerte Pensionen und Hotels mit einfacher Zimmereinrichtung; oft gibt es auch jugendherbergsähnliche Schlafsäle (**Dormitory**) und Gemeinschaftsküchen. In diesem Buch haben wir in dieser Kategorie nur diejenigen Unterkünfte aufgezählt, die uns einen sauberen und gutgeführten Eindruck machten.

Grundsätzlich gibt es keine Einzelzimmer; der Preis für ein Doppelzimmer oder einen Bungalow bei Einzelbelegung liegt nur geringfügig unter dem Doppelzimmerpreis. Auch ist in den Zimmerpreisen in der Regel kein Frühstück eingeschlossen.

Wildes **Campen** wird auf den meisten Südseeinseln nicht gern gesehen oder ist sogar strikt verboten. Campingplätze gibt es nur auf wenigen Inseln.

Ebenso abraten möchten wir von dem Versuch, auf gut Glück in einem Dorf ein **Privatquartier** zu suchen. Vor allem in Fidschi und Samoa ist das Betreten eines Dorfes durch Fremde einer strengen Etikette unterzogen (siehe auch Village-Etikette im Kultur-Kapitel), deren Mißachtung eine grobe Unhöflichkeit darstellt. Das hat nichts mit mangelnder Gastfreundschaft zu tun – im Gegenteil.

In diesem Teil des Buches finden Sie genaue Beschreibungen der Unterkünfte in den jeweiligen Inselstaaten. Die Preisangaben entsprechen dem Stand bei Drucklegung dieses Buches (Herbst 1994).

Hinweis

Alle genannten Preise sollen lediglich eine Kalkulationsgrundlage für Ihre Reise darstellen. Eine Gewähr für die Richtigkeit kann nicht übernommen werden.

Aktivitäten

Zu Wasser bieten alle Reiseziele der Südsee mannigfache Möglichkeiten für **Bootsausflüge**, die von Tagestrips zu einsamen Inseln bis zu mehrtägigen **Kreuzfahrten** durch ganze Archipele reichen. Und natürlich steht die ganze Palette der Wassersportarten zur Verfügung: **Tauchen, Schnorcheln, Hochseefischen, Segeln, Surfen, Wasserski**. Größere Hotels haben meist ihre eigenen Tauchstationen und hochseetüchtige Fangboote. Die Benutzung von Schnorchelausrüstung, Surfbrettern und kleinen Segel-Katamaranen (Hobie Cats) ist oft im Zimmerpreis mit enthalten. Kommerzielle Yacht-Charter-Unternehmen haben sich auf Fidschi, Tonga und Französisch-Polynesien etabliert. Private Segler bieten überall ihre Boote für gecharterte Segelturns an.

Die Unterwasserwelt des Pazifiks mit seinen unzähligen Korallenriffen ist noch weitgehend unberührt von menschlichen Eingriffen und Wasserverschmutzung. Schon das Schorcheln wenige Meter vom Strand entfernt, ohne aufwendige Ausrüstung und Vorbildung, eröffnet dem Neuling die ungeahnte Vielfalt des Meereslebens.

Für diejenigen, die sich bisher noch nicht mit dem Tauchen befaßt haben, ist ein Südseeurlaub eine ausgezeichnete Gelegenheit dazu. Viele Tauchunternehmen bieten Anfänger- oder Schnupperlehrgänge an, die Ihnen Ihre Hemmschwelle überwinden helfen. Wenn Sie Appetit bekommen haben, können Sie es schon in fünf Tagen zum international anerkannten Sporttaucher-Zertifikat bringen. Solche Lehrgänge bieten die meisten Tauchbasen an; sie sind erheblich billiger als in Europa.

An Land besteht vor allem auf den größeren, hohen Inseln Gelegenheit zu vielfältigen Ausflügen: **Bergtouren, Trekking** zu Fuß oder mit dem Pferd, **Safaris** ins Inselinnere mit dem Geländewagen. **Inselrundfahrten** werden als organisierte Gruppentouren angeboten; Sie können sie aber auch selbständig mit dem Leihwagen unternehmen und unserer Beschreibung im jeweiligen Inselkapitel folgen.

Zwei Sportarten sind überall verbreitet: **Tennis** und **Golf**. Alle größeren Hotels haben ihre eigenen Tennisplätze, viele auch einen Golfplatz. In den ehemaligen englischen Kolonien sind auch Grasbowling-Plätze weit verbreitet.

Tip

Gehen Sie nie allein **Tauchen** und nur mit Tauchführern, die eine Lizenz haben. Tauchen ist ein schöner Sport, kann aber bei unprofessioneller Wartung und Handhabung der Geräte schnell lebensgefährlich werden. Ein professionell geführtes Tauchunternehmen besitzt eine der international anerkannten Lizenzen: PADI, NAUI (in den englischsprachigen Ländern) oder CMAS (in Französisch-Polynesien).

Reisetips

Fidschi, Tonga und Western Samoa haben jeweils einen deutschen Honorarkonsul. Französich-Polynesien auch einen für Österreich und die Schweiz.

Diplomatische Vertretung

Die für diesen Teil des Pazifiks zuständige deutsche Botschaft befindet sich in Neuseeland.

Embassy of the Federal Republic of Germany
P.O.Box 1687, 90-92 Hobson Street, Thorndon/Wellington, Neuseeland
Tel. 0064-4-4736063
Fax 006-4-4736069

Österreich:
P.O.Box 375, 10 Endeavour Street, Red Hill, Manuka/Canberra ACT 2603, Australien,
Tel. 0061-6-951376

Schweiz:
P.O.Box 386,
22-24 Panama Street, Panama House, Wellington, Neuseeland
Tel. 0064-4-4721593

Die südpazifische Küche ist herzhaft und stärkehaltig. Grundnahrungsmittel sind Wurzelgemüse wie **Taro** (oder Dalo), **Kassava** (Tapioka, Maniok), Yams und Süßkartoffeln. Fisch wird gegrillt oder in Kokosmilch gekocht. Dazu gibt es oft spinatähnliches Blattgemüse, das auch in Kokosmilch gekocht wird. Die fetthaltige Kokosmilch ersetzt in der Südseeküche die Sahne. Sie wird aus geraspeltem Kokosfleisch durch ein Tuch ausgepreßt. Eine Spezialität, die es in allen Ländern gibt und die Sie auf jeden Fall probieren sollten, ist roher, in Zitronensaft marinierter Fisch mit Kokosmilch; ein erfrischender Snack, der in den meisten Restaurants und Hotels als Vorspeise angeboten wird. Er heißt in Französisch-Polynesien **Poisson cru**, auf den Cook-Inseln **Ika Mata**, in Tonga **Ota Ika**, in Samoa **Oka** und in Fidschi **Kokoda**. Die zweite weitverbreitete Spezialität ist **Palusami** (Fidschi) bzw. **Lu Pulu** (Tonga). Das ist in junge Taroblätter eingewickeltes Corned beef, vermischt mit kleingeschnittenen Taroblättern und Kokosmilch, Chilli, Zwiebeln und Knoblauch. Das Ganze wird im Ofen oder Erdofen gegart. In den Hotels herrscht bis auf wenige Ausnahmen englischaustralische oder internationale Küche vor: gebratenes oder gekochtes Fleisch mit gedünsteten Gemüse und Pommes Frites.

Essen und Trinken

Die verschiedenen einheimischen Biere dürften auch deutschen Ansprüchen genügen. Darüber hinaus gibt es ein erstaunlich gutes Angebot an australischen und neuseeländischen Weinen, die man unbedingt einmal probieren sollte.

Gesundheit

Die in diesem Buch beschriebenen Inselstaaten sind **malariafrei**. Impfungen sind nicht notwendig, es sei denn Sie kommen aus Ländern, in denen es Pocken, Cholera und Gelbfieber gibt. Ein Tetanus-Schutz ist dagegen immer angebracht.

Lästige Reisebegleiter, auch wenn sie keine Malaria verbreiten, bleiben **Moskitos**. Decken Sie sich also mit insektenabstoßenden Cremes oder Lösungen ein; solche Schutzmittel (Mosquito Repellent) können Sie auch überall in der Südsee kaufen. Ein Segen sind auch Salben, die den Juckreiz nach erfolgten Insektenstichen lindern. Damit verhindern Sie auch das infektionsfördernde Aufkratzen der Stiche.

Das Sonnenlicht, vor allem die **UV-Strahlung**, ist natürlich wesentlich stärker als in unseren Breiten. Deshalb sind Sonnencremes mit hohem Schutzfaktor angebracht, wie sie auch für Gletscherhöhen empfohlen werden. Trotzdem wird der erste Sonnenbrand unvermeidlich sein: Auch dagegen gibt es hilfreiche Salben.

Reisenden aus Europa wird vor allem der extreme Wechsel in hohe Luftfeuchtigkeit, die stechende Sonne und das ungewohnte Essen anfangs zu schaffen machen. Am besten Sie gewöhnen sich langsam an alles und übertreiben in den ersten Tagen nicht, bis sich Ihr Körper aklimatisiert hat.

Die Apotheken in Fidschi, Französisch-Polynesien und auf den Cook-Inseln sind gut sortiert, in Tonga und Samoa weniger gut. Besser Sie nehmen für alle Fälle eine kleine **Reise-Apotheke** mit. Sie sollte enthalten:
★ Pflaster und Desinfektionsmittel (Jod oder Mercurchrom) für Hautabschürfungen an den Korallen, die ohne Desinfektion schwer heilen.
★ Medikamente gegen Durchfall
★ Mittel gegen Kopfschmerzen und Sonnenstich
★ Salbe gegen Sonnenbrand und Allergien
★ Juckreizstillende Salbe gegen Insektenstiche
★ Schmerzstillende Tabletten
★ Antibiotika
★ Insektenschutzmittel

Auskünfte und Prospektmaterial erhalten Sie von den jeweiligen **Fremdenverkehrsbüros** der einzelnen Staaten (Adressen bei den jeweiligen Inselgruppen). Diese haben sich im Dachverband des „Tourism Council of the South Pacific" zusammengeschlossen. Seinen Hauptsitz hat der TCSP in Suva, Fidschi, mit Vertretungen in Europa und den USA. Die Vertretungen des **TCSP** versorgen Reiseveranstalter, Medien und andere Interessenten mit Informationsmaterial über alle Reiseländer des Südpazifiks.

Information

**TOURISM
COUNCIL OF THE
SOUTH PACIFIC**

Nähere Informationen:
35 Loftus Street. P.O. Box 13119, Suva/Fiji. Tel. 00679-304177, Fax 00679-301995.

Im „Visit South Pacific Year '95" werden die Reiseziele des Südpazifiks auf allen internationalen Tourismus-Messen besonders herausgestellt. Der Slogan „The South Pacific Islands. Like nothing on earth!" soll dabei die Einzigartigkeit der Südseeinseln hinsichtlich Kultur und unversehrter Natur betonen.

Die vom TCSP organisierte Werbekampagne wird mit Entwicklungshilfegeldern der Europäischen Union finanziert. Ziel ist es, in den südpazifischen Kleinstaaten einen sich selbst tragenden und umweltschonenden Tourismus zu fördern. Die Fehler anderer Entwicklungsländer, die ihr wirtschaftliches Heil in unkontrolliertem Massentourismus suchten, sollen im Südpazifik vermieden werden (siehe hierzu auch „Öko-Tourismus in Fidschi" in diesem Service-Teil).

Lassen Sie sich von Bikinis auf den Fotos der Reiseprospekte nicht darüber hinwegtäuschen: Die Kleidung der Südseeinsulaner ist dank der Missionare eher puritanisch. An Stränden außerhalb von Hotelanlagen, vor allem in der Nähe von Dörfern, sollten Sie sich mit allzu knapper Badekleidung zurückhalten. Oben-ohne- oder gar Nacktbaden ist ohnehin verboten. Wenn Sie auf Besichtigungstour ins Landesinnere gehen, Dörfer oder gar Kirchen besuchen, machen Sie sich mit knappen Shorts und Oberteilen keine Freunde.

Kleidung

Preise

Die Südsee ist kein billiges Reiseland, dessen müssen Sie sich von vornherein bewußt sein. Vor allem Französisch-Polynesien wartet mit Preisen auf, die manchen Besucher abschrecken. Aber auch in den anderen Ländern liegen die Hotelpreise auf oder über internationalem Niveau. Das ist zum Teil gerechtfertigt durch die großen Entfernungen, über die alle Einrichtungen herangeschafft wurden. Auch die tägliche Verpflegung wird oft bis zum letzten Salatblatt extra eingeflogen.

Sicherheit

Noch immer schützt den Besucher der Respekt und die traditionelle Gastfreundschaft der Südsee-Insulaner; nur selten hört man von Übergriffen auf Touristen. Trotzdem gelten auch hier die allgemeinen Sicherheitsratschläge: Tickets und Reiseschecks in den Hotelsafe, keine Wertsachen im Auto oder am Strand liegen lassen, einsame Strände nicht alleine aufsuchen und Bars und Diskotheken mit hohem Alkoholkonsum meiden.

Trinkgelder

Die Südsee ist eines der letzten Reisegebiete, in denen Trinkgelder nicht üblich, ja sogar verpönt sind. Dienstleistung und Gastfreundschaft gegenüber Fremden gehört zur ureigensten Tradition dieser Länder; machen Sie diese erfreuliche Sitte also nicht durch falschverstandene Spendierfreude kaputt. Ausnahmen von dieser Regel sind nur dann angebracht, wenn Ihnen jemand einen außerordentlichen Gefallen getan hat, der über den gewöhnlichen Hotelservice wie Koffertragen oder Servieren hinausgeht. Wenn Sie sich trotzdem erkenntlich zeigen wollen, können Sie etwas in die Gemeinschaftskassen werfen, die die meisten Hotels an der Rezeption für ihre Angestellten aufgestellt haben.

Was Sie mitnehmen sollten

Schnorchelausrüstung und Badeschuhe (wegen der Korallen); ein solides Messer für Früchte, Insekten-Schutzmittel; Moskitonetz (wenn Sie zelten oder in einfachen Unterkünften wohnen); Taschenlampe; Sonnenschutzmittel mit hohem Schutzfaktor; Creme gegen Sonnenbrand und Insektenstiche; Hausapotheke gegen Durchfall, Kopfschmerzen etc.; Stromadapter nach australischer, neuseeländischer oder französischer Norm; leichter Pullover oder Sweatshirt für die kühleren Monate April bis Oktober.

Was Sie zu Hause lassen können

Abendkleidung, Krawatten, Sakkos, Jacken, Strümpfe, Regenbekleidung. Wenn es regnet, sind Mantel oder Anorak wegen der Wärme eher hinderlich.

Französisch-Polynesien

Reisehilfen von A – Z

In Papeete gibt es zwei Privatkliniken mit englischsprechendem Personal, die Touristen für Notfälle empfohlen werden:
- Clinique Cardella, Rue Anne-Marie Javouhey, Tel. 428190
- Clinique Paofai, Boulevard Pomare, Tel. 430202
- Das staatliche Mamao Hospital liegt an der Avenue Georges Clemenceau, Tel. 420101

Ärztliche Versorgung

Für die äußeren Inseln gibt es einen Not-Flugdienst, der in kürzester Zeit aus Papeete abgerufen werden kann. Die Apotheken in Papeete sind gut bestückt mit internationalen Medikamenten.

Es gibt fünf Banken in Französisch-Polynesien: Westpac Banking Corp., Banque Paribas Polynesie, Banque de Polynesie, Banque Socredo, Banque de Tahiti. Alle haben ihre Hauptbüros im Zentrum von Papeete und Zweigstellen auf den verschiedenen Inseln. Alle akzeptieren auch DM-Reiseschecks.

Banken

Für Deutschland:
Honorar-Konsulin Claude-Elaine Weinmann, Tel. 42 99 94 (tagsüber), 42 80 84 (abends), Fax 42 96 89. Frau Weinmann spricht deutsch. Für Visa-Anträge ist die Deutsche Botschaft in Wellington zuständig, P.O. Box 1687, Thorndon, Wellington/Neuseeland, Tel. 736063
Für Österreich und Schweiz:
Honorar-Konsul Paul Mätz, Tel. 439114 (tagsüber), 432122 (abends).

Diplomatische Vertretung

Französisch-Polynesien ist bekannt für die **schwarzen Perlen**, die auf den Tuamotus gezüchtet werden. Wenn Sie nach Manihi kommen und dort eine Perlenfarm besichtigen, kaufen Sie am günstigsten direkt vom Erzeuger. Die bessere Auswahl und Verarbeitung finden Sie natürlich in den Schmuckgeschäften Papeetes. Vor Fälschungen müssen Sie keine Angst haben, aber Sie sollten sich vorher über die Qualitätsmerkmale informieren, damit Sie für Ihr Geld auch den richtigen Gegenwert bekommen. In Europa sind schwarze Perlen auf jeden Fall rund 50 Prozent teurer. Neben den Perlen sind auch

Einkaufstips

noch die Tikis aus schwarzer Koralle mit vergoldeter Fassung ein beliebtes Souvenir. Ausgefallenes polynesisches Kunstgewerbe hat die kleine Galerie Matamua am Boulevard Pomare zwichen der Rue du St. Jean Gilbert und der Rue Paul Gauguin.

Pareos, bunte Tücher aus dünner Baumwolle, die um den Körper geschlungen werden, sind überall in unterschiedlichem Design erhältlich. Die schönsten Drucke sahen wir auf Moorea und Bora Bora, vor allem die mit Gauguin-Motiven bei Lily in Maharepa auf Moorea. Ein preiswertes Mitbringsel sind auch immer die gutriechenden Kokosnußseifen und -öle, garantiert reine Naturprodukte. Obst und Gemüse, frischen Fisch und Fleisch, Blumen und Blumenkränze gibt es in Papeete auf dem **Markt** (Marché). Im ersten Stock sind Verkaufsstände mit Kunstgewerbe aus einheimischer Produktion, Muschelschmuck und Pareos.

Handeln ist in Französisch-Polynesien nicht üblich.

Einreise

Reisepaß und ein Weiter- oder Rückflugticket genügen. Bürger aus EG-Ländern, Skandinavien, Österreich und der Schweiz benötigen kein Visum. Sie können sich bis zu drei Monaten im Land aufhalten.

Feiertage, Feste

Ab 29. Juni: **Heiva i Tahiti**
Das wichtigste polynesische Festival des Landes. Tamure-Wettbewerbe, Outrigger-Kanu-Rennen, Steineheben, Kunstgewerbe-Ausstellungen, Feuergeher-Wettbewerbe und historische Zeremonien am Marae Arahurahu. Alle Feierlichkeiten sind umrahmt von einem Meer von Blumen, deren Farbenpracht Fotografen aus aller Welt anlocken.

14. Juli: **Bastille-Tag**
Der französische Nationalfeiertag fällt mit dem Höhepunkt des Heiva-Festes zusammen, zelebriert mit einer Parade in Papeete und Bällen der Gesellschaft von Tahiti.

Ende Oktober/Anfang November: **Heiva no te Pahu Nui O Tahaa**.
Dieses vier Tage dauernde Fest auf der Insel Tahaa mit zahlreichen Sportwettbewerben, deren Höhepunkt das traditionelle Steinfischen darstellt, lockt jährlich tausende Teilnehmer und Zuschauer an. Da Unterkünfte begrenzt sind sollten Sie rechtzeitig buchen.

Erste Dezember-Woche: **Tiare Tahiti**
Die Nationalblume des Landes, die weiße Gardenia Tai-
tensis wird an diesem Tag geehrt und in allen Straßen
und Hotels verteilt. Die öffentlichen Gebäude sind mit
Blumen dekoriert und abends findet ein nationaler Tanz-
und Gesangswettbewerb im Hotel Tahiti statt.

Auf Tahiti gibt es mehrere Fotolabors, die Negativfilme   **Fotografieren**
innerhalb weniger Stunden entwickeln und Abzüge her-
stellen. Filmmaterial ist allerdings sehr teuer. Decken Sie
sich besser vorher ein.

Es wird keine Flughafengebühr (Departure oder Airport   **Flughafen-**
Tax) erhoben.   **gebühr**

Beim Mieten eines Autos oder eines Motorrollers muß   **Führerschein**
ein Führerschein vorgelegt werden, es braucht aber nicht
der internationale zu sein.

Generalvertretungen: **Kreditkarten**
American Express: Tahiti Tours, Rue Jeanne d`Arc,
Tel. 427870.
Diners Club: UAP Chichong, Rue Tepano Janssen,
Tel. 428070.
Mastercard: Westpac, Place Notre Dame,
Tel. 427526.
Visa: Banque Polynesie, Boulevard Pomare,
Tel. 428688.

Literatur und Karten über Französisch-Polynesien in fran-   **Landkarten**
zösischer und englischer Sprache gibt es bei Hachette im   **und Bücher**
Vaima Center, bei Archipels in der Rue Rempart hinter
dem Rathaus und bei Polygraph an der Rue Bruat. Archipels hat die größte Auswahl. Spezielle Seekarten finden
Sie im Marine Department am Boulevard Pomare im
Gebäude von Air France.

Es gibt zwei französische Tageszeitungen, „La Depeche   **Presse**
de Tahiti" und „Les Nouvelles de Tahiti", letztere mit täglichen Wechselkursen. Deutsche und internationale
Tagespresse und Illustrierte (Spiegel, Stern, Bunte) erhalten Sie am Kiosk vor dem Vaima-Center oder in der Buchhandlung Hachette im ersten Stock.

Französisch ist die offizielle Staatssprache, Polynesisch   **Sprache**
die Umgangssprache in der Familie und im Dorf. Eng-
lisch wird nur im touristischen Bereich gesprochen.

**Strom-
spannung**

Ältere Häuser und Hotels haben noch 110 V Wechsel-
spannung, neuere 220 V bei 60 MHz. Vergewissern Sie
sich vorher in Ihrem Hotel. Obwohl die Steckdosen ähnlich sind, passen deutsche Stecker nicht immer. Besor-
gen Sie sich besser vorher einen Adapter für die französische Norm.

**Touristen-
information**

Das Fremdenverkehrsamt Französisch-Polynesiens heißt
Tahiti Tourisme. Es liegt mitten in der Stadt am Boulevard Pomare im Fare Manihini, direkt am Anlegesteg für
die großen Kreuzfahrer und ist tagsüber geöffnet. Dort
bekommen Sie erschöpfendes Informationsmaterial
über Transportwege, Unterkünfte, Ausflüge und sonstige
Aktivitäten auf allen Inseln. Die Mitarbeiter sind nett,
geduldig, hilfsbereit und sprechen auch englisch.
Tahiti Tourisme, P. O. Box 65, Papeete, Tel. 429626, Fax
436619.
Vertretung in Deutschland: Tahiti Information, Haingasse
22, 61348 Bad Homburg, Tel. 06172-21021, Fax 06172-
25570.

**Verkehrs-
regeln**

Es herrscht **Rechtsverkehr**, der Fahrstil ist passiv und
ohne Streß, die Verkehrsregeln dehnbar. Seien Sie auf
plötzliches Abbiegen oder Fahrbahnwechsel ohne Blinken gefaßt.

Währung

Die Währung in Französisch-Polynesien ist der **CFP** (Cour
de Franc Pacifique), der französische Pazifik-Franc. Es
gibt ihn in Banknoten 500, 1.000, 5.000 und 10.000 und in
Münzen zu 1, 2, 5, 10, 20, 50 und 100 Franc. 100 CFP entsprechen etwa (Stand 1994): 1,70 DM / 12 öS / 1,40 sfr.

**Wichtige
Telefon-
nummern**

Vorwahl von Deutschland aus: 00689
Vorwahl nach Deutschland: 0049
Nach Österreich: 0043
In die Schweiz: 0041
Polizei: 17 oder 420202
Ambulanz: 15 oder 428190
(Clinique Cardella)
Feuerwehr: 18

Zeitunterschied

11 Stunden hinter Deutschland, 10 Stunden hinter GMT.

**Zoll-
bestimmungen**

200 Zigaretten oder 100 Zigarillos oder 50 g Zigarren oder
250 g Tabak pro Person sind erlaubt. Ferner zwei Liter
Spirituosen. Amateur-Fotografen dürfen zwei Kameras
mit 10 Filmen einführen.

Reisen im Lande

Der internationale **Flughafen Faaa** liegt 6 km südlich von Papeete. Die Abfertigungsschalter für die internationalen Flüge sind in der Mitte. Links, vom Eingang aus gesehen sind die Schalter von Air Tahiti. Etwa 200 Meter rechts vom Hauptgebäude liegt der kleine Shuttle-Flughafen von Air Moorea.

Flugzeug

Der Taxistand ist vor dem Flughafen. Die Taxis sind sehr teuer, haben zum Teil keinen Zähler und kosten nachts doppelt so viel.

An der Straße oberhalb des Flughafens ist auch eine Haltestelle von **Le Truck**, den öffentlichen Bussen Tahitis. Für den ersten Weg zum Hotel ist diese Transportart allerdings etwas beschwerlich, vor allem wenn Sie viel Gepäck haben und sich in Papeete noch nicht auskennen. Avis, Budget und Hertz unterhalten jeweils einen Schalter in der Abfertigungshalle, der bei allen Flügen geöffnet ist.

Die Bank ist unter der Woche von 7.45 bis 15.30 Uhr und eine Stunde vor Ankunft und Abflug jedes internationalen Fluges geöffnet. Weiter gibt es Schalter des Fremdenverkehrsamtes Tahiti Tourisme, der großen örtlichen Reiseunternehmen und Fluglinien, eine Post, ein Restaurant und eine Snackbar. Die Gepäckaufbewahrung ist links bei Air Tahiti und öffnet zwei Stunden vor jedem Flug.

Tip

Vermeiden Sie den ersten Ärger wegen übermäßig hoher Taxigebühren und buchen Sie Ihren Transfer zum Hotel gleich mit. Er kostet vom Flughafen zum Hotel zwischen CFP 1.200 und 1.500.

Vor dem Flughafen im Fare Hei verkaufen Tahitianerinnen Blumenschmuck, Muschelketten und anderes Kunsthandwerk als Willkommens- oder Abschiedsgeschenke.

■ **Internationale Fluglinien**
★ **Air France**, Boulevard Pomare, Papeete, Tel. 422222
★ **Air Caledonie**, Flughafen, Tel. 850904
★ **Air New Zealand**, Vaima Center, Papeete, Tel. 430170
★ **Hawaiian Airlines**, Vaima Center, Papeete, Tel. 421500
★ **Lan Chile**, Vaima-Center, Papeete, Tel. 426455
★ **Qantas Airways**, Vaima Center, Tel. 430665
★ **Corsair**, Place Notre Dame, Tel. 422828
★ **Polynesian Airlines** über Air France

AIR TAHITI

■ **Lokale Fluglinien**
Die beiden lokalen Fluglinien sind **Air Moorea** und **Air Tahiti**. Air Moorea hat kleine einmotorige Maschinen, während Air Tahiti die zweimotorige Dornier 228 und die

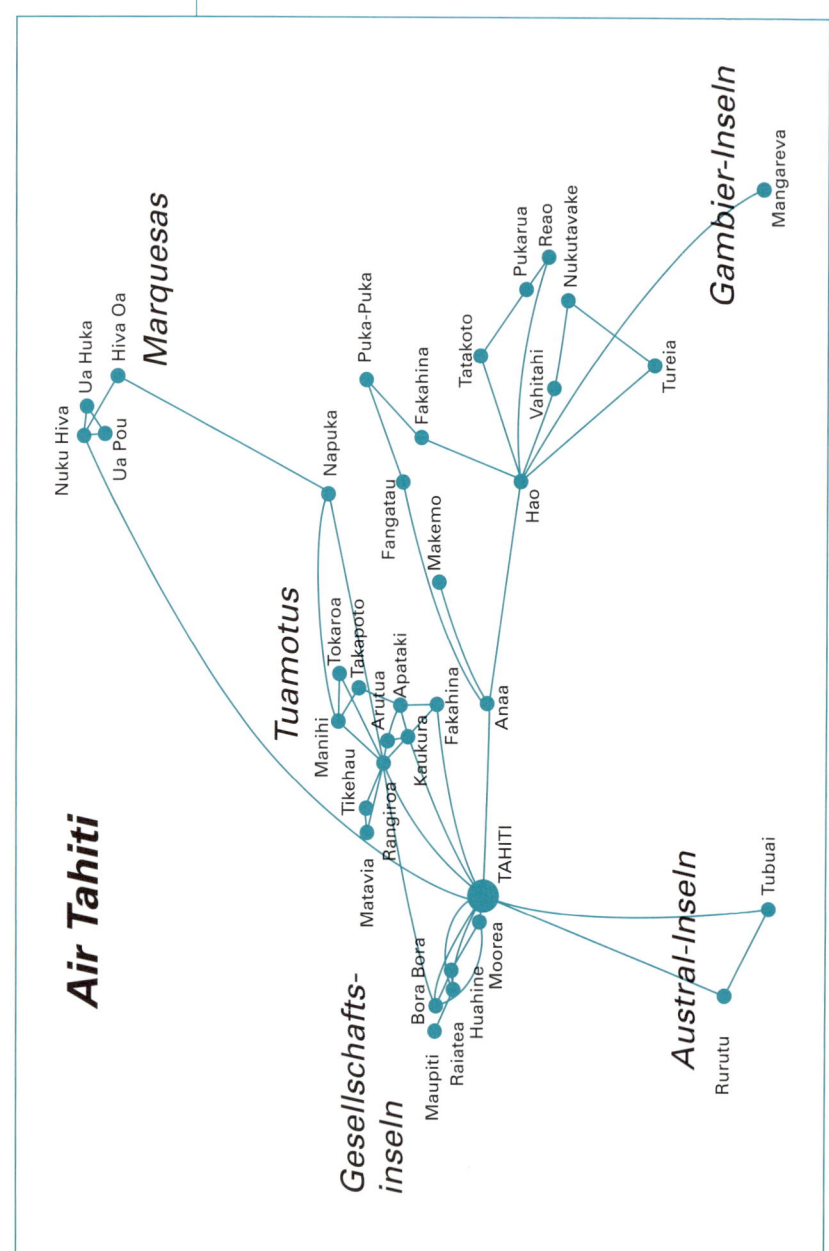

Air Tahiti

Marquesas

Nuku Hiva
Ua Huka
Ua Pou
Hiva Oa

Napuka

Puka-Puka

Pukarua
Reao
Nukutavake
Tatakoto
Fakahina
Vahitahi
Tureia
Hao

Gambier-Inseln

Mangareva

Tuamotus

Fangatau
Makemo

Manihi
Tokaroa
Takapoto
Arutua
Apataki
Tikehau
Keukura
Fakahina
Rangiroa
Anaa

Matavia

TAHITI

Gesellschafts-
inseln

Bora Bora
Maupiti
Raiatea
Huahine
Moorea

Austral-Inseln

Tubuai

Rurutu

komfortableren ATR 42 und ATR 72 einsetzt.
★ **Air Tahiti**, Boulevard Pomare, Tel. 422444 oder 864141
★ **Air Moorea**, Flughafen Faaa, Tel. 424429

Air Moorea fliegt einen Shuttle-Service von 6.00 bis 18.00 Uhr nach Moorea; morgens und abends im halbstündigen Takt, tagsüber stündlich. Der Flug dauert nur sieben Minuten, kostet CFP 2.750 einfach bei beiden Airlines und muß nicht im voraus reserviert werden.

Air Tahiti fliegt außer Moorea folgende Inseln von Papeete aus an:
★ Huahine – täglich, CFP 8.600
★ Raiatea – täglich, CFP 9.950
★ Bora-Bora – täglich, CFP 12.100
★ Maupiti – Dienstag, Freitag, Sonntag, CFP 12.450
★ Rangiroa – täglich, CFP 13.300
★ Tikehau – Montag, Mittwoch, Sonnabend, CFP 13.300
★ Manihi – Dienstag, Mittwoch, Sonnabend, Sonntag, CFP 17.150
★ Nuku Hiva (Marquesas) – Donnerstag, Sonnabend, CFP 37.800
★ Rurutu (Austral-Inseln) – Montag, Mittwoch, Freitag, CFP 17.700
Außerdem werden noch weitere Atolle in den Tuamotus und Gambiers, Tubai in den Australs und Hiva Oa, Ua Huka und Ua Pou in den Marquesas angeflogen. Diese Preise gelten nur für den Hinflug.

Eine feine Sache für Inselspringer mit etwas mehr Zeit sind die preisgünstigen **Rundflugtickets** von Air Tahiti:
1. Papeete – Moorea – Huahine – Raiatea – Bora Bora – Papeete: CFP 30.500.
2. Wie 1. plus Rangiroa und Manihi in den Tuamotus: CFP 45.500.
3. Wie 2., jedoch kann zwischen Gesellschaftsinseln und Tuamotus nach Papeete zurückgekehrt werden: CFP 58.500.
4. Wie 1. plus Rurutu und Tubuai: CFP 58.500.
5. Wie 1. plus Rangiroa, Nuku Hiva und Atuona (Marquesas): CFP. 87.000.
Die Rundflugtickets haben jeweils 28 Tage Gültigkeit. Damit haben Sie dann schon einen sehr guten Überblick über Französisch-Polynesien gewonnen.

Für Rundflüge in den Gesellschaftsinseln bieten drei Charterflugunternehmen ihre Helikopter bzw. Flugzeuge an:

■ Tahiti Helicoptre / Heli Tavake, Papeete, Tel. 8334 26/426122
■ Pacifique Helicoptere Service, Papeete, Tel. 831680/832890
■ Tahiti Conquest Airlines, Faaa, Tel. 855554

Fähre/Frachter   Wenn nicht anders angegeben, starten die Schiffe in Papeete. Die Angaben bezüglich der Fähren auf die äußeren Inseln sind ohne Gewähr.

■ Moorea:

Die Katamarane **Aremiti II** und **Tamahine Moorea II**. starten in Papeete vom Moorea Boat Dock, gegenüber des Hotel Royal Papeete nach Morea. Trotz der relativ kurzen Strecke (25 Minuten) kann die Überfahrt sehr „bewegt" sein. Wenn Sie leicht Seekrank werden, sollten Sie sich unter Deck aufhalten. Das Ticket kostet einfach CFP 700, Rückfahrt CFP 1.400. Sie bekommen es direkt an der Anlegestelle in Papeete am Boulevard Pomare.

■ Huahine – Raiatea – Tahaa – Bora Bora:

Vier Schiffe bedienen die Inseln im Westen Tahitis. Die neueste Verbindung ist das Schnellboot **Ono-Ono**. Es bietet Platz für 400 Pasagiere und braucht für die Strecke Papeete – Huahine 3,5 Stunden Es startet Montag, Mittwoch und Freitag. Tickets über Bureau Ono-Ono in Papeete, Tel. 453535.
Die Autofähre **Raromatai Ferry** bedient zweimal wöchentlich die äußeren Inseln. Sie faßt 550 Passagiere und hat 15 Kabinen mit Klimaanlage und jeweils vier Betten. Die Fahrt von Papeete nach Bora Bora dauert mit Zwischenstops in Huahine, Raiatea und Tahaa circa 17 Stunden. Decksklasse CFP 3.800, Kabine für zwei Personen CFP 17.000. Tickets über Compagnie Maritime des Chargeurs Polynesiens, Tel. 431988.
Der wesentlich kleinere Frachter **Taporo IV** faßt nur 160 Passagiere und hat einfache Kabinen. Die Fahrt dauert mit allen Zwischenstops circa 20 Stunden. Montags (ohne Tahaa) und freitags bis Bora-Bora, mittwochs nur bis Huahine. Decksklasse CFP 1.600, Kabine CFP 20.000 (Huahine, Raiatea, Bora Bora), Compagnie Francaise Maritime de Tahiti, Papeete Motu Uta, Tel. 426393.
Die **Temehani II** faßt 200 Passagiere und hat einfache Kabinen. Sie braucht für die Strecke 21 Stunden. Montags nur bis Huahine, mittwochs bis Bora Bora. Decksklasse CFP 1.600 (Huahine, Raiatea, Bora-Bora), Georges Balderanis, Papeete Motu Uta, Tel. 429883.

■ **Tuamotus – Marquesas:**

Segelboot

Für viele die schönste Art Polynesien zu bereisen, ist das Segeln. Drei große Charterunternehmen bieten Boote jeder Größe an, und zwar mit oder ohne Skipper, auf Wunsch auch mit voller Besatzung einschließlich Koch. Es genügt der Nachweis entsprechender Segelerfahrung zum Chartern ohne Skipper (Bare Boat Charter). Die Unternehmen **A.T.M., Tahiti Yacht Charters** und **The Moorings** haben ihre Basen in Raiatea, von wo die Gesellschaftsinseln, Tuamotus, Australs und Marquesas mühelos zu erreichen sind. Aber auch viele private Segler vermieten ihre Yachten mit und ohne Skipper oder Crew.

Eine Mischung aus Segeln und komfortabler Kreuzfahrt bietet der ultramoderne Viermaster **Windsong**. Computergesteuert entfalten sich innerhalb von zwei Minuten 2000 qm Segel auf dem 150 m langen, schnittig gebauten, vollkommen weißen Schiff. In 74 luxuriös ausgestatteten Doppelkabinen, alle mit Blick aufs Meer, haben maximal 148 Passagiere Platz. Auf den insgesamt vier Decks sind außerdem Restaurants, Bars, Swimmingpool, Casino, Bibliothek und andere Unterhaltungsräume untergebracht. Am Heck öffnet sich beim Ankern in den Buchten der Inseln eine Plattform, von der aus alle Wassersportaktivitäten wie Tauchen, Schnorcheln, Windsurfen, Wasserski, Fischen und Bootsausflüge unternommen werden. Die Windsong läuft jeden Samstag in Papeete aus zu einem 7-Tage-Turn rund um die Gesellschafts-Inseln Huahine, Raiatea, Tahaa, Bora Bora und Moorea. Gelegentlich werden auch eigens gecharterte 14-Tage-Turns durchgeführt, die neben den Gesellschafts-Inseln auch die Tuamotus und die Marquesas besuchen.

7-Tage-Trip je nach Saison zwischen US$ 2.795 bis US$ 2.895 pro Person inklusive Vollpension. Zu buchen bei Tahiti Nui Travel, Vaima Center, B.P.Box 718, Papeete, Tel. 426803.

Auf **Moorea** hat das Charterunternehmen **Archipels Croisières Polynesiennes** seine Basis. Sie können mit einem 17,5 m-Luxus-Katamaran zwischen 7 und 10 Tage durch die Marquesas (Nuku Hiva, Ua Pou, Ua Uka, Hiva Oa), Tuamotus (Rangiroa und Tikehau) oder Gesellschaftsinseln (Bora Bora, Raiatea, Tahaa, Huahine) segeln. Auf den Inseln werden jeweils Exkursionen zu Wasser und zu Lande unternommen, Tauchausrüstung ist an Bord. Die Katamarane haben jeweils vier Kabinen mit Bad, Aufenthaltsraum, ein sehr großes Sonnendeck und bieten insgesamt Platz für acht Passagiere und drei

Besatzungsmitglieder. Preisbeispiel: Gesellschafts-Inseln 7 Tage CFP 151.000 pro Person, inklusive Mahlzeiten (ohne Flug). Archipels, Dominique Profit, P. O. Box 1160, Papetoai/Moorea, Tel. 563639.

Bus

Der öffentliche Bus heißt **Le Truck**. Er besteht aus dem Chassis eines importierten Kleinlasters mit örtlich gefertigtem, buntbemaltem Holzaufbau. Die Trucks werden von privaten Kleinunternehmern gefahren und sind die billigste Art der Fortbewegung auf den Inseln. Die Haltestellen erkennen Sie an hellblauen Schildern mit weißem Bus (nur auf Tahiti). Es gibt keine festen Fahrpläne, die Fahrziele sind am Bus angeschrieben. Gezahlt wird beim Aussteigen am Beifahrerfenster des Führerhauses. Halten Sie Kleingeld bereit. Sie können sich den Bussen ohne Bedenken anvertrauen und so ein wenig Kontakt zu Einheimischen bekommen. Für eine Inselrundfahrt eignen sich die Trucks allerdings weniger, da sie in den weniger besiedelten Gebieten nur sehr selten verkehren und Sie mitunter einen halben Tag auf den nächsten Bus zur Weiterfahrt warten müssen. Auf den meisten äußeren Inseln fahren die Trucks nur bei Ankunft und Abfahrt von Fähre oder Flugzeug.

Taxi

Taxen sind sehr teuer. Jedes Gepäckstück wird zudem extra berechnet, nachts verdoppeln sich die Gebühren. Herunterhandeln ist zwecklos, da immer noch genügend unvorbereitete Touristen in die Falle gehen. Das Problem ist in der Tourismusbranche bekannt, aber bisher nicht gelöst. Deshalb wird allgemein die Vorausbuchung des Transfers Flughafen-Hotel empfohlen, der zum halben Preis von Kleinbus-Unternehmen durchgeführt wird und gut organisiert ist.

Preisbeispiel vom Flughafen Faaa zum Hotel Mandarin (in der Stadt) CFP 1.500 tagsüber, nachts CFP 3.000.

Leihwagen, Motorroller, Fahrrad

Leihwagenunternehmen gibt es genügend, auch auf den kleineren Inseln. Die Preise sind angemessen und entsprechen etwa internationalem Standard. Viele Unternehmen haben Staffelmieten für 4, 8 und 24 Stunden Leihdauer und bieten Nachlässe für mehrtägige Vermietungen. Für eine Rundfahrt auf den größeren Inseln empfiehlt sich also auf jeden Fall ein Leihwagen oder Motorroller. Bei den kleineren macht es auch mit dem Fahrrad Spaß. Fahrräder vermieten die meisten Hotels, Pensionen und Leihwagenunternehmen.

Mit dem Frachtschiff durch Polynesien

Ein intensives Erleben der Inselwelt bieten die Fracht-schiffreisen mit der Aranui zu den Tuamotus und Marquesas. Die Aranui ist ein umgebauter ehemaliger deutscher Frachter, der früher unter dem Namen „Bischof von Bremen" lief. Das Schiff hat eine Länge von 104 Metern, faßt 85 Passagiere und verbindet das Ambiente eines Inselfrachters mit dem Komfort eines Kreuzfahrtschiffes. Der Passagierteil ist luxuriös ausgebaut mit vollklimatisierten Kabinen, Restaurant und Pool. Angefahren werden die Inseln Rangiroa – Takapoto (Tuamotus) - Ua Pou – Nuku Hiva – Hiva Oa – Fatu Hiva – Ua Huka (Marquesas). Die Rundfahrt dauert 16 Tage und ist in der Regel 4-5 Monate im voraus ausgebucht. Für Abwechslung sorgen das beinahe tägliche Anlaufen einer anderen Insel, das Be- und Entladen in den jeweiligen Häfen. Die Liegezeiten sind jeweils lang genug für Inselausflüge (z. B. zu den Gräbern von Paul Gauguin und Jacques Brel), Tauchexkursionen und anderen Wassersport. Die Fahrt mit der Aranui stellt eine Art des Reisens dar, die fast ausgestorben ist. So haben zum Beispiel Schriftsteller wie William Somerset Maugham oder R. L. Stevenson an Bord von Frachtern die Südsee erlebt und beschrieben. Trotz Flugverkehr sind Frachter auch heute noch lebenswichtig für die äußeren Inseln. Sie versorgen sie mit Lebensmitteln, Benzin, Baumaterial und andere Dingen des täglichen Bedarfs. Im Austausch nehmen sie Kopra, Zitrusfrüchte und Fisch auf, die einzige Einnahmequelle der Bewohner. Kurzum: Keine andere Art des Reisens bringt Sie so nahe an das elementare polynesische Inselleben. Auch wenn der Fahrpreis im ersten Moment etwas hoch erscheint, sollten Sie bedenken, daß Sie Inseln und Häfen anlaufen, die Sie sonst nicht zu sehen bekämen . 16-Tage-Trip Decksklasse CFP 153.000; in der B-Klasse (klimatisierte Kabine, Gemeinschaftsdusche und -toilette) CFP 280.500; in der Luxusklasse CFP 324.500 bzw. CFP 384.450; alle Mahlzeiten und Ausflüge sind in diesen Preisen eingeschlossen. Zu buchen bei Compagnie de Transport Maritime, P.O. Box 220, Papeete, Tel. 426240, Fax 434889.

Frachtschiff Aranui

Unterkünfte

Die Hotelpreise in Französisch-Polynesien sind abschreckend hoch, man kann es nicht anders sagen. Aber es ist Besserung in Sicht. Die Branche hat die Preise eingefroren oder begnügt sich mit moderaten Steigerungen. Dafür gibt es fast überall preiswerte und ordentliche Pensionen, die Sie daran erkennen, daß dem jeweiligen Namen ein „Chez ..." vorangestellt ist. Französisch-Polynesien ist eines der wenigen Reiseländer im Südpazifik, das Campingplätze zuläßt.

Wenn Sie bei einem längeren Aufenthalt Geld sparen wollen, können Sie auf den meisten Inseln auch Bungalows mit Küche mieten. Die Restaurants in den Hotels und rund um die Inseln sind nicht billig. Auf allen Inseln gibt es auch kleine, saubere Pensionen mit Familienanschluß. Ein wenig französische Sprachkenntnisse sind in diesem Fall angebracht

Für die meisten Besucher ist Tahiti nur ein Sprungbrett zu den äußeren Inseln. Viele Flüge kommen zudem mitten in der Nacht an. Es stellt sich deshalb die Frage, ob Sie für eine halbe Nacht in einem Firstclass-Hotel wirklich über 300 Mark ausgeben wollen, wenn Sie am Morgen ohnehin zur nächsten Insel weiterreisen. Auf diese Stopover-Problematik haben sich einige Hotels der mittleren Preisklasse eingestellt (z.B. Tahiti Country Club), die sich außerdem um den Transport vom und zum Flughafen kümmern. Wenn Sie nicht Ihr ganzes Gepäck mit auf die Inseln nehmen wollen, können Sie auch einen Teil im Hotel lassen. Sie können sich die verbliebenen Nachtstunden natürlich auch auf dem Flughafen um die Ohren schlagen; mangels bequemer Sitzgelegenheiten werden Sie dort aber kaum Schlaf finden.

Tip

Eine Liste der Pensionen und kleinen Hotels gibt es beim Fremdenverkehrsamt Tahiti Tourisme (Small Hotels and Lodging in Pivate Homes.) in Papeete.

Aktivitäten

Für den Aktivurlauber sind Tahiti und seine Inseln hervorragend ausgestattet. Und zwar nicht nur mit Naturschönheiten, von den hohen Vulkanbergen bis hinunter zu den submarinen Korallengärten, sondern auch mit Möglichkeiten, sie zu erkunden. Das Angebot an Ausflügen zu Lande und zu Wasser ist vielfältig und gut organisiert. Nirgendwo sonst in der Südsee wird es einem so leicht gemacht, sich in der freien Natur zu betätigen.

Zu Lande

Auf allen hohen Inseln werden **Landexkursionen** angeboten. Vor allem die Gesellschafts-Inseln sind ja, mit Ausnahme Bora Boras, weniger wegen ihrer Lagune, sondern für ihre grandiosen Berglandschaften berühmt. Die übliche Inselrundfahrt mit Erläuterung der Sehenswürdigkeiten können Sie auch selbständig mit Mietwagen anhand unserer Beschreibung machen. Für Ausflüge in die Berglandschaften des Inselinneren, die wir überall empfehlen, sind Sie aber auf Führung angewiesen. Sie können sich die Berge bequem mit dem Jeep, aber auch zu Pferd oder zu Fuß erschließen. Sogenannte Jeep-Safaris gibt es auf allen Inseln.

Für Reitfreunde veranstalten kleine Gestüte Ausritte ins Inselinnere, manchmal bis zu mehreren Tagen Dauer. Geführte Berg- und Trekkingtouren zu Fuß, ebenfalls bis zu mehreren Tagen Dauer, bleiben den Hartgesottenen vorbehalten.

Gepflegte Tennisplätze haben alle größeren Hotels. Ein 18-Loch-Golfplatz liegt 45 km südlich von Papeete.

Zu Wasser

Alle Hotels bieten **Bootsausflüge** in die Lagune, Schnorcheltrips, Riff-Exkursionen und Picknick-Fahrten auf vorgelagerte Badeinseln an. Die größeren Hotels stellen **Wassersportgeräte** wie Surfbretter und kleine Segel-Katamarane zur Verfügung. Boote zum Hochseefischen können auf allen Inseln gechartert werden. Die Gesellschafts-Inseln sind aber vor allem anderen ein ideales Segelrevier, weshalb sich hier drei große **Segel-Charterunternehmen** niedergelassen haben, deren Stützpunkte auf Raiatea sind. Sie bieten Boote jeder Größe an, mit oder ohne Skipper, auf Wunsch auch mit kompletter Mannschaft einschließlich Koch. Eine Domäne der Windsurfer ist der Hiti Mahana Beach Club auf Tahiti. Hier bekommen Sie Informationen über die besten Surfspots auf Tahiti und den benachbarten Inseln.

Auf Touristen eingerichtete **Tauchbasen** gibt es auf allen größeren Gesellschafts-Inseln sowie auf Rangiroa, Tikehau und Manihi in den Tuamotus. Als die besten Reviere gelten die Gewässer um Raiatea, Rangiroa und besonders Tikehau, da hier Haie, Mantas und die großen Napoleonfische in großer Zahl zu sehen sind. Das soll Sie aber nicht von einem Tauchgang auf den anderen Inseln abhalten, die ebenfalls von einer vielfältigen Unterwasserwelt umgeben sind.

Tahiti

Transport

Der internationale **Flughafen Faaa** liegt 6 km südlich von Papeete. Die Flughalle von Air Moorea ist rechts neben dem internationalen Flughafen in Laufnähe. Näheres siehe unter „Reisen im Lande." **Flughafen**

Die Anlegestelle für die Fähren nach Moorea und die Raromatai Ferry zu den Gesellschaftsinseln ist in der Stadt am Boulevard Pomare gegenüber vom Hotel Royal Papeete. Die Frachter zu den äußeren Inseln gehen vom Motu Uta in Papeete ab. **Fähren**

In Papeete starten alle **Trucks** im Zentrum und pendeln tagsüber unentwegt auf ihren jeweiligen Routen. Speziell die Strecke zum Flughafen (Aufschrift Faaa, Outumaoro) und weiter zur Westküste (Aufschrift Punaauia), an der die meisten Hotels liegen, wird sehr häufig gefahren. Meist sind die Hotelnamen zusätzlich angeschrieben. Auf dieser Strecke fahren die Trucks oft bis nach Mitternacht, abends jedoch nicht mehr so häufig. Die Busse dorthin starten an der Banque de Tahiti neben dem Markt. Die in Richtung Norden und Osten (Pirae, Mahina, Papenoo) in Papeete am Boulevard Pomare, gegenüber der Anlegestelle der Ozeanriesen. Die Busse in die verschiedenen Vororte und Stadtteile Papeetes (Motu Uta, Mission) neben dem Rathaus in der Rue Colette. Preis für eine Fahrt im Großraum Papeete: CFP 120, nachts CFP 170. **Bus**

Auf Tahiti haben alle Taxen ein Taxameter, die Gebühren sollten für den Fahrgast lesbar angegeben sein. Der Grundpreis für eine Fahrt ist CFP 800, plus CFP 120 pro km, plus CFP 100 pro Gepäckstück. Ab 20 Uhr bis 6 Uhr morgens doppelter Preis. Preisbeispiel vom Flughafen Faaa zum Hotel Mandarin (in der Stadt): CFP 1500 tagsüber, nachts CFP 3000.
Taxistände:
Faaa Airport, Vaima Center, Hotel Royal Papeete, Hotel Prince Hinoi (Palais de la Biere), am Markt. **Taxi**

Autos ab CFP 6.600 pro Tag ohne Kilometerbegrenzung:
★ Andre Rent-a-Car, Boulevard Pomare, Tel. 429404.
★ Avis, Rue Charles Vienot, Tel. 429649, in allen größeren Hotels und am Flughafen.
★ Bernard Location, Avenue Prince Hinoi, Tel. 420155. **Leihwagen, Fahrrad**

★ Budget, Mobil Service Building, Tel. 438079, in allen größeren Hotels und am Flughafen.
★ Daniel Rent-a-Car, Faaa Airport, Tel. 823004.
★ Hertz, Tipaerui, Tel. 420471, in allen größeren Hotels und am Flughafen.
★ Pacificar, Rue des Remparts, Tel. 419393, 24-Stunden-Service
★ Robert Rent-a-Car, Boulevard Pomare, Tel. 429720.
★ Tahiti Rent-a-Car, Tel. 427449.
★ Paradise Bikes, Victor Lau, Tel. 425352.

Bank und Post

Alle fünf Banken Französisch-Polynesiens haben ihre Hauptniederlassungen im Zentrum von Papeete: Banque Paribas Polynesie, Banque de Polynesie, Banque de Tahiti, Westpac und Banque Socredo. Die letztere hat auch eine Zweigstelle am Flughafen.

Das Hauptpostamt in Papeete befindet sich im unteren Teil des Boulevard Pomare. Das Fernmeldeamt für internationale Gespräche ist im Erdgeschoß des Gebäudes. Eine kleine Post ist auch am Flughafen.

Unterkünfte

★ Das **Hyatt Regency** ist zur Zeit das teuerste Hotel auf Tahiti. Es liegt auf dem One Tree Hill, 7 km außerhalb von Papeete an der Nordküste. Das Hotel hängt wie ein Schwalbennest am Hang. Sie betreten die Lobby im achten Stock und fahren mit dem Fahrstuhl hinunter zu den Zimmern und zum Strand. Der Blick über die Baie de Matavai und nach Papeete und Moorea ist einmalig. Alle Zimmer haben Terrasse mit Meeresblick. Tennis, Schnorchelausrüstung und Windsurfen kostenlos. Wassersport aller Art, sehr schöner Swimmingpool, 5 Restaurants, Bar. Einzel- oder Doppelzimmer ab CFP 27.000, Tel. 481122.

★ Das **Tahiti Beachcomber Parkroyal** ist ebenfalls ein Hotel der Luxusklasse, wenn auch nicht ganz so ruhig wie das Hyatt. Es liegt 2 km südlich vom Flughafen Faaa mit Blick auf Moorea. Es hat 200 Zimmer und 17 Überwasser-Bungalows auf zwei kleinen künstlichen Inseln. Kleiner, künstlicher Sandstrand, Le Truck-Haltestelle, Tennis und Schnorchelausrüstung sind kostenlos. Wassersport aller Art, Swimmingpool, zwei Restaurants, Bar. Doppelzimmer ab CFP 26.000, Tel. 865110.

Blick vom Beachcomber Parkroyal auf Moorea

★ Das größte Hotel Tahitis ist das **Sofitel Maeva Beach**, 9 km von Papeete an der Westküste, wegen seiner Größe gern von Reisegruppen besucht. Die 224 Zimmer sind in einem pyramidenförmigen Gebäude, die Lagunenseite bietet einen schönen Blick auf Moorea. Gute Tanzshows und beliebter Sonntags-Brunch. Weißer Strand an nicht mehr ganz sauberer Lagune, Le-Truck-Haltestelle, Tennis kostenlos, Wassersport aller Art, Swimmingpool, zwei Restaurants, zwei Bars. Doppelzimmer ab 18.400, Tel. 428042.

★ Das **Royal Tahitian Hotel** (oder Le Royal Tahitien) liegt an einem langen schwarzen Sandstrand 5 km außerhalb Papeetes an der Nordküste in Pirea. Die 40 komfortablen Zimmer sind Mittelpunkt eines großen tropischen Gartens. Gut zum Windsurfen, ruhige Atmosphäre, Truck-Haltestelle. Hübsches Restaurant am Wasser, Bar. Doppelzimmer CFP 15.000, Tel. 428113.

★ **Le Mandarin** liegt mitten in der Stadt gegenüber dem schönen Rathaus in der Rue Colette, und ist das beste Hotel der Stadt. Auch als Stopover-Hotel gut geeignet, wenn Sie am folgenden Tag auf eine Kreuzfahrt gehen. Banken, Geschäfte, Markt, Restaurants und Hafen sind problemlos zu Fuß zu erreichen. Die Zimmer sind sauber und modern mit Klimaanlage und Fernsehgerät. Doppelzimmer ab CFP 13.500, Tel. 421633.

★ Der **Tahiti Country Club** ist ein ideales Stopover-Hotel für diejenigen, die gar nicht erst in die Stadt wollen, weil sie am nächsten Tag auf andere Inseln weiterfliegen. Er liegt auf der Bergseite zwischen dem Beachcomber Parkroyal und Maeva Beach Hotel, 3 km vom Flughafen. Die 40 Zimmer bieten alle Blick auf das Meer. Le-Truck-Haltestelle. Tennis kostenlos. Swimmingpool, Restaurant, Bar. Doppelzimmer ab CFP 13.000, Tel. 426040.

★ Gegenüber der Anlegestelle der Moorea-Fähren steht am Boulevard Pomare das **Royal Papeete**, ein Stadthotel für Preisbewußte. Alle wichtigen Punkte der Stadt sind bequem zu Fuß zu erreichen. Die Zimmer in dem alten Kolonialgebäude sind einfach und sauber. Zur Straße hin laut, aber hübscher Blick auf den Hafen. Nightclub und Restaurant im Haus. In der Bar des Hotels treffen Sie auch Einheimische und finden mühelos Kontakt. Freundliche Atmosphäre. Doppelzimmer ab CFP 10.600, Tel. 420129.

★ Auch das Hotel **Prince Hinoi** an der Ecke Boulevard Pomare/Avenue de Gaulle liegt mitten in der Stadt, die Umgebung ist aber wegen der vielen Bars und Restaurants etwas laut. Die Zimmer sind klein, einfach und sauber. Sie kosten CFP 9.500 für zwei Personen, Tel. 423277.

★ Das Hotel **Tahiti** war das erste große Hotel Tahitis. Früher stieg hier Prominenz aus aller Welt ab. Jetzt entspricht es leider nicht mehr internationalem Standard. Aber es hat Stil und Charme und immer noch finden hier viele öffentliche Veranstaltungen und Bälle statt. Es liegt 2 km außerhalb Papeetes am Wasser. Die 88 Zimmer sind in zweigeschossigen Blocks im Kolonialstil und können zur Straße hin laut werden. Die 18 Bungalows sind im Garten mit Blick auf Moorea. Das Preis-Leistungsverhältnis stimmt jedenfalls. Truck-Haltestelle, Swimmingpool, 2 Restaurants, Bar. Doppelzimmer ab CFP 9.000, Bungalow ab CFP 10.000, Tel. 829550.

★ Die ungewöhnlichste Unterkunft Tahitis ist **Fare Nana'o** auf der gegenüberliegenden Seite der Insel, bei Kilometer 52 im Distrikt Faaone. Die Hütten wurden von Jean-Claude Michel gebaut, einem Holzschnitzer, der dafür nur einheimische Materialien verwendet hat. Die sieben „Bungalows" liegen alle am Strand. Entweder sind sie in den Dschungel integriert, auf Felsen im Wasser gebaut, oder sie nisten in einer Baumkrone. Auf jeden Fall gleicht keiner dem anderen. Die Anlage würde in einem Architektur-Magazin vielleicht unter dem Titel

'Zurück zur Natur' beschrieben, auf jeden Fall stellt sie etwas für Puristen dar. Die Bauweise ist luftig, ohne Fenster, alle Bungalows haben eine Küche, aber Gemeinschaftsbad (nur kaltes Wasser). Bademöglichkeit gibt es keine, da das Wasser zu flach ist. Der Besitzer organisiert Badeausflüge zu nahegelegenen Motus. Ab CFP 5.000, Tel. 571814.

★ Der Tip für Surfer und Rucksacktouristen ist der **Hiti Mahana Beach** Club, 10 km von Papeete entfernt, an der Nordküste. Der Beach Club liegt an der besten Surfbucht Tahitis mit konstantem auflandigem Wind. Mit Sicherheit ist dies auch einer der schönsten Zeltplätze auf Tahiti. Die Anlage steht an einem schwarzen Sandstrand, gegenüber ist ein Motu, das zum Club gehört. Die Schlafräume sind in einem alten Kolonialhaus aus dem Jahre 1850 untergebracht, mit großer Gemeinschaftsküche und Aufenthaltsräumen. Der Beach Club hat aber auch einige komfortablere Zimmer mit Dusche und Gemeinschaftsküche. Die Atmosphäre ist locker und fröhlich, die Besitzer Pat und Coco Pautu kümmern sich um ihre Gäste. Das Restaurant ist nur am Wochenende geöffnet, die Bar täglich. Aber es gibt einige kleine Snackbars und Restaurants an der Hauptstraße. Geschäfte und Gemüsemarkt sind in der Nähe, auch eine Truck-Haltestelle. Doppelzimmer ab CFP 3.000, Schlafsaal CFP 1.500 pro Bett, Zelt CFP 700 pro Person, Tel. 481613.

★ **Relais Maroto** liegt in den Bergen im Papenoo Valley und ist eigentlich die Unterkunft der Bauarbeiter, die dort ein Kraftwerk errichten. Aber auch Bergwanderer und Besucher können dort übernachten und essen. Die Straße ist nur mit einem guten Jeep befahrbar. Die Wirtin, Madame Dessour organisiert den Transfer von Tahiti, bei vier Personen CFP 20.000. Vorheriger Anruf unbedingt erforderlich. Idealer Ausgangspunkt für Wanderungen im Inselinneren und Besichtigung der achäologischen Ausgrabungen. Gutes Essen, nette Atmosphäre, Tel. 414860.

Restaurants und Snackbars

Dank des französischen Einflusses hat Papeete – neben Noumea in Neukaledonien – sicher die beste und vielfältigste Gastronomie aller südpazifischen Inselstädte. Die hohen Preise auf der Speisekarte werden etwas kompensiert durch die relativ große Auswahl an preiswerten französischen Weinen. Hier einige Empfehlungen, die hoffentlich Bestand haben:

Als das beste französische Restaurant in Papeete gilt das **La Corbeille d'Eau** am Boulevard Pomare. Etwas außerhalb an der Westküste, wo die gutverdienenden Franzosen wohnen, werden **Le Coco's, Auberge de Pacifique** und das **Le Septentrion** von ortskundigen Gourmets empfohlen. Die meisten chinesischen Restaurants in Papeete sind besser als jedes vergleichbare in Deutschland. Der **Jade Palace** im Vaima Center bietet die beste chinesische Küche. In den Restaurants dieser Kategorie müssen Sie für ein Menu zwischen 80 und 100 Mark einkalkulieren.

In der Mittelklasse, rund 50 Mark pro Menü, können wir das **Acajou** neben dem Vaima-Center empfehlen. Trotz seiner Touristenlage ist es charmant und liebenswert geblieben. Kleiner Tip: Wer nach 15 Uhr ein komplettes Mittagsmenü bestellt, zahlt 25 Prozent weniger. Auch das **Le Gallieni** im Hotel Royal Papeete ist empfehlenswert, und das **Moana Iti** am Boulevard Pomare, das einen elsässischen Koch hat. Hinter der Kathedrale an der Rue Anne-Marie Javouhey liegt **Lou Pescadou**, eine Pizzeria mit ausgezeichneten Spaghetti-Gerichten.

Les Roulottes, mobile Garküchen am Hafenkai in Papeete

Papeete hat ungezählte Snackbars mit einer Mischung aus chinesischer und tahitianischer Küche, besonders in der Gegend um den Markt herum. Viele sind schon ab 5 Uhr morgens geöffnet, wenn Fischer und Marktfrauen frühstücken. Ideal für eine Tasse Kaffee oder Frühstück, ist das **Le Retro** am Boulevard Pomare im Vaima-Center und das **L'Oasis** im hinteren Teil des Vaima-Centers, an der Rue de General de Gaulle. Gut gefallen hat uns die **Snackbar im ersten Stock des Marktes**: sauber, freundlich, preiswert und immer voller Leben. Hier muß man

sich vom täglich wechselnden Angebot überraschen lassen, das von Austern über Couscous bis zu allen Variationen einheimischer Küche reicht. Empfehlenswert ist
auch die **Snackbar Volvo** in der Rue de Colette vor dem
Motel Mandarin: gutes Frühstück mit großer Gebäckaus-
wahl und chinesisch-tahitianische warme Speisen. Preiswert und gut ist auch das **Poly Self** an der Rue Paul Gauguin im hinteren Teil des Gebäudes der Banque de
Polynesie mit chinesisch-tahitianischer Küche, allerdings
nur bis 14 Uhr.

Nachtleben

Papeete ist eine der wenigen Städte im Südpazifik, die
ein Rotlicht-Viertel haben. Es konzentriert sich in der
Hafengegend, am oberen Teil des Boulevard Pomare und
in der Gegend um die Rue de l'Ecole. Auffallend ist die
ausgeprägte und durchaus amüsante Transvestiten-
Szene, vor allem in der **Piano Bar** und im **Bounty Club**.

In den meisten Discos und Nightclubs wird eine soge-
nannte Covercharge verlangt, die zwischen 1.000 und
1.500 CFP liegt und das erste Getränk einschließt. Das **La
Cave** im Hotel Royal Papeete war zum Zeitpunkt unserer
Recherchen die In-Disco der bessergestellten Jugend.
Weitere Discotheken sind das **Le Surf** im Vaima Center,
Le Bus an der Ecke Avenue Bruat/Boulevard Pomare und
Le 106 am Boulevard Pomare. Zu den etwas rauheren
Tanzschuppen mit vorwiegend polynesischem Publikum
zählt das **Le Pitate** am Boulevard Pomare, Ecke Avenue
Bruat. Im **Les Chaplins** am Boulevard Pomare neben dem
Hotel du Pacific treffen sich junge Leute bei einem kühlen
Bier und Musikvideos. Eine weitere In-Disco ist der **Le
Galaxie Nightclub** hinter der Kathedrale, gleich nebenan
treffen sich die Jazzfans im **Jazz Club New Orleans**.
Beide sind von Mittwoch bis Sonnabend geöffnet.

Unterhaltung auf höherem Niveau bietet das **Tamure Hut**
neben dem Hotel Royal Papeete, ein Treffpunkt der örtlichen Gesellschaft und der hübschesten Mädchen von
Papeete. Hier spielen ausgezeichnete Musiker wechselnde Stilrichtungen, mal Jazz, mal südamerikanisch, mal
polynesische Folklore, oft spontan unterstützt von
Gästen. Da die Franzosen lange essen, kann es bis 23 Uhr
dauern, ehe sich das Lokal füllt. Doch dann geht sehr
schnell die Post ab.

Auf keinen Fall versäumen sollten Sie eine polynesische **Tanzshow**. Sie finden fast täglich in den verschiedenen Hotels statt, meistens verbunden mit einem polynesischen Büffet. Die beste Tanzgruppe ist **Coco's Te Maeva,** die freitags im Hotel Beachcomber Parkroyal auftritt.

Aktivitäten

Strände

Die Strände der Insel Tahiti bestehen überwiegend aus schwarzem Vulkansand. Der Hausstrand Papeetes ist am Pointe Venus, wo sich am Wochenende die Einheimischen zum Picknick, Baden und Surfen treffen. Hier gibt es ein öffentliches WC und Duschen sowie eine Snackbar. Der einzige nennenswerte weiße Sandstrand liegt an der Westküste zwischen Paea und Punaauia. Dort gibt es auch einige öffentliche Zugänge zum Strand und Picknickplätze.

Zu Lande

■ **Inselrundfahrt**
Alle Reiseunternehmen und Hotels auf Tahiti bieten Inselrundfahrten (Circle Island Tour) an, die einen Überblick über Landschaft, Kultur und Geschichte geben. Die wichtigsten Stationen sind Pointe Venus, Blowholes, Wasserfälle, Grotten und natürlich das Gauguin-Museum. Buchung über Pacifica Travel, Tel. 436900 und Tahiti Nui Travel, Tel. 426803. Ab zwei Personen lohnt sich aber auch schon ein Leihwagen, mit dem Sie die gleichen Sehenswürdigkeiten und mehr auf eigene Faust besichtigen können. Sie brauchen nur unserer detaillierten Beschreibung der Inselrundfahrt im Inselteil dieses Buches zu folgen.

■ **Jeep-Safari**
Es gibt Halbtagestouren auf den Mont Marau (1.400 Meter) mit phantastischem Blick ins Landesinnere. Auf dem Rückweg können Sie ein kühles Bad im Pool eines Wasserfalles nehmen. Der Spezialist dafür ist William Leeteg von Adventure Eagle Tours (Tel. 413763), der auch jede Menge Geschichten auf Lager hat. Tahiti Safari Expedition, Patrice Bordes, bringt Sie mit dem Jeep ins Papenoo Tal, zum Relais Maroto und zum Vaihiria See. Halbtages- oder Tagestour. Tel. 421415. Ähnliche Touren werden auch von Association 4x4, Jean Paul Aroma Iterai, Tel. 855571 und Tahiti Safari Tour, Ronald Sage, Tel. 466080 angeboten. Alle Touren können auch über Pacifica Travel oder Tahiti Nui Travel gebucht werden.

■ **Trekking**
Etwas ausgefallener ist die 3-Tage-Trekking-Tour von Le
Circuit Vert durch den nicht erschlossenen Teil Tahiti Itis.
Sie wandern durch dichten Busch und Dschungel, über-
queren Flüsse bis zu den Hüften im Wasser, baden unter
Wasserfällen und lernen das Fangen von Süßwasser-
Garnelen. Wenn Sie schließlich die Te Pari Steilklippen
an der Südküste erreicht haben, bietet sich Ihnen ein
Ausblick, der nur wenigen Touristen vergönnt ist. Für
diese Wanderung müssen Sie in guter körperlicher Ver-
fassung sein. Zelt, Rucksäcke und Schlafsäcke werden
gestellt, für Verpflegung wird ebenfalls gesorgt. Le Cir-
cuit Vert, Zena Angelien, P. O. Box 7426, Taravao/Tahiti,
Tel. 572267.
★ Der Alpine Club of Tahiti macht Bergtouren mit
Führung. Anfragen über Marc Allain, P. O. Box 11553,
Mahina/Tahiti, Tel. 481059.
★ Nur an Wochenenden und Feiertagen veranstaltet
Tahiti Special Exkursions 1-4 Tagestouren ins Inselinnere, Inseldurchquerungen oder Bergtouren. Anfragen
über Pierre Florentin, P. O. Box 5323. Pirae/Tahiti, Tel.
437201.
★ Patrice Bordes, Tel. 421415, veranstaltet Bergtouren
jeder Art. Allerdings nur für Geübte.

■ **Musée de Tahiti et des Iles**
Das Museum liegt außerhalb Papeetes in Punaauia. Le
Truck bringt sie von Papeete aus dorthin. Von der Halte-
stelle sind es dann nochmals 10 Gehminuten, der Weg ist
ausgeschildert. Henri Rittmeister erklärt Ihnen gerne das
Museum in deutscher Sprache. Buchungen über Pacifica
Travel oder Tahiti Nui Travel.

■ **Lagoonarium**
Das Lagoonarium liegt in Punaauia hinter dem Restaurant Captain Bligh, circa 11 km von Papeete entfernt. In
mehreren Aquarien können Sie die Unterwasserwelt
Polynesiens betrachten. Die Haifische werden täglich
gegen mittag gefüttert. Freitag und Sonnabend gibt es
tahitianische Shows.
Geöffnet täglich von 9 bis 18 Uhr.

■ **Golf**
Der einzige größere Golfplatz (18-Loch-Kurs) von Tahiti
liegt 45 km südlich von Papeete zwischen Papara und
Mataiea. Er wurde von Bob Baldock, einem kalifornischen Golf-Architekten, gestaltet.

Tip

Der beste deutsch-
sprachige Reiselei-
ter ist Henri Ritt-
meister, von allen
nur „Ritt" genannt.
Er stammt aus
Hamburg und lebt
seit 50 Jahren in
der Südsee . Sie
können ihn auch
privat für jede Tour
engagieren. Uber
Pacifica Travel, Tel.
436900 und Tahiti
Nui Travel, Tel.
426803.

■ Reiten

Tagestrips in die Berge Tahitis oder einwöchige Reitkur-
se veranstalten:
★ Club Equestre de Tahiti, Ghislaine Siu, Tel. 427041.
★ L`Eperon de Pirae, Juliette Harratt, Tel. 427987.
★ Poney Club of Tahiti, Bruno Lupan, Tel. 434929.
★ Tropical Ranch in Faaa, Tel. 453434.
★ Ranch Teanavai, Johan Crevissier, Tel. 577077.

■ Tagestrip nach Moorea

Mit der Fähre von Papeete aus dauert die Überfahrt eine
Stunde, per Shuttle-Flug mit Air Moorea sieben Minuten.
Für beides brauchen Sie keine Reservierung. In Moorea
können Sie sich an der Anlegestelle oder am Flugplatz
ein Auto, einen Motorroller oder ein Fahrrad mieten und
die von uns beschriebene Inselrundfahrt beginnen.

■ Tagestrip nach Tetiaroa

Von Papeete aus fliegen Sie nur 20 Minuten zu Marlon
Brandos Traumatoll. Sie können dort schwimmen,
schnorcheln oder die Inseln erkunden. Abflug ist morgens um 8.30 Uhr, Rückkehr nach Papeete um 16.20 Uhr.
Es gibt auch mehrtägige Pauschaltouren mit Übernachtung in einfachen Hütten. Pacifica Travel, Tel. 436900.

Zu Wasser ■ **Segeln und Hochseefischen**

Mers et Loisirs ist das Zentrum für Segel- und Motorboot-
Charter mit und ohne Skipper zu allen Gesellschaftsinseln und Tuamotus, Hochseefischen und Tauchen.
Regelmäßig Tagestrips nach Tetiaroa, Moorea und Tahiti Iti. Das Büro ist auf einem Boot gegenüber der Post.
André Bride, P. O. Box 3488 Papeete, Tel. 439799. **Polynésie Yachting** hat drei Fairline-Luxus-Yachten (Princess
Hinanui, Princess Tiare, Princess Reata) für Tagestrips
nach Tetiaroa, Moorea oder längere Trips zu jeder anderen
gewünschten Insel. P. O. Box 3347, Papeete, Tel. 433752.

■ Tauchen

★ Tahiti Aquatique Club, Richard Johnson, Hotel Sofitel
Maeva Beach, Tel. 428042 Ext. 0951.
★ Tahiti Plongée, Henri Pouliquen, Hotel Te Puna Bel Air
Beach, Tel. 410062.
★ Yacht Club of Tahiti Diving Center, Pascal Le Cointre,
Tel. 422355.
★ Cowan Diving Center, Jean-Pierre Renaud, Tel. 430815.
★ Tahiti Beachcomber Parkroyal Diving Center, Gilles
Jugel, Tel. 865110 Ext. 5610.

Moorea

Transport

Der kleine Flughafen liegt an der Nordostseite Mooreas im Distrikt Temae. Wenn Sie ein Zimmer reserviert haben, ist für Transfer vom jeweiligen Hotel oder Pension gesorgt. Ansonsten warten bei Ankunft und Abflug Taxen. Die Autoverleiher Avis und Tropicar haben einen Schalter, ebenso das Tourist Promotion Board von Moorea.

Flugplatz

Die Anlegestelle der Fähren von und nach Papeete ist in Vaiare. Le Truck bringt Sie zu allen Hotels, Taxen warten ebenfalls. Gegenüber der Anlegestelle können Sie bei Pacificar Fahrräder, Motorroller und Autos mieten.

Fähre

Le Truck gibt es nur zu und von den Fähren. Er hält an allen Hotels und Pensionen.

Bus

Kleinwagen CFP 4.000/4 Stunden bis zu CFP 9.000/4 Stunden für Minibus. Motorroller (Scooter) CFP 2.500/4 Stunden, Fahrräder ab CFP 600/4 Stunden.
★ Albert Rent-a-Car, Hotel Bali Hai und Club Med, Tel. 561353.
★ Avis, Moorea Airport, Temae Service Station und Hotel la Ora, Tel. 561258.
★ Danloue Rent-a-Car im Hotel Beachcomber Parkroyal, Tel. 561919
★ Tropicar (Hertz), Tel. 561103.
★ Paradise Bikes, Mountain Bikes, in allen größeren Hotels. Tel. 563197.

Leihwagen, Motorroller, Fahrrad

Westpac und Banque de Tahiti haben Filialen in Maharepa, eine weitere Westpac ist an der Westküste auf der Höhe von Club Mediterrannée. Die kleine Post von Moorea ist im Distrikt Temae zwischen der Abzweigung zum Flughafen und dem Hotel Sofitel la Ora.

Bank und Post

Unterkünfte

Die meisten Hotels und Pensionen auf Moorea liegen im Nordwesten der Insel, im Distrikt Haapiti. Dies ist auch der trockene und sonnigere Teil der Insel. Wer Wert auf Sonnenuntergänge legt, sollte sich auf jeden Fall eine Unterkunft in dieser Gegend suchen.

Tip

Buchen Sie bei einem Ausflug nach Moorea am Wochenende das Fahrzeug im voraus.

Tanzstunde für Hotelgäste

★ Das **Moorea Beachcomber Parkroyal** liegt an der sonnigeren Seite Mooreas, 28 km vom Flugplatz entfernt. Die 150 Zimmer und Bungalows liegen weitverzweigt auf vielen kleinen künstlichen Inseln verteilt. Die ganze Anlage wirkt etwas steril und seelenlos. Wassersport aller Art, Tennisplatz, Windsurfen und Schnorchelausrüstung kostenlos. Swimming- und Whirlpool, Sauna, Fahrradverleih, Überwasser-Bungalows. Doppelzimmer ab CFP 26.000, Bungalows ab CFP 28.000, Tel. 561919.

★ Das **Sofitel la Ora** liegt nur 2 km von dem kleinen Flugplatz Temae entfernt und 3 km von der Anlegestelle der Fähre. Da dies die Ostküste der Insel ist, hat man hier keinen Sonnenuntergang, dafür aber einen schönen Blick auf Tahiti und einen der besten Strände Mooreas. Gute Tanzshows, Wassersport aller Art. Tennisplatz, Schnorchelausrüstung und Windsurfen kostenlos. Fahrradverleih. Zwei Restaurants, eine Bar. Hübsche Bungalows im polynesischen Stil. Für eine oder zwei Personen ab CFP 21.100, Tel. 410404.

★ Das Hotel **Moorea Lagoon** liegt im Distrikt Pao Pao zwischen der Baie de Cook und der Baie d'Opunohu. Es ist ein kleines und ruhiges Hotel mit 45 Bungalows. Gegenüber liegt die Diskothek Le Tabou (nur samstags geöffnet). Wassersport aller Art. Tennisplatz und Schnorchelausrüstung kostenlos. Swimmingpool, Fahrradverleih, Restaurant und Bar. Bungalow ab CFP 12.000, Tel. 561155.

★ Der **Moorea Beach Club** liegt 26 km vom Flugplatz entfernt, im Distrikt Tiahura, kurz vor dem Le Tipaniers. Die 40 Zimmer sind in zweigeschossigen Gebäuden und stehen eng beieinander. Dafür ist der Strand schön weiß. Wassersport aller Art. Tennisplatz, Schnorchelausrüstung und Windsurfen kostenlos. Fahrrad-, Moped- und Autoverleih, Swimmingpool, Restaurant und Bar. Doppelzimmer ab CFP 12.000, Tel. 430829.

★ Residence **Le Tipaniers** ist einer unserer Favoriten auf Moorea. Die kleine Anlage (21 Bungalows) liegt auf der Sonnenseite der Insel, im Nordwesten, an einem schönen, weißen Strand. Restaurant und Hotel werden liebevoll geführt in ungezwungener, familiärer Atmosphäre. In der Nähe sind kleine Läden und eine Bank. Die Snackbar liegt direkt am Strand. Das Restaurant ist nur abends geöffnet und liegt an der Straße. Es wird gerühmt wegen seiner italienischen Gerichte. Ideal für Familien. Wassersport aller Art. Tennis, Schnorchelausrüstung, Fahräder kostenlos. Bungalow CFP 10.000, mit Küche ab CFP 9.500, Tel. 561267.

★ Das **Bali Hai in Maharepa**, 5 km vom Flugplatz, war das erste große Hotel auf Moorea. Es wurde 1961 im polynesischen Stil erbaut. Vielleicht hat es daher seinen speziellen Charme, dem man sich kaum entziehen kann. Für uns ist es das beste Hotel in dieser Preisklasse, das Preis-Leistungsverhältnis stimmt. Man hat einen sehr schönen Blick auf die Berge Mooreas und kann direkt vom Hotel aus zum Bergwandern gehen. Wassersport aller Art. Tennisplatz und Schnorchelausrüstung kostenlos. Swimmingpool, Fahrradverleih, Überwasser-Bungalows, Restaurant und Bar. Doppelzimmer CFP 9.200, Bungalow ab CFP 12.800, Tel. 561359.

★ **Fare Matotea** an der Westküste, 28 km vom Flugplatz. Saubere, kleine Anlage, alle Bungalows mit Küche. Ruhige, gepflegte, aber etwas einsame Anlage am Meer. Laden in der Nähe. Mindestaufenthalt zwei Nächte. Bungalow ab CFP 7.200, pro Monat CFP 70.000, Tel. 561436.

★ Das Hotel **Moorea Village** an der Westküste ist eine hübsche kleine Anlage mit schönem Strand und einer kleinen vorgelagerten Insel, mit einem Honeymoon-Bungalow darauf. Das Hotel wurde komplett renoviert und die alten Bungalows durch neue ersetzt. Unser Favorit dieser Preisklasse auf Moorea. Tanzshow Sonntagmittag. Ideal für Familien. Wassersport aller Art. Tennis, Schnorchelausrüstung und Fahrrad frei. Mopedverleih. Restaurant und Bar. Bungalow für zwei Personen ab CFP 7.000, mit Küche ab CFP 10.500, Tel. 561002.

★ Das Hotel **Club Bali Hai** liegt spektakulär an der Baie de Cook mit einem grandiosen Blick. Es gehört zu einer internationalen Time-Sharing-Kette. Mit 39 Zimmern gehört es eher zu den kleineren Anlagen auf Moorea. Schöne geräumige Zimmer und Bungalows. Überwasser-Bungalows. Zimmer ab CFP 9.000, Bungalows CFP 17.500, Tel. 561368.

★ **Cooks Bay Resort**, kurz vor Pao Pao, ist ein größerer Gebäudekomplex im Kolonialstil. Sieht von außen besser aus, als es ist. Dafür hat es einen spektakulären Blick auf die Baie de Cook und die Berge. Restaurant und Swimmingpool, Schnorchelausrüstung kostenlos, Fahrradverleih gegenüber. Doppelzimmer CFP 7.000, Tel. 561050.

★ Der **Club Med** an der Nordwestküste ist mit 350 Bungalows die größte Hotelanlage Polynesiens. Im Gegensatz zu allen anderen Hotels ist der Strand nur Clubmitgliedern vorbehalten. Wachmänner sorgen dafür, daß Außenseiter nicht versehentlich Club-Territorium verletzen. Mit allen Club-Med-üblichen Aktivitäten. CFP 14.000 inkl. Mahlzeiten,Tel. 429699.

★ **Chez Nani** im Distrikt Papetoai, 50 Meter vom Hotel Moorea Lagoon, vermietet drei sehr einfache Bungalows mit Kochgelegenheit, direkt an einem kleinen weißen Strand. Sehr ruhig mit Familienanschluß. Gemeinschaftsbad und WC. Fahrzeug notwendig, da keine Läden in der Nähe. Preis CFP 7.000, Tel. 561999.

★ **Motel Albert** in der Baie de Cook, landeinwärts in den Bergen oberhalb Club Bali Hai, 7 km vom Flugplatz. Schöner Blick auf die Baie. Albert ist Schweizer und vermietet 19 sehr einfache Bungalows mit Kochgelegenheit ab CFP 3.000, Tel. 561276.

Camping　★ **Backpackers Beachclub**, auch Chez Nelson et Josiane genannt, liegt im Distrikt Tiahura, 27 km vom Flugplatz. Die gepflegte Anlage liegt in einem Palmenhain. Der Strand ist nicht besonders schön. Kochgelegenheit vorhanden. Bungalows CFP 6.000, Beach Cabins CFP 2.000 pro Person, Zelt CFP 500 pro Person, Tel. 561518.

★ Bei Kilometer 27,5 am gleichen Strand liegt Moorea Camping oder **Backpackers Paradise**. Freundliche Atmosphäre. Gepflegte Anlage mit Kochgelegenheit. Geschäfte und Snackbars in der Nähe. Unterbringung im Mehrbett-Bungalow CFP 800 pro Person, Zelt CFP 500 pro Person, Tel. 561447.

Restaurants

Neben den Hotelrestaurants gibt es eine Reihe sehr guter
französischer Restaurants auf der Insel. An der Spitze
steht das **Chez Michel et Jackie** gegenüber dem Hotel
Bali Hai (etwa 100 Mark für ein Abendmenü). Unser Tip
ist jedoch **Te Hono Iti** an der Baie de Cook zwischen Club
Bali Hai und Pao Pao an der rechten Seite am Wasser.
Koch Roger ist auch Besitzer des Lokals. Das **Le Cocotier**
in Maharepa, ein kleines familiäres französisches Restaurant mit moderaten Preisen ist auch empfehlenswert.
Ebenso das Restaurant des **Beachcomber Parkroyal**.
Ein gutes Fischrestaurant ist das **Le Bateau** auf der ehemaligen Moorea-Fähre vor dem Hotel Linareva in Haapiti
an der Westküste.

Nachtleben

Das Nachtleben bleibt in Moorea weitgehend den Hotel-
bars überlassen, die Insel selbst versinkt bald nach Sonnenuntergang in tiefen Schlaf. Nur Samstagabends öffnet die Discothek **Le Tabou** gegenüber dem Hotel
Moorea Lagoon ihre Pforten (22 Uhr bis 3 Uhr). Eine weitere Disco, **Billy's**, ist südlich vom Club Med. In beiden
Etablissements können Sie sich mit der örtlichen Jugend
den Sand aus den Kleidern schütteln.

Aktivitäten

Die Strände Mooreas erfüllen hochgesteckte Erwartungen leider nicht. Abgesehen von den künstlich aufgeschütteten Stränden am Beachcomber Parkroyal und
Club Med ist der Strand am Hotel Le Tipaniers und
Umgebung sowie am Hotel la Ora am schönsten.

Strände

Während Sie die Inselrundfahrt auch selbst mit dem
gemieteten Fahrrad, der Vespa oder dem Auto machen
können, sollten Sie die Bergtour im Jeep ortskundigen
Führern überlassen (Albert Tours, Inner Island Photo
Tours und Moorea Safari Tours). Empfehlenswert ist der
Ausflug in die Berge wegen der spektakulären Ausblicke,
auf die beiden Buchten und die sie umgebenden Fels-
zacken. Besonders Sportliche können die Insel mit dem
Mountain Bike erkunden. Paradise Bikes veranstaltet
auch organisierte Touren zu allen Sehenswürdigkeiten.

Zu Lande

Tip

Wenn Sie einen
**deutschsprachigen
Führer** suchen,,
fragen Sie nach
Albert junior. Der
gebürtige Schwei-
zer leitet das Aus-
flugsunternehmen
Albert Tours.
Besonders zu emp-
fehlen sind seine
Jeep-Touren in die
Berge. Tel. 561353.

★ Arii Activities Center, Temae, Tel. 561286.
★ Benjamin Tours, Temae, Tel. 561169.
★ Billy Transport oder Tiki Circle Island Tour, Haapiti, Tel. 561264.
★ Inner Island Photo Tours, Temae, Tel. 562009.
★ Moorea Safari Tours, Ronald Sage, Tel. 563580.
★ Paradise Bikes, Marc Collins, Tel. 563197.

■ **Tiki Theater**
Bei Kilometer 31 im Haapiti Distrikt liegt das Tiki Theater, eine Art Freilichtmuseum mit polynesischen Tanzshows und tahitianischen Festen. Geöffnet täglich ab 10.30 Uhr.

■ **Reiten**
★ Rupe Rupe Ranch, René Denis, im Distrikt Haapiti, gegenüber Club Med, Tel. 561793.
★ Tiahura Ranch, neben Hotel Moorea Village, bei Kilometer 26, Terai Maihi, Tel. 562855.

Zu Wasser

Die Gewässer in- und außerhalb der Lagune können mit Charterbooten und Segelyachten erkundet werden, ein besonderer Service sind Sonnenuntergangs-Ausflüge mit Abendessen an Bord.

■ **Segeln**
★ Esprit, 16-m-Trimaran für acht Passagiere, 1- oder 2-Wochentrips,
Tagestrip um Moorea, David Parkin, P. O. Box 111, Temae/Moorea, Tel. 561790.
★ Tropical Saudade, 16-m-Katamaran, 2-Tagestrips nach Tetiaroa oder 6 Tage durch die Gesellschaftsinseln, Thierry Martin, P. O. Box 1058, Papetoai/Moorea, Tel. 563421.

■ **Tauchen**
★ Bathy's Club, Bernard Begliomini, Hotel Moorea Beachcomber Parkroyal, Tel. 561919.
★ Moorea Plongee, Emmanuel Deschamps, Tel. 561732.
★ M.U.S.T., Philippe Molle, neben Cooks Bay Hotel, Tel. 561732.
★ Scubapati, Marc Quattrini, Hotel Les Tipaniers, Tel. 562038.

■ **Hochseefischen**
★ Tea Nui Charters, Christopher Lilley, Tel. 427542.
★ Heitina, Alain Hecquet, im Hotel Beachcomber Parkroyal, Tel. 561642.

Bora Bora

Transport

Der Flugplatz liegt auf dem Motu Mute am Außenriff der Zentralinsel. Zu jedem Flug pendelt die Fähre zwischen Flugplatz und dem Ort Vaitape gegenüber auf der Zentralinsel. Das Gepäck wird vom Flugzeug auf das Boot verladen. Die Überfahrt nach Vaitape ist im Flugpreis inbegriffen, dauert etwa 25 Minuten und ist bei schönem Wetter ein Erlebnis. Einige Hotels bieten auch einen Bootstransfer direkt zum Hotel an.

Flugplatz

Die Fähre aus Papeete legt 2 km vor Vaitape an der **Baie Faanui** an. Bei Ankunft der Fähre wartet Le Truck, der Sie zu Ihrem Bestimmungsort bringt. Die Fährboote vom Flughafen legen direkt in Vaitape an.

Fähre

Le Truck fährt von der Anlegestelle der Flughafen-Fähre in Vaitape zu allen Hotels und Pensionen und pendelt mehrmals täglich.

Bus

Taxis können von allen Hotels und Pensionen gerufen werden.

Taxi

Kleinwagen ab CFP 4.800/4 Stunden, Motorroller CFP 3.500/4 Stunden, Fahrräder CFP 1.000/4 Stunden.
★ Bora Bora Rent-a-Car, Vaitape, Tel. 677003.
★ Fredo Rent-a-Car, Hotel Bora Bora, Tel. 677028.
★ Mautara Rent-a-Car, Vaitape, Tel. 677316.

Leihwagen, Motorroller, Fahrrad

In der Ortsmitte von Vaitape haben die Westpac Bank, die Banque Socredo, Banque de Polynesie und Banque de Tahiti je eine Zweigstelle. Die Post finden Sie auf der rechten Seite Richtung Süden bei der Anlegestelle der Fähren vom Flughafen.

Bank und Post

Unterkünfte

Die Unterkünfte auf Bora Bora sind im Vergleich zu anderen Inseln um die Hälfte teurer, aber nicht entsprechend besser. Wegen touristischer Übersättigung stimmt hier das Preis-Leistungsverhältnis kaum mehr. Den schönsten Strand haben die Hotels und Pensionen im Distrikt Matira oder auf den Motus. Supermärkte gibt es nur in Vaitape, ohne Fahrzeug etwas schwierig zu erreichen.

★ Das exklusivste und neueste Fünf-Sterne-Hotel Bora Boras ist ohne Zweifel das **Bora Bora Lagoon Resort**. Es liegt auf dem Motu Toopua, Vaitape vorgelagert, mit einem atemberaubenden Blick auf die Lagune und Mont Pahia. Die australischen Innenarchitekten haben Wert auf Originalität gelegt und viele Details von einheimischen Kunsthandwerkern gestalten lassen, was der gesamten Anlage einen polynesischen Anstrich gibt. Alle 80 Bungalows liegen entweder am Strand oder über Wasser und sind sehr geschmackvoll ausgestattet. Der weiße Traumstrand läßt keine Wünsche offen, von den Überwasserbungalows aus können Sie direkt in die Korallen hineinschnorcheln. Der Service ist ebenfalls ausgezeichnet. Es gibt einen kostenlosen Pendelboot-Service zur Hauptinsel, die Überfahrt dauert 5 Minuten. Wassersport aller Art, Schnorchelausrüstung und Tennis kostenlos, Fahrrad- und Motorroller-Verleih, 3 Restaurants. Bungalows ab CFP 47000, Tel. 604000.

★ Auch das Hotel **Moana Beach Parkroyal** am Matira Point liegt sehr spektakulär an einer türkisfarbenen Lagune. Von den 41 Bungalows der Luxusklasse stehen 30 im seichten, klaren Wasser. Der Strand ist makellos weiß, der tropische Garten gepflegt. Für unseren Geschmack wirkt die Anlage allerdings ein bißchen steril und auf japanische Gäste zugeschnitten. Wassersport aller Art. Windsurfen, Schnorchelausrüstung und Fahrräder kostenlos. Restaurant und Bar. Bungalows ab CFP 40.500, Tel. 677592.

★ Das **Hotel Bora Bora** ist das älteste Luxushotel Bora Boras, hat viel Stil und Charme. Es liegt am Pointe Raititi, kurz vor Matira, mit drei sehr schönen Stränden und Sonnenuntergangsblick. Die ganze Anlage wurde komplett renoviert. Die 55 Bungalows sind großflächig verteilt, zum Teil über Wasser und sehr geräumig, einige haben einen eigenen Pool. Guter Schnorchelplatz direkt vor dem Hotel. Wassersport aller Art. Tennisplatz, Windsurfen, Schnorchelausrüstung kostenlos. Fahrrad- und Motorroller-Verleih, 2 Restaurants (beliebter Sonntags-Brunch), 2 Bars. Bungalows ab CFP 39.500, Tel. 604460.

★ Das Hotel **Sofitel Marara** wurde von dem italienischen Filmproduzenten Dino de Laurentis gebaut, um seine Filmcrew bei den Dreharbeiten zu „Hurrican" unterzubringen. Die 84 Bungalows drängen sich etwas zwischen Straße und Strand. Das Hotel wird von Reisegruppen stark frequentiert. Wassersport aller Art, kostenloser Transfer zu einem Motu zum Schwimmen und Schnorcheln. Tennisplatz, Windsurfen und Schnorchelausrüstung kostenlos, Fahrrad- und Motorroller-Verleih, Swimmingpool, Überwasser-Bungalows, Restaurant, Bar. Bungalows ab CFP 26.000, Tel. 410404.

★ Der neu angelegte **Club Med Bora Bora** liegt in der Baie Faaopore hinter dem Hotel Marara im Südosten der Insel am Wasser. Der Strand ist teilweise künstlich aufgeschüttet. Fahrradverleih, Tennis, Wassersport aller Art und die sonst üblichen Clubaktivitäten. 150 Zimmer ab CFP 22.000, Bungalows ab CFP 25.104 inkl. Mahlzeiten. Tel. 429699.

★ Der **Beach Club Bora Bora** teilt sich den Strand mit dem Sofitel Marara. Die 36 Zimmer sind in langgestreckten Bungalows untergebracht. Wassersport aller Art. Windsurfen und Schnorchelausrüstung kostenlos. Fahrrad-, Motorroller- und Autoverleih, Wassersport aller Art, Restaurant, Bar. Doppelzimmer ab CFP 16.000, Halbpension CFP 3.800, Tel. 677116.

★ Das **Bora Bora-Motel** am Pointe Matira ist unserer Meinung nach eine der besten Unterkünfte mittlerer Preisklasse auf Bora Bora. Die sieben neuen Bungalows stehen am schönen weißen Strand und haben voll ausgestattete Küchen. Fahrrad-, Motorroller- und Autoverleih. Kostenloser Transfer zu allen Restaurants. Bungalow ab CFP 13.000, Tel. 677821.

★ Das Hotel **Revatua Club** liegt auf der touristisch noch weniger erschlossenen Seite Bora Boras, 16 km nördlich von Vaitape. Wer es sehr ruhig mag, ist hier sicher gut aufgehoben. Die Zimmer sind einfach und sauber. Bestes Schnorchelgewässer von Bora Bora vor dem Haus. Kostenloser Transfer zum hauseigenen Motu mit kilometerlangem Strand. Wassersport aller Art, Fahrrad- und Motorroller-Verleih, Restaurant, Bar. Zimmer ab CFP 7.420, Tel. 677331.

★ Das Hotel **Matira** hat einen schönen Strand und Blick auf den Sonnenuntergang. Die 32 Bungalows sind einfach und etwas verwahrlost,. einige mit Küche. Mit den unfreundlichen chinesischen Besitzern müssen Sie auskommen. Ein Restaurant, ebenfalls chinesisch, liegt nebenan. Bungalows CFP ab 11.500, Tel. 677051.

★ **Chez Robert** und Tina liegt direkt am Pointe Matira und ist das letzte Haus in der Sackstraße, hinter dem Moana Beach Hotel am Strand. Die Zimmer sind einfach und sauber mit Gemeinschaftsküche. Einzelzimmer ab CFP 3.000, Doppelzimmer ab CFP 6.000, Tel. 677292.

★ **Chez Nono Leverd**, ebenfalls am Pointe Matira hinter dem Moana Beach Hotel, ist eine nette kleine Pension direkt am weißen Strand. Die Bungalows und Zimmer sind einfach und sauber. Die Bungalows sind mit Küche ausgestattet, die Zimmer teilen sich eine Gemeinschaftsküche. Ideal für Familien. Fahrradverleih. Einzelzimmer ab CFP 3.000, Doppelzimmer ab CFP 5.000, Bungalow ab CFP 7.000, Tel. 677138.

Auf einigen Motus, den kleinen Ringinseln am Außenrand der Lagune, gibt es Bungalow-Anlagen mit sehr schönen Stränden:
★ Fünf Minuten Bootsfahrt vom Flughafen auf dem Motu Tane liegt **Fare Corail**, zwei komfortable Bungalows mit Küche, TV und Bibliothek direkt am Strand, umgeben von einer Kokosplantage. Panorama-Blick auf Bora Bora. Der ideale Platz für Südsee-Romantiker und Robinson-Fans. Mindestaufenthalt 3 Nächte, CFP 15.000, monatliche Miete möglich. Colette Victor, Tel. 677450.

★ **Oasis du Lagon** auf dem Motu Piti Aau gegenüber Sofitel Marara hat 3 Luxus-Villen für jeweils 4-6 Personen. Sehr schöner Strand, Blick auf Bora Bora, eigenes Boot, ab CFP 20.000, Tel. 677338.

★ **Miri Miri** sind zwei Luxus-Bungalows auf dem Motu Paahi, 10 Bootsminuten vom Flughafen entfernt. Auf Wunsch mit Verpflegung. Preis auf Anfrage bei Laurent Patrick-Cornu, P. O. Box 20703, Papeete, Tel. 810119 und Henri Broker D'effendal, P.O. Box 163, Bora Bora, Tel. 677200.

Camping

Chez Pauline ist der einzige Campingplatz von Bora Bora am Matira Beach zwischen dem Beachclub Bora Bora und dem Moana Beach Hotel. Er hat einen schönen Strand, ist aber ziemlich eng zwischen Straße und Lagune eingepfercht. Es gibt auch sogenannte Beach-Cabins, sehr einfach ausgestattet mit zwei Matratzen und einen Schlafsaal. Zum Einkaufen müssen Sie nach Vaitape. Fahrradverleih. Pro Zelt und Person CFP 1.600, Schlafsaal CFP 2.000 pro Person, Cabin CFP 9.000, Tel. 677216.

Restaurants

Chez Christian beim Revatua Club im Nordosten der Insel geht der Ruf des besten französischen Restaurants auf der Insel voraus. Wir waren nur von den Preisen beeindruckt. Im **Bamboo House** sollten Sie Lobster essen. Er wird aus den Tuamotus eingeflogen, da es in den Gewässern Bora Boras kaum mehr welche gibt. **Bloody Mary's Seafood Restaurant** ist trotz aller Berühmtheit immer noch gut. Allgemein gelobt wird auch der **Sonntags-Brunch im Hotel Bora Bora**. Alle Restaurants bieten abends einen kostenlosen Transfer (Pick-up-Service) von und zu jedem Hotel an.

Nachtleben

Die Diskothek **Le Recif**, etwas außerhalb von Vaitape neben dem Yachtclub, ist am Wochenende geöffnet. Allerdings erst ab 22.30 Uhr. Einen Drink ist auch die Bar **Bloody Mary's** wert. Dort können Sie die Liste der Stars studieren, die vor Ihnen auf dem Hocker saßen.

Aktivitäten

Strände

Die schönsten Strände Bora Boras sind auf den Motus am Außenrand der Lagune. Viele Hotels und Pensionen bieten Bootsausflüge zu ihnen an. Die einzigen schönen Sandstrände der Zentralinsel liegen entlang der Halbinsel Matira, zwischen Hotel Bora Bora und Matira Point.

Zu Lande

Für eine Inselrundfahrt können Sie in jedem Hotel ein Auto, Motorroller oder Fahrräder mieten, oder eine organisierte Rundfahrt mitmachen (Bora Bora Tours, Tel. 677028, Maire Tours, Tel. 677132, Otemanu Tours, Tel. 677049). Es gibt auch eine Jeep-Safari in die Berge (Bora Bora Jeep Safari, Tel. 677034). und eine geführte Bergtour.

Zu Wasser

Ihre Schokoladenseite zeigt die Insel von der Lagune aus. Eine Rundfahrt im Motor- oder Segelboot bieten alle Hotels und mehrere Ausflugsunternehmen an. Meist ist ein Abstecher auf das Außenriff und ein Picknick auf einem Motu vorgesehen.
★ Blue Lagoon, Daniel Fauconnier, Tel. 677054.
★ Matira Tours, Ioane Tinorua, Tel. 677097.
★ Poerani Tours, Sylvain Tinorua, Tel. 677670.

Tip

Bootsrundfahrt mit Haifischfütterung. Sie werden als Nichttaucher nie mehr so nahe an einen Hai herankommen. Im etwa brusthohen Wasser stehend brauchen Sie nur den Kopf mit der Taucherbrille unter Wasser zu halten, um aus sicherer Entfernung die Fütterung zu beobachten.

★ Teremoana Tours, Noel Leverd, Tel. 677138.
★ Bora Bora Poe Iti Tours, Michael Henry, Tel. 677757.

■ **Segeln**
★ Epicurien II, 22 m Segelyacht, 8 Passagiere, Tagestouren und mehrtägige Touren, Pierre Lafitte, P. O. Box 71, Bora Bora, Tel. 437967.
★ Maraamu II, 20 m Segelyacht am Club Med, 8 Passagiere, Tagestouren und 4-Tages-Touren durch die Inseln, Steve Walker, P. O. Box 318, Bora Bora, Tel. 677237.

■ **Tauchen**
★ Bora Bora Diving Center, Michel und Anne Condesse, Tel. 677184
★ Calypso Club, Claude Sibani, Tel. 677464.
★ Moana Adventure Tours, Erwin Suchard, Tel. 677033.

Maupiti

Transport

Flughafen

Der Flughafen liegt auf dem Motu Tuanai. Sie müssen mit einem Boot zu Ihrer jeweiligen Unterkunft fahren bzw. werden bei vorheriger Reservierung abgeholt.

Fähre

Die Anlegestelle ist südlich von Vaiea.

Bus, Leihwagen

Kein Bus, Taxi oder Leihwagen

Bank und Post

Es gibt keine Bank auf Maupiti, die Post ist in Vaiae. Bitte ausreichend Bares mitnehmen.

Unterkünfte

★ **Kuriri Village** auf dem Motu Tiapaa, 30 Bootsminuten vom Flughafen entfernt. 2 Bungalows im polynesischen Stil, Gemeinschaftsdusche (nur kaltes Wasser), weißer Sandstrand, Schnorchelausrüstung kostenlos. CFP 10.000 pro Person inkl. aller Mahlzeiten. P. O. Box 23 Vaiea, Maupiti, kein Telefon, nur Fax 678200.

★ **Pension Auira** auf dem gleichnamigen Motu gegenüber von Tereia Beach wird von Eda Terai geführt, 5 Bootsminuten vom Flughafen entfernt. 7 polynesische Bungalows am weißen Sandstrand. Gutes Essen, nette familiäre Atmosphäre, Restaurant, Bar. CFP 7.500 pro Person inkl. aller Mahlzeiten. Tel. 678026.

★ **Pension Papahani** auf dem Motu Tiapaa, 20 Bootsminuten vom Flughafen entfernt. 4 einfache Zimmer mit Gemeinschaftsdusche (nur kaltes Wasser), weißer Sandstrand, CFP 6.000 pro Person, inkl. aller Mahlzeiten. Tel. 678011 (Augusta).

★ **Chez Floriette** in Vaiea, Haus mit drei Schlafräumen und Gemeinschaftsdusche und -küche mitten im Dorf. Fahrräder, Picknicktrips zu den Motus, Halbpension CFP 4.500 pro Person, Tel. 678085.

★ **Pension Eri in Vaiea**, 4 Zimmer, Gemeinschaftsküche, Halbpension CFP 4.000 pro Person, Tel. 678129.

Huahine

Transport

Flugplatz

Der Flugplatz liegt 3 km von Fare entfernt. Wenn Sie Zimmer vorbestellt haben, werden Sie von den Hotels und Pensionen abgeholt. Die Autoverleiher Pacificar und Kake sowie das Fremdenverkehrsamt Tahiti Tourisme haben einen Schalter am Flughafen.

Fähre

Die Anlegestelle liegt mitten in Fare. Die kleinen Pensionen in Fare sind zu Fuß zu erreichen. Wenn Zimmer vorbestellt sind, werden Sie abgeholt. Taxiservice ist möglich.

Bus

Le Truck gibt es nur zu und von den Fähren.

Taxi

Am Flugplatz, Hotel Sofitel, Pension Enite, Lovina Excursions.

Leihwagen, Motorroller, Fahrrad

Kleinwagen CFP 4.000/4 Stunden bis zu CFP 7.000/4 Stunden für Minibus, Motorroller CFP 2.500/4 Stunden, Fahrräder ab CFP 400/4 Stunden.
★ Kake Rent-a-Car in Fare, Tel. 688059.
★ Pacificar, Flughafen, Fare, Hotel Sofitel und Hotel Relais Mahana, Tel. 688181.

Bank und Post

Die Banque de Tahiti, Banque Socredo und Westpac haben jeweils eine kleine Zweigstelle in Fare. Die Post liegt ebenfalls in Fare am Ortsausgang an der Insel-Rundstraße.

Unterkünfte

Die kleinen Pensionen sind in Fare, dem Hauptort der Insel. Hier kommen auch die Fähren aus Papeete an. Die größeren Hotels sind über die Insel verteilt. Bei Voranmeldung werden Sie vom Flugplatz abgeholt.

★ Eines der ungewöhnlichsten Resorts der Südsee ist das **Hana Iti** im Nordwesten von Huahine Iti. Der amerikanischer Millionär und Meeresbiologe Tom Kurth hat sich hier einen Traum verwirklicht und 25 individuelle Luxushütten in die Landschaft gebaut. Sie sind wie Vogelnester auf verschiedenen Hügeln und Klippen versteckt und nur mit einem Geländewagen erreichbar. Jede hölzerne Dschungelvilla hat einen Whirlpool im Freien mit spektakulärem Blick auf die darunterliegende Bucht. Die Einrichtung der Villas besteht aus asiatischem und polynesischem Kunsthandwerk, das Tom Kurth zusammengetragen hat. Das Restaurant und die Bar liegen an einem makellosen Strand. Wassersport aller Art, Swimmingpool, Reiten, Safari-Touren, Autoverleih. Ab CFP 58.000, inkl. Mahlzeiten, Wein etc. ab CFP 47.500 pro Person, Tel. 688505.

★ Das Hotel **Sofitel Heiva Huahine** auf dem Motu Papiti ist 7 km vom Flugplatz und 11 km von Fare entfernt. Die weitverzweigte Bungalow-Anlage liegt in einem Kokospalmenhain direkt am Wasser. Die Atmosphäre ist ungezwungen und heiter. Die polynesischen Shows sind sehenswert. Swimmingpool, Überwasser-Bungalows, Restaurant, Bar. Doppelzimmer CFP 21.000, Bungalows ab CFP 32.700, Tel. 688686.

★ Der **Huahine Beach Club** liegt auf der südlichsten Spitze von Huahine Iti, neben dem Dorf Parea an einem schönen weißen Strand. Die 17 neu errichteten Bungalows sind im polynesischen Stil, sehr geräumig und gut ausgestattet. Ideal für Familien. Windsurfen und Schnorchelausrüstung kostenlos. Swimmingpool, Restaurant und Bar. Garden-Bungalows ab CFP 18.000, am Strand ab CFP 22.000, Halbpension CFP 3.800, Tel. 688146.

★ Das **Relais Mahana,** auf der anderen Seite des Südkaps in der Baie Avea, hat den Sunset-Blick auf Raiatea. Der Strand ist gepflegt, die Lagune türkisfarben bis dunkelblau. Die 22 Bungalows sind nett aber für Familien etwas klein. Tennisplatz, Wassersport aller Art, Windsurfen kostenlos. Reiten, Fahrradverleih, Swimmingpool, Snackbar, Restaurant und Bar. Bungalow ab CFP 14.500, Tel. 688154.

Hotel Bali Hai

★ Das Hotel **Pierki Island Bali Hai Huahine** (früher nur Bali Hai), 2 km hinter Fare, war nach einem Streik mehrere Jahre geschlossen und ist jetzt teilweise wieder geöffnet, jedoch immer noch renovierungsbedürftig. Die Bungalows sind in einem tropischen Park um seerosenbewachsene Süßwasserkanäle gruppiert. Kleiner, weißer Sandstrand, Swimmingpool, hübsches Restaurant am Wasser, Bar. Ab CFP 14.000, Tel. 688477.

★ **Pension Enite** liegt mitten in Fare, 200 m von der Anlagestelle entfernt und dürfte wohl die älteste Pension Huahines sein. Die Zimmer sind sehr einfach, aber sauber, Familienanschluß. Gemeinschaftsdusche. Einfaches Restaurant im Garten am Wasser. Windsurf- und Fahrradverleih. Die Zimmer werden nur mit Halb- oder Vollpension vermietet. Halbpension einzeln CFP 5.500, Vollpension CFP 6.600, Tel. 688237.

★ Sehr beliebt bei den Rucksacktouristen in Fare ist die **Pension Guynette**, mitten im Ort, gegenüber der Anlegestelle. Die Zimmer sind sehr einfach und sehr sauber. Nette, freundliche Atmosphäre. Es gibt auch einen Schlafsaal und eine Gemeinschaftsküche. Doppelzimmer CFP 3.000, Schlafsaal CFP 1.000 pro Person, Tel. 688375.

★ **Te Moana** ist eine kleine Bungalow-Anlage direkt neben dem Bali Hai. Die Bungalows sind nett und sauber im polynesischen Stil. Nur kaltes Wasser. Der Besitzer Maea Baumgartner ist Schweizer. Hübscher weißer Sandstrand. CFP 5.500, Tel. 688863.

★ **Chez Marie-Louise** gehört Hans Demes, einem deutschstämmigen ehemaligen Fremdenlegionär. Die Hütten liegen 800 Meter von Fare entfernt mit Zugang zum Meer. Zwei sind mit Küche ausgestattet. Zelten möglich. Zelt CFP 2.000, Bungalow CFP 2.500, Haus CFP 5.000. Wöchentliche Raten möglich, Tel. 688110.

Restaurants und Snackbars

Außer den Restaurants der größeren Hotels gibt es in Fare einige kleine Snackbars. Besonders gut gefallen hat uns dort **Te Marara**, direkt am Wasser mit Sonnenuntergangs-Blick auf Raiatea. Freitags gibt es hier tahitianische Musik. Zu empfehlen ist auch **Snack Moana Iti**, ebenfalls in Fare. Bei einer Inselumrundung können Sie sich an der **Snackbar des Relais Mahana** erfrischen oder einige hundert Meter nördlich im **Fare Mahini**, einem Fare im polynesischen Stil direkt am Meer mit einem Restaurant, einer Bar und einem kleinen Laden.

Nachtleben

Die polynesische Tanzshow im Sofitel Heiva Hotel, jeweils am Wochenende, ist auf jeden Fall sehenswert. Das Nachtleben von Fare beschränkt sich auf einige kleine Bars, in denen fast ausschließlich Einheimische verkehren.

Aktivitäten

Die schönsten öffentlichen Strände sind am Südkap von Huahine Iti bei den beiden Hotels Huahine Beach Club und Relais Mahana und auf einen der vielen Motus rund um die Insel.

Strände

Außer der üblichen Inselrundfahrt wird eine spezielle Führung durch die **archäologischen Fundstätten** bei Maeva angeboten (Enite Excursions, Tel. 688237 und Lovina Excursions, Tel. 688806). Eine **Jeep-Safari** führt Sie ins Landesinnere und abgelegene Täler (Huahine Land, Pierre Ray, Tel. 688921). Ein Reitstall bietet **Ausritte** am Strand und ins Landesinnere und Reitunterricht für Kinder an. Längere Ausflüge zu Pferd führen rund um die Insel (3 Tage) und quer durch die Berge (2 Tage) mit Biwak im Freien (La Petite Ferme, Jean-Pierre Arsius, Tel. 688298).

Zu Lande

Das Licht und die Farben von Huahine sind einmalig und von Fotografen geschätzt, die Strände auf den Motus sind makellos. Eine **Inselumrundung auf dem Wasser** mit Picknick auf einem Motu und Spaziergang auf dem Riff sollte auf jeden Fall zu Ihrem Programm gehören. Veranstaltet von Mataira Excursions, Tel. 688621 oder von Pacific Blue Adventure, Tel. 688721.

Huahine ist auch unter **Wellensurfern** ein Geheimtip. Es gibt auf der Insel drei Stellen, an denen sich bei entsprechendem Wind die Brandungswellen hoch genug aufbauen. Eine ist am Passe Araara, der Riff-Passage neben dem Motu Araara am Südkap von Huahine Iti. Zwei weitere Surfpunkte sind am Passe Avapeihi und Passe Avamoa, den beiden Einfahrten zur Baie Cook und nach Fare.

Zu Wasser

■Tauchen
★ Pacific Blue Adventure, Dominique Tempie, Tel. 688721.

Raiatea und Tahaa
Transport

Flugplatz
Der Flugplatz liegt im Norden der Insel, 3 km von Uturoa entfernt. Die Hotels und Pensionen holen Sie ab oder vergüten die Taxifahrt. Die Yachtcharter-Gesellschaften Tahiti Yacht Charter, The Moorings und ATM haben einen eigenenTransport und holen ihre Gäste selbst ab. Das Air-Tahiti-Büro ist tagsüber besetzt. Das Raiatea Visitor Bureau hat einen Informationsschalter, der zu den Flügen geöffnet ist.

Fähre
Die Anlegestelle ist mitten in **Uturoa**. Das Visitor Bureau neben der Anlegestelle ist täglich, außer am Wochenende, geöffnet.
Auf Tahaa ist die Anlegestelle in **Tapuamu** an der Westküste.

Bus
★ Raiatea: Le Truck fährt tagsüber während der Geschäftszeiten Abfahrtspunkt für alle Richtungen ist der Markt in Uturoa.
Tahaa: Kein Bus.

Taxi
★ Raiatea: Neben dem Markt in Uturoa
★ Tahaa: Keine Taxis

Taxi Boat
Nach Tahaa:
★ Philippe Robin, Tel. 656101.
★ Raimana II, Hiro Tehahe, Tel. 663791.

Leihwagen, Motorroller, Fahrrad
★ Raiatea: Kleinwagen ab CFP 6.500/8 Stunden, Motorroller CFP 4.000/Tag, Fahrräder CFP 1.000/Tag.
★ Apetahi Location, 2 km von Uturoa, nur Motorroller, Tel. 662755.
★ Garage Motu Tapu, Uturoa, Tel. 663309.
★ Raiatea Location, Uturoa, Tel. 663406.
★ Tahaa: Kein offizieller Autoverleih auf Tahaa. Fahrräder durch Marina Iti.

Bank und Post
Die Banque de Tahiti, Westpac und Banque de Polynésie haben Zweigstellen an der Hauptstraße von Uturoa.
Auf Tahaa gibt es keine Bank.

Die Post ist in Uturoa an der Hauptstraße gegenüber vom Hospital.
Auf Tahaa ist die Post in Patio.

Unterkünfte Raiatea

Die Hotels und Pensionen auf Raiatea sind selbst in den unteren Preisklassen sehr gepflegt und sauber. Das Preis-/Leistungsverhältnis stimmt hier in der Regel. Da Raiatea keine Strände hat, wird meist ein kostenloser Badeausflug zu einem Motu angeboten.

★ 35 km von Uturoa entfernt liegt das Hotel **Te Moana Iti**. Die 6 geräumigen Bungalows liegen neben dem Taputapuatea Marae direkt am Strand. Der Besitzer Roland Ariitai stammt aus dem Elsaß und spricht deutsch.Wegen des relativ langen Anfahrtsweges für nur eine Übernachtung weniger geeignet. Schnorchelausrüstung, Outriggerboot und Fahrrad sind frei. Hübsches Restaurant und Bar. CFP 10.500 (Halbpension CFP 3.500). Tel. 662182.

★ Das **Sunset Beach Motel Apooiti** liegt 2 km vom Flughafen und 5 km von Uturoa entfernt an der Lagune. Für uns die beste Übernachtungsmöglichkeit dieser Preisklasse auf Raiatea. Die 16 Bungalows stehen weiträumig in einer Kokosplantage am Meer, ohne nennenswerten Strand allerdings. Aber die Anlage ist hübsch und sehr gepflegt, die Bungalows gut ausgestattet und geräumig mit Küche und Übernachtungsmöglichkeit bis zu vier Personen. Ideal auch für Familien. Im hinteren Teil der Plantage ist ein Campingplatz mit großer Küche und Duschen. Sie werden umsorgt von Eliane Boubee und ihrem Sohn Moana, die auch alle Touren für ihre Gäste organisieren. Bungalow ab CFP 7.000, Camping CFP 1.000 pro Person. Tel. 663347.

★ Das **Bali Hai** auf Raiatea war einmal ein Juwel und das erste Hotel der Südsee, das Überwasser-Bungalows hatte. Häufiger Besitzerwechsel, Feuer und Sturm haben es sehr in Mitleidenschaft gezogen, so daß es gerade renoviert wird. Es liegt 2 km hinter Uturoa am Wasser und ist im polynesischen Stil gebaut. Ein exzellentes Schnorchel- und Tauchrevier liegt direkt vor dem Hotel. Preis auf Anfrage. Tel. 663149.

★ 12 km südlich von Uturoa liegt das kleine Hotel **Raiatea Village**. Jeder der 12 Bungalows hat eine Küche vier Betten. Alles sauber und sehr gepflegt, direkt am Wasser. Schnorchelausrüstung kostenlos. Ausflüge nach Tahaa und auf verschiedene Motus. Fahrradverleih. Bungalow ab CFP 6420, Halbpension möglich. Tel. 663162.

★ Die wohl netteste Unterkunft mit Familienanschluß ist **Pension Greenhill** in der Baie Faaroa, 12 km vom Flughafen entfernt. Die Zufahrt ist gegenüber der Yachtcharter-Gesellschaft ATM beim Briefkasten mit dem grünen „G". Marie-Isabelle und Jason Chan führen diese Pension mit Hingabe und kochen für ihre Gäste. Alle Zimmer haben einen schönen Blick auf die Bucht. Im Zimmerpreis inbegriffen sind Trips zu den Motus und andere Ausflüge. Fahrräder kostenlos. Da keine Geschäfte und Restaurants in der Nähe sind, ist Vollpension inbegriffen. Mindestaufenthalt 2 Nächte. Einzelzimmer CFP 3.930, Doppelzimmer CFP 6.500. Tel. 663764.

★ Die kleine Pension **Marie-France** liegt 3 km hinter Uturoa am Wasser. Sie gehört Patrice und Marie-France Philip. Patrice leitet gleichzeitig ein Tauchunternehmen und die Raiatea Safari Tours. Die Zimmer sind sehr einfach und sauber. Man kann mit oder ohne Halb- oder Vollpension mieten. Swimmingpool, Snackbar, Moped- und Fahrradverleih. Bungalow CFP 7.000, Doppelzimmer ab CFP 4.000, Schlafsaal CFP 1.500 pro Bett. Tel. 663710.

Unterkünfte Tahaa

Auf Tahaa gibt es keine größeren Hotels, nur Pensionen oder Privatzimmer. Sie sind nur mit dem Boot von Uturoa/Raiatea zu erreichen.

Überwasser-Bungalows auf Vahine Island

★ Der richtige Ort für einen Robinson-Urlaub ist **Vahine Island** auf dem Motu Tuuvahine, nordöstlich von Tahaa. Das Motu liegt in einer türkisfarbenen Lagune mit weißem Strand. 6 Bungalows stehen in einem Palmenhain am Strand, 3 über dem seichten Wasser der Lagune. Alle sind im polynesischen Stil und gut ausgestattet. Die Fahrt von Uturoa mit dem hauseigenen Speedboot dauert 30 Minuten. Wassersport aller Art, Vanilla Tour auf Tahaa, Bootstrips um Tahaa, Fishing Trips. Hübsches Freiluft-Restaurant

mit ausgezeichneter Küche und Bar. Bungalow CFP 25.000. Tel. 656738.

★ Das Hotel **Marina Iti** liegt auf der südlichsten Spitze der Insel an der Apu Bay. Die Bootsfahrt von Uturoa dauert 10 Minuten. Das Hotel ist gleichzeitig Zentrum vieler Aktivitäten auf Tahaa und Raiatea, wie Tauchen, Segeln, Expeditionen ins Landesinnere, Vanilla Tours, Bootsfahrten um Tahaa, Fischen usw. Die kleine Bungalow-Anlage wird liebevoll von Marie und Philippe Robin geführt, die auch sehr gut kochen. Gute Schnorchelplätze direkt am Bootssteg. Mountainbikes, Autoverleih. Bungalow Halbpension CFP 12.000 pro Person. Tel. 656101.

★ Das Hotel **Hibiscus** liegt in der Haamene-Bucht, eine 20-Minuten-Bootsfahrt von Uturoa/Raiatea entfernt. 5 einfache Bungalows, 1 Schlafsaal. Besitzer Leo spricht auch deutsch. Polynesisches Fest jeden Samstag. Nette familiäre Atmosphäre, sehr gutes Restaurant und Bar. Schnorchelausrüstung kostenlos. Bungalow ab CFP 5.750, Schlafsaal CFP 1.850 pro Person. Halbpension CFP 2.500 pro Person. Tel. 656106.

Restaurants und Snackbars

In Uturoa gibt es zwei sehr gute chinesische Restaurants, das **Le Moana** und den **Jade Garden**. Das **Chez Michelle** bietet mittags leckere Snacks, das **Moemoea**, ebenfalls nur tagsüber geöffnet, ist ein Tip für einheimische polynesiche Küche. Empfehlenswert für Mittagessen ist auch die **Snackbar Temehani** am Flughafen. Kürzlich hat das Restaurant **Club House** an der Marina Apooiti eröffnet. Das Restaurant des Hotels **Te Moana Iti** Im Süden der Insel ist ebenfalls gut, bietet sich an für ein Mittagessen während der Inselrundfahrt. Unser Favorit ist **Le Quai des Pêcheurs** am Hafen, mit einem hübschen Blick nach Tahaa.

Nachtleben

In der Diskothek **Zenith** in Uturoa treffen sich am Wochenende Yachties, Touristen und Einheimische. Den örtlichen Fischern kann man beim Plausch nach Feierabend an der Bar des **Le Quai des Pêcheurs** zu hören. Am Wochenende verwandelt sich das Restaurant in eine Disco, die zu späterer Stunde etwas rauh werden kann.

Aktivitäten

Strände   Raiatea und Tahaa haben selbst keine Strände. Jedoch sind von allen Hotels und Pensionen Bootsausflüge zu den makellosen Sandstränden der Motus rings um Raiatea und Tahaa möglich.

Zu Lande   Für eine Inselumrundung mit dem Leihwagen müssen Sie einen halben Tag rechnen. Abgesehen vom Restaurant des Hotels Te Moana Iti im Südosten der Insel gibt es keine Möglichkeit für einen Imbiß zwischendurch. Sie können Raiatea und Tahaa auch mit einer Jeep Tour in die Berge und Täler erkunden (Almost Paradise Tours, Tel. 662364 und Raiatea Safari Tours, Patrice Philip, Tel. 663710. Auf Tahaa: Marina Iti, Tel. 656101 und Hibiscus Activities, Tel. 656106).

■ **Reiten**
Bei Patrick und Sylvianne Marinthe vom Kaoha Nui Equestrian Center können Kinder und Erwachsene Reiten lernen. Für Fortgeschrittene gibt es längere Ausritte, Vollmondtouren mit Begleitung oder 2- bis 4- Tagestouren mit Übernachtung im Biwak oder Bungalow. Tel. 662546.

Zu Wasser   ■ **Segeln**
Nicht umsonst ist Raiatea der Stützpunkt dreier großer Yacht-Charterunternehmen, A.T.M., The Moorings und Tahiti Yacht Charter. Die Insel liegt im Zentrum der Gesellschaftsinseln, von hier aus sind Bora Bora, Huahine, Moorea und die sonst Touristen weniger zugänglichen Atolle Maupiti und Tupai leicht zu erreichen. Die Boote der Charterunternehmen können mit oder ohne Skipper gechartert werden, die größeren auch mit kompletter Mannschaft einschließlich Koch.

★ **Tahiti Yacht Charter** hat sich auf den deutschen Markt spezialisiert. Die 8 Boote sind neu und leicht zu navigieren. Sie können mit und ohne Crew gechartert werden. Tel. 426746 (Tahiti) und 662886 (Raiatea).
★ **A.T.M . Stardust** (Manager: Christophe und Barbara Zebrowski) haben eine Flotte von 23 Segelyachten und Katamaranen von 10-16 m für 4-10 Passagiere, mit und ohne Crew, Tel. 662318.
Seit kurzem hat die Tochtergesellschaft Stardust Marine Cruises in Rangiroa eine Flotte von 10 Booten liegen. Näheres siehe unter Rangiroa.
★ **The Moorings,** eine der größten Segelcharter-Gesell-

schaften der Welt, hat 20 Segelyachten in Raiatea liegen. Zwischen 13 und 17 m für 2-9 Passagiere. Tel. 663593.
★ **Danae Croisières**, 20 m Segelyacht Danae III, bis 8 Passagiere, 6-Tage-Trips und Motoryacht Danae IV. Claude und Claudine Goche, P. O. Box 251, Uturoa/Raiatea, Tel. 663937.

■ **Tauchen**
Die Korallenbänke in der Lagune von Raiatea und Tahaa eignen sich hervorragend zum Schnorcheln. Die besten Plätze zum Flaschentauchen sind an den Riffpassagen. Attraktionen unter Wasser sind Steilabfälle, Höhlen und ein vor hundert Jahren gesunkener deutscher Dreimaster, der direkt vor dem Bali Hai Hotel liegt.

Patrice Philip, der das Tauchunternehmen **Raiatea Plongée** leitet, ist der einzige Tauchlehrer Französisch-Polynesiens mit einer PADI-Lizenz. Er kennt die Tauchgründe aller Inseln und meint, nur Rangiroa könne noch mit Raiatea an Vielfalt mithalten. Seine Spezialität ist das Füttern von Haifischen und Muränen unter Wasser. Patrice bietet auch einen Tauchkurs an über drei bis vier Tage mit Prüfung zum international anerkannten PADI-Tauchschein.

★ Raiatea Plongée, Patrice und Marie-France Philip, Tel. 663710.
★ Poreho Iti Here Plongée, Yves Borri, Tel. 663625.
★ Tahaa: Marina Iti, Philippe Robin, Tel. 656101.

■ **Bootsausflüge und Hochseefischen**
Der beste Trip in die Lagune ist von Havai'i Tours mit Delphine Harris. Sie fahren mit einem großen Outrigger rund um Tahaa, picknicken auf einem Motu, schnorcheln und fischen. Tel. 662798.
★ Manava Tours, Tel. 662826.
★ Manu Ofe Excursions, Tel. 663827.
★ Tahaa: Marina Iti, Philipe Robin, Tel. 656101 und Hibiscus Activities, Leo Morou, Tel. 656106.

Am Quai des Pêcheurs in Uturoa liegen Hochseefangboote, die zu Angeltouren gechartert werden können. Trophäen und Fotos in der Bar des Le Quai des Pêcheurs zeigen eindrucksvolle Exemplare von Marlins, Schwertfischen, und Thunfischen, die hier gefangen wurden.
★ La Moana Belina, Andre Chong, Tel. 663028.
★ Moana Vaihi, Jean-Pierre Constant, Tel. 663883.
★ Raimana II, Hiro Tehahe, Tel. 663791.
★ Tahaa: Marina Iti, Philippe Robin, Tel. 656101.

Rangiroa

Transport

Am Flugplatz sind das Air Tahiti-Büro und der Informationsschalter des Comité du Tourisme Rangiroa. Es ist
empfehlenswert vorab Zimmer zu reservieren, da Sie
sonst nicht vom Flughafen abgeholt werden. Es gibt keine
öffentlichen Transportmittel auf Rangiroa, nur einen
Motorrollerverleih: CFP 3.000/Tag, Michelle, Tel. 900275.

Es gibt keine Bank auf Rangiroa, deshalb müssen Sie vorher Geld wechseln. Es sei denn, Sie wohnen im Kia Ora
Village und bezahlen alles mit Kreditkarte oder wechseln
dort zum teureren Hotelkurs.
Postzweigstellen gibt es in Avatoru und in Tiputa.

Unterkünfte

Rangiroa hat eine relativ gute Auswahl von preiswerten
Pensionen und Privatzimmern. Bei Übernachtung auf
den Motus in der Lagune müssen Sie damit rechnen, daß
es weder Strom noch fließend Wasser gibt.

★ Das **Kia Ora Village** ist das einzige Hotel internationalen Standards auf Rangiroa, drei Kilometer vom Flughafen entfernt auf dem Motu Avatoru. Alle Bungalows liegen am weißen Traumstrand in einer Kokosplantage. Die
gesamte Anlage wurde renoviert, neue Bungalows sind
dazugekommen. Wegen der guten Tauchgründe wird es
von Tauchern aus aller Welt geschätzt. Wassersport aller
Art; Tennis, Schnorchelausrüstung, Windsurfen, Segeln
und Fahrräder kostenlos, Bungalow ab CFP 24.000, Halbpension CFP 5.200 pro Person, Tel. 430498.

Wer Robinson Crusoe spielen möchte, hat die Möglichkeit mindestens zwei Nächte in einer Dependance auf
dem Motu Avearahi auf der anderen Seite der Lagune zu
verbringen. Kia Ora Sauvage besteht aus fünf einfachen,
aber hübschen Bungalows im polynesischen Stil. Für
Verpflegung wird gesorgt. Der Mindestaufenthalt ist zwei
Nächte. Ab CFP 36.000 (je nach Saison) pro Person für
zwei Nächte, alles inklusive, Tel. 430498.

★ Nur ein Kilometer vom Flughafen entfernt liegt der
Rangiroa Beach Club. Die 20 polynesische Bungalows

stehen am Wasser, der Strand ist etwas felsig. Wassersport, Tennis und Schnorchelausrüstung kostenlos.
Fahrräder, Inseltouren, Hochseefischen, Restaurant und
Bar. Bungalows ab CFP 18.000, Halbpension CFP 4.500
pro Person, Tel. 430829.

★ Die Bungalows von **Rangiroa Village** stehen am Ortseingang von Avatoru am weißen Strand. Einfache Ausstattung, Restaurant und Bar mit Live-Musik am Wochenende. Bungalow CFP 18.000 Halbpension, Tel. 960383.

★ Nur ein kleines Stück hinter dem **Rangiroa Beach Club**
liegt Raira Lagon, eine sehr einfache Familien-Pension
mit fünf Bungalows am Wasser. Die Besitzer sind ausgesprochen nett, sprechen aber nur wenig Englisch. Fahrradverleih. Pro Person CFP 4.000, mit Halbpension CFP
6.000 pro Person, Tel. 960423.

★ **Chez Glorinne** ist eine kleine Pension direkt neben dem
Dock an der Tiputa-Passage, ca. 5 Km vom Flugplatz. Die
Bungalows sind einfach. Das Essen wird allgemein
gelobt. Ein Strand ist in der Nähe. Bungalows CFP 6.000
pro Person inklusive drei Mahlzeiten, Telefon 960358

★ **Sans Souci Village** auf dem kleinen Motu Mahuta westlich von Avatoru ist der ideale Platz für einen Robinson-
Urlaub. Weißer Sandstrand und kristallklares Wasser.
Die 14 Bungalows sind äußerst einfach mit Gemeinschaftsduschen und ein Mindestaufenthalt von drei
Nächten ist Bedingung. Pro Person CFP 7.500 inklusive
aller Mahlzeiten, telefonisch über Paradise Tours 424936

Unterhaltung, Restaurants

Bar, Restaurant, Videos und gelegentlich polynesische
Tanzaufführungen im Kia Ora Village und Live-Musik am
Wochenende im Rangiroa Village. Sonst nichts. Ein Atoll
ist ein ruhiger Ort.

Aktivitäten

Auf den Motus eines Atolls finden Sie fast immer makel-
lose weiße Sandstrände. Hervorzuheben ist nur ein Platz
am anderen Ende der Lagune mit rosafarbenem Sand, zu
dem es Bootsausflüge gibt..

Strände

Zu Lande

Wenn Sie mit dem Fahrrad die Insel erkunden wollen, brauchen Sie nicht mehr als zwei Stunden dazu. Planen Sie diese Tour entweder am frühen Morgen oder späten Nachmittag, da die Straße fast ohne Schatten ist.

Zu Wasser

■ **Segeln**
Stardust Marine, eine Tochtergesellschaft von A.T.M. Yacht Charters in Raiatea, hat zehn Segelyachten zwischen zwölf und 17 Metern, mit und ohne Crew in Rangiroa. Sie können damit durch die Lagune segeln oder nach Tikehau. Erfahrene Segler können mit Booten, die größer als 15 Meter sind, bis nach Raiatea segeln und das Boot dort abliefern. Dieser Service dürfte wohl einmalig in Polynesien sein. Auch Tauchgänge können bei diesen Turns innerhalb des Atolls von Rangiroa organisiert werden. Stardust Marine Cruises South Pacific, P. O. Box 331, Uturoa/Raiatea, Tel. 662318.

■ **Tauchen**
Hauptattraktion Rangiroas sind seine Tauchgründe. Weniger wegen der Korallen, die durch die Serie von Hurrikanen im Jahr 1983 sehr in Mitleidenschaft gezogen wurden, sondern vielmehr wegen der Menge großer Fische wie Haie und Mantas, die sich an den Passagen zwischen den einzelnen Motus sammeln. Der Raie Manta Club von Yves Lefevre mit insgesamt fünf professionellen Tauchern führt täglich mindestens zwei Tauchgänge für die Gäste des Kia Ora Village und aller anderen Unterkünfte durch. Es gibt zehn bevorzugte Tauchstellen an den beiden Passagen, an denen jeweils bestimmte Fischarten wie Haie, Mantas, Barracudas, Muränen und Napoleonfische zu Hause sind. Vor allem die bis zu einem Meter langen Napoleonfische sind so an die tägliche Fütterung gewöhnt, daß sie die Tauchgruppen während des ganzen Ausfluges begleiten. Aber auch Grauhaie und Mantas machen regelmäßig ihre Aufwartung.
★ Raie Manta Club, Yves Lefevre, Tel. 960480.
★ Rangiroa Paradive, Bernard Blanc, Tel. 960555.

■ **Bootsausflüge**
Das Kia Ora Village und die anderen Unterkünfte bieten außerdem Bootsausflüge zu anderen Motus und zu einer Badestelle namens Blue Lagoon auf dem Motu Taeoo an, die wegen ihrer intensiven Wasserfarben sehenswert ist (Pohu Excursions, Avaturu, Tel. 960468). Ein Katamaran kann für Segeltouren und ein Motorboot für Hochseefischen gechartert werden.

Tikehau
Transport

Der Flugplatz liegt auf dem Motu Tuherahera.
Es gibt keinen Bus, Taxi oder Leihwagen auf Tikehau.

Flugplatz

Unterkünfte

★ Anfang 1995 sollte das Fünf-Sterne-Hotel **Eden Beach** eröffnet werden, das zur Parkroyal-Gruppe gehört, jedoch stand bei Drucklegung noch kein genauer Termin fest. Von den 40 Bungalows der Luxus-Klasse sind 22 über Wasser, die restlichen am weißen Strand geplant. Bungalow ab ca. CFP 55.000, Tel. 452759.

Tikehau hat eine Reihe von kleinen einfachen Pensionen und Privatzimmern. Hier eine Liste:
★ **Tikehau Village**, 1 km von Tuherahera, sechs Bungalows mit Bad am Wasser, Restaurant und Bar, Transfer vom Flughafen. Auf Wunsch auch Halb- oder Vollpension, Tel. 962286.
★ **Panau Lagon**, 2 km von Tuherahera, vier Bungalows mit Bad am Wasser, Transfer vom Flughafen, Restaurant, Tel. 962299.
★ **Chez Maxime**, vier Zimmer im Ort am Wasser mit Gemeinschaftsdusche, Verpflegung auf Wunsch. Transfer vom Flughafen, Tel. 962238.
★ **Chez Habanita**, drei Zimmer im Ort mit Gemeinschaftsdusche, Küche darf mitbenutzt werden. Verpflegung auf Wunsch. Transfer vom Flughafen, Tel. 962244.
★ **Chez Isidore** und Nini, drei Zimmer im Ort, Gemeinschaftsdusche, Verpflegung auf Wunsch, Transfer vom Flughafen, Tel. 962238.

Aktivitäten

Für Taucher, die Rangiroa schon kennen, wird Tikehau sicher ein attraktives neues Revier werden, zumal es vom gleichen Tauchunternehmen bedient wird. Die Unterwasserwelt gleicht der von Rangiroa, nur ist sie hier noch nicht so berührt. Außer Tauchen gibt es nicht viel zu tun auf Tikehau. Sie können mit Einheimischen Fischen gehen, die Lagune mit der Schnorchelmaske erkunden oder sich für ein Picknick auf ein Motu bringen lassen.

Manihi

Transport

Flugplatz Der Flugplatz liegt auf einem Motu, alle anderen Orte sind nur mit dem Boot zu erreichen. Das Hotel Kaina Village ist gleich nebenan. Air-Tahiti-Büro und Snackbar am Flughafen. Es ist unbedingt notwendig, Zimmer im voraus zu reservieren, da es sonst keinerlei Transportmöglichkeit vom Flughafen zu den anderen Inseln gibt.

Fähre Die Anlegestelle ist in Turipaoa, dem größten Ort Manihis.

Keine Busse, Taxis und Leihwagen auf Manihi.

Bank und Post Es gibt keine Bank auf Manihi. Die Post ist in Turipaoa.

Unterkünfte

Zimmer auf Manihi sollten im voraus reserviert werden, da sonst kein Abholservice garantiert werden kann. Es gibt keine Straßen, alle Pensionen und Privatzimmer sind nur mit dem Boot zu erreichen. Die Boote legen direkt am Flugplatz an.

★ **Kaina Village** liegt auf dem gleichen Motu wie der Flugplatz. Wer Erholung sucht, ist hier gut aufgehoben. Es ist absolut ruhig und in der familiären Atmosphäre fühlen Sie sich sofort wohl. Die 16 kleinen Bungalows sind alle über Wasser gebaut und haben einen schönen Blick auf die gegenüberliegenden Motus und das Dorf. In der Abenddämmerung können Sie von der Terrasse des Bungalows aus spielende Mantas und kleine Haie im Wasser beobachten. Ein wahrhaft idyllischer Platz, wenn nicht die Nonos wären. Bei Wind aus einer bestimmten Richtung können diese kleinen bissigen Fliegen sehr lästig sein. Sie brauchen auf jeden Fall ein gutes Insektenschutzmittel. Interessante Tauchexkursionen veranstaltet Gilles Petre von Manihi Blue Nui, mit ihm können Sie auch ein PADI-Zertifikat machen. Sehr gute Schnorchelmöglichkeit vor dem Hotel. Positiv hervorzuheben ist, daß Schnorcheltrips und Bootsausflüge zu anderen Motus, zum Dorf und zur Perlzuchtfarm kostenlos sind. Wassersport aller Art, Restaurant und Bar. Bungalows ab CFP 23.000, Halbpension CFP 4.800 pro Person, Tel. 427553.

★ **Le Keshi** ist eine kleine Bungalow-Anlage auf dem Motu Taugaraufara, 20 Minuten Bootsfahrt vom Flughafen. Tennis, Windsurfer, Schnorchelausrüstung kostenlos, Bootstouren, Swimmingpool und Restaurant, Halb- oder Vollpension möglich. CFP 5.000, Tel. 964313.

★ Die Pension **Marguerite Fareea** hat auf dem Motu Topiheiri, 25 Bootsminuten vom Flugplatz entfernt, sechs Bungalows. Sehr einfach, aber dafür schön gelegen am rosafarbenen Strand. Freundliche Atmosphäre. Pro Person CFP 5.000 inkl. drei Mahlzeiten, Tel. 964303.

Aktivitäten

Hier auf Manihi haben Sie die seltene Gelegenheit, eine **Perlfarm** zu besuchen. Sehr interessant ist der Ausflug, den das Hotel Kaina Village für seine Gäste organisiert. Sie fahren mit dem Boot über die Lagune zu einer privaten Perlzuchtfarm und werden dort in die Geheimnisse der Perlzucht eingeführt. Nicht alle Geheimnisse natürlich, aber gerade so viel, um einzusehen, daß dies ein mühsamer, langwieriger und penibler Vorgang ist. Nichts für Glücksritter auf der Jagd nach dem schnellen Geld. Hier beim Erzeuger kosten die Perlen etwa 30 Prozent weniger als in den Juweliergeschäften Papeetes. In Europa kommen noch einmal 40 bis 50 Prozent dazu.

Wie Rangiroa ist auch Manihi ein exzellentes Tauchrevier mit vielfältiger Unterwasserwelt. Am interessantesten   **Tauchen**
sind die Passagen zum offenen Meer hinaus, zum Beispiel beim Hauptort Turipaoa. Allerdings kann hier die Gezeitenströmung sehr stark werden, so daß ein wenig Erfahrung und gute Kondition erforderlich sind. Bei den geführten Tauchgängen machen Sie sich die Strömung zunutze und lassen sich entlang der Passage zum Meer hinaus oder in die Lagune hineintreiben, abhängig von Ebbe und Flut.
Manihi Blue Nui, Gilles Petre, Hotel Kaina Village, Manihi, Tel. 964273.

Cook-Inseln

Reisehilfen von A-Z

Ärztliche Versorgung

Das Krankenhaus von Rarotonga liegt auf dem Hospital Hill in Arorangi und ist relativ gut ausgestattet. Kleinere Operationen werden hier ausgeführt, schwierige Fälle nach Auckland ausgeflogen. Es ist beruhigend zu wissen, daß es hier zwei durch Entwicklungshilfe finanzierte deutsche Ärzte gibt, einen Kardiologen und Tropenarzt und einen Gynäkologen. Beide sind über das Hospital zu erreichen. Die Apotheke in Avarua ist relativ gut bestückt mit internationalen Medikamenten.
★ Dr. Wolfgang Losacker, 23304
★ Krankenhaus Tel. 22664

Banken

Es gibt zwei Banken auf den Cook-Inseln: Die Westpac und die ANZ haben ihre Hauptgeschäftsstellen in der Hauptstraße von Avarua sowie Zweigstellen auf den Nebeninseln. Beide lösen DM-Reiseschecks ein, die Westpac auch Banknoten. Größere Hotels und Geschäfte nehmen ebenfalls Reiseschecks als Zahlungsmittel an. Bei Besuch der Außeninseln empfiehlt es sich, ausreichend Bargeld mitzunehmen; Reiseschecks können dort nicht eingelöst werden.

Deutsche Vertretung

Es gibt keine deutsche Vertretung auf den Cook-Inseln. Die zuständige deutsche Botschaft ist in Wellington, Neuseeland.
Adresse: Embassy of the Federal Republic of Germany, P.O. Box 1687, Thorndon, Wellington, Tel. 64-4-4736063.

Einkaufstips

Viel traditionelles **Kunstgewerbe** und Handwerk gibt es nicht mehr auf den Cook-Inseln. Aber für eine bestimmte Holzschnitzerei sind sie berühmt: die kleine gedrungene Figur des Gottes Tangaroa. Wegen des übergroß dargestellten Geschlechtsorganes wurde er von den Missionaren zeitweise „kastriert". Heute steht er wieder mit Original-Ausstattung in vielen Wohnzimmern und dient als eine Art Nationalsymbol auf Münzen, die ein beliebtes Sammlerobjekt geworden sind.
Seit einigen Jahren gibt es **Perlenzuchtfarmen** auf Manihiki und anderen Inseln der Nordgruppe. Ihre Produkte werden allerdings über die Perlenindustrie in Tahiti vermarktet, so daß hier hauptsächlich nur die zweite Qualität in die Souvenirshops kommt. Aus der Perlmuttscha-

le der Muscheln wird ebenfalls ansprechender Schmuck hergestellt, den es in allen Souvenirgeschäften gibt. Einige Geschäfte in Avarua sind auf schwarze Perlen spezialisiert: Beachcomber am östlichen Ortsausgang von Avarua, der Pearl Shop an Cooks Corner und Polynesian Pearls kurz vor dem Markt auf der linken Seite.

In fast jedem Haushalt gibt es **Tivaevaes** (auf Atiu Tivaivai genannt), das sind farbenprächtige Bettdecken oder Wandbehänge mit eingenähten Applikationen darauf. Sie sind hand- oder maschinengenäht und werden oft in wochenlanger Gemeinschaftsarbeit produziert und an Hochzeiten und anderen großen Anlässen verschenkt. Sie können sie in Rarotonga an den Marktständen rings um die Insel oder bei Beachcomber kaufen.

Den südsee-üblichen Muschelschmuck, bunte Pareos, geflochtene Taschen, Fächer und Holzschnitzereien gibt es in den Souvenirgeschäften entlang der Hauptstraße in Avarua. Die **Fächer** der Cook-Inseln sind besonders schön: eine Kombination aus geschliffener Austern-Muschel und Flechtarbeit. Bei den Holzschnitzereien und Muschelschmuck sollten Sie vorsichtig sein: viele der angebotenen Waren stammen aus Südostasien und haben mit Polynesien nicht viel gemein. Achten Sie deshalb auf die Motive. Wenn sie polynesischen Charakter haben, sind sie in der Regel hier hergestellt. In vielen Geschäften können Sie bunte **Pareos** kaufen, deren Verwendung vom Kleidungsstück, über Tischdecke, Gardine bis zur Strandunterlage reicht. Am günstigsten sind sie bei den Marktfrauen in Avarua.

Das Cook Islands Womens Handicraft Center am Markt in Avarua verkauft authentisches Kunstgewerbe, vornehmlich von den Außeninseln. Hier können Sie auch die schön geflochtenen weißen Pandanus-Hüte kaufen, die die Frauen sonntags in der Kirche tragen.

Seit einigen Jahren wird auf Atiu **Kaffee** angebaut. Die Plantage gehört einem ausgewanderten deutschen Paar (siehe Atiu). Der Kaffee wird mittlerweile sogar nach Neuseeland und in die USA exportiert.

Die Lebensmittel in Rarotonga sind vergleichsweise teuer, weil wegen der ungenügenden Schiffsverbindungen die meisten Waren eingeflogen werden. Der Supermarkt in Avarua (Foodland) ist relativ gut mit Waren

Tip

Sollten Sie nach Atiu kommen, können Sie sich im **Fibre Arts Studio** eine Tivaevae nach Ihren Vorstellungen anfertigen lassen. Sie sind dort wesentlich schöner und preiswerter. Nach Fertigstellung werden sie Ihnen zugeschickt. Das Fibre Arts Studio ist einer der wenigen Kunstgewerbeläden, in denen ausschließlich einheimische Produkte verkauft werden.

bestückt, die Größe des Sortiments hängt vom Schiffsverkehr ab. An der Straße rings um die Insel finden Sie viele kleine Lebensmittelgeschäfte mit Obst, Gemüse und Grundnahrungsmitteln. Französisches Weißbrot gibt es mehrmals täglich frisch in allen Geschäften rund um die Insel. Wenn Sie in einem der vielen Motel-Bungalows mit Küche wohnen, müssen Sie also nicht für jedes Stück Butter oder Brot nach Avarua fahren. Frisches einheimisches Obst und Gemüse gibt es an den Marktständen an der Meeresseite zwischen Avarua und Hafen. Die Auswahl ist allerdings nicht sehr groß, am besten noch am Freitag.

Das einzige Spirituosengeschäft (Cook Island Liquor Supply) liegt zwischen Avarua und dem Flughafen. Hier gibt es viele Sorten Bier, australische und neuseeländische Weine und internationale Spirituosen.

Noch ein Hinweis: Handeln ist auf den Cook-Inseln nicht üblich.

Einreise

Alle Besucher bekommen eine Aufenthaltsgenehmigung für 31 Tage. Voraussetzung hierfür ist ein gültiger Reisepaß und ein Weiter- oder Rückflugticket. Auch muß zumindest für die erste Nacht ein Zimmer reserviert sein.

Für den Aufenthalt darüber hinaus muß 14 Tage vor Ablauf beim Immigration Office ein Antrag gestellt werden (NZ$ 30 Gebühr). Er wird in der Regel genehmigt, wenn genügend Geldmittel nachgewiesen werden. Die Verlängerung ist jeweils um einen Monat möglich, bis zu maximal sechs Monaten insgesamt.
Die hier angegebenen Zeiten für Festivitäten sind ohne Gewähr. Oft steht drei Wochen vorher das genaue Datum noch nicht fest.

Feiertage, Feste

Dritte Februar-Woche: **Cultural Festival Week**
Kunst- und Handwerks-Ausstellungen und Kanu-Wettbewerbe.

Zweite April-Woche: **Island Dance Festival**
Die besten Tänzer und Tanzgruppen des Jahres werden nach einem einwöchigen Wettbewerb prämiert. Ein Ereignis, daß Sie nicht versäumen sollten, wenn Sie zu dieser Zeit auf Rarotonga sind. Auf den Außeninseln finden Vorentscheidungen statt, deren beste Tänzer, Tänzerinnen und Tanzgruppen kommen dann nach Rarotonga,

um sich mit der hier ansässigen Konkurrenz zu messen. Die Wettbewerbe finden jeweils abends im Auditorium und in der Banana Court Bar statt. Während der ganzen Woche ist schulfrei.

Letzter Freitag im Juli: **Constitution Celebrations**
Die Feiern zum Gedenken der Unabhängigkeit (4.8.1965) sind das größte Fest des Jahres und dauern gewöhnlich zehn Tage. Die Bewohner der Außeninseln kommen zum Wettkampf in Sport, Musik, Tanz und Schauspiel nach Rarotonga. Das gesamte Geschäftsleben liegt während dieser Zeit still.

September: **String Band Competition**
Gitarren- und Ukulele-Wettbewerb.

Ende Oktober: **Gospel-Day**
Die Ankunft der ersten Missionare 1823 wird mit Freiluft-Gottesdiensten, Theater-Aufführungen und religiösen Konzerten gefeiert.

Dritte November-Woche: **Tiare Festival**
Blumen-Festival mit Wettbewerben der schönsten Blumenkränze und Gestecke und abschließender Blumen-Parade in der Hauptstraße von Avarua. Ein farbenfrohes Ereignis mit ausgiebigen Motiven für Fotografen.

Fotografieren

Kein Problem auf den Cook-Inseln. Aber fragen Sie bitten vorher, wenn Sie Menschen und deren Häuser fotografieren wollen.
Fuji- und Kodakfilme gibt es in den Geschäften in Avarua und in den Souvenirläden der Hotels. Die Filme sind wesentlich teurer als in Deutschland. Es ist also ratsam, sich vorher gut einzudecken. Cocophoto in Avarua und Kis in der Apotheke entwickeln Ihre Negativfilme in einer Stunde.

Flughafen-gebühr

Eine Flughafengebühr (Departure oder Airport Tax) in Höhe von NZ$ 20 pro Person, für Kinder unter zwölf NZ$ 10, ist bei Abflug am Flughafen zu entrichten.

Führerschein

Wenn Sie ein Moped oder Auto mieten möchten, brauchen Sie eine **Cook Island Driver's Licence**. Sie erhalten sie schnell und unbürokratisch gegen eine kleine Gebühr und Vorlage Ihres Führerscheines auf der Polizeistation an der Hauptstraße in Avarua. Sie gilt ein Jahr und ist gleichzeitig ein nettes Souvenir.

Kreditkarten

In den meisten Geschäften, Restaurants, Bars und Hotels können Sie problemlos mit Kreditkarte zahlen, ganz gleich, wie hoch oder niedrig die Summe ist. Am verbreitesten sind hier Visa und Mastercard.
ANZ und Westpac sind Vertragspartner von Mastercard und Visa. Hier bekommen Sie Bargeld auf Ihre jeweilige Kreditkarte.

Landkarten und Bücher

Der Bounty Book Shop im Gebäude der ANZ in Avarua hat eine gute Auswahl an Büchern und Landkarten, ebenso C.I.T.C. in Avarua.

Die Bibliothek gegenüber der University of South Pacific in Avarua hat eine gut ausgestattete Pazifik-Abteilung. Sie können sich dort aufhalten und die Bücher studieren oder sie sich für eine Gebühr und Hinterlegung einer Kaution ausleihen. Eine zweite Bibliothek wurde im neuen National Culture Center eingerichtet, die aber nicht so gut ausgestattet ist.

Post und Telefon

Das **Hauptpostamt** liegt hinter dem Kreisverkehr (Roundabout) in Avarua. Hier können Sie auch Briefpapier und Kuverts kaufen und sich Ihre Post nachschicken lassen: General Post Office, Poste restante, Rarotonga/Cook Islands. Eine Auswahl an Briefmarken und Münzen gibt es im Philatelic Bureau nebenan.
Lokale und **internationale Telefongespräche**, Telefax, Telex und Telegramm sind rund um die Uhr bei der privaten Telegrafenstation Cook Island Telecom möglich. Das Gebäude (Mercury House) liegt an der Straße landeinwärts hinter Cook's Corner und ist unschwer an der Satellitenschüssel im Garten zu erkennen. Neben dem Postamt ist eine Telefonzelle für internationale Gespräche mit Telefonkarte. Alle anderen internationalen Gespräche gehen über einen Operator, auch vom Hotel aus. Die Verbindung ist aber wesentlich besser direkt von Telecom aus. Telefongespräche von und zu den Außeninseln gehen oft über Funk, entsprechend schlecht ist die Leitung. Sie müssen beim Operator angemeldet werden und sind oft mit langer Wartezeit verbunden.

Wichtige Telefonnummern

Vorwahl von Deutschland aus: 00682
Vorwahl nach Deutschland: 49
nach Österreich: 43
in die Schweiz: 41
Polizei: 999
Ambulanz: 998
Unfall/Feuer: 996

Presse

Die einzige Tageszeitung, die „Cook Island News", erscheint täglich, außer sonntags, in englischer Sprache. Auf der vorletzten Seite finden Sie alle wichtigen Telefonnummern, Flugbewegungen, Wechselkurse usw. Die Anzeigen der Hotels und Restaurants informieren Sie auch über traditionelle Tanzshows (Island Nights) in den

Hotels und sonstige Veranstaltungen. Außerdem erscheint mehrmals jährlich ein kostenloses Touristenblatt, die „Cook Island Sun".

Englisch und Cook Island Maori.

Sprache

240 Volt, 50 Hertz. Es kann der gleiche Adapter verwendet werden wie in Neuseeland und Australien.

Stromspannung

Das Trinkwasser auf Rarotonga ist sauber und kann bedenkenlos getrunken werden. Auf den Außeninseln, vor allem den Atollen, wird das Regenwasser in Tanks gespeichert und ist nicht immer ohne Abkochen trinkbar.

Trinkwasser

Das **Visitor Center** der Cook Island Tourist Authority ist in Avarua in einem langgestreckten Holzgebäude zwischen Roundabout und Cook's Corner. Hier gibt es Listen von Unterkünften und Aktivitäten. Die Mitarbeiter sind freundlich und helfen Ihnen weiter, wenn sie können. Die Tourist Authority bringt auch jedes Jahr eine Liste aller Unterkünfte und eine praktische und informative Broschüre heraus mit dem Titel „What's on in the Cook Islands", die dort und in den Hotels kostenlos erhältlich ist. Adresse: P.O.Box 14, Rarotonga, Cook Islands, Tel. 29435.

Touristen-Information

Es herrscht **Linksverkehr**, der Fahrstil ist geruhsam und passiv. Das Hauptfortbewegungsmittel ist immer noch das Moped oder Motorrad. Nachts ist Vorsicht geboten wegen der vielen streunenden Hunde.

Verkehrsregeln

Die Währung der Cook-Inseln ist der **Neuseeland-Dollar** und der **Cook Island Dollar**, beide gelten gleichwertig nebeneinander. Der Cook Island Dollar kann allerdings außerhalb des Landes nicht getauscht werden. Die Münzen gibt es in 1, 2, 5 Dollar und in 1, 2, 10, 20 und 50 Cent-Stücken. Die Noten gibt es in 1, 2, 5, 10, 20, 50 und 100 Dollar. Beliebte Sammlerstücke sind die 1-Dollar-Münzen, auf denen der Gott Tangaroa abgebildet ist sowie der 3-Dollar-Schein mit dem Motiv einer polynesischen Legende.
1 NZ$ entspricht etwa: 0,93 DM/7,00 ÖS/0,85 sfr. (Stand 1994)

Währung

11 Stunden nach deutscher Zeit, 10 Stunden nach GMT.

Zeitunterschied

Erlaubt ist die Einfuhr von 200 Zigaretten, 50 Zigarren, 2 Liter Spirituosen oder Wein und 4,5 Liter Bier.

Zollbestimmungen

Reisen im Lande

Flugzeug

Der **internationale Flughafen** der Cook-Inseln liegt zwei Kilometer außerhalb von Avarua. Jahrelang war Air New Zealand die einzige internationale Fluglinie zu den Cook-Inseln, erst später kam Polynesian Airlines (Samoa) dazu. Die Büros dieser Fluglinien und der lokalen Fluggesellschaft Air Rarotonga sind in der Abfertigungshalle.

Jeder Ankömmling wird im Flughafen von einem Vertreter der Cook Island Tourist Authority empfangen. Je nachdem, welche Unterkunft Sie gebucht haben, werden Sie dem entsprechenden Transporteur zugewiesen. Alle Hotels, Motels und Pensionen organisieren den Transfer von und zum Flughafen, er klappt in der Regel reibungslos. Im Notfall gibt es auch Taxen.

Die Westpac Bank hat einen Schalter in der Ankunftshalle, der bei internationalen Flügen geöffnet ist, ebenso die Autoverleiher Avis und Budget. Die Gepäckaufbewahrung ist täglich von 8.30 bis 14.00 Uhr und bei allen internationalen Flügen geöffnet. Im Souvenirshop können Sie vor Abflug noch Ihre übriggebliebenen Dollars in Cook Island-Produkte umsetzen. Der Duty-Free-Shop hat sehr preiswerte Zigaretten und Spirituosen.

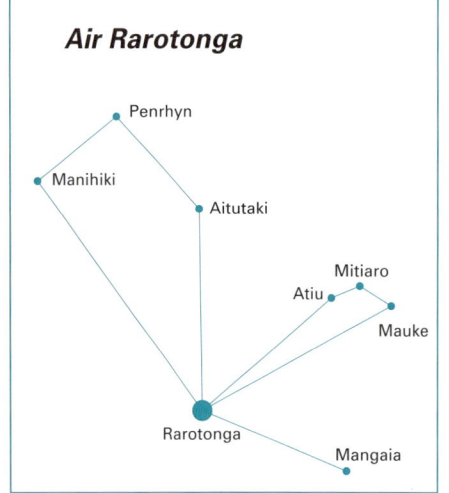

Air Rarotonga

■ Internationale Fluglinien:
★ **Air New Zealand**, Flughafen, Tel. 26302
★ **Polynesian Airlines**, Flughafen, Tel. 20845

■ Lokale Fluglinien:
★ **Air Rarotonga** ist die einzige lokale Fluglinie (Flughafen, Tel. 22888). Sie bedient mit drei 18sitzigen Bandeirante die südlichen und mit einer Cessna 172 die nördlichen Cook-Inseln .
– Aitutaki NZ$ 142
– Atiu NZ$ 127
– Mangaia NZ$ 130
– Mauke NZ$ 142
– Mitiaro NZ$ 142
Die Preise gelten einfach.
Außerdem werden in der Nordgruppe Manihiki und Penrhyn angeflogen.

Empfehlenswert sind die sogenannten **Package-Touren** zu den Außeninseln, die Flug und Unterkunft beinhalten. Sie werden von den örtlichen Reisebüros Islands Hoppers Vacation (Tel. 22026) Stars Travel (Tel. 23669) angeboten. Diese Packages sind in jedem Fall günstiger, als wenn Sie Flug und Übernachtung extra buchen. Beide Reisebüros haben fast identische Preise, der Service bei Stars Travel war effektiver.

Frachter

Die Frachter, die zwischen Rarotonga und den äußeren Inseln verkehren, sind alt, unbequem und fahren ziemlich unregelmäßig. Etwas für wirklich Hartgesottene. Wenn Sie es trotzdem probieren wollen, wenden Sie sich an die Reedereien im Hafengebäude.

Segelboot

Es gibt keine offiziellen Charter-Segelyachten in den Cook-Inseln und auch sonst legen nur selten Yachten in Rarotonga an. Die Segler bevorzugen mehr die abgelegenen Atolle der nördlichen Cook-Inseln, wie Suwarrow, Puka Puka oder Manihiki.

Bus

Öffentliche Busse gibt es nur auf Rarotonga. Auf den anderen Inseln gibt es jeweils zu den Ankünften und Abflügen einen Bus-Service zwischen Flughafen und den Unterkünften.

Taxi, Leihwagen

Taxen gibt es nur auf Rarotonga.
Autoverleiher gibt es auf Rarotonga und Aitutaki. Auf allen anderen Inseln können Sie bei den Unterkünften Mopeds leihen.

Unterkünfte

Wer schon einmal in Neuseeland Urlaub gemacht hat, wird sich auf den Cook-Inseln sofort zu Hause fühlen. Die Großzahl der Unterkünfte sind **selfcontained Motels** im neuseeländischen Stil, also appartement-ähnliche Unterkünfte oder Bungalows mit komplett ausgestatteter Küche, oft auch mit einem oder mehreren separaten Schlafräumen.

Eine vorherige Zimmerreservierung ist für die Einreise in die Cook-Inseln Voraussetzung, auch wenn dies bei Ankunft nicht immer kontrolliert wird. Wenn sie noch keine Unterkunft haben, wird am Flughafen dafür gesorgt, daß Sie unterkommen. Außerdem stehen die

Betreiber der kleineren Pensionen in der Ankunftshalle, um mögliche Kunden zu finden. Zelten ist nicht gestattet. Bei Ausflügen auf die Außeninseln muß auf jeden Fall die Übernachtung beim Flug mitgebucht werden, da die Unterkunftsmöglichkeiten dort begrenzt sind. Es ist allerdings nicht notwendig, diese Trips bereits von Deutschland aus zu buchen. In Rarotonga gibt es preiswerte Pauschalangebote für Flug mit Übernachtung von Stars Travel, Island Hoppers Vacation und Air Rarotonga.

Die Preise gelten, wenn nicht anders angegeben, für zwei Personen, zuzüglich einer Steuer von 10 Prozent.

Aktivitäten

Es gehört zu den angenehmen Seiten der Cook-Inseln, daß sie touristisch noch nicht so perfekt durchorganisiert sind. Hier wird Ihnen nichts aufgedrängt und eingeredet. Es bleibt Ihnen selbst überlassen, ob Sie etwas unternehmen wollen oder sich einfach vom geruhsamen Inselleben treiben lassen. Dennoch gibt es allein auf Rarotonga erstaunlich viele Möglichkeiten, sich mit Ausflügen, Veranstaltungen und Sport die Zeit zu vertreiben. Sie müssen nur etwas Eigeninitiative entwickeln und auch mal selbst zum Telefonhörer greifen.

Rarotonga, die Hauptinsel, ist der Dreh- und Angelpunkt Ihres Cook-Inseln-Aufenthalts, eine kleine polynesische Welt für sich. Landausflüge in die malerische Berglandschaft, Wassersport am Strand und in der breiten Lagune, Fischen und Tauchen im Meer vor dem Riff, Sportanlagen, Restaurants, polynesische Kultur und heiße Tänze – kurz: Rarotonga ist gut für eine Vielzahl von Aktivitäten und Ausflügen, die im Kapitel über diese Insel ausführlich dargestellt werden.

Mindestens einen Tagesausflug sollten Sie aber auch zu einer Außeninsel machen. Aitutaki steht da an erster Stelle, eines der schönsten Atolle der Südsee mit einer Lagune und Stränden wie aus dem Bilderbuch. Ein Bootsausflug an einem klaren Sonnentag zu den Motus in der blauen Lagune von Aitutaki ist wie ein geschenkter Tag im Paradies. Per Flugzeug können Sie auch die anderen Inseln der Südgruppe erreichen, die zwar nicht so schöne Strände haben, aber wegen ihrer geologischen Besonderheiten interessant sind.

Tip

Empfehlenswert bei Trips auf die Außeninseln ist auch die Mitnahme einer Taschenlampe, da es auf einigen Inseln nur zu bestimmten Zeiten Strom gibt.

Rarotonga

Transport

Der internationale Flughafen liegt 2 km außerhalb von Avarua. Air Raro hat die Abfertigungsschalter im hinteren Teil der internationalen Check-In-Halle. Näheres siehe unter Reisen im Lande. **Flughafen**

Die Kleinbusse mit der Aufschrift „Raro by Bus" fahren zu jeder vollen Stunde im Uhrzeigersinn und zu jeder halben Stunde gegen den Uhrzeigersinn um die Insel. Start und Endstation ist Cook's Corner, mitten in Avarua. Die Haltestellen sind nicht gekennzeichnet, Sie können den Bus überall anhalten. Abends fahren die Busse für Restaurant- und Kneipen-Besucher bis 22.00 Uhr, freitags bis 1.30 Uhr, sonnabends bis 23.30, Die Fahrpläne sind in allen Hotels ausgehängt, sonntags fahren keine Busse. Das Rarotongan-Hotel hat einen eigenen Bus-Service. Eine Fahrt kostet NZ$ 2, Rückfahrkarten NZ$ 3, nachts NZ$ 4, Tageskarte NZ$ 5, Zehnerkarte (kann von zwei Personen benutzt werden) NZ$ 16. **Bus**

Taxis sind hier oft Minibusse, die mehrere Parteien, die in die gleiche Richtung wollen, transportieren. In Avarua ist der Taxistand an der Meeresseite gegenüber der Polizeistation. Sie können sich aber auch jederzeit ein Taxi per Telefon rufen. Pro Kilometer müssen Sie mit 1 NZ$ rechnen plus 1,50 NZ$ Grundgebühr. **Taxi**

Die Straße um Rarotonga verläuft entlang der Küste, sie ist asphaltiert und in gutem Zustand, eine Umrundung ist 31 **Leihwagen, Motorroller, Fahrrad**

Kilometer lang. Die alte Straße, genannt Ara Metua, verläuft streckenweise parallel im Landesinneren und ist größtenteils geteert. Sie ist landschaftlich sehr reizvoll und führt über weite Strecken durch Plantagen.

Die angenehmste Art, die Insel zu erkunden, ist mit dem Moped oder Motorroller, nach wie vor das Hauptfortbewegungsmittel der Einheimischen. Sportlich und problemlos mangels Steigung ist auch das Fahrrad. Auf diese Weise erleben und sehen Sie am meisten.

Jeep ab NZ$ 55/Tag, Kleinwagen ab NZ$ 40, Moped ab NZ$ 20 pro Tag, Fahrrad ab NZ$ 10. Alle Verleiher geben Rabatte, wenn Sie das Fahrzeug drei Tage oder länger nehmen.

★ ACE (Avis), Arorangi, an der Hauptstraße, Tel. 21901/22833

★ Budget, Avarua, Tel. 20895 und am Flughafen

★ Countryside, Vaima, Tel. 22570 (nur Mopeds und Fahrräder)

★ Hogan's Service, Arorangi, nur Fahrräder, Tel. 22632

★ NTP Rentals, zwischen Rarotongan-Hotel und Puaikura Lodges, Tel. 21773 (nur Mopeds und Fahrräder)

★ Polynesian Bike Hire, Avarua, Budget-Büro, Tel. 20895

★ Rental Cars Ltd., Avarua, neben der Tankstelle, Tel. 24442

★ Tipani, Avarua, Tel. 22328 (auch Mopeds und Fahrräder)

★ T.P.A. Rentals, Arorangi, Hauptstraße, Tel. 20611 (auch Mopeds)

Unterkünfte

Gegenwärtig gibt es auf Rarotonga zwei große Hotels mit internationalem Standard, das Rarotongan und das Edgewater Hotel. Der Bau des neuen Sheraton Hotels wird wegen Geldmangels immer wieder unterbrochen. Ob und wann es eröffnet, ist noch unklar.

Alle Unterkünfte auf Rarotonga, gleich welcher Kategorie, sind gepflegt und sauber. Gerade bei den vielen gleichwertigen Motels der Mittelklasse, die meist von Neuseeländern geführt werden, fällt die Wahl schwer. Oft ist allein die Lage zum Strand oder die Nähe zur Stadt das einzig unterscheidende Kriterium. Generell läßt sich für die Hauptinsel Rarotonga sagen, daß der Abschnitt zwischen Muri Beach im Südosten bis nach Arorangi im Westen die besten Strände bietet. Selbstversorger sind allerdings auf ein Transportmittel zum Einkaufen angewiesen

★ **Manuia Beach Hotel** liegt in Arorangi, an der Westküste, zehn Autominuten von Avarua entfernt. Die 20 Bungalows liegen am Strand oder haben Meeresblick, sind allerdings ohne Küche. Segeln, Schnorcheln, Tennis, Squash und Golf werden kostenlos angeboten, Mopedverleih, Swimmingpol, Bar und Restaurant liegen schön am Strand mit Sunset-Blick, ab NZ$ 350. Im Preis inbegriffen ist das Frühstück, Tel. 22461.

★ Die architektonisch schönste Anlage ist zweifellos das **Pacific Resort** am Muri Beach. Die 44 „selfcontained" Zimmer und Bungalows liegen in einem tropischen Garten am Strand. Ideal für Familien. Restaurants und kleine Läden sind in der Nähe. Wassersportausrüstung ist kostenlos, Swimmingpool, Fahrrad-, Moped- und Autoverleih, 2 Restaurants, Bar am Strand. Einheiten mit einem Schlafraum ab NZ$ 230, mit zwei Schlafräumen ab NZ$ 240, Bungalow ab NZ$ 255, Tel. 20427.

★ Die **Pacific Resort Villas** nebenan sind das Exklusivste, was Rarotonga zur Zeit zu bieten hat. Die drei sehr luxuriösen Häuser stehen etwas abseits vom Resort, allerdings nicht direkt am Strand. Sie haben zwei Schlafräume für max. fünf Personen, zwei Bäder, einen großen Aufenthaltsraum mit komplett eingerichteter Küche, von der Mikrowelle bis zum Trockner, große Terrasse und Balkon. Im Preis inbegriffen ist ein tägliches komplettes Frühstück, Snacks, Telefon, Fax usw. Der Preis für die ganze Villa ist NZ$ 500. Tel. 20427.

★ Ähnlich konzipiert, aber wesentlich preisgünstiger sind die **Avana Marina Condos** an der Ostküste Rarotongas. Die sechs Wohnungen haben je zwei Stockwerke mit zwei Schlafräumen für max. fünf Personen, Aufenthaltsraum und große Küche, komplett eingerichtet von der Mikrowelle bis zum Trockner. Alle haben Balkon und Terrasse direkt am Wasser. Ideal für Familien oder befreundete Paare. Im Preis von NZ$ 350 ist ein Auto für die Dauer des Aufenthaltes inbegriffen, Tel. 20836.

★ Die kleine Anlage des **Moana Sands Hotels** steht in Titikaveka an der Südküste Rarotongas, 15 km von Avarua entfernt an einem sehr schönen weißen Sandstrand. Das zweigeschossige Gebäude hat zwölf Zimmer mit Kochgelegenheit und Balkon oder Terrasse zum Strand. Nette familiäre Atmosphäre. Kleines Segelboot und Schnorchelausrüstung, Tennis und Golfen kostenlos. Kleines Restaurant und Bar. Zimmer NZ$ 170, Tel. 26189.

★ Etwas abseits vom Hotel stehen die **Moana Sands Villas** am Strand. Geschmackvoll eingerichtete, sehr großzügige Bungalows mit jeweils 2 Bädern und 3 Schlafräumen, komplett eingerichtete moderne Küche,

Geschirrspüler, Waschmaschine etc., Terrasse. NZ$ 280, Tel. 26189.

★ **The Rarotongan Resort** Hotel war lange das einzige größere Hotel der Cook-Inseln mit internationalem Standard und auch Mittelpunkt des gesellschaftlichen Lebens. Sollte das Sheraton jemals eröffnet werden, wird es diese Rolle wohl endgültig verlieren. Die Zimmer sind in allen Kategorien nicht besonders groß, sollen aber renoviert werden. Tennis, Windsurfen und Schnorchelausrüstung kostenlos. Fahrrad- und Mopedverleih, Swimmingpool, 2 Restaurants und Bar. Empfehlenswert sind die Island Nights mit polynesischem Essen und Tanzshow sowie die Italian und Asian Nights mit entsprechend üppigem Büffet. Die Bar eignet sich gut für einen Sunset Drink. Zimmer ab NZ$ 160, Tel. 25800

★ Am schönsten Strand Rarotongas liegt **Muri Beachcomber**, 10 km von Avarua entfernt. Von den zwölf Bungalows liegen zehn direkt am Strand, zwei größere im Garten. Das Motel wird von Peter und Helen Kemp und Lynley und Bill Tillick liebevoll und familiär geführt. Helen spricht etwas deutsch. Die geräumigen Bungalows bestehen aus einem Schlafraum und einem Aufenthaltsraum mit Küche für 3 bzw. 4 Personen. Schöner Blick von jeder Terrasse auf die Lagune. Ideal für Familien. Ruhige Atmosphäre. Unserer Meinung nach die beste Unterkunft dieser Preisklasse. Vier Restaurants und Läden in Gehnähe. Nebenan im Sailing Club gibt es Windsurfer, Segelboote und Schnorchelausrüstung. Fahrrad- und Mopedverleih, Swimmingpool. Bungalows ab NZ$ 160, Tel. 21022.
Muri Beachcomber hat auch ein komplettes Haus, die sogenannte „Lodge" mit vier Schlafräumen und drei Bädern für max. sieben Personen. Ideal für kleine Gruppen oder befreundete Familien. Das großräumige Haus steht neben der Bungalow-Anlage, hat aber einen eigenen Garten und Strand, große schöne Veranda, Küche, Aufenthaltsraum und Zimmerservice. Komplett NZ$ 300, Tel. 21022.

★ Das **Edgewater Resor**t ist das größe Hotel der Cook-Inseln. Die 180 Zimmer sind in dreigeschossigen Blöcken untergebracht, also nicht gerade im Südsee-Stil. Das Hotel wird stark von Reisegruppen frequentiert, also nichts für jemanden, der Ruhe sucht. Die Anlage steht an der Nordwestküste Rarotongas, 7 km von Avarua entfernt. Die meisten Zimmer haben Kochgelegenheit. Die Tennisplätze sind die besten der Cook-Inseln. Schnorchelausrüstung kostenlos, Squash- und Tennisplätze, Swimmingpool, Fahrrad-, Moped-, Autoverleih, Restaurant und Bar. Zimmer ab NZ$ 165, Tel. 25435.

★ **Sokala Villas** ist eine kleine Anlage am Muri Beach. Von den 7 Bungalows haben 5 jeweils einen eigenen Swimmingpool. Die Häuser sind solide im Blockhausstil gebaut. Großes Sonnendeck vor jedem Bungalow. Gut ausgestattete Küche, großzügige Aufteilung. Flame Tree Restaurant in Gehnähe, ebenso der Sailing Club. Ab NZ$ 160, Tel. 29200.

★ **Palm Grove Lodges** an der Südküste von Vaima, liegt fast genau auf halber Strecke der Inselstraße. Die Anlage besteht aus 13 Bungalows, komfortabel eingerichtet mit Küche. Neue Bungalows direkt am Strand. Bei Ebbe wenig Wasser. Restaurants und Läden in der Nähe. Fahrrad-, Moped- und Autoverleih, Swimmingpool. Ab NZ$ 140, Strand-Bungalows NZ$ 185, Tel. 20002.

★ Die Bungalows des **Little Polynesian** stehen in einem sehr schönen Palmenhain am weißen Sandstrand von Titikaveka. Die neun Bungalows haben eine kleine Küche, zwei davon haben Platz für vier Personen. Einer der besten Schnorchelplätze Rarotongas. Windsurfen und Schnorchelausrüstung kostenlos. Fahrrad- und Mopedverleih, Swimmingpool. Ab NZ$ 147, Tel. 24280.

★ **Lagoon Lodges** liegen an der Südküste Rarotongas, 10 km von Avarua und 400 m vom Rarotongan Hotel entfernt. Vier von15 Bungalows sind sehr großzügig. Sie haben jeweils zwei Schlafräume für max. 5 Personen und einen großen Aufenthaltsraum mit Küche und Terrasse. Aber auch die anderen sind sehr geräumig für 3-4 Personen, mit kompletter Küche. Ideal für Familien. Die Bungalows stehen in einem großen tropischen Garten, der Strand ist gleich über der Straße. Restaurants und Läden in der Nähe. Rasen-Tennis, Fahrrad-, Moped- und Autoverleih, Swimmingpool. Studios ab NZ$ 130, große Bungalows ab NZ$ 160, Tel. 22020
Zur Anlage gehört auch ein komplettes Haus, die sogenannte Executive Lodge, mit 3 Schlafräumen, 2 Bädern, Eßzimmer, Aufenthaltsraum, kompletter Küche, Waschmaschine, eigenem Swimmingpool und Veranda. Ab NZ$ 330.

★ In Arorangi, nur 7 km von Avarua entfernt, liegt das **Rarotongan Sunset Motel**. Die 20 Studios stehen am Strand, sind komplett mit Küche eingerichtet und haben Satelliten-TV. Wegen seiner Nähe zu vielen Restaurants und Bars ist das Sunset Motel sehr beliebt. Moped- und Autoverleih, Swimmingpool und Sunset-Snackbar. Ab NZ$ 150, Tel. 28028

★ **Puaikura Reef Lodges** an der Südwestküste hat zwölf große Studios mit Küche für max. vier Personen. Ideal für Familien. Der Strand ist gegenüber auf der anderen Straßenseite. Läden in der Nähe. Moped- und Autoverleih, Swimmingpool. Ab NZ$ 113, Tel. 23537.

★ Das **Tamure Resort**, 2 km von Avarua entfernt, war einmal Rarotongas erstes Resort, hat aber die besten Zeiten hinter sich. Gut besucht sind immer noch die Island Nights am Mittwoch und Freitag. Es liegt zwar am Wasser, aber da das Riff an dieser Stelle sehr nahe liegt, ist Schwimmen nicht möglich. Das ganze Hotel wurde renoviert. Zimmer ohne Küche, nur mit Kühlschrank. Moped- und Autoverleih. Swimmingpool, Restaurant und Bar. NZ$ 110, Spezialpreis für längeren Aufenthalt möglich, Tel. 24415.

★ Das **Kii Kii Motel** von Harry und Pauline Napa liegt nur 2,5 km von Avarua entfernt. Sämtliche Zimmer und Studios haben eine komplette Küche und Platz für drei oder vier Personen. Das Kii Kii liegt zwar am Wasser, zum Schwimmen und Schnorcheln ist es aber zu seicht und zu dicht mit Korallen durchsetzt. Mopedverleih, Swimmingpool. Spezialpreis für längeren Aufenthalt verhandelbar. Einfache Zimmer NZ$ 46, Standardzimmer NZ$ 69, Deluxe-Zimmer NZ$ 114 (letztere Bezeichnung erscheint uns etwas übertrieben), Tel. 21937
Harry vermietet auch Bungalows an der Süd- und Westküste Rarotongas auf Wochen- oder Monatsbasis. Jeder Bungalow hat zwei Schlafräume, Aufenthaltsraum und Küche, Waschmaschine und Trockner. Pro Woche ab NZ$ 250. Tel. 21937.

★ Am Strand in Arorangi liegt **Ati's Beach Bungalow**. Ati und Jim vermieten in ihrem Haus fünf saubere Doppelzimmer mit Küche und vier komplett ausgestattete Bungalows am Strand, garantiert mit Familienanschluß. Restaurants und Läden in der Nähe. Doppelzimmer NZ$ 70, Bungalows NZ$ 105. Tel. 21546

★ **The Paradise Inn** ist die einzige Unterkunft in Avarua Town. Das rosafarbene Haus war früher eine Tanzhalle, wovon nur noch der schöne Holzfußboden übriggeblieben ist. Jetzt besteht sie aus 16 Studios, jedes mit Küche und Platz für drei Personen. Aufenthaltsraum und Bar sind eine Mischung aus altem Kinosaal mit Schiffsutensilien; angenehme Atmosphäre. Bar und Terrasse liegen am Wasser. Doppelzimmer NZ$ 66, Spezialpreis für längeren Aufenthalt, Tel. 20544.

★ **Ariana Bungalows** liegt im Landesinneren in Matavera circa 6 km östlich von Avarua entfernt. Die sieben Bungalows sind komplett eingerichtet mit Küche und sind schon etwas älteren Datums. Hübsche Lage, kleiner Pool, netter Atmosphäre. Es gibt auch einen Schlafsaal für NZ$ 18 pro Person, Bungalows zwischen NZ$ 44 und 60, Tel. 20521.

★ **Rarotonga Hostel** ist beliebt bei den Rucksacktouristen und ständig gut belegt. Es ist in einem alten zweigeschossigen Holzhaus untergebracht. Großer Aufenthaltsraum und Gemeinschaftsküche. Alles sauber und ordentlich. Der Strand ist in der Nähe, ebenso das Rarotongan Hotel und kleine Läden. Es hat sieben Doppelzimmer und zwei Einzelzimmer. Pro Person NZ$ 16, Tel. 21874.

Für die, die länger als ein paar Tage auf Rarotonga bleiben wollen, gibt es auch Bungalows für **Selbstversorger** auf Wochen- oder **Monatsbasis** zu mieten:

★ Schöne Bungalows direkt am Strand in Titikaveka vermietet **Hinano Macquarie**. Die Bungalows haben Platz für vier Personen und sind sehr gepflegt. Pro Woche NZ$ 300, Tel. 25266. Hinano vermietet auch komplett eingerichtete Häuser an verschiedenen Stellen der Insel ab NZ$ 550 pro Woche.

★ **Tony McBride** vermietet in seinem Haus eine Wohnung für max. vier Personen. Es ist das zweite Haus (Kolonialhaus aus dem Jahre 1920) hinter der Totokoitu Research Station, wenn man vom Osten kommt. Er hat kein Telefon. Mindestaufenthalt drei bis vier Wochen, NZ$ 250 pro Woche.

Sollten Sie kein Glück bei den genannten Adressen haben, können Sie sich auch an die Tourist Authority wenden.

Restaurants und Snackbars

Die Restaurant-Szene Rarotongas ist für eine so kleine Insel erstaunlich ausgeprägt und vielseitig. Die Qualität ist gut und die Preise sind moderat, so daß Sie ohne weiteres auch mal aus Ihrer Hotelroutine oder dem Selbstversorgerdasein ausbrechen können. Deshalb werden die Restaurants auch nicht allein von Touristen frequentiert, sondern auch von den Einheimischen. Viele Restaurants haben abends einen sogenannten Pick-up-Service, das heißt, Sie werden nach telefonischer Tischreservierung von Ihrer Unterkunft abgeholt und nach dem Essen wieder zurückgebracht.

Hier eine Auswahl:

Flame Tree am Muri Beach: Wurde offiziell zum besten Restaurant der Insel gekürt; Spezialitäten sind asiatische und Fischgerichte. Nur abends geöffnet.

Trader Jack's am Kai in Avarua: solide, preiswerte Fischgerichte, interessante kleine Snacks. Eines der wenigen Restaurants direkt am Wasser. Gute Kneipen-Atmosphäre. Viel Stimmung zum Sunset. Hier gibt es das beste Sashimi im Südpazifik. Vormittags bis spät in die Nacht geöffnet.

Portofino am Ortseingang in Avarua: italienische Küche und Fischgerichte.

Sails: im ersten Stock des Sailing Clubs am Muri Beach mit hervorragendem Blick auf die Lagune. Gute Fischgerichte. Tagsüber und abends geöffnet.

Pacific Resort **Barefoot Bar** und **Sandals** am Strand von Muri Beach: schön gelegen, aber etwas teurer als der Schnitt. In der Barefoot Bar gibt es von morgens bis spät abends kleine Leckereien. Sandals ist nur am Abend geöffnet.

Ronnie's an der Hauptstraße in Avarua ist Bar und Restaurant zugleich und ab vormittags geöffnet.

Oasis Steakhouse in Arorangi: Gute Steaks in hübschem Ambiente.

Metua's Cafe: kleine einfache Snacks mit Blick aufs Meer. Freitags Barbecue mit anschließender Live-Musik und Tanz.

Mama's Café: gute Snackbar im Stadtzentrum.

Avarua Markt: Kleine Snacks an den Imbißwagen und Erfrischungsgetränke. Dabei kann das bunte Treiben ringsherum besonders Freitag und Sonnabend vormittag betrachtet werden.

Boardwalk am Sailing Club: Schöner Zwischenstop bei der Inselumrundung.

Nachtleben

Wie kurz auch immer Ihr Aufenthalt ist, auf keinen Fall dürfen Sie eine Island Night mit polynesischen Tänzen verpassen, wie sie beinahe jeden Abend in einem der Hotels aufgeführt werden. Die Tanzshows am Abend sind meist mit einem Büffet-Dinner verbunden, das Ihnen die polynesische Küche näherbringt. Die Shows im Rarotongan, im Edgewater und im Tamure Resort sind besonders sehenswert. Die Tanzgruppen der Insel sind zwar nicht so groß, wie die in Französisch-Polynesien, aber origineller, vielseitiger und sehr temperamentvoll. Besonders möchten wir Ihnen Piu Rua's Gruppe **Te Ivi Maori** ans Herz legen, eine der besten Tanzgruppen Polynesiens. Aber auch die Gruppen **Tumutevarovaro** und **Orama Dance Troupe** sind ausgezeichnet. Welche Gruppe wann und wo tanzt, erfahren Sie aus den Anzeigen in den Cook Islands News, vom Touristen-Büro oder an der Rezeption Ihrer Unterkunft.

Die **Banana Court Bar** am Roundabout von Avarua war das erste Hotel der Cook-Inseln. Jetzt genießt sie den legendären Ruf als einer der heißesten Tanzschuppen der Südsee zwischen Sydney und San Francisco. Jeden Freitag abend, wenn gegen 23 Uhr im benachbarten Kino die Lichter wieder angehen und Cook Island Fernsehen zur Ruhe geht, die Jugend der Insel mit Blumen im Haar der Tanzfläche im Banana Court zustrebt, geht dort bis in die frühen Morgenstunden die Post ab. Seien Sie gefaßt auf dichtes Gedränge mit gelegentlichen Remplern, auf schweren Blütenduft, vermischt mit dem von Schweiß und Bier, und auf laute Livemusik der hauseigenen Band, die zwischen aktuellen Hits und polynesischen Songs wechselt. Im vorderen Teil des Gebäudes ist die **Vaka Lounge** mit weißen Stühlen ein bißchen im Kolonialstil. Hier geht es etwas gepflegter zu. An den Wochenenden spielen Live-Bands.

Etwas gesitteter ist **Trader Jack's**, schräg gegenüber am Hafenkai, die Kneipe der einheimischen Weißen und bessergestellten Polynesier. Die rechteckige Bar bietet genügend Ankerplätze, das Cooks Lager vom Faß ist gut gezapft. Trader Jack dirigiert eine effiziente Barmannschaft und hat immer gute Musik auf Lager, die oft zu spontanen Tanzeinlagen animiert. Auch hier gibt's am Wochenende Live-Musik. Die Dekoration nach Seemannsart ist originell und gemütlich. Wem es zu heiß wird, der kann auf der Terrasse über dem Meer Luft schnappen.

Die **Hideaway Bar**, etwas versteckt in der Ladenpassage an Cooks Corner, und **Metua's Cafe** am Hafenkai, gegenüber vom Kino, sind zwei weitere beliebte Kneipen bei Einheimischen. Am Wochenende spielen hier Live-bands, bei Metua's gibt es dazu ein preiswertes Abend-buffet.
Von den Discotheken seien der **1st Club** (hinter Ronnie's) und **TJ's** (neben Metua's) erwähnt, beide in Avarua und mit dem üblichen Ambiente.
Big O und **Tivoli Nightclub** in Arorangi haben auch Live-Musik, doch zu fortgeschrittener Stunde geht es hier wesentlich rauher zu.
Tere's Bar am Hafen hat viel Lokalkolorit und am Wochenende Live-Musik.
Steven Kavana ist ein lustiger Cook Islander und der Top-Tänzer des Landes. Er macht eine spezielle Nite-Life-Tour durch die Lokale Rarotongas. Bei jedem Stop ist das erste Getränk umsonst. Snacks gibt es auch zwischendurch. NZ$ 48 pro Person, Tel. 21583.

Aktivitäten

Rarotonga hat nicht die Strände von Hawaii oder den betörenden Ruf Tahitis, als Urlaubsort ist die Insel auf den ersten Blick eher unspektakulär. Das soll nicht heißen, daß es Ihnen hier langweilig werden könnte. Rarotonga bietet eine Fülle von Freizeitaktivitäten, ange-fangen vom **Wassersport** über **Golf** und **Tennis** bis zu einem für Kleinstadtverhältnisse äußerst regen Nachtle-ben. Diese Aktivitäten werden Ihnen hier nicht wie andernorts marktschreierisch aufgedrängt. Es bleibt allein Ihnen überlassen, wie weit Sie ins Inselleben ein-dringen oder sich zurückgezogen entspannen wollen. Lassen Sie sich ein auf einen vollkommen zwanglosen Aufenthalt.

Strände Um es gleich vorwegzunehmen: Rarotonga hat keine sensationellen Strände, eher gutes Mittelmaß, davon aber reichlich. Beginnend bei Muri im Osten erstrecken sie sich mit Unterbrechungen über nahezu 15 Kilometer, entlang der Südküste bis zum Flughafen im Nordosten.
Am schönsten ist der **Muri Beach** mit vier kleinen Motus innerhalb der Lagune. Im Segelclub am Muri Beach gibt

es Toiletten und Umkleidekabinen sowie eine Snackbar und ein Restaurant. Hier können Sie auch Windsurfer, kleine Segelboote und Schnorchelausrüstung mieten. Allerdings gibt es an diesem Strandabschnitt keinerlei Korallen, das Wasser ist bis weit in die Lagune hinein sehr flach. Ein sehr schöner Strand ist auch beim **Little Polynesian Hotel** in Titikaveka.

Weiter entlang der Südküste ist die Lagune mit Korallenstöcken durchsetzt, was Vorsicht beim Schwimmen und auf jeden Fall Badeschuhe erfordert. Leider sind die Korallen innerhalb der Lagune teilweise abgestorben, was sie zu keinem besonders guten Schnorchelrevier macht. Aber das Wasser ist fast überall kristallklar und von erfrischend hellblauer bis türkisgrüner Farbe. Alle Strände auf Rarotonga sind öffentlich und für jedermann zugänglich, auch bei den Hotels.

■ Ausflüge

Zu Lande

Abgesehen von der Inselrundfahrt, die Sie selbständig oder als Busausflug unternehmen können, sind auch Ausflüge ins bergige Inselinnere möglich. Sie können landschaftlich reizvolle Wanderungen auf den Wegen unternehmen, die entlang der Flüsse in die Bergtäler hineinführen: so zum Beispiel den Avatiu- oder Takuvaine-Fluß entlang, im Osten in die Täler des Turangi- und Avana-Flusses sowie im Süden die kürzeren Wege am Turoa- und Papua-Fluß. Zu Fuß dauern diese Abstecher nicht länger als eine Stunde hin und zurück, bei trockenem Wetter können Sie die Wege auch mit dem Moped befahren. Vom Hospital im Nordwesten führt ein kurzer Anstieg zu einem Plateau, von dem Sie einen guten Rundblick und Gelegenheit zu einem Panorama-Foto haben. Für alle diese Unternehmungen benötigen Sie keinen Führer.

Tip

Um die jeweiligen Abzweigungen von der Hauptstraße zu finden, empfehlen wir Ihnen die detaillierte Landkarte von Rarotonga, die Sie in den Souvenirgeschäften kaufen können. Auch wenn der Regenwald im Landesinneren zunehmend dichter wird, gibt es dort keinerlei gefährliche Tiere. Auf jeden Fall sollten Sie aber ein Insektenschutzmittel gegen die Moskitos mitnehmen.

In der Lagune kommt der giftige Stonefish vor. Da er sich in Sand einbuddelt, ist er normalerweise nicht zu sehen. Ein Tritt in seinen aufgerichteten Stachel ist äußerst schmerzhaft und kann zu schockartigen Zuständen führen. Tragen Sie deshalb immer Badeschuhe!

■ Inselrundfahrt und Historische Tour:

Tipani Tours, Tel. 25266 (auch in deutscher Sprache)
Hugh Henry & Associates, Tel. 25320
Cook Islands Tours, Nan Novao, Tel. 27270

■ Bergtouren

Für weiterführende Touren auf die Berge gibt es einen **„Guide to Walks & Climbs"** vom Conservation Service im Ministerium für Agriculture in den Souvenirgeschäften oder beim Ministerium selbst. Die Broschüre enthält acht Tourenbeschreibungen auf die Berge Rarotongas sowie für den **Cross-Island-Walk,** der von Avarua im Norden quer über die Berge zur Südküste führt und etwa vier Stunden dauert. Es wurde uns versichert, daß die Wege regelmäßig gepflegt werden und gut erkennbar sind. Aus eigener Erfahrung wissen wir jedoch, wie schnell man sich im dichten Regenwald verlaufen kann. Deshalb empfehlen wir lieber eine geführte Bergtour..

Tip Unsere Empfehlung: **Pa's Mountain Trek**. Pa ist ein lustiger Maori mit blonden Rastalocken und bezeichnet sich selbst als letzten Einheimischen, der noch die traditionelle Maori-Medizin beherrscht. Deshalb erklärt er auch während des Treks ausführlich Bedeutung und Verwendung verschiedener einheimischer Heilpflanzen. Der Trek dauert etwa vier Stunden und führt durch dichten Regenwald bis auf 500 Höhenmeter zum Fuß der markanten Felsspitze „The Needle". Die Wanderung erfordert keine besondere Sportlichkeit, bei feuchtem Wetter kann der Weg allerdings sehr glitschig sein. Nehmen Sie auf jeden Fall Schuhe mit fester Sohle mit. Pa sorgt für Verpflegung. Unterwegs gibt es auch Gelegenheit, im Fluß oder am Wasserfall zu baden. Tel. 21079

■ Cultural Village

Wenn Sie nur kurze Zeit auf Rarotonga sind, sollten Sie zumindest einen halben Tag für das Cook Islands Cultural Village opfern. In mehreren kleinen Hütten dieses Freilichtmuseums bekommen Sie eine Kurzeinführung in die Kultur der Cook Island Maoris, ihre Geschichte, Medizin und Kunsthandwerk, ihre Landwirtschaft und Fischfangmethoden. Zum Abschluß gibt es ein Essen aus dem traditionellen Erdofen (Umukai) und eine Tanzshow. Die ganze Veranstaltung dauert von 10.00 Uhr morgens bis 13.30 Uhr und ist ihr Geld auf jeden Fall wert. Sie haben drei Touren zur Auswahl: Eine Führung durch das Village mit Show und Mittagessen oder eine Inselrundfahrt mit Show und Mittagessen oder Inselrundfahrt plus Führung durchs Village, plus Show und Mittagessen. Wenn Sie sich vorher anmelden, werden Sie bei Ihrer Unterkunft abgeholt und wieder zurückgebracht, Tel. 21314.

■ Highland Paradise

Hoch oberhalb Arorangis liegt der botanische Garten von Highland Paradise. Abgesehen vom Ausblick bieten die Gärten eine Unmenge tropischer Pflanzen und archäologische Reste einer alten polynesischen Ansiedlung. Ein einheimischer Führer erklärt die Bedeutung der einzelnen Steine des Maraes und die Verwendung der Pflanzen und Blüten zu medizinischen Zwecken. Ein lohnenswertes Ziel. Geöffnet täglich außer Sonnabend und Sonntag von 9.30 bis 16.00 Uhr, Führung um 10.00 Uhr, Tel. 20610.

■ Piri Puruto III.

Es ist unmöglich, auf Rarotonga Piri Puruto III. zu entgehen, dem selbsternannten „Master of Disaster" und ungekrönten „Coconut King of the Cook Islands". Schon bei Ihrer Ankunft am Flughafen wird Ihnen dieser agile Cook Insulaner ein Flugblatt in die Hand drücken mit Informationen zu seiner Show. Sie besteht im wesentlichen darin, daß Piri in affenartiger Geschwindigkeit (16 Sekunden) eine 70 Meter hohe Palme hinaufklettert und Ihnen die überlieferte Kunst des Feuermachens demonstriert. Das Ganze untermalt er mit martialischen Gesängen und Beschwörungen. Die Zuschauer werden mit strikten Kommandos in die verschiedenen Aktionen einbezogen. Piris Show ist die Selbstdarstellung eines großen Egomanen, und eine gute Unterhaltung, wenn Sie sie nicht zu ernst nehmen.

■ Tennis

★ Die Tennisplätze am Rarotongan Hotel und am Edgewater Resort können von jedermann benutzt werden.

■ Reiten

★ Aroa Pony Trek, Tel. 21415, Zwei-Stunden-Ritt durch Plantagen und zum Wigmore-Wasserfall

■ Golf

★ Rarotonga Golf Club, Tel. 27360, Montag-Samstag ab 8 Uhr, Schlägerverleih, jeder Besucher ist willkommen

■ Tagestrip nach Aitutaki

Das flache Atoll von Aitutaki mit seinen weißen Traumstränden liegt 240 Kilometer nördlich von Rarotonga (mehr dazu im Kapitel Aitutaki). Air Rarotonga fliegt mehrmals täglich dorthin, der Flug dauert etwa eine Stunde. Für den Tagestrip nehmen Sie den Frühflug zwischen 8.00 und 9.00 Uhr, das läßt Ihnen genügend Zeit für eine Bootstour in die Lagune. In Aitutaki angekommen, bringt Sie ein Minibus zum Boot, mit dem Sie dann durch das kristallklare Wasser der Lagune auf eine der kleinen unbewohnten Inseln (Motus) fahren. Dort gibt es Picknick und Gelegenheit zum Schwimmen und Schnorcheln. Nachmittags geht es dann wieder zurück, rechtzeitig zum Rückflug nach Rarotonga gegen 16.00 Uhr. Diese Tagestrips werden von Air Raro (Tel. 22888) und den Reisebüros Stars Travel (Tel. 23669), Hugh Henry (Tel. 25320) und Island Hoppers (Tel. 22026) angeboten.

■ Tagestrip nach Atiu
Atiu ist die drittgröße der Cook-Inseln und liegt 187 km nordöstich von Rarotonga (mehr dazu im Kapitel Atiu). Air Raro fliegt täglich dorthin, der Flug dauert 45 Minuten, wenn nicht in Mauke oder Mitiaro zwischengelandet wird. Stars Travel und Air Raro bieten einen Tagestrip an, mit Rundfahrt auf der Insel, Besichtigung einer Höhle und der Kultstätten, Kurzbesuch auf der Kaffee-Plantage, Zwischenstop im Tivaivai Cafe und Atiu Fibre Art Studio und Aufenthalt am Taungaroro Beach.

■ Abstecher nach Niue
Stars Travel (Tel. 23669) bietet einen Fünf-Tage-Ausflug zu diesem kleinsten Inselstaat der Südsee an. Der Hinflug

*Strand des
Rarotongan Hotels*

mit Polynesian Airlines ist am Sonntag, der Rückflug am Freitag. Es stehen verschiedene Unterkünfte aller Kategorien zur Auswahl. Die Preise rangieren von NZ$ 335 (Peleni's Guest House) bis NZ$ 459 (Niue Hotel) pro Person und Doppelzimmer. Näheres über Niue finden Sie im Inselteil.

■ Abstecher nach Western Samoa
Wenn Sie Samoa nicht direkt auf Ihrer Reiseroute haben, empfehlen wir einen Abstecher von Rarotonga dorthin, der zwei, fünf oder sieben Nächte dauern kann. Fast alle Unterkünfte in Apia stehen zur Auswahl, Sie fliegen mit Polynesian Airlines. Der Preis für einen Kurztrip mit zwei Übernachtungen im Aggie Grey's Hotel liegt bei NZ$ 499, für fünf Übernachtungen im gleichen Hotel NZ$ 769 pro Person und Unterbringung im Doppelzimmer. Zu buchen ebenfalls bei Stars Travel, Tel. 23669.

■ Segeln, Surfen, Schnorcheln
Zu Wasser

Aquasport im Sailing Club (Tel. 27350) und das Pacific Resort am Muri Beach verleihen Segelkatamarane, Surfboards, Paddelboote und Schnorchelausrüstungen. Ein netter Bootsausflug ist der Trip durch die Lagune mit anschließendem Picknick auf einem Motu, die einzige Möglichkeit, Rarotonga „von außen" zu sehen (Aquasports und Pacific Resort). Jeden Sonnabend nachmittag veranstalten die Mitglieder des Segelclubs eine Regatta in der Lagune. Tauchausflüge vor das Riff können Sie täglich mit den ansässigen Tauchführern unternehmen. Zum Hochseefischen stehen mehrere Charterboote zur Verfügung.

■ Tauchen
★ Cook Island Divers, Greg Wilson, Tel. 22483. Zwei Tauchgänge täglich (8 und 13 Uhr); Vier-Tage-Lehrgang mit NAUI-Zertifikat.
★ Dive Rarotonga, Shirley und Barry Hill, Tel. 21873.

■ Hochseefischen
★ Seafari Charters, Elgin und Sharon Tetachuk, Tel. 20328.
★ Pacific Marine Charters, Wayne Barclay und Jenny Sorensen, Tel. 21237.

In der Luft

Foto- und Filmbegeisterte können einen 20-Minuten-Rundflug machen, der pro Person NZ$ 45 kostet, Tel. 29888.

Aitutaki

Transport

Flugplatz

Die beiden Landebahnen des Flugplatzes liegen auf einer schmalen Landzunge im Norden der Hauptinsel, 6 Kilometer vom Hauptort Arutanga entfernt. Es gibt ein kleines Empfangsgebäude, dessen Snackbar bei Ankunft und Abflug geöffnet ist. Der Transport zu den Unterkünften wird von den beiden Fluglinien organisiert. Fragen Sie nach der Ankunft nach dem Fahrzeug zu ihrem Hotel. Sie werden aber auch mitgenommen, wenn Sie noch keine Zimmerreservierung haben.

Bus, Taxi, Leihwagen

Es gibt kein Taxi auf Aitutaki. Die Hotels und Privatunterkünfte übernehmen diesen Service gegen Gebühr.

Autoverleih: Preise ähnlich wie auf Rarotonga
★ Aitutaki Rentals, Tel. 31127, Autos und Mopeds
★ Rinos, Tel. 31197, Mopeds und Fahräder
★ Swiss Rentals, Tel. 31372, Autos und Mopeds
★ Neil Mitchel, Tel. 31103, Mopeds und Fahrräder

Bank und Post

Die ANZ und Westpac haben ihre Büros in Arutanga, der Hauptsiedlung von Aitutaki.
Das Postamt liegt gegenüber vom Dock an der Hauptkreuzung und ist nicht zu übersehen. Im gleichen Gebäude ist auch das Telegraphenamt.

Unterkünfte

Die preiswerteren Unterkünfte in Aitutaki haben in der Regel kein warmes Wasser. Selbstversorger sollten sich einen Teil der Lebensmittel oder Getränke aus Rarotonga mitbringen, da die Auswahl auf Aitutaki sehr begrenzt und zudem teuer ist.

★ **The Aitutaki Lagoon Hotel**, auch Aitutaki Resort oder Akitua Resort genannt, liegt südlich des Flugplatzes auf dem Motu Akitua, direkt an der Lagune im weißen Sand. Das Hotel wurde 1983 eröffnet und ist seitdem etwas vernachlässigt. Es gehört der teilweise Regierung und steht seit Jahren zum Verkauf, was sich aber durch die vielschichtigen Besitzverhältnisse als sehr schwierig gestaltet. Die Lage ist gut für jede Art von Wassersport, sehr ruhig, aber auch abgelegen von den Aktivitäten der

Hauptinsel. Moped- und Autoverleih, Swimmingpool, Windsurfen, Segelboote (Hobie Cats), Restaurant und Bar. Bungalow ab NZ$ 215, Tel. 31201.

★ Die **Aitutaki Lodges** liegen an einem Hang im Distrikt Vaipaie an der Ostküste der Hauptinsel. Von der Terrasse der sechs Bungalows haben Sie einen sehr schönen Blick auf die blaue Lagune. Der Strand ist allerdings nicht sehr schön, aber der Besitzer, Wayne Blake, veranstaltet für seine Gäste Bootsausflüge zu einem der schönen Motus. Die Anlage ist in einem tropischen Garten, sehr ruhig und ebenfalls etwas abgelegen (3 km von der Hauptsiedlung Arutanga). Die Bungalows sind sehr sauber, mit Küche und einem Vorrat an Lebensmitteln ausgestattet. Auto- und Mopedverleih, Restaurant, Bar. Bungalows NZ$ 145, Tel. 31334.

★ Das **Rapae Cottage Hotel** liegt im Distrikt Amuri, 4 km vom Flugplatz und 1,5 km von Arutanga entfernt, direkt am Wasser. Das Hotel ist für die Einheimischen Mittelpunkt aller Veranstaltungen, deren Höhepunkt jeden Freitag die Island Night mit Polynesischer Tanzshow bildet. Wenn Sie im Rapae wohnen, müssen Sie allerdings den damit verbundenen Lärm in Kauf nehmen. Das Rapae soll seit Jahren renoviert werden. Alle Ausflüge können auch von hier aus organisiert werden. Langer Strand rechts vom Hotel, spektakuläre Sonnenuntergänge, Moped- und Fahrradverleih, Restaurant, Bar. Bungalow NZ$ 105. Tel. 31320.

★ **Tom's Beach Cottage** liegt direkt in Arutanga neben dem Sportplatz (ohne Hinweisschild) am Wasser. Tom vermietet acht sehr einfache Zimmer mit Gemeinschaftsduschen und -küche. Auf Wunsch gibt es Frühstück und Abendessen. Einzelzimmer NZ$ 32, Doppelzimmer NZ$ 42, Tel. 31051.

★ Ein Stück landeinwärts von der Hauptstraße in Arutanga liegt das **Tiare Maori Guesthouse** (auch Mama Tunui) mit sehr einfachen Zimmern, Gemeinschaftsdusche und Familienanschluß. Der Mann von Mama Tunui macht mit seinem Minibus historische Touren um die Insel. Auf Wunsch gibt es einen Transfer zur Island Night im Rapae Hotel. Frühstück ist im Preis inbegriffen, auf Wunsch gibt es auch Abendessen. Einzelzimmer NZ$ 25, Doppelzimmer NZ$ 38, für Abendessen NZ$ 15 pro Person. Tel. 31119.

★ **Paradise Cove** ist ein Haus mit 5 Schlafzimmern, kann bis zu 10 Personen aufnehmen und liegt sehr ruhig an einem guten Strand. Die Anlage ist um 6 sehr einfache Bungalows erweitert worden. Die Betreuung und Pflege der Anlage läßt etwas zu wünschen übrig, was sich auch bei der Sauberkeit der Hütten bemerkbar macht. Pro Person ab NZ$ 30, Tel. 31218 (Bob Moate), Buchungen auch über Island Hoppers und Stars Travel in Rarotonga.

★ **Rino** vermietet 3 Häuser über die Insel verstreut (er nennt sie Villas). Unterschiedliche Ausstattung und Qualität, aber alle komplett eingerichtet. Geeignet für längeren Aufenthalt. Pro Woche NZ$ 80, für längeren Zeitraum nach Vereinbarung. Er hat jetzt auch saubere Zimmer mit Bad, Dusche, Kühlschrank, Waschmaschine und Terrasse zu vermieten. Inklusive Bananen und Kokosnüsse. NZ$ 60. Tel. 31197.

Restaurants und Snackbars

Lange Zeit war im **Rapae Hotel** das einzige Restaurant der Hauptinsel mit einem guten polynesischen Büffet zur Island Night am Freitagabend. Das Restaurant des Aitutaki Resorts auf dem Motu Akitua ist etwas abgelegen, wenn Sie nicht im Hotel selbst leben. **Ralphie's Bar** & Grill gegenüber vom Rapae Hotel und die **Crusher Bar** in Richtung Flughafen sind beide preiswert und gut.

Nachtleben

Das Nachtleben Aitutakis konzentriert sich auf zwei Plätze. Nummer Eins und seit Jahren ungeschlagen ist die **Island Night** im Rapae Hotel, der Höhepunkt einer jeden Woche für die Inselbewohner. Sie beginnt mit einem reichhaltigen polynesischen Büffet, gefolgt von einer Tanzshow der einheimischen Jungen und Mädchen, anschließend spielt eine Live-Band. Spätestens dann haben die einheimischen Gäste, die sich während der Tanzshow noch scheu hinter den Touristen verbergen, ganz von der Tanzfläche Besitz ergriffen. Nummer Zwei ist **Rino's Bar**, gegenüber des Rapae Hotels, wo donnerstags- und freitagsabends eine Tanzgruppe auftritt, ebenfalls gefolgt von einer Live-Band. Der Eintritt zur Island Night ist in beiden Lokalen frei, Sie können mit den Einheimischen zwischen beiden Kneipen hin- und herpendeln.

Aktivitäten

In einer Rangliste der schönsten Strände der Südsee stehen die von Aitutaki ganz oben. Sie finden sie jedoch nicht auf der erhabenen Hauptinsel selbst, sondern auf den Motus am östlichen und südlichen Rand der Lagune. Diese kleinen flachen Inseln sind von makellosem weißen Sand und glasklarem Wasser umgeben. Deshalb werden sie gern als Motiv für Postkarten und Prospekte gewählt, einmal dienten sie auch schon als Kulisse für einen Südseefilm. Ein Bootsausflug in die Lagune und zu den Motus gehört auf jeden Fall zu den Höhepunkten eines Ausfluges nach Aitutaki. Besonders spektakulär ist der weiße Strand von **One-Foot-Island** oder Tapuaetai.

Strände

Vorbereitungen für ein Fest

Auf der Hauptinsel finden Sie ganz passable Strände an der Westküste zwischen dem Rapae Hotel und dem Flugplatz. Direkt vor dem Hotel ist das Wasser noch sehr flach, bildet jedoch weiter rechts bei einer Ansammlung schwarzer Felsen kleine Pools zum Schwimmen. Dieser Strandabschnitt eignet sich auch sehr gut zum Schnorcheln.

Aitutaki erforschen Sie am besten mit dem Fahrrad oder Moped, ein Auto ist nicht unbedingt notwendig. In zwei Stunden haben Sie alles gesehen und können beim Aitutaki Lagoon Hotel in die Lagune springen.

Zu Lande

■ Golf

Ein 9-Loch-Golfplatz liegt im Norden der Hauptinsel, wo sich die beiden Landebahnen im stumpfen Winkel treffen. Für eine geringe Gebühr können Sie hier Schläger mieten und eine Runde spielen. Geöffnet Mittwoch, Freitag und Sonnabend. Jeder Besucher willkommen.

Zu Wasser

■ Bootsausflüge

Bootsausflüge in die Lagune und zu den Traumstränden der unbewohnten Motus sind die Attraktion Aitutakis. Mehrere Kleinunternehmer haben sich darauf spezialisiert und bieten verschiedene Variationen und Routen an. Start ist meist zwischen 9 und 10 Uhr morgens, nach Ankunft der Flüge aus Rarotonga, Rückkehr gegen 16 Uhr rechtzeitig zum Abflug, so daß Sie eine Bootstour auch als Tagesausflug ohne Übernachtung bei einer der beiden lokalen Fluglinien buchen können. Inbegriffen im Preis ist in der Regel ein Mittagessen, das während des Badeaufenthalts auf einem der Motus zubereitet wird. Angeboten werden auch spezielle Angel- und Schnorchelausflüge oder eine Kombination von allem.

★ Blue Lagoon Cruises mit dem gleichnamigen Motorboot von Wayne Blake von Aitutaki Lodges, Tel. 31334, Schnorchelausrütung an Bord.

★ Lagoon Adventures, Teina und Annie Bishop, Tel. 31009. Trip durch die Lagune auf einem Motorboot, nicht mehr als vier Passagiere.

★ Vikings, Lagoon Cruises, Tel. 31180, Trips zu One-Foot-Island oder Maina Island, Riff-Spaziergang.

Noch ein wichtiger Tip: Da wegen der absoluten Sonntagsruhe an diesem Tag keinerlei Bootsexkursionen durchgeführt werden dürfen, macht ein Kurzausflug von Samstag auf Montag wenig Sinn. Die Agenturen in Rarotonga, bei denen Sie die Ausflüge buchen, versäumen meist, darauf hinzuweisen. Die besten Tage sind Donnerstag und Freitag, da Sie, Übernachtung vorausgesetzt, dann auch an einer der Island Nights teilnehmen können.

■ Tauchen

Zwei weitere Möglichkeiten des Wassersports auf Aitutaki sind Tauchen und Hochseefischen. Es gibt einen professionellen Tauchführer mit NAUI-Zertifikat, der Tauchgänge außerhalb des Riffs veranstaltet. Das Revier ist gut mit einer Vielfalt an Korallen und kleineren Fischen, das Wasser klar mit Sichtweiten über 30 Meter. Große Fische wie Haie oder Mantas sind seltener, dafür sichtet man öfter mal einen Wal. Das Wasser ist ausgesprochen warm (max. 29° C), so daß ein Tauchanzug kaum nötig ist. Mehrere einheimische Taucher bieten ihren Dienste an. Sie sollten vorher prüfen, ob sie eine Lizenz haben und zugelassen sind.

★ Aitutaki Scuba, Neil Mitchell, Tel. 31103, Tauchlehrgang mit NAUI-Zertifikat (mind. 4 Tage und mind. 2 Personen).

Tip

Unverzichtbar für jede Art von Bootsausflug in die Lagune ist eine Sonnencreme mit hohem Schutzfaktor, ein leichtes Hemd und eine Kopfbedeckung. Die Sonne über dem Atoll ist gnadenlos und ein Sonnenbrand oder gar Sonnenstich kann den schönen Stunden in der Lagune einen bitteren Nachgeschmack verleihen.

Atiu

Transport

Der Flugplatz liegt im nördlichen Teil der Insel, zwei Kilometer vom Zentrum entfernt. Roger Malcolm vom Atiu Motel holt seine Gäste ab und bringt sie auch wieder zum Flugzeug.

Flugplatz

Kein Bus, kein Taxi auf Atiu.

Bus, Taxi

Roger und Kura Malcolm vom Atiu Motel vermieten auch Mopeds.

Leihwagen, Motorroller

Die Westpac hat ihr Büro in Teenui und die ANZ in Areora. Bei den Banken ist Geldwechsel aber nicht möglich, sondern nur im Administration Center neben dem Hospital. Die Kurse sind allerdings nicht immer auf dem neuesten Stand. Es ist ratsam, ausreichend Bargeld oder Travellerschecks mitzunehmen. Mit Kreditkarte kann im Atiu Motel noch nicht bezahlt werden.
Die Post ist im Telecom-Gebäude außerhalb Teenuis hinter der Seventh-Day-Adventist-School.

Bank und Post

Unterkünfte

Die einzige Übernachtungsmöglichkeit für Touristen bietet das Atiu Motel, es muß vor Abflug in Rarotonga gebucht werden. Die vier Bungalows liegen auf einem Plateau mit Blick auf Ananasfelder. Jeder Bungalow hat Platz für vier Personen, warmes Wasser, eine Küche und einen guten Vorrat an Lebensmitteln und Getränken. Abgerechnet wird nur, was Sie verbrauchen. Kura und Roger Malcolm, die Besitzer, betreiben auch einen Lebensmittelladen. Obst und Gemüse gibt es im Garten, Brot in den zwei Bäckereien der Insel, Bier und Wein im ehemaligen Postgebäude mit der Aufschrift „Administration Center". Kura und Roger organisieren Touren und vermieten auch Mopeds. Tennisplatz. NZ$ 90, Tel. 33777.

Restaurants/Nachtleben

Das einzige Restaurant Atius ist das Tivaivai Café im Fibre Arts Studio an der Hauptstraße in Areora. Hier gibt es auf der schattigen Veranda selbstverständlich den

Tip

Wenn Sie zu einer Buschbierbrauerei (**Tumunu**) eingeladen werden, sollten die Damen sich nicht allzu offenherzig kleiden. Wenn der Alkoholpegel steigt, kann es etwas rauher zugehen. Es ist auch keineswegs unhöflich, wenn sie nach dem ersten Genuß weitere Kokosnußschalen mit dem starken Stoff ablehnen. Die Tumunu-Teilnehmer haben durchaus Verständnis dafür, daß ihr Getränk nicht allen schmecken kann.

frisch gerösteten Atiu-Kaffee (probieren Sie ihn mit Kokosmilch), Erfrischungsgetränke, Kuchen und kleine Snacks.
Die Bar des Atiu Motels ist täglich für Motel-Gäste geöffnet, am Wochenende auch für Einheimische. Jeden Freitag und Sonnabend gibt es hier Tanz und manchmal sonnabends eine polynesische Tanzshow.

Aktivitäten

Strände Das Wasser in der Lagune ist zum Schwimmen und Schnorcheln meist nicht tief genug. Der schönste Strand ist Taungaroro Beach an der Westküste, der interessantere wegen der Vielfalt der angeschwemmten Muscheln ist Oneroa Beach an der Ostseite der Insel. Die einzige Möglichkeit zum Schnorcheln besteht am Taunganui Harbour.

Ausflüge Ausflüge auf der Insel, besonders zu den Kalksteinhöhlen, organisiert Roger Malcolm vom Atiu-Motel. Er kann auch eine Einladung zu einem Tumunu organisieren. Die Touren sollten auf keinen Fall ohne Führer gemacht werden, da alles Land in Privatbesitz ist und einige Landbesitzer über „ungebetene" Gäste nicht sehr erfreut sind. Festes Schuhwerk und eine Taschenlampe sind Voraussetzung für jede Höhlentour.

■ Besichtigung der Kaffeeplantage
Zwei ausgewanderte Deutsche, Andrea Eimke und Jürgen Manske-Eimke betreiben auf Atiu eine Kaffee-Plantage und -Rösterei, die Sie besichtigen können. Anschließend gibt es natürlich auch eine Tasse Atiu-Kaffee. Der Kaffee wird nach Neuseeland, Tahiti und den USA exportiert, in Rarotonga können Sie ihn in den Supermärkten und Souvenirgeschäften kaufen. Die Besichtigung der Plantage bitte mindestens einen Tag vorher buchen, am besten gleich im Tivaivai Cafe.

■ Kunstgewerbe
Andrea leitet auch das **Atiu Fibre Arts Studio,** in dem es Kunstgewerbe von Atiu zu kaufen gibt. Hier können Sie auch Tivaivais kaufen oder nach Ihren Vorstellungen anfertigen lassen. Sie wird Ihnen dann nachgesandt. Wenn Sie Interesse an einer Besichtigung der Werkstatt haben, lassen Sie sich im Tivaivai Café eine kleine Karte geben (nur werktags und nicht nach 15.30 Uhr), auf der der Weg dorthin erklärt wird.

Mauke

★ **Cove Lodge** ist ein schönes, großes Haus mit drei Schlafräumen und Platz für zehn Personen. Es liegt an der Nordküste, 1 km vom Flughafen entfernt. Für die Verpflegung müssen Sie selbst sorgen. Kura Guinea, die Frau des Inselarztes, kümmert sich um die Gäste. Das ganze Haus kostet NZ$ 44, ein Moped steht auch zur Verfügung, Tel. 35888.

★ **Tiare Holiday Cottages** liegen ca. 3 km vom Dorf entfernt an der Westküste. Die vier Bungalows haben Gemeinschaftsdusche und -küche. Sie können sich aber auch bekochen lassen. Es gibt nur kaltes Wasser, Strom nur zu bestimmten Zeiten. Mopeds NZ$ 15/Tag. Bungalow ab NZ$ 45. Buchung über Island Hoppers und Stars Travel.

Mitiaro

★ Das Mitiaro Guesthouse (auch Nukuroa Guesthouse) von Nane Pokoati ist die einzige Unterkunft auf der Insel. Sie kann auch nur drei oder vier Personen beherbergen. Heißes Wasser gibt es nicht und Strom nur zu bestimmten Zeiten. Einzelzimmer NZ$ 45, Doppelzimmer NZ$ 70 inkl. aller Mahlzeiten, Tel. 36888. Buchung über Island Hoppers und Stars Travel.

Mangaia

★ Mangaia Lodge ist ein großes Haus mit drei Schlafräumen, Aufenthaltsraum und Küche. Gemeinschaftsduschen sind außerhalb. Es gibt kein heißes Wasser und Strom nur zu bestimmten Zeiten. NZ$ 34 pro Person inkl. aller Mahlzeiten. Über Island Hoppers und Stars Travel.

Manihiki

Auf Manihiki gibt es keine Unterkünfte für Touristen.

Penrhyn

Auf Penryhn gibt es ein kleines Guesthouse, das bei Flugbuchung über Stars Travel mitgebucht werden kann.

Niue

Reisehilfen von A-Z

Ärztliche Versorgung
Das Krankenhaus, Lord Liverpool Public Hospital, liegt in Alofi, Tel. 4100.

Banken
Die offizielle Währung Niues ist der **Neuseeland-Dollar** (Stand 1994: 1 NZ$ = DM 0,93). Geld wechseln können Sie bei der Westpac in Alofi. Sie nehmen besser ausreichend Travellerschecks mit.

Deutsche Vertretung
Es gibt keine deutsche Vertretung in Niue. Die zuständige deutsche Botschaft ist in Wellington, Neuseeland. Adresse: Embassy of the Federal Republic of Germany, P. O. Box 1687, Thorndon/Wellington, Tel. 64-4-4736063.

Einkaufstips
Importierte Waren sind relativ billig in Niue. Die Supermärkte in Alofi schließen werktags um 16.00 Uhr und bleiben auch am Wochenende geschlossen. Alkoholische Getränke bekommen sie im Treasury Bond Store neben der Post, die seltenen und schönen Briefmarken Niues im Philatelic Bureau. Die Flechtarbeiten wie Körbe, Matten und Hüte gehören zu den feinsten der Südsee. Sie bekommen Sie im Niue Handicraft Center in Alofi und bei Hinapoto Handicraft im Cultural Center.

Einreise
Alle Besucher bekommen bei Vorlage eines gültigen Reisepasses und eines Weiterflugtickets eine Aufenthaltsgenehmigung für 30 Tage.

Flughafengebühren
Die Flughafengebühr (Departure Tax) beträgt NZ$ 20 und ist bei Abflug zu zahlen.

Post und Telefon
Die Post ist in Alofi im sogenannten Commercial Centre. Geöffnet montags bis freitags von 8 bis 15 Uhr. Im gleichen Gebäude befindet sich auch das Telecommunications Office, von wo Sie rund um die Uhr internationale Telefongespräche führen können.

Sprache
Englisch und Polynesisch.

Stromspannung
Die Stromspannung beträgt 240 Volt bei 50 Hertz. Sie können hier die gleichen dreipoligen Adapter wie für Neuseeland und die meisten anderen Südseestaaten verwenden.

Das Trinkwasser ist sauber und kann bedenkenlos getrunken werden.

Trinkwasser

Informationen über Niue bekommen Sie über Niue Tourism Office, P.O. Box 42, Alofi/Niue, Tel. 4126, Fax 4232

Touristen-Information

Es herrscht Linksverkehr.

Verkehrsregeln

12 Stunden nach deutscher Zeit.

Zeitunterschied

Erlaubt ist die Einfuhr von 200 Zigaretten oder 50 Zigarren, 1 Liter Spirituosen, 1 Liter Wein.

Zollbestim-mungen

Reisen im Lande

Hanan International Airport liegt circa 2,5 km östlich von Alofi. Es gibt keine Bank. Bei Zimmerbuchung wird der Transfer arrangiert. Polynesian Airlines fliegt jeweils einmal wöchentlich von den Cook Inseln und von Western Samoa aus Niue an. Von beiden Ländern aus werden günstige Package-Touren nach Niue angeboten. Polynesian Airlines, Apia, Tel. 685-21261 und Niue 4317.

Flughafen

Es gibt keinen öffentlichen Bus und auch keine Taxen.

Bus/Taxi

Zum Ausleihen eines Fahrzeuges benötigen Sie eine **Niue Driver's License**, die Sie gegen eine Gebühr von NZ$ 2 und Vorlage Ihres Führerscheins bei der Polizei bekommen. Kleinwagen ab NZ$ 50, Motorroller ab NZ$ 18 und Mountain Bikes ab NZ$ 5.
★ Alofi Rentals, Karl & Petra Hofmann, Tel. 4017
★ Budget Rent-a-Car, Tel. 4504
★ Ama's Rentals, Tel. 4307
★ Maile Rentals, Tel. 4027

Leihwagen, Motorroller, Fahrrad

Unterkünfte

★ Das **Niue Hotel** wurde 1990 durch Hurrikan Ofa zerstört und wieder neu aufgebaut. Das Hotel liegt an der Küste im Süden Alofis. Die 32 Zimmer sind in zweigeschossigen Gebäuden mit Blick auf Alofi Bay. Auto-, Fahrrad- und Mopedverleih, Inseltouren, Tauchen, Schnorcheltrips. Swimmingpool, Restaurant, 2 Bars, polynesische Tanzshow (in der Hauptsaison). Ab NZ$ 105, Halb- und Vollpension möglich, Tel. 4092.

★ **Coral Garden Motel** liegt auf den Klippen am Makapu Point, 4 km von Alofi entfernt. Die 5 neuen Bungalows haben einen ausgezeichneten Blick aufs Meer und sind komplett mit Küche eingerichtet. Täglich kostenloser Transfer nach Alofi. Inseltouren, Tauchen, Schnorcheltrips können arrangiert werden, ebenso Leihwagen. Zum Motel gehört das Restaurant Sails mit einer Bar. Ab NZ$ 100, Frühstück eingeschlossen, Tel. 4232.

★ **Anaiki Motel** liegt in Makefu, im Nordwesten der Insel, nahe der Avaiki Caves. Alle fünf Appartements sind komplett mit Küche eingerichtet. Sämtliche Inseltouren, Auto- und Fahrradverleih kann arrangiert werden. Restaurant in der Nähe. Ab NZ$ 80, Tel. 4321.

★ Das **Kokosnuss Motel** gehört dem deutschen Ehepaar Petra und Karl Hofmann. Es liegt in Talamaitoga im Südwesten der Insel, nahe Avatele Beach. Der Bungalow ist neu und komplett mit Küche ausgestattet. Die Besitzer arrangieren alle Touren oder zeigen Ihnen auch selbst die Insel. Außerdem Fahrrad, Moped- und Autoverleih. Restaurant und Bar in der Nähe. NZ$ 62, auf Wunsch auch mit Frühstück, Tel. 4017, Fax 4010.

★ **Kololi's Guesthouse** in Alofi ist ein großzügiger Neubau mit modernen sanitären Einrichtungen und kompletter Küche mit Waschmaschine, Spülmaschine etc. 3 Doppelzimmer teilen sich ein Bad für NZ$ 35. Das Atelier im 1. Stock mit einem Doppelzimmer und einem Einzelzimmer mit Bad kostet NZ$ 50.

★ 20 Minuten von Alofi entfernt, im Südwesten der Insel in Avatele liegt **Esther's Village Motel**. Zwei Wohneinheiten für drei Personen, jede mit kompletter Küche. Große Veranda mit Sonnenuntergangsblick. Boot- und Autoverleih. NZ$ 52, Tel. 2000 Ext. 152S

Restaurants und Nachtleben

Im Island Style Restaurant in Talamaitoga gibt es donnerstags Essen aus dem Erdofen und anschließend Tanz. In der Hochsaison von Mai bis Oktober wird Samstag eine Island Night veranstaltet, mit Umu-Essen, traditionellen Tänzen und anschließender Disco. Im Niue Hotel können Sie a la carte speisen. Die Bar des Hotels ist auch beliebter Treffpunkt für Jedermann. In Veejays Restaurant in Tuapa im Norden gibt es auch einheimische Gerichte. Empfehlenswert ist das Sails Restaurant am Coral Garden Motel, ein schöner Platz zum Sonnenuntergang. Im Niue Sports Club (Top Club) am Golfplatz sind Besucher jederzeit willkommen. Am Wochenende gibt es an verschiedenen Orten der Insel Disco-Musik.

Der Hakupu Woman's Club veranstaltet jeden Montagabend eine Village Tour mit anschließender Fiafia Nacht. für Verpflegung und Transport ist gesorgt.

Aktivitäten

Der Sonntag ist ein sehr ruhiger Tag auf Niue, es gibt keinerlei Aktivitäten außer Kirchgang, Golfspielen. Schwimmen, Fischen etc. sind sonntags nicht erlaubt.

Für Höhlenforscher ist Niue ein Eldorado. Die ganze Insel ist wie ein Schweizer Käse von Kalksteinhöhlen durchzogen, an deren Grund sich meist kleine kristallklare Seen gebildet haben. Bizarre Farben und Formen der Stalagmiten und Stalagtiten, eindrucksvolle Felsbögen und Schluchten bilden die Unterwelt Niues, deren Vielfalt in einem Urlaub kaum erforscht werden kann. Bitte denken Sie bei allen Ausflügen in Höhlen und auf Korallen daran, festes Schuhwerk mitzunehmen, da die Korallen extrem scharf sind. palmenumsäumte Sandstrände werden Sie auf Niue vergeblich suchen. Aber schwimmen können Sie unter anderem am Avatele Beach, Limu, Matapa Chasm. Für Unterwasserenthusiasten bieten die vielen guten Schnorchel- und Tauchreviere rund um die Insel ein weites Betätigungsfeld.
Touren können gebucht werden bei:
★ Tali's Cave Tours, Tel. 4262.
★ Helen's Niue Tours & Travel, Tel. 4054

■ Tauchen
Da Niue keinen einzigen Fluß hat, sind die Gewässer an den Küsten ungewöhnlich klar. Wenn Sie Glück haben, sehen Sie Delphine und Wale, Schildkröten und Mantas. Nachttauchen und Höhlentauchen ist eine Spezialität dieser Insel. Für Anfänger gibt es einen 3-Tage-Kurs mit PADI-Zertifikat. Getaucht wird entweder vom Boot oder direkt von der Küste aus.
★ Tuaki Fishing Charters, Tel. 4118.
★ Niue Adventures Diving, Terry Coe, Tel. 4102.

Wichtige Telefonnummern

Niue ist leider nur über das Fernamt zu erreichen, das heißt, Sie müssen sich also jedes Gespräch von Deutschland aus handvermitteln lassen (Tel. 0010).
Vorwahl von Deutschland 683
Vorwahl nach Deutschland 49
Österreich 43
In die Schweiz 41
Polizei 4029
Feuerwehr 4133
Krankenhaus 4100

Tonga

Reisehilfen von A-Z

Ärztliche Versorgung

Das Vaiola Hospital in Tongatapu liegt an der Taufa'ahau Road, 10 Autominuten von Nuku'alofa entfernt. Für ambulante Behandlung und erste Diagnose empfehlen wir die Praxis von Dr. Helga Schäfer-MacDonald, einer deutschen Ärztin. Ihre **German Clinic** finden Sie in der Wellington Road in Nuku'alofa. Zwei Apotheken sind in der Salote Road, die besser sortierte ist Tukias Pharmacy hinter der Post.
★ Dr. Schäfer-MacDonald, Tel. 22736/22350 privat.
Ambulanz Vaiola Hospital, Tel. 23200.
★ Auf Vava'u: Dr. Alfredo Carafa, Neiafu, Tel. 70607.

Banken

Die Bank of Tonga, die ANZ Bank und die MBF Bank haben Ihre Zentralen in Nuku'alofa, nur die Bank of Tonga hat Zweigstellen auf den Außeninseln. Auf DM-Reiseschecks und Master- oder Visacard bekommen Sie bei der Bank of Tonga und ihrer Zweigstelle in Vava'u Bargeld. Am Flughafen ist eine Wechselstube, die allerdings keine besonders guten Kurse bietet. Es ist ratsam, sich vor einem Trip zu den Außeninseln in Nuku'alofa ausreichend mit Bargeld einzudecken.

Deutsche Vertretung

Die Bundesrepublik Deutschland hat ein Konsulat in Nuku'alofa in der Taufa'ahau Road im hinteren Teil des Sanft Buildings. Der Konsul, Ralph Sanft, hat deutsche Vorfahren, spricht aber (leider) kein Deutsch.
Consulate of the Federal Republic of Germany
P. O. Box 32, Nuku'alofa/Tonga, Tel. 23477.

Einkaufstips

Von allen in diesem Buch beschriebenen Inseln stellt Tonga die feinsten **Flechtarbeiten** her. Körbe, Matten und Taschen sind keine Massenware, von guter Qualität und garantiert handgearbeitet. Besonders die großen Wäschekörbe sind ein sehr beliebtes Souvenir. Die **Tapa-Arbeiten** von Tonga sind preiswerter als die von Fidschi. Sie können sich unbesorgt alle Mitbringsel gegen geringen Aufschlag nach Europa nachschicken lassen; in der Regel klappt das zuverlässig.

Schön ist auch der Schmuck aus **schwarzer Koralle,** besonders die Halsketten. Der in Tonga angebaute Kaffee, Vanille, Muschelschmuck und Kokosseife sind hier billiger als auf anderen Südseeinseln. Von der Insel Eua gibt es kleine duftende Sandelholz-Schnitzereien.

Die beste Auswahl haben Sie in den Geschäften von FIMCO, der Friendly Islands Marketing Cooperative und im Tongan Women's Association Handicraft Center in Nuku'alofa, Langafonua in Nuku'alofa und Vava'u. Hier werden ausschließlich Dinge angeboten, die in Tonga angebaut oder hergestellt werden. Aber auch die kleinen Stände rund um den Talamahu Markt in Nuku'alofa haben eine gute Auswahl, besonders am Wochenende.

Sollten Sie einen Besuch in Vava'u planen, haben Sie dort eine weitaus größere und billigere Auswahl an tonganischem Kunsthandwerk. Vieles, was es in Nuku'alofa zu kaufen gibt, wird dort hergestellt.

Tonga hat die ausgefallensten **Briefmarken** im Südpazifik. Einige haben die Form einer Ananas oder die Form Tongatapus. Sie erhalten sie im ersten Stock des Hauptpostamtes.

Der **Talamahu Markt** an der Salote Road ist der Obst- und Gemüsemarkt Nuku'alofas. Die größte Auswahl haben Sie am Wochenende. Nebenan ist der Busbahnhof.
Der Markt ist täglich außer sonntags von 7.00 bis 17.00 Uhr geöffnet. Alkoholische Getränke gibt es in den Liquor Shops von Morris Hedstrom gegenüber des Marktes und E. M. Jones Wineshop hinter dem Air Pacific Büro.

Handeln ist in Tonga nicht üblich.

Einreise

Jeder Besucher Tongas erhält eine Aufenthaltsgenehmigung von 30 Tagen, die jeweils um einen Monat auf höchstens sechs Monate verlängert wird. Voraussetzung hierfür sind ein gültiger Reisepaß und ein Weiter- oder Rückflugticket.

Feiertage, Feste

Mai: **Geburtstag des Kronprinzen Tupouto'a**.
Anfang Juni: **Eröffnung des Parlaments** mit Parade der Schulkinder und Salutschüssen.
4. Juli: **Geburtstag des Königs Taufa'ahau Tupou IV**. und Krönungstag. Anschließend **Heilalaa Festival** (1 Woche).
Oktober: **Ende der Parlamentsperiode mit Militär-Parade**.
Anfang November: **Unabhängigkeitstag**.
Anfang Dezember: **Musik-Festival**. Wettbewerb der Musiker und Tänzer des ganzen Landes.

Fotografieren

Tonganer lassen sich gerne fotografieren. Wenn Sie kurz um Erlaubnis fragen, werden sie sich sofort in Positur stellen. Ihre Filme kaufen Sie besser in Deutschland; die Auswahl in Tonga ist nicht sehr groß und die Filme sind oft überlagert. Bei Foto Fix in der Taufa'ahau Road können Sie Ihre Papierfilme in einem Tag entwickeln lassen.

Flughafen-gebühr

Die Flughafengebühr (Airport oder Departure Tax) beträgt T$ 15 pro Person und ist bei Abflug zu bezahlen.

Führerschein

Wenn Sie ein Fahrzeug mieten wollen, benötigen Sie einen **tonganischen Führerschein**. Sie erhalten ihn sofort bei der Polizei in der Salote Road gegen Vorlage Ihres Führerscheins und einer Gebühr von T$ 10.

Kreditkarten

Die Bezahlung mit Kreditkarte ist in Tonga nicht so verbreitet. Nur die größeren Hotels und reinen Tourismus-Unterkünfte akzeptieren bargeldlose Bezahlung. Es ist auf jeden Fall besser, ausreichend Bares dabei zu haben. Bei der Bank of Tonga und der ANZ bekommen Sie Bargeld auf Mastercard oder Visa. American Express hat keine Agentur in Tonga.

Landkarten, Bücher

Der Friendly Islander Bookshop in der Taufa'ahau Road hat die größte Auswahl an Büchern und Landkarten, ebenso der Family Christian Bookshop an der Fatafehi Road neben dem Busbahnhof. Gutes Kartenmaterial erhalten Sie bei Land and Survey an der Vuna Road.

Post und Telefon

Das **Hauptpostamt** liegt am oberen Ende der Taufa'ahau Road. Hier bekommen Sie auch die ausgefallenen Briefmarken, die bei Sammlern sehr beliebt sind. Wenn Sie sich Post nachschicken lassen wollen, ist die Adresse:
GPO (General Post Office)
Poste restante
Nuku'alofa/Kingdom of Tonga

Internationale Telefongespräche können Sie von Cable & Wireless in der Salote Road führen. Die Station ist 24 Stunden täglich, sieben Tage in der Woche geöffnet. Telefonieren nach Deutschland ist preiswert. Von hier aus können Sie auch telefaxen, telexen und Telegramme aufgeben.

Presse

Die Wochenzeitung „Tonga Chronicle" ist in tonganisch und englisch, die „Tonga Times" erscheint 14tägig in englisch. „Matangi Tonga" ist ein Nachrichtenmagazin in englisch, das zweimonatlich erscheint mit einer Beilage für Touristen – „Eva". Diese Beilage erhalten Sie kostenlos auch im Visitor Bureau. „Kele'a" ist die einzige regierungsunabhängige kritische Zeitung Tongas. Sie erscheint zweimonatlich in tonganisch und englisch. „Lali" ist ein Business Magazin, das monatlich erscheint.

Englisch und Tonganisch

Sprache

240 V und 60 Hz. Es kann der gleiche Adapter verwendet werden wie in Neuseeland und Australien.

Stromspannung

Das **Tonga Visitors Bureau** an der Vuna Road ist in einem tonganischen Fale untergebracht. Es gibt reichlich Gedrucktes über Tonga, Touren, Restaurants, Fähren und auch eine Liste aller Unterkünfte. Sie können sich dort in aller Ruhe niederlassen und alles studieren. Das Personal ist freundlich und spricht Englisch.
P.O.Box 37, Nuku'alofa/Tonga, Tel. 21733 oder 23507.

Touristen-Information

Das **Visitor Bureau in Vava'**u ist in der Ortsmitte von Neiafu in einem schönen Fale untergebracht. Freundliche Tonganerinnen helfen Ihnen gerne beim Organisieren Ihres dortigen Aufenthaltes.

Trinkwasser

Das Trinkwasser auf Tongatapu ist gechlort und kann bedenkenlos getrunken werden. Auf den Außeninseln ist es ratsam, nur abgekochtes Wasser zu trinken.

In Tonga herrscht **Linksverkehr**. Es wird nicht schnell, aber oft leichtsinnig und gedankenlos gefahren. Überholen bei Gegenverkehr und Abbiegen ohne zu Blinken sind die Regel. Wenn Sie plötzlich Sirenen hören und ein Motorradkonvoi an Ihnen vorbeirast, müssen Sie an den Straßenrand fahren und den König von Tonga vorbeilassen.

Verkehrsregeln

Die tonganische Währung ist der **Pa'anga** oder tonganische Dollar (T$) und Seniti (cents). Die Noten gibt es in 1, 2, 5, 10, 20 und 50 Pa'anga-Scheinen, die Münzen zu 1, 2, 5, 10, 20, 50 Seniti.
1 T$ entspricht etwa (Stand 1994): 1,30 DM / 9,15 öS / 1,00 sfr.

Währung

12 Stunden vor Deutschland bzw. 11 in der Sommerzeit.

Zeitunterschied

Erlaubt sind 200 Zigaretten, 200 Gramm Tabak, 1 Liter Spirituosen oder 1 Liter Wein.

Zollbestimmungen

Reisen im Lande

Flugzeug   Der Fua'amotu International Flughafen liegt 20 Kilometer von Nuku'alofa entfernt im Südosten der Insel. Das Visitors Bureau hat einen Schalter dort, ebenso Avis. Es gibt eine Wechselstube, allerdings mit wesentlich schlechteren Kursen als in der Stadt und eine Snackbar, aber kein öffentliches Telefon. Sonntags ist der Flughafen geschlossen.

Tonga wird von Air New Zealand, Air Pacific (Fidschi), Samoa Air (American Samoa) und Polynesian Airlines (Western Samoa) angeflogen.

Es gibt keinen öffentlichen Bus in die Stadt. Wenn Sie ein Zimmer im Dateline Hotel oder Pacific Royale gebucht haben, werden Sie vom hoteleigenen Bus abgeholt. Aber auch die meisten anderen Unterkünfte sorgen für Transfer, wenn Sie ein Zimmer reserviert haben. Bei Ankunft von Flügen sind Taxen am Flughafen, die Fahrt in die Stadt kostet T$ 15.

■ **Fluglinien**
★ **Royal Tongan Airlines**, Fatafehi Road, Royco Building, Tel. 23414
★ **Air New Zealand**, Taufa'ahau Road, Tel. 21646
★ **Air Pacific**, Jones Travel, Taufa'ahau Road, Tel. 23423
★ **Polynesian Airlines**, Salote Road, Tel. 21565
★ **Samoa Air**, Tel. 21566

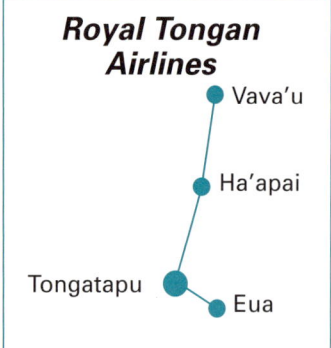

Royal Tongan Airlines

Vava'u

Ha'apai

Tongatapu

Eua

Royal Tongan Airlines ist die einzige lokale und internationale Fluglinie. Mit einer B 737 fliegt sie nach Auckland (Neuseeland) und mit einer B 767 von Polynesian Airlines nach Sydney, Western Samoa, Hawaii und Los Angeles. Mit 19sitzigen Twin Otters werden von Tongatapu die Außeninseln angeflogen.
– Eua täglich, T$ 29
– Ha'pai täglich, T$ 107
– Vava'u mehrmals täglich, T$ 211
– Niuatoputapu wöchentlich, T$ 436
– Niuafo'ou zweiwöchentlich, T$ 490
– Ha'apai Vava'u T$ 105
Jeweils mit Rückflug.

Air New Zealand fliegt von Auckland nach Tonga, Western Samoa und Honolulu (Hawaii).

Air Pacific fliegt mehrmals in der Woche von Fidschi (Suva und Nadi) nach Tonga.
Samoa Air ist die Fluglinie von American Samoa. Sie fliegt von Pago Pago über Apia (Western Samoa) nach Tongatapu.

Zu den Insel-Resorts vor Tongatapu – Fafa, Royal Sunset (Atata) und Pangaimotu – gibt es regelmäßige Bootsver-bindungen. Näheres siehe bei den Unterkünften.
Die Fährverbindungen von Nuku'alofa zu den Außenin-seln sind stark frequentiert. Einen Platz auf Deck werden Sie aber immer bekommen. Sie werden ihn sich mit Ton-ganern und Unmengen Gepäck auf engstem Raum teilen müssen. Nur zu empfehlen, wenn Sie seetüchtig sind und viel Zeit haben. Die Fähren legen an der Faua Wharf und an der Queen Salote Wharf an. Von hier ist es circa 1,5 Kilometer in die Stadt.

Fähre

■ **Ha'apai und Vava'u:**
  Die M.V. Olovaha fährt einmal pro Woche (Dienstag) über Ha'apai nach Vava'u. Die Fahrt nach Ha'apai (Pangai und Ha'afeva) dauert 10, nach Vava'u 20 Stunden. Versu-chen Sie gar nicht erst eine Kabine zu buchen. Auf Deck sind Sie auf jeden Fall besser dran. Die kleinere Fokololo oe Hau fährt die gleiche Strecke.

■ **Eua:**
Die wesentlich kleinere Fähre Ngaluta'ane sieht nicht sehr vertrauenserweckend aus. Sie fährt die Strecke täg-lich außer Sonntag und Montag. Fahrtdauer 2 Stunden.

Für die Fähren gibt es offizielle Fahrpläne (Visitors Bureau). Trotzdem ist es ratsam, sich die Abfahrtszeiten durch einen Anruf bei der Reederei bestätigen zu lassen.
Für beide Fähren: Shipping Corporation of Polynesia, Rail-way Road, Nuku'alofa, Tel. 21 699 und 70128 in Neiafu.

Eines der schönsten Segelreviere der Südsee ist die **Vava'u-Gruppe,** weshalb sich dort die große amerikani-sche Yachtcharter-Gesellschaft The Moorings und die neuseeländische Rainbow Yacht Charters niedergelas-sen haben. Während der Hurrikan-freien Monate von April bis November ankern aber auch Hunderte von pri-vaten Yachten in den Buchten Vava'us. Viele lassen sich für kürzere oder längere Trips durch die tonganische Inselwelt chartern. Nur wenige Yachten legen im Hafen von Nuku'alofa an – aus verständlichen Gründen. Wer

Segelboot

ankert schon gern in einem künstlichen Hafenbecken, wenn die schönsten Südseebuchten nicht weit entfernt sind. Trotzdem lohnt es sich auch hier, nach charterbaren Yachten Ausschau zu halten.

Bus

Das Streckennetz der öffentlichen Busse auf Tongatapu und Vava'u ist gut ausgebaut, nicht ganz so gut ist es auf Eua und Lifuka in der Ha'apai Gruppe. Es gibt keinen Fahrplan und keine Haltestellen. Der Bus stoppt dort, wo Sie ihn aufhalten. Die Busse verkehren nach 16.00 Uhr nur noch vereinzelt. Gezahlt wird beim Aussteigen, passendes Kleingeld ist erforderlich. Der Fahrpreis für den Bus liegt zwischen 40 und 80 Seniti für die weiteste Strecke.

Taxi

Taxifahren in Tonga ist problemlos und billig. Obwohl es keine Taxameter gibt, brauchen Sie keine Befürchtung zu haben, übers Ohr gehauen zu werden, denn die Tarife sind staatlich festgelegt. Die Taxen können an der Straße aufgehalten werden, es gibt aber auch Taxistände und Funktaxen.

Wenn Sie einen längeren Trip oder eine **Sightseeing-Tour** mit dem Taxi vorhaben, suchen Sie sich ein besser aussehendes und vereinbaren Sie den Preis vorher. Wartezeiten werden übrigens nicht berechnet. Die wenigsten Taxifahrer sprechen englisch und mit den Ortskenntnissen ist es auch nicht so weit her.

Leihwagen

Es gibt zwei Autoverleiher in Nuku'alofa und einen auf Vava'u. Die Preise sind angemessen und entsprechen internationalem Standard. Es gibt spezielle Wochenend- und Wochenpreise.

Wichtige Telefon-Nummern

Vorwahl von Deutschland aus: 00676
nach Deutschland: 49
nach Österreich: 43
in die Schweiz: 41
Ambulanz: 933
Polizei: 922

Unterkünfte

So einfach und schmucklos wie die Hauptinsel Tongatapu sind auch ihre Unterkünfte. Selbst das einzige größere Hotel (International Dateline Hotel) verdient dem Standard nach kaum seinen Namen. Die zwei Hotels der Mittelklasse (Pacific Royale und Hotel Nuku'alofa) liegen an der belebten Hauptstraße der Stadt, was für Geschäftsreisen praktisch sein mag, einem Südseeurlaub aber jede Illusion nimmt. Auch von den billigeren Unterkünften der Stadt sind nur wenige empfehlenswert. Einen Strand in Stadtnähe gibt es nicht.

Was also tun? Verzweifeln Sie bitte nicht und lassen Sie sich keinesfalls aufgrund dieser ungeschminkten Schilderung der Verhältnisse von einem Besuch Tongas abhalten. Denn das Gute liegt sehr nahe, schon eine halbe Stunde Bootsfahrt vom Hafen entfernt. Auf einigen vorgelagerten kleinen Koralleninseln, die dem Südsee-Bilderbuch entstammen könnten, finden Sie Strände, die kaum einen Wunsch offenlassen. Eine von ihnen ist Fafa Island Resort. Von hier können Sie jederzeit Tagesausflüge zur Hauptinsel machen. Selbst wenn Sie mit einem Abend- oder Nachtflug ankommen, ist eine Übernachtung auf Tongatapu nicht mehr notwendig, Fafa Island organisiert einen Transfer.

In der nördlichen **Vava'u-Gruppe** gibt es in jeder Preisklasse gute Unterkünfte, die vor allem von der landschaftlichen Kulisse Vava'us und den vielen Ausflugsmöglichkeiten in seine Inselwelt profitieren.

Die vom Visitor Bureau veröffentlichte **Liste der Unterkünfte** ist wesentlich umfangreicher als in diesem Buch. Die von uns ausgelassenen Gästehäuser sind entweder nicht mehr existent, von Dauergästen belegt oder unzumutbar. Alle Preise gelten für zwei Personen, wenn nicht anders angegeben, plus 7,5 % Prozent Steuern.

Zelten ist in Tonga allgemein nicht erlaubt. Die einzigen Ausnahmen auf Tongatapu bilden das Good Samaritan Inn an der Westküste und Sun Island vor Tongatapu.

Aktivitäten

Tonga ist ein verschlafenes Königreich und sprüht nicht gerade über vor touristischen Aktivitäten. Wenn Sie Ihre Inselunterkunft gefunden haben, können Sie getrost abschalten und ausspannen, ohne das Gefühl haben zu müssen, etwas Wichtiges zu verpassen.

Die Sehenswürdigkeiten auf der Hauptinsel Tongatapu haben Sie in zwei bis drei Landausflügen abgehakt. Für den Rest Ihres Aufenthaltes empfehlen wir auf einer der vorgelagerten Inseln oder in der Vava'u-Gruppe Ihr Domizil aufzuschlagen. Ihre Aktivitäten dort spielen sich hauptsächlich auf und im Wasser ab, also Tauchen, Schnorcheln, Segeln und Windsurfen. In Vava'us vielfältiger Inselwelt kommen unbegrenzte Möglichkeiten für Ausflüge hinzu.

Tongatapu

Transport

Flughafen

Fau'amotu International Airport liegt 20 Kilometer von Nuku'alofa entfernt. Näheres siehe unter „Reisen im Lande".

Fähre

Die Fähren von den Außeninseln legen an der neuen Faua Wharf und an der Queen Salote Wharf an. Von hier ist es circa 1,5 Kilometer in die Stadt.

Bus

Die Busse starten am Talamahu Markt an der Salote Road.

Taxi

Taxen innerhalb Nuku'alofas kosten T$ 2. Vom Flughafen nach Nuku'alofa T$ 15. Für eine Rundreise um die Insel müssen Sie mit T$ 50-80 rechnen.

Leihwagen, Motorroller, Fahrrad

Tongatapu ist eine flache Insel mit geringen Entfernungen. Also mühelos mit dem Fahrrad, Moped oder Roller zu entdecken. Außerhalb Nuku'alofas ist wenig Verkehr, Vorsicht ist allerdings geboten wegen umherlaufender Schweine und Ferkel.

Kleinwagen mit unbegrenzter Kilometerzahl ab T$ 47, Motorroller T$ 25 (Avis), Fahrrad T$ 2 pro Stunde oder T$ 10 pro Tag.
★ Budget (Vete Motors), Tel. 23510.
★ Avis (Pacific Royale), Tel. 23344.
★ Der einzige Fahrradverleih Nuku'alofas – Niko's Bike Rentals – ist neben dem Dateline Hotel an der Vuna Road.

Bank und Post

Das Gebäude der Bank of Tonga liegt in der Taufa'ahau Road. Die ANZ hat ihre Zentrale in der Salote Road gegenüber vom Markt. Sie können bei allen Banken DM-Reiseschecks und DM-Noten in Tonga-Dollar wechseln. Auf Master- oder Visa-Card wird ebenfalls Bargeld ausgezahlt. Die Post ist im Gebäude neben der Bank of Tonga.

Unterkünfte

★ Das größte Hotel Tongas ist das regierungseigene **International Dateline Hotel** in Nuku'alofa. Der architektonisch nicht gerade der Südsee angepaßte Betonkomplex wurde Ende der sechziger Jahre für die Gäste der Krönungszeremonie König Taufa'ahau Tupous IV.

gebaut. Er liegt am Hafenkai, nur wenige Gehminuten vom Zentrum Nuku'alofas entfernt. Die Standard- und Deluxe-Zimmer haben vom 1. oder 2. Stock aus einen schönen Blick auf die Bucht Nuku'alofas und die vorgelagerten Inseln. Ansonsten ist das Hotel nur für Geschäftsreisende oder als Zwischenstop vor der Weiterreise zu anderen Inseln zu empfehlen. Der Service fällt weit hinter den Anspruch zurück. Dreimal in der Woche gibt es ein tonganisches Fest mit Show und anschließender Tanzveranstaltung, die ziemlich laut werden kann. Swimmingpool, Snackbar, Restaurant, Bar. Einzelzimmer ab T$ 81, Doppelzimmer ab T$ 94. Tel. 23411.

★ Das zweitgrößte Hotel Tongatapus ist das **Pacific Royale Hotel** im Zentrum Nuku'alofas. Die 60 Zimmer haben auch nicht mehr Charme als die des Dateline Hotels. Es gilt das gleiche: nur für Geschäftsleute und kurzen Aufenthalt. Im ersten Stock befindet sich ein Café. Swimmingpool, Restaurant, Bar. Einzelzimmer ab T$ 58/79, Doppelzimmer ab T$ 68/91, Tel. 23344.

★ Gleich gegenüber liegt das **Hotel Nuku'alofa**, das der Sanft-Familie gehört und vom deutschen Schwiegersohn und seiner tonganischen Frau geführt wird. Aber auch hier läßt die Lage keine Urlaubsstimmung aufkommen. Nur für kurzen Aufenthalt. Restaurant, Bar. Einzelzimmer T$ 53, Doppelzimmer T$ 69, Tel. 24244.

★ Das **Friendly Islander Hotel** liegt 3 km von Nuku'alofa entfernt, jedoch ebenfalls nicht am Strand. Es wird von Papiloa Foliaki geführt, einer politisch sehr engagierten Tonganerin. Die Zimmer sind einfach, haben aber Kochgelegenheit. Die Anlage wurde um einige nette Bungalows erweitert, die allerdings ohne Kochgelegenheit sind. Swimmingpool, Restaurant, Bar mit Tanzveranstaltungen am Wochenende bis 4 Uhr morgens. Günstige Wochen- und Monatsmiete. Doppelzimmer mit Küche T$ 60, Bungalow T$ 75, Tel. 23810.

★ **Angeles Motel** liegt an der Wellington Road, nur wenige Minuten vom Zentrum entfernt. Das Hotel wurde renoviert, die 12 Zimmer sind sauber mit Bad und Gemeinschaftsküche. Preis/Leistungsverhältnis stimmt. Einzelzimmer T$ 20, Doppelzimmer T$ 30, Tel. 23930.

★ Auch an der Vuna Road, aber etwas weiter Richtung Hafen ist das **Beach House**. Das weiße alte Kolonialhaus hat 8 einfache Zimmer mit Gemeinschaftsduschen und eine schöne schattige Veranda ringsherum. Zum Zeitpunkt der Recherche stand noch nicht fest, ob das Haus abgerissen wird. Einzelzimmer T$ 15, Doppelzimmer T$ 25, Frühstück inklusive, Tel. 21060.

Außerhalb Nuku'alofas

★ **Kahana Lagoon Resort** an der Fanga Kakau Lagoon im Süden Nuku'alofas liegt 5 km vom Zentrum entfernt. Ein Teil der 11 Bungalows hat Küche. Die Bungalows liegen am Wasser, die trübe Lagune lädt jedoch nicht gerade zum Baden ein. Restaurant, Bar. Doppelzimmer T$ 80, Bungalows ab T$ 120, inklusive Frühstück, Tel. 21144.

★ **Ha'atafu Beach Motel** hat sich auf Surfer spezialisiert. Das Motel liegt an der äußersten Spitze Tongatapus, 1 km vom Dorf Ha'atafu entfernt. Die 6 Bungalows sind einfach und sauber mit Gemeinschaftsduschen. Weißer Sandstrand. Bungalow T$ 110 Halbpension für zwei Personen, Tel. 41088.

★ Das **Good Samaritan Inn** liegt an der Westküste in Kolovai, 18 km von Nuku'alofa entfernt. Die Anlage ist zwar direkt am Meer, der Strand allerdings felsig und rauh. Es gibt drei verschiedene Arten von Unterkünften, die alle sauber sind: in einfachen Fales (Bungalows) mit Gemeinschaftsdusche, Fales mit eigenem Bad und Fales mit 2 Schlafräumen, Bad und kompletter Küche. Der Blick vom Restaurant aufs Meer ist sehr hübsch, besonders zum Sonnenuntergang. Freundliche Atmosphäre. Bustransfer von Nuku'alofa und vom Flughafen zum Resort . Restaurant, Bar. Einfache Fales T$ 20, mit Bad T$ 30 (inklusive Frühstück), mit Küche T$ 40. Günstige Wochenmieten. Tel. 41022.

★ Wenn Sie vorhaben, länger in Tonga zu bleiben, und in ein preiswerteres Appartement oder Haus ziehen wollen, können Sie sich an die House Rental Agency in Nuku'alofa Tel. 22011 oder 23092 wenden.

Insel-Resorts

★ Das **Royal Sunset Island Resort** auf der Insel Atata, 10 km von Nuku'alofa entfernt, ist das größte der drei

Insel-Resorts. Die 25 modernen Bungalows stehen alle am Strand, haben zwei Zimmer und Platz für vier Personen und eine kleine Kochgelegenheit. Schöner weißer Sandstrand. Auf der Insel ist auch ein tonganisches Dorf mit rund 200 Einwohnern. Im Preis inbegriffen ist Windsurfen, Segeln, Schnorchelausrüstung und Gras-Tennis. Hochseefischen und Wasserski sind möglich, es gibt einen Swimmingpool, Restaurant und Bar. Sonnabends tonganische Tanzshow. Wegen des Pools gut für Familien mit Kindern geeignet. Bungalow T$ 99, Tel. 21254.

★ Unsere Empfehlung aber ist **Fafa Island Resort** auf einer kleinen Insel 4 km von Nuku'alofa entfernt. Zwei deutsche Paare haben sich hier einen Traum erfüllt und das kleine Resort Anfang der 80er Jahre eröffnet. Rainer Urtel führt jetzt das Resort. Die Unterkünfte sind solide gebaute tonganische Fales im traditionellen Stil, der leider in Tonga nicht mehr gepflegt wird. In den luftigen, hohen Holzbauten fühlen Sie sich sofort wohl und schlafen sehr romantisch unter einem Moskitonetz. Alle Fales haben Dusche und Toilette, bei denjenigen am Strand duschen Sie inmitten eines tropischen Gartens. Die neueren Fales sind mit Solarstrom und solarer Wasserheizung ausgerüstet. Wassersparend und umweltgerecht ist auch die Verwendung von Salzwasser für die Toilettenspülung. Die Standard-Fales wurden ebenfalls von Grund auf renoviert. Die Strand-Fales haben eine Terrasse zum Strand mit Hängematte im Baum – ideal für einen erholsamen Südseeurlaub.

Die ganze Anlage ist liebevoll gepflegt mit einem schönen weißen Sandstrand rund um die Insel. Das Essen ist ausgezeichnet und einer der Höhepunkte des Tagesablaufs. Im Preis inbegriffen sind Schnorchelausrüstung und Surfski; Hobiecat-Segeln und Windsurfen kosten extra. Kaffee und Tee sind frei. Das Boot pendelt zweimal täglich nach Nuku'alofa (Hotelgäste bezahlen nur für den ersten Trip), so daß Sie bequem tagsüber Tongatapu besichtigen können und mittags oder abends wieder auf der Insel sind. Aber nach ein paar Tagen Inselleben haben Sie bald die Hauptinsel am südlichen Horizont vergessen. Auch wenn Sie nachts ankommen, wird der Transfer vom Flughafen zum Resort organisiert. Es kann auch mit Euroscheck bezahlt werden. Montags tonganische Tanzshow. Restaurant, Bar. Standard-Fale T$ 70, Superior-Fale T$ 130, Halbpension T$ 45, Vollpension T$ 55, Tel. 22800.

★ **Pangaimotu Island Resort** liegt nur 15 Bootsminuten von Nuku'alofa entfernt und wird deshalb sonntags sehr gerne von Tonganern als Picknick-Insel besucht. Direkt vor dem Restaurant ragt der verrostete Rumpf eines bei einem Hurrikan gestrandeten Schiffes aus dem Wasser. Regelmäßiger Bootstransfer von Faua Jetty aus. Die 7 Fales sind sehr einfach, aber sauber; Restaurant, Bar. T$ 60, Halbpension T$ 25 pro Person, Tel. 22588.

Restaurants und Snackbars

Das **Seaview Restaurant** in der Vuna Road ist in deutscher Hand und genießt einen guten Ruf. Ein junger Koch aus Paderborn hat mit seiner Frau das Restaurant 1994 übernommen. Nachmittags gibt es Kaffee und Kuchen, abends hauptsächlich Fischgerichte. Knusprige Pizzas und Salat zu jeder Tageszeit gibt es im **Italian Restaurant** im Fasi-moe-Afi Guest House neben dem Visitor Bureau. Bei einem kühlen Bier treffen sich hier Tonganer und Touristen gleichermaßen. Gute chinesische Gerichte gibt es im **Fakalato Restaurant** an der Wellington Road. Einer der ungewöhnlichsten Orte für ein Restaurant ist das **Japanese Restaurant** in der katholischen Basilika an der Taufa'ahau Road. Mittags gibt es preiswerte Gerichte; auch abends geöffnet. In **Wanda's Coffee Bar** im Erdgeschoß des Pacific Royale Hotel gibt es kühle Erfrischungen und kleine Snacks. John's Place and Snack Bar an der Taufa'ahau Road mitten in der Stadt hat tonganische, asiatische und europäische Snacks bis Mitternacht.

Außerhalb Nuku'alofas

Wenn Sie nicht auf **Fafa Island** wohnen, sollten Sie auf jeden Fall zum Abendessen hinfahren, das dortige Restaurant ist den Ausflug wert. Ein täglich wechselndes Menü bietet Gerichte aus aller Welt, vor allem immer frischen Fisch. Das Boot verläßt Faua Jetty gegen 17.30 Uhr und bringt Sie um 21.30 Uhr wieder nach Tongatapu zurück. Am besten vorher anrufen. Tel. 22800. Auch die 16 km Autofahrt zum Restaurant **Good Samaritan Inn** an der Südwestküste Tongatapus lohnen sich auf jeden Fall, und wenn es nur wegen des Sonnenunterganges ist. Es ist das einzige Restaurant Tongatapus, in dem Sie direkt am Wasser sitzen können. Die Gerichte sind nach tonganischer Art sehr üppig, ein Foto zeigt den König beim Verspeisen eines wahrhaft royalen Hummers.

Tip

Das beste Restaurant Tongas ist für uns das **Sunrise Taloa Restaurant** an der Vuna Road, 800 m hinterm Königspalast. In der Küche waltet Friedl Pott. Sein Motto lautet: Hier kocht der gute Pott. Auch die königliche Familie pflegt hier öfter zu speisen. Internationale Küche, gute Fischgerichte (preiswerten Hummer jederzeit), sehr schönes Ambiente.

Nachtleben

Tonganische **Tanzshows** mit Abendessen finden jeweils mittwochs und sonnabends im **Dateline Hotel** statt, auf **Fafa Island** montags (Bootstransfer von Nuku'alofa), im **Tongan National Center** dienstags und donnerstags (Bustransfer von jedem Hotel). Der **Ambassador Nightclub** etwas außerhalb Nuku'alofas hinter dem National Center bietet von Mittwoch bis Samstag Live-Musik in gepflegter Atmosphäre. Nach 18 Uhr trifft sich die tonganische Geschäftswelt zu einem kühlen Bier an der schattigen Gartenbar von **Davina's,** gegenüber der Faua Jetty. Lockere Atmosphäre, am Wochenende wird hier bis weit nach Mitternacht gezecht. Etwas bodenständiger sind das Waterfront und die **Wharfside Bar** an der Vuna Road gegenüber der Queen Salote Wharf mit Live-Musik am Wochenende.

Aktivitäten

Die einzigen annehmbaren Strände Tongatapus sind der Oholei Beach im Osten der Insel und der Ha'atafu Beach an der Westspitze. Zu beiden Orten fährt ein Bus, doch ist Ha'atafu Beach leichter zu erreichen. Sehr schöne Strände sind auf den vorgelagerten Inseln Fafa, Atata (Royal Sunset), Pangaimotu und Sun Island. Tägliche Pendelboote dorthin ab Faua Jetty.

Strände

■ Tonga National Center

Zu Lande

Ein Besuch des Tonga National Centers kurz hinter Nuku'alofa, an der Straße Richtung Flughafen, vertieft Ihren Einblick in die tonganische Kultur. In traditionellen Fales (Häusern) demonstrieren Tonganer Handwerk und Kunsthandwerk des Landes. Sie können dabei zusehen, wie Tapa hergestellt, Kanus geschnitzt, Matten und Körbe geflochten werden. Mittags haben Sie Gelegenheit, tonganische Gerichte aus dem Erdofen (Umu) kennenzulernen. Die Führung durch die Fales beginnt täglich um 14.00 Uhr und endet mit einer Tanzvorführung gegen 16.00 Uhr. Dienstag und Donnerstag gibt es tonganisches Büffett mit anschließender Tanzshow. Transfer von jedem Hotel in Nuku'alofa.

■ Inselrundfahrten

Wenn Sie die Inselrundfahrt nicht selbst machen möchten, bieten örtliche Veranstalter Halbtages- (Ost- oder

416 Tonga

Westteil) oder Tagestouren (beides) an. Die Osttour geht zum Ha'amonga Trilithon, zu den Terrassengräbern, Captain Cooks Landeplatz und zu den Anahulu-Höhlen. Der Westtrip beinhaltet das Sia'atoutai Theological College, Kolovai mit den Fledermäusen, Blowholes und Landeplatz der ersten Missionare. Bei beiden Touren ist die Besichtigung der Königsgräber, des Königspalastes (nur von außen) und des Tonga National Centers mit dabei. Die Rundfahrt wird von verschiedenen Unternehmen angeboten.
★ Tevita Paea Enterprises, Tel. 21103

■ Vogelpark
Brehms Vogelpark (Brehm Fund South Sea Expedition) liegt zwischen Flughafen und Nuku'alofa bei dem Dorf Veitongo an der Liku Road. Er wurde von dem deutschen Ornithologen Dr. Dieter Rinke 1990 gegründet. Der Eintritt ist kostenlos, Spenden sind willkommen.

Zu Wasser

■ Tagestrip Fafa Island
Von Tongatapu aus können Sie täglich einen Tagestrip nach Fafa Island zum Schnorcheln und Schwimmen am weißen Sandstrand dieser Insel unternehmen. Das Boot startet jeden Tag um 11 Uhr ab Anlegestelle an der Faua Wharf und kehrt um 17 Uhr nach Nuku'alofa zurück. Voranmeldung ist nicht notwendig.

■ Tagestrip nach Royal Sunset Resort
Sonntags veranstaltet das Royal Sunset Resort ein Barbecue Essen. Das Boot holt Sie um 10 Uhr an der Faua Jetty ab und bringt Sie nachmittags wieder zurück, Tel. 21254.

■ Tagestrip Malinoa Island
Wann immer dieser Ausflug angeboten wird, fahren Sie mit. Malinoa ist eine kleine Trauminsel, etwa 20 Kilometer nördlich der Hauptinsel mit einem Traumstrand und dem besten Schnorchelgebiet Tongatapus und der Umgebung. Die M.V. Hakula macht diesen Ausflug regelmäßig, Anmeldung direkt am Boot an der Faua Jetty.

■ Tauchen
★ Beluga Scuba Diving and Watersports, Tel. 23576, PADI-Lehrgang mit deutschsprachigem Lehrmaterial. (Schnupperkurs 1 Tag auf Fafa Island
★ Coral Head Diving, Bob Holcombe, Tel. 22176, PADI Lehrgang, Unterwasser-Fotoausrüstung.

Tip

Waltraud Quick lebt seit einigen Jahren in Tonga. Mit ihrem Sohn zusammen zeigt sie Ihnen die Stadt und die Insel, holt Sie vom Flughafen ab, organisiert Übernachtung, Bootstouren, Flüge zu den Außeninseln, Kurzum alles, was zu einem Urlaub in Tonga gehört. In deutscher Sprache. Quick Tours, Tel. 23586.

Vava'u

Transport

Der kleine Flugplatz Vava'us liegt 11 Kilometer von Neiafu entfernt. Es gibt keinen öffentlichen Bus dorthin, aber
der weiße Bus des Paradise Hotels nimmt Sie für ein paar
Pa'anga mit in die Stadt. Sie können sich auch ein Taxi
nehmen. Wenn Sie im voraus ein Zimmer gebucht
haben, wird von den Unterkünften in der Regel der
Transport organisiert.

Flugplatz

Die Anlegestelle für alle Schiffe und Boote ist mitten in
Neiafu.

Fähre

Die Busse starten alle in Neiafu am Markt.

Bus

Der einzige Taxistand ist in Neiafu, gegenüber vom
Markt.

Taxi

★ Liviela Rental, Tel. 70240.
★ Chanel Scouts Bikes in Neiafu, Tel. 70187 (Fahrräder).

**Leihwagen,
Fahrrad**

Die Bank of Tonga hat eine Zweigstelle in der Ortsmitte
von Neiafu und wechselt auch DM-Reiseschecks ein.
Wenn sie geschlossen ist, können Sie im Paradise Hotel
auch Geld wechseln.
Die Post ist gegenüber der Bank, gleich hinter dem Poli-
zeigebäude. Von hier aus können Sie auch international
telefonieren.

Bank und Post

Unterkünfte

★ **The Tongan** ist das einzige Beach Resort Vava'us. Es
liegt auf der Insel 'Utungake und ist auf dem Landweg
sowie mit dem Wassertaxi (15 Minuten) von Neiafu aus
zu erreichen. Es gehört Dieter Dyck aus Deutschland und
seiner tonganischen Frau Senikau. Die 12 Zimmer liegen
am kleinen weißen Sandstrand an der Einfahrt zum
Hafen mit Blick auf das gegenüberliegende Dorf
Tu'anuku und den Sonnenuntergang. Ein schönes
Schnorchelrevier liegt rechts vor dem Restaurant. Die
Zimmer des Tongan Beach Resort sind zwar einfacher als
die des Paradise Hotel, haben aber den Vorteil der
Strandlage. Vorbuchung unbedingt erforderlich, Mindestaufenthalt 3 Tage. Bei Buchung wird der Transfer vom

Flugplatz zum Resort organisiert. Bootstrips, Kajak, Hochseefischen, Segelcharter und eigene Tauchbasis. Restaurant, Bar. Einzelzimmer US$ 75, Doppelzimmer US$ 80, Vollpension US$ 40, Tel. 70380.

★ Das **Paradise Hotel**, 1,5 km von Neiafu entfernt, steht hoch über dem Port of Refuge und bietet einen grandiosen Blick auf den Port of Refuge. Es ist sehr gepflegt, die Zimmer sind amerikanisch-großzügig und sehr sauber. Nehmen Sie auf jeden Fall ein Zimmer mit Blick auf den Hafen. In der Segelsaison von April bis November liegen unzählige Yachten in der geschützten Bucht. Das einzige Manko dieses Hotels: Es ist für Vava'u zu groß und deshalb meistens leer und ohne jede Atmosphäre. Bootsausflüge, Tauchtrips, Inselrundfahrten können organisiert werden. Live-Musik am Wochenende, großer Swimmingpool, Restaurant, Bar. Einfache Zimmer (nur kaltes Wasser) T$ 37, Gartenblick T$ 75, Hafenblick T$ 90. Tel. 70211.

★ Vom **Hill Top Guesthouse** haben Sie einen sehr schönen Blick auf den Port of Refuge und den alten Hafen von Neiafu. Es liegt, wie der Name schon sagt, auf einem Hügel, 5 Gehminuten von Neiafu enfernt. Die Zimmer sind einfach und sauber, mit Gemeinschaftsdusche und -küche, aber jedes Zimmer hat eine eigene Kochausstattung. Moskitonetz auf Wunsch. Bei Buchung wird Transfer vom Flugplatz organisiert, ebenso Bootstrips und Inselrundfahrten (auch sonntags). Der Besitzer, Hans Schmeisser aus Österreich, lebt seit Jahren auf Vava'u und hat jede Menge Tips parat. Eigenes Segelboot für Tagestouren. Fahrradverleih. Vorausbuchung notwendig. Schlafsaal T$ 7, Standardzimmer ohne Blick T$ 15, mit Blick ab T$ 20, Appartement mit Blick, Bad und Küche für 4 Personen T$ 35, günstigere Wochen- und Monatsmiete. Tel. 70209.

★ Das **Vava'u Guesthouse** liegt gleich gegenüber vom Paradise Hotel, was bedeutet, daß die Gäste die Annehmlichkeiten des Hotels, zum Beispiel den Pool – gegen eine kleine Gebühr – mitbenutzen können. Die Zimmer sind sehr einfach und sauber, das Abendessen im Restaurant beliebt und preiswert. Einzelzimmer mit Gemeinschaftsdusche T$ 7,50, Doppelzimmer T$ 11, Fale einzeln T$ 15 und zu zweit T$ 20. Renovierte Fales T$ 28 pro Person. Günstige Wochen- und Monatstarife. Tel. 70300.

Restaurants und Snackbars

Im Restaurant des **Vava'u Guesthouse** gibt es Sonntag abends ein tonganisches Essen aus dem Erdofen und auch sonst ein gutes und preiswertes Frühstück und Abendessen für jedermann. Das **Bounty Restaurant** gegenüber vom Visitor Bureau ist von vormittags bis spät abends geöffnet. Gute Snacks, kühle Drinks, schöner Blick und nette Atmosphäre. Hier treffen sich auch die Yachties aus aller Welt. Das Restaurant des **Paradise Hotels** und das **Ocean Breeze Restaurant** oberhalb des Old Harbour bieten internationale Küche an. Von den Snackbars in Neiafu ist **Double Dolphin** nicht nur wegen des hübschen Blicks auf den Hafen empfehlenswert.

Nachtleben

Der **Vava'u Club** ist zwar offiziell nur Mitgliedern vorbehalten, doch sind Gäste jederzeit willkommen. Bei einem Glas Bier, das hier am billigsten ist, können Sie einen sehr schönen Blick auf die Bucht genießen. Zur Zeit ist jedoch die neue **Bounty Bar** „in". Freitag und Sonnabend spielt eine Band im Paradise Hotel. Ebenso im Garden Bay Village am alten Hafen, allerdings geht es dort etwas rauher zu.

Aktivitäten

In Neiafu und am Paradise Hotel selbst gibt es keine Strände. Auf den vorgelagerten Inseln dafür mehr, als Sie in einem Urlaub erkunden können. Der nächstgelegene ist am Tongan Beach Resort, die meisten organisierten Bootstouren gehen leider nur nach Nuku Island. Am besten Sie chartern mit mehreren Personen zusammen ein Boot und lassen sich zur Insel Ihrer Wahl bringen.

Strände

Es gibt nur eine offizielle organisierte Inseltour. Sie dauert einen ganzen Tag mit Besichtigung einer Vanille- und Kava-Plantage und Schwimmen am Strand inklusive Picknick. Mindestens 3 Personen. Soanes Scenic Tours, Tel. 70211.

Zu Lande

Sonnabends findet jeweils abwechselnd entweder am Lisa Beach, am Ano Beach oder im Toula Village ein tonganisches Fest statt mit einheimischem Essen aus dem

Erdofen, tonganischen Tänzen und Musik. Vorher besteht Gelegenheit zum Baden und Schnorcheln. Den Ausflug können Sie über Ihre Unterkunft buchen oder über Paradise Hotel, Tel. 70211.

Zu Wasser

■ **Segel- und Bootstouren**
Die Segel-Charterunternehmen Moorings und Moorings Rainbow haben auf Vava'u einen Stützpunkt im Port of Refuge (Moorings Rainbow im Paradise Hotel). Sie vermieten komfortable Yachten ab einer Woche. Das Revier ist leicht zu navigieren und bietet unzählige Ankerplätze in malerischen Buchten und an einsamen Sandstränden. Die Boote sind voll ausgestattet und können mit oder ohne Skipper gechartert werden, die größeren auch mit kompletter Mannschaft einschließlich Koch. Komplette Segelurlaube mit Moorings in Vava'u können schon von Europa aus gebucht werden.
★ The Moorings, Tel. 70016
★ Moorings Rainbow, Tel. 70262

Eine Handvoll kleiner Unternehmen bietet **Bootstouren** zu den vorgelagerten Inseln an. Meistens ist es Nuku Island, wo Sie den Tag am Strand verbringen und gegen Abend wieder abgeholt werden. Wann immer Sie aber eine Gruppe von mindestens vier Personen bilden, können Sie für das gleiche Geld auch ein Boot chartern und die Route selbst bestimmen. The Moorings bietet zum Beispiel außerhalb der Hochsaison Segelboote mit Skipper für Tagestouren für US$ 150 für das ganze Boot an. Es ist zwar nicht günstiger, als die anderen Touren. Sie können aber die Routen und Strände selbst bestimmen.
★ Orion Charters, Trimaran am Paradise Hotel
★ Hook Up Vava'u, Jim McMahon, Tel. 70045
★ Soki's Boat Trips ab Neiafu, über jede Unterkunft zu buchen.

■ **Jetboot, Hobiecat, Surfen**
Vava'u Water Sports, geleitet von dem gebürtigen Österreicher Peter Goldstern, bietet mehrere Wassersport-Aktivitäten an. Für Bootsausflüge steht ein Jetboot zur Verfügung, das von einem 270-PS-Motor und einer Wasserdüse angetrieben wird. Diese neuseeländische Erfindung macht das Boot extrem wendig und erlaubt es auch in niedrigen Gewässern zu fahren. Peter fährt Sie damit an Strände und in Lagunen, die sonst kein Boot erreicht. Vava'u Water Sports vermietet auch einen Hobiecat-Segelkatamaran und Windsurfboards. Tel. 70193.

■ **Tauchen**
Die Tauchgründe Vava'us haben sehr klares Wasser mit Sichtweiten über 30 Metern, die Wassertemperatur beträgt das ganze Jahr über um die 25°C. Die Unterwasserlandschaft ist vielfältig, mit Höhlen und Kavernen, Steilhängen und vielen weichen und harten Korallenarten; die Tierwelt ist mannigfaltig und nahezu unberührt. Die wichtigsten Unterwasserattraktionen sind
– Mariners Cave: Unterwasserhöhle mit zwei Eingängen;
– Sea Fans: knallgelbe Korallenwälder,
– Clown Fish Heaven: eine Unmenge von Clownfischen, die in Hunderten von Seeanemonen leben;
– Clan McWilliam: 140 m langes Schiffwrack, gesunken 1927 im Neiafu Harbour;
– Buckelwale suchen jeden Winter mit ihren Jungen die Gewässer von Vava'u auf.
★ Vava'u Water Sports, Neiafu, Peter P. Goldstern, Tel. 70193/70541, PADI-Tauchkurs, vier Tage mit Zertifikat, in deutscher Sprache.
★ Dolphin Pacific Diving, Patty Vogan im Tongan Beach Resort, NAUI/PADI-Lehrgänge, Tel. 70507

■ **Kajak**
Die Kanadier Doug und Sharon Spence veranstalten Kajak-Fahrten, Tages- oder Mehrtagestouren mit Übernachtung auf den Inseln. Mit und ohne Führung, auch für Ungeübte. Der 2-Tagestrip geht zum Beispiel nach Tapana Island mit Übernachtung dort. Friendly Island Kajak Company hat ihre Basis beim Tongan Beach Resort, Tel. 70380.

Ein einzigartiges Erlebnis verspricht Peter Goldsterns Ausflug mit einem Wasserflugzeug nach Tofua Island, einer Vulkaninsel mit noch tätigem Vulkan. Der Tagestrip sieht so aus: Start früh am Morgen, entweder in Ha'apai oder Vava'u, nach einer Stunde Flug Landung im 4 km langen Kratersee. Mit Faltbooten paddeln Sie ans Ufer, steigen auf zum Vulkan (300 m hoch), genießen die schöne Aussicht und werfen einen Blick in den Krater des noch tätigen Vulkans. Nach dem Abstieg wird am Seeufer ein Picknick zubereitet und ausgeruht. Peter Goldstern will diese Tour auch mit Übernachtung in einem fest installierten Zelt am Seeufer durchführen. Sie müssen unbedingt feste Schuhe mitnehmen. Je nach Gewicht können bis zu drei Personen mitfliegen und sich die T$ 575 Charterkosten teilen. Peter Goldstern ist Österreicher, Tel. 70507.

In der Luft

Eua

Transport

Flugplatz   Der Flugplatz liegt 2 km von Pangai entfernt. Der Flug von Tongatapu dauert 7 Minuten.

Fähre   Nafanua Wharf liegt bei 'Ohonua, 3 km nördlich von Pangai. Die Überfahrt ist in der Regel ziemlich rauh und dauert 3-4 Stunden.

Bus   Ein öffentlicher Bus verkehrt zwischen 'Ohonua und Ha'atu'a im Süden.

Taxi   Es gibt keine Taxen auf Eua

Leihwagen   Das Fungafonua Hotel hat einen Jeep zu vermieten. Es ist ratsam, diesen im voraus zu buchen.

Unterkünfte

Es gibt zwei Pensionen auf Eua, die beide ziemlich renovierungsbedürftig sind. Die Zimmer sind sehr einfach, erwarten Sie nicht zuviel. Die etwas komfortablere ist das **Fungafonua Motel** in Pangai. Auf Wunsch Frühstück und Abendessen. Einzelzimmer T$ 15, Doppelzimmer T$ 25. Tel. 50077. Im **Haukinima Guesthouse** in Futu, ein Kilometer weiter nach Süden, zahlen Sie für das Einzelzimmer T$ 12, für das Doppelzimmer T$ 17. Tel. 50088.

Aktivitäten

Das Fungafonua Hotel organisiert Besichtigungsfahrten zu verschiedenen Punkten der Insel. Ansonsten gibt es weder zu Wasser noch zu Lande organisierte Touren. Eua ist eher eine Insel für Wandervögel, die ihren Tagesablauf selbst bestimmen.

Strände   Eua hat keine besonders schönen Strände. Der passabelste ist Ha'aluma Beach im Süden der Insel. Tufuvai Beach ist circa 2 km von den beiden Pensionen entfernt und mühelos zu Fuß zu erreichen. Schwimmen kann gefährlich werden wegen der Strömungen. Der beliebteste Picknick-Strand ist Ufilei Beach, 20 Gehminuten von Nafanua Wharf entfernt..

Ha'apai

Transport

Der Flugplatz liegt 5 km nördlich von Pangai. Transfer zu Ihrer Unterkunft wird bei Buchung organisiert. In der Regel warten auch Taxen bei der Ankunft. — **Flugplatz**

Taufa'ahau Jetty ist in Pangai. — **Fähre**

Ein Bus verkehrt zwischen Hihifo im Süden Lifukas und Faleloa im Norden von Foa Island. — **Bus**

Taxen gibt es in Pangai — **Taxi**

Fifita Guest House in Pangai hat Autos zu verleihen und fast jede Pension verleiht Fahrräder. — **Leihwagen, Fahrrad**

Die Bank of Tonga hat eine Zweigstelle in Pangai an der Hauptstraße. Die Post ist ein Stück weiter südlich im gleichen Gebäude wie Royal Tongan Airlines. Telefonieren können Sie vom Telecom Office, in der kleinen Straße hinter dem Visitors Bureau. — **Bank und Post**

Unterkünfte

★ Das Niu'Akalo Beach Hotel ist die beste Unterkunft Ha'apais. Die kleine Anlage mit 16 Zimmern liegt zwischen Pangai und Holopeka am Strand. Es gibt Zimmer mit und ohne Bad. Freundliche Atmosphäre. Bei Buchung wird Transfer vom Flugplatz organisiert. Fahrradverleih, Schnorchelausrüstung, Restaurant, Bar, Zelten möglich. Einzelzimmer T$ 16,50, Doppelzimmer ab T$ 22,50, Vollpension T$ 15, Tel. 60028.

★ Das Fonongava'inga Guesthouse liegt an der Palasi Road, im Zentrum von Pangai. Die Zimmer sind einfach und sauber, mit Gemeinschaftsdusche- und küche. Freundliche Atmosphäre. Fahrradverleih, Schnorchelausrüstung. Einzelzimmer T$ 7, Doppelzimmer T$ 14, Vollpension T$ 12, Tel. 60038.

★ Am schönsten Strand Ha'apais auf der Insel Foa wird das Sandy Beach Resort mit 20 Bungalows gebaut. Es gehört den früheren Besitzern des Seaview Restaurants in Nuku'alofa und soll 1995 in Betrieb genommen werden.

Aktivitäten

Ha'apai ist nichts für Aktivurlauber. Es werden keinerlei organisierte Aktivitäten angeboten. Lassen Sie sich treiben vom tonganischen Way of life und bringen sie viel Zeit mit. Ha'apai hat viele schöne Strände zu bieten, die sie mühelos zu Fuß erreichen können. Der nächstgelegene Strand liegt circa 1 km von Pangai entfernt.

Western Samoa

Reisehilfen von A-Z

Ärztliche Versorgung

Das Apia National Hospital liegt im Stadtteil Motootua, drei Autominuten vom Stadtzentrum entfernt. Es gibt auch einen deutschen Arzt hier, Dr. Thieme, der eine Privatpraxis in Savalalo betreibt.
- ★ **Ambulanz**, Tel. 21212.
- ★ **Dr. Thieme**, Tel. 21011.
- ★ Zahnarzt: **Dr. Osako**, Tel. 21011.

Banken

In Western Samoa gibt es zwei Banken mit Hauptsitz in Apia und Zweigstellen auf Savai'i: die Bank of Western Samoa und die Pacific Commercial Bank. Die Bank of Western Samoa ist besser auf alle Devisengeschäfte mit Touristen eingestellt, DM-Reiseschecks können im ersten Stock eingelöst werden, ebenso Bargeld auf Kreditkarte.

Deutsche Vertretung

Es gibt in Apia einen deutschstämmigen Honorarkonsul namens W. A. Keil. Er spricht zwar kein Deutsch, ist aber hilfsbereit und bewandert in allen geschäftlichen Angelegenheiten Samoas.
Die Adresse lautet:
Consul of the Federal Republic of Germany, William A. Keil, Beach Road, P. O. Box 189, Apia/Western Samoa, Tel. 22695.

Einkaufstips

Im Vergleich zu Tonga und Fidschi ist das Angebot an Souvenirs in Samoa eher klein. Hauptsächlich gibt es geschnitzte Kavaschalen, deren Form schöner ist als die fidschianischen, Matten, Körbe und geflochtene Taschen in den Geschäften an der Beach Road oder am Markt. Bunte Lavalavas (Wickeltücher) gibt es an den Verkaufsständen an der Beach Road.

Frische tropische Früchte und Gemüse gibt es am Markt, der für sich eine Sehenswürdigkeit ist. Der Fischmarkt ist links vom Gemüsemarkt am Wasser. Dort gibt es bereits ab 4 Uhr morgens preiswerten frischen Fisch, hauptsächlich Thunfisch und Hummer.

Handeln ist nicht üblich in Western Samoa.

Einreise

Kein Visum ist notwendig für einen Aufenthalt bis zu 30 Tagen. Die Aufenthaltserlaubnis wird bei Einreise erteilt.

Ein gültiger Pass und Rück- oder Weiterflugticket sind Voraussetzung dafür. Eine Verlängerung des Aufenthaltes muß beim Department of Immigration beantragt werden (an der Beach Road), wird aber in der Regel ohne Schwierigkeiten erteilt.

Feiertage, Feste

Erste Juni-Woche – **Independence-Day**:
Das Unabhängigskeitsfest (Samoas größtes Fest) dauert drei Tage, an denen alles auf den Beinen ist. Abgesehen von Tänzen und Gesängen am Platz vor dem Parlament auf der Halbinsel Mulinu'u finden Pferderennen, Ruderwettkämpfe mit den traditionellen Langbooten (Fautasi Race) im Hafenbecken von Apia, Blaskapellen-Wettbewerbe und vieles mehr statt. Die meisten Geschäfte sind während dieser Zeit geschlossen.

Ende Oktober/Anfang November – **Palolo Day**:
Bei einer bestimmten Mondphase kommen Millionen von spaghetti-förmigen Würmern (Palolo) an die Meeresoberfläche, um sich zu paaren. Sie gelten als Delikatesse bei den Samoanern. Das Ereignis wird mit Musik und Picknick bereits am Abend vorher eingeleitet, bis dann im Morgengrauen die Würmer auftauchen und sie die Samoaner mit Laternen und Handnetzen einfangen.

Fotografieren

Grundsätzlich haben Samoaner nichts dagegen, wenn sie oder ihr Dorf fotografiert werden. Es ist jedoch angebracht, vorher um Erlaubnis zu fragen. In dem Fotoshop im ersten Stock des Gebäudes rechts neben Morris Hedstrom können Sie Ihre Negativfilme entwickeln lassen und Filme kaufen. Allerdings sind Filme, besonders Dia-Filme, extrem teuer wegen des hohen Zolls.

Flughafen-gebühr

Beim Abflug von Samoa sind am Flughafen 22 Tala Departure Tax pro Person fällig. Denken Sie also daran, eine entsprechende Summe Bargeld aufzuheben.

Führerschein

Der deutsche oder internationale Führerschein ist ausreichend. Gegen Vorlage Ihres Führerscheins und einer Gebühr von 10 Tala und zwei Paßfotos erhalten Sie auch den samoanischen Führerschein.

Kreditkarten

Kreditkarten und Reiseschecks werden in den größeren Hotels, Restaurants und Leihwagen-Unternehmen angenommen. Bargeld auf Visa-Karten bekommen Sie bei der Bank of Western Samoa im ersten Stock und auf Mastercard bei der Pacific Commercial Bank.

Landkarten, Bücher

Das Western Samoa Visitor Bureau hat neue Karten der beiden Inseln: eine schwarzweiße „Western Samoa Tourist Map Guide" und die farbige „Mapping the Pacific: Western Samoa", die auch in den Buchläden in Apia erhältlch ist. Topographische Landkarten für einzelne Sektionen gibt es beim Department of Lands, Surveys and Environment in Apia an der Beach Road.

Die Auswahl an Büchern über Samoa oder Taschenbüchern ist sehr begrenzt. Abgesehen vom Educational Bookshop an der Ecke Vaea/Vaitele Street hat der Wesley Bookshop an der Beach Road, der Souvenirladen von Aggie Grey's und des Hotels Tusitala eine Auswahl.

Post und Telefon

Das neue Post Office steht neben der Bank of Western Samoa. Briefe von und nach Deutschland sind circa zwei bis drei Wochen unterwegs. Für Briefmarkensammler gibt es das Philatelic Bureau im gleichen Gebäude.

Das Telegraphenamt ist im vorderen Teil des Gebäudes: von hier aus können Sie internationale Telefongespräche führen, ein Fax, Telex oder Telegramm abschicken. Tagsüber herrscht allerdings reger Andrang, da dies eine der wenigen öffentlichen Fernsprechmöglichkeiten ist und viele Samoaner von hier aus ihre Verwandten in Neuseeland, Australien oder den USA anrufen.

Wenn Sie sich Post nachsenden lassen wollen geben sie das General Post Office, Poste restante, Apia/Western Samoa als Adresse an. Der Schalter für postlagernde Sendungen ist im hinteren Teil des Gebäudes, bei den Schließfächern.

Presse

In Western Samoa erscheinen zwei englischsprachige Zeitungen: der „Samoan Observer" und die „Samoan Times". Der „Observer" erscheint fünfmal wöchentlich, die „Times" zweimal wöchentlich. Eine begrenzte Auswahl an ausländischen Zeitungen und Zeitschriften sind in den beiden großen Hotels in Apia erhältlich.

Sicherheit

Einer samoanischen Unsitte läßt sich leider nicht beikommen: Bei Fahrten in entlegene Gegenden kommt es immer wieder vor, daß Kinder das Auto der „Papalagi" mit Steinen bewerfen. Da mögen die Eltern noch so betroffen sein und ihre Kinder zur Ordnung rufen – es bleibt die Frage, wer ihnen diese generelle Abneigung gegen die „Weißen" beigebracht hat.

Englisch und Samoanisch.

Sprache

Die Stromspannung in Western Samoa beträgt 240 Volt
und 50 Hz. Hier werden die gleichen Dreipol-Stecker verwendet wie in Australien und Neuseeland.

Stromspannung

Das Leitungswasser in Apia ist sauber, kann aber nach
größeren Regenfällen verschmutzt sein und sollte dann
sicherheitshalber nur abgekocht genossen werden. Dies
gilt besonders in den Dörfern.

Das Western Samoa Visitors Bureau ist in einem traditio-
nellen Fale mitten in Apia, auf der Seeseite der Beach
Road, gegenüber der Kathedrale untergebracht. Dort
erhalten Sie Informationen über Unterkünfte und Touren,
Prospektmaterial, Karten, Auskunft über Busse und
Fähren. Sehr nützlich ist die Broschüre „Tarifs & Visitor
Information" über Unterkünfte und allgemeine Infor-
mationen über Western Samoa, die jedes Jahr überar-
beitet wird. Western Samoa Visitors Bureau, Beach Road,
P. O. Box 2272, Apia/Western Samoa, Tel. 20878/20180,
Fax 20886.

**Touristen-
Information
Trinkwasser**

In Western Samoa herrscht **Rechtsverkehr**. Es wird sehr
langsam und streßfrei gefahren. Die Straßen im Landesinneren sind nicht geteert und nach heftigen Regenfällen oft schwer passierbar.

Verkehrsregeln

In Western Samoa bezahlt man mit dem **Tala**, entlehnt
vom altdeutschen Taler. Im Bankverkehr spricht man
jedoch vom **Western Samoan Dollar**, abgekürzt WS$.
1 Tala hat 100 Sene. Es gibt Münzen zu 1, 2, 5, 10, 20 und 50
Sene sowie 1 Tala. Noten gibt es zu 2, 5, 10 und 20 Tala.
Der Tala wird nur in Ländern der Region, einschließlich
Neuseeland und Australien, gehandelt, nicht jedoch
international. Bei Ausreise sollten also auf jeden Fall restliche Tala in härtere Währung umgetauscht werden.
1 WS$ entspricht etwa (Stand 1994): 0,70 DM / 5 öS / 1,45 sfr.

Währung

Samoa ist der Weltzeit GMT um 11 Stunden hinterher,
gegenüber Deutschland 12 Stunden, in der Sommerzeit
11 Stunden.

Zeitunterschied

An Samoa vorbei läuft die internationale Datumsgrenze
(180. Meridian). Wenn Sie von der Westseite her anreisen, also zum Beispiel von Fidschi, Tonga, Neuseeland
oder Australien aus, gewinnen Sie einen Tag, den Sie bei

der Rückreise aber wieder verlieren. Beispiel: Sie starten in Neuseeland am 25.12., kommen drei Stunden später in Samoa an, jedoch einen Tag früher, am 24. Dezember. Viele Exil-Samoaner nutzen diesen Datumswechsel, um zuerst zu Hause in Neuseeland Weihnachten zu feiern, dann noch einmal mit dem Rest der Verwandtschaft in Samoa.

**Zollbestim-
mungen**

Der Import von Tieren, Pflanzen und offenen Lebensmitteln ist verboten; ebenso Waffen, Munition, Drogen und Pornographie.
Folgende Artikel können zollfrei eingeführt werden: 200 Zigaretten oder 250 Gramm Tabak oder Zigarren, 1 Liter Spirituosen oder 2 Liter Wein oder Bier.

Reisen im Lande

Flugzeug

Der Flughafen Faleolo International Airport liegt im Westen der Insel Upolu, 37 Kilometer oder 45 Autominuten von Apia entfernt. Alle internationalen Flüge kommen hier an. Western Samoa wird von Air New Zealand und Air Pacific angeflogen sowie von der landeseigenen Polynesian Airlines. Samoa Air bedient lokale und regionale Routen.

Vor dem Flughafengebäude warten Taxen und der Flughafenbus (P & F. Schuster Tours, Tel. 23014), der Sie zu jeder gewünschten Unterkunft in Apia bringt, auch mitten in der Nacht. Die Fahrt mit dem Bus kostet WS$ 7, mit dem Taxi WS$ 30.

**Wichtige
Telefon-
Nummern**

Vorwahl von
Deutschland aus:
00685
Nach Deutschland:
049
Österreich: 043
Schweiz: 041
Notruf 999
Ambulanz 21212
Feuer 20404
Polizei 22222
Krankenhaus21212

Zwei Banken haben Schalter am Flughafen.
Die Bank of Western Samoa ist täglich von 8-18 Uhr und bei internationalen Flügen auch nachts geöffnet. Die Pacific Commercial Bank nur dienstags und donnerstags von 8.00 – 15.00 Uhr.
Die Post am Flughafen ist geöffnet von Montag bis Freitag von 9.00 – 15.oo Uhr.

Der lokale Flughafen Fagalii Airport liegt etwas außerhalb Apias. Der Weg dorthin ist nicht ausgeschildert, weshalb er schwer zu finden ist. Wir empfehlen Ihnen mit dem Taxi dorthin zu fahren. Von hier fliegt Polynesian Airlines mehrmals täglich nach Savai'i zum Maota Airstrip im Südwesten der Insel und Samoa Air nach American Samoa.

■ Internationale Fluglinien:
★ **Polynesian Airlines**, Beach Road, Tel. 21261.
★ **Air New Zealand**, Beach Road, Tel. 20825.
★ **Air Pacific**, Beach Road, Tel. 22693.
★ **Samoa Air**, Mt. Vaea Road, Tel. 22901.

Polynesian Airlines ist die samoanische internationale Fluglinie mit zwei B737 und einer B767. Die Gesellschaft fliegt folgende Ziele an: Sydney und Brisbane in Australien, Auckland in Neuseeland, Fidschi, Niue, Hawaii, Los Angeles, Tonga, Cook-Inseln, Tahiti und American Samoa. Mit einer 19sitzigen Twin Otter und einer Norman Britton Islander werden Savai'i und American Samoa angeflogen (Streckenkarte S. 305).
Air New Zealand fliegt von Auckland (Neuseeland), Nuku'alofa (Tonga) und Honolulu (Hawaii) aus Western Samoa an.
Air Pacific hat drei Flüge in der Woche von Fidschi (Suva und Nadi) nach Western Samoa für WS$ 688.
Samoa Air ist die lokale Fluglinie von American Samoa. Sie fliegt mit 19sitzigen Twin Otter mehrmals täglich von Pago Pago nach Western Samoa und zweimal in der Woche über Apia nach Tonga (Rückflug WS$ 837).

■ **Nach Savai'i**
Mehrmals täglich fliegt Polynesian Airlines nach Savai'i. Der Rückflug von Fagalii Airport bei Apia nach Maoto Flugplatz auf Savai'i kostet WS$ 60 und dauert 20 Minuten.

■ **Nach American Samoa**
Täglich fliegen Polynesian Airlines und Samoa Air von Fagalii Airport bei Apia bzw. Faleolo nach Pago Pago auf Tutuila in American Samoa. Der Rückflug kostet WS$ 153, von dort weiter nach Manu'a US$ 74 (Samoa Air).

■ **Nach Savai'i:** Drei- bis viermal täglich fahren die M.V. **Fähre**
Tausala oder Lady Samao II von der Mulifanua Wharf an der Westseite Upolus nach Salelologa auf Savai'i. Die Fahrtzeit beträgt je nach Seegang ein bis eineinhalb Stunden. Die Busse zur Fähre fahren am Markt in Apia ab und haben die Aufschrift: Apolima, Manono, Mulifanua. Mulifanua Wharf (Upolu) - Salelologa (Savai'i) WS$ 6,60

■ **Nach American Samoa:** Einmal in der Woche mittwochs fährt das Fährschiff Queen Salamasina von Apia nach Pago Pago. Die Überfahrt dauert acht Stunden und ist für weniger Seetaugliche kein Vergnügen. Der Trip von Apia nach Pago Pago kostet einfach WS$ 30.

Buchung über Western Samoa Shipping Corporation an der Beach Road, gegenüber vom Hafen, Tel. 20935.
Da sich die Fahrpläne häufig ändern, bitte vorher dort anrufen.

Segelboot

Western Samoa gehört mangels geschützter Buchten und Ankerplätze nicht zu den von Seglern bevorzugten Zielen. Die einzige Ausnahme bildet die natürliche Hafenbucht von Asau im Nordwesten von Savai'i. Während der hurrikanfreien Monate von April bis November besteht hier noch am ehesten die Möglichkeit, eine Yacht zu chartern oder einen Mitfahrplatz zu ergattern.

Bus

Busfahren in Samoa ist ein Erlebnis und die beste Art, Land und Leute kennenzulernen. Die buntbemalten Busse Samoas gehören zum unverwechselbaren Bild des Landes. Keiner gleicht dem anderen, jeder trägt in Farbdesign und Beschriftung die individuelle Handschrift seines Besitzers, der meist identisch mit dem Fahrer ist. Die Busse bestehen aus dem Standard-Chassis japanischer Lastwagen, auf das eine lokal gefertigte hölzerne Fahrgastzelle gebaut ist. Sie sind mit Holzbänken ausgestattet, die Fenster haben keine Scheiben, bei Regen werden lediglich Planen heruntergelassen. Jeder Busfahrer setzt seinen ganzen Ehrgeiz und Stolz in die Leistungsstärke seiner Stereoanlage. Die Ankunft eines samoanischen Busses ist oft schon von weitem hörbar an der Popmusik, mit der nicht nur die Fahrgäste, sondern durch die offenen Fenster auch ein beträchtliches Umfeld beschallt werden.

Das Streckennetz der Busse ist gut ausgebaut. Es gibt kaum eine Straße auf den beiden großen Inseln, die nicht von Bussen befahren wird. Wenn Sie während des Tages fahren und nicht zu den Stoßzeiten, können Sie so eine beschauliche Fahrt übers Land erleben. Auf jeden Fall werden Sie das Tagesgespräch der Mitfahrenden sein. Auch wenn die Busse voll sind, werden Sie als Fremder dank samoanischer Höflichkeit immer einen Sitzplatz bekommen.

Das Fahrtziel steht vorne auf dem Bus. Es gibt keine Haltestellen und keine Fahrpläne. Die Busse halten, wo immer Fahrgäste zu- oder aussteigen wollen. Gezahlt wird beim Fahrer, wenn Sie aussteigen. Nach 17 Uhr fahren die Busse nur noch selten, Sonnabend nachmitag und sonntags verkehren sie nicht. Sollten Sie einen Trip in weiter entfernte Inselregionen planen, wie Aleipata auf Upolu oder Asau auf Savai'i, empfehlen wir, möglichst früh am Morgen abzufahren und sich beim Fahrer nach dem letzten Bus zurück zu erkundigen. Die Fahrpreise für die Busse beginnen bei 50 Seni und können sich bis maximal WS$ 4 steigern für die weiteste Strecke.

Taxi

Taxis gibt es reichlich, viele haben jedoch kein Taxischild auf dem Dach, sondern sind nur an dem „T" vor der Autonummer zu erkennen. Taxameter gibt es nicht. Für Stadtfahrten oder bestimmte Sightseeing-Touren gibt es feste Preise, die Sie im Visitor Bureau oder im Hotel erfragen können. Wir empfehlen auf jeden Fall den Preis vor der Fahrt mit dem Fahrer festzulegen.

Leihwagen

In Samoa wird, vor allem nach deutschen Maßstäben, aufreizend langsam und betont defensiv gefahren. Es herrscht Rechtsverkehr, in der Stadt sollten Sie 40 km/h, außerhalb 60 km/h nicht überschreiten. Tankstellen sind, außer in Apia, nur sehr dünn gesät. Vor Antritt einer Fahrt sollten Sie auf jeden Fall noch einmal volltanken und gegebenenfalls nach Tankstellen entlang der geplanten Strecke fragen. Sollten Sie mit einem Fahrrad, Moped oder Motorrad fahren wollen, die es auch zu leihen gibt, müssen Sie besonders auf streunende Hunde aufpassen, die gern Vorbeifahrende anfallen und beißen.

Tip

Fahren Sie vorsichtig und vermeiden Sie, umherlaufende Haustiere wie Schweine und Hühner zu überfahren. Wenn es dochl passiert, ist es besser, den Unfall möglichst schnell bei der nächsten Polizeistation zu melden als mit den Dorfbewohnern zu streiten, deren geballter Zorn gefährlich werden kann. Wenn Sie ein Fahrzeug mieten, könnte von Ihnen verlangt werden, Ihren Reisepaß als Sicherheit zu hinterlegen. Darauf sollten Sie auf keinen Fall eingehen, sondern lieber eine Kaution hinterlegen, die in der Regel eine Tagesmiete beträgt. Eine Kreditkarte wird als Sicherheit nicht akzeptiert. Wenn Sie einen Mietwagen mit auf die Insel Savai'i nehmen wollen, brauchen Sie das Einverständnis des Autoverleihers, da sonst für Ihr Auto keine Versicherung besteht. Sie können jedoch auch auf Savai'i einen Wagen mieten.

Wenn Sie in Samoa ein Dorf besuchen oder gar dort wohnen wollen, beachten Sie bitte die Verhaltensregeln der **Village-Etikette,** wie sie im Kapitel über die samoanische Kultur beschrieben wurden.

Straßen- und Strandgebühren

Wenn Sie Samoa auf eigene Faust erkunden, werden Sie unweigerlich mit der Forderung von Gebühren für bestimmte Straßenabschnitte oder für den Zutritt zu Stränden konfrontiert. Da 80 Prozent allen Landes in Samoa im Gemeinschaftsbesitz von Dörfern ist, betrachten es deren Bewohner als ihr gutes Recht, auf diese Weise ihren kleinen Anteil am Tourismus einzufordern. Auch wenn dies unserem Verständnis von freiem Zugang zu öffentlichem Grund zuwiderläuft, hat es keinen Zweck, mit Samoanern darüber zu streiten. Es ist die paar Dollar nicht wert, und Sie werden mit Ihren Argumenten ohnehin auf kein Verständnis stoßen. Meist sind es ein bis zwei samoanische Tala, die pro Person verlangt werden. Bei Autos wird meist eine Pauschale bis zu zehn Tala erhoben, ungeachtet der Zahl der Insassen. Sie finden sich besser damit ab und halten bei jeder Landpartie eine Handvoll Kleingeld bereit, da in den Dörfern nie genug Geld kursiert, um auf Geldscheine über 10 Tala herauszugeben. Eine Unsitte, der Sie nicht nachgeben sollten, ist die Forderung nach Geld für das Fotografieren von Häusern oder Personen. In diesem Fall ist der Verzicht auf ein Foto die bessere Reaktion.

Unterkünfte

Die meisten Besucher Samoas sind nicht darauf vorbereitet, daß es kaum Hotels an Stränden gibt. Die Hotels mit internationalem Standard sind fast ausschließlich in der Hauptstadt Apia. Erst seit kurzem gibt es an der Südküste Upolus ein Beach Resort. Die beiden großen Hotels in Apia veranstalten jedoch für ihre Gäste Tagesausflüge zu den schönsten Stränden der Insel an der Süd- und Ostküste.

Aktivitäten

Den Samoanern ist ihre Ruhe heilig, weshalb sie bisher jede Entwicklung hektischer touristischer Aktivitäten erfolgreich verhindern konnten. Erwarten Sie sich also nicht zuviel, was Wassersport und andere Betätigungen betrifft. Die Inseln, ihre malerischen Dörfer und Landschaften, eignen sich eher für Landausflüge und Fotosafaris, die Sie auf eigene Faust per Mietwagen oder organisiert unternehmen können. Kultur und ihre Achtung wird großgeschrieben. Als Gast, der sich dem geruhsamen Fa'a Samoa anzupassen versteht, sind Sie hochwillkommen, als energiegeladener Aktivtourist eher ein lästiger Störfaktor.

Upolu

Transport

Faleolo International Airport liegt 35 Kilometer von der Hauptstadt Apia entfernt. Der lokale Flughafen Fagalii Airport liegt 5 Minuten außerhalb Apias. Von hier starten alle Flüge nach Savai'i von Polynesian Airlines. Da der Weg zum Flughafen nicht beschildert ist, empfiehlt es sich, mit einem Taxi dorthin zu fahren. Näheres siehe unter „Reisen im Lande". **Flughafen**

Siehe Reisen im Lande. **Fähre**

Alle Busse mit Zielen rund um die Insel starten hinter dem Markt. Wenn Sie in einem Tag nach Aleipata und zurück wollen, ist es ratsam bereits sehr früh am Morgen loszufahren, Sie müssen dann in Lotofaga umsteigen. Drei- bis viermal täglich geht auch ein Bus nach Coconut Beach Club (Aufschrift Maninoa, Siumu). **Bus**

Es gibt mehrere Taxistände in Apia, die auch telefonisch erreichbar sind. Abends dürfte es etwas schwieriger sein, ein Taxi zu bekommen. Eine Taxifahrt innerhalb Apias kostet WS$ 2, von Faleolo Airport nach Apia WS$ 30. **Taxi**

Jeep (meistens Suzuki 4WD Samurai) ab WS$ 100, pro Tag, günstige Wochenraten werden von allen Verleihern angeboten, Motorrad WS$ 55 pro Tag. Die meisten Verleiher verlangen eine Kaution (Bond), die nach Rückgabe des Fahrzeuges wieder ausbezahlt wird. Lassen Sie sich aber nicht überreden, Ihren Paß zu hinterlegen. **Leihwagen, Motorroller, Fahrrad**
★ Funway Rentals hat gute Autos und zuverlässigen Service. Besitzer Sunny wirbt mit dem Slogan: „Für diejenigen, die es hassen, Geld zu verschwenden." Tel. 22045.
★ Apia Rentals, Tel. 24244
★ Billie's Car Rentals, Tel. 25363
★ Budget, Tel. 20561
★ G & J Rentals, Tel. 21078
★ Hibiscus Rentals, Tel. 24342
★ Le Car, Tel. 22754
★ Mt. Vaea Rental, Tel. 20620
★ P & K Filo Car Rentals, Tel. 23031
★ Pavitt's U-Drive, Tel. 21766
★ Rentway Rentals, Tel. 22468
★ Teuila Rentals, Tel. 20284
★ Tulei's Bike Rental, Tel. 24145 (Motorroller, Motorrad)

Zwei Banken haben ihre Hauptstellen an der Beach Road in Apia. Für Geldtausch und Kreditkartenservice ist jedoch nur die Bank of Western Samoa empfehlenswert. Gegenüber liegt das Hauptpost- und Telegrafenamt.

Unterkünfte

Die meisten Unterkünfte Upolus, einschließlich der zwei internationalen Hotels (Aggie Grey's und Kitano Tusitala), sind in der Hauptstadt Apia, die keine nennenswerten Strände in ihrer Umgebung hat. Daneben gibt es noch ein gutes Mittelklassehotel (Le Godinet), eine kleine Bungalowanlage und eine Reihe von Pensionen.

★ Das beste Hotel Apias und ganz Western Samoas ist ohne Zweifel **Aggie Grey`s Hotel**. Die Hotelanlage ist mit 156 Zimmern bzw. Fales die größte in Western Samoa. Die älteren Bungalows im Innenhof sind sehr dicht aneinandergebaut, die Zimmer im Neubau an der Frontseite sin am besten ausgestattet, haben jeweils einen Fernseher und einen sehr schönen Blick zum Hafen oder ins Gebirge. Nach alter Tradition ist in jedem Zimmer ein ausklappbares Bügelbrett mit Bügeleisen installiert. Das Le Tamarina-Restaurant hat gehobenen Standard. Mittwochabends gibt es ein sehenswertes samoanisches Fest mit Büffet und anschließenden samoanischen Tänzen und Gesängen (Fiafia). Der hauseigene Reiseveranstalter bietet täglich Touren um die Insel, auf Dörfer und zu schönen Stränden an. Sogar ein deutschsprachiger Reisebegleiter ist möglich. Swimmingpool, Restaurants, Bar. Standard-Zimmer US$ 85, Fales US$ 105, Zimmer im Neubau US$ 120. Tel. 22880.

★ Das **Hotel Kitano** Tusitala beeindruckt durch seine Bauweise. Rezeption, Restaurants und Bars sind jeweils in riesigen samoanischen Fales untergebracht. Die Zimmer haben internationalen Standard und wurden nach dem Verkauf an einen japanischen Konzern renoviert. Donnerstags samonaisches Büffet und Tanzshow. Tennis, Swimmingpool, Restaurant, Bar. Einzel- und Doppelzimmer ab US$ 80 Tel. 21122.

★ Der Name des **Motel Insel Fehmarn** geht auf den deutschen Urgroßvater des heutigen Besitzers Fritz J. Kruse zurück, der von dieser Insel stammt. Es besticht nicht gerade durch individuelle Architektur, erfüllt aber seinen

Zweck. Die 54 Zimmer, alle mit Küche, Kühlschrank, Fernseher und Balkon, sind gepflegt und sauber. Die Zimmer in den oberen zwei Stockwerken haben einen sehr schönen Blick auf Apia. Das Hotel liegt an der Cross Island Road, etwas oberhalb Apias. Tennisplatz, Swimmingpool, Restaurant, Bar. US$ 75, Tel. 23301.

★ Die **Vaiala Beach Cottage**s liegen 2 km außerhalb Apias am Wasser, allerdings ohne Strand. Sieben Fales in einer Gartenanlage, alle komplett eingerichtet mit Küche und Kühlschrank. Für zwei Personen US$ 75, Tel. 22202.

★ **Le Godinet Beachfront Hotel** hält nicht ganz, was der Name verspricht. Es liegt zwar am Wasser auf der Halbinsel Mulinu'u, aber weit und breit ist kein Strand. Die Zimmer sind einfach und sauber. Restaurant, Bar. Einzelzimmer US$ 40, Doppelzimmer US$ 50, Tel. 25437.

★ Etwas außerhalb Apias, in Alafua nahe der Universität, steht das neue **South Sea Star Hotel**. Gepflegte und ruhige Anlage. Einfache, saubere Zimmer mit Gemeinschaftsduschen, zur Zeit sehr beliebt bei Rucksacktouristen, nette Atmosphäre, Shuttle-Bus nach Apia, Restaurant. Einzelzimmer US$ 30, Doppelzimmer US$ 40. Günstige Wochenpreise, Tel. 21667.

★ **Valentine Parker´s Accommodation** an der Fugalei Street, die von der West Coast Road direkt zum Markt führt, ist die einzige Unterkunft dieser Preisklasse in Apia, die mit gutem Gewissen zu empfehlen ist. Die Zimmer sind einfach, aber sehr freundlich und sauber. Dusche, Toilette und Küche werden gemeinsam genutzt. Einzelzimmer WS$ 20, Doppelzimmer WS$ 25, Tel. 22158.

★ **Seaside Inn** am Hafen (Tel. 22578), sowie **Olivia Yandall`s** (Tel. 23465) und **Betty Moor's** (Tel. 21085) an der Ausfallstraße nach Osten sind sehr einfache Unterkünfte, für deren Sauberkeit wir unsere Hand nicht ins Feuer legen.

Außerhalb Apias

★ **Coconut Beach Club & Resort** liegt an der Südküste Upolus, 10 km von Apia entfernt beim Dorf Maninoa. Restaurant und Bar stehen am weißen Strand und sind auch einen Tagesausflug wert. Das Resort gehört dem

*Coconut Beach
Resort*

Tip

Der flexible Eigen-
tumsbegriff der
Samoaner kann in
dieser Region
etwas streßig wer-
den. Wiederholt
gibt es Klagen über
Diebstähle, sobald
Sie Ihrem Fale den
Rücken zu wenden
oder schwimmen
gehen. Deshalb
empfehlen wir, nur
das Allernötigste
mitzunehmen und
den Rest des
Gepäcks in Apia zu
lassen.

kalifornischen Ehepaar Jennifer
und Barry Rose aus Beverly Hills,
die es zusammen mit einem weiteren Partner, dem Koch Mika leiten.
Jennifer und Barry waren vielbe-
schäftigte Anwälte in Beverly Hills,
bevor sie den Ausstieg in die Südsee wagten. Küche und Bar werden
von Andy aus Deutschland geleitet.
Es gibt drei Zimmerkategorien:
Standard ohne Blick, im Dschungel;
Deluxe in zweigeschossigen
Gebäuden, ebenfalls im Dschungel,
aber mit Meeresblick vom oberen
Stockwerk und großen Bädern; schließlich die Beach-
Bungalows am eigenen Strand mit Terrasse und Freiluft-
Bädern. Die Polynesische Tanzshow am Sonnabend ist
sehr sehenswert. Auf Wunsch organisiert Jennifer auch
einen Aufenthalt in einer samoanischen Familie im Nach-
bardorf Maninoa. Shuttle-Busservice von und nach Apia
auf Wunsch, Inseltouren, Autoverleih, Wassersport aller
Art, Tauchbasis im Resort. Standardzimmer US$ 95,
Deluxe ab US$ 125, Bungalows US$ 195, Tel. 24849.

★ Etwas abgelegen und vielleicht deshalb etwas verwaist
ist das **Samoan Village Resort**, am äußersten Ende Upolus, gegenüber von der Insel Manono, 4 km vom Flughafen entfernt. Die Fales sind luxuriös mit Kochgelegenheit
und stehen am oder über dem Wasser. Der Strand ist
allerdings etwas dürftig. Windsurfen, Swimmingpool,
Bar. Fales US$ 75, Tel. 20749.

★ Im Südosten der Insel, bei Vavau, stehen die **Vavau
Beach Fales**, direkt am weißen Strand. Es sind sechs
komplett eingerichtete samoanische Häuser mit Küche,
die von den Einwohnern des Dorfes verwaltet werden.
US$ 75. Buchung über Janes Tours in Apia, Tel. 20954.

★ Absolut einfach, dafür aber an den schönsten Stränden
Samoas, sind die **Beachfales** im Distrikt Aleipata. Dies
sind samoanische Hütten, nach allen Seiten offen, mit
Palm-Dächern ohne Strom. Dusche und Toilette sind
meist in der Nähe, Moskitonetz, Kissen und Matratze gibt
es auf Wunsch. Verpflegung wird meist von den Besitzern der Fales mitangeboten. Einige Dörfer haben auch
kleine Läden. Der Bus zum Aleipata Distrikt startet in Apia
am Markt. Auf der Strecke zwischen Vavau und Laloma-

nu haben Sie unzählige solcher Fales zur Auswahl. Die Preise für die Fales variieren zwischen WS$ 10 und 20 pro Person, mit Verpflegung WS$ 30.

★ Eine der spektakulärsten Buchten Upolus ist **Aufaga Beach** mit zwei kleinen schwarzen Lavainseln davor. Auf der einen steht das malerische weiße Kuppelgrab eines hohen Matais, auf der anderen ein Gäste-Fale, das nur bei Ebbe zu erreichen ist. In der schattigen weißen Sandbucht sind weitere halbgeschlossene Fales und Picknickbänke. Die ganze Anlage wirkt sehr gepflegt. Pro Person WS$ 15, für Verpflegung (Frühstück und Abendessen) WS$ 11. **Sinalela Beach** nebenan bietet ähnliche Fales und den gleichen Blick.

Restaurants und Snackbars

Das beste Restaurants Western Samoas hat unserer Meinung nach der **Coconut Beach Club**. Es lohnt sich sogar, bereits morgens dorthin zu fahren und alle drei Mahlzeiten dort einzunehmen, den Strand zu nutzen und abends wieder nach Apia zurückzufahren. Auf jeden Fall ist es einen Ausflug wert, besonders auch sonnabends wegen der Tanzshow.

Abgesehen von den Restaurants der großen Hotels, hat Apia noch einige weitere gute Speiselokale aufzuweisen. Das **Apia Inn** im ersten Stock des John William's Buildings wird von Christa und Stefan Szegedi geführt und hat einen deutschen Koch. Das Restaurant des kleinen Hotels **Le Godinet** auf der Halbinsel Mulinu'u bietet internationale und samoanische Gerichte zu maßvollen Preisen und in nettem Ambiete. Spezialität sind Hummergerichte und Seafood-Spaghetti. **Das Waterfront** an der Beach Road zwischen Aggie Grey's und Hafen empfiehlt sich durch eine täglich wechselnde Speisekarte mit Fischgerichten und samoanischen Spezialitäten, hat aber in letzter Zeit etwas nachgelassen. In allen diesen Restaurants gibt es fast immer auch Hummer zu Preisen, die nirgendwo sonst im Pazifik billiger sind. Von den chinesischen Restaurants ist der **Treasure Garden** an der Vaea Street besuchenswert.

Außerdem gibt es in Apia noch eine ganze Reihe recht annehmbarer Snackbars und Cafés. Hervorzuheben wäre das gepflegte **Coffee 'n Things** in einer engen Seiten-

Tip:

Was Sie nicht versäumen dürfen: Island Night mit Büffet und samoanischen Tänzen im Aggie Grey's, Kitano Tusitala Hotel oder Coconut Beach Club.

straße der Beach Road zwischen Clock Tower und Markt. Hier gibt es den besten Kaffee Apias mit leckeren Sandwiches und hausgemachten Kuchen. **Skippy's Restaurant** in einer Passage mitten in der Stadt serviert einfache, gute Schnellgerichte. Auch wenn es von außen wenig vertrauenserweckend aussieht, ist **Wong Kee's Restaurant** hinter Otto's Reef empfehlenswert. Herzhaftes Frühstück gibts in **Daphne's Coffee Shop** im Erdgeschoß des Apia Inn. **Giodano's Pizzeria** in Motootua, gegenüber vom Motel Insel Fehmarn hat auch tagsüber knusprige Pizzas und Spaghetti-Gerichte zum Mitnehmen. Empfehlenswert ist das **Gourmet Seafood Restaurant** im hinteren Teil der Bank of Western Samoa gegenüber der Post. Sauberes Restaurant und gute Fischgerichte. Sonntags sind alle Restaurants in Samoa geschlossen, mit Ausnahme die der drei großen Hotels, Aggie Grey's, Kitano Tusitala und Coconut Beach Club.

Nachtleben

Jeden Mittwoch abend findet in **Aggie Grey's Hotel** eine **samoanische Fiafia** statt mit traditionellen Tänzen und einem üppigen Büffet samoanischer Speisen. Sie können sich die Show aber auch ohne Büffet von der Bar aus anschauen. Das **Tusitala Hotel** veranstaltet seine Fiafia am Donnerstag, ebenfalls mit Tänzen und Büffet und der **Coconut Beach Club** am Sonnabend eine polynesische Tanzshow. Freitag abend gibt es um 22 Uhr eine samoanische Tanzshow in **Margrey Ta's Beergarden**, neben dem Waterfront Restaurant am Hafen. Die meisten Bars, wie **Otto's Reef** und **Don't Drink the Water** an der Beach Road, in den Hotels, das Beachcomber auf Mulinu'u und das Lalaga an der Fugalei Street, haben am Spätnachmittag eine Happy Hour mit reduzierten Getränkepreisen.

Livemusik und Tanz gibt es am Freitag und Samstag im **Beachcomber**, dem **RSA** an der Beach Road, dem **Lalaga** an der Fugalei Street und dem **Mt. Vaea Nightclub** an der Vaitele Street am Fuße des Mt. Vaea. Der Mt. Vaea Nightclub hat bis in die frühen Morgenstunden geöffnet und bildet üblicherweise die Endstation des Nachtlebens von Apia. In allen diesen Lokalen kann es zu später Stunde etwas rauh werden. Schneller Kontakt zu beiderlei Geschlecht, manchmal überraschenderweise auch zu einem dritten, ist absolut garantiert. Daß in Samoa auch die Mädchen zum Tanz auffordern, wird vor allem gehemmte Junggesellen erfreuen. Weiße Mädchen werden gerne aufgefordert, egal ob sie in Begleitung sind. Das kann Probleme geben. Wenn Sie nicht die Absicht haben, mit den Betreffenden zu tanzen, tanzen Sie am besten den ganzen Abend nicht mehr. Samoaner neigen stark zur Eifersucht und zu vorgerückter Stunde kann das in Streitereien enden.

Aktivitäten

Die Strände Upolus liegen leider weit von den Hotels in Apia entfernt an der Südküste und im Osten. Die beiden großen Hotels und einige örtliche Veranstalter organisieren Ausflüge dorthin. Da alle Strände Gemeinschaftsbesitz des jeweiligen Dorfes sind, erheben die Einwohner eine Benutzungsgebühr von ein bis zwei Dollar pro Person oder eine etwas höhere Pauschale pro Auto (Erklärung siehe unter „Reisen im Lande").

Strände

Die meisten Strände der Südküste sind über die asphaltierte Cross Island Road von Apia aus in weniger als einer Stunde erreichbar. Sie liegen sowohl westlich als auch östlich des Dorfes Siumu, wo die Cross Island Road auf die südliche Küstenstraße stößt.

Der von Apia aus nächstgelegene Strand ist westlich von Siumu am Coconut Beach Club bei dem Dorf Maninoa. Ein Stück weiter westlich liegt der Mulivai Beach am ehemaligen Hideaway Hotel, das seit Jahren geschlossen ist. Sehr viel schöner sind jedoch die Strände bei **Salamumu** und **Matautu** im Distrikt Lefaga weiter westlich. Letzterer diente als Kulisse für den 1951 gedrehten Film „Return to Paradise" mit Gary Cooper.

Östlich von Siumu liegen zunächst der **Sa'aga** und der **Aganoa** Beach, zwei schöne schwarze Sandstrände, die auch zum Schnorcheln und Tauchen gut geeignet sind. Aganoa Beach ist nur mit einem Jeep zu erreichen. **Tafatafa Beach** weiter im Osten hat wieder weißen Sand sowie einige Picknick-Fales und Grillplätze für Ausflügler.

Die schönsten Strände **Samoas** liegen am Ostkap im Distrikt **Aleipata**. Sie müssen jeweils anderthalb Stunden für Hin- und Rückfahrt rechnen, was sich nur im Rahmen einer Tagestour lohnt (siehe Inselrundfahrt Ost). Entlang der Strände sind überall offene Picknickfales, in denen

Sie auch übernachten können (siehe auch unter Unterkünfte). An Sonntagen ist Baden hier nicht erlaubt.
Alle Strände können Sie mit dem Bus oder Mietwagen
erreichen. Oft liegen sie aber einige Kilometer von der
Straße entfernt, die Zufahrten sind teilweise schlecht
oder gar nicht markiert. Unter den Abschnitten „Inselrundfahrt West und Ost" ist der jeweilige Zugang genauer beschrieben.

Zu Lande   Die meisten Sehenswürdigkeiten Upolus können Sie mit
einem Mietwagen, am besten einem Jeep, problemlos
selbst erkunden. In Apia gibt es aber auch eine Reihe von
Reisebüros, die täglich Touren um und durch Upolu
anbieten, teilweise sogar mit deutschsprachiger Führung
(Samoa Scenic Tours, Tel. 22880). Wer sich also kein
Auto leihen möchte und wem die Fahrt mit den öffentlichen Bussen zu mühsam ist, sei dies empfohlen.

Inseltouren

Es werden verschiedene Halbtagestouren angeboten.
Zum Beispiel **Stadtrundfahrt Apia** mit Besichtigung von
Vailima, dem Haus von Robert Louis Stevenson (Samoa
Scenic Tours). Eine andere Halbtagestour führt entlang
der Nordostküste zu den Falefa-Fällen. Auf der Rückfahrt
können Sie den Piula Cave Pool besichtigen und dort ein
Bad nehmen (Annies Tours & Travel) oder eine Stadt-
rundfahrt mit Besichtigung des Stevenson-Haus, Regen-
wald und Badeaufenthalt und 3-Gänge-Menü im Coconut
Beach Club (Janes Tours).

Verschiedene **Tagestouren** führen zum „Return to Para-
dise Beach" in Lefaga an der Südwestküste. Dort können
Sie schwimmen und sonnenbaden, ein Mittagessen wird
am Grill zubereitet. Bei der Inseldurchquerung ist ein
Abstecher zum Tiavi-Wasserfall inmitten des Regenwal-
des vorgesehen. Eine weitere Tagestour umrundet den
Ostteil der Insel mit Haltepunkten am Falefa- und Tiavi-
Wasserfall sowie am Strand von Aleipata, wo ein Pick-
nick serviert wird. Sie überqueren dabei auch den Le
Mafa-Paß mit großartigen Ausblicken über Ost-Upolu.
Eine weitere Tagestour führt zum Paradise Beach mit
Picknick am Strand. Auf der Rückfahrt besuchen Sie die
Togitogiga-Fälle im Regenwald, wo Sie Sand und Salz-
wasser in einem erfrischenden Bad im Süßwasserpool
abwaschen können. Eine dritte Tagestour sucht den
Strand von Salamumu auf, ebenfalls an der Südwestkü-

ste. Haltepunkte auf der Rückfahrt sind die Tiavi-Fälle und das Haus von R. L. Stevenson.
Folgende Unternehmen haben organiserte Touren im Angebot:
★ Samoa Scenic Tours, Tel. 22880.
★ Annie's Tours & Travel, Tel. 21550 und 23322
★ Janes Tours, Tel. 20954
★ Oceania Travel, Tel. 24443

■ Tagestrip Nach Savai'i
Flug morgens von Fagalii Airport in Apia nach Savai'i, dort Frühstück im Safua Hotel, Besichtigung der Insel mit Picknick, nachmittags Rückflug nach Apia. Alles zusammen US$ 90 (alles Oceania Travel).

■ Tagestrip nach American Samoa
Flug von Apia nach Pago Pago und zurück inklusive Leihwagen US$ 90, mit einer Übernachtung US$ 125 (Oceania Travel).

■ Tennis
Das Motel Insel Fehmarn hat sehr gute Tennisplätze, die von jedermann benutzt werden können.

■ Golf
Einen öffentlichen Golfplatz, den Royal Samoan Country Club, gibt es in Fagali'i östlich von Apia. Jeder Besucher ist willkommen.

Zu Wasser

Wassersport wie Surfen, Segeln und Tauchen ist in Western Samoa noch unterentwickelt. Erfreuliche Neuerung in dieser Hinsicht ist der **Coconut Beach Club** an der Südküste, der neben Wassersportgeräten auch eine eigene Tauchbasis hat. Coconuts Watersports wird von Roger und Gale Chrisman aus Kalifornien geleitet, Roger hat eine PADI-Lizenz. HI8-Video und Unterwasserkamera können geliehen werden, Tel. 24849 oder 23583.

Gute Schnorchelgebiete sind am Strand von Sa'aga und Aganoa an der Südküste sowie rund um die kleine Insel Nu'usafe, die dem Tafatafa Beach vorgelagert ist. Coconut Beach organisiert täglich Schnorcheltrips.

■ Tauchen
Die Tauchgründe an der Südküste sind noch wenig erforscht, die einzige Seekarte, die die Riffe zeigt, wurde 1912 noch von den deutschen Kolonialherren erstellt.

Savai'i

Transport

Flugplatz   Maota Flugplatz liegt im Südosten der Insel, 5 km vom Hauptort Salelologa entfernt. Wenn Sie eine Übernachtung im voraus gebucht haben, wird für Transfer zu Ihrer Unterkunft gesorgt.

Fähre   Die Fähre pendelt mehrmals täglich zwischen Upolu und Savai'i. Die Anlegestellen sind in Mulifanua am Westende Upolus und in Salelologa im Osten Savai'is. Busse und Taxen stehen dort jeweils bereit.

Bus   Die Busse starten am Markt in Salelologa und fahren nicht sehr häufig, so daß Sie lange Wartezeiten in Kauf nehmen müssen. Auf jeden Fall warten sie bei Ankunft der Fähre an der Anlegestelle.

Taxi   Es gibt Taxen auf Savai'i, aber in der Regel übernehmen Privatautos diesen Dienst. Die Preise weichen etwas von denen in Apia ab. Auch hier gilt: vor Abfahrt den Preis vereinbaren. In Salelologa am Markt ist ein Taxistand und am Flugplatz.

Leihwagen   Das Savaiian Hotel in Lalomalava ist der einzige offizielle Autovermieter der Insel. Tel. 51206. Für Gäste des Vaisala Beach Hotels können Leihwagen organisiert werden.

Bank und Post   Die Bank of Western Samoa und die Pacific Commercial Bank in Salelologa tauschen Ihre Reiseschecks gegen Bargeld. Kleine Postämter gibt es in Asau und Tuavisi.

Unterkünfte

Die Unterkunftssituation auf Savai'i hat sich in den letzten Jahren verbessert. Es gibt ein größeres Mittelklassehotel (Vaisala) am nordwestlichen Ende der Insel, das auch an einem Strand liegt. Allerdings dauert die Fahrt von der Fähranlegestelle oder Maota Flugplatz im Osten Savai'is zum Vaisala runde zwei Stunden, so daß die gesamte Anreise per Bus und Fähre von Apia aus einen guten Tag beansprucht. Das Safua Hotel mit seinen offenen Fales ist am besten eingeführt, wenngleich „Hotel" etwas hochgegriffen erscheint. Von dort aus werden Ausflüge um die Insel und zum Strand organisiert.

★ Das **Vaisala Beach Hotel** liegt auf der Westseite der Insel, bei Asau, einem kleinen natürlichen Hafen, der auch von Yachten aus aller Welt als Anlaufstelle genutzt wird. Es ist das einzige Hotel Savai'is, das halbwegs internationalen Standard bietet. Durch die Hurrikane Ofa (1990) und Val (1992) stark zerstört, war es längere Zeit geschlossen. Inzwischen ist es wieder aufgebaut, nur der Strand hat etwas gelitten. Die 18 Bungalows sind im westlichen Stil mit kleiner Küche und Kühlschrank. Ausflüge zu benachbarten Stränden und anderen Sehenswürdigkeiten, wie zum Beispiel den Lavafeldern, werden organisiert, ebenso Wanderungen. Die Strände von Falealupo und Pua'a am Westkap gehören zu den schönsten auf Savai'i. Fahrtzeit von Fähre und Flughafen aus circa 2 Stunden. Autoverleih, Windsurf- und Schnorchelausrüstung, Restaurant, Bar. Einzelzimmer US$ 48, Doppelzimmer US$ 53, Tel. 58016.

★ Das **Safua Hotel** liegt in Lalomalava, etwa eine halbe Stunde Fahrt vom Flughafen und der Fähre entfernt. Es bietet Unterkünfte in einfachen samoanischen Fales; in puncto Sauberkeit müssen Sie allerdings kompromißbereit sein. Die Besitzerin **Vaasili Moelagi Jackson**, eine der wenigen weiblichen Matais Samoas, ist bei Travellern als Informationsquelle für alles geschätzt, was auf Savaii sehens- und hörenswert ist. Moelagi bietet Touren zu allen sehenswerten Punkten Savai'is an. Sie können auch von hier aus Wanderungen unternehmen. Zum nächsten Strand in Tuasivi sind es etwa zehn Minuten Taxifahrt. Unterbringung in einem Dorf kann auch organisiert werden. Übernachtung in einem Dorf kostet US$ 25 inklusive Mahlzeiten. Wer sein eigenes Zelt dabei hat, kann es für US$ 10 auf dem Grundstück des Safua Hotels aufschlagen. Schlafraum US$ 10. Wer in den Fales wohnen will, zahlt einzeln ab US$ 45 mit Vollpension US$ 60, doppelt ab US$ 50, mit Vollpension US$ 80, Tel. 51271.

★ Nur durch die Straße vom schönen Tuasivi oder Faga Beach getrennt, liegen die 7 Bungalows des **Siufaga Beach Resorts**. Der Strand ist ideal zum Schnorcheln und Schwimmen. Der freundliche Besitzer des Resorts, Dr. **Peter Caffarelli,** ist praktizierender Arzt und stammt aus Italien. Die Bungalows stehen auf einer großen Rasenfläche. Sie sind komplett mit Küche eingerichtet und sauber. Im naheliegenden Dorf Faga können Sie Fa'a Samoa hautnah miterleben. Touren und Leihwagen können organisiert werden. Zur Anlage gehört auch ein kleiner

Tip

Wenn Sie nur 2 oder 3 Nächte auf Savai'i bleiben wollen, empfehlen wir die günstigen Paket-Angebote (Flug inklusive) von Oceania Travel in Apia (Tel. 24443). Unterkunft nach Wahl Vaisala, Safua oder Siufaga Hotel.

Lebensmittelladen. Nette Atmosphäre. Sie können hier auch Ihr Zelt aufschlagen. Restaurant in der Nähe. US$ 40, Tel. 53518.

★ Das **Savaiian Hotel** liegt auch in Lalomalava direkt am Meer. Leider kein Strand, nur Felsen, aber Tuasivi Beach ist nicht weit. Die 6 Bungalows sind komplett mit Küche eingerichtet, gepflegt und sauber. Frühstück und Abendessen auf Wunsch. Autovermietung, Restaurant, Bar. Freitagabend Live-Musik. WS$ 115, Tel. 51206.

★ **Le Lagoto Beach Fales** sind vier neue, komplett eingerichtete, saubere Bungalows mit Küche direkt am Strand in Fagamalo im Norden Savai'is. Nebenan ist eine Bar und ein Lebensmittelladen. Auf Wunsch mit Verpflegung. US$ 50. Tel. 21724 über Retzlaff Travel & Tours.

Wohnen im Dorf/Campen

Es gibt in Western Samoa keine Campingplätze. Sie können aber im Safua Hotel und im Siafuga Beach Resort Ihr Zelt aufschlagen. Wenn Sie frei campen wollen, sollten Sie auf jeden Fall die Genehmigung des zuständigen Dorfältesten (Matai) einholen. In der Regel wird sie gegen eine geringe Gebühr oder Naturalien (Zigaretten, Konservendosen, etc.) erteilt. Wahrscheinlicher aber ist, daß Sie eingeladen werden im Dorf zu wohnen, sobald Sie Ihr Zelt aufschlagen (was Sie auf keinen Fall ablehnen dürfen). Beachten Sie dann bitte die Village-Etikette.

Beach-Fales am Aufaga Beach, Upolu (siehe Seite 437)

Moelagi Jackson vom Safua Hotel arrangiert gerne Übernachtungen im Dorf Manese. Sie sollten aber mit der samoanischen Village-Etikette (siehe „Kultur") vertraut sein, denn Sie wohnen im Fale des Matais, schlafen auf einer Matratze auf dem Fußboden und teilen Dusche, Toilette und Privatleben mit den anderen Dorfbewohnern. Pro Person US$ 25 inklusive aller Mahlzeiten.

Am Tanu Beach bei Manese stehen einfache Picknickfales am Strand, in denen Sie auch übernachten können. Sie müssen aber unbedingt vorher im Dorf um Genehmigung fragen.

Restaurants und Nachtleben

Auch Nicht-Hotelgäste können **im Safua Hotel** nach vorheriger Anmeldung speisen. Dort gibt es jeden Abend ein reichhaltiges samoanisches Büffet und einmal in der Woche ein samoanisches Fest mit Tänzen. Sonntag nach dem Kirchgang gibt es Essen aus dem samoanischen Erdofen. Im **Savaiian Hotel** gibt es samoanische Gerichte und das Restaurant im Vaisala Hotel bietet samoanische und internationale Gerichte an.

Das Nachtleben Savai'is beschränkt sich auf Freitagnacht, wenn im Savaiian Hotel eine Band zum Tanz aufspielt. Oft finden auch in den Gemeinschafts-Fales der Dörfer spontane Freitagabend-Parties statt mit Live-Musik und Tanz. Ihr Bier müssen Sie selber mitbringen bzw. vorher in einem Laden kaufen.

Aktivitäten

Abgesehen von einer selbständigen Inselrundfahrt oder den von den beiden Hotels (Vaisala und Safua) organisierten Ausflügen gibt es nicht viel zu tun auf Savai'i. Bergtouren zu den Kratern ins Landesinnere werden ebenfalls angeboten, verlangen aber einige Ausdauer.

Die besten weißen Sandstrände Savai'is sind am West-kap bei **Falealupo** und bei **Papa**, beide abseits der Hauptstraße rund um die Insel. Am Strand des Vaisala Hotels in Asau können Sie Surfboards mieten und einen Badetag verbringen. Ein schöner Strand ist auch **Tanu Beach** bei Manase im Norden der Insel. Hier gibt es einige Picknickfales und Frischwasser.

Strände

Der einzige schöne Badestrand im Osten Savai'is verläuft entlang der Küstenstraße bei **Siufaga**, kurz nach dem Cape Tuasivi. Entlang der Südostküste gibt es einige kleine schwarze Sandstrände, allerdings abseits der Küstenstraße, die Zufahrten sind nicht beschildert (siehe „Inselrundfahrt").

Zu Lande

Eine Tagestour führt zu den großen **Lavafeldern** in den Nordostteil der Insel und ist besonders für geologisch interessierte Besucher geeignet. Auf dem Weg dorthin fahren Sie durch zahlreiche malerische Dörfer, die zum

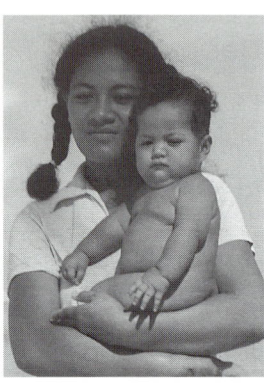

Teil noch vom letzten Hurrikan mitgenommen sind, sowie durch Abschnitte natürlichen Regenwaldes. In Saleaula können Sie die Struktur der Lavamassen aus der Nähe besichtigen. Am Strand von Manase wird eine Mittagspause mit Gelegenheit zum Schwimmen eingelegt. Eine Variation dieser Tour schließt die Besichtigung eines unterirdischen Lava-Tunnels mit ein, an dessen Ende ein Süßwasserpool liegt.

Junge Frau aus einem Dorf Savai'is

Auf einer anderen Tagestour fahren Sie entlang der teilweise felsigen Südküste, besuchen die **Blow Holes** von Taga und die prähistorischen Steinpyramiden von **Pulemelei**. Am Olemoe Wasserfall haben Sie Gelegenheit zu einem Bad in einem Felsenpool, dort wird auch ein Mittags-Picknick serviert. Auf der Rückfahrt können Sie einem einheimischen Kunsthandwerker bei der Herstellung von Tapa-Matten zusehen.

Die Insel läßt sich natürlich auch per Bus erkunden, was jedoch erheblich länger dauert und Ihnen die Möglichkeit nimmt, nach Belieben anzuhalten und weiterzufahren. Erkundigen Sie sich in jedem Fall bei größeren Strecken, ob der Bus noch am selben Tag zurückgeht.

Geologisch Interessierte sollten die Inselrundfahrten von **Safua Tours** (Tel. 51271) machen, die der australische Geologe Warren Jopling leitet.
Für Gruppen von 10–20 Personen veranstaltet das Safua Hotel auch sogenannte **Ecotours**. Diese Touren dauern 5, 10 oder 15 Tage und beinhalten Aufenthalt in verschiedenen Dörfern Savai'is. Die 5-Tage-Tour sieht zum Beispiel so aus: 2 Tage Safua Hotel, 2 Tage in Tafua und 1 Tag in Auala Village.

Auch Vaisala Hotel Tours (Tel. 58016) veranstaltet Ausflüge vom Vaisala Hotel aus.

American Samoa

Reisehilfen von A-Z

Das Lyndon B. Johnson Tropical Medical Center in Faga'alu ist wahrscheinlich das am besten ausgestattete Krankenhaus im Südpazifik. Hier gibt es auch eine Apotheke, eine weitere ist in Fagatogo.
★ Notruf, Tel. 911.
★ Krankenhaus, Tel. 633 1222.

Ärztliche Versorgung

Geldwechsel und andere Devisengeschäfte können in Fagatogo bei der America Samoa Bank am Hafenkai und der Bank of Hawaii im Lumanai'i Building neben dem Hauptpostamt getätigt werden. **Achtung: Western Samoa Tala werden nicht gewechselt!**

Banken

Für American Samoa ist das deutsche Konsulat in Western Samoa zuständig (siehe A-Z dort).

Deutsche Vertretung

In den Handicraft Centres in Fagatogo, neben dem Fono sowie im Pago Pago-Park bieten Samoaner Holzschnitzereien, Bastartikel, Tapa-Stoffe und Muschelschmuck aus Tonga und Samoa an. Sie können hier auch bei der Herstellung dieser Souvenirs zusehen.

Einkaufstips

Der Frischmarkt in Fagatogo ist nur am Wochenende gut bestückt und nicht vergleichbar mit dem in Apia. Frischen Fisch gibt es im Star of the Sea hinter dem Markt am Hafen. Das beste Angebot an frischen einheimischen Spezialitäten und importierten Lebensmitteln hat der Aiga Basket an der Flughafenstraße zwischen Nu'uuli und Tafuna.
Handeln ist in American Samoa nicht üblich.

Die Einreisebestimmungen unterscheiden sich grundlegend von denen in die USA. Für einen Aufenthalt bis zu 30 Tagen ist kein Visum nötig, eine Verlängerung auf 90 Tage kann beim Immigration Officer beantragt werden. Bei Einreise genügt der Reisepaß und ein Ticket zur Weiterreise.

Einreise

17. April – **Flag Day**:
Der wichtigste Feiertag in American Samoa. Zum Gedenken daran, daß Im April 1900 hier zum ersten Mal die amerikanische Flagge gehißt wurde. Es finden zahlreiche

Feiertage, Feste

Sportwettkämpfe statt, Wettbewerbe in der Herstellung von Flechtwaren, traditionelles Feuermachen usw. Begleitet wird alles von traditionellen Tänzen und Gesängen. Den Höhepunkt bildet eine Ruderregatta der traditionellen langen Kanus in der Bucht von Pago Pago.

Fotografieren

Wenn Sie in einem Dorf oder in dessen Nähe etwas fotografieren wollen, fragen Sie bitte vorher um Erlaubnis. Dasselbe gilt für Fotos von Personen. Filme gibt es im Shop des Rainmaker Hotels.

Flughafen-gebühr

Auf dem International Airport wird keine Flughafengebühr erhoben.

Führerschein

Der deutsche oder internationale Führerschein wird beim Ausleihen eines Autos anerkannt.

Kreditkarten

In den größeren Hotels, Restaurants und Geschäften, bei Autoverleihern und Reiseveranstaltern können Sie mit Kreditkarte bezahlen.

Landkarten, Bücher

In Fagatogo gibt es zwei Bookshops mit begrenzter Auswahl an englischsprachigen Romanen sowie Sachbüchern und Bildbänden über Samoa. Die Pacific Library im Regierungsviertel Utulei südlich des Rainmaker Hotels bietet eine gute Auswahl an allgemeiner und pazifikbezogener Literatur ebenso Wesley Bookshop.

Post und Telefon

Das Hauptpostamt ist im Lumana'i Building am Ortseingang von Fagatogo, in dessen Erdgeschoß sich auch die Bank of Hawaii befindet. Wenn Sie sich Post nachsenden lassen wollen, ist die Adresse:
General Delivery, Pago Pago/American Samoa 96799.
Im Communications Office im Ortskern von Fagatogo können Sie rund um die Uhr telefonieren, Telefaxe und Telexe absetzen und empfangen.

Presse

Das „Samoa Journal" erscheint wöchentlich und die „Samoa News" täglich von Montag bis Freitag in englischer Sprache.

Sicherheit

Mit Ausnahme des Drogenkonsums und der damit verbundenen Kriminalität ist auch American Samoa noch relativ friedlich und sicher, auf keinen Fall mit Städten des amerikanischen Festlands vergleichbar.

Sprache

Englisch und Samoanisch.

Wie in den USA 110-120 Volt, bei 60 Hertz Wechselstrom. Die Steckdosen haben amerikanische Norm.

Stromspannung

Das American Samoa Office of Tourism hat sowenig zu tun, daß jeder Tourist mit offenen Armen empfangen wird. Das Büro ist im Erdgeschoß eines Flügels des Rainmaker Hotels untergebracht. Sie bekommen dort Prospekte und Karten sowie Auskunft über Ausflüge.
Auf Wunsch organisiert man für Sie auch die Ausflüge bei den jeweiligen Veranstaltern. Wenn Sie in einem Dorf wohnen oder zelten wollen, sollten Sie das auf jeden Fall über das Office of Tourism arrangieren lassen.
American Samoa Office of Tourism
Rainmaker Hotel, P.O. Box 1147, Pago Pago/American Samoa 96799,
Tel. 633 1091, Fax 633 1094.

Touristen-Information

Es herrscht **Rechtsverkehr**. Wie in Western Samoa wird auch hier langsam und passiv gefahren.

Verkehrsregeln

In American Samoa ist der **US-Dollar** Zahlungsmittel. Am Flughafen bestehen keine Wechselmöglichkeiten. Deshalb empfiehlt es sich, vorher Dollars einzutauschen, vor allem, wenn man am Wochenende ankommt. Wer von Western Samoa nach Pago Pago fliegt, muß auf jeden Fall noch in Western Samoa Dollars kaufen, denn der Western Samoa Tala wird in Pago Pago von keiner Bank gewechselt.

Währung

American Samoa liegt 12 Stunden hinter Deutschland, in der Sommerzeit 11.

Zeitunterschied

Pro Person können 200 Zigaretten, 50 Zigarren und 1,9 l Spirituosen eingeführt werden.

Zoll-bestimmungen

Reisen im Lande

Der International Airport liegt circa 10 Kilometer von Fagatogo, dem Geschäftszentrum von Pago Pago entfernt. Außer den Abfertigungsschaltern, einem Kiosk und einigen Schaltern der Autoverleiher, gibt es keine weiteren Einrichtungen. Decken Sie sich deshalb schon vorher mit US-Dollar ein, um wenigstens die Taxifahrt zum Hotel zahlen zu können. Das Rainmaker Hotel hat einen eigenen Bustransfer, es gibt aber auch tagsüber einen Bus nach Fagatogo. Taxis halten vor dem Flughafen.

Flugzeug

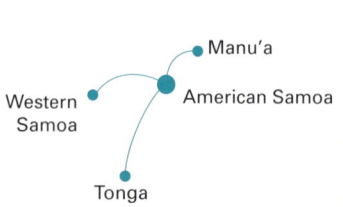

Samoa Air

Manu'a

Western
Samoa American Samoa

Tonga

■ Internationale Fluglinien :
American Samoa wird von Hawaiian Airlines
und Polynesian Airlines angeflogen.
★ **Hawaiian Airlines**, Tel. 699 1875.
★ **Polynesian Airlines**, Tel. 699 9126.

■ Lokale Fluglinien:
Samoa Air (Tel. 699 9106) ist die landeseige-
ne Fluglinie. Sie fliegt mit zwei 9sitzigen
Twin Otters und einer Beachcraft Kingair fol-
gende Inseln an:
★ Manu'a (Ta'u/Ofu) – täglich, US$ 74.
★ Western Samoa – mehrmals täglich, US$ 96.
★Tongatapu – zweimal wöchentlich, US$ 410.
Preise sind jeweils für Hin- und Rückflug.

Fähre
★ **Western Samoa**: Einmal in der Woche kommt die
„Queen Salamasina" aus Apia und fährt wieder dorthin
zurück. Sie legt mitten in Fagatogo, gegenüber dem
Markt, an. Die Fahrt dauert acht Stunden und ist schon
bei leichtem Seegang kein Vergnügen. Sollten Sie zur
Seekrankheit neigen, empfehlen wir auf jeden Fall recht-
zeitig vorher entsprechende Tabletten einzunehmen.
Pago Pago – Apia US$ 30 einfach.
Western Samoa Shipping Corp. über Polynesia Shipping
in Fagatogo, Tel. 633 1211

Manu'a Gruppe: Es gibt keine Fähre, die Passagiere nach
Ofa oder Ta'u mitnimmt. Sie können am Hafen versuchen, ein Boot zu chartern oder von einer Segelyacht mitgenommen zu werden.

Segelboot
Organisierte Segeltouren gibt es in American Samoa
nicht. Es dürfte aber kein Problem sein, eine der Segelyachten im Hafen von Pago Pago für diesen Zweck anzuheuern.

Bus
Die Busse starten am Markt in Fagatogo nach Osten und
Westen. Es gibt keine festen Fahrpläne und Haltestellen.
Die Busse verkehren montags bis freitags jeweils bis
circa 18 Uhr, sonnabends bis 14 Uhr und sonntags nur
zum Kirchgang. Gezahlt wird beim Aussteigen. Bitte ausreichend Kleingeld mitnehmen.Der Preis liegt zwischen
25 Cents und 1,25 Dollar für die weiteste Strecke.

Taxi
Am International Airport und am Markt in Fagatogo sind
Taxistände. Die Taxigebühren sind von der Regierung

festgelegt. Jedes Hotel und das Office of Tourism gibt Auskunft darüber. Wir empfehlen aber, sich vorher den Preis vom Fahrer bestätigen zu lassen.
Pro km US$ 1. Vom Flughafen nach Fagatogo US$ 10.

Die beste Art, American Samoa kennenzulernen, ist mit dem Leihwagen. So kommen Sie auch auf entlegenere Dörfer und Strände der Insel. Die einzige Straße nach Westen und nach Osten ist geteert und gut ausgebaut. Voraussetzung für das Leihen eines Fahrzeuges ist die Vorlage des deutschen oder internationalen Führerscheins.
Für einen Mittelklassewagen müssen Sie mit US$ 50 pro Tag ohne Kilometerbegrenzung rechnen. Wenn Sie von Western Samoa kommen, empfehlen wir das **Fly & Drive-Package**.
★ Avis (Pacific Tours and Travel), Tel. 699 4408
★ Kent Samoa Rent-a-Car, Tel. 699-1520
★ Pavitt's U-Drive, Tel. 633 2017
★ Purse Seiner Services, Tel. 633 2265
★ Royal Samoan Rental Car, Tel. 633 2017
★ Tropical Island Travel Rental, Tel. 633-5646

Leihwagen

Unterkünfte

Tutuila

★ Das **Rainmaker Hotel**, auf einer Landspitze am Ausgang des Hafens gelegen, hat eindeutig bessere Zeiten gesehen. Von weitem ist die samoanische Architektur noch immer sehr ansprechend, mit korbförmig gewölbten Schindeldächern über den einzelnen Flügeln. Doch wenn man näher und dann erst herein tritt, wird doch offenbar, wie schäbig dieses zu 80 Prozent der Regierung gehörende Hotel ist. Es rangiert zwar nach wie vor als Nummer eins in Pago Pago, und die meisten Touristen und Geschäftsleute steigen hier ab. Aber nur mangels entsprechender Alternativen. Es ist zu hoffen, daß das Gebäude und die Zimmer einer baldigen Sanierung unterzogen werden. Das Hotel hat eine Bar, Restaurant und Konferenzräume. Die Standard-Zimmer kosten ab US$ 60 (einzeln und doppelt), Tel. 633 4241.

★ Das **Apiolefaga Inn** liegt außerhalb der Stadt an der Straße zum Flughafen. Das Gebäude im Motelstil ist relativ neu. Die 27 Zimmer sind geräumig und sauber. Es gibt

Wichtige Telefon-Nummern

Vorwahl von Deutschland aus: 00684
Vorwahl nach Deutschland: 49
Nach Österreich:43
In die Schweiz: 41
Notruf, Ambulanz, Feuer, Polizei 911
Krankenhaus: 633 1222

einen Pool, eine Bar und ein Restaurant. Ein Strand, Golfplatz und Tennisplätze sind in Reichweite. Für einen
Dollar fährt man mit dem Bus oder hauseigenem Fahrzeug in die Stadt. Wer also nicht unbedingt in der Stadt
wohnen muß, für den ist das Apiolefaga Inn eine gute
Alternative zum Rainmaker. Die Zimmer kosten einzeln
US$ 50, doppelt US$ 60, Tel. 699 9124.

★ **Herb & Sia's Motel** ist eine Pension mit 9 Zimmern, am
Hang von Fagatogo. Es gibt Zimmer mit und ohne Bad,
eine kleine Bar, ein Restaurant mit Tanzfläche, auf der
jeden Freitag eine Fiafia Show, also samoanische Folklore, vorgeführt wird. Einzelzimmer ab US$ 35, Doppelzim-
mer ab US$ 45, Tel. 633 5413.

Manu'a Islands

★ **Vaoto Lodge** liegt im Süden der kleinen Insel Ofu,
direkt an der Landebahn. Die fünf Cottages mit je zwei
Einheiten mit Bad liegen am Wasser. Kochgelegenheit
vorhanden, aber es gibt auch richtiges samoanisches
Essen auf Wunsch. Samoa Air fliegt täglich von Pago
Pago Ofu an. Einzelzimmer US$ 35, Doppelzimmer US$
40, Vollpension US$ 66 für zwei Personen. Tel. 655 1120.

★ Auf Olosega vermieten **Don & Ilaisa** sechs einfache
Zimmer. Einzelzimmer US$ 20, Doppelzimmer US$ 35.
Tel. 655 1212.

★ **Ta'u Motel** auf der Insel Ta'u hat 9 einfache, saubere
Zimmer. Es gibt kein Restaurant auf der Insel, aber einige
kleine Geschäfte und eine Bäckerei. Einzelzimmer US$
30, Doppelzimmer US$ 40. Tel. 677-3155.

■ Wohnen im Dorf/Campen
Wenn Sie Land und Leute kennenlernen wollen, haben
Sie in American Samoa die Möglichkeit, bei Einheimischen auf dem Dorf zu wohnen. Die Übernachtung kostet
zwischen US$ 25 und 45, abhängig davon, ob Sie in
einem samoanischen Fale oder in einem Zimmer moder-
neren Stils übernachten. Für Verpflegung sorgt die Familie. Das ganze Projekt nennt sich Fale, Fala ma Ti, was
soviel wie Haus, Matte und Tee bedeutet, wird vom Office of Tourism unterstützt. Von dort erhalten Sie auch
Informations- und Adressenmaterial: P.O.Box 1147, Pago
Pago, American Samoa 96799, Tel. 633-1091, Fax 633
1094. Auf Tutuila besteht in einigen Dörfern mit schönen

Stränden die Möglichkeit zum Zelten. Sie müssen mit etwa US$ 5 Gebühr pro Tag rechnen, sollten sich jedoch vorher beim Office of Tourism erkundigen, das alles übrige mit dem entsprechenden Dorf arrangiert. Beachten Sie hier bitte auch die Village-Etikette (siehe Kultur Samoa).

Restaurants und Snackbars

Die einheimische Küche ist die gleiche wie in Western Samoa. In den Snackbars herrscht jedoch amerikanisches **Fastfood** vor. Das Restaurant und die Snackbar des **Rainmaker Hotels** bieten die übliche internationale Hotelküche, hier jedoch mit stark amerikanischem Einschlag. Einmal pro Woche gibt es ein samoanisches Büffet, gefolgt von einer Folklore-Show. Sadie's Restaurant hat eine lange Tradition. Das Gebäude am westlichen Ende von Fagatogo soll einst das Sadie Thompson Inn beherbergt haben, ein legendäres Bordell zu Beginn dieses Jahrhunderts. Sadie Thompson ist eine Figur aus Somerset Maughams Südseegeschichten, soll aber tatsächlich von 1916 an in Pago Pago gelebt und mit ihrem weit über Pago Pago hinaus bekannten Bordell die amerikanischen Seeleute bedient haben. Heute ist Sadie's das führende Restaurant in Pago Pago, spezialisiert auf Fisch- und Steakgerichte. Abends öffnet im Sadies ein Nachtclub seine Pforten.

Nachtleben

Im Rainmaker Hotel findet am Freitag eine **Polynesian Floor Show** statt, ein Folkloreabend mit samoanischen Tänzen und Gesängen. Davor gibt es ein samoanisches Büffet. Der **Yachtclub** in Utulei hat freitags zwischen 17 und 19 Uhr eine Happy Hour, zu der sich viele Einheimische einfinden. Ein guter Ort, um internationalen Anschluß zu finden. Hier gibt es auch einfache Snacks.
Das **Evalani's** am Ortseingang von Pago Pago ist eine Disco mit großer Videoprojektion. Am Wochenende gibt es Live-Musik. Die **Coral Lounge** im Coral Lane Bowling Centre von Pago Pago ist eine Bar und Nightclub mit Live-Musik von Mittwoch bis Samstag.
Sadie's Nightclub und die **Pago Bar** in Fagatogo (gegenüber dem Fono) haben am Wochenende Live-Musik mit Tanz.

Aktivitäten

Strände Sowohl im buchtenreichen Ostteil als auch am Westkap von Tutuila gibt es schöne weiße Sandstrände, die alle mit dem Bus erreichbar sind.

Zu Lande Mehrere Reiseagenturen bieten organisierte Touren auf Tutuila und zu Außeninseln an. Standardausflüge sind die schon beschriebenen Fahrten zum Ost- und Westkap.

Eine Stadtbesichtigung von Pago Pago schließt eine Fahrt mit der Seilbahn den Mount Alava ein. Sie kann auf einen Abstecher zur Fagasa Bay an der Nordküste ausgedehnt werden.

Eine weitere Tour führt zum Hochplateau von A'oloaufou im westlichen Landesinneren, wo man aus etwa 1.300 Metern Höhe einen guten Blick auf die Küste hat. Danach geht es weiter nach Leone und von dort nach Vaitogi südlich des Flughafens. In Vaitogi sind ein Schildkrötenreservat und die Blowholes zu besichtigen.

Eine Sonnenuntergangstour, die am späten Nachmittag beginnt, führt durch die Ebene im Westen von 'Ili'ili bis Vailotai. Dort sehen Sie bei der Zubereitung eines Erdofens zu, fahren weiter ans Westkap nach Amanave, um dort den Sonnenuntergang zu genießen. Danach werden Sie mit den mittlerweile im Erdofen gegarten Speisen bewirtet. Diese Tour wird nur für Gruppen durchgeführt.

★ Royal Samoa Tours & Travel, Tel. 633 5884.
★ Kathy's Tours & Travel, Tel. 633 1283.

■ Golf
Der 18-Loch-Lava-Lava-Golfplatz liegt im Süden von Tutuila hinter dem Flughafen bei 'Ili'ili. Er ist täglich geöffnet und jedermann ist willkommen.

■ Tennis
Öffentliche Tennisplätze gibt es im Pago Pago-Park sowie in Tafuna.

Zu Wasser Wenn Sie surfen oder schnorcheln wollen, müssen Sie ihr Zubehör selbst mitbringen. Zwei Unternehmen bieten Tauchtouren und Hochseefischen an.
★ Dive Samoa, Chuck Brugman, Tel. 633 2183
★ FV/Leilani, Mike Crook, Tel. 622 7413

Fidschi

Reisehilfen von A-Z

Die ärztliche Versorgung in Fidschi ist nicht besonders gut. Fliegen Sie im Notfall lieber aus, statt in eines der staatlichen Krankenhäuser zu gehen. Für die ambulante Behandlung empfehlen wir:
★ Medical Centre, Suva, Gordon Street 96, Tel. 313355, (ein privates Ärztezentrum)
★ Dr. John Fatiaki, Suva, Epsworth House, Tel. 302421, pr. 304577.
★ Dr. Byron Cragun (Sportverletzungen), Tel. 701777,(Sheraton Hotel, nur nach Vereinbarung).
★ Das Krankenhaus in Lautoka gilt allgemein als das beste im Land; fragen Sie dort nach Dr. McCabe. Apotheken gibt es in allen größeren Orten.

Ärztliche Versorgung

Es gibt derzeit sieben Bankhäuser in Fidschi. Für Geldumtausch kommen aber nur die ANZ, die Bank of Hawaii und Westpac in Frage; hier können Sie auch Ihre DM-Reiseschecks einlösen. Die Bank im Flughafen Nadi ist 24 Stunden geöffnet. Die Büros von Thomas Cook in Suva und Nadi lösen auch sonnabends Reiseschecks ein.

Banken

Es gibt einen Honorarkonsul. Leider spricht er nicht Deutsch. Er bittet darum, keine Briefe in deutscher Sprache an ihn zu senden.
Daryl Tarte
4th Floor, Dominion House
P. O. Box 12007, Suva, Tel. 315000, Fax 300947

Deutsche Vertretung

Die Zeiten sind vorbei, als Fidschi ein Paradies für zollfreien Einkauf war. Die angebotenen Waren (Stereoanlagen, Fotoausrüstung, Uhren, Kosmetikartikel, Kassettenrecorder etc.) in den sogenannten Duty-Free-Shops sind oft billige Nachbauten von minderer Qualität.

Einkaufsmöglichkeiten

Fidschianisches Kunsthandwerk dagegen ist sehr zu empfehlen: zum Beispiel holzgeschnitzte Kava-Schalen, Kriegskeulen und Kannibalenbesteck aus dem Holz des Raintrees oder aus dem schwarzen Mangrovenholz, geflochtene Matten, Taschen und Körbe sowie Wandbehänge aus Tapa. Allerdings werden einige Schnitzereien auch schon in Asien hergestellt, das gleiche gilt für Schmuck aus Perlen und Muscheln.

Die beste Adresse für hochwertiges Kunstgewerbe ist **Wolf's Boutique** in der Thomson Street in Suva. Hier finden Sie Töpferwaren und Holzschnitzereien, die es woanders kaum gibt. Der deutsche Inhaber reist durchs ganze Land und sucht nach Handwerkern, die Exponate aus dem Fiji-Museum noch naturgetreu nachbilden können. Im Government Handicraft-Center in der Gordon Street in Suva werden ausschließlich Produkte aus Fidschi angeboten. Allerdings zu etwas höheren Preisen. Es lohnt sich aber trotzdem einen Blick hineinzuwerfen. Handeln ist hier nicht möglich.

Handeln ist nur in den Duty-Free-Shops und in den Handicraft-Centern üblich.

Einreise

Besucher aus den meisten europäischen Ländern und aus Commonwealth- Staaten bekommen eine Aufenthaltsgenehmigung von vier Monaten, wenn sie einen gültigen Paß und ein Weiter- oder Rückflugticket vorweisen können.
Das Visum kann verlängert werden bei:
Immigration Department des Ministry for Home Affairs, Gohill Building in der Suva Street sowie bei dessen Zweigstelle in Nadi.

Feiertage, Feste

Juli: **Bula-Festival** in Nadi mit Paraden und Rummelplatz. Mitte bis Ende August: **Hibiscus-Festival** in Suva; ebenfalls mit Paraden, Sportwettbewerben und Rummelplatz. September: **Sugar-Festival** in Sugar-City Lautoka. Anfang November: **Diwali**, indisches Lichterfest, eine Art indische Weihnacht. Das höchste Fest der Fidschi-Inder.

Fotografieren

Im Prinzip haben Fidschianer und Inder nichts dagegen, wenn sie oder ihr Village fotografiert werden. Es ist aber auf jeden Fall angebracht, vorher um Erlaubnis zu fragen.

Filme gibt es in allen größeren Orten und in den Hotels zu kaufen, sie sind nicht viel teurer als in Deutschland.

Flughafen-gebühr

Die Flughafengebühr beträgt F$ 10 pro Person und ist bei Abflug zu zahlen.

Führerschein

Für das Ausleihen eines Fahrzeuges reicht ein deutscher oder internationaler Führerschein.

Kreditkarten

Kreditkarten werden in den meisten Geschäften, Restaurants, Hotels und Leihwagen-Unternehmen angenom-

men. Repräsentanten für vier große Kreditkarten-Unternehmen gibt es in Suva:
Visa und American Express über ANZ, Tel. 315625.
Mastercard über Westpac Bank, Tel. 311666.
Diners Club Fiji, 6 Pratt Street, Tel. 300 552.

Landkarten, Bücher

Topographische Karten von den Inseln bekommen Sie im Erdgeschoß des Regierungsgebäudes in Suva beim Department for Land & Survey gegen eine kleine Gebühr. Touristenkarten gibt es in den Buchhandlungen in Nadi und Suva und in den Souvenirgeschäften. Die größte Auswahl an Literatur über Fidschi und die Südsee hat Desai in Suva in der Thomson Street.

Post und Telefon

Im Zentrum von Suva liegt das Hauptpostamt – GPO, General Post Office. Für Briefmarkensammler gibt es das Philatelic Bureau im hinteren Teil des Postamtes in der Edward Street. Hier können sie nicht nur Briefmarken von Fidschi kaufen, sondern auch von Tuvalu, Samoa, Kiribati, den Solomon-Inseln und Pitcairn.
Wenn Sie sich Post nachsenden lassen wollen, lautet die Adresse: GPO, Poste restante, Suva oder Nadi/Fiji.

Preise

Bitte beachten Sie, daß in Fidschi seit einiger Zeit 10 % VAT (Value Added Tax) auf alle Unterkünfte, Verpflegung, Ausflüge, Leihwagen etc. aufgeschlagen werden.

Presse

Es gibt zwei englischsprachige Tageszeitungen: die „Fiji Times", gegründet 1869, und die „Daily Post". Erstere gehört zum Murdoch-Konzern und steht der Regierung nahe, die Daily Post ist etwas kritischer. Wöchentlich erscheinen je eine Zeitung in Fidschianisch („Nai Lalakai") und in Hindi („Shanti Dut"). Für Besucher gibt es ein Informations-Magazin namens „Fiji Magic", das kostenlos über das Visitor Bureau und über die meisten Hotels verteilt wird. Es enthält Tips und Informationen über Restaurants, Veranstaltungen, Touren, Hotels usw.

Sicherheit

Obwohl Fidschi nach unseren Maßstäben keine hohe Kriminalität aufweist, müssen Sie sich doch gegen kleine Diebstähle wappnen. Schließen Sie Ihren Mietwagen immer ab und verstauen Sie Ihre Wertsachen im Hotelsafe. In ländlichen Gegenden und an einsamen Stränden (besonders gefährlich: Natadola Beach an der Südwestküste Viti Levus und der Naturpark Colo-i-Suva) sollten Sie Ihre Habseligkeiten nie unbeaufsichtigt lassen. Freitag ist Zahltag, weshalb in den von Fidschianern frequentierten Kneipen und Tanzlokalen heftig getrunken wird: mit der Folge von Schlägereien zu späterer Stunde. Das sollte Sie nicht davon abhalten, sich unters Volk zu mischen, was sehr unterhaltsam sein kann. Aber verlassen Sie das Lokal lieber vor dem kritischen Zeitpunkt, der etwa um Mitternacht kommt.

Sprache

Englisch, Fidschianisch und verschiedene indische Dialekte.

Stromspannung

Überall in Fidschi beträgt die Stromspannung 240 Volt und 50 Hz. Es werden die gleichen Dreier-Stecker verwendet wie in Australien und Neuseeland.

Touristen-Information

Das **Fiji Visitor Bureau** – auch kurz FVB genannt – ist in einem hübschen Kolonial-Haus im Zentrum von Suva untergebracht. Freundliche und geduldige Fidschianer geben Ihnen gern Auskunft, Landkarten, Stadtpläne, Prospekte und Preislisten aller Unterkünfte in Fidschi. Notfalls können Sie dort auch für ein paar Stunden ihr Gepäck unterstellen. Wenn Sie am Nadi International Airport ankommen, ist gleich auf der linken Seite der Ankunftshalle eine Zweigstelle des FVB. Sie ist bei Ankunft aller internationalen Flüge geöffnet. Suva, Thomson Street, GPO Box 92, Suva/Fiji, Tel. 302433 oder Nadi Airport, Tel. 722433.

Kelly Sach aus Bingen am Rhein hat in Nadi ein **German Tourist Information Center** eröffnet. Bei ihm bekommen Sie alle Informationen über Unterkünfte, Ausflüge, Trekking-Touren etc. Er erledigt auch alle Buchungen für Sie. Das Büro ist in Nadi vom Flughafen kommend gleich rechts nach der Nadi Bridge. Tel. und Fax 703360.

Verkehrsregeln

In Fidschi herrscht **Linksverkehr**, die Geschwindigkeitsbegrenzung ist 50 km/h in Ortschaften und 80 km/h auf den Landstraßen. Als Selbstfahrer sollten Sie in Fidschi auf jeden Fall vorsichtig fahren. Zwar ist die Queens Road zwischen Nadi und Suva gut ausgebaut, aber hinter jeder Kurve können unverhofft Kühe, Pferde, Hunde und Menschen als Verkehrshindernisse auftauchen. Besonders nachts und bei Regen erfordert diese Strecke höchste Aufmerksamkeit. Hinzu kommt, daß es mit der Verkehrserziehung der Fidschianer und Inder und der Verkehrssicherheit ihrer Autos nicht zum besten bestellt ist. Bremslichter funktionieren oft nicht, Blinker werden nicht immer betätigt. Viele Verkehrsteilnehmer fahren unsicher und extrem langsam, was andere wiederum zu riskanten Überholmanövern animiert. Das alles soll Sie nicht von der wunderschönen Fahrt entlang der Coral Coast aufhalten. Aber Vorsicht ist eben geboten.

Währung

Fiji-Dollar gibt es in den Banknoten 1 $, 2 $, 5 $, 10 $, 20 $ und Münzen zu 1, 2, 5, 10, 20 und 50 Cents.
Die meisten Duty-Free-Geschäfte und Hotels nehmen Reiseschecks in Zahlung. Außerhalb der Banköffnungszeiten können Sie schnell und unbürokratisch bei Thomas Cook Travel in Suva und Nadi Schecks einlösen.
1 F$ entspricht etwa (Stand 1994): 1,20 DM, 8,45 öS, 1,00 sfr.

Zeitunterschied

Fidschi ist der Weltzeit GMT um 12 Stunden voraus, gegenüber Deutschland 11 Stunden, in der Sommerzeit 10.

Zollbestimmungen

Folgende Artikel können zollfrei eingeführt werden:
200 Zigaretten oder 250 Gramm Tabak oder Zigarren, 1 Liter Spirituosen oder 2 Liter Wein oder Bier.

Reisen im Lande

Als bevölkerungsreichster Inselstaat hat Fidschi auch das am besten entwickelte Verkehrsnetz. Mehrere lokale Fluglinien fliegen von Viti Levus aus die Außeninseln an, Fähren ergänzen den Rest. Auf den Inseln selbst kommen Sie mit dem Bus nahezu überall dorthin, wo auch Menschen wohnen. Erwarten Sie allerdings keine Fahrplan-Pünktlichkeit und keine Luxusbusse.

Flugzeug

Nadi International Airport
Nadi (sprich Nandi) International Airport liegt an der Westküste Viti Levus, 9 km von Nadi und circa 195 km von der Hauptstadt Suva entfernt. Die meisten internationalen Fluglinien landen hier.

Vor dem Flughafen stehen Taxen. Die Preise zu den Hotels in und um Nadi sind staatlich festgelegt, weshalb das Taxameter meist gar nicht erst eingestellt wird. Trotzdem gibt es Taxifahrer, die versuchen mehr zu verlangen. Erkundigen Sie sich beim Fiji Visitor Bureau in der Ankunftshalle nach den Gebühren (Taxi Fares). Der öffentliche Bus in Richtung Lautoka oder Nadi hält vor der Flughafen-Einfahrt an der Kings Road vor dem Raffles Gateway Hotel.

In der Ankunftshalle hat das **Fiji Visitor Bureau** (FVB) eine Zweigstelle. Sie ist tagsüber und bei Ankunft aller Flüge geöffnet. Vor der Ankunftshalle erstrecken sich links und rechts zwei lange Reihen mit Büros von Fluglinien, Leihwagenfirmen, Insel-Resorts und Reiseveranstaltern.

Die Westpac hat eine Zweigstelle in der Ankunftshalle. Sie ist täglich 24 Stunden geöffnet. Schließfächer gibt es in der Abflughalle, ebenso eine Snackbar, die rund um die Uhr geöffnet ist. Eine kleine Post befindet sich außerhalb des Flughafens bei der Air-Cargo-Halle.

Der Duty-Free-Shop am Flughafen ist der größte im Südpazifik mit enormer Auswahl an Souvenirs, Kosmetika, Fotoapparaten und Zubehör, Lederwaren etc.

Nausori Airport (Suva)
Der zweitgrößte Flughafen der Hauptinsel liegt an der Ostseite Viti Levus, in Nausori, 23 km von Suva entfernt. Air Pacific fliegt von hier aus nach Western Samoa und Tonga. Air Fiji fliegt von hier aus die Außeninseln an. Es gibt einen Flughafenpendelbus nach Suva zum Travelodge Hotel und Taxen.

■ Internationale Fluglinien:
★ **Air Caledonie**, Renwick Road, Suva, Tel. 302133/Nadi Airport, Tel. 722145
★ **Air Marshall Islands**, Thomson Street, Suva, Tel. 303888/Nadi Airport, Tel. 722192
★ **Air Nauru**, Victoria Parade, Suva, Tel. 312377/Nadi Airport, Tel. 722795
★ **Air New Zealand**, Victoria Parade, Suva, Tel. 313100/Nadi Airport, Tel. 722955
★ **Air Pacific**, Victoria Parade, Suva, Tel. 384955/Nadi Airport, Tel. 790777
★ **Air Vanuatu**, Victoria Parade, Suva, Tel. 314666/Nadi Airport, Tel. 722521
★ **Canadian Airlines**, Thomson Street, Suva, Tel. 311844/Nadi Airport, Tel. 722400
★ **Polynesian Airlines** (über Air Pacific), Suva, Tel. 384955/Nadi Airport, Tel. 790777
★ **Qantas Airways**, Victoria Parade, Suva, Tel. 311533/Nadi Airport, Tel. 722880
★ **Singapore Airlines**, ANZ House, Victoria Parade, Suva, Tel. 302333/
★ **Nadi Airport**, Tel. 722325
Solomons Air über Air Fiji, Suva, Tel. 314666

Wichtige Telefonnummern

Ambulanz:
Nadi 711128
Suva 301439
Krankenhaus:
Nadi 711128
Suva 313444
Feuer:
Nadi 700475
Suva 391333
Polizei :
Nadi 700222
Suva 311222

Vorwahl Deutschland von Fidschi aus: 0549
Österreich: 0543
Schweiz: 0541
Vorwahl Fidschi von Deutschland aus: 00679

■ Lokale Fluglinien:
★ **Air Fiji**, Suva, Tel. 314666/Nausori Airport, Tel 478077/Nadi Airport, Tel. 722521
★ **Air Wakaya**, Tel. 440128
★ **Island Air**, Nadi Airport, Tel. 722371
★ **Island Hoppers**/Pacific Crown Aviation, Nadi Airport, Tel. 790410
★ **Sunflower Airlines**, Pier Street/Suva, Tel. 315755/Nadi Airport, Tel. 723016
★ **Turtle Airways**, Newtown Beach, Nadi, Tel. 722988
★ **Vanua Air**, Tel 381226

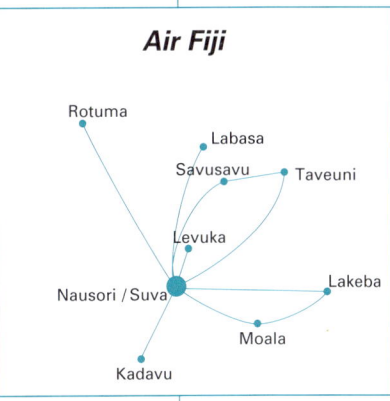

★ **Air Pacific** ist die internationale Fluglinie Fidschis, mit einer Boeing 737, 747, 767, Harbin Y12 und zwei ATR 42. Damit werden Auckland, Christchurch, Brisbane, Sidney, Melbourne, Tokio, Port Vila (Vanuatu), Honiara (Solomon-Inseln), Apia (Western Samoa), Nukualofa (Tonga) angeflogen (Streckenkarte S. 305).

★ **Sunflower Airlines** hat ihre Basis am Nadi International Airport und fliegt die Außeninseln von hier und von Nausori aus an. Die Flotte besteht aus zweimotorigen Britton Norman Islanders, Riley Herons, zwei Cessnas, einer Escalibur und einer Twin Otter. Folgende Inseln werden von Nadi angeflogen:

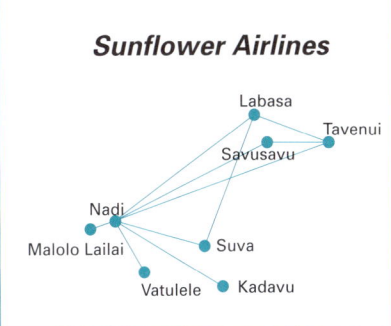

– Kadavu, Montag, Mittwoch, Freitag, Sonntag, F$ 66
– Labasa (Vanua Levu), täglich, F$ 72
– Malolo Lailai mit den Resorts Musket Cove, Plantation, Castaway und Naitasi, täglich, F$ 27,50 (mit Island Air)
– Suva, täglich, F$ 60
– Savusavu (Vanua Levu), täglich F$ 96
– Taveuni, täglich, F$ 116
– Vatulele , Montag, Mittwoch, Freitag, Sonntag, F$ 62
Von Suva:
- Labasa (Vanua Levu), täglich, F$ 72

★ **Air Fiji** hat ihre Basis in Suva bzw. Nausori Airport. Die Flotte besteht aus Herons, Twin Otters und Britten Norman Islanders. Der einzige internationale Flug geht nach Funafuti, der Hauptstadt Tuvalus.

Folgende Inseln werden von Suva aus angeflogen:
- Kadavu, viermal in der Woche, F$ 47
- Labasa (Vanua Levu), äglich, F$ 66
- Levuka (Ovalau), täglich, F$ 33
- Lakeba, zweimal in der Woche, F$ 89*)
- Rotuma, Sonnabend, F$ 184
- Savusavu (Vanua Levu), täglich, F$ 61
- Nadi , täglich F$ 60
- Taveuni, täglich, F$ 79

*) Touristen dürfen diese Insel nur mit Einladung oder schriftlicher Genehmigung des Native Land and Trust Boardes (NLTB) besuchen.

★ **Air Fiji** bietet auch einen sogenannten **Fiji Island Pass** an. Er kostet F$ 220 und hat 30 Tage Gültigkeit. Damit können Sie nach Nadi/Suva, Kadavu, Ovalau, Vanua Levu und Taveuni fliegen.

★ **Vanua Air** fliegt von Suva aus mit einer British Norman Islander und einer Aztec die Ziele Cicia, Labasa, Lakeba, Moala und Vanuabalavu an. Tel. 381226.

★ **Turtle Airways** hat eine kleine Flotte von Wasserflugzeugen, die ihre Ziele ohne festen Flugplan, sondern nach Bedarf anfliegen. Sie starten von der Basis am Newtown Beach. Gegen einen geringen Aufschlag werden Sie auch von Regent Beach (Sheraton oder Regent Hotel) abgeholt. Angeflogen werden alle Hotels und Resorts auf Viti Levu und Vanua Levu.

★ **Island Hoppers** betreibt einen Hubschrauber-Service auf Viti Levu. Die Basis ist am Nadi Airport, so daß Sie ohne Aufenthalt schnell und bequem, aber nicht ganz billig zu Ihrem Insel-Resort kommen.

■ Mamanucas

Fähre   Die Bootsverbindungen zu den **Insel-Resorts** der **Mamanuca-Gruppe** sind gut organisiert, zuverlässig und pünktlich. Der Island Express von South Sea Cruises (Tel. 722988) fährt zweimal täglich (um 9 Uhr und um 13.30 Uhr) die Insel-Resorts vom Regent Beach (zwischen Regent Hotel und Sheraton Fiji) bzw. von der Denarau Marina (nach deren Fertigstellung) aus an. Folgende Resorts können damit erreicht werden: Plantation und Musket Cove (F$ 58), Naitasi und Castaway (F$ 65), Mana Island (F$ 72), Matamanoa/Tokoriki (umsteigen in Mana,

F$ 108) Der Rundtrip dauert drei Stunden, bis Mana Island 1,5 Stunden. Diesen Trip können Sie direkt an der Anlegestelle oder in jedem Hotel in Nadi und Umgebung im voraus buchen oder über South Sea Cruises. Vom Hotel bringt Sie auch ein kostenloser Bustransfer zur Anlegestelle.

Der Dreimaster Tui Tai fährt zweimal täglich ab Lautoka Wharf nach **Beachcomber** Island und **Treasure Island**. Die Überfahrt dauert circa 1,5 Stunden und kostet F$ 55 (Rückfahrt). Das Boot geht morgens um 10 Uhr und nachmittags um 14 Uhr ab Lautoka Wharf. Die Rückfahrt ist um 12 Uhr und um 16. Uhr. Es gibt einen kostenlosen Bustransfer von allen Nadi- Hotels. Erkundigen Sie sich an der Rezeption Ihrer Unterkunft oder direkt bei Beachcomber Cruises, Tel. 661500.

Navini Island Resort hat ein Speedboot ab Anlegestelle Vuda. Transfer vom Hotel zur Anlegestelle inklusive.

Speedboote bzw. **Wassertaxen** fahren auch ab Regent Beach bzw. von der Denarau Marina (nach deren Fertigstellung); sie kosten zwischen F$ 150 (Musket Cove) und F$ 200 (Matamanoa) bis zu acht Personen (einfach). South Sea Cruises, Tel. 722988 oder Bay Cruises, Tel. 722696.

■ Yasawas

Nach Tavewa in den **Yasawas** geht dienstags, mittwochs und sonnabends morgens ein kleines Fischerboot ab Queens Wharf in Lautoka (Tel. 660388 bzw. 660566). Zurück kommt es Montag, Mittwoch und Freitag. Der Trip kostet jeweils F$ 30, dauert 4-6 Stunden und ist kein Vergnügen. Das Boot ist offen, hat keinerlei Sicherheitsvorkehrungen wie Schwimmwesten oder gar Navigationsmittel, natürlich auch keine Toiletten und ist meistens überladen.

■ Ovalau

Die Autofähren nach **Ovalau** fahren täglich außer sonntags ab der Anlegestelle in Natovi. Patterson Brothers hat einen Bustransfer ab Suva dorthin. Der Bus startet täglich ab 14.00 Uhr am General Post Office in Suva. Er fährt direkt auf die Fähre und bringt Sie auf Ovalau nach Levuka. Einfache Strecke F$ 18,70. Tel. 315644.

Wenn Sie von Levuka oder Suva weiter auf die kleine Insel **Leluvia** wollen, gibt es jetzt einen regelmäßigen Bus-/Bootsservice dorthin. Der Bus startet täglich außer Sonntag um 12 Uhr bei der Post in Suva, bringt Sie dann zur Anlegestelle in Bau (Bau Landing). Von dort geht es mit dem Boot nach Leluvia und anschließend weiter nach Levuka. Der Trip Suva – Leluvia kostet F$ 14, Suva – Levuka F$ 17 einfach. Organisiert wird die Fahrt von Emosi's Shipping in Levuka, Tel. 444057 (Old Capital Inn) oder 312445 Shop No. 8 im Union Plaza in Suva, wo Sie auch die Tickets kaufen können.

■ Vanua Levu (Savusavu) und Taveuni

Die Autofähre **Spirit of Free Enterprise**, kurz Sofe genannt, fährt zweimal in der Woche von Suva über Ovalau und Koro nach Savusavu und einmal nach Taveuni (ohne Ovalau). Die Fahrt nach Savusavu dauert circa 12 Stunden, bis Taveuni noch einmal 6. Die Fähre faßt 500 Passagiere, hat 24 Zweibett-Kabinen. Die Fahrt kostet bis Savusavu F$ 29,70, bis Taveuni F$ 34,10, Kabine bis Savusavu F$ 55 pro Person, bis Taveuni F$ 66 pro Person. Consort Shipping, Dominion House, Tel. 302877.
Die Yaubula fährt mehrmals in der Woche ab Suva über Natovi nach Labasa und zurück für F$ 34,10 einfach. Patterson Brothers, Epsworth House, Nina Street, Tel. 315644.

Von Natuvu Landing in der Buca Bay auf **Vanua Levu** geht werktags zweimal täglich ein kleines Boot nach **Taveuni** und umgekehrt für F$ 5 pro Person. Der Bus zur Anlegestelle startet am Busterminal in Savusavu. Die Überfahrt dauert circa 2,5 Stunden und kann sehr rauh sein.

■ Kadavu

Einmal in der Woche fährt die **Yaubula** (Patterson Brothers, Tel. 315644) die Strecke Suva – Vunisea für F$ 34. Mit der **M.V. Gurawa** kommen Sie zweimal die Woche direkt zu Albert's Place, Nukubalavau Resort und nach Ono zum Kenia Resort. Die Überfahrt dauert 6 Stunden und kostet F$ 35 bzw. F$ 37 zu Albert's Place einfach. Whippy's Ferry Service, Tel. 392764.

Segelboot Wenn Sie gerne segeln, besteht die Möglichkeit, für einige Tage oder für eine ganze Überfahrt auf einer Yacht anzuheuern oder eine Yacht zu chartern. Die Bucht vor dem Musket Cove Resort auf Malolo Lailai ist beliebter Ankerplatz für Segler aus aller Welt. Besonders während der hurrikanfreien Monate von April bis November können Sie hier für Ausflüge durch Fidschis Inselwelt Yachten chartern. Auch im Royal Yachtclub in Suva liegen Yachten, die eine Chartermöglichkeit anbieten.

Sie können aber auch für Turns innerhalb Fidschis fest stationierte Yachten chartern. Wegen der unzähligen Riffe ist das Segeln in den Fidschi-Gewässern nur mit erfahrenen Skippern zu empfehlen.

★ Der Großsegler **Ra Marama**, eine 36 m Brigantine, wurde 1950 in Singapur aus bestem Teakholz für den Governor-General von Fidschi gebaut. Die Ra Marama macht jeden Montag 3-Tage/2-Nächte-Segel-Safaris in die Mamanucas und südliche Yasawas. Da das Boot nicht ausreichend Kabinen hat, wird in modernen, komfortablen 2-Mann-Safari-Zelten in normalen Betten am Strand von Kuata Island geschlafen. Von dort aus werden Ausflüge in ein fidschianisches Dorf mit Kava-Zeremonie, Meke und Essen aus dem Erdofen veranstaltet, außerdem Schnorcheltrips und Tauchgänge, auch für Anfänger. Tauchausrüstung ist an Bord. Am letzten Tag wird Beachcomber Island angelaufen. Dieser Trip richtet sich hauptsächlich an ein junges, unkompliziertes Publikum. Das Ganze kostet F$ 375 pro Person, Essen inklusive. Captain Cook Cruises, Tel. 701823, Fax 702045.

Neu ist der Luxuskatamaran **Duchess of the Isles**. Er hat 31 sehr komfortable Kabinen mit Bad in zwei Decksklassen. Außerdem ein Restaurant mit Bar und einen großen Aufenthaltsraum. Die Kreuzfahrt startet jeden Dienstag und Freitag vom Regent Beach bzw. von der Denarau Marina, zu einer 3-Tage/2-Nächte-Tour durch die Mamanucas und südlichen Yasawas. Tauchgänge und Einführungskurse werden angeboten. Besonderer Wert wird auf gutes Essen und Trinken gelegt, der „Weinkeller" ist gut sotiert. A Deck F$ 695, B Deck F$ 590 pro Person. Captain Cook Cruises, P. O. Box 27 Nadi/Fiji, Tel. 701823, Fax 702045.

Kabinenkreuzer

Erstmals gibt es auch eine 2-Nächte/3 Tage-Kreuzfahrt im Norden Fidschis. Die **Matagi Princess II** fährt ab Taveuni nach Kioa, Vanua Levu, Matagi und Qamea. Das 26-m-Motorboot hat Platz für zwölf Passagiere. Das Boot ist modern und komfortabel ausgestattet. Die Doppelkabi-

Blue Lagoon Cruise

Eine herausragende Attraktion Fidschis ist der Blue Lagoon Cruise durch die Inselwelt der Yasawas. Auch wer sonst kein Freund von Kreuzfahrten ist, wird von dieser Art, die Fidschi-Inseln zu bereisen, begeistert sein. Der Blue Lagoon Cruise ist zur Legende geworden, seit er zum ersten Mal vor über 30 Jahren Touristen in die sonst Besuchern unzugänglichen Yasawa-Islands brachte. Die Yasawas sind eine Kette von kleinen Vulkaninseln nordwestlich von Viti Levu mit malerischen Buchten und unberührten Stränden, die zu den schönsten Fidschis gehören.

Die Tour steigert sich täglich, ein Strand ist schöner, als der andere und die Passagiere haben keine Minute Langeweile. Oft wird Mittagessen und Nachmittagstee an einem der Traumstände serviert. Den absoluten Höhepunkt aber bildet der Traumstrand von Nanuya Lailai (neben Turtle Island) wo der Film „Blue Lagoon" mit Brooke Shields gedreht wurde.

Eine weitere Attraktion der Kreuzfahrt ist der Besuch von Sawa-I-Lau, einer Insel mit zwei Kalkstein-Höhlen und Süßwasserpools, die durch einen Unterwassertunnel miteinander verbunden sind. Unerschrockene tauchen, von einem Fidschianer geleitet, mit Taschenlampe von der nach außen offenen in die zweite abgeschlossene und völlig dunkle Höhle.

nen sind sehr geräumig mit Bad. Unterwegs werden verschiedene Buchten und Strände angelaufen, fidschianische Dörfer besucht und Picknick an einsamen Stränden gemacht. Windsurfer, Schnorchelausrüstung und Paddelboote sind an Bord. Pro Person und Nacht US$ 230 inklusive aller Mahlzeiten und Aktivitäten. Matagi Island Resort, Nigel Douglas, P. O. Box 83, Wayevo/Taveuni, Tel. 880260, Fax 880274.

Bus Die normalen Linienbusse sind zum Teil sehr überholungsbedürftig, stoßen auf Steigungen riesige Dieselwolken aus und bewegen sich nur langsam vorwärts. Oft müssen Passagiere bei Pannen am Straßenrand warten, bis der Bus repariert wird. Wer mit den öffentlichen Bussen fahren möchte, muß viel Geduld und Zeit aufbringen.

Der Blue Lagoon Cruise empfiehlt sich auch gerade für Stopover-Touristen, die sich nur maximal eine Woche in Fidschi aufhalten. Besser läßt sich in dieser Kürze Fidschi nicht kennenlernen. Es gibt den Blue Lagoon Cruise in drei verschiedenen Längen. An jedem Tag der Woche startet eines der Schiffe ab Lautoka.
Ab Mitte 1995 wird unter dem Namen Super Cruise 2000 ein Superkreuzer mit 35 Luxuskabinen in Dienst gestellt.
Diese Preise gelten pro Person in einer Doppelkabine, 10 % Steuer sind bereits inbegriffen, ebenso Vollpension und sämtliche Ausflüge. Buchungen über Blue Lagoon Cruise, Vitogo Parade, P.O. Box 130, Lautoka, Tel. 661622/Fax 664098.

Bei der Auswahl der Kabinen sollten Sie wissen, daß das B-Deck im Schiffsbauch liegt und Bullaugen hat, während die A-Kabinen auf dem Deck etwas geräumiger sind. Ansonsten besteht kein Unterschied im Komfort; Sie werden sich ohnehin nur zum Schlafen in Ihrer Kabine aufhalten.

■ Preise

★ 2 Tage Mamanuca Island Cruise (Montag, Donnerstag, Samstag)
A-Deck F$ 395
B-Deck F$ 350

★ 4-Tage Original Yasawa Island Cruise (täglich):
A-Deck F$ 650
B-Deck F$ 550

★ 4-Tage Yasawa Island Club Cruise (Montag und Donnerstag,)
Bridge Deck F$ 830
A-Deck F$ 790
B-Deck F$ 680

★ 7-Tage Yasawa Island Club Cruise (Montag):
Bridge-Deck F$ 1480
A-Deck F$ 1420
B-Deck F$ 1230

Auf Vitu Levu gibt es für die größeren Strecken auf der Queens Road und auf der Kings Road sogenannte Expreß-Busse. Sie sind komfortabler, mit schließbaren Fenstern und oft mit Klimaanlage. Der Mindestpreis für eine Busfahrt ist 35 Cents.

Die meisten Taxen in den Städten haben ein Taxameter. Für die Fahrten von den Flughäfen zu den einzelnen Hotels in Nadi und Suva sind die Tarife staatlich festgesetzt. Die Tarife können Sie in allen Hotels und im Visitor Bureau erfahren. Bei sonstigen längeren Touren müssen Sie den Preis vorher aushandeln; insofern ist Fidschi in der Südsee eine Ausnahme, da hier die meisten Taxifahrer Inder sind. Auch ist es üblich, ein Taxi mit jemandem zu teilen, der den gleichen Weg hat.

Taxi

Leihwagen

Leihwagen bekommen Sie in allen größeren Städten wie Nadi, Lautoka, Suva und in nahezu jedem Hotel auf Viti Levu. Auf den Außeninseln gibt es nur auf Vanua Levu und Taveuni noch Autoverleiher. Einige Firmen bieten auch Autos mit Vierrad-Antrieb an, was für Touren auf den nicht asphaltierten Inlandsstraßen oder quer durch die Inseln zu empfehlen ist.

Ein Kleinwagen kostet ab F$ 65 pro Tag und ein Jeep ab 110 F$ ohne Kilometerbeschränkung. Meistens werden Sonderrabatte für drei Tage und länger angeboten.

Unterkünfte

Das Gros der Unterkünfte liegt an der Westküste Viti Levus, den ihr vorgelagerten Inseln der Mamanucas und Yasawas sowie an der Coral Coast im Süden. Die Hotels um Nadi an der Westküste dienen, von den Strandhotels auf der Denarau-Halbinsel abgesehen, hauptsächlich als Sprungbrett zu Ausflügen auf andere Inseln.

Die **Resorts** der vorgelagerten Inseln bestehen aus großzügigen Anlagen, in denen jeder Gast seine eigene Südseehütte oder -bungalow hat, die mehr oder weniger dem traditionellen fidschianischen Bure angeglichen ist. Wer die totale Entspannung auf seiner beinahe eigenen Südseeinsel sucht, dabei aber auf Hotelkomfort nicht verzichten will, für den ist so ein Resort das absolut Richtige. Es ist aber auch eine Art Ghetto, die Touristen bleiben, wie in einem Ferienclub, unter sich, der Kontakt zu Einheimischen beschränkt sich auf das Hotelpersonal.

Wer mehr von Land und Leuten sehen will, ist mit einem Hotel auf den großen Inseln besser beraten. Noch ursprünglicher und ruhiger ist die Umgebung der Hotels und Resorts im Norden Fidschis.

Aktivitäten

Fidschi bietet von allen in diesem Buch beschriebenen Inselgruppen die breiteste Palette an Aktivitäten für den sportorientierten Urlauber, sei es zu Wasser oder zu Lande. Alle größeren Hotels sind für die verschiedenen Spielarten des Wassersports ausgerüstet, Die meisten haben Tennis-, einige auch Golfplätze.

Tip

Sollten Sie in einen **Unfall** verwickelt sein, müssen Sie in jedem Fall die Polizei rufen. Die meisten Mietverträge enthalten nämlich eine Klausel, nach der der Versicherungsschutz erlischt, wenn Sie den Unfallort ohne polizeiliche Aufnahme verlassen. Das kann dazu führen, daß Sie beide Schäden zahlen müssen, auch wenn Sie nicht schuld sind.

■ **Autotouren, Trekking, Wildwasser**
Vor allem das bergige Landesinnere Viti Levus bietet für
eine Südseeinsel ungeahnte Möglichkeiten: Touren mit
dem Geländewagen, Trekking-Safaris, Bergtouren, Wildwasserfahrten im Schlauchboot und auf dem Floß,
Bootsausflüge auf den großen Flüssen der Insel. Daraus
ist in den letzten Jahren unter dem Trendwort „Eco Tourism" (Öko-Tourismus) eine eigene Reisesparte entstanden, die neben den natürlichen Ressourcen auch das kulturelle Erbe Fidschis pflegen will. Pflegen heißt dabei,
nicht in Rambo-Manier mit dem Jeep durch den Regenwald zu preschen, sondern die Natur auf schonende Art
zu erkunden. Einige Unternehmen bieten spezielle Pro-
gramme dafür an (siehe unter Viti Levu und Kasten Öko-
Tourismus).

■ **Tennis**
Gut gepflegte Tennisanlagen nach internationalem Standard hat beinahe jedes Hotel und Insel-Resort, viele sind
sogar mit Flutlicht ausgestattet.

■ **Golf**
Mit einer kleinen Anekdote vom sechsten Loch in Pacific
Harbour haben Sie eine gute Chance, selbst weitgereiste
Golfspieler zu beeindrucken. Denn obwohl in Fidschi seit
den englischen Kolonialzeiten Golf gespielt wird, ist dieses Revier in der internationalen Golfwelt noch weithin
unbekannt. 1907 wurde der erste Golfplatz in Suva angelegt. Heute gibt es insgesamt 17 in Fidschi, 14 davon auf
der Hauptinsel Viti Levu. Der neueste und größte ist der
Denarau Golf & Racqet Club bei Nadi.

■ **Tauchen**
Die fidschianischen Gewässer sind, zum Leidwesen von
Seefahrern aller Zeiten, mit Korallenriffen übersät. Aus
der Luft und auf der Seekarte ist gut zu sehen, wie sie
sich kilometerlang um und zwischen den Inseln
erstrecken. Obgleich sie an Ausdehnung nicht mit dem
Great Barrier Reef vor Australien mithalten können,
gehören sie zu den besten Tauchgründen der Welt, was
Vielfalt an Korallen und Fischen betrifft. Ein wahres Eldorado für ambitionierte Sporttaucher. **Jean-Michel Cousteau**, der Sohn des berühmten französischen Meeresforschers Jacques Cousteau, unternimmt seit einigen
Jahren regelmäßig Tauchexpeditionen in Fidschi und ist
begeistert: „Fidschis Riff-Formationen sind die lebendig-
sten, die mir begegnet sind. Die 300 Inseln bieten eine

Tip

Wenn Sie Dörfer
besuchen, beach-
ten Sie bitte unbe-
dingt die unter
Kultur beschriebe-
ne **Village-Etikette**.
Ohne den Segen
des Dorfobersten
und ohne das tra-
ditionelle Gastge-
schenk unange-
meldet ein Dorf zu
betreten, verstößt
gegen fundamen-
tale fidschianische
Anstandsregeln.

Zu Wasser

Öko-Tourismus in Fidschi

Fidschi ist das erste Land im Südpazifik, das offiziell den Öko-Tourismus fördert. Es folgt damit dem Trend der Tourismusbranche zum sogenannten „sanften Tourismus" und will Fehlentwicklungen eines unkontrollierten Massentourismus vermeiden:

Dazu gehört einmal die negative Erfahrung, daß bis zu zwei Drittel aller Tourismuseinkünfte wieder in die Taschen ausländischer Investoren zurückfließen. Zum Zweiten die Erkenntnis, daß man die milchgebende Kuh Tourismus schlachtet, wenn gleichzeitig ihre größten Attraktionen zerstört werden: und das sind nun mal die unversehrten Naturschönheiten und die kulturelle Identität des Landes.

Kontrolliertes Wachstum ist das erklärte Ziel, Qualität statt Quantität steht im Vordergrund, auch bei der angepeilten Zielgruppe von Touristen. Die Tourismusplaner setzen auf den gebildeten, umweltbewußten und kulturbeflissenen Urlauber, der sich sein Paradies auch etwas kosten läßt und selbst zu seiner Erhaltung beiträgt.

Gefördert werden sowohl umweltfreundliche Tourismusprojekte, als auch solche, die sich der Erhaltung der Kultur in Fidschi widmen. Ein ökologisch orientiertes Hotel zeichnet sich z.B. dadurch aus, daß es statt Dieselgeneratoren auch Solar- und Windenergie zur Stromerzeugung heranzieht, daß es Plastik- und Glasabfälle reduziert oder recycelt. Ein ökologisch orientiertes Tauchunternehmen wird seine Gäste dazu anhalten, keine Korallen oder Muscheln als Souvenirs mitzunehmen und beim Tauchen auf die Schonung der Korallengärten zu achten.

Informationen:

Ecotourism Unit
Dept. of Tourism
Justin Francis
GPO Box 1260
Suva/Fiji
Tel. 312788,
Fax 302060

Diese Unternehmen sind auf den Öko-Zug aufgesprungen:
* ★ Adventure Fiji (Rosie Tours), Nadi, Tel. 722755
* ★ Wilderness Tours, Suva, Tel. 386498, 300845
* ★ Moody's Namena Resort, Tel. 813764, Fax 812366
* ★ Mokusigas Resort, Tel. 694444, Fax 694404
* ★ Hana Nai'a (Tauchboot), Suva, Tel. 361382, Fax 362511
* ★ Cousteau Inn Fiji, Savusavu, Tel. 850188, Fax 850340
* ★ Eco Divers, Savusavu, Tel. 850345, Fax 850344

Bandbreite an guten Tauchplätzen, die ihresgleichen sucht. Die schiere Vielfalt von Leben auf den fidschianischen Riffen ist überwältigend." Mittlerweile hat er sich in Fidschi niedergelassen und eröffnet 1995 in Savusavu ein exklusives Tauchresort unter dem Namen „Cousteau Inn Fiji".

Die für Taucher wichtigsten Riff-Formationen sind:
★ das Great Sea Barrier Reef, das die Fidschi-Inseln im Norden abschirmt,
★ das Astrolabe Reef um die Insel Kadavu
★ das Beqa Island Reef, südlich von Viti Levu,
★ das Viti Levu Fringing Reef entlang der Coral Coast,
★ die Riffe der Mamanucas und Yasawas im Westen,
★ die Riffe in der Somosomo Strait zwischen Taveuni und Vanua Levu.
★ die Riffe der Lau-Gruppe.

Alle genannten Tauchgründe haben ihre eigenen, oft spektakulären Sehenswürdigkeiten: hunderte von Metern steil abfallende Korallenwände (Astrolabe Reef bei Kadavu), Labyrinthe von Unterwasserhöhlen, großflächige Korallenplateaus (bei Suva), aus der Tiefe ragende Felsspitzen (The Pinnacles bei Yanuca Island) sowie einzigartige Korallenformationen wie der Great White Wall bei Taveuni, eine Wand aus weichen, weißen Korallen.

Die Tauchreviere im einzelnen zu beschreiben, würde den Rahmen dieses Führers sprengen. Auch eine Wertung steht den Autoren nicht zu. Unter Kennern allerdings werden immer wieder drei Orte hervorgehoben: das Astrolabe Reef bei Kadavu, das Beqa Island Reef und die Riffe um Taveuni, namentlich das Rainbow Reef.

Die meisten Hotels und Insel-Resorts haben entweder eine eigene Tauchbasis oder werden von Tauchbasen benachbarter Resorts mitversorgt. Es gibt auch Resorts, die sich ausschließlich auf Taucher spezialisiert haben.

Sea Fiji Travel organisiert Tauch-Reisen und Package-Touren für alle Tauchunternehmen und -Resorts Fidschis. Curly Carswell, Post Office Savusavu/Fiji, Tel. 850345, Fax 850344.

■ **Tauch-Kreuzfahrten**
Einige Unternehmen bieten auch mehrtägige Tauchausflüge mit Booten zu entfernteren Tauchgründen an:

★ Die **Hana Nai'a** ist ein neuer 36-m-Luxus-Motorsegler mit neun komfortablen Doppelkabinen und zwölf Mann Besatzung. Die mehrtägigen Kreuzfahrten mit Schwerpunkt Naturkunde führen durch die Inselwelt mit Landexkursionen. Drei Wissenschaftler versorgen die Gäste mit Hintergrundwissen über Meeresökologie und Pflanzenheilkunde. Tauchfilme können an Bord entwickelt werden, sehr gutes Restaurant. The Hana Nai'a Project, P. O. Box 3179, Lami/Fiji, Tel. 361382, Fax 362511.

★ **Duchess of the Isles**, Motorkreuzer mit 31 Kabinen, jeglicher Komfort, auch für Nichttaucher. 3-Tage-Trips ab Regent Beach durch die Mamanucas und südlichen Yasawas. 280 US$ pro Person und Tag, Verpflegung inbegriffen. Captain Cook Cruises, Tel. 701823, Fax 702045.

★ **Matagi Princess II** 28-m-Luxus-Motorboot mit sechs Doppelkabinen, Trips um Taveuni und durch Somosomo Strait und nach Vanua Balavu. Matagi Island Resort, Nigel Douglas, P. O. Box 83, Waiyevo/Taveuni, Tel. 880260, Fax 880274.

★ **Ra Marama** 36-m-Großsegler, 3-Tage-Segel-törn in die Mamanucas und südliche Yasawas. Da das Boot nicht ausreichend Kabinen hat, wird in modernen, komfortablen Zwei-Mann-Safari-Zelten am Strand von Waya Island geschlafen. Captain Cook Cruises, Tel. 701823, Fax 780045.

★ **La Violante**, 35-m-Schoner, liegt bei Musket Cove Resort (von Nadi aus zu erreichen). Trips durch die Mamanucas und Yasawas. Maximal 8 Passagiere in 4 Kabinen. Musket Cove Divers, Private Mailbox 0352 Nadi Airport, Tel. 662215, Fax 662633

■ Hochseefischen

Hochseefischen wird immer populärer in Fidschi, die meisten Hotels bieten entsprechend ausgerüstete Boote dafür an.

■ Segeln

Die riffübersäten Gewässer Fidschis erfordern vom Segler größte Aufmerksamkeit und Kenntnis des Reviers, weshalb das Chartern von Segelbooten ohne Skipper hier nicht möglich ist. Das soll aber nicht heißen, daß in Fidschi nicht gesegelt wird. In Nadi und Umgebung liegen immer Segelyachten, die für längere Turns durch die Mamanucas und Yasawas gechartert werden können.

Tip

Eine **Dekompressionskammer** für Tauchunfälle (Recompression Chamber) gibt es in Suva, der Notdienst ist 24 Stunden lang besetzt und unter der Telefonnummer 305154 zu erreichen. Ein schneller Zubringerdienst per Boot und Flugzeug ist von allen Tauchgebieten aus organisiert. Die in der Fiji Dive Operation Association zusammengeschlossenen Mitglieder bemühen sich um einen sicheren und professionellen Service. Ausführliches Informationsmaterial und eine Mitgliederliste können Sie anfordern bei: Fiji Dive Operation Association, P. O. Box 1239, Suva, Fiji.

Viti Levu

Transport

Nadi International Airport liegt auf der Westseite Viti Levus, circa 195 Kilometer von Suva und 9 Kilometer von Nadi entfernt. Der zweite wichtige Flughafen ist Nausori Airport, 23 Kilometer von Suva entfernt. Näheres siehe unter „Reisen im Lande".

Flughafen

Die Fähren zu den Inseln Vanua Levu, Taveuni, Lomaiviti-Gruppe und Kadavu fahren von der Suva Princess Wharf ab. Zu den Insel-Resorts an der Westküste vor Nadi gehen die Boote ab Regent Beach zwischen dem Sheraton und Regent Hotel bzw. von der Denarau Marina (nach deren Fertigstellung) oder ab Lautoka Wharf zu den Yasawas, Treasure und Beachcomber Island (siehe „Reisen im Lande").

Fähre

Wenn Ihnen die Fähren zu langsam sind oder Sie eine verpaßt haben, können Sie sich ein Wassertaxi chartern, das Sie zu jeder gewünschten Insel oder jeden Strand bringt. Die Boote starten am Regent Beach bzw. Denarau Marina (nach deren Fertigstellung). South Sea Cruises, Tel. 722988 oder Nadi Bay Cruises, Tel. 722696.

Wassertaxi Speedboat

Busverbindungen gibt es in nahezu alle bewohnten Regionen der Insel. Jeder größere Ort hat einen Busbahnhof, der meistens direkt am Markt liegt.

Bus

Für größere Strecken auf der Queens bzw. Kings Road empfiehlt sich auf jeden Fall der **Expreßbus**. Es gibt einige Transportunternehmen, deren Expreßbusse auf der Queens Road zwischen Suva und Nadi verkehren und eines auf der nördlichen Kings Road. Die Busse sind relativ bequem und haben Klimaanlagen.

Der **Fiji Express** von UTC startet täglich in Suva um 8 Uhr morgens, kommt um 12.30 Uhr am Nadi Airport an und fährt um 13.30 Uhr nach Suva zurück. Er hält an allen Hotels entlang der Queens Road/Coral Coast und kostet für die weiteste Strecke F$ 25 Tel. 722811.

Pacific Transport bietet einen Expreß-Service entlang der Queens Road viermal täglich außer Sonntag von Suva nach Lautoka an und umgekehrt. Abfahrt ist am Bus-Bahnhof in Suva oder Lautoka. Der Bus hält auch am

Entfernungen in Kilometern:
Queens Road von
Nadi Airport nach
Nadi Town – 10 km
Sigatoka – 70 km
Korotogo – 77 km
Korolevu – 101 km
Pacific Harbour – 148 km
Suva – 195 km

Kings Road von
Nadi Airport nach
Lautoka – 24 km
Ba – 62 km
Tavua – 91 km
Rakiraki – 132 km
Korovou – 239 km
Nausori – 279 km
Suva – 289 km

Flughafen in Nadi. Die Fahrt dauert circa 4,5 Stunden. Preis F$ 6,80, Tel. Lautoka 660499, Nadi 700044, Suva 304366.

Sunbeam Transport hat einen Expreß-Service auf der Kings Road. Dreimal täglich wird die Strecke Suva – Lautoka und umgekehrt gefahren. Die Fahrt dauert ca. 6 Stunden. Buchungen über Tel. 382122 in Suva oder 662822 in Lautoka. F$ 9,70.

Die Hotels in Nadi und Umgebung haben einen gut organisierten Busbetrieb, der Hotelgäste pünktlich und kostenlos zu den Anlegestellen Regent Beach und Lautoka Wharf bringt, wo die Fähren zu den Insel-Resorts ablegen.

Taxi

Taxen gibt es tagsüber reichlich, abends können sie knapp werden. Sonntags ist es in Suva schwierig ein Taxi zu bekommen. Die Strecke von Nadi Airport zu den Nadi Hotels kostet circa F$ 3-7, zum Sheraton und Regent F$ 20. Vom Flughafen Nausori nach Suva F$ 15 und innerhalb Suvas kostet das Taxi circa F$ 2,50. Die Strecke von Nadi nach Suva kostet offiziell F$ 110. Aber dies ist reine Verhandlungssache. Sie können durchaus einen Taxifahrer finden, der die Strecke für den halben Preis fährt.

Leihwagen

Die größeren Autoverleiher haben auch in allen größeren Hotels Vertretungen. Im folgenden die Telefonnummern für zentrale Reservierung:

★ Avis	Tel.	Nadi 722233	Suva 313833
★ Budget		Nadi 722735	Suva 315899
★ Central		Nadi 722771	Suva 311866
★ Daz		Nadi 722644	
★ Dove			Suva 311755
★ Hertz		Nadi 723466	Suva 370518
★ Khans		Nadi 701009	Suva 385033
★ National		Nadi 722740	
★ Rental Cars		Nadi 723922	
★ Roxy		Nadi 700710	
★ Satellite		Nadi 701911	
★ Sharmas		Nadi 701055	
★ Sheik's		Nadi 723535	
★ Skyline		Nadi 723980	
★ Thrifty		Nadi 722935	Suva 300139
★ UTC		Nadi 722811	

Die Queens Road entlang der südlichen Coral Coast ist
von Suva bis Lautoka asphaltiert und die nördliche Kings
Road von Lautoka bis Rakiraki. Zwischen Rakiraki und
Korovou fahren Sie (noch) bei Regen im Schlamm und
bei Trockenheit im Staub der Schotterstraße. Sie ist
jedoch außerhalb der Regenzeit mit normalem Pkw
befahrbar.

Die Westpac und ANZ haben in Suva, Nadi, Lautoka und **Bank und Post**
Sigatoka mehrere Zweigstellen.
Das Hauptpostamt ist in Suva an der Victoria Parade/Ecke
Edward Street. In Nadi ist die Post in der Market Road
und am Flughafen bei der Air Cargo Halle.

Für Ferngespräche gibt es das Telegrafenamt (Fintel) in
einem der schönsten Kolonialgebäude von Suva an der
Victoria Parade. Dort können Sie rund um die Uhr in alle
Welt telefonieren, telegrafieren, telexen und faxen.

Unterkünfte

Nadi

Die Hotels zwischen Nadi und Flughafen sind eigentlich
nur für eine Stopover-Übernachtung zu empfehlen, nicht
für längeren Urlaubsaufenthalt. Nadi selbst hat weder
große Sehenswürdigkeiten noch Strände und die Hotels
an der Queens Road in Richtung Flughafen können ziemlich laut werden, weil viele Flugzeuge nachts oder in den
frühen Morgenstunden starten und landen. Ausgenom-
men davon sind die Strandhotels auf der Denarau-Halbinsel außerhalb von Nadi: Sheraton und Regent. Um in
den Genuß der schönen Strände der Insel-Resorts der
Mamanucas zu kommen, müssen Sie nicht unbedingt
dort wohnen. Boote aller Art bringen Sie morgens von
Nadi zu den Resorts oder auf unbewohnte Inseln und
holen Sie nachmittags wieder ab. Genauere Beschreibung finden Sie unter Aktivitäten.

★ Das **Sheraton Fiji Resort** liegt am Denarau Beach, 4 km
von Nadi entfernt. Es gehört mit seinen 300 Zimmern zu
den größten und luxuriösesten Hotels in Fidschi, entspricht in seiner Architektur allerdings mehr dem amerikanischen Geschmack. Das Hotel bietet ein spezielles
Kinderprogramm rund um die Uhr. Außerdem Wassersport aller Art, Swimmingpool, Fitneßcenter, vier Restau-

rants, zwei Bars. Einen sehr guten Ruf hat das Hotelrestaurant Ports O'Call. Zimmer ab F$ 385. Tel. 750777.

★ Ebenfalls am Denarau Beach liegt das etwa gleichgroße **Regent**. Durch seine fidschianische Bauweise und naturverbundene Anlage hat es mehr Charme als das sachlich-kühle Sheraton. Hotelhalle und Restaurants sind mit ausgesuchtem Kunsthandwerk aus Fidschi und Papua-Neuguinea geschmückt. Das Hotel bietet ein Kinderprogramm zur Entlastung der Eltern. Wassersport aller Art, Grasbowling, Swimmingpool, vier Restaurants , vier Bars. Schöne Stimmung zum Sonnenuntergang. Das Gardenview Restaurant gilt als das beste in Fidschi, Chefkoch Daniel Steiner hat bereits in führenden internationalen Hotels gekocht. Zimmer ab F$ 240. Tel. 750000.

★ **Sonaisali** ist ein relativ neues Resort, 25 Minuten vom Flughafen entfernt. Es liegt auf einer kleinen Insel 300 m vor der Küste. Das Fährboot pendelt bei Bedarf. Die Zimmer sind hübsch und geräumig, alle mit Meeresblick. Wassersport aller Art, Bootsausflüge, Allwetter-Tennis, Swimmingpool, 2 Restaurants, Bar. Doppelzimmer ab F$ 190. Tel. 790411.

★ Auf einem Hügel nur 2 km vom Flughafen entfernt, liegt das **Tanoa International Hotel,** früher Nadi Travelodge. Das Hotel wurde renoviert und umgebaut und hat ein völlig neues Gesicht bekommen. Swimmingpool, 2 Restaurants, Bar. Einzel- und Doppelzimmer kosten F$ 160. Tel. 790277.

★ Gegenüber liegt majestätisch das **Fiji Mocambo Hotel** mit fidschianisch geprägter Architektur. Um das Hotel herum erstreckt sich ein 9-Loch-Golfplatz. Tennisplätze, Swimmingpool. Allerdings liegt es nicht am Strand. Dafür bieten alle Zimmer einen schönen Blick auf das Landesinnere. Doppelzimmer ab F$ 125. Tel. 722000.

★ Das älteste Hotel Nadis ist **Raffles Gateway Hotel**, direkt am Flughafen. Der alte Teil des Hotels im schönen Kolonialstil hat seinen Charme bewahrt. Wegen der Nähe zum Flughafen nur für kurzen Aufenthalt empfehlenswert. Swimmingpool, Restaurant, Bar. Zimmer F$ 91. Tel. 722444.

★ Das **Dominion** Hotel liegt etwas näher zur Stadt an der Queens Road zwischen Nadi und Flughafen. Die ganze

Anlage und die Zimmer wurden komplett renoviert. Zum Wailoaloa Beach sind es 40 Minuten Fußmarsch oder 10 Autominuten. Kostenlose Benutzung des Nadi Airport Golfplatzes. Tennis, Swimmingpool, Restaurant, Bar. Doppelzimmer F$ 91. Tel. 722255.

★ Das **Sandalwood Inn** an der Queens Road zwischen Nadi Airport und Nadi Town ist renoviert worden und hat auch Zimmer mit Kochgelegenheit. Einfach und sauber, allerdings etwas laut durch den Straßenlärm der Queens Road. Swimmingpool, Restaurant. Einzelzimmer F$ 29, Doppelzimmer F$ 35, mit Küche F$ 55. Tel. 722044.

★ Neu ist das **Club Fiji Beach Resort** am Wailoaloa Beach in der Nadi Bay. Etwas abgelegen ohne Busverbindung, dafür eigener Shuttle-Bus nach Nadi. Der Strand ist nicht besonders attraktiv, bei Ebbe ist Schwimmen nicht möglich. Die Zimmer haben einen Kühlschrank, aber keine Kochgelegenheit. Kein Laden oder anderes Restaurant in der Nähe. Reiten, Wassersport aller Art, Tauchen, Swimmingpool, gutes Restaurant mit internationalen und einheimischen Gerichten, Bar. Schlafsaal F$ 10, Doppelzimmer ab F$ 38,50. Tel. 780189.

★ Auf dem Weg zwischen Queens Road und Wailoaloa Beach ist das **Nadi Bay Motel**. Die Zimmer sind einfach und sehr sauber. Einige mit eigener Küche. Das Restaurant ist beliebter Informationsumschlagplatz der Rucksacktouristen. Bei Buchung kostenloser Transfer von Nadi Airport. Swimmingpool, gutes Restaurant und Bar. Schlafsaal F$ 10, Einzelzimmer ab F$ 21, Doppelzimmer ab F$ 28, Zimmer mit Küche F$ 65. Tel. 723599.

★ Das **Travellers Beach Resort** liegt direkt am Newtown Beach. Die Zimmer sind sauber, ordentlich und ruhig. Eine Busverbindung zum Hotel gibt es nicht. Das Taxi vom Flughafen oder in die Stadt kostet circa F$ 3. Kostenlose Benutzung des nahen Golfplatzes. Kleiner Pool, Restaurant und Bar mit Sunset-Blick. Empfehlenswert. Schlafsaal F$ 11, Einzelzimmer ab F$ 27,50, Doppelzimmer ab F$ 33. Tel. 723322.

★ Das **Newtown Beach Motel** liegt an der Newtown Road neben Travellers Beach Resort, allerdings nicht am Strand. Die 7 Zimmer sind einfach und sehr sauber. Kostenloser Transfer von Nadi Airport. Einzelzimmer F$ 19, Doppelzimmer F$ 25. Tel. 723339.

Umgebung von Nadi

★ Am Vuda Point liegt das **Anchorage Beach Resort**. Es hat einen spektakulären Blick über Nadi Bay, die Mamanucas und in die Berge. Ein kleiner Strand ist unterhalb des Resorts. Die ganze Anlage ist sehr gepflegt, stand aber zum Zeitpunkt unserer Recherche zum Verkauf. Zimmer mit und ohne Küche. Swimmingpool, hübsches Restaurant mit Bar, Sunset-Blick und eine gute Bibliothek. Der Schlafsaal ist hübsch mit eigener Küche F\$ 15, Einzelzimmer ab F\$ 70, Doppelzimmer ab F\$ 75. Tel. 662099.

★ Ungefähr 30 Autominuten südlich von Nadi liegt **Seashell Cove Resort**, etwas abgelegen an einem Strand. Das Resort wird hauptsächlich von Rucksack-Touristen frequentiert. Ein Bus geht ab Nadi Bus Terminal. Täglicher Bus-Transfer nach Nadi. Bei Buchung Transfer vom Flughafen möglich. Kleiner Laden in der Nähe. Tauchen, Schnorcheltrips, Windsurfen, Tennis, Reiten, Swimmingpol, Restaurant, Snackbar. Die Bures haben eine eigene Küche. Zelt F\$ 7,50, Schlafsaal F\$ 10, Doppelzimmer ab F\$ 35, Bure ab F\$ 77. Tel. 720100.

Lautoka

★ Das **Waterfront** ist hier die beste Adresse für Reisende, die noch eine Nacht vor der Überfahrt nach Beachcomber oder Treasure Island oder den Blue Lagoon Cruise zu überbrücken haben. Es liegt nahe zum Hafen, hat einen Swimmingpool und ein Restaurant, das als das beste in Lautoka gilt. Doppelzimmer F\$ 100. Tel. 664777.

★ Mitten in der Stadt, in der Naviti Street, liegt das 1924 erbaute **Lautoka Hotel**, eines der ältesten Hotels Fidschis. Leider hat es durch einige neuere An- und Umbauten seinen ursprünglichen Kolonialstil verloren. Einige Zimmer sind durch die zum Hotel gehörende Disco Hunters Inn recht laut. Swimmingpool, Restaurant, Bar. Schlafsaal F\$ 8, Einzelzimmer zwischen F\$ 16,50 und F\$ 22, Doppelzimmer mit Küche zwischen F\$ 39 und F\$ 66. Tel. 660388.

Insel-Resorts im Westen – Die Mamanuca-Gruppe

★ **Sheraton Vomo Resort** ist das luxuriöseste Resort der Mamanucas, es wurde erst im September 1993 eröffnet. Die 30 Villas sind am Berghang mit Blick aufs Meer oder

direkt am Strand. Die
Ausstattung ist komfor-
tabel und geschmack-
voll, das Badezimmer hat
einen Whirlpool. Die
größte Attraktion Vomos
sind die bunten Koral-
lengärten rund um die
Insel, ein ausgezeichne-
tes Schnorchelrevier, das
zum Meeresschutzgebiet

Vomo Island

erklärt wurde. Kommerzielles Fischen ist im Umkreis von
1 km verboten, motorisierter Wassersport und andere
Aktivitäten, die die Korallen beschädigen könnten, werden auf ein Minimum reduziert. Geplant sind auch 2-3
Tagestouren mit einer hauseigenen Motoryacht zu anderen Inseln. Segeln, Surfen, Schnorcheln, Tauchen, Tennis,
Golf, Pool, Restaurant, Bar. Villa US$ 840 für den ersten
Tag. Flug mit Helicopter für zwei Personen inbegriffen,
jeder weitere Tag US$ 500. Tel. 790455, Fax 667997.

★ **Matamanoa Island Resort** gehört dem gebürtigen
Österreicher Helmut Steinocker, ist gut geführt und sehr
sauber. Mit nur 21 Bures und 6 Zimmern gehört es zu den
kleineren Resorts und wird von Paaren ohne Kindern
bevorzugt. Das Essen im Restaurant ist gut, die Bures
überdurchschnittlich groß. Die Decken der Bures sind
mit tonganischem und fidschianischem Tapa gestaltet.
Uli Rabsch aus Berlin ist als Chefkoch für Matamanoa
und Tokoriki zuständig. Täglicher kostenloser Transfer
zum Schwesterresort Tokoriki Island. Tennis, Wassersport aller Art, Tauchen, Restaurant, Bar. Bure für 1-4 Personen F$ 295, Zimmer F$ 176. Tel. 660511, Fax 661069.

★ Das **Tokoriki Island Resort** ist das Schwesterresort von
Matamanoa und liegt nochmals 15 Bootsminuten von
Matamanoa entfernt. Auch hier sind die 19 Bures sehr
geräumig und bieten sechs Personen Platz. Gut geeignet
für Familien mit Kindern. Die ganze Anlage ist gepflegt,
der Strand etwa 1 km lang. Es gibt einen schönen Aussichtsberg mit Blick auf die Inseln der Mamanucas und
Yasawas. Unserer Meinung nach das schönere der beiden Resorts; die Anlage ist weitläufiger und der Strand
schöner. Der Hubschrauberflug von Nadi kostet hin und
zurück F$ 220. Tennis, Wassersport aller Art, spezielle
Kinderprogramme, Swimmingpool, 2 Restaurants, Bar.
Bure bis 6 Personen F$ 295. Tel. 666859, Fax 665295.

★ **Treasure Island** ist ein kleines Insel-Resort mit gehobenem Standard und weißem Traumstrand ringsherum. Gegenüber dem benachbarten Beachcomber Island mit seinem jugendlichen Publikum ist Treasure Island eher familienorientiert und ruhiger. Die Bures sind geräumig und gepflegt und haben alle Blick aufs Meer. Spezielle Kinderbetreuung, Windsurfen, Segeln und Schnorchelausrüstung kostenlos, Wassersport aller Art, Tauchen, Pool, Restaurant, Bar. Bures F$ 242. Tel. 666999.

★ **Castaway Island Resort** liegt auf der Insel Qalito, umgeben von einem kleinen Riff. Das ganze Resort wurde renoviert. Jedes der 66 Bures hat Platz für vier Personen. Ideal für Familien. Wassersport aller Art, Tauchen, Tennis, Swimmingpool, sehr hübsches Restaurant am Wasser, Bar. Bures bis zu 4 Personen F$ 232 bzw. 284 am Strand. Tel. 661233.

★ **Plantation Island Resort** liegt auf Malolo Lailai an einem kilometerlangen Strand. Unterkunft gibt es entweder im Hotel oder in Bures mit 1 oder 2 Schlafräumen und im Schlafsaal. Das Resort ist sehr beliebt bei jüngerem Publikum aus Australien und Neuseeland. Ein Teil der Hotelzimmer liegt nahe an Restaurant, Bar und anderen Einrichtungen, so daß es recht laut werden kann. Tennis, Wassersport aller Art, Tauchen, Swimmingpool, 3 Restaurants, 3 Bars, Disco. Schlafsaal F$ 45, Zimmer ab F$ 145 bis F$ 170, Bures ab F$ 225 bis F$ 350. Tel. 722333.

★ **Musket Cove Resort** liegt wie Plantation Island Resort auf Malolo Lailai. Die Bucht vor dem Resort ist ein idealer Ankerplatz, weshalb sie in den Monaten April bis November von Seglern aus aller Welt gern angelaufen wird. Hier können Sie auch Segelboote chartern. Der Strand ist nicht so schön wie beim Plantation Island Resort. Die Anlage hat 24 Bures und 6 Villas mit eigener Küche; es gibt auch einen kleinen Laden. Wassersport, Tauchen, Pool, Restaurant, Bar. Im Preis ist der kurze Flug von Nadi inbegriffen. Bures ab F$ 220, Villas F$ 300. Tel. 662215.

★ **Naitasi Resort** liegt auf Malolo, der größten Insel der Mamanucas. Es ist eines der wenigen Resorts, das geräumige Bures mit eigener Küche hat. Alle Bures und Villas liegen am Strand. Für Kinder gibt es ein täglich wechselndes Programm. Wenn Sie nicht so viel Rummel wollen, dann sind Sie hier richtig. Langer, weißer Sandstrand, Aussichtsberg, Supermarkt, Tennis, Wassersport aller Art, Tauchen, Pool, Restaurant, Bar. Bures F$ 195-225, Villa mit zwei Schlafräumen für 4 Personen F$ 300-350 je nach Saison. Tel. 720192.

★ **Mana Island** ist mit 120 Bures das größte Insel-Resort. Die Insel hat vier lange Sandstrände und einen Aussichtsberg. Mana Island ist eher geeignet für Familien und Paare, und wird stark von japanischen Gruppen frequentiert. Spezielles Kinderprogramm, Tennis, Wassersport aller Art, Tauchen, Swimmingpool, 2 Restaurants, Bar. Bure F$ 195. Tel. 661210.

★ **Tavarua Surfing Resort** ist die einzige Insel in Fidschi, die sich für Wellensurfen eignet, da hier der Pazifik ohne Riff an den Strand brandet. So ist auch das ganze Freizeit-Programm des Resorts, das von einem kalifornischen Paar errichtet wurde, auf Surfer abgestellt. Transportkosten, 3 Mahlzeiten und sämtliche Aktivitäten sind im Preis eingeschlossen. Je nach Saison US$ 95-125 (einzeln) bzw. US$ 165-195. Tel. 723513.

★ **Beachcomber Island** liegt nur 5 Bootsminuten von Treasure Island entfernt und ist das bekannteste Insel-Resort Fidschis. Die Insel ist sehr klein und flach, in zehn Minuten ist sie zu Fuß umrundet. Beachcomber war das erste Resort dieser Art in Fidschi und ist heute noch sehr beliebt bei jungen Leuten und Rucksacktouristen, die sich in der ungezwungen Atmosphäre dieses Resorts sehr wohl fühlen. Wassersport aller Art, Tauchen, Restaurant, Bar, Disco. Es gibt dreimal täglich Essen vom Büffet. Schlafsaal F$ 63, Einzelzimmer F$ 132, Doppelzimmer F$ 171, Bure F$ 217. In den Preisen sind drei Mahlzeiten täglich enthalten (!). Tel. 661500.

★ **Bekana Island** (früher Paradise Island) liegt 5 Bootsminuten von Lautoka entfernt. Es gibt 6 Duplex-Bures, die kürzlich renoviert wurden. Alle Aktivitäten wie Fitneßgeräte, Reiten, Windsurfen, Segeln kostenlos, Swimmingpool, Restaurant, Bar. Bures F$ 115 für drei Personen. Regelmäßiger Transfer von/nach Lautoka. Tel. 665222, Fax 665409.

Yasawas

★ Die **Yasawa Island Lodge** liegt 30 Flugminuten (Sunflower Airlines) von Nadi entfernt im oberen Teil der gleichnamigen Insel. Die 16 Bures dieses Resorts bieten jeglichen Luxus. Sehr schöner Strand, Wassersport aller Art, Tauchen, Tennis, Pool. Hin- und Rückflug kostet F$ 300 pro Person. Bures mit einem Schlafraum ab F$ 660, mit zwei Schlafräumen ab F$ 735, alle Mahlzeiten und Aktivitäten (außer Tauchen) inklusive. Tel. 663364, Fax 665044.

★ **Turtle Island** liegt 25 Flugminuten von Lautoka entfernt. Gäste der Insel werden mit dem Wasserflugzeug von Turtle Airways in Nadi abgeholt und in der „Blue Lagoon" abgesetzt. Jedes der 14 Luxus-Bures liegt an einem eigenen Strand. Wer den Südsee-Traumfilm „Blue Lagoon" gesehen hat, kennt die Qualitäten der Insel, denn hier wurde er gedreht. Ihr Besitzer, der Amerikaner Richard Evanson, stellt allerdings zwei „Bedingungen" an seine illustren Gäste: Sie müssen englisch sprechen und als Paar kommen. Eine Heiratsurkunde müssen Sie allerdings nicht vorlegen. Preis auf Anfrage. Tel. 663889.

Auf **Tavewa** gibt es drei sehr einfache Unterkünfte mit Familienanschluß. Anreise siehe unter Reisen im Lande. Einige bieten auch Verpflegung an. Es ist aber empfehlenswert, Lebensmittel, vor allen Dingen frisches Obst und Gemüse, selbst mitzubringen. Besonders in den trockenen Monaten kann Trinkwasser zum Problem werden. Die Unterkünfte sind sehr einfach, teilweise gibt es nur Salzwasser-Duschen und einfache Toiletten. Auf jeden Fall eine Taschenlampe mitnehmen, Strom gibt es meist nur abends für einige Stunden. Moskitonetz ist sicher von Vorteil.

★ **Otto** und **Fanny Doughty** haben die komfortabelste Unterkunft auf Taveva, zwei komplett eingerichtete Bungalows mit Küche. Einer dient als Schlafsaal für F$ 20 pro Person, der andere kostet F$ 45 für zwei. Hier können Sie selbst kochen. Telefon für Boot-Reservierung 660566. Buchung: P.O. Box 1349 Lautoka.

★ **David Doughty's Place** liegt an einem weißen Sandstrand und ist die gepflegtere der beiden Anlagen. Zelt F$ 5, Bure für 4 Personen F$ 36, für zwei F$ 20, drei Mahlzeiten F$ 8. Buchung und Boot-Reservierung Tel. 660388.

★ **Coral View Resort,** früher Robert de Bruce Place, liegt im Norden der Insel an einem Korallenstrand. Bootsausflüge zu anderen Stränden, Dorfbesuche. Zelt F$ 12 pro Person inklusive 3 Mahlzeiten, Bure F$ 44 für 2 Personen, inklusive Verpflegung. Tel. 660566.

Coral Coast – Queens Road

★ **The Fijian** auf Yanuca Island ist bezüglich der Anlage und der Strände das schönste Hotel an der Coral Coast. Es liegt 60 km von Nadi entfernt auf einer Insel, die durch eine Brücke mit dem Festland verbunden ist. Die 436 Zimmer haben internationalen Standard, die Anlage ist sehr weitläufig, so daß Sie immer ein ruhiges Plätzchen finden werden. An Aktivitäten zu Lande und zu Wasser ist es kaum zu überbieten. Für Kinder gibt es ein täglich wechselndes Programm. Transfer nach Nadi und Lautoka für Tagestrips zu den Mamanucas und Beachcomber. 9-Loch-Golfplatz, Tennis, Reiten, Fahrradverleih, 2 Swimmingpools, 6 Restaurants in verschiedenen Preiskategorien, 7 Bars, Disco, Ab F$ 250, Beach-Bures ab F$ 575. Tel. 520155.

★ **The Warwick Fiji** liegt genau auf halber Strecke zwischen Nadi und Suva, hat internationalen Standard. Die Anlage mit 250 Zimmern ist ziemlich eng und bei Ebbe ist Schwimmen im Meer nicht möglich. Aktivitäten aller Art zu Wasser und zu Lande, Reiten, Salzwasserpool, 3 Restaurants, 3 Bars, Zimmer ab F$ 173. Tel. 500555.

★ **The Naviti Resort** liegt in einer Bucht hinter Korolevu, gegenüber von zwei künstlichen kleinen Inseln mit weißem Strand. Das Resort gehört zum gleichen Konzern wie das Warwick Fiji. Für Kinder gibt es ein täglich wechselndes Programm . Auch hier ist Schwimmen bei Ebbe nicht möglich. Schöne All-Wetter-Tennisplätze, 9-Loch-Golfkurs, Fahrradfahren, Wassersport aller Art, Reiten, Pool, 3 Restaurants. Ab F$ 165, Tel. 500444.

★ Das **Crow's Nest** hat seine Bungalows wie Krähennester an den Hang gebaut. Sein ehemaliger Besitzer war ein weitgereister irischer Seemann, der das Restaurant mit alten Seekarten und Schiffsutensilien dekoriert hat, fast ein kleines Seefahrts-Museum. Auch wenn Sie hier nicht übernachten, sollten Sie zumindest das Restaurant besuchen, das eine gute Auswahl preiswerter einheimischer Gerichte bietet. Es ist auch mittags geöffnet. Die Bures haben alle Blick aufs Meer und bieten Platz für 5 Personen mit Kochgelegenheit. Ideal für Familien. Pool, aber kein Strand. Schlafsaal F$ 11, Bures ab F$ 110. Tel. 500230.

★ Das **Hideaway Resort** ist sehr beliebt bei jungen Reisenden wegen seiner lockeren und ungezwungenen Atmosphäre. Hier treffen sich Globetrotter und Surfer aus aller Welt, denn es ist der einzige Strand der Coral Coast, der sich zum Wellenreiten eignet. Ausrüstung muß allerdings mitgebracht werden. Die Bures wurden renoviert, neue sind dazugekommen. Das Hideaway dürfte das einzige Resort Fidschis sein, in dem Sie außer fidschianischem Meke auch indische Tänze und Riten sehen können. Da es gut ausgelastet ist, empfiehlt sich eine telefonische Reservierung, zumindest von Nadi aus. Wassersport, Swimmingpool, Tennis, Restaurant, Bar, Disco. Schlafsaal am Strand F$ 13, Bure bis 3 Personen F$ 90, Familien-Bure bis 6 Personen F$ 130. Tel. 500177.

★ **Tambua Sands Beach Resort** liegt in einem Palmenhain direkt an einem schönen Strand. Nur 1 km vom Hideaway Resort entfernt, ist es mehr für Ruche suchende geeignet. Die Bures stehen weit verstreut, so daß Sie völlig ungestört sind. Wie bei den meisten Resorts an der Coral Coast ist Schwimmen auch hier nur bei Flut möglich. Swimmingpool, Restaurant, Bar. Die Bures bieten Platz für 4 Personen. Bure einzeln ab F$ 77, doppelt ab F$ 88. Tel. 500399.

★ Die **Sandy Point Beach Cottages** stehen am Strand neben dem Reef Hotel in einer gepflegten, ruhigen Anlage. Die 4 modernen Cottages sind komplett für Selbstversorger eingerichtet, Geschäfte und Restaurants sind zu Fuß zu erreichen. Gutes Preis/Leistungsverhältnis. Swimmingpool, Cottage F$ 72 oder Familien-Cottage für 5 Personen F$ 120. Tel. 500125. Rabatt bei längerem Aufenthalt.

Insel-Resorts vor der Coral Coast

★ Vor der Küste Korolevus liegt in 32 km Entfernung die Insel Vatulele mit dem **Vatulele Island Resort**, einem exklusiven Luxus-Resort „for the rich and famous" an einem der schönsten Strände Fidschis. Es gehört John Crawford, einem australischen Filmproduzenten und Martin Livingston, dem langjährigen Manager von Turtle Island Resort. Die 12 Bures sind absolute Luxus-Klasse und von einem internationalen Architektenteam entworfen. Spitzenköche sorgen für das leibliche Wohl. Der Mindestaufenthalt beträgt 4 Nächte. Tennis, Wassersport aller Art, Tauchen. Anreise direkt mit Sunflower Airlines ab Nadi. Pro Person F$ 516, sämtliche Mahlzeiten, Getränke jeder Art und Aktivitäten (ausgenommen Tauchen) inklusive. Tel. 790300.

Suva

★ Das größte Hotel in Suva mit internationalem Standard ist das **Travelodge**. Es liegt zentral an der Victoria Parade, direkt am Wasser aber ohne Strand. Das Hotel ist Treffpunkt der Regierungsangestellten und Geschäftsleute von Suva. Swimmingpool, zwei Restaurants, Bar. Einzel- und Doppelzimmer ab F$ 171. Tel. 301600.

★ Das **Berjaya Inn** (früher Courtesy Inn) in der Gordon Street ist eines der höchsten Gebäude in Suva. Die Zimmer in den oberen Stockwerken haben einen sehr schönen Blick auf Suva und das Hafenbecken. Es ist unter neuem Management. Alle Zimmer wurden renoviert und das Restaurant ist ebenfalls neu. Swimmingpool, Einzel- und Doppelzimmer ab F$ 134. Tel. 312300.

★ Das **Grand Pacific Hotel** ist das historisch markanteste Gebäude in Suva. Es steht an der Victoria Parade neben dem Travelodge. Erbaut wurde es 1914 von der Union Steamship Company. William Somerset Maugham stieg einige Male hier ab und hat dem GPH, wie es die Einheimischen kurz nennen, eine Kurzgeschichte gewidmet. Das „GPH" wird umfassend renoviert. Wann es wiedereröffnet wird, stand bei Drucklegung noch nicht fest.

★ Das **Townhouse Apartment Hotel** in der Forster Street hat im obersten Stockwerk einen Dachgarten mit Bar und Blick auf Suva. Hier können Sie in aller Ruhe ein gut gezapftes kühles Bier genießen. Die Zimmer haben Kochgelegenheit. Einzelzimmer ab F$ 40, Doppelzimmer ab F$ 50. Tel. 300055.

★ Das **Coconut Inn** in der Kimberly Street im Zentrum hat sehr einfache Zimmer und ist ein Treffpunkt für Globetrotter. Es wird von den gleichen Leuten geleitet, die auch die Touren nach Mystery Island (Naigani) organisieren und das Old Cottage Mill Restaurant betreiben. Gemeinschaftsküche und -dusche. Schlafsaal F$ 8, Einzel- oder Doppelzimmer F$ 22. Tel. 312904.

★ Das **South Sea Private Hotel** ist seit Jahren der Favorit bei Rucksack-Touristen aus aller Welt. Das zweigeschossige Holzgebäude steht an der ruhigen Williamson Road hinter dem Albert Park. Die Zimmer sind sehr einfach und sauber mit Gemeinschaftsküche. Netter Garten. Schlafsaal F$ 7,70, Doppelzimmer F$ 17,60. Tel. 312296.

Einzugsbereich von Suva

* Das **Raffles Tradewinds** Hotel an der Queens Road vor Suva in Lami (5 km) ist nach größeren Renovierungsarbeiten wieder geöffnet. Es liegt sehr schön am Wasser an der Bay of Islands und ist eine gute Alternative zu den Suva-Hotels. Alle Zimmer mit Meeresblick. Am Wochenende gute Lve-Musik. Swimmingpool, 2 Restaurants, Bar. Doppelzimmer F$ 135. Tel. 362450.

★ Der **Ocean Pacific Club of Fiji** befindet sich zwischen Pacific Harbour und Suva, circa 20 Autominuten von Suva entfernt. Das kleine Resort liegt in einer Kokosplantage am Meer, hat aber keinen richtigen Strand. Es ist hauptsächlich auf Hochseefischen und Tauchen spezialisiert. Pool, Restaurant, Bar. Bure für 2 Personen F$ 170, Schlafsaal ähnliche Unterkunft F$ 27 pro Person. Tel. 304864.

★ Am schönen langen Pacific Harbour Strand liegt das **Pacific Harbour International Resort**. Ideal für Windsurfer, da die Wellen ungebrochen an den Strand rollen. Zum Schnorcheln aber nicht geeignet. Wassersport aller Art, Reiten und Tennis. 18-Loch-Golfplatz nebenan. Pool, 2 Restaurants, Bar. Doppelzimmer F$ 154, Tel. 450022.

★ Gleich nebenan ist der **Fiji Palms Beach Club**, eine Time-Sharing-Anlage, die von jedermann genutzt werden kann. Die Appartements sind sehr gut ausgestattet (mit kompletter Küche) und haben Platz für 4 Personen. Ideal für Familien. Reiten, Swimmingpool, Golfkurs, Tennisplätze, Restaurants und Geschäfte sind in der Nähe. Zimmer F$ 135. Tel. 450050.

★ Für längeren Aufenthalt (ab 1 Monat) können die **Pacific Harbour Villas** gemietet werden. Sie sind komplett eingerichtete großzügige Bungalows an künstlichen Seen und Kanälen nahe dem Golfplatz. Platz für mindestens 4 Personen. Ab F$ 350 pro Woche. Villa Services Ltd., Tel. 450276, Fax 450136 oder Tel. 450011.

★ Vom Bootshafen in Pacific Harbour aus erreichen Sie das **Marlin Bay Resort** auf der vorgelagerten Insel Beqa. Es ist auf Tauchen spezialisiert und hat 4 eigene Tauchboote. Die 12 Bures sind gut ausgestattet und liegen am Strand. Bei Buchung wird für Transfer gesorgt. Im Restaurant wirkt ein österreichischer Koch namens Christian. US$ 143. Tel. 304042.

Insel-Resorts im Osten

★ **Toberua Island Resort** ist mühelos von Suva oder Nausori Airport aus zu erreichen, weshalb Sie auch einen Tagestrip dorthin machen können. Die Insel ist winzig klein und mit 14 Luxus-Bures etwas dicht bebaut. Es gibt einen kleinen Golfplatz, der nur bei Ebbe bespielbar ist. Ruhige, angenehme Atmosphäre. Wassersport aller Art, Restaurant, Bar. Anreise mit Taxi oder Auto bis Nakelo Anlegestelle (hinter Nausori Airport), dann hauseigenes Boot. Swimmingpool, kostenlose Bootstrips zu unbewohnten Inseln, gutes Restaurant, Bar. Bure ab F$ 297. Drei Mahlzeiten F$ 72, Halbpension F$ 59. Tel. 479177.

Kings Road

★ Das **Rakiraki** Hotel auf halber Strecke zwischen Suva und Nadi ist die beste Unterkunft an der Kings Road. Der alte Teil des Hotels hat den rustikalen Charme der Kolonialzeit. Die Zimmer sind nett und sauber. Das Restaurant eignet sich gut für eine Mittagspause auf der Fahrt zwischen Suva und Nadi. Von hier gibt es auch Tagestouren zu den Resorts auf die vorgelagerten Insel Nananu-i-Ra. Pool, Tennis, Restaurant und Bar. Doppelzimmer im alten Flügel F$ 35, Schlafsaal F$ 10, Doppelzimmer im neuen Teil F$ 90. Tel. 694545.

★ Die einzige Übernachtungsmöglichkeit im Hochland von Viti Levu ist das **Forsthaus Nadarivatu** (Forestry Rest House). Es liegt an der Strecke von Tavua nach Suva an der Monasavu Road auf 850 m Höhe. Das Haus wurde ursprünglich für die Bosse der Goldmine und ihre Familien gebaut. Das alte Holzhaus im Kolonialstil hat 3 Schlafräume mit insgesamt 7 Betten, 1 Toilette und 1 Dusche. Verpflegen müssen Sie sich selbst. In der Küche gibt es Geschirr für das Nötigste. Geheizt wird mit Holz, der Aufenthaltsraum hat einen riesigen Kamin, der eine gemütliche Atmosphäre schafft. Das Haus wird gepflegt und verwaltet von einer fidschianischen Familie in Nadarivatu, die auch den Schlüssel hat und für frische Bettwäsche sorgt. Da die Nächte hier empfindlich kalt werden können, sollten Sie sich etwas Wärmeres zum Anziehen mitnehmen. Die Übernachtung kostet F$ 5 pro Person, Buchungen über den Forestry Station Manager in Nadarivatu, Tel. 311010 Extension 20. Zum Zeitpunkt unserer Recherche wurde es gerade renoviert. Wann es wieder geöffnet wird, war noch unklar.

Insel-Resorts im Norden

Die Unterkünfte auf **Nananu-I-Ra** sind sehr beliebt bei Reisenden, die weniger Kommerz und mehr unberührte Natur suchen. Dabei aber nicht soviel Wert auf Komfort legen. Nananu-I-Ra liegt 5 km vor der Nordküste Vitu Levus bei Rakiraki. Die Anlegestelle für die Boote dorthin ist Ellington Wharf, 5 km hinter Rakiraki. Täglicher Transport von allen Nadi Hotels zur Anlegestelle (z.B. PVV Tours, Tel. 700 600. Die Fahrt dauert 2 Stunden. Von Suva kommend ist der Expreß-Busse nach Rakiraki am billigsten. Der Transfer für Gäste von Mokusigas ist kostenlos.

★ **Mokusigas** ist ein neues Resort mit 20 komfortablen Bures und Platz für 3 Personen. Es liegt sehr schön auf einem Hügel in der Mitte einer Landzunge mit Blick auf zwei Buchten. Ruhige, friedliche Atmosphäre in sehr natürlicher Umgebung. Der fidschianische Besitzer Randolph Movick war auch Skilehrer in Österreich. Gute Alternative zu den wesentlich teureren Resorts der Mamanucas. Bushwalks, zwei schöne Strände, Tennis, Wassersport aller Art (nur nichtmotorisierter), Tauchen (Tauchschein mit deutschen Prüfungsunterlagen möglich), gutes Restaurant, Bar. Gutes Preis/Leistungsverhältnis. Bure F$ 175. Tel. 666377.

Die folgenden vier Unterkünfte sind für Selbstversorger. Die Bungalows sind komplett eingerichtet. Wasser wird wegen Knappheit meist rationiert.

★ **Betham's Beach Cottages** hat 4 Bungalows mit 2-6 Betten. Schlafsaal F$ 12 pro Person, Doppelzimmer ab F$ 44, Tel. 694132.

★ **MacDonald's Nananu Beach Cottage**s liegt neben Bethams. Doppelzimmer ab F$ 45, Schlafsaal ab F$ 12. Tel. 694633.

★ **Charley's Place** liegt auf einem Hügel mit hübschem Blick. Schlafsaal und Küche sind in einem Raum, F$ 13, Bure F$ 50, Tel. 694676.

★ **Kon Tiki Lodge** liegt auf der anderen Seite der Insel, circa eineinhalb Stunden Fußmarsch von den anderen Resorts entfernt. Hier ist der beste Strand und ein guter Schnorchelplatz. Schlafsaal F$ 12, Doppelzimmer F$ 26, Verpflegung F$ 9 pro Tag. Tel. 694290.

Restaurants

Nadi

Das **Gardenview** Restaurant im Regent und das **Ports O'Call** im Sheraton Resort, beide auf der Denarau-Halbinsel, sind zur Zeit die besten Restaurants in Fidschi. Der frühere deutsche Chefkoch des Sheraton Resorts hat in Nadi hinter Jack's Handicraft in der Sagayam Road ein Gourmet-Restaurant eröffnet. Es heißt **Chef's**, bietet internationale Küche und ist unbedingt empfehlenswert. Auch mittags geöffnet. Es gibt auch eine Snackbar im vorderen Teil des Restaurants. Das **Moonlight, Maharaja** und **Namaka Inn** sind vollwertige indische Restaurants, abgesehen von den vielen kleinen Curry-Snackbars. **Poon's** Restaurant in der Hauptstraße ist das beste chinesische Restaurant in Nadi und Umgebung. Außer chinesischen Gerichten wird viel Fisch und Seafood angeboten zu günstigen Preisen. Das Lokal hat auch mittags geöffnet. **Mama's Pizza Inn** an der Queens Road ist seit Jahren gleichbleibend gut und preiswert, ein Treffpunkt der Traveller. Die **Coffee Lounge** neben Hot Bread Kitchen an der Hauptstraße in Nadi Town ist sehr sauber und ordentlich. Es gibt vegetarische indische Gerichte, Sandwiches, Toast, Eis und Cappuccino. Ab 8 Uhr morgens geöffnet.

Viel Nachtleben gibt es nicht in Nadi. In allen Hotels finden regelmäßig **Mekes** (fidschianisches Fest mit traditionellen Tänzen und Gesängen) oder Tanzveranstaltungen statt. Auch als Nicht-Hotelgast können Sie daran teilnehmen. In einigen Hotels treten auch die Firewalker auf. Am Wochenende gibt es Live-Musik im Mocambo Hotel, dessen Tanzbar auch bei Einheimischen sehr beliebt ist, ebenfalls im Tanoa International Hotel, Dominion und Regent Hotel. **Planter's** ist die Disco des Sheraton Resorts für jüngere Leute. Discomusik gibt es auch von Donnerstag bis Samstag in **Ed's Cocktail Bar** und bei **Jessica's** im New Westgate Hotel.

Suva

Die Gastronomie in Suva ist sehr preiswert, die Preise in den Snackbars bewegen sich zwischen F$ 3 und 6 für ein Essen ohne Getränke, in den Restaurants zwischen F$ 5 und 20. Es überwiegen chinesische Restaurants; indische Currries bekommen Sie vor allem in Snackbars.

Tip

Außerhalb Nadis ist das **Mediterranean Restaurant** erwähnenswert, allein wegen des phantastischen Ausblicks, den die Terrasse auf die Nadi Bay und die Sabeto Berge bietet. Es liegt circa 12 Kilometer nördlich von Nadi Airport auf einer kleinen Anhöhe an der Straße nach Lautoka.

Tip

Zur **Bula Hour** im **Regent** zwischen 17.30 und 18.30 Uhr kosten alle Getränke nur die Hälfte, und es gibt kleine Snacks und stimmungsvolle fidschianische Lieder. Etwas bescheidener können Sie den Sonnenuntergang von der Bar des **Travellers Beach Resort** anschauen.

Tip

Das Vorderdeck
von Tiko's ist der
beste Platz in Suva,
um mit einem
Cocktail den
Sonnenuntergang
über der Hafen-
bucht zu genießen

■ International:
Tiko's ist ein schwimmendes Restaurant in einem ehemaligen Ausflugsboot, das jetzt an der Stinson Parade
am Kai festgemacht ist. Es ist das einzige Seafood
Restaurant in Suva, bietet aber auch einheimische und
europäische Gerichte an sowie eine gute Auswahl an
Weinen. Im Unterdeck des Schiffes ist **Tiko's Steakhouse**
mit ausgezeichneten Steak-Gerichten. Oben sitzen Sie
bei einer leichten Meeresbrise, begleitet von fidschianischen Liedern zur Gitarre.

■ Chinesisch:
Great Wok of China an der Ecke Rewa/Bau Street ist ein
chinesisches Lokal gehobener Klasse mit modernem
Dekor. Das Angebot an Speisen und Weinen ist ausge-
zeichnet. Besondere Empfehlung: Crispy Fish in Ginger-
(Ingwer)-Soße. Vorbestellung ist auf jeden Fall notwen-
dig. **Ming Palace** in der Old Town Hall ist zweifelsohne
von der Einrichtung her das stilechteste chinesische
Lokal in Suva. Mittags bietet es ein gutes und preiswertes
Büffet.
Vom Balkon des **Sichuan Restaurants** gegenüber dem
Visitor Bureau können Sie beim Essen das Treiben in der
Thomson Street beobachten. **Lantern Palace** in der Pratt
Street ist ein sehr preiswertes Familienlokal und mei-
stens gut besucht, Vorbestellung wäre ratsam.

Unser Favorit:

Das **Old Mill
Cottage Restau-
rant** in der Carna-
von Street bei den
Regierungsgebäu-
den ist eines der
wenigen Lokale in
Suva, die neben
indischen auch fid-
schianische
Gerichte anbieten.
Spezialität: Fisch in
Kokosmilch (Lolo)
und Palusami
(junge Taroblätter
mit Corned beef
und Lolo).

■ Indisch:
Die **Hare Krishna Restaurants** in der Cumming und in der
Pratt Street sind die besten indischen Restaurants in
Suva mit rein vegetarischen Gerichten. Sie können sich
das Essen aus einer ganzen Palette verschiedener Spei-
sen zusammenstellen. Im Erdgeschoß ist jeweils die
Snackbar, im ersten Stock sind die klimatisierten Restau-
rants. Beide Lokale sind abends nur bis 20 Uhr geöffnet.

■ Snackbars:
Ausgezeichnete Curries gibt es im **Curry House** an der
Victoria Parade im gleichen Gebäude wie Ming Palace. Es
ist auch abends geöffnet, hat aber keine Lizenz für alkoholische Getränke. Probieren Sie einmal Mutton-(Ham-
mel-) oder Goat-(Ziegen)Curry.
Curry Place an der Pratt Street ist von ähnlicher guter
Qualität. Das **Palm Court Bistro** im Innenhof des Queensland Insurance Gebäudes ist die einzige Snackbar Suvas,
in der Sie im Freien sitzen können. Ab 8 Uhr gibt es dort
Frühstück.

Nachtleben

Die Bewohner Suvas verstehen es gleichermaßen, die Nächte mit Tanz und Feiern durchzubringen. Am Wochenende verwandeln sich die zahlreichen Diskotheken und Clubs in brodelnde Hexenkessel, deren schiebende und schwitzende Leibermengen kaum Bewegungsfreiheit für ein Bier im Stehen lassen. Der erfahrene Nachtschwärmer verläßt die rauheren Plätze schon vor der Sperrstunde, da dann oft Schlägereien ausbrechen. Unter der Woche schließen die Lokale um 1 Uhr nachts, freitags später, am Samstag schon um Mitternacht.

Das **Lucky Eddies** in der Victoria Parade ist die Institution im Nachtleben Suvas. Hier treten oft Live-Gruppen auf, die Verstärkeranlage ist exzellent, die Discjockeys spielen die Hitparade rauf und runter. Ein Treffpunkt der hübschesten Mädchen und exotischsten Nachtvögel Suvas. Dank einer Brigade stämmiger fidschianischer Ober, die bei aufkeimender Unruhe nicht lange fackeln, kann auch der Tourist hier vor Schlägereien einigermaßen sicher sein. Tür an Tür mit dem Lucky Eddies ist **Urban Jungle** – eine Diskothek für die Yuppies von Suva. Klimaanlage und Publikum sorgen für kühlere Atmosphäre. Das **Golden Dragon** weiter unten an der Victoria Parade sowie das **Bali Hai** am Hafen und das **Chequers** an der Waimanu Road sind fast ausschließlich von Einheimischen frequentiert. Wer Kontakt sucht und den handfesten Konflikt nicht scheut, ist hier aber auch gut aufgehoben. Eine Bar für gehobenere Ansprüche ist **O'Reilly's Tavern Club** in der MacArthur Street.

Aktivitäten

Das Angebot an Aktivitäten zu Lande und zu Wasser ist auf Viti Levu besonders groß, wobei die Westküste sicher den Schwerpunkt für strandorientierten Urlaub bietet. Von dort aus können Sie Tagesausflüge zu vorgelagerten Inseln, ins Hinterland oder an die Ostküste nach Suva machen. Wenn Sie mehr von Land und Leuten sehen wollen, können Sie mit einem Mietwagen rund um Viti Levu und ins Landesinnere fahren. Das landschaftlich vielfältige Hinterland Viti Levus ist bestens geeignet für einen Abenteuerurlaub mit Trekking, Reiten und Wildwasserfahrten. Als Golfer und Tennisspieler haben Sie auf Viti Levu die größte Auswahl an gepflegten Plätzen.

Tip

Das einzige Lokal, das einer städtischen Kneipe europäischen Zuschnitts nahekommt, ist das **Traps** an der Victoria Parade. Hier wird zu ausgesuchter Popmusik ein gutes Bier gezapft. Am Wochenende gibt es auch Live-Musik.

Strände

Die besten Strände haben ohne Zweifel die kleinen Korallen- und Vulkaninseln vor der Westküste Viti Levus – die Mamanucas und die Yasawas. Auf Viti Levu selbst ist der schönste Strand – noch – ohne Hotel: **Natadola Beach,** einige Kilometer nördlich des Fijian Hotels, kilometerlang schlichter, einsamer Traum! Die Strände der Coral Coast sind dagegen (mit Ausnahme des **Fijian Hotel**) weniger einladend, da ihre Lagunen seicht und, wie der Name schon sagt, von Korallen beherrscht sind. Erst in **Pacific Harbour** bei Deuba, 50 Kilometer auf der Queens Road von Suva entfernt, folgt wieder ein langer, dunkler Sandstrand ohne Korallen, der sich zum Baden und Windsurfen eignet.

Zu Lande

Allein das Landesinnere Viti Levus bietet so viele Möglichkeiten, daß Sie einen abwechslungsreichen „Landurlaub" dort verbringen könnten. Aber bitte beachten Sie, daß die Straßen im Landesinneren nicht asphaltiert und während der Regenzeit oft in sehr schlechtem Zustand sind. Bei trockenem Wetter können Sie die meisten zwar mit einem normalen Pkw befahren, zweifellos aber tun Sie sich mit einem Allradfahrzeug leichter. Vor allem die höhere Bodenfreiheit eines Jeeps lernen Sie schätzen, wenn tiefe, ausgewaschene Rinnen das Weiterfahren im Pkw unmöglich machen. Genauere Wegbeschreibung entnehmen Sie bitte dem Inselteil dieses Buches.

Landausflüge von Nadi aus

■ **Tagestrip nach Suva**
Der **Queens Coach** startet 7.30 Uhr früh ab Nadi Airport und hält an allen Hotels auf der Strecke, so daß Sie überall zusteigen können. Ankunft im Tradewinds Hotel in Suva ist gegen 12 Uhr. Die Rückfahrt erfolgt um 17 Uhr wieder ab Tradewinds Hotel. Vorausbuchungen sind erforderlich. Bei der **Bula Fiji Tour** von UTC (Tel. 722811) haben Sie Gelegenheit, auf dem Weg nach Suva das Cultural Center in Pacific Harbour zu besichtigen. In Suva selbst haben Sie eine komplette Rundfahrt mit Führung und Zeit zum Einkaufen, am Spätnachmittag geht es dann wieder zurück nach Nadi. Der Bus hält am Fijian, am Warwick und am Naviti Resort. Ab allen Nadi Hotels F$ 56. Road Tours of Fiji (Rosie Tours) bringt Sie für F$ 46 nach Suva und wieder zurück. In Suva haben Sie die Möglichkeit eines Bootstrips nach Nukulau Island oder eines Besuches von Orchid Island, einem botanischen Garten. Tel. 722935.

Tip

Im Inneren des Landes gibt es kaum **Tankstellen**, so daß Sie rechtzeitig volltanken und eventuell Reservekanister mitnehmen sollten. Vergewissern Sie sich auch, daß Ihr Fahrzeug einen Reservereifen hat, denn auf den Schotterstraßen ist der Verschleiß hoch.

■ Natadola Beach

Mit dem eigenen Auto ist Natadola Beach, der schönste Strand Viti Levus, etwas schwer zu finden. Die restaurierte ehemalige Zuckerrohr-Bahn bringt Sie von Kalevu (an der Einfahrt zum Fijian Hotel) direkt dorthin. Die Fahrt geht durch malerische Landschaft entlang der Küste. Am Natadola Beach haben Sie Zeit zum Schwimmen und Mittagessen im Restaurant. Nachmittags geht es wieder zurück. Von allen Nadi Hotels, Naviti, Warwick, Hideaway Resort gibt es einen Bustransfer zur Bahn (Sun Tours, Tel. 722666). Sonntags fährt Sie UTC mit einem Bus an den Strand.

■ Nausori Highland/Sigatoka Valley

Verschiedene Veranstalter bieten Touren in die Nausori Highlands und ins Sigatoka Valley an. Halbtages- oder Tagestouren, wahlweise mit dem Jeep oder Bus. (Halbtagestouren: Inland Tours of Fiji, Tel. 723544). Dies ist eine gute Gelegenheit, das Landesinnere Viti Levus kennenzulernen. UTC (Tel. 722811) hat einen Sigatoka River Cruise im Programm: Transfer zur Anlegestelle in Sigatoka. Dort geht es flußaufwärts zu einem traditionellen fidschianischen Dorf. Nach einer Pause mit Kava-Zeremonie geht es wieder zurück zu den Sigatoka Sanddünen. In einem Dorf gibt es Mittagessen aus dem Erdofen. Das Boot bringt Sie dann wieder nach Sigatoka zurück.

Eine empfehlenswerte kombinierte Bus-Trekking-Tour führt ins Hochland zum Dorf Nagado. Von dort wandern Sie circa 3 Stunden nach Toko, einem der ältesten Dörfer des Hochlandes auf circa 700 Metern Höhe. Von oben haben Sie einen phantastischen Blick auf Nadi Bay und die Berge. Der Abstieg zum Bus dauert nur eine Stunde. Für diese Tour brauchen Sie feste Schuhe und eine gute Kondition (Rosie Tours, Tel. 722755).

■ Tavuni Hill Fortification

Vier Kilometer nördlich von Sigatoka, in der Nähe des Dorfes Naroro, wurden auf einem 90 Meter hohen Aussichtshügel die steinernen Fundamente einer befestigten 200 Jahre alten Ansiedlung restauriert. Die Befestigung spielte in fidschianischen Stammeskriegen eine große Rolle.

■ Abaca Park

In der Koroyanitu Range, einem Bergrücken hinter Lautoka, wurde mit Entwicklungshilfegeldern ein Kultur- und

Naturpark angelegt. Ein einheimischer Führer holt Besucher für Tagestouren in Lautoka ab und führt sie durch die Felsgärten dieser wilden Berglandschaft, die auch Schauplatz blutiger fidschianischer Stammeskriege war. Eine einfache Lodge dient als Unterkunft für mehrtägige Ausflüge. Der Tagesausflug kostet F$ 10, eine Übernachtung F$ 15. Tel. 661622.

■ Adventure Fiji

Die Gesellschaft „Adventure Fiji" (Tel. 722755, Fax 722607) wurde von dem Reiseveranstalter Rosie Tours gegründet und bezeichnet sich als „Freunde der Erde"; ihr Motto ist: „take only pictures and leave only footprints". Sie folgt damit dem Trend zum Öko-Tourismus und bietet ein vielfältiges Programm an, hier einige Beispiele:

★ 7-tägige Trekking-Tour durch das Hochland von Viti Levu.

★ 4-tägige Trekking- und Bergtour auf den Mt Victoria.

★ 7-tägige Culture & Heritage Tour über mehrere Inseln (Viti Levu, Ovalau, Taveuni) mit Besuch historischer Orte, archäologischer Fundstätten.

★ 4-tägige Naturkunde-Tour nach Taveuni.

★ Wildwasser- und Floßfahrten, kombiniert mit Trekking.

★ Mehrtägige Surf- und Tauchausflüge zu verschiedenen Inseln. Das ausführliche Programm (auf Englisch) bekommen Sie von Rosie Tours, Tel. 722755, Fax 722607.

■ Campen in der Wildnis

Ein Abenteuer besonderer Art ist das Wilderness Camp am Flußbett des Navua Rivers. Die Zelte stehen am Fuß eines Wasserfalles im Regenwald. Sie fahren den Fluß hinauf bis zum Lager. Dort können Sie fischen und Dschungeltouren machen. Abends nehmen Sie an einer Kava-Zeremonie

Trekking-Gruppe beim Überqueren eines Flusses

teil. Am zweiten Tag gibt es Lovo, das heißt Essen aus dem Erdofen, bei dessen Präparation Sie behilflich sein können. Zurück geht es mit einem Bambusfloß (Bilibili), das Sie selbst mit zusammenbauen. Diese Tour kann auch als Wochenendtour von Freitag bis Montagnacht organisiert werden (über UTC).

■ **Emerald Forest Hochlandtreck**
Dieser 4-Tage-Treck geht durch den Regenwald von
Namosi, zwischen Pacific Harbour und Suva. Er führt
durch Dörfer, Flüsse und Schluchten. Einheimische Füh-
rer bringen Sie in ein Dorf in den Bergen. Festes Schuh-
werk und gute Kondition sind Voraussetzung. Dieser
Treck kann auch bis auf zehn Tage ausgedehnt werden.
Der UTC-Bus holt Sie von jedem Hotel ab. Tel. 722811

■ **Wildwasserfahrten**
Auf dem Ba River an der Nordküste und auf dem Navua
River im Südosten werden Wildwasserfahrten veranstaltet. Einmal auf Flößen von Wilderness (Fiji) Tours, Tel.
386498, 385372 oder mit Schlauchbooten von der Roa-
ring Thunder Company, Tel. 702029. Floßfahrten auf dem
Navua River organisiert Rosie Tours, Tel. 722755.

■ **Mit dem Jet-Boot auf dem Nadi River**
Eine neuseeländische Touristenattraktion, die rasanten
Flußfahrten mit schnellen und wendigen Jet-Booten, hat
nun auch Einzug in Fidschi gehalten. Die turbinengetrie-
benen Rennboote düsen die engen Flußwindungen hin-
auf- und hinunter. Ob das der beschaulichen Mangroven-
landschaft mit ihrem empfindlichen Ökosystem dienlich
ist, wird sich noch zeigen. Shotover Jet Fiji, Tel. 750400
und South Sea Cruises, Tel. 722988.

Landausflüge von Suva aus

■ **Tagestrip nach Levuka**
Die alte Hauptstadt Fidschis auf der Insel Ovalau im
Osten Viti Levus ist unbedingt einen Ausflug wert, wenn
Sie sich für die Geschichte Fidschis interessieren. Hier
werden Sie in die Kolonialzeit zurückversetzt. Sie können
sie mit dem Flugzeug von Nausori Airport in 15 Minuten
erreichen. Air Fiji fliegt täglich für F$ 33 nach Levuka.
(Nähere Beschreibung von Levuka siehe unter Ovalau,

■ **Navua River Trip**
Dieser Ausflug mit dem Motorboot in die wilde Flußland-
schaft dauert zwei Stunden. Er führt durch dichten
Regenwald, vorbei an Wasserfällen und steil aufragenden Felswänden. In einem Dorf am unteren Flußlauf gibt
es ein Mittagessen. Wilderness Fiji Tours, Tel. 385372
und Livai Tours, Tel. 304251.
Diese Tour kann auch von Nadi aus organisiert werden
über Rosie Tours und UTC.

Tennis

Die größeren Hotels und Resorts haben gepflegte Tennisplätze, teilweise auch Rasenplätze. Die beste Anlage ist im **Denarau Golf and Racquet Club** in Nadi, zwischen dem Sheraton und dem Regent Hotel. Sie hat 4 Allwetter- und 6 Rasenplätze mit Flutlichtanlage. Gut geeignet für einen Tennisurlaub ist auch das **Naviti Resort** an der Coral Coast, das mehrere Allwetterplätze hat.

Golf

★ Der neueste und größte Golfplatz ist im **Denarau Golf and Racquet Club** in Nadi (18 Loch, 72 Par), zwischen dem Sheraton und dem Regent. Zur Anlage gehören auch ein Restaurant, eine Bar und ein Sportgeschäft.
★ Der **Nadi Golf Course** (18 Loch, 71 Par) am Airport folgt dem Strand an der Westküste.
★ Die Anlage des **Fijian Hotel** an der Coral Coast (9 Loch/31 Par) verläuft in leichten Wellen rund um das Resort und stellt vielseitige Anforderungen.
★ Der älteste Golfplatz Fijis ist der **Pacific Harbour Golf and Country Championship Course** (18 Loch/72 Par), auf dem auch internationale Meisterschaften ausgerichtet werden. Er ist Teil einer Freizeitanlage 50 km westlich von Suva, hat ein Restaurant und einen Swimmingpool. Dieser Platz gehörte einmal zu den zehn besten Plätzen der Welt und wurde von Robert Trent Jones jr. gestaltet.

Denarau Golf and Racquet Club

Reiten

Pferde können Sie stundenweise ausleihen über Pacific Harbour International Hotel und die größeren Hotels an der Coral Coast. Die Newton Beach Stables am Wailoaloa Beach bei Nadi geben Reitunterricht und veranstalten Reitausflüge in das Hochland hinter Nadi. Tel. 780633.

Bootsausflüge von Nadi und Lautoka

Zu Wasser

Wenn Sie nur wenige Tage in Fidschi sind, sollten Sie auf jeden Fall einen Tagesausflug zu einem der Insel-Resorts machen. Die Boote starten jeweils früh in Nadi oder Lautoka. Auf den Inseln können Sie vom Wassersport-Angebot Gebrauch machen und am Mittags-Büffet teilnehmen. Ein kostenloser Bustransfer bringt Sie von allen Nadi Hotels zur Anlegestelle.

★ **Tagestrip nach Beachcomber Island**
Der 43-m-Dreimaster **Tui Tai** startet täglich in Lautoka um 10 Uhr, die Überfahrt dauert eine gute Stunde. Der ganze Trip, kostet F$ 55, Mittagessen eingeschlossen. Beachcomber Cruises, Tel. 661500.

★ **Combo Cruise nach Plantation Island Resort**
Der Katamaran **Island Express** startet um 9 Uhr ab Regent Beach und bringt Sie über Mana Island, Castaway und Naitasi Resort zum Plantation Island Resort. Die Rückfahrt machen Sie dann mit dem Zweimaster Seaspray (South Sea Cruises, Tel. 722988 oder UTC Tel. 722811).

★ **Tagestrip nach Mana Island Resort**
Die Tour ist ähnlich wie die nach Plantation Island, nur daß Sie in Mana Island aussteigen. Die Fahrt dorthin mit dem Island Express dauert circa 90 Minuten. Auf Mana haben Sie mehrere Strände zur Auswahl, Mittagessen gibt es vom Büffet. Das Boot geht nachmittags wieder zurück. Auch über UTC oder South Sea Cruises, Tel. 722988.

★ **Ausflug nach Magic Island**
Diese kleine unbewohnte Insel liegt zwischen Regent Beach und Tavaru Island. Die **Stardust II** läuft sie von Regent Beach aus an. Weißer Sandstrand, türkisfarbenes Wasser, viel Sonne und wenig Schatten. Einfache Übernachtungsmöglichkeit auf der Insel für maximal 8 Personen (Tel. 720439). Tauchausrüstung an Bord. South Sea Divers, Tel. 750445 oder South Sea Cruises.

★ **Tages-Segeltörn mit der Ra Marama**

Segeln

Ein besonderes Erlebnis ist der Trip mit dem 36-m-Großsegler, eine Brigantine, die 1950 in Singapur aus bestem Teakholz für den Governor-General von Fidschi gebaut wurde. Der Turn geht über Plantation Island nach Magic Island, einer kleinen unbewohnten Insel. Dort haben Sie Gelegenheit zum Schwimmen und Schnorcheln (Ausrüstung kann geliehen werden). Abfahrt Donnerstag, Freitag und Sonntag um 10 Uhr ab Sheraton Hotel, Rückkehr circa um 17 Uhr. Captain Cook Cruises, Tel. 701823.

★ Tages-Segeltörn mit der Seaspray
Der 28-m-Zweimaster Seaspray segelt täglich ab Regent Beach über Plantation Island nach Magic Island. Dort verbringen Sie den Tag mit Schwimmen, Schnorcheln und Faulenzen. Mittags gibt es Büffet. Gegen 17.30 Uhr sind Sie wieder zurück (über UTC oder South Sea Cruises).

★ Tages-Segeltörn mit der Ariadne
Die Ariadne ist ein 24-m-Zweimaster, der täglich um 10 Uhr von Regent Beach nach Castaway Island Resort fährt. Der Segler bringt Sie nachmittags wieder nach Nadi zurück. South Sea Cruises, Tel. 722988.

★ Tages-Segeltörn mit der Whale's Tale
Der Champagner Sail Cruise mit dem 33-m-Schoner Whale's Thale ist ein Segeltörn mit Stil und Nostalgie. Der originalgetreue Nachbau eines typischen Segelschoners, wie sie in Kolonialzeiten die Südsee befuhren, hat circa 1 Million Fiji Dollar gekostet, entsprechend ist der Komfort. Der Törn beginnt morgens mit einem Champagner-Frühstück, mittags wird ein Gourmet-Büffet an Bord aufgebaut. Der Trip geht durch die Mamanucas, unterwegs wird an Inselstränden zum Schwimmen und Schnorcheln geankert. Zur Rückkehr bei Sonnenuntergang werden an Deck Cocktails und Champagner serviert. Abfahrt ab Regent Beach, abholung von jedem Hotel in Nadi. Oceanic Schooner, Tel. 722455.

Segel-Charter

★ Die Yacht Charter Gesellschaft **Moorings Rainbow** hat beim Musket Cove Resort einige Yachten für Selbstsegler oder mit Crew liegen. In Fidschi ist es Pflicht, immer einen einheimischen Begleiter dabei zu haben (nicht als Skipper), der mit den Inseln und Riffen bestens vertraut ist. Die Boote haben 2, 3 und 4 Kabinen. Mooring Rainbow, David Woodley, P. O. Box 9024, Nadi Airport, Tel. und Fax 666710.

★ **La Violante** liegt bei Musket Cove Resort. Der 1922 gebaute 35-m-Schoner hat wegen seines nostalgischen Aussehens in vielen Filmen mitgewirkt. Trips durch die Mamanucas und Yasawas. Tauchen möglich. Maximal 8 Passagiere in 4 Kabinen. Stardust Cruises Ltd., Private Mailbag, Nadi Airport, Tel. 662215, Fax 662633.

★ **Tau,** eine 30-m-Ketsch hat jeden Luxus an Bord und

gehört einem Segelbegeisterten, der Fiji bei Olympischen Spielen und South Pacific Games repräsentiert hat. Die Yacht liegt in Lami bei Suva, individuelle Tourengestaltung, bevorzugt in die Lau-Gruppe, bis zu 6 Passagiere. Tradewinds Marine Ltd., P. O. Box 3084, Lami, Tel. 361796, Fax 301010.

Abgesehen von diesen Booten liegen in der Bucht beim Musket Cove Resort Segelboote aus aller Welt, die Sie für Tagestrips oder längere Touren durch die Inselwelt der Mamanucas und Yasawas chartern können. Die beste Zeit dafür ist die hurrikanfreie Saison von April bis Dezember.

Organisierte mehrtägige Segeltörns siehe unter Reisen im Lande.

Bootsausflüge von Suva zu anderen Inseln

★ Nukulau oder Nukumarau Island
Ganztags- oder Halbtagsfahrten in einem Glasbodenboot führen zu diesen Inseln, die früher Quarantäne-Station und Auffanglager für die indischen Kulis waren. Heute stehen dort einige Picknick-Bures am Strand für die Wochenendausflüge der Einwohner von Suva. Sie können dort den Tag mit Schwimmen und Schnorcheln verbringen, mittags gibt es ein Büffet. Das Boot kehrt am Spätnachmittag zum Tradewinds Hotel in Lami zurück. Coral Sea Cruises, Tel. 321570.

★ Yanuca Island
Ein schöner Tagesausflug ist der Trip mit dem Katamaran nach Yanuca Island, einer kleinen Insel neben Beqa, Pacific Harbour vorgelagert. Sie verbringen den Tag am Strand, mittags gibt es ein Picknick. Über Pacific Harbour Hotel, Tel. 450022.

Fast jedes Hotel und Resort hat eine Tauchbasis oder kann Tauchausflüge organisieren.   **Tauchen**

Westküste
★ Aqua Trek, Nadi, Tel. 780413, Mamanuca-Gruppe, auch mehrtägige Trips
★ South Sea Divers, Tel. 722988, ab Regent Beach bzw. Denarau Marina (nach deren Fertigstellung) in Nadi zur Mamanuca-Gruppe
★ Tropical Divers, Sheraton Hotel, Nadi, Tel. 700158
★ The Dive Shop in Nadi, Open-Water-Kurse Tel. 780626

★ H20 Sportz am Sea Shell Cove Resort, Tel. 720100
★ Sea Sports Fiji, Sigatoka, Tel. 500225, für alle Hotels an der Coral Coast
★ Subsurface Fiji von Beachcomber und Treasure Island, freier Transfer von allen Nadi Hotels, Tel. 664422
★ Castaway Diving bei Castaway Island Resort, Tel. 661233
★ Inner Space Adventures in Nadi am Wailoaloa Beach neben Travellers Beach Resort, Tel. 723883
★ Elegant Divers auf Matamanoa und Tokoriki Island Resort, Tel. 661999
★ Mamanutha Divers, Musket Cove Resort, Malolo Lailai Island, Tel. 722077
★ Plantation Village Divers auf Plantation Island Resort, Tel. 722333

Yasawas
Die Yasawa Island Lodge und Turtle Island haben ihre eigenen Tauchbasen.

Coral Coast, Beqa und Suva
★ Coral Village Divers, Tel. 500807
★ Beqa Divers Fiji, Beqa Lagoon, Suva, Tel. 361088
★ Dive Connections Fiji nach Beqa Lagoon, Tel. 450371
★ Marlin Bay Resort ausschließlich für Taucher, auf der Insel Beqa, Tel. 304042
★ Ocean Pacific Club of Fiji zwischen Pacific Harbour und Suva, Tel. 304252
★ Scubahire Tauchschule in Lami bei Suva, 3-5 Tage-Kurse, Tel. 361088
★ Dive Center Fiji, Tel. Suva 300599

Nordküste
★ Ra Divers auf Nananu-i-Ra, Tel. 694511

■ Hochseefischen
Alle grösseren Hotels und Resorts haben spezielle Boote für Hochseefischen. Der **Ocean Pacific Club of Fiji** ist ein Resort, das sich auf Hochseefischen spezialisiert hat, Tel. 361988. Auch über **South Sea Cruises** 722988 und **Nadi Bay Cruises**, Tel. 722696.

In der Luft   ### ■ Mit dem Hubschrauber
Transfer zu allen Insel-Resorts der Mamanucas, Rundflüge oder Charterflüge zu allen gewünschten Zielorten mit Island Hoppers ab Nadi Airport (hinter dem Postamt) oder Regent Beach, Tel. 790410.

Vanua Levu
Transport

Vanua Levu hat zwei Flugplätze, einen im nördlichen Labasa und einen südlich in Savusavu, in dessen Nähe die meisten Hotels sind. Beide werden mehrmals täglich von Sunflower Airlines und Air Fiji angeflogen. Die Landebahn bei Savusavu ist drei Kilometer vom Ort entfernt. Hier gibt es keinen öffentlichen Bus, aber Taxen und die Transportmittel der Hotels, die Sie abholen, wenn Sie vorher gebucht haben.

Flugplatz

Die Fähren von Viti Levu legen zwischen Savusavu und dem Na Koro Resort an. Näheres unter Reisen im Lande.

Fähre

Zwischen Labasa und Savusavu, der am meisten befahrenen Route, verkehren viermal täglich Busse. Von Savusavu nach Buca Bay startet der Bus um 10.30 Uhr und kehrt gegen 17.00 Uhr zurück.

Bus

Es gibt einige Taxi-Unternehmen in Labasa und Savusavu, die Sie auch für Touren ins Inselinnere anheuern können. Pro Stunde kostet das etwa F\$ 15.

Taxi

★ Avis, Savusavu Tel. 850184
★ Budget Labasa, Tel. 811199, Savusavu Tel. 850700

Leihwagen

Die größeren Banken haben Zweigstellen in Labasa. In Savusavu können Sie bei der Westpac und ANZ Bank Reiseschecks einlösen. Die Post liegt in beiden Orten mitten in der Stadt.

Bank und Post

Unterkünfte

Savusavu und Umgebung

★ **Namale Resort** war einmal das beste Resort Vanua Levus. Die Anlage ist immer noch die schönste, doch die 10 Bures sind in die Jahre gekommen. Das ganze Resort hat aufgrund mehrerer Besitzerwechsel gelitten. Das Preis/Leistungsverhältnis stimmt hier nicht mehr. Wassersport aller Art, Tauchen, Tennis, Reiten, Swimmingpool. Im Preis sind sämtliche Aktivitäten eingeschlossen (auch Tauchen). Bure ab F\$ 320, drei Mahlzeiten F\$ 80 pro Person. Tel. 850435.

★ Aus dem ehemaligen Na Koro Resort soll 1995 das **Cousteau Inn Fiji** werden. Jean-Michel Cousteau, der Sohn des berühmten französischen Meeresforschers Jacques Cousteau, will nach Renovierung der gesamten Hotelanlage hier ein exklusives **Tauchresort** eröffnen. Er will vor allem naturbewußtes und riffschonendes Tauchen propagieren und bezeichnet das Tauchrevier zwischen Vanua Levu und Taveuni als eines der letzten unberührten Unterwasserparadiese dieser Erde (siehe auch Öko-Tourismus). Das Resort liegt am flachen Strand, mit schönem Blick auf die Savusavu Bay; Sonnenuntergänge können hier zum Erlebnis werden. Die Bures sind sehr geräumig und sollten nach der Renovierung wieder internationalem Standard enstprechen. Swimmingpool, Restaurant, Bar. Die Preise waren bei Redaktionsschluß noch nicht bekannt. Tel. 850188.

★ **Kontiki** (früher auch Matana Kavika) ist eine schöne Bungalowanlage 15 km östlich von Savusavu am Hang mit Blick aufs Meer. Leider ist der Strand direkt am Hotel sehr flach und nur bei Flut ansehnlich. Zum Baden gehen die Hotelgäste deshalb auf eine kleine, vorgelagerte Insel. In dieser Gegend gibt es sehr gute Schnorchelgründe. Ideal für Familien. Tauchlehrer Andy Einburger spricht auch deutsch. Buschwalks zu Wasserfällen, 18-Loch-Golfkurs, Tennis, Reiten, Touren ins Inselinnere, Swimmingpool, sehr gutes Restaurant, Bar. Unserer Meinung nach zur Zeit das beste Preis-/Leistungsverhältnis auf Vanua Levu. Bure ab F$ 165, komfortabler Schlafsaal für maximal 6 Personen F$ 27,50. Tel. 850262, Fax 850355. Bei Aufenthalt länger als 7 Nächte ist der Flug ab Nadi oder Suva umsonst.

★ **Hot Springs Hotel** ist ein etwas unansehnlicher Betonkasten auf einem Hügel, jedoch mit schönem Blick auf die Bucht. Die Bar ist beliebter Treffpunkt bei den Einheimischen. Swimmingpool, Restaurant, Bar. Einzelzimmer F$ 20-42, Doppelzimmer F$ 25-50. Tel. 850430.

★ **Daku Estate Resort** liegt außerhalb Savusavus in Richtung Na Koro. Es gehört der anglikanischen Kirche und wird von deren Mitgliedern bevorzugt, ist aber für jedermann zugänglich. Die Bungalows im fidschianischen Stil sind an den Hang gebaut mit Blick aufs Meer. Sie wurden renoviert und sind sehr sauber. Swimmingpool, Restaurant. Einfache Bures mit Küche F$ 66, komfortablere ohne Küche F$ 82,50. Halbpension F$ F$ 24, Tel. 850046.

★ **The Copra Shed Marina** in Savusavu liegt direkt am Wasser. Es hat zwei großzügige, voll eingerichtete, sehr saubere Appartments ab F$ 60. Das Gebäude beherbergt auch den Savusavu Yacht Club, einige Geschäfte und ein Café. Tel. 850518 oder 850457.

★ **Buca Bay Resort** liegt 72 km östlich von Savusavu an einer malerischen Bucht. Hier ist auch die Anlegestelle der Boote aus Taveuni. Schlafsaal F$ 10 pro Person, einfache Zimmer mit Bad und Gemeinschaftsküche ab F$ 35, Bure ab F$ 65, Tel. 84070 Extension 6S.

★ **The Hidden Paradaise Guest House** hat einfache und saubere Zimmer mit Gemeinschaftsküche, Tel. 850106.

★ Kelly Sach, der in Nadi das German Tourist Information Center führt, plant auf drei kleinen Inseln im Norden Vanua Levus das **Forgotten Paradise Resort** für Rucksacktouristen. Auf einer Insel soll es Unterkunft in Bures und Schlafsaal geben, eine ist den Honeymooners vorbehalten und die dritte den Campern. Nähere Informationen über Tel. 703360 oder in Deutschland 07571-52679 (Südsee-Travel).

Labasa

★ Für Touristen gibt es eigentlich keinen Grund, in Labasa zu übernachten. Sollte es dennoch notwendig sein, bietet das Hotel **Takia** in der Hauptstraße etwas Leben mit Bar, Restaurant und Pool. Es hat 34 Zimmer, Doppelzimmer ab F$ 33. Tel. 811655.

★ Das **Grand Eastern** liegt am Ende des Ortes, direkt am Labasa River. Die Zimmer im neuen Flügel sind etwas komfortabler. Einzelzimmer F$ 19,80 bis 52,80, Doppelzimmer F$ 26,40 bis F$ 59,40. Tel. 811022.

Insel-Resorts vor Vanua Levu

★ **Nukubati Island** liegt eine Stunde Bootsfahrt westlich von Labasa. Das exklusive Resort hat 4 Luxus-Bures an einem Traumstrand. Der Service ist exzellent. Transport vom Flughafen zum Resort wird bei Buchung organisiert. Wassersport aller Art, ein Ausflug zum Labasa Golfplatz kann arrangiert werden. Restaurant, Bar. Mindestaufenthalt 5 Nächte. Bure F$ 480, alle Mahlzeiten und Aktivitäten eingeschlossen. Tel. 813901

★ **Moody's Namena** ist auf der Insel Namenalala, 24 km südlich von Vanua Levu. Die etwa 1,5 km lange Insel gehört dem amerikanischen Ehepaar Joan und Tom Moody. Wie Adlernester zwischen Bäumen versteckt, hängen die Gäste-Bures am Bergkamm, mit Blick aufs Meer. Jedes ist vom anderen abgeschirmt. Die Bures haben ein amerikanisches Kingsize-Doppelbett, Dusche, zwei Toiletten und eine Veranda. Joan kocht ausgezeichnet italienisch. Der Aufenthaltsraum hat eine gut sortierte Südsee-Bibliothek. Der etwa 200 Meter lange Sandstrand ist makellos, die Schnorchelgründe ausgezeichnet. Tom Moody, ein erfahrener Taucher und Seemann, bringt seine Gäste zu den Tauchrevieren rund um die Insel oder zum Hochseefischen. Die Moodys haben ihr Resort mit viel Liebe zum Detail und ausgeprägtem Umweltbewußtsein gestaltet. Nur ein Drittel der Insel ist erschlossen, der Rest soll eine Art Naturschutzgebiet bleiben, in dem Vögel ungestört brüten und Schildkröten ihre Eier in den Sand legen. Auf Namena brummt kein Dieselgenerator rund um die Uhr, Solarzellen und Windgeneratoren erzeugen den Großteil des Strombedarfs. Das Regenwasser wird in großen Tanks als Trinkwasser gespeichert, für die Spülung der Toiletten wird Meerwasser verwendet. Ein Beispiel, das Schule machen sollte. Anreise mit dem Flugzeug über Savusavu auf Vanua Levu, dort Transfer mit dem Speedboot. Oder mit dem Wasserflugzeug von Turtle Airways ab Nadi. F$ 215, drei Mahlzeiten F$ 99 pro Tag und Person. Tel. 813764, Fax 812366. Das Resort ist von Mitte März bis Mitte Mai geschlossen.

Restaurants

Savusavu

Das **Captains Café** in der Copra Shed Marina ist ein Treffpunkt der Segler und Traveller. Von der Terrasse blicken Sie auf die Savusavu Bay, ein schöner Platz zum Sonnenuntergang.

Nachtleben

Im **Planters Club** vertreiben sich die Farmer der Umgebung bei Billard und Bier den Abend. Eine echte Südseekneipe und ein Relikt aus der Kolonialzeit.

Aktivitäten

Das Na Koro Resort hat einen annehmbaren Strand und gute Schnorchelgründe. Der Strand beim Kontiki Resort ist nur bei Flut zu empfehlen, aber entlang des Hibiscus Highway oder in der Buca Bay gibt es einige gute Strandabschnitte.

Strände

In Savusavu werden organisierte Touren nur von den Resorts angeboten. Wenn Sie die Umgebung selbständig erforschen wollen, können Sie jedoch einen ortskundigen Taxifahrer anheuern.

Zu Lande

■ Reiten
Namale Resort und Kontiki organisieren Ausritte durch die Insel und am Strand entlang.

■ Golf
Es gibt zwei Golfplätze, einen in Labasa (9 Loch, Par 69) und einen am Kontiki Resort (18 Loch), der wegen seiner vielen Palmen als tückisch bekannt ist.

■ Tennis
Na Koro Resort, Namale und Kontiki Resort haben sehr gepflegte Tennisplätze.

■ Segeln
Emerald Yacht Charter bietet Tagestörns mit dem Segelboot an. Das Boot startet um 9.30 Uhr. Mittags wird zum Schnorcheln und Essen geankert, Rückkehr ist um 16.30 Uhr. Spektakulär ist auch der Sunset Trip, der bereits um 15 Uhr startet und zwischen 18 und 19 Uhr zurückkehrt. Die Segelyachten können aber auch für individuelle Touren über mehrere Tage (nur mit Skipper) gechartert werden. Sie sind 12-15 m lang und bieten 2-5 Passagieren Platz. Emerald Yacht Charters Ltd., P.O. Box 15, Savusavu, Tel. 850440.

Zu Wasser

■ Kajak
★ Fiji by Kayak veranstaltet auch mehrtägige Kayaktouren um Vanua Levu, Tel. 850372, Fax 850355.

■ Tauchen
★ Eco Divers in Savusavu, Copra Shed Marina, Tel. 850122.
★ Moody's Namena, Namenalala Island, Tel. 813764.
★ Kontiki Resort und Namale Resort.

Taveuni

Transport

Flugplatz

Der Matai-Flugplatz ist 20 Kilometer vom Hauptort Somosomo entfernt. Wenn Sie Ihre Unterkunft im voraus gebucht haben, wird auch für Transfer dorthin gesorgt. Ansonsten gibt es Taxen.

Flugplatz

Die Anlegestelle der Fähren aus Viti Levu und Vanua Levu liegt zwischen Waiyevo und Somosomo.

Bus

Alle Busse auf Taveuni starten in Somosomo. Dreimal täglich fahren sie an der Westküste entlang zum südlichen Ende der Insel sowie an der Ostküste bis Lavena Point. Mit dem ersten Bus morgens können Sie eine vierstündige Rundfahrt in den Süden und an die Ostküste der Insel machen. Sie müssen allerdings mit demselben Bus wieder zurück, da er nur einmal am Tag fährt.

Taxi
Leihwagen

Es gibt einige Taxi-Unternehmen auf Taveuni.
Die Straßen auf Taveuni sind nicht asphaltiert. Ein Fahrzeug mit Vierradantrieb ist empfehlenswert.
★ Kaba's Rental Cars, Somosomo, Tel. 880058.

Bank und Post

Die Westpac hat einen Zweigstelle in Waiyevo, wo Sie Ihre Reiseschecks einlösen können. Viele Unterkünfte auf Taveuni akzeptieren nur Bargeld. Die einzige Post ist in Waiyevo.

Tip

Wenn Sie die Insel per Taxi erkunden wollen, empfehlen wir Ihnen Tomasi von Bhanjilal & Sons, Tel. 880442. Tomasi ist ein lustiger Fidschianer, der die Insel gut kennt und jede Menge Geschichten erzählen kann. Für den ganzen Tag werden F$ 95 berechnet.

Unterkünfte

★ **Dive Taveuni** liegt 1 km vom Flugplatz entfernt direkt am Meer. Wie der Name schon sagt, ist dieses Resort auf Taucher spezialisiert, aber auch Nichttaucher oder Anfänger sind jederzeit willkommen. Do und Rick Cammick, ein neuseeländisches Ehepaar, haben das Unternehmen Anfang der siebziger Jahre aufgebaut, heute ist es eines der exklusivsten Tauchresorts in Fidschi. Die 6 runden Bures sind komfortabel ausgestattet und haben Freiluft-Duschen. Der Blick vom Restaurant über die Somosomo Strait nach Vanua Levu ist einmalig. Hübscher kleiner Strand unterhalb der Anlage. Bure inklusive drei Mahlzeiten US$ 132 pro Person. Tel. 880441, Fax 880466. Das Resort ist von Mitte Januar bis Mitte März geschlossen.

★ **Maravu Plantation Resort** liegt gleich gegenüber von Dive Taveuni. Die 9 komfortablen Bures dieser Anlage liegen an einem Hang inmitten einer Kokosplantage. In wenigen Minuten kann zu Fuß ein kleiner Strand unterhalb der Plantage erreicht werden. Maravu heißt soviel wie ruhig und gelassen, was durchaus auf die Atmosphäre dieser Anlage zutrifft. Dafür sorgt vor allem auch Patrick Julien, einer der Besitzer und Manager der Plantage. Er stammt aus der Karibik und ist gelernter Koch, charmanter Gastge-

Maravu Plantation Resort

ber. Die ganze Anlage wurde renoviert.Alle Touren mit und ohne Führer, mit dem Auto oder zu Fuß durch die Insel. Reiten, Segeln, Tauchen mit Dive Taveuni, Pool, sehr gutes Restaurant, Bar. Bure einzeln ab F$ 165, doppelt ab F$ 198. Tel. 880555, Fax 880600. Rabatt bei Direktbuchung, besonders in der Zeit von Ende Januar bis April möglich.

★ **Garden Island Resort** liegt bei Waiyevo, war früher mal ein Travelodge Hotel und ist mit 30 relativ komfortablen Zimmern die größte Unterkunft Taveunis. Es liegt am Wasser, hat aber keinen Strand. Tauchen, Touren durch die Insel, Rasentennis und 9-Loch-Golfkurs in der Nähe, Swimmingpool, Restaurant, einzige öffentliche Bar der Insel. Schlafsaal F$ 17,60, Doppelzimmer F$ 77, Halbpension F$ 32, Tel. 880286.

★ **Coconut Grove Beachfront Cottage** liegt gegenüber vom Flugplatz direkt am Wasser. Es ist ein modernes, voll eingerichtetes Haus, das F$ 65 für zwei Personen kostet. Günstige Wochenmiete kann vereinbart werden, Tel. 880328.

★ Ebenfalls nahe am Flugplatz wird ein voll eingerichtetes Haus unter dem Namen **Lomalagi** (Himmel) vermietet. F$ 65 pro Tag, Tel. 880299, Fax 880050.

★ **Audrey Brown** vermietet neben ihrem Haus einen komplett eingerichteten Bungalow am Hügel in Matai mit Blick aufs Meer. Zum Strand sind es 50 Meter. Audrey ist eine reizende, fröhliche Amerikanerin, die ihre selbstgebackenen Leckereien und Kaffee auf der Veranda ihres Hauses verkauft. Bungalow F$ 55, Tel. 880039.

★ **Kaba's Motel** und **Guesthouse** liegt mitten in Somosomo. Beide Unterkünfte sind sehr gepflegt und sauber.
Das Motel hat 5 Zimmer mit je 3 Betten, je einer komplett
eingerichteten Küche und Terrasse. Das Guesthouse hat
3 einfache Doppelzimmer mit Moskitonetz und Gemeinschaftsküche und -dusche. Auf Wunsch kann auch einheimisches Essen gekocht werden. Doppelzimmer F$ 38,
Tel. 880233, Einzelzimmer im Guesthouse F$ 15, Doppel-
zimmer im Guesthouse F$ 25. Tel. 880058.

★ **Bibi's Hideaway** besteht aus zwei Bungalows und
einem großen Haus einen halben Kilometer vom Flugplatz entfernt. Das Haus sind gepflegt und sauber, das
große hat 2 Schlafräume mit Platz für 4 Personen und
kostet komplett F$ 70. Die Cottages sind kleiner, auch mit
Küche, haben Platz für 4 Personen. F$ 50 für 2 Personen,
Tel. 880443.

★ **Susie's Plantation** liegt etwas abgelegen im Süden der
Insel in Vuna inmitten der ältesten Plantage Fidschis. Ein
Teil der Unterkünfte und das Restaurant sind im 140
Jahre alten Kolonialhaus der Familie Tarte unterge-
bracht, einer der ersten europäischen Siedler dieser
Insel. Bus-Service zweimal täglich nach Somosomo oder
Waiyevo. Bures und Zimmer sind einfach, mit und ohne
Kochgelegenheit. Wanderungen, Reiten, Schnorchelaus-
rüstung, Tauchbasis im Resort (der Tauchlehrer Erik
Maree spricht auch deutsch), Swimmingpool. Schlaf-
raum F$ 12 pro Person, Einzelzimmer ab F$ 17, Doppel-
zimmer ab F$ 35, Bures mit Küche F$ 45, 3 Mahlzeiten
täglich F$ 30, Tel. 880125.

★ **Vatuwiri Farm Resort** liegt am Vuna Point am Wasser.
Drei einfache Cottages mit Bad und Zweibettzimmer mit
Gemeinschaftsdusche. Mahlzeiten werden im Farmhaus
serviert. Zum Farmgelände gehören auch ausgedehnte
Kokos- und Kakao-Plantagen, mit schönen Ausflugs- und
Wandermöglichkeiten. Zweibettzimmer F$ 20 pro Bett,
Cottages F$ 70, drei Mahlzeiten F$ 35 pro Person, Tel.
880316.

★ **Kool's Accommodation** liegt in Somosomo gleich
neben Kaba's. Chitra Singh, eine netten Inderin, vermietet sechs Zweibettzimmer, sehr einfach mit Moskitonetz,
Gemeinschaftsküchen, -toiletten und Familienanschluß.
Auf Wunsch kocht Chitra indisch für die Gäste. Einzelzimmer F$ 8, Doppelzimmer F$ 12 F$. Tel. 880395.

■ Camping
Es gibt drei Campingplätze auf Taveuni an der Strecke zwischen Flugplatz und Somosomo:
★ Beverly Campground am Strand in der Nähe des Flugplatzes, der beste Campingplatz Taveunis. Wer kein Zelt hat, kann für F$ 10 pro Person im Gemeinschaftsbure übernachten. Ab F$ 5 pro Person. Tel. 880381.
★ Lisi's Campsite auch am Flugplatz auf einer Wiese am Wasser. Bure F$ 15 für zwei Personen, Zelt F$ 5. Tel. 880136.
★ Tom's Campground, bzw. Valentine's Campground liegt neben Lisi's am Wasser. Übernachtung im Schlafsaal für F$ 7, Zelt F$ 4 pro Person. Kein Telefon.

Restaurants

Gehobenen Standard bietet das hübsche Restaurant von **Maravu Plantation Resort**. Hier kocht Patrick, der aus der Karibik stammt und in einem New Yorker Restaurant gelernt hat. **Coconut Grove Café** liegt am Wasser gegenüber des Flugplatzes und bietet einfache einheimische und internationale Küche. **Audrey's Sweet Somethings** in Matai, ist auf süße Bäckereien spezialisiert ist; dazu gibt es frischgerösteten Taveuni-Kaffee (täglich von 10.30 bis 18 Uhr geöffnet). Das Restaurant des **Garden Island Resort** in Waiyevo hat einfache und preiswerte einheimische Küche.

Nachtleben

Jeden Abend gibt es fidschianische Musik und Kava in der Bar des **Garden Island Resort**. Viel Lokalkolorit und preiswertes Bier finden Sie im **Taveuni Country Club**. Er ist zwar nur Mitgliedern vorbehalten, in der Regel nimmt Sie aber jedermann gerne mit.

Aktivitäten

Die wenigen Strände Taveunis liegen alle außerhalb der größeren Hotelanlagen, können aber mit Taxi oder Bus erreicht werden. Der **Prince Charles Beach** zwischen Matei und Welagi, 12 Kilometer nördlich von Somosomo, wurde einmal für eine Stunde von seiner Hoheit besucht. Er ist von Dive Taveuni und Maravu Plantation zu Fuß zu errei-

Tip

Der 5 Kilometer lange **Lavena Coastal Walk** ist ein gut markierter Wanderweg entlang der Westküste, der als Umweltprojekt angelegt wurde. Sie kommen an Flüssen und Wasserfällen vorbei und können die ganze Vielfalt der Regenwaldvegetation studieren. Mit und ohne Führer.

chen. Lavena Beach heißt jetzt **Blue Lagoon Beach**, weil hier der Film „Return to the Blue Lagoon" gedreht wurde. Er liegt am östlichen Ende der Inselstraße bei Lavena Point. **Dolphin Bay** ist eine kleine Bucht kurz vor Susie's Plantation im Süden der Insel. Guter Schnorchelplatz.

Zu Lande

■ **Ausflüge**
Touren ins Inselinnere, auf den **Des Veoux Peak** und zum **Lake Tagimaucia** werden organisiert von den beiden Hotels Maravu Plantation und Dive Taveuni. Weitere Ausflüge führen an die Ostküste zu den **Bouma Wasserfällen** und zum **Lavena Beach**; die Westküste entlang zu den Waitavala Natural Rockslides und den **Blowholes** am Vuna Point. An der Westküste können Sie auch die Kaffeeplantage, die Wairiki Catholic Mission und den Soqulu Freizeitpark besuchen. Bei einigen Ausflügen sind auch Dorfbesuche mit fidschianischer Bewirtung eingeschlossen.

■ **Tennis, Golf, Grasbowling**
Auf dem Berghang bei Soqulu an der Westküste wurde ein weiträumiger Wohn- und Freizeitpark erbaut, die **Taveuni Estates**, die jedoch keine Käufer fanden. Die verwaisten Sportanlagen können Sie aber über jedes Hotel buchen. Ein 9-Loch-Golfplatz, angelegt von Robert Trent Jones sen., bietet wunderschöne Ausblicke aufs Meer. Es gibt kein Clubhaus, für Verpflegung müssen sie selbst sorgen. Zur Anlage gehören auch vier Rasen-Tennisplätze und acht Rasen-Bowling-Bahnen.

Zu Wasser

■ **Tauchen**
Die Gewässer um Taveuni haben sich unter Tauchern in aller Welt einen Namen gemacht (näheres siehe „Aktivitäten" Fidschi allgemein). Alle größeren und kleineren Hotels und Resorts organisieren Tauchausflüge oder haben eigene Tauchbasen. Dive Taveuni, Qamea und Matagi sind speziell auf Tauch-Touristen spezialisierte Resorts.
★ Eco Divers, Savusavu, Tel. 850345.
★ Dive Taveuni Resort, Tel. 880441.
★ Rainbow Reef Divers,Tel. 880286.
★ South Taveuni Divers,Tel. 880125.
★ Matagi Island Resort, Tel. 880260.
★ Qamea Beach Club, Qamea Island, Tel. 880220.
★ Fiji Forbes Laucala Island, Tel. 300829.

Bei Matagi Island Resort ist der komfortable Kabinenkreuzer **Matagi Princess II** stationiert. Er bietet Platz für bis zu 12 Personen in 6 Doppelkabinen. An Bord ist für

Tip

Zwischen Januar und April sind die Gewässer um Taveuni ziemlich aufgewühlt und das Wetter regnerisch, weshalb das Tauchen in dieser Zeit weniger Spaß macht.

alles gesorgt, was Taucher für ihr Hobby brauchen: komplette Ausrüstung, Dia-Entwicklungslabor und eine Video-Anlage zur Wiedergabe Ihrer Unterwasserfilme. Die mehrtägigen Tauchausflüge in die Gewässer um Matagi kosten US$ 280 pro Person und Tag inklusive aller Mahlzeiten und der Tauchgänge. Zu buchen über Matagi Island Resort.

■ Segeln
★ Seax of Legra, 15 m, holländisches Stahlboot, 7-Tages-Tour ab Taveuni über Qamea, Laucala, Kioa und Vanua Levu und nördliche Lomaiviti Gruppe an. Schnorchelmöglichkeit am weltberühmten Rainbow-Riff, vier Passagiere in 2 Kabinen mit Dusche. Warwick und Dianne Bain, P. O. Box 89, Waiyevo/Taveuni, Tel. 880141.

Qamea, Matagi, Laucala

★ Der **Qamea Beach Club** liegt an der Westseite der Insel und wird von der Amerikanerin Jo Kloss geführt. Ein Insel-Resort der oberen Preisklasse mit 11 luxuriösen Bures an einem feinen Sandstrand. Anreise mit Flugzeug ab Nadi oder Suva nach Taveuni, dann mit hauseigenem Boot circa 30 Minuten nach Qamea. Wassersport aller Art, Tauchen, Swimmingpool, Restaurant, Bar. Bure einzeln F$ 270, Bure doppelt F$ 315. Drei Mahlzeiten F$ 75 pro Person. Tel. 880220.

★ Das **Matagi Resort** liegt auf der gleichnamigen Insel der Douglas Familie. Die Familie Douglas taucht seit über 40 Jahren in fidschianischen Gewässern und kennt sie daher wie ihre Westentasche. Zwei große Tauchboote stehen für Ausflüge und Tauchgänge bereit. Zu dem Resort gehört auch ein geräumiger Kabinenkreuzer für mehrtägige Tauchausflüge, (siehe oben). Die 10 Bures des Resorts sind rund und sehr geräumig, das elfte sogenannte „Treehouse" ist in einen großen Baum hineingebaut. Matagi hat auch zwei sehr schöne Strände, an einen können Sie sich mit einem Picknickkorb „aussetzen" lassen und den Tag dort verbringen. Anreise mit Flugzeug ab Nadi oder Suva nach Taveuni, dann mit dem hauseigenen Speedboot circa 35 Bootsminuten nach Matagi. Buschwanderungen, Schnorcheln, Tauchen, Restaurant. Bure ab US$ 150, drei Mahlzeiten US$ 50 pro Person, Tel. 880260, Fax 880274.

★ **Fiji Forbes Laucala Island**, die Insel des verstorbenen amerikanischen Multi-Millionärs Malcolm Forbes (er ist auch hier beerdigt), ist ein Luxusresort mit großzügig gestalteten Gästehäusern am Strand. Der Mindestaufenthalt beträgt sieben Tage, pro Person kostet die Woche US$ 2.100. Darin enthalten sind sämtliche Mahlzeiten und Getränke, alle Wassersportarten (auch Tauchen) und der Flug von Nadi oder Suva, Tel. 880077.

Ovalau

Transport

Flugplatz

Bureta Airstrip liegt an der Westküste Ovalaus, eine halbe Stunde Busfahrt von Levuka entfernt. Beim Einchecken am Flughafen kaufen Sie das Ticket für den Bus gleich mit.

Fähre

Die Anlegestelle für die Fähren ist in Buresala, an der Westküste der Insel. Wenn Sie mit dem Bus aus Suva kommen, fahren Sie ohnehin damit nach Levuka weiter. Sonst warten Busse und Taxen, die Sie nach Levuka bringen (Näheres unter Reisen im Lande).

Bus

Es gibt drei Busse auf Ovalau, die zwischen Vireo im Süden und der High School im Norden verkehren.

Taxi

Taxen gibt es in Levuka. Eine Fahrt um die Insel kostet F$ 60, vom Airport nach Levuka F$ 10.

Leihwagen, Fahrrad

Gäste des Ovalau Holiday Resorts können dort ein Auto mieten. Mountain Bikes können am Café Levuka gemietet werden.

Bank und Post

Die Westpac hat eine Zweigstelle an der Beach Street in Levuka.
Die Post ist an der Beach Street am Kai.

Unterkünfte

Die Lomaiviti-Gruppe hat einige Insel-Resorts von der Luxus- bis zur „Rucksack-Klasse". Die Unterkünfte auf Ovalau sind ausschließlich in der unteren Preisklasse.

★ **Ovalau Holiday Resort** liegt 5 km nördlich von Levuka. Die Bures und der Schlafsaal haben eigene Küche mit Kühlschrank. Es gibt ein Restaurant in einer erst kürzlich renovierten, über 100 Jahre alten Walfänger-Unterkunft und eine öffentliche Bar. Der Strand liegt gegenüber der Straße und ist bei Flut sehr schmal. Zelt F$ 4, Schlafsaal F$ 6,50, Bures F$ 33, Villa F$ 75, Tel. 440329.

★ Das **Rukuruku Holiday Resort** ist einer der wenigen Plätze, an denen Sie Ihr Zelt aufschlagen können. Es liegt im Nordwesten Ovalaus, 30 Minuten vom Flughafen und 20 Minuten von der Fähre entfernt, an einer schönen Bucht mit schwarzem Strand. Täglicher Transfer von Levuka. Kleines Restaurant und Bar. Zelt F$ 5, Schlafsaal F$ 7, Einzelzimmer F$ 12, Bure für 4 Personen F$ 60, alles inklusive Frühstück,Tel. 444329.

★ Das **Royal Hotel** in Levuka ist das älteste Hotel Fidschis, um 1850 erbaut. Der Stil des Gebäudes und Teile der Originaleinrichtung erinnern an die Kolonialzeit. Gute Atmosphäre und unserer Meinung nach der Platz zum Übernachten in Levuka. Ausflüge werden organisiert. Der Schlafsaal ist nach Geschlechtern getrennt. F$ 6,60 pro Person, Einzelzimmer F$ 14, Doppelzimmer F$ 21-23, Cottage mit Küche und zwei Schlafräumen F$ 50, Tel. 440024.

★ Stadtauswärts von Levuka in Richtung Norden ist in einem alten Holzhaus die **Mavida Lodge** mit einfachen, sauberen Zimmern und Gemeinschaftsküche. Die Lodge dient seit 1869 als Gästehaus und die Wirtin Irene Thomas hat viele alte Geschichten zu erzählen. Nette familiäre Atmosphäre. Trips nach Lovoni Village und nach Rukuruku zum Baden. Schlafsaal F$ 5, Einzelzimmer F$ 10, Doppelzimmer F$ 16-20, alles inklusive Frühstück. Mittag- und Abendessen auf Wunsch. Tel. 440051.

★ **Old Capital Inn** list sehr beliebt bei Rucksacktouristen. Emosi Yee Show und seine Frau Mary organisieren Trips um die Insel. Schlafsaal F$ 7, Einzelzimmer F$ 10, Doppelzimmer ab F$ 17, alles inkl. Frühstück. Tel. 440057.

Insel-Resorts

★ **Leluvia** ist eine kleine Insel südwestlich von Ovalau. Emosi Yee Show vom Old Capital Inn bringt Sie mit dem Boot dorthin. Sie können aber auch direkt von Suva mit Emosi's Express dorthin fahren. Näheres siehe unter „Reisen im Lande". Die Insel ist unbewohnt und hat einen sehr schönen Strand. Es gibt sehr einfache Übernachtungsmöglichkeiten in Bures mit Gemeinschaftstoiletten. Wasser ist rationiert, die Verpflegung einfach und die Insel manchmal übervoll. Abends gibt es Parties mit Live-Musik; für den, der Ruhe und Erholung sucht, weniger geeignet. Schnorcheltrips, Segeln und Tauchen möglich. Täglicher Transfer nach Levuka. Alkoholische Getränke müssen mitgebracht werden. Kühlmöglichkeit vorhanden. Kleiner Laden für Getränke und Lebensmittel. Zelt F$ 17, Schlafsaal F$ 19, Bure F$ 22, Bungalows F$ 27 pro Person, inklusive Mahlzeiten. Tel. 440057 oder 312445 in Suva, Union Plaza, Shop Nr. 8.

★ **Caqalai Holiday Resort** (auch Thangelai) liegt in Blickweite von Leluvia. Die Insel gehört der Methodisten-Kirche und ist ruhiger und komfortabler als Leluvia. Die 10 Bures sind einfach und sauber mit Moskitonetz und Gemeinschaftsduschen. Täglich geht ein Boot ab Levuka: vorher bei Paak Kum Loongs Restaurant in der Beach Street Bescheid sagen oder anrufen, Tel. 440382. Zelt F$ 6, Schlafsaal F$ 7, Bure F$ 11, drei Mahlzeiten F$ 10. Die Verpflegung ist gut, alkoholische Getränke müssen mitgebracht werden. Kühlschrank und kleiner Laden vorhanden.

★ **Lost Island Resort** liegt auf Yanuca Lailai, einer privaten Kopra-Insel im Süden Ovalaus. Hier landete 1879 die Leonidas, das erste Schiff, das indische Arbeiter nach Fidschi brachte. Der Tagesausflug dorthin kostet F$ 18 inklusive Mittagessen. Zelt F$ 4, Übernachtung in einfachen Bures für F$ 13,50, Mahlzeiten inklusive. Buchungen über Mavida Lodge oder Royal Hotel in Levuka, Tel. 440051.

Restaurants und Nachtleben

Treffpunkt der Traveller ist das **Café Levuka** gegenüber vom Community Center und Museum. Eine ausgewanderte Amerikanerin kocht hier „californian style" mit aus-

Der **Ovalau Club** ist ein Relikt der Kolonialzeit. Die Wände sind voller alter Bilder und Zeitungsausschnitte. Die große Attraktion ist ein Brief des Grafen von Luckner (siehe auch „Geschichte/Graf Luckner"). Lassen Sie sich nicht vom Schild „Members only" abschrecken, auch Nichtmitglieder sind im Club willkommen, allerdings werden Damen nach alter englischer Sitte nicht bedient.

schließlich einheimischen Produkten. Hier gibt es die beste Tasse Kaffee Ovalaus, Leih-Fahrräder, Wäscherei, Leihbibliothek und jede Menge Informationen über die Insel. Das **Royal Hotel** bietet Abendessen in kolonialer Atmosphäre. Nicht-Hausgäste müssen sich allerdings rechtzeitig anmelden. Preiswerte chinesische und indische Gerichte gibt es bei **Paak Kum Loong** in der Beach Street, auch abends geöffnet. Im Old Capital Inn gibt es fidschianische, indische und chinesische Küche.

Aktivitäten

Ovalau hat keine attraktiven Strände, die finden Sie auf den kleinen Inseln Leluvia, Caqalai und Yanuca Lailai (Lost Island) im Süden Ovalaus (siehe Ovalau Unterkünfte Insel-Resorts), wenn Sie nicht dort übernachten können Sie auch einen Tagesausflug dorthin machen.

Strände

Die meisten Unterkünfte auf Ovalau organisieren Touren nach Lovoni Village, um die Insel herum oder zum Baden. Im Community Center können Sie auch einen einheimischen Führer für Wanderungen nach **Lovoni**, in die Berge und durch die Insel anheuern. Der Fußmarsch nach Lovoni dauert von Levuka aus ca. viereinhalb Stunden. Sie können dann den Nachmittagsbus von Lovoni aus für die Rückfahrt nehmen.

Zu Lande

Tägliche Schnorcheltrips bietet Ned Fisher, Tel. 440013. Tauchen können Sie auf Leluvia.

Zu Wasser

Wakaya

★ Die Insel Wakaya liegt 10 Flugminuten von Nausori (Flughafen) entfernt, und ist eines der exklusivsten Resorts in Fidschi. Der amerikanische Milliardär David Gilmore kaufte die damals unbewohnte Insel für 6 Millionen Dollar und hat den **Wakaya Club** aufgebaut. Für seine fidschianische Belegschaft ließ er ein eigenes Dorf mit Schule und Kirche bauen. Die 32 (!) Strände auf Wakaya sind aus dem Südsee-Bilderbuch. Die Gäste werden im hauseigenen Flugzeug abgeholt. Die 8 Villas sind sehr großzügig und luxuriös ausgestattet. 9-Loch-Golfplatz, Tennis, Tauchbasis. Im Preis von US$ 875 sind alle Getränke, Mahlzeiten, Sportaktivitäten und der Flug von Nadi oder Suva mit Wakaya Air für zwei Personen inbegriffen, Tel. 440128.

Naigani

★ **Naigani Island Resort**, auch Mystery Island genannt, ist kein Resort im üblichen Sinne. Die Bungalows gehören Neuseeländern und Australiern, die sie nur als Ferienwohnungen benutzen, übers Jahr aber an Touristen vermieten. Sie liegen in einem Palmenhain am weißen Strand. Die meisten Bungalows haben eine eigene Küche, einige sogar zwei und drei Schlafräume mit Bad. Ideal für Familien oder kleinere Gruppen. Wassersport aller Art, Tauchen, Trips nach Levuka und und Bootsausflüge. Es gibt ein Restaurant mit Bar und einen kleinen Laden. Anreise mit hauseigenem Bus ab Suva Coconut Inn in der Kimberly Street bis Anlegestelle, dann mit Boot circa 90 Minuten, oder mit Flugzeug nach Ovalau, von dort mit dem Boot nach Naigani. Schlafsaal F$ 17, ein Bungalow je nach Ausstattung F$ 87-329. Die Preise können variieren, wenn die Bungalows nicht ausgebucht sind. Tel. 300925 oder 312069 in Suva.

Kadavu

Transport

Flugplatz

Der Flugplatz liegt circa 1 Kilometer von Vunisea entfernt. Bei Zimmerbuchung sollten Sie gleich klären, ob der Transfer zur Unterkunft gesichert ist. Die meisten Unterkünfte sind nur mit dem Boot erreichbar.

Fähre

Die Anlegestelle ist in Vunisea und Kavala Bay von dort Bootstransfer zu den Resorts nach vorheriger Anmeldung. Die **M.V. Gurawa** legt an mehreren Dörfern an und an der Ostküste direkt bei Albert's Place beim Nukubalavu Resort und beim Kenia Resort auf Ono.

Bus, Taxi,

Es gibt keine Transportmittel auf Kadavu.

Bank und Post

Es gibt keine Bank auf Kadavu, nehmen Sie also ausreichend Bargeld mit. Die Post und das Telegrafenamt sind in Vunisea.

Unterkünfte

Mit zwei Ausnahmen sind die meisten Unterkünfte sehr einfach (oft nur kaltes Wasser und zeitweise Strom) und wenden sich vor allem an ein unkompliziertes Publikum. Die Verpflegung ist meist fidschianisch, und mangels Strom sind die Getränke oft lauwarm.

★ **Malawi** ist das neueste und teuerste Resort Kadavus. Es hat sich auf Tauchen und Hochseefischen spezialisiert. Malawi ist nur mit dem Boot zu erreichen, circa 12 km von Vunisea entfernt. Die sogenannten Plantation Cottages liegen in einer Kokosplantage am Meer. Sie sind großzügig und komfortabel eingerichtet. Einzel- oder Doppelbure F$ 190, Vollpension F$ 50 pro Person, Tel. 520102.

★ **Dive Kadavu Matana Resort** liegt nur 15 Bootsminuten vom kleinen Flugplatz entfernt. Die Bures im fidschianischen Stil mit Moskitonetz liegen an einem schönen Strand. Das Resort ist auf Tauchen spezialisiert und führt auch Tauchlehrgänge durch. Wassersport, Buschwanderungen, Radtouren. Bure F$ 100-130 je nach Komfort. Drei Mahlzeiten täglich F$ 50 pro Person, Tel. 311780.

★ **Nukubalavu Resort** and Dive Centre liegt an der Ostküste der Insel an einem langen weißen Sandstrand. Das Resort ist auf Tauchen spezialisiert (das Astroblabe Riff ist nur 5 Bootsminuten entfernt) bietet aber darüber hinaus auch Schnorcheltrips und Busch- und Bergwanderungen. Die Bures sind sehr einfach, ohne Strom, nur kaltes Wasser. Schlafsaal F$ 9, Bure F$ 30 für zwei, Zelt F$ 3, drei Mahlzeiten F$ 18 pro Person, Tel. 520089 oder 311075 (Büro Suva).

★ **Albert's Place** von Ruth und Albert O'Connor liegt an der Ostseite von Kadavu. Albert organisiert Schnorcheltrips und Touren in Dörfer und ins Landesinnere. Die Bootsfahrt vom Flugplatz dauert circa eineinhalb Stunden. Die Unterkunft ist in 15 einfachen Bures oder im Gemeinschaftsbure. Es gibt keinen Strom und kein warmes Wasser. Zelt F$ 5, Bure pro Bett F$ 12, Halbpension F$ 24, Tel. 302896.

★ **Kenia Resort** liegt im Süden der Insel Ono, gegenüber von Albert's Place, nahe am Astrolabe Riff. Boot-Transfer direkt vom Flughafen bei vorheriger Buchung. Fahrtdauer circa 1,5 Stunden. Schöner Strand, Tauchen möglich. Sehr einfache Bures mit Gemeinschaftsdusche, Zelt F$ 6, Bure F$ 12 pro Person, drei Mahlzeiten täglich F$ 18. Es gibt kein Telefon im Resort, deshalb Kontakt in Suva: 313964.

Aktivitäten

Strände   Schöne Strände sind nördlich von Vunisea bei Drue.

Zu Lande   Es gibt keinerlei organisierte Touren auf Kadavu. Von den einzelnen Resorts aus werden Wanderungen, Dorfbesuche oder Bootstouren angeboten.

Zu Wasser   ■ **Tauchen**
★ Astrolabe Divers, Naqara, Ono Island, Tel. 302746.
★ Dive Kadavu Matana Resort, Vunisea, Tel. 311780.
★ Malawai Divers, Malawai Resort, Tel. 520102.
★ Naiqoro Divers bei Albert's Place (auch für Kenia Resort), Tel. 302896.
★ Reece's Place Divers auf Galoa, Tel. 315703.
★ Nukubalavu Resort and Dive Centre, Tel. 520089 oder 311075 (Büro Suva).

Die Lau-Gruppe

Unterkünfte

★ **Kaimbu Island**, neben der Insel Yacata südöstlich von Taveuni gelegen, ist ein kleines, sehr exklusives Insel-Resort. Die Besitzer, Jay und Margie Johnson, haben es „for the rich and famous people" errichtet. Jedes der drei Luxus-Bures hat einen eigenen Strand an einer türkisfarbenen Lagune. Der Mindestaufenthalt beträgt sechs Tage. Mit US$ 995 pro Tag für zwei Personen gehört es zu den teuersten Resorts in Fidschi. Im Preis inbegriffen sind sämtliche Wassersportarten (auch Tauchen und Hochseefischen), Tennis, Golf, alle Mahlzeiten und Getränke. Ebenso der Hin- und Rückflug mit der Resort-eigenen Maschine ab Suva oder Nadi. Tel. 880333.

★ Auf Lakeba gibt es nur eine Unterkunft, das **Tubou-Guesthouse**. Es liegt etwas außerhalb von Tubou, neben der Poststation. Die nette Wirtin freut sich über jeden Besuch. Die Zimmer haben ein Moskitonetz und kosten mit Frühstück F$ 8. Für Mittag- und Abendessen bezahlen Sie jeweils F$ 5. Buchung über Air Fiji.

★ Auf Vanua Balavu gibt es ein kleines Gästehaus im Herzen Lomalomas. Poasa Delailomaloma und sein Bruder Laveti vermieten für F$ 10 Zimmer mit drei Mahlzeiten. Zu buchen über das Air Fiji Büro in Suva.

Pazifik allgemein:

Briand, Paul jr., The Nordhoff-Hall-Story: **In Search of Paradise**, Mutual Pubishing, Honolulu/Hawaii, 1987

Burdick, Eugene, **The Blue of Capricorn**, Mutual Publishing, Honolulu/Hawaii, 1986

Buzacottt, A., **Mission Life in the Islands of the Pacific**, John Snow and Co., London, 1866, Nachdruck University of the South Pacific, Suva/Fidschi, 1985

Campbell, I.C., **A History of the Pacific Islands,** University of Canterbury Press, Christchurch/Neuseeland, 1989

Cook, James, **Entdeckungfahrten im Pazifik,** Logbücher der Reisen von 1768 bis 1779, Edition Erdmann, Thienemann Verlag, 1983

Crocombe, Ron, **The South Pacific, an Introduction**, Institute of Pacific Studies, University of the South Pacific, Suva/Fidschi, 1989

Crocombe, Ron, **Pacific Tourism as Islanders see it**, Institute of Pacific Studies, University of the South Pacific, Suva/Fidschi, 1980

Crocombe, Ron, **The Pacific Way**. An Emerging Identity, Potu Pasifika Productions, Suva/Fidschi, 1976

Danielsson, Bengt, **Love in the South Seas**, Mutual Publishing, Honolulu/Hawaii, 1986

Day, A. Grove, **Mad About Islands**, Mutual Publishing, Honolulu/Hawaii, 1987

Day, A. Grove, **Rogues of the South Seas**, Mutual Publishing, Honolulu/Hawaii, 1986

Day, A. Grove and Stroven, Carl, **Best South Sea Stories**, Mutual Publishing, Honolulu/Hawaii, 1964

Dean, Beth, **South Pacific Dance**, Pacific Publications, Sydney/Australien, 1978

Dodd, Edward, **The Island World of Polynesia**, The Windmill Hill Press, USA, 1990

Douglas, Norman und Ngaire, **Pacific Islands Yearbook**, Angus & Robertson Publishers, Australien, 1989

Ehrhart, Sabine, **Die Südsee – Inselwelten im Südpazifik**, DuMont Kultur- und Landschaftsführer Köln, 1993

Forster, Georg, **Entdeckungsreise nach Tahiti und in die Südsee 1772-1775**, Edition Erdmann, Thienemann Verlag, 1988

Friedel, Michael, **Inseln zwischen Paradies und Hölle**, Süddeutscher Verlag, München

Garrett, John, **To Live Among the Stars,** WCC Publications, Genf, 1985

Gill, William Wyatt, **From Darkness to Light in Polynesia**, University of the South Pacific, Suva/Fidschi, 1989

Gizycki, Renate von, **Nachbarn in der Südsee**, Fischer Taschenbuch Verlag, Frankfurt, 1986

Graudenz, Karlheinz, **Die deutschen Kolonien**, Südwest Verlag München, 1982

Gray, William, **Voyages to Paradise. Exploring in the Wake of Captain Cook**, National Geographic Society, 1981

Hall, James Norman, **The Forgotten One and Other True Tales of the South Seas**, Mutual Publishing, Honolulu/Hawaii, 1987

Hargraeves, Dorothy und Bob, **Tropical Blossoms of the Pacific and Tropical Trees of the Pacific**, Ross-Hargraeves, Lahaina, Hawaii

Heyerdahl, Thor, **Fatu Hiva. Zurück zur Natur**, Goldmann Verlag, München

Keyserlinck, Linde von, **Sehnsucht nach den grünen Inseln**. Die Legenden der Südseeinsulanerin Topou Posesi Fanua, Hugendubel Verlag, München

Lay, Graeme, **Passages – journeys in Polynesia**, Tandem Press, Auckland, 1993

Lewis, David, **We, the Navigators**, University of Hawaii Press, Honolulu, 1989

Lötschert, Wilhelm, Palmen: **Botanik, Kultur, Nutzung**, Verlag Eugen Ulmer, Stuttgart, 1985

London, Jack, **Südsee-Abenteuer**, Diogenes Verlag

London Jack, **Südseegeschichten**, Ullstein Verlag, Berlin, 1987

Maugham, Somerset W., **Betörende Südsee**, Luchterhand Verlag, Ullstein Verlag

Maugham, Somerset W., **A Trembling of a Leaf**, Mutual Publishing, Honolulu/Hawaii, 1986

Michener, James A., **Das gute Leben**, Knaur Verlag, München

Michener, James A., **Verdammt im Paradies**, Knaur Verlag, München

Michener, James A., **Die Südsee**, Knaur Verlag, München

Michener, James A., **Hawaii**, Goldmann Verlag, München

Moorehead, Alan, **The Fatal Impact**, Penguin Books, 1985

Nordhoff, Charles/Hall, James Norman, **Bounty Trilogy: Men Against the Sea, Mutinity on the Bounty, Pitcairn's Island**, Little, Brown and Comp., Canada, 1989

Nordhoff, Charles/Hall, James Norman, **Die Meuterei auf der Bounty**, Universitas Verlag bei Herbig, München

Oberhoff, Julius und Edith, **Südsee, eine Inselreise**, Prestel-Verlag, München, 1981

Ortlepp, Gunar, **Südsee, das verlorene Paradies**, Spiegel-Buch, Rowohlt Verlag, Hamburg 1986

Ritz, Hans, **Die Sehnsucht nach der Südsee**, Muriverlag, Göttingen, 1983

Stevenson, Robert Louis, **Südsee-Nachtgeschichten**, Herbig Verlag, München, 1975

Stevenson, Robert Louis, **In der Südsee**, Manesse Verlag, Zürich, 1976

Stevenson, Robert Louis, **Der Leichenräuber und andere Geschichten,** Diogenes Verlag, Zürich, 1979

Viedebantt, Klaus, **33x Neuseeland und Polynesien**, Piper, München, 1986

Watling, Dick, **Birds of Fiji, Tonga and Samoa**

Wilpert, Clara B., **Südsee; Inseln, Völker und Kulturen**, Hans Christian Verlag, Hamburg 1987

Wilkes, Charles, **United States Exploring Expedition 1938-1842, Vol. III**, Lea & Blanchard, Philadelphia, 1845, Nachdruck Fiji Museum, Suva, 1985

Danielsson, Bengt, **Tahiti, Circle Island Tour Guide**, Les Editions du Pacifique, Singapore, 1987

Eyraud, Arlette, **Tahiti and all its Islands**, Les Editions j.a.,Paris, 1990

Freeman Moulin, Jane, **The Dance of Tahiti**, Les Editions du Pacifique, Christian Gleizal, Papeete, 1979

Heermann, Ingrid, **Mythos Tahiti, Südsee, Traum und Realität**, Dietrich Reimer Verlag, Berlin, 1987

Kammler, Peter, **Das Atoll**, Ullstein Verlag, 1984

Kay, Robert F.,, **Tahiti & French Polynesia**, Lonely Planet Publications, Australien, 1988

Saquet, Jean-Louis, **The Tahiti Handbook, te fenua**, Edition avant et après, Tahiti, 1989

Französisch Polynesien:

Bagnis, R./Christian E., Underwater **Guide to Tahiti, Les Editions du Pacifique**, Times Edition, Singapore, 1977

Cizeron, Marc/Hienly Marianne, **Tahiti, The Other Side**, Institute of Pacific Studies, University of the South Pacific, Suva, 1985

Clairmont, Leonard, **Say it in Tahitian**, Tahiti Musique, Los Angeles

Danielsson, Bengt und Marie-Therese, **Poisoned Reign**, Penguin Books, Australien, 1986

Cook Inseln:

Crocombe, Marjorie, **They Came for Sandalwood,** Island Education Division, Department of Island Territories, Wellington/Neuseeland, 1964

Davis, Tom, **Cook Island Politics**, University of the South Pacific, Suva/Fidschi, 1979

Douglas, Norman and Ngaire, **Cook Islands, a Guide**, Creative Associates, Sydney/Australien, 1987

Frisbie, Robert Dean, **The Book of Puka Puka**, Mutual Publishing, Honolulu/Hawaii

Gill, William Wyatt, **Cook Islands Customs**, Institute of Pacific Studies, University of the South Pacific, Suva/Fidschi, 1979

Gilson, Richard, T**he Cook Islands 1820-1950**, Ron Crocombe, Victoria University Press, Wellington/Neuseeland, 1980
J onassen, Jon, **Cook Islands Legends**, University of the South Pacific, Suva/Fidschi, 1981

McDermott, John, **How to Get Lost and Found in the Cook Islands**, Waikiki Publishing Comp., Honolulu/Hawaii, 1988

Rere, Taira, **Other Aspects of Rarotongan Life**, Louisa Taira, Rarotonga, 1987

Tonga:

Douglas, Norman und Ngaire, **Tonga, a Guide**, Pacific Profiles, Alstonville/Australien, 1990

Düring, Kurt, **Pathways to the Tongan Present**, Kurt Düring, Nuku'alofa/Tonga, 1990

Hau'ofa, Epeli, **Our Crowded Islands**, Institute of Pacific Studies, University of the South Pacific, Suva/Fidschi, 1980

Ledyard, Patricia, **The Tongan Past**, Nuku'alofa, 1982

Ledyard, Patricia, **'Utulei. My Tongan Home**, Neiafu/Tonga, 1987

Spennemann, Dirk H. R., **Pathways to the Tongang Past**, Tongan National Center, 1988

Samoa:

Alailima, Fay, **Aggie Grey, a Samoan Saga**, Mutual Publishing Company, Honolulu/Hawaii, 1988

Bermann, Richard A., **Robert Louis Stevenson in Samoa,** Mutual Publishing, Honolulu/Hawaii, 1967

The Cyclopedia of Samoa (Illustrated), McCarron, Stewart & Co., Sydney, Australien, 1907, Nachdruck des Originals von Commercial Printers Ltd., Western Samoa 1988

Fischer, Hans, **Warum Samoa?** Touristen und Tourismus in der Südsee, Dietrich Reimer Verlag Berlin, 1984

Meleisea, Malama, Lagaga **A Short History of Western Samoa**, Institute of Pacific Studies, University of the South Pacific, Suva/Fidschi, 1987

O'Grady, John, **No Kava for Johnny,** Ure Smith Pty. Ltd. Sydney/Australien, 1978

Robson, R.W., **Queen Emma**, Pacific Publications, Sydney/Australien, 1979

Scheurmann, Erich, **Der Papalagi**, Tanner & Staehelin, Zürich, 1977

Scheurmann, Erich, **Samoa gestern**, Tanner & Staehelin, Zürich, 1979

Scheurmann, Erich, **Samoa, aus der Sicht des Papalagi**, Heyne Verlag, München 1990

Turner, George, **Samoa, a Hundred Years Ago and Long Before,** Institute of Pacific Studies, University of the South Pacific, Suva/Fidschi, 1984

Wendt, Albert, **Pouliuli,** Penguin Books, Auckland/Neuseeland, 1987

Wendt, Albert, **Sons for the Return Home**, Penguin Books, Auckland/Neuseeland, 1987

Fidschi:

Calvert, James, **Fiji and the Fijians, Vol. III, Mission History**, Fiji Museum, Suva

Clunie, Fergus, **Yalo i Viti**, Shades of Fiji, Fiji Museum, Suva, 1986

Cyclopedia of Fiji, Nachdruck Fiji Museum, Suva

Dean, Eddi, **Rabuka: No Other Way**, Suva, 1988

Derrick, R.A., **A History of Fiji,** herausgegeben von Government Press, Suva, 1950

Gordon-Cumming, C.F., **At Home in Fiji,** Armstrong & Son, New York, 1882/Blackwood & Sons, Edinburgh, 1881

Gravelle, Kim, Fiji Times. **A History of Fiji**, Fiji Times & Herald Ltd., Suva/Fidschi, 1987

Gravelle, Kim, **The Fiji Explorer's Handbook**

Harder, Christopher, **The Guns of Lautoka**, Sunshine Press Ltd., Auckland/Neuseeland, 1988

Kay, Robert F., **Fiji, a Travel Survival** Kit, Lonely Planet Publications, Australien, 1990

Mead/Birks, **The Lapita Pottery Style of Fiji and it's Associations,** The Polynesian Society, Memoir No. 38, Wellington/Neuseeland

Melville, Hermann, **Südseegeschichten**, Harenberg Kommunikation, Dortmund, 1986

Narrative of the United States Exploring Expedition, Nachdruck Fiji Museum, Suva

Nayacakalou, R.R., **The Journal of William Lockerby**, Sandalwood Trader in the Fiji Islands, 1808-1809, herausgegeben von Kim Gravelle

Ravuvu, Asesela, **The Fijian way of Life,** Institute of Pacific Studies, University of South Pacific, Suva

Scarr, Deryck, **Fiji, A Short History**

Scarr, Deryck, **Fiji, Politics of Illusion**: The Military Coups in Fiji

Schütz, Albert, **Say it in Fijian**, Pacific Publications, Sydney, 1984

Schütz, Albert, **Suva, a History and Guide**, Pacific Publications, Sydney/Australien, 1978

Usher, Len, **Mainly about Fiji**

Wallis, Mary Davis, **Life in Feejee**. Five Years among Cannibals

Wright, Ron, **On Fiji Islands**, Penguin Travel Library, New York, 1987

Für die freundliche Unterstützung bei der Herstellung dieses Buches möchten wir uns bei folgenden Personen und Organisationen bedanken (jeweils in alphabetischer Reihenfolge):

Jürgen Bartsch und Jutta Simon von Air New Zealand; Johanna Bardili; Fergus Clunie; Dr. Robert Datzer von der Südpazifik Information; Levani Tuinabua vom Tourism Council of the South Pacific; Dr. Johanna Eggert.

Französisch-Polynesien: Bengt und Marie-Therese Danielsson; Tekura Mulliez, Jeannine Bishop und Hinanui Temorere von Tahiti Tourisme; Henri Rittmeister.

Cook Islands: Jolene Bosanquet und Peter Heays; Chris Wong, Linda und Gina von der Cook Islands Tourist Authority; Prof. Ron Crocombe; Andrea Eimke; Jon Jonassen; helen und Peter Kemp vom Muri Beachcomber; Dr. Wolfgang Losacker; Piu Rua und seine Te Ivi Maori Dance Troupe; Pa und Tangaroa; Dorice Reid; Ewan Smith von Air Rarotonga.

Tonga: Peter Goldstern von Vavau Watersports; Angelika Franke und Rainer Urtel von Fafa Island; Petra Löffelmacher und Rolf Eidt; Chris Cocker und Sione A. Manu vom Tonga Visitor Bureau; Neil Cox von Royal Tongan Airways.

Samoa: Horst und Tessy Bencker; Dr. Caffarelli auf Savai'i; Feturi Elisaia; Alan Grey und Sose Annandale von Aggie Grey's Hotel; Sonja Hunter und Salome Mitchell vom Western Samoa Visitors Bureau;

Gina Moore von Polynesian Airlines; Rosa und Werner Schreckenberger; Office of Tourism in American Samoa; Jennifer und Barry Rose vom Coconuts Beach Club; Andy Wiel.

Fidschi: Air Fiji; Berthold und Andrea Averweg; Isimeli Bainimara und Josaia Rayawa vom Fiji Vistor Bureau; Dan Costello; Peter Erbsleben von UTC; Justin Francis von der Eco Tourism Unit; Peter und Dawn Frey; Hans Gernhardt; Kim Gravelle; Gerd Jarchow von der Delegation der EU in Suva; Diny Laufenboeck; Tom und Joan Moody von Moody's Namena; Radike Qereqeretabua; Lavenia Senibua; Roy Whitton von Rosie Tours.

Niue: Petra und Karl Hofmann.

Fotonachweis:

Alle Fotos von Ulrich Weissbach, mit Ausnahme von:

S. 301: Air New Zealand
S. 324: Compagnie Polynesienne de Transports Maritimes:
S. 496: Denarau Golf & Racquet Club
S. 235: 248: Fiji Museum
S. 143: 144: Petra Hofmann
S. 186: Stiftung Preußischer Kulturbesitz, Berlin
S. 96: Marianne Reibold
S. 479: Sheraton Vomo
Farbseite 4 o., S. 14, 133: Ewan Smith, Air Rarotonga
Farbseite 1 u. 3 r.u., S. 69, 71, 73, 78, 79, 82, 83, 90, 92, 94, 107, 108: Tahiti Tourisme
S. 140: Tourism Council of the South Pacific

528

PACIFICA

Reiseführer
zum schönsten Ende der Welt

Wir hoffen Ihnen, liebe Leser, die
Südsee etwas näher gebracht zu
haben. Unser Buch soll aber nicht
nur Appetit machen, sondern bei
der Organisation und Durch-
führung Ihrer Reise helfen.

Deshalb haben wir uns bemüht,
den Service-Teil auf dem neuesten
Stand (1994) zu halten. Aber diese
praktischen Informationen sind
naturgemäß vergänglich: Telefon-
nummern und Preise ändern sich;
Flugzeuge, Fähren und Busse
wechseln ihre Routen; Empfehlungen entwickeln sich zu Reinfällen.
Haben Sie also bitte Nachsicht mit
uns und der Vergänglichkeit
dessen, was wir vorfanden.

Und zögern Sie nicht, mit Kritik
und Anregungen zur laufenden
Verbesserung dieses Buches bei-
zutragen. Auch wir lernen ständig
dazu und sind an Ihren persönli-
chen Reiseerfahrungen interessiert.

Für uns sind die kleinen Inseln im
großen Pazifik zur lebenslangen
Leidenschaft geworden. Möge
auch Ihnen der Traum von der
Südsee begreifbar werden.
Wir wünschen eine gute Reise.

Marianne und Ulrich Weissbach

Ihre Leserbriefe richten Sie bitte an:

PACIFICA-Verlag
Ulrich + Marianne Weissbach
Stöberlstr. 52
80686 München

Buchbestellungen
bitte direkt an unseren Vertrieb:

Henrike Hagedorn
Am Eschbichl 11
81929 München

Tel. 089-955822
Fax 089-9296222

In Vorbereitung:

Hawaii
Erscheinungs-
termin:
Frühjahr 1995

Neuseeland
Erscheinungs-
termin:
Herbst 1995